Otto Kuntzemüller

Urkundliche Geschichte der Stadt und Festung Spandau

Otto Kuntzemüller

Urkundliche Geschichte der Stadt und Festung Spandau

ISBN/EAN: 9783743421868

Hergestellt in Europa, USA, Kanada, Australien, Japan

Cover: Foto ©ninafisch / pixelio.de

Manufactured and distributed by brebook publishing software (www.brebook.com)

Otto Kuntzemüller

Urkundliche Geschichte der Stadt und Festung Spandau

Urkundliche Geschichte

der

Stadt und Festung Spandau

von

Entstehung der Stadt bis zur Gegenwart

bearbeitet

von

Dr. Otto Kuntzemüller.

Im Verlage des Magistrats der Stadt Spandau.
1881.

Vorbemerkungen.

Das älteste und vermutlich erste „Chronicon Spandoviense" verfasste in der ersten Hälfte des siebzehnten Jahrhunderts Magister Christian Schnee, gestorben 1655 als Prediger an St. Nicolai in Spandau. Das Manuskript ist erhalten und befindet sich im königl. Geheimen Staatsarchive zu Berlin. Es ist eine überaus dürftige Sammlung von teilweise unrichtigen Nachrichten und jetzt völlig wertlos.

Eine gründlichere Bearbeitung erfuhr die Geschichte der Stadt und Festung Spandau am Ende des vorigen Jahrhunderts durch Daniel Friedrich Schulze und Johann Ludewig Dilschmann.

Daniel Friedrich Schulze, gestorben 1811 als Prediger und Inspektor an St. Nicolai in Spandau, hat als Manuskript hinterlassen: „Zur Beschreibung und Geschichte von Spandow gesammelte Materialien", ein starker Folioband, der die Geschichte der Stadt bis zum Jahre 1804 in ausführlicher Weise behandelt und sich im Besitze der Nicolaikirche befindet, im vorliegenden Werke angeführt als: „Schulze, Mscr."

Johann Ludewig Dilschmann, gestorben 1793 als Konrektor der grossen Schule zu Spandau, veröffentlichte in den Jahren 1784 und 1785 eine „Diplomatische Geschichte und Beschreibung der Stadt und Festung Spandow".

Schulze und Dilschmann stehen in engen Beziehungen zu einander. Schulze sagt hierüber in einer Nachschrift, welche er 1792 dem 1784 vor dem Erscheinen des Dilschmannschen Werkes geschriebenen Vorberichte seiner Materialien hinzufügte: „Seitdem ich dies schrieb, hat der hiesige Konrektor, Herr Dilschmann, seine diplomatische Geschichte und Beschreibung der Stadt und Festung Spandow herausgegeben. Seine ersten Quellen sind einige von seinem Vater, der hier lange bei der grossen Schule gestanden, und von seinem Verwandten, dem Bürgermeister Herz, gesammelte Nachrichten gewesen, wozu viele von mir mitgeteilte Urkunden und Sachen und von dem Kriegsrat Fischbach aus dem königlichen Archive gemachte Auszüge gekommen. Ich habe kein Bedenken getragen, daraus zu schöpfen, da Herr Dilschmann dies aus dem meinigen gethan hat, und werden sich hier noch viel Sachen, die er nicht gehabt, finden". Dilschmann verschweigt gänzlich, dass er Schulzes Materialien benutzt hat, und doch ist dies in sehr ausgedehntem Masse geschehen. Vergleicht man die Arbeiten beider Männer mit einander, so muss der Schulzeschen in jeder Beziehung der Vorrang eingeräumt werden; sie ist bei weitem reichhaltiger, gründlicher und zuverlässiger, als die Dilschmannsche, welche, abgesehen von den hinzugefügten Abschriften mehrerer Urkunden, als eine Nachahmung der Schulzeschen erscheint. Ausserdem macht sich Dilschmann vieler Irrtümer und Oberflächlichkeiten schuldig. Die Schulzeschen Materialien dagegen sind mit grossem Fleisse und äusserster Gewissenhaftigkeit zusammengestellt; sie sind um so wertvoller, als dem Inspektor Schulze viele Urkunden und Aktenstücke, die jetzt spurlos verschwunden sind, zur Benutzung vorlagen und von ihm teils in vollem Umfange, teils ihrem wesentlichen Inhalte nach wiedergegeben werden. Auch bei Schulze laufen Irrtümer mit unter, diese beruhen aber nicht auf einer mangelhaften, oberflächlichen Benutzung des vorgelegenen Materials, sondern sind aus der Mangelhaftigkeit des historischen Wissens der Zeit, in welcher Schulze schrieb, zu erklären. Soweit eine Prüfung der Angaben Schulzes möglich ist, erscheinen dieselben allenthalben so zuverlässig, dass die Richtigkeit der nicht zu prüfenden keinem Zweifel unterliegt. Schulzes Materialien, das sagen wir ohne Bedenken, sind das Beste, was bisher über die Geschichte der Stadt und Festung Spandau geschrieben ist; denn die in diesem Jahrhundert erschienenen Arbeiten von Zech und Günther „Geschichtliche Beschreibung der Stadt Spandow" und von A. Krüger „Chronik der Stadt Spandau" sind von ganz untergeordnetem Werte; die erste ist unvollendet, und beide können auf Wissenschaftlichkeit durchaus keinen Anspruch erheben.

In neuester Zeit ist das Interesse für lokalgeschichtliche
Studien allenthalben sehr rege geworden. Auch in hiesiger Stadt
machte sich das Verlangen nach einer ausführlichen und zuver-
lässigen Geschichte des Ortes immer mehr geltend. Als der Verfasser des vorliegenden Werkes im Oktober 1873 als Lehrer an das
hiesige Gymnasium kam, waren die städtischen Behörden der Frage
einer Bearbeitung der Ortsgeschichte bereits näher getreten. Im
Jahre 1875 trat der Magistrat mit dem Verfasser in Unterhandlung
und forderte von demselben ein Gutachten, wie die Chronik der Stadt
zu bearbeiten sei. Der Verfasser gab dies Gutachten und übernahm
schliesslich im Auftrage des Magistrats die Bearbeitung der Geschichte der Stadt und Festung Spandau.

Strenge Wissenschaftlichkeit stellte sich der Verfasser von
Anfang an als Bedingung für seine Arbeit. Nichts sollte als Thatsache angenommen werden, wofür sich nicht vollgiltige Beweise er-
bringen liessen, alles Bedeutungslose und Unwesentliche aber sollte
als wertloser Ballast über Bord geworfen werden. Der Verfasser
war sich dabei sehr wohl bewusst, dass seine Arbeit Leute, die
mit einer Chronik alle möglichen unklaren Vorstellungen verbinden,
die im Grunde genommen nichts anderes darunter sich denken, als
eine Sammlung von mehr oder weniger schönen und unterhaltenden
Geschichten, nicht befriedigen werde. Für solche Leute würde der
Verfasser aber niemals schreiben, und um ihnen von vornherein den
Glauben zu nehmen, ihr unklares und unwissenschaftliches Verlangen
könnte in seinem Werke Befriedigung finden, hat er den Titel
„Chronik" absichtlich vermieden und den: „Urkundliche Geschichte
der Stadt und Festung Spandau" gewählt. Nur das historisch
Bedeutsame wollte er herausheben aus der Menge der Überlieferung
und so ein Werk schaffen, welches nicht bloss die geschichtliche
Entwickelung der Stadt Spandau im ganzen wie im einzelnen klar
stellte, sondern auch erkennen liesse, in wie weit die Geschichte
Spandaus für die Geschichte der Mark Brandenburg insbesondere
und für die allgemeine Landesgeschichte überhaupt von Bedeutung
sei. Nicht eine Anekdotensammlung, sondern ein Geschichtswerk
auf dem Boden strengster wissenschaftlicher Forschung war das Ziel
des Verfassers.

Da der Verfasser kein geborener Spandauer ist, so bedurfte
er längerer Zeit, um sich in die lokalen Verhältnisse, welche im
Laufe der Jahrhunderte wesentliche Umgestaltungen erfahren haben,

derartig hineinzudenken, dass er befähigt war, ein klares Bild ihres
geschichtlichen Werdens zu entwerfen. Der erste und zweite Abschnitt des Werkes geben die Resultate der Forschungen des Verfassers. Der Mangel an älteren Plänen und die Lückenhaftigkeit
der Überlieferung erschwerten die Arbeit ungemein. Das aufzu-
treibende Material ist gründlich ausgenutzt worden, um zu einem
möglichst abschliessenden Resultate zu gelangen.

Der dritte Abschnitt behandelt die staatliche Stellung der
Stadt und die Stadtverfassung. Im Organismus des brandenburgisch-
preussischen Staates hat Spandau zwar zu keiner Zeit eine so hervorragende Rolle, wie beispielsweise Stendal, Brandenburg, Berlin-
Kölln gespielt, dennoch ist die staatliche Stellung und Bedeutung
jeder Stadt in den verschiedenen Epochen ihres Daseins ein wesentliches Moment in der Geschichte derselben, und die allgemeine
Landesgeschichte kann durch Klarlegung dieses Momentes nur gewinnen. Welche Bedeutung ein tieferes Eindringen in die Entwickelung der Stadtverfassung und der Rechtspflege nicht bloss für
die Geschichte der Stadt selbst, sondern für die allgemeine Landesgeschichte überhaupt hat, braucht kaum hervorgehoben zu werden.
Im Mittelalter und bis in das achtzehnte Jahrhundert hinein haben
Verfassung und Rechtspflege in den märkischen Städten sich so
individuell entwickelt, dass die grundlegenden Gedanken städtischen
Verfassungs- und Rechtslebens in der Mark Brandenburg nur aus
einer genauen Kenntnis aller Einzelentwickelungen gewonnen werden
können. Es handelt sich auch hier, wie auf allen wissenschaftlichen Forschungsgebieten, darum, die Einheit aus der Mannigfaltig-
keit zu begreifen. Bei Darstellung der Verfassungsverhältnisse haben
in den verschiedenen Unterabteilungen einige Wiederholungen des
besseren Verständnisses wegen nicht vermieden werden können; es
gilt dies namentlich für die Unterabteilungen, welche von der Stellung
des Rates zur Bürgerschaft und von der Bürgerschaft und ihrem
Verhältnisse zum Rate handeln.

Der vierte Abschnitt handelt von den kirchlichen Verhältnissen im weitesten Sinne; deshalb hat alles, was mit diesen in
Verbindung steht, darin Aufnahme gefunden. Die durch den Inspektor Schulze überlieferten Inschriften von Grabdenkmälern, die
sich ehemals in der Kirche und auf dem Kirchhofe von St. Nicolai
befanden, sind aufgenommen worden, um sie der Vergessenheit zu

entreissen, da sie immerhin einmal, sei es auch nur für die Familien-
geschichte, von Interesse werden könnten.

Der fünfte Abschnitt giebt die Entwickelung des Schulwesens.
Es hätte hinzugefügt werden können, dass die Stadt Spandau infolge
der eigenartigen Zusammensetzung ihrer Einwohnerschaft heute mit
der Einrichtung und Unterhaltung ihrer Schulen grosse Not hat;
muss sie dafür doch nahezu vierzig Prozent ihrer Gesamteinnahme
verwenden. Man hätte wohl zu rechter Zeit in rechter Weise die Unterstützung des Staates, namentlich für das Gymnasium, in Anspruch
nehmen sollen, dann könnte vieles besser sein. Welche Stadt kann
den gegründeteren Anspruch auf Staatszuschuss für ihre Schulen
erheben als die Stadt Spandau, welcher der Staat mit der starken
Arbeiterbevölkerung, die er durch seine von jedweder Kommunal-
steuer befreiten Fabriken dorthin zieht, eine gewaltige Last auf-
bürdet, ohne dieselbe irgendwie tragen zu helfen?

Der sechste Abschnitt ist der Darstellung der Handels- und
Gewerbsverhältnisse gewidmet. Hier mussten die königlichen Fabriken eingehendere Berücksichtigung finden. Durch sie ist Spandau
zu einer bedeutenden Industriestadt geworden, freilich zu einer Industriestadt von ganz eigenartigem Gepräge. Über die Ausdehnung
des städtischen Handels und Gewerbes in der Zeit vor dem dreissigjährigen Kriege sind nur äusserst dürftige Nachrichten auf uns gekommen; sie scheint aber bedeutender gewesen zu sein, als in den
Zeiten nach jenem verderblichen Kriege. Dass die Stadt in dieser
Richtung sich nicht besser entwickelt hat, daran ist ohne Zweifel
einzig und allein die Umwandlung derselben in eine Festung schuld.
In einer Stadt, die wie Spandau am Zusammenflusse zweier schiff-
barer Ströme gelegen ist, müssen Handel und Gewerbe einen
grösseren Aufschwung nehmen, wenn sie daran nicht künstlich verhindert werden. Wir erblicken in den Festungswerken, mit welchen
die Zeiten des dreissigjährigen Krieges die Stadt Spandau umgaben,
einen künstlichen Riegel, der dieser Stadt die Möglichkeit, eine
grössere Handels- und Gewerbthätigkeit in sich zu entwickeln, ver-
schloss.[1]

---

[1] Wir fügen hier hinzu, dass die Geschichte des königlichen Feuerwerks-Laboratoriums nach einer ganz vortrefflichen Darstellung des königlichen
Feuerwerks-Hauptmanns Herrn Krause, zeitigen Betriebsoffiziers des Etablissements, bearbeitet ist.

Der siebente Abschnitt berichtet von den hervorragenden
Ereignissen und den berühmten Personen, die in Spandau gelebt
haben. Die Jaczo-Schlacht und die Schildhornsage stehen zwar mit
der Geschichte der Stadt Spandau nicht in unmittelbarer Verbindung,
schienen aber umsomehr zur Aufnahme geeignet, als Schildhorn
dicht vor den Thoren Spandaus liegt und Jaczo auf Spandauer Gebiet den Entschluss, die Havel zu durchschwimmen, gefasst haben
muss. In der Darstellung ist der Verfasser einer Arbeit von
Ferdinand Pflug: „Die letzten Wendenkämpfe und die Städteum-
wandelungen in der Mark," welche in der Vossischen Zeitung veröffentlicht worden ist, gefolgt. Es ist zu bedauern, dass in betreff
vieler Ereignisse die Überlieferung überaus dürftig und lückenhaft
ist. Was aufzutreiben war, ist verwendet worden. Von Interesse
wäre es, näheres über den Aufenthalt und das Leben der verwitweten
Kurfürstin Elisabeth in Spandau zu erfahren, leider ist darüber
nichts auf uns gekommen. Die vorhandenen Arbeiten von Czilsky
und anderen beruhen auf dichterischer Erfindung.

Der Anhang enthält die Geschichte der Schützengilde, der
Kriegervereine, eine Abhandlung über die Stellung der Juden in
Spandau, eine Übersicht der städtischen Stiftungen und Wohlthätigkeitsvereine und die Annalen. Die Geschichte der Schützengilde ist
ausführlich dargestellt, weil diese Gilde eine der ältesten Korporationen der Stadt ist und in früheren Zeiten eine hervorragende Bedeutung gehabt hat. Von den übrigen Vereinen sind die Kriegervereine besonders hervorgehoben worden, weil sie ohne alle Frage
eine Zukunft haben. Die Stellung, welche die Juden seit den ältesten
Zeiten in Spandau eingenommen haben, ist mit Rücksicht auf die
Bedeutung, welche die Judenfrage in jüngster Zeit erlangt hat, be-
leuchtet worden. Der Zweck der Annalen ist nicht besonders hervorzuheben.

Der Bearbeitung des Werkes stellten sich mannigfache
Schwierigkeiten entgegen, welche nicht zum kleinsten Teile in der
völligen Unbrauchbarkeit der reponierten Registratur des Rathauses
lagen. Bei dem letzten Ausbau des Rathauses ist diese durch ein
Versehen derartig unter einander geworfen, dass mehrere Monate
ununterbrochener Arbeit erforderlich sein würden, um die nötige
Ordnung zu schaffen. Überhaupt ist es sehr zu beklagen, dass man
für Zusammenhaltung des archivalischen Materials in früheren Zeiten
nicht besser gesorgt hat. Wie schon erwähnt, sind viele äusserst

wertvolle Urkunden und Aktenstücke, die dem Inspektor Schulze zu Ende des vorigen Jahrhunderts noch vorlagen, spurlos verschwunden. Derartige Verluste zu verhüten, ist Aufgabe der hohen Staatsbehörden, welche vielleicht die königlichen Archive mit einer gewissen Aufsicht über die städtischen betrauen könnten. Jedenfalls ist dringend zu wünschen, dass das in den städtischen Archiven und Registraturen vorhandene historische Material erhalten bleibe.

Der Verfasser übergiebt sein Werk der Öffentlichkeit in der Überzeugung, dass er von dem noch vorhandenen zugänglichen Materiale nichts unberücksichtigt gelassen hat, was für die Geschichte der Stadt und Festung Spandau von Wert ist. Städte wie Spandau haben freilich keine bedeutende Geschichte, weil sie niemals von weitgreifendem Einflusse gewesen sind. Dennoch liegen auch in der Geschichte der Stadt und Festung Spandau manche Momente von allgemeinerem Interesse.

Spandau, im Juli 1881.

Dr. Otto Kuntzemüller,

Gymnasiallehrer.

Inhalts-Verzeichnis.

I. Entstehung und räumliche Entwickelung der Stadt und des Stadtgebietes.

I. Entstehung und räumliche Entwickelung der Stadt und des Stadtgebietes.

1. Die Entstehung der Stadt.

Unter den Zeugen zweier Urkunden, welche Markgraf Otto II. von Brandenburg im Jahre 1197 n. Chr. in der Stadt Brandenburg ausstellen liess, erscheint „Everardus advocatus in Spandowe", d. i.: „Eberhard, Vogt in Spandow".[1])

Die Vögte waren Vorsteher der Vogteien, derjenigen Amtsbezirke, in welche die märkischen Lande zur Erleichterung der Rechtspflege und Verwaltung und vornehmlich zur Erhebung der an die markgräfliche Kammer zu zahlenden Abgaben schon zu den Zeiten der Askanier eingeteilt waren. Der Vogt sollte die in seiner Vogtei Wohnenden „getreulich schützen und schirmen nach bestem Vermögen, des Schlosses und der Vogtei Gerechtigkeiten und Zubehörungen rechtlich handhaben und hegen und dem Landesherrn davon nichts entfremden".

---

[1]) Riedel, cod. I. 7, 468. 8, 124. In alten Urkunden wird der Name des Ortes gewöhnlich „Spandow", aber auch „Spando", „Spandowe", „Spandov", „Spandouwe" und „Spandaw" geschrieben. In den letzten Jahrzehnten des siebzehnten Jahrhunderts beginnt die Schreibung „Spandau", die immer allgemeiner wird. Die städtischen Behörden schrieben bis zum Jahre 1877 „Spandow", obwohl der Ort im Volke schon längst „Spandau" hiess und auch viele königl. Behörden „Spandau" schrieben. Am 4. Juni 1877 beschloss der Magistrat aus praktischen Gründen die Schreibung „Spandau". Unterm 2. April 1878 wurde der Königlichen Regierung zu Potsdam von diesem Beschlusse Mitteilung gemacht und von deren unterm 26. Juni erfolgten genehmigenden Erwiderung der Stadtverordneten-Versammlung am 3. August 1878 Kenntnis gegeben. Der Magistrat hat sich durch seinen Beschluss dem herrschenden Sprachgebrauche angeschlossen und dadurch die Wahrheit des Wortes: „usus est tyrannus" bestätigt. Er ist deshalb vielfach angegriffen worden, aber sehr mit Unrecht. Seine Auflehnung gegen den herrschenden Sprachgebrauch wäre ohne jeden Zweifel erfolglos gewesen und würde ihm berechtigte Vorwürfe nicht erspart haben. Wir nennen nur das alte Schloss „Spandow", die Stadt von Anfang an „Spandau".

1*

Auf einer landesherrlichen Burg, nach welcher die Vogtei benannt wurde, hatte der Vogt seinen Sitz. Gewöhnlich wird diese Burg als „Schloss", lateinisch „castrum", oft auch als „festes Haus" bezeichnet.

Demnach gab es zu Ende des zwölften Jahrhunderts ein Schloss „Spandow" als Sitz eines Markgräflichen Vogtes. Urkundlich wird es zuerst 1317 erwähnt.[1])

Das Schloss Spandow lag auf dem Raume, welchen jetzt die Citadelle der Festung Spandau einnimmt; denn diese wurde im Jahre 1560 nach einem vom Baumeister Christof Römer entworfenen Plane so angelegt, dass sie das ganze alte Schloss umfasste.

Über die Entstehung des Schlosses Spandow ist nichts überliefert. Es scheint eine Gründung der Deutschen gewesen zu sein, entstanden neben einem wendischen Orte, von welchem es den Namen entlehnte.

In der fischreichen Gegend am Zusammenflusse von Spree und Havel haben Wenden sicher schon früh sich niedergelassen und ihrer Niederlassung entweder den Namen „Spandow" oder einen ähnlichen, aus welchem dieser entstand, gegeben.

Neben dem Schlosse finden wir bis 1560 an dem sogenannten Damme, der an dem Schlosse vorbeiführenden Heerstrasse in den Barnim, eine wendische Ansiedlung, den Kietz. Hier haben wir die Reste der wendischen Bewohner, wenn nicht überhaupt den alten wendischen Ort „Spandow" zu suchen.

Die wendischen Bewohner des Havellandes, des „Heveldun" oder „Hevellon", wie sie selbst das Land benannten, waren die „Heveller" oder „Storderaner", ein Stamm der „Luitizer". Schon zu den Zeiten Kaiser Ottos des Grossen waren dieselben den Deutschen tributpflichtig. Ihre Unterwerfung war jedoch nicht eine so vollständige und unbedingte, dass sie zur Gründung deutscher Burgen in ihrem Lande hätte führen können. Erst Albrecht der Bär, welcher im Jahre 1134 von Kaiser Lothar mit der Nordmark belehnt worden war, unterwarf das Havelland dauernd der deutschen Herrschaft. Nachdem er in den Jahren 1136 und 1137 das Land der Brizaner, die heutige Priegnitz, erobert hatte, erhielt er von Pribislaw, dem Fürsten der Heveller, der zu Brandenburg seinen Wohnsitz hatte und zum Christentume übergetreten war, als Patengeschenk für seinen Sohn Otto, welchen Pribislaw aus der Taufe gehoben hatte, die Zauche, den südlich der Havel gelegenen und vom Havelbruche umschlossenen Teil des alten Havellandes. 1150 starb Pribislaw, welcher bei seinem Übertritte zum Christentume den Namen Heinrich angenommen hatte, kinderlos. Er vererbte den übrigen Teil des Havellandes auf Albrecht den Bären, der auf dem Reichstage zu Quedlinburg im Jahre 1143 mit der vom alten Herzogtume Sachsen abgetrennten Nordmark, der späteren Altmark, als einem selbständigen Herzogtum, belehnt worden war und die Erzkämmererwürde erhalten hatte.

---

[1]) Riedel, cod 1. 11, 23. Markgraf Waldemar bekundet, dass er den Altar in der Kapelle des Schlosses Spandow *„altare in honorem beatorum Dyonisii Sanctorumque ejusdem premissorum in capella castri Spandow situm",* mit gewissen Hebungen ausgestattet habe.

Als vollständig gesichert konnte Albrecht den Besitz des Havellandes jedoch erst betrachten, nachdem er einen Schwestersohn Pribislaws Namens Jaczo, welcher, um sein vermeintliches Erbrecht geltend zu machen, mit einer Schar der Seinen die Burg Brandenburg eroberte, im Jahre 1157 besiegt und vertrieben hatte. Seine Herrschaft dehnte sich jetzt unbestritten bis an die östliche Havel aus. Zur Sicherung derselben legte er eine Reihe von festen Schlössern an und nannte sich seit 1170 mit Zustimmung seiner Barone, Vasallen und Dienstmannen „Markgraf von Brandenburg".

Vom Osten her hatte man am leichtesten Zutritt zum Havellande an der Stelle, wo sich jetzt die Stadt Spandau befindet. Hier überschritt die von Magdeburg über Brandenburg nach Polen führende Handelsstrasse zum letzten Male die Havel. Dieser Punkt bedurfte vornehmlich einer Befestigung. Es konnte Albrecht dem Bären nicht entgehen, dass zur Anlage einer solchen eine in dem Winkel zwischen Spree und Havel, nördlich der Einmündung jener in diese, gelegene Insel am geeignetsten war; beherrschte sie doch den Zusammenfluss zweier schiffbaren Ströme und die Stelle, an welcher am ehesten ein Angriff der Wenden des Barnim und Teltow auf das Havelland zu erwarten war.

Wir werden also nicht irren, wenn wir in Albrecht dem Bären den Gründer des Schlosses Spandow suchen und die Gründung desselben um das Jahr 1160 verlegen.

Als das Schloss vollendet war, erhielt es einen deutschen Burgherrn als Kommandanten und deutsche Kriegsleute zur Besatzung; zugleich wurde es der Sitz der nach ihm benannten Vogtei, deren Vorsteher der Burgherr oder Schlosshauptmann war.

Dem Schlosse gegenüber auf dem rechten Haveluufer siedelten sich neben wendischen Fischern und Ackerbauern des Dorfes Spandow deutsche Kriegsknechte und mit ihnen deutsche Kaufleute und Handwerker an. Diese deutsche Ansiedlung, auf welche sich wie auf die Burg der Name des wendischen Dorfes „Spandow" übertrug, hatte sich im Anfange des dreizehnten Jahrhunderts zu einem Marktflecken entwickelt, in welchem der Landesherr das Marktrecht ausübte.

Das wendische Dorf Spandow ist vermutlich eine der acht Städte, welche schon zur Wendenzeit im Havellande vorhanden gewesen sein sollen,[1] von denen die Stiftungsurkunde des Bistums Brandenburg vom Jahre 949 nur zwei, Brandenburg und Pritzerbe, erwähnt.[2]

Die Bewohner des Marktfleckens Spandow bildeten kein städtisches Gemeinwesen nach deutschen Begriffen. Der Flecken besass das Recht Märkte zu halten, und ferner konnten Kaufleute und Handwerker sich in ihm niederlassen und ungestört ihr Gewerbe betreiben; aber ausser diesen auf den Handel bezüglichen Gerechtsamen gab es nichts, wodurch der Flecken von den Dörfern des platten Landes verschieden gewesen wäre. Er war ohne Befestigungswerke, und seine Bewohner

---

[1] Archiv für östreichische Gesch. II. S. 282.
[2] Riedel, cod. I. 8, 91.

mussten den Zehnten entrichten und Dienste leisten gleich Bauern und Kossäten. Sie waren in allen Stücken von dem markgräflichen Vogte abhängig und standen somit politisch den Dorfgemeinden gleich. Kurz der Flecken war bis auf die Handelsgerechtsame ein Dorf „*villa cum foro*". Erst die Beleihung mit Stadtrecht erhob den Ort zu einer deutschen Stadt.

Im Jahre 1229 waren die jungen Markgrafen Johann I. und Otto III. durch den Erzbischof von Magdeburg an der Plaue geschlagen worden und hatten die Flucht ergreifen müssen. Brandenburg schloss ihnen seine Thore, und erst in Spandow fanden sie Schutz und gastliche Aufnahme. Vielleicht war es dieser Umstand, der sie von dem Nutzen des Ortes Spandow überzeugte und sie bewog, die Bewohner desselben mit gewissen Rechten zu begnaden. Es geschah durch eine am 7. März 1232 zu Spandow ausgestellte Urkunde.

Sie lautet wie folgt:

In nomine Sancte et Indiuiduc Trinitatis Amen. Johannes et Otto Dei gracia Marchiones Brandenburgenses vniuersis hanc litteram inspecturis salutem et omne bonum. Acta presentis temporis deperire solent in futurum, nisi firmentur subsidio litterarum. Ea propter notum facimus tam presentibus quam futuris, quod nos Johannes et Otto Marchiones Brandenburgenses considerata vtilitate ciuitatis nostre Spandowe de consilio nostrorum fidelium ipsi ciuitati Spandowe ac ipsis pro tempore inhabitantibus in eadem ciuitate Spandowe licenciam concedimus edificandi cum suis propriis expensis canale fluuium quod vulgari nomine Fluttrenne appellatur, quod et suis expensis in perpetuum obseruabunt. Et nos omnes in Spandowe inhabitantes per presens nostrum scriptum facimus in perpetuum liberos et immunes super Teloneo in eodem fluuio exigendo. Insuper per omnem nostram terram supradictos nostros Burgenses Telonei liberos constituimus et immunes, quemadmodum Burgenses nostri Stendalgenses et Brandenburgenses fuisse hactenus dinoscuntur. Preterea Telonium, quod per totam ciuitatem Spandowe supra forum scilicet, preter quam in domo venali habuimus, eisdem concedimus et dimittimus ita vt de hoc ciuitati sue Spandowe vtilitatem faciant, prout ipsis visum fuerit expedire. Insuper eidem ciuitati nostre Spandowe ex plenitudine nostre gracie indulgemus, vt omnes de Terra Teltowe et omnes de Ghelin nec non et omnes de noua

Im Namen der heiligen und ungeteilten Dreifaltigkeit. Amen. Johann und Otto, von Gottes Gnaden Markgrafen zu Brandenburg, allen, die diesen Brief sehen, Heil und alles Gute! Die Ereignisse der Gegenwart pflegen für die Zukunft verloren zu gehen, wenn sie nicht schriftlich aufgezeichnet werden. Deswegen thun wir allen Zeitgenossen und Nachkommen kund, dass wir, Johann und Otto, Markgrafen zu Brandenburg, mit Rücksicht auf den Nutzen unserer Stadt Spandau und nach dem Rat unserer Getreuen dieser Stadt Spandau und den dermaligen Einwohnern in eben dieser Stadt Spandau die Erlaubnis gegeben haben, auf ihre eigene Kosten einen Kanal, der auf Deutsch eine Flutrinne heisst, zu bauen, welchen sie für eigene Kosten in Zukunft auch erhalten sollen. Ferner machen wir alle Einwohner von Spandau durch diesen unseren Brief für immer frei und ledig von dem auf eben jenem Flusse zu erhebenden Zolle. Ausserdem bestimmen wir, dass obengenannte unsere Bürger durch alle unsere Lande zollfrei sein sollen, wie unsere Bürger zu Stendal und Brandenburg bis jetzt diese Auszeichnung gehabt haben. Sodann überlassen wir ihnen den Zoll, den wir in der ganzen Stadt Spandau auf dem Markte, ausgenommen im Kaufhause, gehabt haben, dass sie ihn zum Nutzen ihrer Stadt Spandau verwenden, wie es ihnen gut scheint. Ausserdem begnadigen wir eben diese unsere Stadt Spandau aus der Fülle unserer Gnade damit, dass alle vom Lande Teltow und alle vom

terra nostra Barnem iura sua ibidem accipiant et obseruent, sicut nostram graciam diligunt et fauorem; ipsa autem ciuitas nostra Spandowe iura sua in Brandenburg afferat vniuersa. Eiusdem autem ciuitatis terminos nostre ita distinguimus: versus orientem usque ad fluuium quod Croewel vocatur; versus meridiem vsque ad stagnum, quod Scarplanke vocatur; versus occidentem vsque ad fossam Argille; versus Septentrionem autem vsque ad salicem et ad pontem, qui Bolbrucke vocatur et vsque ad siluam Stariz et vsque ad montem Babe: quos terminos sic distinctos precipimus ab omnibus firmiter obseruari. Vt autem haec nostra concessio et ordinacio in suo vigore perenniter valeat permanere, et ne quisquam successorum nostrorum eam infringat, presentem paginam inde conscribi et sigilli nostri appensione iussimus insigniri. Testes autem sunt: Conradus Comes de Regenstein, Alexander et Rudolphus de Tuchen, Arnoldus de Grobene et Theodoricus de Gleuemint et Heinricus de Stendal et Heinricus scultetus noster de Spandowe, et Albertus advocatus, et Heinricus de Stegelitz et Johannes Auca, et Heinricus advocatus et alii quam plures. Datum in Spandowe. Actum anno domini M°CC°XXXII°. Nonas Martis.

Glin, sowie alle von unserm neuen Lande Barnim ihr Recht daselbst nehmen und holen sollen, sofern ihnen unsere Gnade und Gunst lieb ist; unsere Stadt Spandau selbst aber soll all' ihr Recht in Brandenburg empfangen. Die Grenzen aber eben dieser, unserer Stadt bestimmen wir wie folgt: gegen Osten bis zum Fliess, das Cröwel heisst, gegen Süden bis zum See, der scharfe Lanke genannt wird, gegen Westen bis zur Lehmkule, gegen Norden aber bis zu einer Weide und bis zu der Brücke, welche Bolbrücke heisst, und bis zur Heide Staritz und dem Babenberge, und diese, so bestimmten Grenzen wollen wir von allen streng beobachtet wissen. Damit aber diese unsere Verleihung und Bestimmung beständig in Kraft bleiben könne und keiner unserer Nachfolger sie umstosse, so haben wir diese Urkunde darüber ausstellen und durch Anhängung unseres Siegels zu bestätigen befohlen. Zeugen aber sind: Courad Graf von Regenstein, Alexander und Rudolf von Tuchen, Arnold von der Gröben und Dietrich von Gleuemund und Heinrich von Stendal und Heinrich unser Schulze von Spandau, und Albrecht Vogt, und Heinrich von Steglitz und Hans Gans, und Heinrich Vogt u. a. m. Gegeben in Spandau. Geschehen im Jahr des Herrn 1232, den 7. März.*)

*) Fidicin, hist. dipl. Beitr. IV. S. 1 ff. Riedel, Cod. dipl. I. 11. S. 1 f. Das Original findet sich nicht mehr; die vorliegende Abschrift gehört dem 15. Jahrhundert an, eine ältere deutsche Übersetzung vielleicht schon dem 14. Jahrhundert. — Berl. Chronik S. 1.

In dieser Urkunde werden den Bewohnern Spandows eine Reihe von Rechten übertragen, von welchen die hervorragendsten sind:

das Marktrecht, welches bisher vom Landesherrn ausgeübt worden war;

die Zollfreiheit, wie sie die Bürger Stendals und Brandenburgs, damals die bedeutendsten Städte der Mark, genossen;

die Einrichtung des Gemeinwesens nach dem Vorbilde Brandenburgs;

die Erhebung der Stadt zum Rechtsvororte für die Länder Teltow, Glien und Barnim.

Die Beleihung mit brandenburgischem Stadtrechte erhob den Marktflecken Spandow zu einer deutschen Stadt, zu einem selbständigen, aus der Verfassung des platten Landes ausgeschiedenem Gemeinwesen.

Seit dem 7. März 1232 giebt es also eine deutsche Stadt Spandau, die hervorgegangen ist aus einem wendischen Dorfe, bei welchem sich nach Gründung des Schlosses „Spandow" deutsche Kriegsleute, Kaufleute und Handwerker ansiedelten.

2. Räumliche Entwickelung der Stadt.

A. Die innere Stadt.

Von den räumlichen Verhältnissen der Stadt zur Zeit der Gründung, ihrer Ausdehnung, ihren Strassen und Plätzen und endlich der Zahl und Beschaffenheit ihrer Häuser ist wenig überliefert.

Der Ort Benz oder Behnitz war anfänglich nicht mit der inneren Stadt vereinigt. Er bildete eine Art Halbinsel, welche auf zwei Seiten von der Havel, auf der dritten von dem Kolke, einer Ausbuchtung der Havel, die sich bis zu der Stelle erstreckte, wo sich jetzt der Garten der katholischen Schule befindet, eingeschlossen war. Erst im Jahre 1240 wurde der Benz der Stadt einverleibt.[1]) Seit 1232 trennt ihn die Flutrinne von dieser. Dies ist der Kanal, dessen Anlage den Bürgern Spandaus im Jahre 1232 gestattet wurde.[2]) Diese Flutrinne sollte einmal der Stadt zur Befestigung dienen und ferner dem Wasser des Kolkes Abfluss zur Unterhavel verschaffen und dadurch die Spektewiesen, welche sich ursprünglich bis zum Kolke hin erstreckten, vor schädlichen Überschwemmungen schützen.

Durch Anlage der markgräflichen Mühle, welche ehedem an der Stelle stand, wo sich jetzt der Schuppen des Artilleriedepots bei der Schleuse befindet, und welche die Sperrung der Wasserarme, welche ausser dem die Mühle treibenden die Havel mit der Spree verbanden, notwendig machte, war eine Spannung des Wassers oberhalb der Mühle eingetreten, und so der Unterschied zwischen Ober- und Unterhavel begründet worden. Wahrscheinlich wurde zur Sperrung der östlich der jetzigen Citadelleninsel zur Spree gehenden Havelarme der sogenannte „Damm" angelegt, welcher zugleich die Heerstrasse in den Barnim bildete und von der Mühle aus am Schlosse vorbeiführte. Nach Eintritt der Wasserspannung waren aber die an den Kolk, also an die Oberhavel anstossenden Spektewiesen zumal in Hochwasserzeiten grösseren und länger andauernden Überschwemmungen ausgesetzt und dadurch in ihrem Nutzungswerte schwer geschädigt. Diesem Übelstande sollten die beiden Arme der Flutrinne abhelfen, indem sie den Kolk mit der Unterhavel in Verbindung setzten. Eine Freiarche bei der Mühle würde nicht den beabsichtigten Erfolg gehabt haben, da der Kolk sich zu tief in das Land hinein erstreckte.[3])

---

[1]) Riedel, cod. I. 11, 3. vom 29. Juli 1240. „*Addicimus etiam civitati locum, qui Bens dicitur, qui fuerat Advocati Alberti et filii sui Borchardi, cum omni jure, ut sit particeps consolutionis presentis et communiter servitii futuri et laboris.*"
[2]) Wir nennen die Stadt im Anschluss an den Sprachgebrauch „Spandau". Vergl. S. 3 Anm. 2.
[3]) Die Mühle wird zwar erst 1306 erwähnt, wir müssen aber annehmen, dass sie schon 1232 bestand, weil wir sonst keine Erklärung für die Notwendigkeit und den Zweck der Anlage der Flutrinne und noch weniger für die Notwendigkeit der markgräflichen Genehmigung zu dieser Anlage finden.

1349 wird der am Kolke und Behnitz gelegene Teil des alten Stadtgrabens die „*Wennigen Vlutrene di up deme Kolcke licht*" genannt und seitens des Landesherrn die Genehmigung zur Anlage einer Walkmühle auf derselben den Bürgern Spandaus erteilt.[1]) Diese Walkmühle lag ohne Zweifel an Stelle der jetzigen Körnerschen Schneidemühle. Ihre Anlage war möglich, weil der Arm der Flutrinne, welcher jetzt den Stadtgraben bildet, die Entwässerung der Spektewiesen zu besorgen hatte, und somit das Gefälle des andern Armes zum Betriebe einer Mühle benutzt werden konnte.

Die steinerne Brücke, welche am Ende der Breiten Strasse über die Flutrinne führt, scheint im Jahre 1440 erbaut zu sein und damals den Namen „Kraftsbrücke" (*Kraftsbrügge*) geführt zu haben. In der Kämmereirechnung von 1440 heisst es: „*Dem Mester, di den Steindamm makede up Krafts Brügge 7 Mandel Groschen*".

Von den Strassen und Plätzen der Stadt kennen wir im Jahre 1232 nur den Marktplatz. Er lag an derselben Stelle, wo wir ihn noch heute finden. Bis gegen Ende des siebzehnten Jahrhunderts scheint er ungepflastert gewesen zu sein.

Auf dem Marktplatze, der ursprünglich etwas kleiner war, indem erst 1698 einige wüste Stellen dazu genommen wurden, stand das Kaufhaus, *Kophus* lateinisch „*theatrum*". Es lag an Stelle des jetzigen Rathauses und diente ursprünglich zur Ausstellung von Waren und als Verkaufslokal. Seit Gründung der Stadt hielt auch der Rat seine Sitzungen darin ab. Ob an das Kaufhaus eine eigene Gerichtslaube angebaut war, ist nicht bekannt.

Neben dem Kaufhause lagen eine Reihe von Fleischscharren am Markte. 1302 werden die bestehenden 24 um 20 neue durch den Rat vermehrt und den Fleischern in Erbpacht gegeben.[2]) Es waren Buden, in welchen die Fleischer oder Knochenhauer ihre Waren zum Verkauf ausstellten.

Auch die Nicolai-Kirche bestand vermutlich schon 1232, wenn auch nicht in ihrer heutigen Form. Erwähnt wird dieselbe als „ecclesia forensis" zum ersten Male 1240.[3]) Sie war von einem Kirchhofe umgeben, welcher auf der Seite der jetzigen Potsdamer Strasse durch eine Mauer umschlossen war. 1750 wurde die Mauer niedergerissen und der Kirchhof selbst geebnet. Später erhielt der südöstliche Teil des ehemaligen Kirchhofes den Namen „Joachimsplatz", der nordwestliche den Namen „Heinrichsplatz". Bis in den Anfang dieses Jahrhunderts hiess der die Kirche umgebende Platz noch der „St. Nicolaikirchhof".

Die älteste Befestigung der Stadt, die gleich nach Gründung derselben angelegt wurde, bestand aus einem von einem Plankenzaune gekrönten Walle.

---

[1]) Riedel, cod. I. 11, 39. „*und dun en ock di Gnade, dat si eine Walckmole buwen mogen up der Wennigen Vlutrene, die up dem Kolcke licht, und der Molen geniten, so si meiste mogen.*" 12. Oktober 1349.

[2]) Riedel, cod. I. 11, 301.

[3]) Riedel, cod. I. 11, 3. Siehe „Kirchliche Verhältnisse".

Im Jahre 1319 wurde die Stadt einschliesslich des Behnitz mit einer Mauer umgeben. Ein Teil der alten Stadtmauer ist noch erhalten. Die Ziegelbedachung derselben ist jedoch neueren Ursprungs; sie stammt aus dem Jahre 1726. Der Mauerbau muss vor 1386 vollendet worden sein, denn in diesem Jahre werden bereits die vier Thore, welche die Stadtmauer durchbrachen: „Das Klosterthor, das Stresowthor, das Mühlenthor und das Heidethor", als „valva claustralis, valva Stresow, valva molendini und valva heydedor" erwähnt. Alle diese Thore sind jetzt verschwunden.

Das Klosterthor lag am Südostende der jetzigen Potsdamer Strasse, welche ehedem die Klosterstrasse genannt wurde. Es scheint ein überwölbter Bau gewesen zu sein, da von einem Thorgewölbe und einem Turm auf demselben die Rede ist. Dieser Turm diente als Gefängnis und erhielt 1581 eine Uhr. 1731 musste er, „weil er sehr geborsten war", also seiner Baufälligkeit wegen, auf königlichen Befehl abgebrochen werden. Statt seiner wurde ein neues Thor mit „zwei portails und drei prisons" erbaut. Auf einem Plane von 1724 finden wir ein äusseres und ein inneres Thor. Dieses ist, nachdem es mehrfach verändert worden war, in den Jahren 1878/79 gefallen und nunmehr spurlos verschwunden, jenes lag an Stelle des jetzigen inneren Potsdamer Thores, das in den Jahren 1878/79 erbaut worden ist.

Das Stresowthor, später Charlottenburger Thor, erhielt im Jahre 1754 ein neues Portail, zwei steinerne Pfeiler, die eine brennende Bombe trugen. Dies Thor ist eingegangen mit dem Falle der Stadtmauer 1880. Der Zugang zum Thore, der Teil der heutigen Charlottenstrasse von der Breiten Strasse an, wurde im Jahre 1724 die „Stresowgasse" genannt und 1828 infolge des Baues der Hamburger Chaussee durch Abbruch einiger Gebäude erweitert.

Das Mühlenthor lag am Nordende des Behnitz, da, wo heute das Poritz'sche Haus, die sogenannte Bandfabrik, sich befindet. Zum alten Mühlenthore hinaus gelangte man zur grossen Mühle. Vor dieser vorbei führte eine Brücke über die Havel. Überschritt man diese Brücke, so kam man auf den „Damm", die alte Heerstrasse in den Barnim, welche in der Gegend des unteren Schleusenendes ihren Anfang nahm und rechts an dem wendischen Fischerdorfe, dem Kietze, links an dem Schlosse vorüberführte. Infolge des Baues der Citadelle wurde im Jahre 1560 die Heerstrasse südlicher gelegt, dahin, wo sich jetzt die Berliner Chaussee befindet, als Zugang zu derselben aber das Neue-, spätere Berliner Thor eröffnet und die Berliner Brücke erbaut. Das alte Mühlenthor blieb noch bestehen. Es hatte einen schönen, mit einer Uhr versehenen Turm. Im August 1630 musste derselbe abgebrochen werden, da er nach der Meinung des Kurfürsten Georg Wilhelm der Festung, so nannte man damals die Citadelle, „im Falle einer feindlichen Besetzung der Stadt Gefahr drohte". Mit ihm fiel das Thor und die Mauer zu beiden Seiten desselben vom Neuen- oder Berliner Thore bis zum Kolke, also die Umfassungsmauer des Behnitz. Das Fundament wurde 1652 ausgebrochen. Das Berliner Thor erscheint unter diesem Namen zum ersten Male in der Kämmereirechnung von 1659, im Amtserbregister von 1590 wird es das Neue Thor *(newe thor)* genannt.

Das alte Heidethor lag am Nordwestende der jetzigen Potsdamer Strasse. An jeder Seite desselben stand ein Turm. Nach Erbauung des Neuen Thores, des jetzigen Oranienburger Thores, welche im Jahre 1640 stattfand, wurde das Heidethor geschlossen und trotz eines Bittgesuches, welches die Bürger Spandaus im August 1687 an den Kurfürsten einreichten, nicht wieder eröffnet. Die Thortürme wurden um die Mitte des achtzehnten Jahrhunderts abgebrochen und bald darauf, wahrscheinlich 1785, in die Thorlücke das noch vorhandene Spritzenhaus gebaut. Der Plan von 1724 zeigt noch die beiden Thortürme.

Um den Bürgern den Bau der Stadtmauer zu erleichtern, welche aus Backsteinen auf einem Granitfundamente aufgeführt und auf der Westseite mit Weichhäusern, jetzt Halbtürme genannt, versehen wurde, bewilligte Herzog Rudolf von Sachsen, als Vormund der Markgräfin Agnes, der Witwe Waldemars des Grossen, denselben im Jahre 1319 Freiheit von allen Abgaben und Diensten auf die Zeit, welche der Bau erfordern würde.[1] 1324 überwies er ihnen in derselben Absicht auf zwei Jahre den Judenzins, das Schutzgeld, welches die in der Stadt wohnenden Juden jährlich an die markgräfliche Kammer als landesherrliche Kammerknechte zu zahlen hatten.[2]

Der Mauerbau scheint im Jahre 1348 noch nicht vollendet gewesen zu sein, da damals noch der Behnitz als innerhalb der Planken der Stadt gelegen bezeichnet wird.[3] Die erste Stadtbefestigung bestand, wie bemerkt, aus einem Walle, den ein Pallisaden- oder Plankenzaun krönte.

Der Stadtgraben, dessen Wasser heute die Klostermühle treibt, ist ein Teil der alten Flutrinne. Beim Bau der Stadtmauer wurde er wesentlich erweitert. An Stelle der Klostermühle lag einst eine dem Rate gehörige Schneidemühle, welche 1712 dem Königlichen Proviantamte verkauft und durch dieses in eine Mahl- und Lohmühle umgewandelt wurde, später aber in Privatbesitz überging.

Jenseits des Stadtgrabens soll schon im Jahre 1338 ein Wall aufgeworfen worden sein. Sicher ist, dass dies in den Jahren 1522 bis 1540 geschah. Es wurde damals jener unförmliche Wall aufgeworfen, dessen Merian in seiner Topographie der Mark Brandenburg bei der Beschreibung Spandaus gedenkt. Aus diesem Walle entwickelte sich

---

[1] Riedel, cod. I, 11, 25. „*Preterea volumus statuendo, quod dicti, cives nobis interim, quod suam construant civitatem et fortificant muro nomine precarie et Contributionis debent nihil erogare, nec ad aliqua cogi debent seu trahi obsequia tanquam milites et Vasalli, sed ab ipso magis servitutis jugo absoluti esse debent simpliciter et immunes.*" 30. September 1319.

[2] Riedel, cod. I, 11, 28. „*Wir Rudolphus etc. thun kund etc., dass wir den etc. Burgermeistern und Rathmannen unser Stadt Spandow — haben nachgelassen und lassen Inen nach gegenwertiglich unsern jerlichen Zins und Schatzunge unserer Juden in Spandow, welchen sie uns pflegen zu geben, Also das sie denselbigen sollen empfangen von dieser Begnadigunge an, bis uf zwei Jar nacheinander zu rechnen, darumb das sie solchen Zins sollen oder mugen gebrauchen Zu Bevestigung unsrer Stadt.*" 1. Mai 1324

[3] Riedel, cod. I, 11, 36.

durch Anlage von Bollwerken und Bastionen seit 1626 die jetzige Stadt-
befestigung, deren grösster Teil, zwischen der Oberhavel und dem
Potsdamer Thore, jedoch bald fallen wird, weil die ganze Oranienburger
Vorstadt in die 1880 vollendete neue Enceinte aufgenommen ist.

Mit der Vollendung der Stadtmauer erlangte die räumliche Ausdehnung der inneren Stadt ihren Abschluss. Im Jahre 1386 zerfiel die
Stadt innerhalb der Ringmauern in vier Viertel:

das Klosterviertel mit 37 Häusern und 7 Hinterhäusern oder Buden,
das Stresowviertel mit 64 Häusern und 17 Buden,
das Heideviertel mit 17 Häusern und 17 Buden,
das Mühlenviertel mit 51 Häusern und 6 Buden.

Im ganzen zählte also 1386 die innere Stadt 169 Häuser und
47 Buden, ungefähr halb soviel Gebäude als jetzt. Daraus ergiebt sich,
dass entweder noch viele unbebaute Stellen vorhanden, oder die einzelnen
Gebäude mit grossen Hof- und Gartengrundstücken ausgestattet waren.

Im Jahre 1564 hatte Spandau 270 grosse und 170 kleine Feuerstellen und war in betreff der Gebäudezahl die vierte Stadt der Mittelmark.[1]

Die Gebäude zeichneten sich nicht gerade durch Schönheit aus,
denn nach Merians Topographie der Mark Brandenburg war die Stadt
im Jahre 1605 „von Gebäuden schlecht". Als eine besondere Eigen-
tümlichkeit erwähnt Merian, dass es damals fast kein Haus gab, vor
dessen Thüre nicht zwei hohe, mit Lehnen versehene Bänke standen,
welche von den Thürpfosten aus quer über den Bürgersteig liefen. Die
betreffende Stelle in Merians Topographie lautet: „Was die Stadt betrifft,
so ist dieselbe nicht gross aber mit einem Wall und Graben verwahret
ligt in einer grossen sandichten Ebene und hat ausserhalb Weinwachs:
innerhalb ist sie von Gebäuden schlecht; hat grosse lange Gassen und
ist umbs Jahr tausend sechshundert und fünf fast kein Hauss allhie
gewesen da nicht vor der Thür zwo Bänke mit Lehnen die Länge her
auss gebauet gestanden, dass auch vier und fünff Personen auff jeder
haben sitzen können." Noch 1639 war der grösste Teil der Häuser mit
Rohr und Stroh gedeckt und kaum eines massiv, trotzdem schon 1508
eine kurfürstliche Verordnung ergangen war, dass die Häuser hinfort
nicht mehr mit Stroh und Rohr, sondern mit Ziegeln gedeckt werden sollten.

Die trüben Zeiten des dreissigjährigen Krieges waren durchaus
nicht geeignet das äussere Ansehen der Stadt zu heben und zu ver-
schönen, dasselbe litt vielmehr ungemein. Am 13. Mai 1620 brannte
die ganze Jüdenstrasse mit 40 Häusern nieder. Zum Wiederaufbau
derselben sammelte man zwar eine Kollekte, aber erst 1688 war die
Strasse wieder vollständig bebaut. Die Furcht vor den immer drückender
werdenden Kriegslasten, welche vornehmlich die Hausbesitzer zu tragen
hatten, mochte die meisten derselben abhalten die niedergebrannten Gebäude wiederherzustellen. 1653 zählte die Stadt nur noch 238 Häuser,
die übrigen waren von ihren Besitzern verlassen und allmählich in Trümmer

---

[1] Götze. Urkundl. Gesch. d. St. Stendal. S. 251.

gefallen. Die unerschwinglichen Steuern und Kontributionen, die starken Einquartierungen und die übermässigen Forderungen der Soldaten hatten viele Bürger von ihrer Habe vertrieben, und die in den Jahren 1626 bis 1637 wiederholt und mit verheerender Gewalt wütende Pest hatte verschiedene Häuser ganz aussterben lassen. Niemand kümmerte sich um die verlassenen Wohnungen. Sie verfielen allmählich, und es entstanden so eine Menge wüster Stellen innerhalb der Stadt. Nach Beendigung des Krieges erliess Kurfürst Friedrich Wilhelm eine Reihe von Verordnungen, durch welche den Bebauern wüster Stellen allerlei Vergünstigungen und Unterstützungen gewährt wurden:[1] Freiheit von Abgaben auf sechs bis zehn Jahre, unentgeltliche Überlassung des Bodens, frei Bauholz aus der Stadtheide, unentgeltliche Aufnahme in die Bürgerschaft und die Gewerke, falls der Bebauer ein Fremder ist u. s. w. Dennoch dauerte es fast hundert Jahre, bis die Stadt wieder vollständig bebaut war. Noch im Jahre 1744 waren einige wüste Stellen vorhanden.

Auch in anderer Weise sorgte der grosse Kurfürst für die Stadt Spandau. Im Jahre 1687 mussten auf seinen Befehl die in der Stadt vorhandenen Scheunen vor das Klosterthor verlegt werden. Ferner verordnete er, dass die Rohr- und Strohdächer verschwinden sollten.

Im Jahre 1728 zählte die Stadt an wirklichen Feuerstellen im Klosterviertel 73, im Berliner- (dem ehemaligen Mühlen-) Viertel 93, im Stresowviertel 86, im Heideviertel 103, im ganzen 355 Häuser.

Das Urbarium von 1744 sagt: „In der Stadt sind 341 bewohnbare Bürgerhäuser und zwölf wüste Stellen."

1784 schenkte König Friedrich der Grosse 25 000 Thaler, um damit einige Häuser der Stadt teils neuzubauen, teils auszubessern. Die neuen Häuser wurden ganz massiv aufgeführt. Zu Ende des Jahres 1784 zählte die Stadt 16 ganz massive Häuser. 1790 umfasste die innere Stadt 358 Gebäude, darunter 20 ganz massive.

Bei der Belagerung im Jahre 1813 brannten infolge des Bombardements am 20. April 67 Wohnhäuser nieder, und 34 Gebäude verloren teils ihre Hinterhäuser, teils wurden sie mehr oder weniger beschädigt. Dadurch wurden die Breite Strasse und die Seitengassen derselben vom Markte bis zum Behnitz, sowie der Behnitz selbst zerstört.

Nach dem Abzuge der Franzosen ging man an den Wiederaufbau des Eingeäscherten. Ein Bericht über die Verschönerung der Stadt durch Privatbauten aus dem Jahre 1825 sagt: „Überall hat sich in der Stadt ein Geist zur Verschönerung durch Aus- und Neubau der Grundstücke gezeigt, der noch weiter sich ausgedehnt haben würde, wenn nicht die eng eingeschlossenen Grenzen der Stadt und die Beschränkung beim Bau in den Vorstädten hinsichts des fortifikatorischen Interesses der weiteren Ausdehnung entgegen gewesen wäre. Aber nicht bloss auf Verschönerung ist bei den Bauten Rücksicht genommen, wahrhafte Verbesserung der Grundstücke auch in betreff zweckmässiger Anlagen ist sowohl bei Bürgerhäusern, als bei Gebäuden zu öffentlichen Zwecken angewendet

---

[1] Kurfürstl. Edicte vom 12. April und 18. Dezember 1667 und 4. Oktober 1669 in Neptius corp. Const. Marchic.

worden. Wenn unter den ersteren Grundstücken das von der Witwe des Braueigen Reinicke in der Potsdamerstrasse[1]) dicht am Spritzenhause aufgeführte im Jahre 1825 vollendete bedeutende Gebäude als ein in seiner Einrichtung und Bauart vorzügliches Werk Erwähnung verdient, so ist bei den letztern Gebäuden der im Jahre 1825 neuerdings in der Moritzstrasse erbaute Flügel des Strafanstaltsgebäudes, der sich dem am Schlusse des Jahres 1824 vollendeten Neubau des in der Jüdenstrasse liegenden Teils der Strafanstalt anschliesst, bemerkenswert, da bei dem Bau alles berücksichtigt ist, was Dauerhaftigkeit und Sicherheit erfordert."

Aber noch im Anfange der fünfziger Jahre dieses Jahrhunderts war der bauliche Zustand der Stadt im allgemeinen ein recht dürftiger. Erst in neuester Zeit hat sich derselbe durch Um- und Neubauten gehoben. Jetzt zählt die innere Stadt 429 Gebäude.

Die Namen der Strassen und Plätze der Stadt erscheinen vollständig zuerst im Jahre 1728. Es sind nicht durchgehends dieselben wie heute. Auf Befehl des Prinzen August Wilhelm von Preussen erhielten im Jahre 1747 das Neue-, Stresow- und Klosterthor die Namen: Oranienburger-, Charlottenburger- und Potsdamerthor. Infolgedessen wurden im Jahre 1754 die Strassennamen geändert:

Alter Name.	Neuer Name.
Klosterstrasse	Potsdamer Strasse.
Bullenwinkel	Südostende der Fischerstrasse.
Petersilienwinkel	Nordwestende der Fischerstrasse.
Stadthofsgasse ⎫	⎰ Jüden- und Potsdamer Str.
Grosser Seidenbeutel ⎬ Charlottenstr. zwischen ⎨ Potsdamer- und Breite Str.
Stresowstrasse ⎭	⎱ Breite Strasse und Thor.
Nagelgasse od. Kleiner Seidenbeutel	Marktstrasse.
Pfortgasse	Wasserstrasse.
Kammerstieg	Kammerstrasse.
Unvernunft	zwischen Potsdamer Thor u. Breite Str.
Eck- od. Lange Mauergasse	zwischen Armenhaus und Kammerstr.
Gartengässchen	zwischen Kammerstr. u. Berliner Thor.
Mühlensteig ⎬ Mauerstrasse.	zwischen Berliner Thor und Geschützschuppen.
Mühlengasse	Hoher Steinweg.
Wallgasse	zwischen Potsdamer Str. und Moritz-Kaserne.
Thorgässchen	zwischen Kaserne und Potsdamer Thor.

1723 wurden die Strassennamen zuerst auf Blechtafeln an den Ecken angeschlagen und 1754 erhielten die Häuser zum ersten Male Nummern.

1711 wurde die Stadt durchgehends gepflastert. Gleichzeitig verschwanden die Ziehbrunnen, welche bis dahin in den Strassen zu finden waren.

---

[1]) Jetzt Potsdamer Strasse 24/25.

Die Anlage der Berlin-Hamburger Chaussee im Jahre 1828 führte die Verbreiterung der Charlottenstrasse von der Fischer- bis zur Breiten Strasse herbei.

Im Jahre 1790 begann man eine Strassenerleuchtung für die Winterabende zu beschaffen, die aber nicht von langem Bestande war und recht mangelhaft gewesen zu sein scheint. 1828 wurde eine solche auf Kosten der Stadtkasse in der Stadt und auf dem Stresow eingerichtet. Seit 1858 wird die Erleuchtung der Stadt durch Gas bewirkt.

Die innere Stadt wurde am 1. Oktober 1875 durch Einverleibung des Dorfes Damm erweitert.[1] Eine neue bedeutende Erweiterung steht bevor, indem die bereits vollendete Befestigung der Oranienburger Vorstadt den Fall der alten Stadtbefestigung und vermutlich auch der Stadtmauer längs derselben nach sich ziehen, und damit die ganze Oranienburger Vorstadt und alles zwischen dieser und der neuen Enceinte gelegene Terrain zum inneren Stadtgebiete hinzukommen wird. Den Stresow kann man ebenfalls als zur inneren Stadt gehörig betrachten, nachdem die Stadtmauer längs der Havel vom Garnisonlazarett bis zur Charlottenburger Brücke niedergelegt ist.

B. Die Vorstädte.

a. Stresow.

Der Stresow ist die älteste Vorstadt Spandaus und diejenige, welche, weil sie nicht den Beschränkungen der Rayongesetze unterworfen war, sich stetig entwickelt hat. Erwähnt finden wir den Ort zum ersten Male im Jahre 1330. Damals stiftete der Rat von Spandau zum Altare der Jungfrau Maria in der städtischen Pfarrkirche St. Nicolai eine Rente von sechs Pfund neuer Pfennige, von welchen fünf Pfund von einem Pilgergarten vor dem Heidethore, ein Pfund aber von einem Pilgergarten auf dem Stresow jährlich erhoben werden sollten.[2] Es ist dies vielleicht derselbe Garten, welchen zusammen mit einem Hofe die Elendengilde zu Spandau im Jahre 1354 dem von ihr in der Nicolaikirche gestifteten Altare der Apostel Petrus und Paulus überträgt. Dieser Hof und Garten werden als „in aria Strezow" gelegen bezeichnet.

Unter „aria" gewöhnlich „area" verstand man im Mittelalter eine „Wort", ein Grundstück, welches nicht zum Ackerbau benutzt wurde. Der „census arearum" oder „Wortzins" wurde erhoben von Garten- und Hausgrundstücken; dass aber jemals ein ganzes Dorf, wenn es auch bereits wüste gelegen hätte, als area bezeichnet worden sei, ist weder zu erweisen noch wahrscheinlich. Es lag früher recht sehr im Interesse des Landesherrn, das Andenken an dereinstige, mit der Zeit wüst gewordene Dörfer festzuhalten, weil solche für den Fall des Wiederaufbaues wie

---

[1] Gesetz vom 25. Juni 1875.

[2] Schulze, Mscr. S. 645. Urkunde nicht mehr vorhanden, lag aber Schulze vor.

früher dienst- und schosspflichtig wurden.   Deshalb werden solche Örter
stets als „villae desertae" oder „wüste Dorpstellen" bezeichnet.[1]

Späterhin wird freilich der Stresow als ein Dorf bezeichnet,
so in dem „Erb-Register des Ambtts Spandow" von 1590[2]) und in
einer kurfürstlichen Verordnung vom 3. August 1630.[3])   An andern
Stellen redet das Erbregister von den „Pawren uf den Stresow".   Auch
das Urbarium oder Corpus bonorum der Stadt Spandau vom Jahre 1744
sagt von den Bewohnern des Stresow, „sie seien sonst nur Bauern gewesen,
die ehedem dem Rate zu Hofe dienen mussten, welche aber das Bürgerrecht erlangten."

Die Stresower waren allerdings noch 1711, obwohl sie bereits
Bürger waren, dem Rate zu Hand- und Hofediensten verpflichtet; es ist
aber nicht wahrscheinlich, dass sie jemals eine selbständige Dorfgemeinde
gebildet haben.   Schon 1386 wird der Stresow als zur Stadt gehörig
betrachtet,[4]) und 1444 ist bereits von Bürgern auf dem Stresow die
Rede.[5])   Ferner übt der Rat auf dem Stresow dieselbe Gerichtsbarkeit
aus, wie in der Stadt.[6])   Es ist deshalb nicht zu bezweifeln, dass der
Ort von Anfang an zum Stadtgebiete gehört hat und nicht erst, wie
Fidicin behauptet,[7]) später demselben einverleibt worden ist.

Als eine grasreiche Insel, welche an ihren Rändern, zumal im
Osten und in den Ecken zwischen dem Schlangengraben und der Spree
und Havel, sumpfiges Wiesenland bildete, ging der Stresow schon 1232
in den Besitz der Stadt über.   Allmählich siedelten sich Gärtner auf
demselben an, die ihre Grundstücke als eine Art Kossäten mit der Verpflichtung zu Hand- und Hofediensten vom Rate erhielten.   Als sie dann
das Bürgerrecht erwarben, blieb diese Verpflichtung auf den Höfen haften,
weil den Inhabern derselben gewisse Lasten, welche die Bürger in der
Stadt zu tragen hatten, wie Wachen, Einquartierung und ähnliches, nicht

---

[1]) Beispiele bietet Fidicin. Kaiser Karls IV. Landbuch der Mark Brandenburg. S. 113, 159, 245, 250 etc.

[2]) *„Erb Register des Ambtts Spandow zu beschreiben angefangen Freitags
am Tage Galli, welcher ist der 16. Monatstagk Octobris nach Christi geburth
Ein Tausend fünff hundertt und Neuntzigk."*   Im Königl. Geh. Staatsarchiv.
Folioband.   Es führt den Stresow als erstes unter den Dörfern auf, welche in
die Mühlen zu Spandau gewidmet sind.

[3]) Schulze, Mscr. S. 781.   Der Rat von Spandau soll den Unterthanen
seiner beiden Dörfer Stresow und Staaken befehlen, dass jeder zum Bau der
Festung drei Holzfuhren thue.

[4]) Schulze, Mscr. S. 650.

[5]) Schulze, Mscr. S. 661.   Nach nicht mehr vorhandener Kämmereirechnung von 1444.   Sollte diese Angabe nicht richtig sein, so giebt Riedel,
cod. I. 11, 521, den Beweis, dass 1538 bereits Bürger auf dem Stresow vorhanden
waren.   1629 beklagt sich die „gemeine Bürgerschaft aufm Stresow zue Spandow"
wegen des jus pascendi in der Teltowschen Heide beim Kurfürsten.

[6]) Riedel, cod. I. 11, 151.   Die Ober- und Untergerichte „uff dem Stresow
so weit ihre Gärten und Zäune ausweisen" sind zu ⅔ kurfürstlich, zu ⅓ des
Rates. — Erbregister von 1590, Blatt 24.

[7]) Fidicin. Die Territorien der Mark Brandenburg. III. 5. XIV.

auferlegt wurden.[1]) Nachdem sie auch diese Lasten tragen mussten, hielten sie sich zu besonderen Diensten nicht mehr verpflichtet und erlangten bald nach dem Jahre 1712 deren Aufhebung.[2])

Dass der Stresow von seiten des Amtes und des Kurfürsten als Dorf bezeichnet wird, findet seinen Grund in der von der Stadt gesonderten Lage des Ortes und in der Kossätenstellung seiner Bewohner, sowie in ihrer auf Garten- und Ackerbau gerichteten Lebensweise.

1386 zählt der Stresow bereits 29 Häuser.

1433 wird die Stresowbrücke zuerst genannt.

1462 wird das Gertrauden-Hospital auf dem Stresow zuerst erwähnt. Es lag dem jetzigen Stresowkirchhofe gegenüber. Auf dem Kirchhofe selbst, der bis zum Jahre 1751 sich weiter in die Strasse hinein erstreckte, stand die zum Hospitale gehörige Kapelle. Hinter dem Kirchhofe am Wasser befand sich des Rates Ziegelscheune, welche zum ersten Male 1429 erwähnt wird.[3])

Als die Befestigungen am Potsdamer Thore angelegt wurden, befahl der Kurfürst Georg Wilhelm unterm 27. Oktober 1640 dem Rate Spandaus, die Stresowsche Kirche, weil dieselbe „die Wälle vor der Stadt noch überhöhe und daraus bei sich zutragendem feindlichen Einfall grosser Schaden geschehen könne, ohne Verzug abtragen und demolieren zu lassen". Diesem Befehle wurde Folge geleistet, obwohl die Kirche auf 3000 Thlr. taxiert war. Zugleich mit der Gertraudenkirche wurden des Rates Ziegelscheune, das Schustergerbehaus und 10 andere Häuser des Stresow abgebrochen.

1728 zählte der Stresow einschliesslich der Häuser jenseits des Schlangengrabens 43 Wohngebäude, welche alle jedoch sehr klein und eng und fast durchgängig mit Rohr gedeckt waren. Kein Wunder daher, dass, als am 14. Mai 1730 das Klostervorwerk in Flammen aufging, die

---

[1]) Im Jahre 1538 bestimmte der Rat, „das eyn jder Burger uff dem Streso, so eine newe Bude uffrichtet und erbawet, soll davon nicht mehr zu thun, dann wie es ju den stadtbuden gehalten, schuldig und vorpflicht sein. Wo er aber zu solcher Buden von dem hoffe was vorkauffen und zuschlagen wurdet, soll es damit, wie es mit andern erben, mit diensten und dergleichen, gehalten werden." Riedel, cod 1. 11, 521, aus dem sogenannten renovierten Schultze. Dieser Beschluss rechtfertigt unsere Behauptung.

[2]) Gegen Ende des siebzehnten Jahrhunderts, zuerst 1687, machen die Stresower wiederholt Versuche, sich von der drückenden Dienstpflicht zu befreien, und weigern sich häufig, dieselbe zu erfüllen. Als man ihnen Einquartierung geben will, weigern sie sich die Dienste zu leisten. Sie ständen den Bürgern in der Stadt nicht gleich, erklären sie, da sie dem Rate zu Hofe dienen müssten; „zwei Töde könnten sie nicht sterben." Ratsprotokolle. Im Jahre 1711 beschwerten sich „sämmtliche Bürger und Einwohner der Vorstadt Stresow vor Spandow" beim Könige, dass sie vom Magistrate wider Recht und Billigkeit mit Bauerdiensten beschwert würden. Unterm 28. Oktober 1711 erging deshalb eine Königl. Verfügung an den Magistrat, dass derselbe die Stresower nicht damit, als Recht sei, beschweren solle, widrigenfalls die Sache dem Kammergerichte zur Untersuchung und Regelung überwiesen werden müsse. Infolgedessen stand vermutlich der Magistrat gänzlich davon ab, von den Stresowern Hand- und Hofedienste zu fordern.

[3]) Schulze, Mscr. S. 653.

über die Havel fliegenden Funken auf dem Stresow zündeten und in
kurzer Zeit zwanzig Gehöfte desselben in Asche gelegt wurden.

Das Urbarium von 1744 bemerkt in betreff des Stresow:
„Die Vorstadt auf dem Stresow hat 38 Einwohner deren Häuser
mit Rohr meistens gedecket."[1])

Im Jahre 1751 liess der Prinz von Preussen auf dem Stresow
einen Paradeplatz herrichten und durch den Magistrat mit Linden be-
pflanzen. Aus dieser Zeit stammen die Linden vor dem Kirchhofe, von
welchem ein Stück zur Strasse genommen wurde. Gleichzeitig wurden
die Fundamente der alten Gertraudenkirche herausgegraben. Die Plantage
ist der Paradeplatz; sie hat von der Lindenanpflanzung ihren Namen.

1790 hat sich die Zahl der Gehöfte des Stresow auf 46 vermehrt,
von denen die jenseits des Schlangengrabens gelegenen am 4. März
1813 zur Sicherung der Stresowbefestigung von den Franzosen niedergebrannt wurden. Beim Retablissement Spandaus wurden diese Gehöfte
an den Weg nach Pichelsberg verlegt, wo sich jetzt der Grunewaldgarten
u. s. w. befinden.

Die Stresowbefestigung hat im Jahre 1811 ihren Anfang genommen.

Seit dem Jahre 1722 führt die Hauptstrasse von Spandau nach
Charlottenburg und Berlin über den Stresow. Früher ging dieselbe vom
Berliner Thore aus durch die Jungfernheide. Eine königliche Verordnung
vom Jahre 1722 verbot diesen Weg und lenkte allen Verkehr zwischen
Berlin und Spandau über Charlottenburg, ohne Zweifel in der Absicht
diesen neu entstehenden Ort zu heben. Im Jahre 1821 begann der
Bau der Chaussee, welche von Charlottenburg nach Spandau führt.

1832 wurde der alte Elsgraben zur Anlage eines Kanals benutzt.
Der Zweck dieses Kanals ist die an der Spree gelegenen Grundstücke
vor schädlichen Überschwemmungen zu hüten. Längs des Kanals wurde
eine Brustwehr aufgeworfen.

Im Jahre 1846 wurde die Hamburger Eisenbahn gebaut und auf
dem Stresow der Bahnhof errichtet.

Die Anlage der Geschützgiesserei erfolgte in den Jahren 1853
und 1854. Neben dieser entstand 1856 die Zündspiegelfabrik und 1865
die Artilleriewerkstatt.

Die Stresowkaserne I wurde im Jahre 1862, die Stresowkaserne II
im Jahre 1871 vollendet.

Durch Königliche Kabinettsordre vom 20. Juni 1855 wurde die
„Gewehr-Prüfungs-Kommission" in Spandau eingesetzt und derselben zur
Anlage von Schiessständen ein Teil des Grunewaldes vor den Morellen-
bergen überwiesen. 1861 erhielt die veränderte und erweiterte Kommission
den Namen der „Königl. Militär-Schiessschule". Die Vergrösserung dieses
Institutes machte den Bau einer Kaserne notwendig. Man erbaute die
Kaserne unmittelbar vor den Schiessständen der Militär-Schiessschule. Das
erste Gebäude wurde im Jahre 1876, zwei andere im Jahre 1880 vollendet.

Das Logengebäude wurde im Jahre 1869 erbaut.

---

[1]) Urbarium, Cap. IV. S. 4.

In den letzten zwanzig Jahren ist der Stresow durch eine Reihe stattlicher Privatbauten sehr verschönt worden. Der südliche Teil desselben, die Plantage, ist mit Gartenanlagen versehen, aus deren Mitte sich eine von einem Adler gekrönte Säule erhebt, welche zum ehrenden Gedächtnis der in den Kriegen von 1864, 1866 und 1870/71 gefallenen Söhne Spandaus errichtet und am 2. September 1876 feierlichst enthüllt worden ist.

Jetzt zählt der Stresow 73 Häuser.

b. Die Potsdamer Vorstadt.

Schon vor Errichtung der Stadtmauer befanden sich einige Gebäude in der jetzigen Potsdamer Vorstadt. Im Jahre 1239 gründeten hier die Markgrafen Johann I. und Otto III. das Benediktiner Nonnenkloster St. Marien.[1] Es lag vermutlich hinter dem jetzigen Schulzeschen Holzplatze in der Klosterstrasse. In seiner Nähe befand sich das Klostervorwerk, welches zum ersten Male 1590 erwähnt wird.[2] Zwischen dem Kloster und der Stadt gründete der Rat von Spandau das Hospital zum heiligen Geiste und seine Kapelle, deren Bau im Jahre 1244 vollendet wurde.[3] Hospital und Kloster waren durch einen Graben, den sogenannten Heiligen-Geist-Graben, von einander getrennt. Das ganze dem Kloster gehörige Gebiet wurde die Klosterfreiheit genannt.

Im Jahre 1367 finden wir das St. Jürgenhospital und seine Kapelle in der Potsdamer Vorstadt. Es wurde 1542 abgebrochen und mit dem Hospitale zum heiligen Geiste vereinigt. Der Ort, an welchem es lag, ist nicht zu bestimmen.

An der jetzigen Klosterstrasse zwischen der Seegefelder Strasse und der Hamburger Chaussee lag vielleicht schon im fünfzehnten Jahrhundert der erste Schützenplatz Spandaus und das älteste Schützengildehaus.

Auf dem Burgwalle und dem Lande zwischen diesem und dem Götelwege siedelten sich im Jahre 1560 die Kietzer an, welche eine dem Amte Spandau unterthänige Fischergemeinde bildeten und ursprünglich auf der Schlossinsel am Damme wohnten. Infolge des Baues der Citadelle mussten sie 1560 ihren alten Wohnsitz räumen. Ihre neue Ansiedelung umfasste 29 Gehöfte schon im Jahre 1590.[4]

Die Krummen Gärten werden 1624 zum ersten Male erwähnt, scheinen aber schon früher bestanden zu haben.

Ausserdem standen schon im sechzehnten Jahrhundert auf dem Raume zwischen dem jetzigen Wilhelmsgarten und dem Ahrandschen Bierlokale eine Reihe von Scheunen.

Im Jahre 1509 fasste der Rat den Beschluss Weinberge zu machen an dem Gatowschen Berge, so dass er „von dem Wasser umher hegen wollte zwei Morgen, von da weiter Bürgermeister Rücker vier

---

[1] Riedel, cod. I. 11, 148. „*Marggraff Johansen vnd Otten fundation des Klosters zu Spandow, vnd Donation des Dorffs Langwitz. Anno 1239*".
[2] Erbregister von 1590.
[3] Schulze, Mscr. S. 642.
[4] Erbregister von 1590, Fol. 25.

2*

Aus fortifikatorischen Rücksichten wurden 1816 den ehemaligen Bewohnern des Kietzes und Burgwalles Baustellen auf dem Tiefwerder angewiesen und ihnen ihre alten Grundstücke, um dieselben als Gartenland zu benutzen, überlassen. Der Staat legte einen Kommunikationsweg nach dem Tiefwerder und zwei Brunnen auf diesem Orte an und reinigte die Gräben um denselben. Auch die übrigen Gebäude der Potsdamer Vorstadt durften nicht an den alten Plätzen wieder aufgebaut werden, sondern es wurden den Besitzern nach einem dazu entworfenen Retablissementsplane neue Baustellen, 800 Schritt ausserhalb der Festungswerke, angewiesen.

Die Beschränkungen der Rayongesetze verhinderten die Entstehung grösserer Neubauten vor dem Potsdamer Thore. Erst in jüngster Zeit sind ausserhalb des Rayons solche entstanden, veranlasst durch den Zuzug einer starken Arbeiterbevölkerung, welche die königlichen Fabriken beschäftigten, und durch den Unternehmungsgeist der Gründerjahre, dem vornehmlich die Anlagen am Pichelsdorfer Wege ihre Entstehung verdanken. Der Bau der Lehrter Eisenbahn und die Anlage des Bahnhofes derselben, welche in den Jahren 1869 bis 1871 erfolgte, zog die Verlegung der im Jahre 1828 erbauten Hamburger Chaussee hinter den Bahnhof nach sich.

Der Weg nach Seeburg wurde 1824 gerade gelegt, der nach Segefeld 1829.

Die Klostermühle und die einstigen Besitzungen des Klosters, Klosterhof und Klosterfelde, sowie die Götelwiesen, die ganze sogenannte Klosterfreiheit, wurden am 1. Oktober 1872 dem Stadtgebiete einverleibt, bis dahin gehörten sie zum Rentamtsbezirke Spandau.[1]

Unter den Gebäuden der Potsdamer Vorstadt sind besonders hervorzuheben: der Lehrter Bahnhof, die vierte und fünfte Gemeindeschule in der Földerich- und Segefelderstrasse, die von der Artilleriewerkstatt und der Geschützgiesserei erbauten Arbeiterwohnhäuser in der Pichelsdorfer Strasse, das im Jahre 1881 vollendete Militärgefängnis an der Potsdamer Chaussee.

c. Die Oranienburger Vorstadt.

„Vor dem Heidethore" wurde die Gegend der jetzigen Oranienburger Vorstadt bis ins achtzehnte Jahrhundert hinein genannt. Aus der Stadt führte der Weg dorthin bis zum Jahre 1640 durch das Heidethor, welches, wie erwähnt, am Nordende der Potsdamer Strasse lag. Auf einem Damme überschritt man die bis zur Havel hin sich erstreckenden Spektewiesen und gelangte dann durch Gärten und Felder zur Stadtheide, die ursprünglich viel näher an die Stadt heranreichte.

Im Jahre 1330 bestanden bereits die „Elendengärten" vor dem Heidethore.[2]

---

[1] Köngl. Erlass vom 1. Juli 1872.
[2] Schulze, Mscr. S. 645.

1640 wurden von den Anlagen vor dem Heidethore zwei Meiereien, von denen die eine dem Rate, die andere Hans Richard von Bredow gehörte, und 25 Gärten mit einigen Häusern, weil sie der Stadtbefestigung hinderlich waren, zerstört. Gleichzeitig wurde das alte Heidethor geschlossen und statt seiner das neue Thor, welches 1747 den Namen „Oranienburger Thor" erhielt, eröffnet.

Als am Morgen des 4. Juni 1675 die Schweden von Oranienburg kommend vor Spandau erschienen, liess der damalige Stadtkommandant von Sommerfeld, in Erwartung einer Belagerung viele Gebäude und Scheunen der Oranienburger Vorstadt, darunter auch des Rates Vorwerke und Schäfereien, niederbrennen und die dem Thore zunächst gelegenen Gärten verwüsten.

1691 legte Ernst Gottlieb Cantius, später Ratmann und Bürgermeister, vor der Stadtheide am Neuendorfer Wege einen Baum-, Küchen- und Tabaksgarten an. Dieser ging 1730 in den Besitz des Amtsrats Schwechten und später eines Kaufmanns Haake über, der darauf eine Meierei anlegte. Es ist das heutige Etablissement Haakenfelde.

Im Jahre 1700 wurde die Schützengilde wieder aufgerichtet und 1701 zum Schützenplatze der jetzige Siekesche Zimmerplatz in der Neuendorfer Strasse ausersehen.

1731 zählte die Oranienburger Vorstadt 39 Feuerstellen.

1737 wurden die beiden Pulvermagazine an der Neuendorfer Strasse erbaut, von denen das eine jetzt zwischen den Wohngebäuden des Feuerwerks-Laboratoriums liegt, das andere als Stall für die Pferde des Artilleriedepots benutzt wird.

Das Urbarium von 1744 nennt die Oranienburger Vorstadt „die Vorstadt zum Neuen Thor" und sagt von derselben: Sie „lieget auf den Weg nach Falkenhagen, Schönenwalde und Neuendorff, bestehet in 66 Häuser inclusive einer Scheunen so meistens aber mit Rohr gedeckt. Die Einwoner sind Bürger und leben meistens von Ackerbau."

1772 wurde der Nicolaikirchhof eingerichtet und 1786 vergrössert.

Am Ende des achtzehnten Jahrhunderts finden wir in der Oranienburger Vorstadt:

in der Falkenhagener Strasse: die Rauensche Meierei, die Elendengärten, die Reihegärten, die Garnison-Armen-Gehöfte (Armenmeierei), die Mardersche Meierei;

am Schönwalder Wege: die Ratsschäferei, drei Predigergärten, den Weinberg des Bürgermeisters Reinicke, die Kirchenmeierei, die Fredersdorfsche Meierei, den Stadtschreibergarten, das Kibitzei (ein Berg mit Garten);

am Neuendorfer Wege: die Ratsmeierei oder das Ratsvorwerk, den neuen Kirchhof, den Schützenkrug mit dem Schützenplatze, die beiden Pulvermagazine, den Weizingerschen Weinberg, den Amtsschafstall, den Holzmarkt, drei Kolonistenhäuser, von denen zwei 1778 und das dritte 1784 erbaut sind, die Haaksche Meierei (Haakenfelde);

an der Havel: die Bürgerablage;

auf dem Eiswerder: ein Wohnhaus.

1790 zählte die Vorstadt 61 Häuser.

Während der Belagerung Spandaus liessen die Franzosen zum Schutze der Stadt die Ratsschäferei, das Kämmereivorwerk, 31 Gehöfte, 4 Gartenhäuser, eine Scheune und einige Stallgebäude in der Oranienburger Vorstadt niederbrennen, die später nach den Bestimmungen des Retablissementsplanes an anderen Stellen wieder aufgebaut wurden.

1796 wurde auf einem von der St. Nicolaikirche verkauften Terrain der Kirchhof der Johannisgemeinde eröffnet, der zugleich von der Garnison benutzt wird.

Am 27. März 1820 verkaufte die Schützengilde den ihr gehörigen Schützenplatz in der Neuendorfer Strasse an den Holzhändler Ludwig Schulze, nachdem sie bereits am 19. Januar 1820 das ihr jetzt gehörende Grundstück von dem Gastwirt Noack käuflich erworben hatte, auf welchem sich befanden: das jetzige Wohnhaus, ein kleines Gebäude neben dem Wohnhause, das auf der Stelle des jetzigen Eingangs stand und 1859 niedergerissen wurde, eine Scheune, die bis 1840 als Schiesshaus diente und dann niedergerissen wurde. An ihrer Stelle wurde das jetzige Schiesshaus erbaut.

Die Feldstrasse wurde 1824 planiert und bepflanzt, die Falkenhagener Strasse 1827 erweitert, gerade gelegt und bepflanzt, die Neuendorfer ebenfalls 1827 hergestellt und 1878 gepflastert.

1853 erbaute die Schützengilde die Halle und den kleinen Saal und die dazu gehörigen Zimmer, 1876 das grosse Saalgebäude.

Im Mai 1829 wurde das Feuerwerks-Laboratorium auf den Eiswerder verlegt. Es wurden demselben das darauf befindliche Wachthaus und Reduit überwiesen und mehrere andere Gebäude errichtet. Seit dem 1. August 1871 wird der Betrieb in dem Laboratorium durch Civilarbeiter versehen, und seit dieser Zeit hat das Etablissement einen gewaltigen Aufschwung genommen.

Seit dem Jahre 1872 sind die Artillerie-Wagenhäuser entstanden und zu deren Anlage ein Teil der Schülerberge abgetragen worden. Mit dem von dort abgefahrenen Sande füllte man die Wröhmännerwiesen am Hafenplatze aus und stellte dadurch den jetzigen Wröhmännerplatz her. Die Wohngebäude des Feuerwerks-Laboratoriums wurden in den Jahren 1874 bis 1876 vollendet. Die Kaserne in der Schönwalder Strasse ist am 1. Mai 1879 bezogen worden.

Laut Reichsgesetz vom 30. Mai 1873 wurde Spandau unter diejenigen Festungen, welche eine Erweiterung erfahren sollten, aufgenommen. Die neue Enceinte umfasst die ganze Oranienburger Vorstadt. Dadurch steht der vollständigen Bebauung derselben kein Hindernis mehr im Wege und es ist gegründete Aussicht vorhanden, dass nach dem unmittelbar bevorstehenden Falle der alten Stadtbefestigung die ehemalige Vorstadt mit ihren breiten Strassen den schönsten Stadtteil bilden wird. Schon jetzt hat dieselbe eine ganze Reihe stattlicher Häuser aufzuweisen.

Besonders hervorzuheben sind von den Gebäuden und Anlagen in der Oranienburger Vorstadt: die städtische Badeanstalt am Wröhmännerplatz; das Militär-Arrestlokal, der Johanniskirchhof, das Direktionsgebäude und die Arbeiterwohnhäuser des königl. Feuerwerks-Laboratoriums, und das Schützenhaus mit dem Schützenplatze in der Neuendorfer Strasse; die städtische Gasanstalt an der Havel; die 17 Artillerie-Wagenhäuser und der zwischen denselben liegende Judenkirchhof in den Schülerbergen; die Kaserne und der Nicolaikirchhof in der Schönwalder Strasse; der Turnplatz am Nordende der Feldstrasse.

Ein bedeutender Teil des der Schützengilde gehörigen, zwischen der Neuendorfer Strasse und den Artillerie-Wagenhäusern gelegenen Platzes ist vom Militärfiskus zur Anlage eines neuen Garnisonlazaretts, dessen Bau bereits begonnen hat, angekauft worden.

Der Eiswerder und der Valentinswerder, die beiden Havelinseln in der Nähe der Oranienburger Vorstadt, gehören in kommunaler Beziehung nicht zur Stadt Spandau, sind aber sonst so eng mit derselben verbunden, dass sie thatsächlich als Teile der Oranienburger Vorstadt erscheinen. Der Eiswerder wurde im Jahre 1746 als Eigentum des Amtes Spandau einem steiermärkischen Emigranten, Philipp Schupfer, auf königlichen Befehl zur Ansiedelung überwiesen. Im Jahre 1751 siedelte dieser Kolonist nach dem Valentinswerder, der ebenfalls Eigentum des Amtes Spandau war, über. Am 20. Dezember 1757 wurde der Valentinswerder dem Sohne Philipp Schupfers, Josef Schupfer, vererbpachtet. Der Eiswerder wurde 1826 vom Domänenfiskus dem Militärfiskus verkauft. Beide Inseln scheinen bis 1746 beziehungsweise 1751 wüste gelegen zu haben.

d. Vor dem Berliner Thore.

„Die Schlossfreiheit", so hiess einst die Gegend vor dem Berliner Thore bis zur Jungfernheide. Der Weg dorthin führte ursprünglich zu dem am Nordostende des Behnitz gelegenen Mühlenthore hinaus. Unmittelbar vor diesem Thore an Stelle des jetzigen Geschützschuppens lag eine Mahlmühle, welche späterhin die alte oder grosse Mühle genannt wurde. An der Mühle vorbei gelangte man über die Havel auf die alte Heerstrasse in den Barnim, den sogenannten „Damm". Südlich dieser Strasse lag ein wendisches Fischerdorf, der Kietz, welcher im Jahre 1375 nach Kaiser Karls IV. Landbuch der Mark Brandenburg 25 Wohnhäuser zählte.[1]) Noch heute wird die Gegend des Schulzeschen Kalkbrennerei-Grundstückes an der Berliner Brücke, der Winkel zwischen Havel, Spree und Berliner Chaussee, als der „alte Kietz" bezeichnet. Zur Linken des Dammes lag das von Wall und Graben umgebene Schloss Spandow mit dem Juliusturme.

Im Jahre 1557 fasste Kurfürst Joachim II. den Entschluss, in dem Winkel am Zusammenflusse von Spree und Havel eine Festung zu erbauen, welche das ganze alte Schloss Spandow umfassen sollte. Der Bau wurde im Jahre 1560 begonnen und 1594 durch den Grafen Rochus Guerini zu Lynar vollendet. Diese Festung ist die jetzige Citadelle Spandaus. Die Anlage derselben machte die Verlegung der alten Heer-

---

[1]) Fidicin, Kaiser Karls IV. Landbuch der Mark Brandenburg. S. 23.

strasse in den Barnim nötig. So entstand der „neue Damm", aus welchem sich die jetzige Berliner Chaussee entwickelt hat. Als Zugang zu dem neuen Damme wurde im Jahre 1569 das Berliner Thor eröffnet und die Berliner Brücke erbaut. Auch die Kietzer mussten infolge des Festungsbaues ihren alten Wohnsitz räumen. Zur Neuansiedelung wurde ihnen der Burgwall und das Land zwischen diesem und dem Götelwege ver dem Klosterthore angewiesen. Sechs derselben wurden ausserhalb der Stadtmauer angesiedelt und bildeten fortan die Gemeinde „Damm", welche mit dem 1. Oktober 1875 der Stadt Spandau einverleibt wurde.[1]

Das „Erb Register des Ambtts Spandow" von 1590 beschreibt die Schlossfreiheit wie folgt:[2]

„Die Freyheyt vor dem Schloss" — fangett an, an das Mollenthor, Von dar zur linkenn Handt umb die Festung oder des Schlosses, und nach der Scheffereyen, welche man die Ganzer schefferey nennett, aber Churf. g. zustendig und uf dieser Freyheitt ganz und gar gelegen ist, Vollents bis an die Junffer Heyde an den Bernowschen wegk der Izo uf Daldorf gehett, Von dem selben wege neben dem Radelande bis an das Heuslein darin Itzo Hans Bergemann der Voigt wohnett, und rollends den Tam entlengst bis an das Stadtthor, sonst das newe thor genandt, von diesem newen thore vorlangk der Stadt Mawern auszerhalb der Stadt bis an das alte Möllenthor, da diese Freyheitt zu beschreiben angefangen."

„Diese Freyheitt, wie Sie in Irem Revir gelegenn, gehortt zum Schlosse. Darinnen seindt nachvolgende Gebeude zu finden, die Churf. g. alleine zugehörenn, Als erstlich das Schloss oder die Festung wie obgemeldt. Das Vorwergk und die Scheferey. Item die Ziegelscheune, und noch etliche Heuser als die Gertnerey, ein Hausz darin der Schiffbauer und der Kuhhirthe wohnett, ein Hausz vor an dem Dam darin Hans der Voigt wohnett, ein Hausz darin Hans Dux der Zeugkmeister und ein Hausz darin der Landreytter Wolf Schneider wohnett."

„Item der Herr Graffe hatt in dieser Freyheitt auch eine Meyerey gelegenn, und dazu etlichen Acker, welchs im Churf. G. aus gnaden vorschriben und gegeben. Lautt der Begnadigungs Vorschreibung."

„Über das wohnen noch uff dieser Freyheitt Irer Sibenn als

1. Matz Rottstock
2. Hans von Anspach
3. Wolff Schneider Landreytter
4. Hans Schmidt . . . . gibt 5 Hüner
5. Heinrich Armgarth hatt keine Vorschreibung
6. Joachim Scharmundt Hoff Botticher
7. Anthonius Breuningk, Ambtschreiber.

Dise vorgeschribene Syben haben Ire Heuser Erblich gleich andern Bürgern in der Stadt, seindt aber allerley Unpflichtt befreyheitt ausgenommen die beide lezten als der Ambtschreiber und Hoffbotticher seindt

---

[1] Gesetz vom 25. Juni 1875.
[2] „Erb Register des Ambtts Spandow, zubeschreiben angefangen Freitags am Tage Galli, welcher ist der 16. Monatstagk Octobris nach Christi geburth Ein Tausendt fünff hundertt und Neuntzigk." Kgl. Geh. Staats-Archiv.

schuldigk von Iren heusernn, Bier, welches zu Schlosse gebrawen wirdt, in den Kellernn helffen zu bringen, und darüber gibt ein jeder jehrlich zwolf huner."

In der Nähe der Festung, zwischen dieser und dem Plane, erbaute der Graf zu Lynar im Jahre 1578 eine Pulvermühle, welche 1617 abgebrochen wurde. 1636 wurde eine neue östlich der Citadelle erbaut. Diese flog am 23. April 1663 in die Luft und wurde von Grund aus neu gebaut. Nachdem sie 1719 zum zweiten Male in die Luft geflogen war, benutzte man das Gefälle zur Anlage einer Schleif- und Poliermühle für die Gewehrfabrik in Potsdam.

1611 übergab Graf Johann Casimir zu Lynar dem Rate der Stadt Spandau anstatt der 1000 Thaler, welche sein Vater testamentarisch der Nicolaikirche vermacht hatte, „seinen Garten und Meierei vor Spandau hinter der Festung und gegen der Kurfürstl. Schäferei über mit den darin vorhandenen Gebäuden an Haus, Scheunen und Stallung auch anderm Zubehör und Freiheiten." 1658 übertrug der Rat das Grundstück der Kirche und nun wurde dasselbe als „Kirchenmeierei auf dem Plan" bezeichnet.

Im Jahre 1722 legten die Kaufleute Splittgerber und Daum aus Berlin auf Veranlassung König Friedrich Wilhelms I. eine Gewehrfabrik auf dem Plane an. 1784 umfasste die Fabrik einschliesslich der Arbeiterwohnungen und einer katholischen Kirche 38 Gebäude. Das Fabrikpersonal bildete die Gemeinde „Plan", welche, nachdem die Fabrik im Jahre 1852 in den alleinigen Besitz des Staates übergegangen war, aufgelöst wurde. Die Arbeiterfamilien zogen nun in die Stadt.

Die königl. Pulverfabrik wurde im Sommer 1839 in Betrieb gesetzt.

Beide Fabriken sind durch Retranchements befestigt und haben in den letzten Jahren bedeutende Erweiterungen und Umgestaltungen erfahren. Seit dem 1. Oktober 1872 sind sie der Stadt Spandau einverleibt.[1]

Das Etablissement „Paul Stern" war ehemals ein Gasthaus, genannt „der güldene Stern". Im Jahre 1718 musste der Magistrat von Spandau denselben an Zahlungsstatt für die dem Fiskus verkaufte Ratsschneide- und Lohmühle am Klosterthore annehmen. Der güldene Stern lag an der alten Strasse nach Berlin und hatte so lange gute Nahrung, als der Gasthof zum Rothen Adler vor dem Potsdamer Thore ihm noch nicht Abbruch that und die eigentliche Strasse nach Berlin noch durch die Jungfernheide führte. 1780 sah sich der Magistrat genötigt, den Sternkrug zu verkaufen, da er keinen Pächter mehr fand.

Die königliche Gasanstalt vor dem Berliner Thore ist im Jahre 1868 eingerichtet worden. Neben derselben liegen zwei zur Artilleriewerkstatt gehörige Wohnhäuser.

---

[1] Königl. Erlass vom 1. Juli 1872.

3. Das Stadtgebiet.

Die Urkunde vom 7. März 1232 bestimmt die Grenzen des Stadtgebietes folgendermassen:

„Ejusdem autem civitatis terminos
nostre ita distinguimus: versus orientem usque ad fluvium quod Croewel
vocatur; versus meridiem usque ad
stagnum quod Scarplanke vocatur;
versus occidentem usque ad fossam
argille; versus Septentrionem autem
usque ad salicem et ad pontem, qui
Bolbrucke vocatur et usque ad siluam
Stariz et usque ad montem Babe:
quos terminos sic distinctos precipimus ab omnibus firmiter observari."

„Derselben unserer Stadt Grenzen
aber bezeichnen wir also: gegen Osten
bis an das Fliess, das Croewel genannt wird; gegen Süden bis an den
See, welcher Scarplanke heisst; gegen
Westen bis an die Lehmgrube; gegen
Norden aber bis an die Weide und an
die Brücke, welche Bolbrücke (Blockbrücke) bezeichnet wird, und bis an den
Wald Stariz und bis an den Berg Babe:
welche also bezeichneten Grenzen wir
von allen beobachtet wissen wollen."

Die Grenze des Stadtgebietes zog sich also vom Flusse „Croewel"
im Osten südwärts zum See Scarplanke, von da westlich zur Lehmkute und
von dieser nach Norden an einer Weide vorbei über die Bolbrücke längs
des Waldes Stariz zum Berge Babe.

Die Feststellung dieser ältesten Markscheiden bietet mannigfache
Schwierigkeiten dar. Mit unbedingter Sicherheit zu erkennen ist nur der
See Scarplanke und der Berg Babe. Jenes ist der Havelsee bei Pichelsdorf, welcher noch heute den Namen „Scharfe-Lanke" führt, diesen
findet man in den Papenbergen wieder. Noch heute erstreckt sich das
Stadtgebiet nach Süden hin bis zur Scharfen-Lanke, nach Norden bis zu
den Papenbergen. Die Lehmkute ist nicht mehr vorhanden. Sie lag
unzweifelhaft auf der Grenze der Spandauer, Seeburger und Stakener Feld-
mark an den hohen Weinbergen, wo man noch heute Lehm findet. Die
Weide ist von der Zeit zerstört.

Auch die Bolbrücke oder Blockbrücke, wie wohl der eigentliche
Name lautete, ist verschwunden. Die noch vorhandene Brücke dieses
Namens auf dem Wege zwischen Hennigsdorf und Bötzow kann hier nicht
in Betracht kommen.

Der Name Staritz findet sich als Waldbezeichnung noch heute in
einem Teile der Bötzower Heide.[1]) Ehemals führte vielleicht die ganze
Falkenhagener Forst den Namen.

Von einer Veränderung der Süd-, West- und Nordgrenze des
Stadtgebietes ist nichts überliefert und es ist deshalb anzunehmen, dass
die Grenze in dieser Richtung noch denselben Verlauf nimmt, wie im
Anfange. Bis an die heutige Staritzheide und die heutige Blockbrücke
kann das Stadtgebiet Spandaus nie gereicht haben. Die Grenzbestimmungen
von 1232 würden gar zu unsinnige sein, wollte man unter der Staritzheide und der Bolbrücke von damals die Heide und Brücke, welche heute
diese Namen führen, vermuten.

Die grösste Schwierigkeit macht die Auffindung des Flusses
„Croewel". Berücksichtigt man jedoch die Urkunde vom 13. August

---

[1]) Generalstabskarte Sektion Marwitz.

1320, durch welche Herzog Rudolf von Sachsen der Stadt Spandau Rechte und Grenzen von neuem bestätigt,[1] so sind diese Schwierigkeiten zu beseitigen. Die Urkunde giebt die Grenzbestimmungen im wesentlichen mit denselben Worten, wie die von 1232, nur dass sie „Crowel" statt „Croewel" schreibt und dem hinzufügt:

„*Namque excessus infra istas distinctiones commissos prefectus dicte civitatis potest et debet judicare cum civibus supradictis,*" das ist: „*Die innerhalb dieser Markscheiden begangenen Verbrechen kann und soll der Schulze genannter Stadt mit obgemeldten Bürgern richten*".

Das Stadtgebiet war also das städtische Weichbild, der städtische Gerichtsbezirk; die Grenzen des einen ergeben somit die Grenzen des andern.

Nördlich der Spree hat die Stadt niemals auf dem linken Havelufer irgend welche Gerichtsbarkeit ausgeübt. Die dort gelegenen Teile des jetzigen Kommunalgebietes sind erst in den Jahren 1872 und 1875 einverleibt worden, früher standen sie mit der Stadt in keiner Verbindung, sondern unterstanden der Gerichtsbarkeit des Kurfürstlichen später Königlichen Amtes.

Südlich der Spree dehnte sich das Stadtgebiet seit den ältesten Zeiten auf das linke Havelufer aus. Nach unserer oben begründeten Annahme gehörte der Stresow von Anfang an zur Stadt (s. pag. 16). Bei den vielfachen Streitigkeiten, welche von der Mitte des sechzehnten bis in den Anfang des achtzehnten Jahrhunderts zwischen dem Kurfürstlichen und späteren Königlichen Amte und der Stadt Spandau über die Grenzen des städtischen Gerichtsbezirkes obwalteten, wird der Stresow stets als der städtischen Jurisdiktion unterworfen bezeichnet.[2] Der Fluss „Croewel" oder „Crowel" ist daher im Osten des Stresow zu suchen.

Heute wird mit dem Namen „Kreuel", so ist das Wort „Croewel" zu lesen, von den Fischern der Havelarm benannt, welcher von der Citadelle herabkommend unmittelbar an der Spreeschanze in die Spree mündet. Die Fortsetzung dieses Flussarmes bildet jenseits der Spree der den Stresow im Osten begrenzende Schlangengraben. Unter diesem Namen erscheint das Wasser erst im achtzehnten Jahrhundert, dass es denselben schon früher geführt habe, ist mindestens fraglich. Die über den Graben führende Brücke wird im siebzehnten Jahrhundert die „Schlangenborgsche Brücke" genannt, woraus dann später der abgekürzte Name „Schlangenbrücke" oder „Schlenkenbrücke" entsteht. Den ersten Namen erhielt die Brücke, weil sie zu einem Grundstücke führte, welches die „Schlangenborg" oder „Schlangenburg" benannt war.[3] Es ist nun leicht denkbar, dass der Schlangengraben ursprünglich, wie der Flussarm, dessen Fortsetzung er bildet, den Namen Kreul geführt, später aber von der Brücke seinen jetzigen Namen erhalten hat, der bald so allgemein wurde,

---

[1] Riedel, cod. I. 11, 27.
[2] Riedel, cod. I. 11, 151. u. a. a. O.
[3] *Protocollum welches bey der von Seiner Churfrl. Durchl. gnädigst ex officio veranlassten Commission zwischen Seiner Excell. etc. an einem entgegen E. E. Rath u. Bürgerschaft zu Spandow wegen der Gerichte und Untersuchung der Wiesen Hütungen und andern gerechtigkeiten der Stadt den 22. 23. u. 24. Sept. 1668 gehalten worden.* Magistratsregistratur.

dass er den alten Namen ganz verdrängte. Somit ist es mehr als wahrscheinlich, dass der Schlangengraben identisch ist mit dem „Croewel" oder „Crowel" der Urkunden von 1232 und 1320, derselbe also ursprünglich die Grenze des Stadtgebietes nach Osten hin bildete. Heute gehören auch die jenseit desselben gelegenen Freiheitswiesen zum Stadtgebiet. Im Jahre 1668 wurde deren Zugehörigkeit vom Kurfürstlichen Amte noch bestritten. Wann die endgiltige Einverleibung derselben erfolgte, ist nicht bekannt; es scheint im Jahre 1725 geschehen zu sein[1].)

Die Grenze des städtischen Weichbildes verlief also anfänglich im Süden, Westen und Norden in derselben Richtung, wie noch heute, im Osten wurde sie durch die Havel und den Schlangengraben, welcher ursprünglich den Namen Kreuel führte, gebildet.

Innerhalb dieser Grenzen lagen jedoch einzelne Gebiete, welche anfänglich nicht zum städtischen Weichbilde gehörten; es sind dies: der Behnitz, die an demselben gelegene markgräfliche Mühle, die Klostermühle, das Marienkloster und seine Besitzungen, die Götelwiesen und das Terrain, welches jetzt der Damm und die Körnersche Schneidemühle einnehmen.

Der Behnitz wurde im Jahre 1240 der Stadt einverleibt (s. pag. 8), das ehemalige Mühlengrundstück an der Schleuse, die Klostermühle, die einstigen Besitzungen des Marienklosters, Klosterhof und Klosterfelde, und die Götelwiesen mit dem 1. Oktober 1872,[2]) der Damm und die Körnersche Schneidemühle mit dem 1. Oktober 1875.[3])

Mit Einverleibung des Dammes und der Körnerschen Schneidemühle, welche bis dahin eine selbständige Dorfgemeinde gebildet hatten, erfuhr das Stadtgebiet auch nach Osten hin eine Erweiterung, indem das Schulzesche Kalkbrennerei-Grundstück dem Kommunalbezirke eingefügt wurde. Auch dieses Grundstück hatte bisher zur Gemeinde Damm gehört. Schon früher, mit dem 1. Oktober 1872, waren die königl. Gewehrfabrik, die königl. Pulverfabrik, die fiskalische von Spandau nach Berlin führende Chaussee bis zur Grenze des Gutsbezirkes Haselhorst und das Land zwischen dieser Chaussee, der Spree und der Grenze des genannten Gutsbezirkes mit Ausnahme des Schulzeschen Kalkbrennerei-Grundstückes dem Stadtgebiete einverleibt worden.[4]) Die im Osten des Gutsbezirkes Haselhorst gelegenen Spreewiesen am Nonnendamm werden thatsächlich als zum Kommunalbezirke Spandau gehörig betrachtet, die offizielle Einverleibung derselben ist aber bisher nicht erfolgt.

Die Citadelle einschliesslich des Glacis bildet einen selbständigen fiskalischen Gutsbezirk; aber die übrigen innerhalb des Kommunalbezirkes gelegenen Festungswerke gehören zu diesem unbeschadet der der Kommandantur innerhalb dieser einzelnen Festungswerke und Festungsteile zustehenden Militärpolizei.[5])

Der Eiswerder, der Valentinswerder, sowie das Etablissement Salzhof gehören zu einem besonderen Gutsverbande.

---

[1]) Urbarium der Stadt Spandau vom Jahre 1744. Magistratsbibliothek. Das Urbarium verlegt irrtümlich den Kanal an den Nonnendamm.

[2]) u. [4]) Königl. Erlass vom 1. Juli 1872.

[3]) Gesetz vom 25. Juni 1875.

[5]) Verfügung der Königl. Regierung zu Potsdam vom 30. Januar 1878

II. Geschichte des Schlosses, der Citadelle, der Stadtbefestigung, des Kietzes und Dammes und des Zuchthauses.

II. Geschichte des Schlosses, der Citadelle, der Stadtbefestigung, des Kietzes und Dammes und des Zuchthauses.

1. Das Schloss Spandow.

Auf derselben Havelinsel, welche heute die Citadelle der Festung Spandau einnimmt, stand vordem das „feste Schloss" oder die „Burg Spandow."[1]) Urkundlich wird dies Schloss zum ersten Male 1317 erwähnt;[2]) es ist aber viel älter. Wie wir oben nachzuweisen versucht haben, müssen wir das Schloss Spandow als eine Gründung Albrechts des Bären betrachten, angelegt um 1160 zur Deckung des Havellandes gegen Angriffe der noch nicht unterworfenen Wenden des Barnim und Teltow. 1197 ist es bereits der Sitz eines Markgräflichen Vogtes und 1229 ziehen sich die Markgrafen Johann I. und Otto III., als sie vom Erzbischofe Albert von Magdeburg an der Plaue geschlagen worden waren, in dasselbe zurück.[3]) Die askanischen Markgrafen verweilten oft in dem Schlosse Spandow, die der ottonischen Linie scheinen sogar auf demselben ihre eigentliche Residenz gehabt zu haben.

Im Anfange des Jahres 1308 starb Hermann der Lange, der letzte der Markgrafen aus der ottonischen oder salzwedelschen Linie der Askanier. Über seinen noch unmündigen Sohn Johann und seine drei unmündigen Töchter hatte er vier märkische Ritter zu Vormündern ein-

---

[1]) Die Lage der Burg an Stelle der jetzigen Citadelle ergiebt sich daraus, dass in einer Urkunde vom 11. Dezember 1481 die Kietzer von Spandow als vor dem Schlosse wohnend bezeichnet werden. (Riedel, cod. I. 11, 119.) Damals aber lag der Kietz auf dem linken Ufer der Havel in der Gegend des jetzigen Schulzeschen Kalkbrennerei-Grundstückes. Noch heute wird diese Gegend der alte Kietz genannt.

[2]) Riedel, cod. I. 11, 23. „*Per presentes litteras dotamus altare in honorem beatorum Dyonisii sanctorumque ejusdem premissorum in capella castri Spandow situm.*" 12. April 1317.

[3]) Meibom. script. rer. Germ. 11. p. 330. Chronicon Magdeburgense.

3

gesetzt, welche zugleich die Regierung in seinen brandenburgischen Landen führen sollten. Markgraf Otto IV. aus der johanneischen oder stendalschen Linie fühlte sich durch diese Anordnung in seinem Rechte wie in seinem Vorteile verletzt und beauftragte deshalb seinen Neffen Waldemar die Vormundschaft über die Kinder Hermanns an sich zu bringen.

Da Waldemar sich mit einer der Töchter Hermanns vermählen sollte, so gelang es ihm, die Einwilligung der Markgräfin Anna, der Witwe Hermanns, zur Übernahme der Vormundschaft zu erhalten. Der junge Johann sollte am Hofe des Markgrafen Otto erzogen, und ein Teil der Landeseinkünfte an Otto und Waldemar abgeführt werden. Die Vormünder erklärten sich entschieden gegen diese Massregel, entführten den jungen Markgrafen mit Einwilligung der schwachen Mutter und brachten ihn auf das Schloss Spandow in Sicherheit. Als Waldemar der Mutter deswegen Vorstellungen machte, leugnete sie, dass die Entführung mit ihrer Einwilligung geschehen sei. Da überfiel Waldemar mit einem Haufen Bewaffneter das Schloss Spandow und bemächtigte sich gewaltsam des jungen Johann. Diese That machte so grosses Aufsehen, dass die sämtlichen Städte der ottonischen Lande im März 1308 sich mit einander fest und eidlich verbanden nötigenfalls Gewalt gegen Gewalt zu setzen. Die Vormünder flüchteten, Anna aber begab sich auf ihren Witwensitz Koburg. Nachdem zu Anfang des Jahres 1309 Otto IV. gestorben und Waldemar sein alleiniger Erbe geworden war, söhnte sich dieser mit den Vormündern aus, und als Anna auf ihren andern Witwensitz, Arneburg in der Altmark, zurückgekehrt und dort die Verlobung Waldemars mit Agnes, der Schwester des jungen Johann, gefeiert worden war, erkannten die ottonischen Lande Waldemar als Vormund seines jungen Schwagers an und leisteten ihm als solchem Huldigung. Bis zum August 1314 führte Waldemar die Vormundschaft, da wurde Johann zwölf Jahre alt und nach damaligem Rechte regierungsfähig. Doch nur kurze Zeit regierte er selbständig die ottonischen Lande, da er bereits 1317 starb. Seitdem vereinigte Waldemar die gesamten märkischen Lande unter seiner Regierung, jedoch nur kurze Zeit, denn er starb schon 1319 im Alter von 28 Jahren.[1]) Er hielt sich im März 1309, im April 1310, im März und April 1311, im Februar und März 1312, im Februar 1313, im Februar 1314, im Juli 1315, im Dezember 1316, im April, Juni und Dezember 1317, im Januar, Februar, März und Dezember 1318, im Januar, April und Mai 1319 auf Schloss Spandow auf.

Johann weilte auf Schloss Spandow im November und Dezember 1314, im November und Dezember 1315, im März und April 1316, im Januar, Februar und März 1317.[2]) Am 24. März 1317 starb er

[1]) Riedel, cod. IV. 19. Bruchstücke einer brandenburgischen Chronik aus Pulcawas böhm. Chron. I. 9, 7.

[2]) Riedel, cod. I. 11, 19; 1, 129. II. 1, 307. I. 21, 111, 112; 3, 96; 19, 127. II. 1, 318, 339. I. 15, 61, 62; 11, 229, 230; 12, 69; 13, 21; 10, 231; 12, 350; 3, 355. II. 1, 401. I. 18, 375; 11, 23; 18, 445; 24, 12; 23, 16; 8, 217; 13, 239. II. 1, 428. I. 9, 14, 25, 189; 8, 218; 11, 24; 18, 373; 15, 64; 5, 308; 14, 52; 9, 12; 12, 208. II. 1, 382. I. 12, 286. II. 1, 386. I. 11, 209, 21. IV. 21.

daselbst.[1]) Am 1. April 1317 kam Markgraf Waldemar nach Spandau und nahm auf dem Schlosse die Huldigungen mehrerer Vasallen und Städte entgegen.[2]) Am 10. April reiste er nach Eberswalde. Allda beschenkte er den Altar des Dionysius in der Kapelle des Schlosses Spandow mit Hebungen aus Biesenthal.[3])

Auch die bairischen Markgrafen residierten häufig auf dem Schlosse Spandow. Am 26. Dezember 1352 übergab Markgraf Ludwig der Römer dem Rate von Spandau sein *„Haus, die Vorburgk, das vor dem Tamm gelegen ist;"* sie sollen es *„halden und an allen Notturften bewaren."*[4]) Diese Vorburg ist ein zum Schlosse gehöriges, aber ausserhalb der Umwallung derselben gelegenes Gebäude.

Am 27. Mai 1355 übertrug Markgraf Ludwig der Römer dem Jungfrauenkloster bei Spandau das Patronat über den Altar der Jungfrau Maria in der Schlosskapelle.[5]) Der Bischof Dietrich von Brandenburg bestätigte diese Übertragung am 30. September 1357.[6])

Am 8. September 1356 belehnte Markgraf Ludwig der Römer seinen getreuen Diener und Kammerknecht Fritzel wegen seiner mannigfachen getreuen Dienste mit dem *„ambacht"* seines *„Tormes zcu Spandow"*, *„en zcu bewanende und czu habende mit aller nuzze, fruchten, eren, gemachen, renthen, zcugehorenden und gerechteheiden, die darcze ghehorn"*. Durch den Tod des bisherigen Inhabers *„Klawis loborch"* war das *„Tormambacht"* erledigt worden.[7]) Dieses Turmamt kann nichts anderes sein als das Wächteramt auf dem Schlossturme, denn die Türme der Stadt standen nicht unter markgräflicher Lehnshoheit, und andere Türme sind nicht vorhanden gewesen. Unter diesem Schlossturme müssen wir uns den Juliusturm der jetzigen Citadelle vorstellen, denn in ihm ist uns der letzte Rest des alten Schlosses, wenn auch nicht ganz in seiner ursprünglichen Gestalt, erhalten. Wer den Turm erbaute und wie er zu seinem Namen kam, das ist allerdings nicht zu sagen. Die zum Baue verwandten Steine stimmen in der Grösse vollständig mit denen in der alten Stadtmauer überein. Man könnte also mit einigem Rechte die Vermutung aufstellen, dass der Juliusturm zugleich mit der Stadtmauer, also um das Jahr 1320, entstanden sei. Im übrigen macht er ganz den Eindruck eines Bauwerkes aus der Zeit Kaiser Karls IV.

Um 1400 soll der Ausdruck „einen mit dem Julius bestrafen" bereits sehr gebräuchlich gewesen sein. Sicherlich ist das Burgverliess zu Spandau in den Zeiten der Quitzows adligen und nichtadligen Wegelagerern und Räubern oft ein unbequemer Aufenthalt gewesen, wiewohl es an glaubwürdigen Überlieferungen fehlt. Wahrscheinlich hat Dietrich von Quitzow, als ihn die Spandauer am 10. November 1402 bei Tremmen

---

[1]) Riedel, cod. IV. 21.
[2]) Riedel, cod. I 3, 355; 12, 35. II. 1, 401.
[3]) Riedel, cod. I. 11, 23.
[4]) Riedel, cod. I. 11, 45.
[5]) Riedel, cod. I. 11, 47.
[6]) Riedel, cod. I. 11, 55.
[7]) Riedel, cod. I. 11, 50.

geschlagen und gefangen genommen hatten, bis zum 25. November, wo ihn Markgraf Jost gegen ein Lösegeld von 1000 Mark wieder freiliess, die vierzehntägige Haft im Juliusturme ausgehalten. Dies ist um so wahrscheinlicher, als die Spandauer den Dietrich von Quitzow nicht in eigener Fehde, sondern in der Heeresfolge des Herzogs Johann von Mecklenburg, damaligen Statthalters der Mark, gefangen nahmen, Dietrich also nicht ihr, sondern des Landesherrn Gefangener war.

Um 1420 ist das Schloss Spandow mit Zubehör an die von Sparre und von der Lipe als Burglehen vergeben. 1427 und 1428 löst Markgraf Johann, der für seinen Vater Friedrich die Regierung führt, diese Burglehen für 170 Schock böhmischer Groschen wieder ein. Bald darauf überträgt er die Verwaltung des Schlosses seinem Küchenmeister Ulrich Zeuschel.[1]) Friedrich II. verpfändet diesem 1441 sogar das ganze Schloss. Durch die hierüber ausgestellte Urkunde erfahren wir zum ersten Male etwas Näheres über den äusseren Zustand des Schlosses. Es war von Wall und Graben umgeben. Über den Graben führte eine Zugbrücke zu dem einzigen Eingange, einem steinernen Thorhause, in welchem über dem Thorgewölbe selbst ein Gemach lag, das der Kurfürst bei seiner Anwesenheit in Spandau zu bewohnen pflegte. Zur Rechten des Eingangs lagen drei Gebäude, *„das Borgfriede"*, vermutlich der Juliusturm, mit dem Wohnhause und noch zwei andere Gebäude, von denen das eine ein Brauhaus war.[2]) Wie die Gebäude im einzelnen zu einander lagen, wie sie aussahen und welchen Anblick das Ganze gewährte, darüber lässt sich infolge des gänzlichen Mangels an Plänen und anderweitigen Nachrichten durchaus nichts sagen.[3])

In dem Streite, welchen Kurfürst Friedrich II. mit den Städten Berlin und Kölln ausfocht, wurden die Verhandlungen vielfach auf dem Schlosse Spandow geführt. Hier tagten am 25. Mai 1448 Steffan, Bischof zu Brandenburg, Adolf, Fürst zu Anhalt und Graf zu Askanien, Albrecht, Graf von Lindow und Herr zu Ruppin, Nickel Tirbach, Meister des Johanniterordens in der Mark, und die Bürgermeister und Ratmannen der Städte Brandenburg, Frankfurt und Prenzlau und verhandelten zwischen dem Kurfürsten Friedrich II. und den Städten Berlin und Kölln und schlossen einen Vertrag ab, dem sich die streitenden Parteien unterwarfen.[4]) *„In dem cleynen Stubelin uber dem Torhusz"* und in der *„gnedigen frowen Stuben"* sass dann vom 23. bis 29. September und vom 5. bis 14. Oktober

---

[1]) Riedel, eod. I. 11, 88.

[2]) *„Wir friderich — Bekennen, — das wir vnsern Kuchenmeister — vlrichen Czewschel — das Borglehen in vnserm Slosse Spandow — nemelichen die drey gebaw, die zu der rechten hant, so man in das genannte vnszer Slosz kommet, das Borgfrieden mit dem wohnhause, auch das Brawhawsz vnd das gebaw, das zwischen den Borgfrieden vnd dem Brawhuse steet — — — vor anderthalb hundert schog groschen — pfandeswise Ingegeben haben."*

[3]) Das Königl. Geheime Staatsarchiv bietet durchaus kein Material. Sollte sich aber der vom Baumeister Christof Römer oder Romanus im Jahre 1557 für den Bau der Citadelle entworfene Plan noch irgendwo vorfinden, so müsste er Aufschluss geben über die Art der Anlage des alten Schlosses.

[4]) Urkundenb. zur Berl. Chronik. S. 400.

der Kurfürst mit seinen Räten zu Gericht über diejenigen Bürger von Berlin und Kölln, welche sich als Lehnsleute der Felonie oder schwerer Vergehungen gegen den Kurfürsten schuldig gemacht hatten.[1]

Nach Vollendung des Schlosses zu Berlin weilten die zollernschen Kurfürsten nur selten auf dem Schlosse Spandow. Dies wurde fortan zum Witwensitze für die Kurfürstinnen bestimmt. Als solchen verschrieb es 1452 Kurfürst Friedrich II. seiner Gemahlin Katharina, 1491 Kurfürst Johann seiner Gemahlin Margaretha und 1502 und 1508 Kurfürst Joachim I. seiner Gemahlin Elisabeth.[2] Diese bewohnte das Schloss nach dem Tode ihres Gemahls von 1535 bis zum ersten Pfingsttage 1555, an welchem sie von ihrem Sohne Kurfürst Joachim II. krank nach Kölln geschafft wurde. Hier verstarb sie wenige Tage später.

Bald nachher fasste Kurfürst Joachim II. den Entschluss, das Schloss Spandow in eine Festung umzuwandeln. Schon 1557 beauftragt er den Maler und Baumeister Christof Römer, der sich gewöhnlich Romanus[3] nannte, mit Ausarbeitung eines Planes. 1559 berief er darauf einen Landtag in das Schloss Spandow, welcher die zum Baue der Festung nötigen Gelder bewilligte. Die Festung sollte so angelegt werden, dass sie das ganze alte Schloss umfasste.

2. Die Citadelle.

Nachdem die Stände dem Kurfürsten Joachim II. zum Bau einer Festung, welche das ganze alte Schloss Spandow umfassen sollte, die nötigen Gelder bewilligt hatten,[4] begann der Maler und Baumeister Christof Römer oder Romanus im Jahre 1560 den Bau. Die wendischen Fischer, welche am Damme, der alten Heerstrasse in den Barnim, wohnten, mussten ihre Wohnsitze verlassen. Sechs derselben wurden auf dem heutigen Damme, die übrigen vor dem damaligen Klosterthore, dem jetzigen Potsdamer Thore, hinter dem Stint am Burgwalle angesiedelt.

1568 übertrug der Kurfürst den Bau der Festung dem Venetianer Franciscus Chiramella de Gandino und liess ihn 1569 bei dem grossen Dankfeste, das wegen der erfolgten Belehnung mit dem Herzogtume Preussen gefeiert wurde, zum Ritter schlagen. 1572 ging Chiramella nach Italien. Im Frühling 1573 kehrte er zurück und erhielt unterm 9. Juni 1573 vom Kurfürsten Johann Georg eine neue Bestallung als Architekt und Baumeister. Er sollte, so lange der Kurfürst seiner zum

---

[1] Urkundenb. zur Berl. Chronik. S. 409.
[2] Riedel, cod. III. 3, 63 I. 11, 124, 127, 129.
[3] *Petri haftitii Microchronicon a. a. 1557.*
[4] Die Städte zahlten jährlich 20 000 Gulden, die andern Stände 14 000 Gulden.

Baue von Spandau oder sonst bedürfen würde, jährlich 1000 Thlr. Gehalt
und ausserdem 4 Wispel Roggen, 2 Wispel Hafer und Erbsen und ein
fettes Schwein erhalten. Sein Gehilfe war ein italienischer Baumeister
Johannes. Am 20. April 1576 erhielt Chiramella seinen Abschied.[1]
1578 übertrug Kurfürst Johann Georg die Vollendung des Festungsbaues
dem Grafen Rochus Guerini zu Lynar. Er führte den Titel: *„Sr. Kurfürstlichen Gnaden bestallter General Obrister Artollerey Munition Zeug
und Baumeister“*. Er liess besondere „Artikel für den Festungsbau"
aufstellen unterm 6. Mai 1578. Danach wurde geringere Gotteslästerung
an den Bauleuten bestraft mit Abbitte auf den Knieen vor versammelten
Bauleuten, schwere mit Pranger von vier Stunden bis zu einem ganzen
Tage, die schwerste mit Ausweisung. Zur Kirche sollen alle gehen und
daraus nicht eher als bis nach geendigter Predigt laufen. Die Arbeits-
zeit läuft vom Montage nach Jubilate bis zum ersten September von des
Morgens 3 Uhr bis abends 7 Uhr mit Pausen von je einer Stunde um
7 Uhr morgens und 12 Uhr mittags. Schlägereien auf dem Baue werden
mit Abhauung der rechten Faust bestraft, andere mit Geld, Gefängnis
oder am Leibe.

Der Graf Lynar bekam zunächst jährlich 1000 Thlr. Gehalt und
an Naturallieferungen jeder Art soviel, als er für seinen Haushalt brauchte.
Zu seiner Unterstützung hatte er den Baumeister Johann Baptista de Sala.

1578 wurde die Johannisbastei, jetzt Bastion Kronprinz, fertig,
und 1580 am 5. Januar erhielt die Festung die erste Besatzung, drei
Rotten Landsknechte, im ganzen 24 Mann. Da jedoch die Wohnung für
dieselben, welche sie auf dem Schlosse beziehen sollten, noch nicht vollendet war, so erhielt der Rat unterm 20. Januar 1580 Befehl, die
Guardi in der Stadt einzuquartieren. Oberhauptmann der Feste war
Dietrich von Holzendorf.

1594 wurde der Bau im wesentlichen beendet. Die äussere Form
der Festung war damals im allgemeinen dieselbe wie heute. Die vier
Bastione führten die Namen Kurfürst Joachim, Kurfürstin Hedwig, Kurprinz Johann und Brandenburg. 1701 wurden die Namen der drei ersten
auf Befehl des Königs Friedrich I. umgewandelt in: König, Königin und
Kronprinz.

Aus den ersten Zeiten der Citadelle stammt eine *„Vorordnung
des geschützes in die rheste zu Spandaw“*, welche sich in den Akten des
Königl. Geheimen Staatsarchivs zu Berlin findet.

*„Erstlich Auff denn borgk nach der stadt Spandaw. 4 Cortaunen.
6 halbe Kartaunen. 3 kortze Donderherinn. 5 Velt schlangen. 4 strew
Büchsen. 2 Stein Büchsen.*

*Auff der Katzenn. 1 lange Dornderherinn. 2 kortze Dornderherinn.
3 Feldschlangenn.*

Auff dem Julio. 1 lange Dornderherinn 2 Feltschlangenn.

*Inn den Streich wherenn so von den Welschen Kasematten wirdt
genent. 4 stein Büchsenn 4 Strew Büchsen.*

---

[1] Königliches Geheimes Staatsarchiv.

Zwischenn beredtem berge und dem andern berge gegenn dem Sandhübell. 11 Quartirschlengeleinn.

Auf dem berge gegenn den Sandhübell (wie auf dem ersten Berge).

Aufl der Katzenn. 1 lange Dornderherrin 2 kurtze Dornderherrin 4 Veltschlangen.

Inn denn streichweheren, so von den welschen Kasematten wirdt genennet (wie in den ersten Streichwehren).

Zwischenn gemeltenn Berge und dem andern Berge nach dem eiszwerder. 12 Quartirschlengeleinn.

Auff der berge nach dem Eiszwerder (wie auf dem ersten Berge).

Auff der Katzenn. 2 lange Dornderherinn 2 kurtze Dornderherinn 2 Veltschlangenn.

In denn streichwheren, so die Welschen Kasematten nennen (wie in den ersten Streichwehren).

Zwischenn demselben berge und dem letzten berge nach dem Berlinischen tamme warts. 11 Quartirschlengelein.

Auf dem Berge nach dem Berlinischen thamme warts (wie auf dem ersten Berge).

Auff der Katzenn (wie auf vorhergehendem).

In den streichwherenn genennet von den welschen Kasematten (wie bei den ersten).

Zwischen demselben Berge und dem ersten Berge nach der stadt Spandaw warts. 14 Quartirschlengelein.

Summa des geschützes 8 gauze, 12 halbe Cartaunen, 7 lange, 15 kortze Dornderherinn 33 Veltschlangen 32 strewbüchsenn 20 steinbüchsen 49 quartirschlengeleinn Summarum 176 stück."

Das Schriftstück trägt die Jahreszahl 1560. Jedenfalls ist es zu einer Zeit entworfen, als die Bastione noch nicht ihre Namen hatten, denn sonst würde man nicht die Bezeichnung derselben „*borgk nach der stadt Spandaw*" für Joachim (König), „*Berg gegenn denn Sandhübell*", für Johann (Kronprinz), „*Berg nach dem Eiszwerder*" für Brandenburg, „*Berg nach dem Berlinischen thamme warts*" für Hedwig (Königin) gewählt haben.

Die „Katze" ist das hohe Werk der Bastion, der Kavalier. Die „Streichwehre" sind die Kasematten oder unteren Feueretagen und die Befestigungsteile zwischen je zwei Bergen oder Bastionen sind die Kurtinen.

Im Jahre 1631 erhielt die Citadelle schwedische Besatzung. Gustav Adolf, König von Schweden, suchte, als er in Deutschland eindrang, um gegen den Kaiser zu kämpfen, seine Rückzugslinie durch Besetzung fester Plätze zu sichern. Er befand auch „*zu mehrerer Versicherung seiner Person bei seinem jetzt vorhabenden marches eine unumbgengliche notturft zu sein*", „*um Einräumung der Stadt Spandow Ansuchung zu tun.*" Mit schwerem Herzen gab der Kurfürst Georg Wilhelm endlich seine Einwilligung. In die unterm 4. Mai 1631 abgeschlossene Kapitulation wurden folgende Bedingungen aufgenommen:

1. 500 Mann zu Fuss werden zunächst in die Festung gelegt; es kann aber Verstärkung zugefügt werden.

2. Nach Entsetzung Magdeburgs soll die Festung dem Kurfürsten wieder eingeräumt werden.

3. Der Oberhauptmann, der Amtsschreiber, der Kornschreiber und alle Amtsdiener sollen ungehindert in der Festung verbleiben.

4. Der Kurfürst und sein Hof dürfen jederzeit die Festung beziehen, und den kurfürstlichen Boten muss sie am Tage stets geöffnet sein.

Der Proviant in Festung und Stadt soll unberührt bleiben. 100 Wispel Korn und 50 Wispel Mehl sollen in der Festung verbleiben. Munition soll der Zeugmeister gegen Quittung den Schweden aushändigen. Aus der Festung soll durchaus nichts ohne kurfürstlichen Specialbefehl geführt werden.

5. Die Garnison soll die Festung bis aufs äusserste verteidigen und nach dem Tode des Königs dem Kurfürsten allein gehorchen.[1]

Unter diesen Bedingungen besetzten die Schweden am 5. Mai 1631 die Festung. Der König Gustav Adolf kam selbst nach Spandau und wohnte einige Zeit in dem Lynarschen Hause. Nach dem Falle und der Zerstörung Magdeburgs wurde die Kapitulation am 10. Juni 1631 erneuert. Hierbei verpflichtete sich der Kurfürst zum Unterhalte der schwedischen Garnison monatlich 30000 Thaler beizutragen.[2] Erst im Mai 1634 verliessen die Schweden Stadt und Festung. Kommandant der Festung war der Oberst Achatius Wolf von Sparre gewesen, die Garnison in der Stadt aber hatte der Oberstlieutenant Peter Lilli befehligt.

Von 1638 an wohnte der Statthalter der Mark, Graf Adam von Schwarzenberg, der unheilvolle Ratgeber Georg Wilhelms, häufig auf der Festung Spandau. Hier hielt er 1640 als Heermeister des Johanniterordens zum letzten Male Kapitel ab, in welchem sein Sohn Johann Adolf, Komtur zu Wildenbruch, im Beisein von vier kurfürstlichen Abgeordneten zum Koadjutor erwählt wurde. Der Kurfürst erklärte jedoch später diese Wahl für ungiltig. Als im Januar 1641 der schwedische General Stalhandske Berlin bedrohte, flüchtete Graf Schwarzenberg in die Festung Spandau. Hier empfing er am 8. März die erschütternde Nachricht von dem gänzlichen Zusammensturze seiner Macht, die ihn darniederwarf und nach sechs Tagen seinen Tod herbeiführte, der in Gegenwart der Geheimen Amts- und Kammerräte von Doquede, von Waldow, Striepe und Fromhold erfolgte.

Am 17. März 1643 nahm Kurfürst Friedrich Wilhelm im Hofe der Festung die Huldigung der Städte des Havellandes und der Zauche entgegen. Er selbst hatte mit seinen Räten und Hofleuten auf einer dazu hergerichteten Tribüne Platz genommen. Hinter ihm stand der Erbmarschall Adam George Gans Edler zu Putlitz mit entblösstem Kurschwerte. Vor der Tribüne waren die Abgeordneten der Städte, ehrbare Ratsherren und ansehnliche Gildemeister und Bürger versammelt, unter Führung des Petrus Woizke, Bürgermeisters der Altstadt Brandenburg. Nachdem der Kanzler Sigismund von Goez eine Ansprache gehalten hatte, welche die Bedeutung der Huldigung ans Herz legte, erwiderte Petrus

---

[1] u. [2] Königl. Geheimes Staatsarchiv.

Weizke im Namen der Städte mit geziemenden Worten. Alsdann entblössten alle das Haupt, erhoben zwei Finger der Rechten und schwuren
den Huldigungseid, wie ihn der Lehnssecretarius Sebastian Striepe vor-
sprach. Mit einem Hoch auf den Landesherrn schloss die Feier.

Am 4. Juni 1675 erschienen die Schweden vor der Stadtheide.
Der Kommandant du Plessis liess von der Citadelle aus mit Kanonen auf
sie feuern und traf alle Anstalten zu einer nachdrücklichen Verteidigung.
Die Schweden machten jedoch keine Versuche die Stadt oder die Citadelle
in ihre Gewalt zu bringen.

1691 wurde die Citadelle von schwerem Unglück heimgesucht.
Am 31. August schlug der Blitz in den Pulverturm der Johannisbastei
(Kronprinz). Das darin befindliche Pulver explodierte und zerstörte den
Turm von Grund aus, ebenso die Gewölbe der Bastei und die in der
Nähe liegenden Häuser. Die Wohnung des Wachtmeisterlieutenants wurde
ganz zerschmettert und er selbst, sowie seine Frau und seine zwei Söhne
getötet. Der Kommandant lag krank im Bette. Er wurde mit dem
Bette gegen den Ofen geschleudert, welcher einstürzte und ihn sehr
beschädigte. Die Erschütterung war so gewaltig, dass auch viele Häuser
in der Stadt, namentlich die Nicolai- und die reformierte Kirche stark
beschädigt wurden. 21 Menschen verloren durch die Explosion das Leben.
Eine Steintafel, welche noch heute an dem inneren Mauerwerke der Bastion
Kronprinz sich befindet, meldet das Ereignis mit folgenden Worten:

*„Anno 1691 d. 31. Aug. bei Regierung Friedrich. D. G. dritten
Kurfürsten zu Brandenburg hat das Gewitter in den Kurfürstlichen
Festungswerken eingeschlagen und 964 Zentner Pulver angezundet, wodurch alle die Gewölbe bis auf den Grund zerschlagen wurden, auch
sonst grosser Schaden gestiftet. 21 Menschen sind hierbei um ihr Leben
gekommen, woron Zehn zugleich unter den Steinen ihr Grab fanden.“*[1])

Der Schaden wurde auf 300000 Thaler berechnet.

Die Wiederherstellung der Bastion ging nur langsam vor sich und
scheint erst 1700 beendet worden zu sein.

Im Jahre 1709 liess König Friedrich I. auf der Citadelle eine
Konkordienkapelle in dem sogenannten alten oder gelben Schlosse einrichten, welche ihren Namen erhielt, weil reformierter und lutherischer
Gottesdienst für die Mitglieder der Festungsgemeinde abwechselnd darin
gehalten wurde. Die Kapelle war bis 1789 in Gebrauch, in welchem
Jahre das alte Schloss bis auf die Fundamente niedergerissen und an
seiner Stelle ein Magazin erbaut wurde. Nun verlegte man die Kapelle
in einen Saal beim Juliusturme. 1806 wurde der Gottesdienst auf der
Citadelle eingestellt. Spuren von der Kapelle am Juliusturme fand man
noch bei einer im Jahre 1822 vorgenommenen Aufräumung.

Während des zweiten schlesischen Krieges wurde die Citadelle
zugleich mit der Stadtbefestigung in Verteidigungszustand gesetzt, und
im September 1757, als die Östreicher unter Haddick Berlin bedrohten,
flüchtete die Königin mit den Mitgliedern der königlichen Familie, dem

---

[1]) Vergl. Beckmann. Gesch. der Kurmark Brandenburg.

ganzen Hofstaate und den Ministern nach Spandau. Die königliche Familie nahm Wohnung auf der Citadelle, die Minister in der Stadt.

Im Oktober 1760 griffen die Östreicher und Russen Berlin an. Kosaken streiften bis in die Umgebung Spandaus und wurden von der Citadelle aus mit Kanonen beschossen.

Schon unter dem grossen Kurfürsten, besonders aber unter seinem königlichen Nachfolger dienten die Kasematten der Citadelle als ein Gefängnis für Staatsverbrecher. Hier sass der Exminister von Dankelmann vom Dezember 1698 bis zum März 1700 in Untersuchungshaft. Hier büsste ferner der Kammerdiener Friedrich des Grossen, welcher den König auf östreichische Veranlassung vergiften wollte, 23 Jahre lang in einem schauerlichen, jedem Tageslichte verschlossenen Gewölbe sein noch im letzten Augenblicke reuevoll bekanntes Verbrechen. Hierhin wurde auch der Königl. Geheimrat Ferber am 4. Oktober 1746 eingeliefert, um am 26. Oktober 1746 wegen eines unbekannten Majestätsverbrechens hingerichtet zu werden. Und so wurde die Citadelle Spandaus noch vielen andern politischen Verbrechern der Ort, welcher ihnen Musse zum Nachdenken und zur Reue über ihre Unternehmungen gewährte. Darüber scheint man aber die Verteidigungsfähigkeit arg vernachlässigt zu haben.

In den Jahren 1803 und 1804 besichtigte der Direktor der Ingenieurakademie zu Potsdam, Generalmajor von Rauch, mit dem Oberstlieutenant Meinert und seinen Eleven, geführt von dem damaligen Ingenieuroffizier vom Platz, Kapitän Berger, der seinen Wohnsitz in Potsdam hatte, die Citadelle und die Stadtbefestigung. In seinen Berichten schildert er den Zustand der Citadelle als einen überaus kläglichen. Die Kavaliere mit ihren Gewölben hatten sich notdürftig erhalten, und die Hohlräume der Bastione König und Königin konnten allenfalls zu Magazinen benutzt werden. Die untere Verteidigung aber, die sogenannten Gänge, namentlich der schwarze Gang in den Bastionen König und Königin waren durch Quermauern gesperrt, so dass niemand die Beschaffenheit der unteren Verteidigungslage beurteilen konnte. Es hiess, Friedrich der Grosse habe diese Gänge vermauern lassen. In einigermassen leidlichem Zustande befanden sich nur die Gewölbe der Kurtinen König-Königin und Brandenburg-Kronprinz.

Nach der Niederlage der Preussen bei Jena und Auerstädt erhielt der damalige Kommandant von Spandau, Major von Bennekendorf, am 16. Oktober 1806 aus dem Oberkriegskollegium die Nachricht, dass ein Artilleriekommando mit 24 Geschützen und Munition aus Berlin eintreffen solle, damit der Ort auf etwaigen Befehl in Verteidigungszustand gesetzt werden könne. Der Zeuglieutenant Teichmann sollte das vorhandene und unkommende Geschütz aufstellen; der Kommandant beantragte jedoch, dass sich der Ingenieuroffizier vom Platz, Kapitän Berger, von Potsdam, wo er, wie erwähnt, seinen Wohnsitz hatte, nach Spandau begebe, um die Aufstellung des Geschützes zu besorgen. Am 19. Oktober traf das Artilleriekommando mit den Geschützen und gleichzeitig auch Kapitän Berger ein. Zu seiner Unterstützung war diesem, da er überaus schwerhörig und kurzsichtig war, der Ingenieurhauptmann Meinert vom Oberkriegskollegium beigegeben mit dem Befehle, die Festung in Verteidigungszustand zu setzen. Ehe die nötigen Arbeitskräfte eintrafen, gab der Kommandant am 22. Oktober abends die Verteidigung der Stadt auf, um nur die Citadelle zu halten. Mit welcher Energie er sein Vorhaben ausführte, ist andern Orts erzählt. Kurz, am 25. Oktober, nachmittags 4 Uhr, überlieferte er, ohne dass ein Schuss gefallen war, die Citadelle dem Feinde. Am 26. Oktober besichtigte Kaiser Napoleon dieselbe. Bis zum 27. November 1808 war sie von den Franzosen besetzt.

Nach Abschluss des Bündnisses zwischen Preussen und Frankreich erhielt die Citadelle vom 26. März 1812 an wiederum eine französische Besatzung. Die Schicksale, von welchen sie während der Belagerung im Jahre 1813 betroffen wurde, sind an anderer Stelle erzählt. Sie hatte durch die Belagerung, namentlich durch die Explosion des Laboratoriums in Bastion Königin schwer gelitten. Die Bresche in dieser Bastion wurde aber erst in den Jahren 1832 bis 1842 wieder ausgebaut.

1859 brannte die Kaserne in der Citadelle nieder. Statt ihrer wurde die jetzige Kaserne erbaut. Im Jahre 1880 hat man Bohrversuche gemacht, um einen Brunnen anzulegen, ist aber bei 320 Meter Tiefe noch nicht auf trinkbares Wasser gestossen. Der Mangel an Trinkwasser ist ein Notstand für die Citadelle.

Das Wappen über dem Thore der Citadelle.

Das Wappen über dem Thore der Citadelle hat einen dunklen, fast schwarzen Hintergrund. Zur Linken und Rechten befindet sich ein schwarzer Adler, unter demselben Fahnen, Gewehrkolben und Palmenzweige, darunter rechts Fasces, links ein Medusenhaupt. Die einzelnen Felder enthalten von oben von der Linken zur Rechten gezählt:

1. Roter Löwe in weissem Felde == Herzogtum Berg.
2. Schwarzer Löwe in goldenem Felde == Herzogtum Jülich.
3. Schwarzer Adler in weissem Felde == Herzogtum Preussen.
4. Roter Adler in weissem Felde == Markgrafentum Brandenburg.
5. Von rot über weiss quer geteilt == Herzogtum Magdeburg.
6. Goldener Lilienhaspel in rotem Felde == Herzogtum Klewe.
7. Schwarzer gekrönter Löwe, rot und weiss gestückte Einfassung == Burggrafentum Nürnberg.
8. Schwarzer Greif in goldenem Felde == Herzogtum Kassuben.
9. Roter Greif in blauem Felde == Herzogtum Stettin.
10. Goldener Scepter in blauem Felde == Erzkämmereramt.
11. Roter Greif in weissem Felde == Herzogtum Pommern.
12. Roter Greif mit grünen Flügeln in weissem Felde == Herzog der Wenden.
13. Schwarz-weisse Schachbalken in goldenem Felde == Grafschaft Mark.
14. Gold und rot geteilt == Fürstentum Halberstadt.
15. Schwarzer Adler in weissem Felde == Herzogtum Krossen.
16. Rot und grüner Greif in weissem Felde == Herzogtum Stargardt.
17. Schwarzer Adler in weissem Felde == Herzogtum Schwiebus.

18. Zwei weisse Schlüssel in rotem Felde = Fürstentum Minden.
19. Drei rote Sparren in goldenem Felde = Grafschaft Ravensberg.
20. Schwarz und weiss quadriert = Grafschaft Zollern.
21. Blau und gold quadriert, darüber ein weisser Greif in rotem Felde = Herzogtum Usedom.
22. Silberner Greif mit Fischschwanz in rotem Felde = Herzogtum Wollgast.
23. Weisses Kreuz in rotem Felde = Fürstentum Kammin.
24. Schwarzer Greif mit weissen Flügeln in goldenem Felde = Fürstentum Barth.
25. Zwei ins Andreaskreuz gelegte rote Stäbe, in den Winkeln vier rote Rosen in goldenem Felde = Fürstentum Gützkow.
26. Weisser Adler in rotem Felde = Grafschaft Ruppin.

Um das Ganze schlingt sich ein blaues Band mit der Inschrift: Hone (Hony) soit qui mal y pense (Hosenbandorden). Das Ganze krönt eine Königskrone.

Nach der Erklärung des Königl. Heroldsamtes zu Berlin, gegeben der Königl. Kommandantur zu Spandau unterm 16. Oktober 1880, stellt das Wappen das königlich preussische Wappen aus den Jahren 1701 bis 1703, vor Hinzufügung der Wappenfelder der oranischen Erbschaft, dar.

3. Die Stadtbefestigung.

Die älteste Stadtbefestigung bestand in einem einfachen Erdwalle, der von einem Pallisadenzaun gekrönt war und von einem Graben umflossen wurde. Im Jahre 1319 begann der Bau der Stadtmauer. Die Zeit ihrer Vollendung ist jedoch nicht genau bekannt. Da aber in einer Urkunde vom Jahre 1348 der Behnitz noch als innerhalb der Planken, der ältesten Stadtbefestigung, gelegen bezeichnet wird[1]) und die Namen der vier Stadtthore zum ersten Male 1386 vollständig erscheinen, so ist die Vollendung der Stadtmauer in die Zeit von 1348 bis 1386 zu verlegen.

Die Namen der vier Thore giebt die Kämmereirechnung von 1386 wie folgt an: *valva claustralis* (Klosterthor), *valva Stresow* (Charlottenburger Thor), *valva Heydedor* (Heidethor), *valva molendini* oder *Berlyn* (Mühlenthor).

1569 wurde das Neue- oder Berliner Thor, 1640 das Neue- spätere Oranienburger Thor eröffnet. 1630 fiel das Mühlenthor und die Stadtmauer zu beiden Seiten desselben vom Berliner Thore bis zum Kolke und 1640 wurde das Heidethor geschlossen.

In den Jahren 1523 bis 1538 warf man jenseits des Stadtgrabens einen einfachen Wall auf, den Merian in seiner Topographie einen unförmlichen nennt.

---

[1]) Riedel, cod. I. 11, 36.

Der Ausbruch des dreissigjährigen Krieges liess den Besitz fester Plätze wünschenswert erscheinen. Bei dem Vorhandensein der Citadelle war es sehr natürlich, dass der Gedanke entstand, die ganze Stadt Spandau in eine den Ansprüchen der Zeit genügende Festung zu verwandeln.

Unterm 26. Juni 1626 befahl Kurfürst Georg Wilhelm, Spandau solle „*etwas befestiget und also verwehret werden, damit auf alle besorgende Fälle man darin sich retirieren und schützen könnte.*" Man nahm den Bau sofort in Angriff, indem man zunächst den Hauptgraben auskarrte und vor dem Klosterthore eine Zugbrücke anlegte.

Im Jahre 1627 musste die Stadt die vom Amte zum Festungsbau gedungenen Teichgräber und Zimmerleute lohnen und ausserdem die nötigen Karren anschaffen, auch Bürger zur Schanzarbeit stellen. Der Rat machte zwar hiergegen Vorstellungen beim Kurfürsten und bat, die Stadt mit dergleichen Forderungen zu verschonen, da sie nicht nur im vergangenen Jahre die Zugbrücke vor dem Klosterthore habe anfertigen lassen, sondern auch „nunmehr fast anderthalb Jahre bis jetzo mit Einquartierung und Speisung der Soldaten belegt" sei, „die Thorwachen tags als nachts bestellen" und „darzu auch noch jetzo zur gemeiner Stadt Unkosten einen Kriegsoffizier die Bürgerschaft in ihren Gewehren zu informieren besolden" müsse. Allein es half nichts; die Stadt musste das Geforderte leisten.

1630 leitete der Obrist Konrad von Burgsdorf die Befestigungsarbeiten.

Die Stadt musste 400 Karren und eine grosse Zahl Gespanne und anfänglich jeden Tag 60, später 30 Bürger zur Arbeit stellen. Auf Anordnung des Obristen von Burgsdorf sollten aber die Bürger „an einem absonderlichen Orte, dass sie nicht unter das andere Volk gebracht würden", arbeiten.

Als im Jahre 1631 die Schweden Spandau besetzten, liessen sie tüchtig an der Stadtbefestigung arbeiten und noch vor dem Stresow am Schlangengraben eine Schanze aufwerfen. Die Stadt wurde dadurch wiederum schwer belastet.

Nach Abzug der Schweden übernahm Oberst von Burgsdorf von neuem die Leitung des Festungsbaues. 1635 sollte die Stadt täglich 150 Mann zur Arbeit stellen. Da nur die Hälfte der geforderten Arbeiter erschienen, machte der Rat deshalb dem Rate Vorstellungen. „Es solle", schrieb er den Ratsherren, „Ihnen selbsten und der ganzen Stadt zum höchsten daran gelegen sein, dass man aufs forderlichste mit der Fortifizierung des Schlosses fertig werde und darnach die Stadt zu befestigen einen Anfang mache; denn sollte die Festung attakiert werden und die Stadt sei nicht so verwahrt, dass man darin sich maintenieren könne, so werde gewiss die Stadt in Brand gesteckt und sie alle zu armen Leuten gemacht werden."

1636 wurde ein spitzig Bollwerk am Klosterthore angelegt.

Energisch wurde die Stadtbefestigung in Angriff genommen, als Graf Adam zu Schwarzenberg, der Statthalter der Mark, im Jahre 1638 seinen Aufenthalt in Spandau nahm und auf der Citadelle wohnte. Er beauftragte die Ingenieurhauptleute Jakob Holst und Hydde Hoerenken, die Festungswerke der Stadt zu verbessern. Am 16. September hatte Holst den Plan ausgearbeitet. Wegen dieser Neubefestigung, zum Teil aber auch aus Furcht vor einem feindlichen Angriffe wurden jn den Jahren 1638 bis 1640 nachstehende Häuser abgebrochen und folgende Gärten, Äcker und Wiesen verwüstet:

> Vor dem Klosterthore: das Schützenhaus und zwölf Scheunen im Werte von 1400 Thalern, Markus Brunos Weinberg und Garten, jetzt Ziegelhof, mit dem dazu gehörigen Presshause, die Gärten der beiden Kapläne und siebzehn andere Gärten im Werte von 1310 Thalern, das Heilige-Geist-Hospital (1000 Thaler), die Hospital-kirche (800 Thaler), das Pilgrimhaus oder St. Georgen-Lazarett (200 Thlr.) und mehrere andere Gebäude im Werte von 2650 Thlrn., Äcker und Wiesen im Werte von 360 Thalern.

> Vor dem Heidethore: die Meiereien des Rates und des Hans von Bredow mit Scheunen und Stallungen und einige andere Häuser nebst 40 Gärten im Werte von 6525 Thalern, Wiesen auf dem Sautrödel und im alten Radelande für 1840 Thaler.

> Auf dem Stresow: die Gertraudenkirche mit den Gewölben, 3000 Thlr., des Rates Ziegelofen, das Gerbehaus der Schuster und acht Häuser, 6200 Thaler.

> In und an der Stadt: das Mühlenthor mit dem Turme, welcher eine Uhr hatte, 6000 Thaler, die Stadtmauer vom Berliner Thore bis zur grossen Mühle, das Heidethor mit dem Thorwächterhause, 1000 Thaler, sieben Häuser, im Werte von 3800 Thalern.

Die Stadt musste zum Festungsbau, dessen Leitung der Obrist von Rochow hatte, täglich 100 Mann stellen und die aus andern Orten herbeigerufenen Zimmerleute einquartieren. Ausserdem wurden von ihr monatlich 100 Thaler verlangt, um dafür Pferde zu mieten, da man die zum Ackerbau und zur Haushaltung nötigen Pferde der Bürger schonen wollte. Das waren in der damaligen schweren Zeit nicht geringe Lasten. In einer Vorstellung, welche die Stände des havelländischen und zauchischen Kreises im Jahre 1640 dem Kurfürsten über den jämmerlichen Zustand ihrer Kreise machten, heisst es in Bezug auf Spandau:

„Der armen Stadt Spandau Not und Elend ist nicht zu beschreiben, als die von der Zeit an, da Obrist von Rochow das Quartier darin ge-nommen, täglich 80 Personen auf die Schanze schicken und monatlich über die ordinäre Kontribution, die sich auf 1200 Thlr. beläuft, 100 Thlr. hergeben müssen, zu geschweigen der andern vielfältigen Plackereien, als mit Abnehmung der Wagen und Pferde, der starken Einquartierung und Realservicen, der Herbeischaffung des Brennholzes in und ausserhalb der Stadt. Über 200 Häuser in der Stadt sind so gänzlich ruiniert, dass die Einwohner darüber desperat geworden und nicht mehr beitragen können." Der Kurfürst schrieb auf diese Vorstellung unterm 16. November 1640 aus Königsberg i./Pr. an den Statthalter, dass es ihm sehr lieb sein werde, wenn er den Beschwerden der Stände in etwas abhelfen könne. Er erliess auch unter demselben Datum ein Rescript an die

Stände, worin er aussprach, dass ihm der erbärmliche Zustand des Landes nicht wenig zu Gemüt und zu Herzen gehe, und wenn es bei Ihm stünde, er ihnen die schwere Kriegslast bald abnehmen und auf Mittel bedacht sein wolle, ihnen Erleichterung zu verschaffen.

Erst im Jahre 1648 wurde die Stadtbefestigung vollendet. Sie bestand aus einem Wall mit drei Bollwerken oder Bastionen, vor denen sich ein nasser Graben, der jedoch keine Ein- und Auslassschleuse hatte, hinzog.

Im achtzehnten Jahrhundert wurde für die Instandhaltung der Werke nur wenig gethan, obwohl die Festung während des zweiten schlesischen Krieges 1745 armiert wurde.[1]) So kam es, dass der Zustand derselben im Anfange des neunzehnten Jahrhunderts ein überaus jämmerlicher war, wie aus den Berichten des Generalmajors von Rauch, des Direktors der Ingenieurakademie zu Potsdam, welcher die Werke in den Jahren 1803 und 1804 mit seinen Eleven besichtigte, hervorgeht. Die Brustwehren waren verfallen, die Profile hatten eine krummlinige Gestalt angenommen, der Graben war von Rohrwuchs ausgefüllt und der gedeckte Weg sowie das Glacis ökonomischer Benutzung anheimgegeben.[2]) Man konnte deshalb 1806 an eine Verteidigung der Stadt nicht denken Die Franzosen und nach ihrem Abgange die Preussen arbeiteten stark an der Wiederherstellung der Werke, so dass die Stadt beim Ausbruche der Freiheitskriege sich in gutem Verteidigungszustande befand.

Von den Franzosen war die Stadtbefestigung ausgebessert und ein Hornwerk mit einer Lünette im Osten der Gewehrfabrik angelegt worden.

In den Jahren 1809 und 1810 wurden die Gräben und das Glacis der Stadtbefestigung reguliert, eine Einlass- und eine Auslassschleuse hergestellt und Poternen zur Verbindung mit den Ravelinen erbaut.

1811 wurde das Retranchement auf dem Stresow längs des Schlangengrabens angelegt. Es bestand aus der Gartenschanze, der Burgwallschanze, der Brückenschanze und der Vorderschanze.

Nach Abzug der Franzosen im Jahre 1813 wurde unter Leitung des Oberstlieutenant Meinert an der Wiederherstellung der Befestigungswerke gearbeitet, gleichzeitig wurden die Belagerungsarbeiten bei Ruhleben und auf den Schülerbergen zerstört und, um den zur Verteidigung bestimmten Truppen ein sicheres Unterkommen zu verschaffen, vier Blockhäuser an verschiedenen Stellen erbaut. Bastion Königin wurde verteidigungsfähig gemacht. Der Neubau derselben erfolgte aber erst in den Jahren 1832 bis 1842.

Während des Waffenstillstandes im Jahre 1813 wurde durch den Major von Reiche im Norden der Stadt ein verschanztes Lager angelegt, das sich von der Havel um die Schülerberge herum zur Spekte erstreckte und dessen Umfang im wesentlichen die neue Enceinte bezeichnete. Es hatte folgende Werke: die Havelschanze zu 8 Geschützen, die Schülerbergschanze zu 13 Geschützen, die lange Schanze zu 15 Geschützen, die

---

[1]) Der Befehl dazu wurde am 8. August 1745 erteilt.
[2]) Die ökonomische Benutzung des Glacis seitens der Bürgerschaft begann im Jahre 1768.

Eckschanze zu 15 Geschützen, die Buschschanze zu 5 Geschützen, die Hügelschanze zu 10 Geschützen, die kleine oder Korn-Schanze zu 6 Geschützen, die Spekteschanze zu 6 Geschützen und die Flankenschanze zu 6 Geschützen. Im Innern der Schanzen wurden Blockhäuser errichtet, und die Kehle jeder Schanze war durch Pallisaden geschlossen. Das Lager war zur Aufnahme von 40 Bataillonen eingerichtet. Nach den Freiheitskriegen gerieten diese Schanzen zum Teil in Verfall.

Im Jahre 1856 wurde die Festung desarmiert. Die Blockhäuser wurden abgebrochen und teils im verschanzten Lager, teils im bedeckten Wege der Stadtbefestigung aufgestellt.

Ein Umbau der Stadtbefestigung und namentlich des Oranienburger und Potsdamer Thores wurde in den Jahren 1842 bis 1854 vorgenommen. Gleichzeitig wurden die Befestigungen der Pulver- und der Gewehrfabrik angelegt und die Kanallünette erbaut. Inzwischen war die Festung im Jahre 1848 armiert worden. Die Desarmierung erfolgte 1851. 1855 nahm man die Verstärkung der Stresowbefestigung in Angriff und arbeitete bis 1866 daran. Die Teltower und Ruhlebener Schanze wurden im Jahre 1866 zum Teil mit Hülfe der kriegsgefangenen Östreicher aufgeführt. Nach 1866 ist nichts wesentliches an der Stadtbestigung geändert worden, bis durch das Reichsfestungsgesetz vom 30. Mai 1873 Spandau unter diejenigen Festungen aufgenommen wurde, die bedeutende Verstärkungen erfahren sollten. Der Bau der neuen Umwallung, welche die ganze Oranienburger Vorstadt umschliesst, wurde im Jahre 1880 vollendet. Die alte Stadtbefestigung ist dadurch unnütz geworden und wird hoffentlich mitsamt der Stadtmauer in Bälde fallen. Die Anlage von Forts auf dem sich im Osten und Süden der Stadt erhebenden Landrücken ist in Aussicht genommen.

Verzeichnis der Gouverneure und Festungs-Kommandanten:

Oberhauptleute oder Gouverneure:	Guardihauptleute und von 1634 an Kommandanten der Stadt und Festung:
—1572 Joachim von Roebel.	
1572—1575 Zacharias von Roebel.	
1579— ?	Wolf Döberschütz.
1580—1593 Dietrich von Holzendorf.	
1588—1594	Joachim von Kleist.
1593—1596 Rochus Graf zu Lynar.	
1594—1610 (?)	Balzer von Schonaich.
1598— ? Adam Gans Herr zu Putlitz.	
? —1610 Casimir Graf zu Lynar.	
1610—1631 Hans Georg von Ribbeck senior	
1610—1616	Lewin Lüdecke.
1616—1624	Georg von Stengern.
1625—1631	{Konrad von Burgsdorf und {Hans Georg von Ribbeck junior.
1631—1634 die schwedischen Obristen Ulfsburg und Wolf Achatius Sparr.	Axel Lillie und Peter Lillie.
1634—1647 Hans Georg von Ribbeck, senior.	
1634—1638	Obrist Isaak von Kracht.

	Gouverneure:	Kommandanten:
1633—1641		Obrist August Moritz von Rochow.
1641—1647		„ Hans Georg v. Ribbeck jun.
1647—1666	Hans Georg von Ribbeck junior.	„ von Haacke.
1666—1675		Obristlieutenant seit 1674 Obrist Isaac du Plessis Gouret.
1666—1669	Gen.-Feldwachtmstr. Fr. v. Quast.	
1669—1671	Generalmaj. Georg Adam v. Pfuhl.	
1671—1678	„ Adolf von Götz.	
1675—1689		Obristlieut. Rudolf von Nostiz.
1678—1684	Gen.-Maj. Joh. Adam v. Schöning.	
1684—1691	„ Albrecht von Barfuss.	
1689—1707		Obristlieut. Nicolaus von Below, 1704 Generalmajor.
1691—1694	General-Feldzeugmeister Nikolaus von Below.	
1694—1705	Generallieut. Philipp Karl Frhr. von Willich und Lottum.	
1705—1713	Generallieut. der Kavallerie Joh. Georg von Tettau.	
1707—1713		Oberst Joh. Sigismund Freiherr v. Schwendy, 1709 Generalmaj.
1713—1723	Generalmaj., seit 1717 Generallt. Johann Sigismund v. Schwendy.	
1713—1731		Oberstlieut., 1721 Oberst Gottlieb Dietrich von Hackeborn.
1723—1732	Generallieut. David Gottlob Frhr. von Gersdorf.	
1731—1739		Oberstlieut. Ludw. v. Strackwitz.
1732—1747	Friedr. Wilhelm Herzog v. Holstein Beck, 1744 General-Feldmarschall.	
1743—1768		Major, 1759 Oberstlt. von Kleist.
1747—1766	Generallieut. Gustav Bogislaw von Munchow.	
1766—1776	Generallt. Albrecht von Bülow.	
1768—1775		Oberstlt. Georg Heinr. v. Massow.
1776—1780	„ Ludwig Graf v. Hordt.	
1776—1786		Major, später Oberstlieut. Joachim Christian v. Zadow.
1780—1784	„ Henning Alb. v. Kleist.	
1784—1803	„ Ernst Ludwig v. Pfuhl.	
1786—1803		Generalmajor von Scott.
1803—1806		Maj. Ernst Ludw. v. Bennekendorf.
1803—1806	„ von Tadden.	
1806—1808	Die Franzosen in Spandau.	General von Ferry.
1808—1812	Oberst von Thümen.	Oberst von Mandelslohe.
1813	Die Franzosen.	General Barthelemy und Divisionsgeneral Bruny.
1813—1817		Oberst von Brockhausen.
1817—1829		„ von Böhler.
1829—1834		„ von Pfuel.
1834—1843		Generalmajor von Petery.
1843—1845		Oberst von Benningsen.
1845—1852		Oberst Weigand.
1852—1854		Oberstlieutenant Ritter.
1854		Major Deetz.
1855—1859		Oberst von Roux.
1859—1864		Oberstlieutenant von Seckendorf.
1864—1878		Major, zuletzt Generalmaj. v. Streit.
1878		Generalmajor von Quistorp.

4

4. Der Kietz und der Damm.

Die Stadt Spandau ist, wie wir nachzuweisen versucht haben, wenn auch nicht aus einer wendischen Ansiedelung hervorgegangen, so doch neben einer solchen entstanden und hat von dieser den Namen erhalten, vielleicht in unveränderter, vielleicht auch in umgewandelter Form (s. pag. 3). Die Reste der wendischen Ansiedler finden wir in dem Winkel zwischen Spree und Havel, südlich des Schlosses an dem Damme, welcher die alte Heerstrasse in den Barnim bildete. Im Jahre 1319 geschieht dieser Ansiedlung als eines Dorfes urkundlich zum ersten Male Erwähnung.[1] Nach dem Landbuche Kaiser Karls IV. umfasste das Dorf im Jahre 1375 im ganzen 25 Häuser, von denen jedes an das Schloss jährlich 15 Pfennige zahlen musste.[2] 1409 wurden die Dorfbewohner als „*die Wenden auf dem Kytz*" bezeichnet. Sie sind Unterthanen des Schlosses und der Gerichtsbarkeit des Kurfürstlichen Richters „*auf dem Thame*" unterworfen. Markgraf Jost entscheidet 1410, dass sie nicht vor dem Richter in der Stadt zu Spandow, sondern vor dem Kurfürstlichen Richter auf dem Damme, da sie hingehören von Rechte, antworten sollen, es sei denn, „*das sie brechen in einem andern Gerichte, do müssen sie In antworten*".[3] Es wird ihnen also, ausser wenn sie bei handhafter That in einem andern Gerichtsbezirke ergriffen werden, der ausschliessliche Gerichtsstand vor dem Dorfschulzen zugesichert. Sie mussten dem Schlosse Hofedienste leisten, ein jeder im Laufe des Jahres acht Tage.[4]

Die Kietzer ernährten sich hauptsächlich durch Fischfang. Sie hatten die Fischereigerechtigkeit auf der Spree unterhalb der Städte Berlin und Kölln und auf der Havel von Valentinswerder bis zum Mühlendamm bei Brandenburg.

Im Jahre 1474 vernimt Heyne Weber, Richter und Freigraf des freien Stuhles zu Freienhagen, „*Meinus Schultheitzenn uff dem Kytz vor Spandow*".[5]

Im Jahre 1481 gerieten die Kietzer von Spandau mit den Fischern von Berlin und Kölln wegen der Fischerei auf der Spree in Streit. Der Kanzler Friedrich, Bischof zu Lebus, verglich die streitenden Parteien. Es wurde bestimmt, dass die Fischer von Berlin und Kölln auf der Spree

---

[1] Riedel, cod. I. 11, 24.
[2] Fidicin Kaiser Karl IV. Landb. d. Mark Brandenburg. S. 23.
[3] Riedel, cod I. 11, 72.
[4] Riedel, cod. I. 11, 101. „*Auch sollen unsere Kytezere daselbst zu Spandow — alle Jar ie in iglichem Jar acht tage, nach redlichen gewonlichen dingen zu hofe dynen.*"
[5] Riedel, cod. I. 11, 114.

unterhalb ihrer Städte mit nicht mehr als sechs Kähnen „mit Garn und Zeugen" fischen sollen; „die Pulserei und Rapennetze" sollen beide Teile nicht gebrauchen.[1]

Infolge des Baues der Citadelle mussten die Kietzer um 1560 ihre Wohnsitze vor dem Schlosse räumen. Sechs derselben wurden vor dem Behnitz angesiedelt und bildeten fortan die Gemeinde Damm, welche als selbständige Dorfgemeinde mit einem eigenen Schulzen und eigenen Schöffen bis zum Jahre 1875 bestand.

Die Dämmer waren Unterthanen des Amtes Spandau. Das Amtserbregister von 1590 nennt den Damm „die Freiheit vor der Stadt Spandow" und sagt in Bezug auf dieselbe folgendes:[2]

„Die freyheitt gehett an an das alltte Mollenthor uf der rechte Handt hinabe vorlangk der Mawren bis an das Ortt nach der newen Müllen da die Maur Ingeriszenn. Von du gehett solche freyheitt nach der newen Müllen und bis an Tewes Bergmanns Hausz."

„Uf dieser freyheitt vorlangk der Mawren, wohnen Irer Siben ausserhalb der Stadt, Als

Joachim Mahnkopff
Hans Kunow
Ties Mahnkopff
Michel Lembke
Ties Tramann
Tomas Hawemann.

Diese Leute werden die Temmer genandt und seindt aller Schosse und Unpflichten frey.

Diese Sechs Temmer seindt schuldig die herschaft des Ambts Spandow und desselben Bevelichshaber zu Wasxer zu führen so offt es noth thutt und es Inen angesegt wirdt, uf zwe Meilen, auch bis Ins Ambt Botzow. Item sie seindt schuldig das Bier welchs zu Schlosze gebrawen wirdt in den Keller helffen zu bringen, und uber das gibt ein Jeder Jerlich ufs Schloss 12 huner Thutt 72 huner, Item ein Jeder gibt 12 Nwgl. Wechterlohn."

„Diese sechs gebrauchen sich auch etliche Fischereyen."

„Uber das wohnet uf dieser Freyheitt Heinrich Einim der Hauszkoch. Derselbe ist der vorgemelden Dienste und Pachthüner befreyhett.

„Fischerey der Demmer vor Spandow"

Die Dammer vor Spandow darunter sich Irer fünffe der Fischereyen gebrauchen, haben mitt Ballreusen und mitt Korben, ein Jeder mitt einem Kahne uf der Hawell zu fischen von Valentinswerder bis uf den Rohrhorn, datzwischen liget Thomas hawemanns mittelbruch das fischett er alleine neben den Ketell.

Matthias Trahman fischett die Maselake mit reusen und Korben, Hatt ein tiefwehr in der Oberhawell davon gibt er jehrlich 10 Gr. 6 Pf. Ins Ambt.

---

[1] Riedel, cod. I, 11, 119.
[2] Das Amtserbregister von 1590 befindet sich im Königl. Geh. Staatsarchiv zu Berlin.

Thomas Haweman hatt den Ketel und das Mittelbruch zu fischen davon gibt er Jerlich 6 Gr. und von dem Diepen Wehr, welchs er Bredtschneidern vorkaufft auch 6 Gr.

Hans Kuhnow hatt die Demnitz mitt einem Keitzer Peter Wuhler genandt zu fischen, gibt zu seinem theill 6 Gr. 2½ Pf. Er hatt auch ein tiefwehr zur Rust kegenn Valtinswerder gelegen gibt davon dem Rathe zu Spandow 8 Gr.

Joachim Mahnkopff hat ein tieffwehr an die heyligensehesche Heide in der Havell davon gibt er Churf. g. 6 Gr. 3 Pf. Jerlich Zins.

Matthias Mahnkopff hatt eine Luchfischerey davon gibt er jerlich Ins Ambt 3 Gr. 2½ Pf. Er hatt auch ein tiefwehr vor der Luttke Malche davon gibt er dem Rathe zu Spandow 8 Gr. Jerlich.

Es haben auch die Temmer die Plotzjagett von Churf. g. zur miete, dieselbe gehett 14 tage vor Pfingsten an und werett bis uf Marien geburtt oder 14 tage vor Michaelis. gebrauchen Irer Fünfe und gibt ein Jeder Jerlich 2 Thaler 6 Gr. Zins davon, und ist solcher Plotzenjagett anfanck kegen Pichelstorf und weret bis kegen Sakrow ufs Meydehorn, datzu gebrauchen Sie Plotznetzen nach der Ordnung. Stehet aber bey der herschafft dieses zu endern oder gar ufzusagen."

Laut des Gesetzes vom 25. Juni 1875 wurde der Damm, zu welchem das Schulzesche Kalkbrennerei-Grundstück, das in dem Winkel zwischen Spree und Havel nördlich des Zusammenflusses beider Ströme gelegen ist und der alte Kietz genannt wird, und die Körnersche Schneidemühle am Kolke gehörten, am 1. Oktober 1875 der Stadt Spandau einverleibt, den damaligen Gemeindemitgliedern aber Freiheit von den städtischen Kommunalabgaben auf fünf Jahre, also bis zum 1. Oktober 1880 zugestanden.

Die übrigen Kietzer wurden um 1560 auf dem Burgwall und dem Lande zwischen diesem und dem Götel- und Pichelsdorfer Wege angesiedelt. Diese Ansiedelung wurde der „neue Kietz" oder schlechtweg der „Keitz" oder „Kietz" genannt. Das Amtsregister von 1590 giebt uns über dieselbe genauere Auskunft. Es sagt:

„Der Keitz vor Spandow hatt von Alters kegen dem Schloss uber gestanden. Aber vor 30 Jaren ist er wegen der Feste abgebrochen und vor das Closter Thor hinter den Stindt geleget worden, datzu gebrauchen sie den Borgwall sambt der angelegenen wise. und obwoll wegen des Borgwalls und der wise zwischen den Keizern und der Kirchen zu Spandow Irrung vorgelaufen, So ist doch dasselbe ufgehoben. Mitt deme das Churf. g. der Kirchen 150 thaler hatt vorreichen lassen.

Der Keitz gehortt zum Schloss mitt aller gnaden und gerechtigkheitt nichts uberall davon ausgenommen. Sie haben keine kirche sondern gehen zu Spandow zur Kirchen, daselbst sie auch Ire Tauf und begrebnus haben, eine Jede Person der zum h: Sacramentt gehett gibt Jedes quartal 1 Pf. dem Pfarn und Jeder Hauszwirtt dem Küster 1 Pf."

„Uffm Keitz wohnen 29 Seindt schuldig zu allerley Dinste zu thunde mitt dem Leibe zu wasser und Lande, Im Augste dinen sie den Cossaten gleich, die Laufreisen sindt sie uf zwe meilen zu thunde schuldig.

Item Sie helfen auch alles hewgrass so zu des Schlosses notturft abge-
megett wirtt hewen und wegtassen."

„Die Keitzer ernehren Sich allein von der Fischerrey die haben
Sie von altters und noch im gebrauch Lautt Ihrer brief und Siegel, die
sie von Fürsten zu Fürsten haben,

Erstlich von dem Müllentham der zwischen Coln und Berlin über
der Sprew gehett, die Sprew herunterwarts bis an den Mullentham vor
der alte und newe Stadt Brandenburgk. Die Fischerey gebrauchen Sie
mit Powerten Flöcken und Ballreusten zu krebsen und zu fischen, Item
die freye wasser gebrauchen Sie von der Pottstambsche brücke an bis an
Marienhorne."

„Item Sie haben auch etliche wehr in der Sprew frey."

„Item die Keitzer haben die gerechtigkheitt mitt dem Keitzergarne
von Martini an bis Ostern den Sehe die Lücze genandt zu fischen. Und
was Sie mitt solchem Garne fangen das gehortt halb zum Closter und
halb den Keitzern. Darüber bekommen Sie Jeder des Tages wan gezogen
wirtt eine Neige brodt und ein stübichen Bier. Und wan der See gar
abgezogen ist, bekommen Sie ein Emichen Bier."

„Die Keitzer haben auch etliche Kleine Garnzüge uf der Sprew,
aber Churf. g. Garnzüge ohne schaden."

„Die Keitzer haben das kleine und das grosse Rohrbruch mitt der
hütung davon geben sie jerlich 1 thaler 8 Gr. ufs Schloss."

„Item die Gemeine daselbst gibt Jerlich des Sontags nach Michaelis
9 Gr. 8 Pf. und des Sontags quasimodogeniti auch so viel, „davor haben
Sie frey Kyen zu graben auf Churf. g. heyde."

„Item die Gemeine gibt Jerlich 1 thaler 20 Gr. 8 Pf. vor das
Rapholz. uf Churf. g. heiden", „Die Keitzer seindt von alttern und noch
Schossfrey Item Zollfrey allenthalben."

„Volgett wie die Keitzer heissen und was Sie geben.

1. Der Schulz Adam Lange.
2. Joachim Klieszen gibt jerlich vor ein Wehr in die Oberhagell 5 Gr. 4 Pf.
3. Matthias Wrede
4. Valtin Ellinger
5. Peter Kolemey.
6. Hans Lemmen
7. Joachim Donatt
8. Moritz Krüger
9. Urban Raue
10. Peter Schwechtell gibt vor ein Wehr die Demnitz genandt 3 Gr. 2½ Pf.
11. Balzar Schmidt gibt vor eine Erbwise uf dem Rahmenwerder 4 Gr.
12. Pachen Drewen
13. Pawell Krüger gibt vor eine Wise an die Sprew 3 Gr. 2½ Pf.
14. Jurgen Heyse
15. Jacob Zikow
16. Peter Lemmen
17. Barius Schwechtell
18. Michel Ellinger

19. *Jochim ties Krüger*
20. *Jochim Bukow*
21. *Jurgen Krüger.*
22. *Michel Kruger gibt 5 Gr. 4 Pf. vor eine Wehrstedte*
23. *Jochim Wreckschade*
24. *Tomas Stephan*
25. *Andres Merten*
26. *Jorgen Lorenz gibt 8 Gr. 3½ Pf. vor 2 Wehr In der Oberhayell*
27. *Palm Moys*
28. *Jochim Krüger gibt 3 Gr. 2½ Pf. vor eine Wese an die Sprew*
29. *Barteldt Rottstock."*

In der offiziellen Beschreibung des Amtes Spandow vom Jahre 1652[1]) wird folgendes über Damm und Kietz mitgeteilt:

„Der Dam in Spandow vor der Vestung."

„*Aufm Dam in Spandow wohnen 6 Hauszwirthe. Dieselben werden die Dämmer genant, gehören zum Ambte mit gericht und gerechtigkeiten sind aber Dienst- Zoll- und Schoszfrey, ausgenommen wan die gnädigste Herrschafft zu wasser oberwerts der Havell reiszen will, sind sie schuldig dieselbe auf 2 meilen auch bisz nach Bötzow zu führen, desgleichen auch die Beambten, Item wan gebrauen wird, oder bier verführet, müssen sie daszelbe in: und aus dem Keller bringen, geben dem Ambte Jährlichen*

			Thlr.	Gr.	Pf.
Adam Ellinger	*Wehrzinsz*	—	*Thlr.*	*6 Gr.*	*6 Pf.*
	Plötzenzinsz	2	„	*6*	„ — „
	12 Hüner				
Hansz Tübbicke	*wehrzinsz*	—	„	*3*	„ *2½* „
	Plötzenzinsz	2	„	*6*	„ — „
	12 Hüner				
Andreas Zickow	*wehrzinsz*	—	„	*3*	„ *2½* „
	Plötzenzinsz	2	„	*6*	„ — „
	12 Hüner				
Martin Leheman	*Plötzenzinsz*	2	„	*6*	„ — „
	12 Hüner.				
Thomas Buszow	*wehrzinsz*	—	„	*10*	„ *10* „
	Plötzenzinsz	2	„	*6*	„ — „
	12 Hüner				
Hansz Kuhnow	*wehrzinsz*	—	„	*6*	„ *6* „
	Plötzenzinsz	2	„	*6*	„ — „
	12 Hüner.				

Uber diese 6 Dämmer wohnet noch Heinrich Enimbsz sel. wittibin aufn Dam, ist aber von allen beschwerungen frey.

---

[1]) In der Registratur des Königl. Domänen-Amtes zu Spandau.

Sa. desz Einkommen von den Dämmern
14 Thaler 18 Gr. 3 Pf. wehr- und Plötzenzinsz ,
72 Pachthuner.
Von der Fischerey im Ambte Spandow giebet der Garnmeister
aufm Dam Adam Ellinger disz Jahr
300 Thaler."

„Kietzer vor Spandow."

„*Vor alters haben aufm Kietz 29 Kietzer gewohnet, anitzo wohnen*
darauf 18. seindt schuldig allerley Dienste zu thun, so offt und wozu sie
erfordert werden zu waszer und lande die laufraisen bestellen sie aus
2 maile weges, sind Zoll- und schoszfrey, und ernehren sich blosz von
ihrer Fischerey, geben dem Ambte järlichen

Hansz Mahlitz	— Thlr.	8 Gr.	4½ Pf.
Thias Bratz	— „	3 „	3 „
Joachim Schmid	— „	3 „	2½ „
Caspar Schmid	— „	4 „	— ..
Michael Pasche	— „	5 „	5 „

Die übrigen dreyzehn Kietzer geben
dem Ambte keinen Zinsz.

Die Gemeine gibt jährlichen wiesenzinsz	4	„	— „	— „
Item wegen des Lüzer sees . . .	3	„	12 „	— ..
	Sa.	8 Thlr. — Gr. 3	Pf.	

Die übrigen 13 Kietzer heiszen mit nahmen
> *George Lorenz der Schulze*
> *Martin Tübbicke*
> *Andreas Reichardt*
> *Thomasz Neüendorff*
> *Christoffel Mahnkopf*
> *Jochim Mahnkopf*
> *Hansz Mahnkopf*
> *Barthelmeus Tübbicke*
> *Adam Pasche*
> *Barthelmeus Bellin*
> *Andreas Otto*
> *Martin Otto*
> *Christian Mahnkopf.*"

„Kietz."

„*Der Kietzer ihre Fischerey fenget an vom Müllendam zum Berlin,*
und gehet die Spree herunter bisz an den Müllendam vor der Alt- und
Neüstadt Brandenburg, Ihre Fischerey gebrauchen sie mit Powerten flöcken

und ballreüszen, zu fischen und krebsen, Item die freye waszer gebrauchen sie von der Potsdambischen Brücken an, bisz an Marienhorn. Sie haben auch etliche wehre in der Spree frey, item sie haben auch die Gerechtigkeit mit dem Kietzergarne von Martini bisz Ostern den See die Lütze genand, zu fischen."

„Die Kietzer haben in gleichen etliche Kleine garnzüge auf der Spree aber Sr. Churflchl. garnzüge ohne schaden, alles nach besage ihrer privilegien."

Im Jahre 1813 umfasste der Kietz 16 Gehöfte einschliesslich des Schulhauses, der Burgwall 13 Gehöfte.

Kietz.	Burgwall.
1. Schulhaus.	1. Gehöft des Fischers Chr. Tübbicke.
2. Gehöft des Schulzen Tübbicke.	2. „ „ „ Weisse.
3. „ „ Fischers Roske.	3. „ „ „ Tübbicke.
4. „ der Witwe Ebeln.	4. „ „ „ Wedel.
5. „ des Fischers J. Fr Mahnkopf.	5. „ „ „ Lübing.
6. „ „ „ Lindow.	6. „ der Witwe Tübbicke.
7. „ „ „ Joh. Rasenack.	7. „ des Fischers Chr. Tübbicke.
8. „ „ „ Mart. Rasenack.	8. „ „ Phil. Tübbicke.
9. „ „ „ Christ. Tübbicke.	9. „ der Witwe Mahnkopf.
10. „ „ „ Falcke.	10. „ des Fischers Tübbicke jun.
11. „ „ „ Chr. Neuendorf.	11. „ „ „ Chr. Tübbicke.
12. „ der Witwe Krüger.	12. „ „ „ Tübbicke.
13. „ des N. N.	13. „ „ „ Tübbicke.
14. „ „ Fischers Sommer.	
15. „ „ „ Kühne.	
16. „ der Majorin v. Claar.	

Alle diese Gebäude wurden am 21. März 1813 von den Franzosen niedergebrannt. Aus fortifikatorischen Rücksichten durften die Kietzer an den alten Stellen nicht wieder aufbauen; es wurden ihnen vielmehr im Jahre 1816 auf dem Tiefwerder Baustellen angewiesen, die alten Grundstücke ihnen aber gelassen, um dieselben als Gartenland zu benutzen. Der Staat legte einen Kommunikationsweg nach dem Tiefwerder an, liess auch zwei Brunnen auf dem Orte graben und die denselben umgebenden Gräben reinigen.

5. Das Zuchthaus.

„Nun so bist Du endlich in Spandau, mein lieber Ernst. In unsern Gegenden, weisst Du, ist die Vorstellung dieses Ortes so genau mit der von Gefängnis bei Wasser und Brot verbunden als Sibirien mit der von Landesverweisung und Zobelpelzen", schreibt im Jahre 1776

Dr. Ludwig Heim, welcher kurze Zeit vorher zur Vertretung des erkrankten
Physikus Dr. Jetzke nach Spandau gekommen war, seinem Bruder Ernst.
Solche Vorstellungen sind fast zwei Jahrhunderte lang von vielen
mit dem Orte Spandau verbunden worden. Das lag einmal daran, dass
die Citadelle Spandaus seit dem Ende des siebzehnten, vornehmlich aber
im achtzehnten Jahrhundert ein Gefängnis für Staatsverbrecher war,
besonders aber trug zu dem üblen Rufe Spandaus das Zuchthaus bei,
welches von 1687 bis 1872 in der Stadt vorhanden war.

Das Haus, welches der Graf Rochus Guerini zu Lynar in den
Jahren 1578 bis 1581 zwischen der Klosterstrasse und der Jüdenstrasse
erbaut hatte und das gewöhnlich das gräfliche Schloss genannt wurde, hatte
der grosse Kurfürst im Jahre 1686 von der gräflich Lynarschen Familie
angekauft und zunächst zu einem Manufaktur- und Spinnhause eingerichtet. Es wurde im Jahre 1721 durch Ankauf eines daneben liegenden
Brauhauses erweitert. Im Anfange dieses Jahrhunderts war es teilweise
sehr baufällig geworden. König Friedrich Wilhelm III. bewilligte zum
Aus- und Umbau und zur Erweiterung desselben durch Kabinettsordre
vom 10. Januar 1805 die Summe von 160000 Thalern, von der jedoch
nur die Hälfte verwendet worden ist. Es wurden zunächst der linke
Flügel, drei Etagen hoch mit einem Souterrain, und ein neues Mittel-
gebäude, vier Etagen mit Souterrain, aufgeführt und infolge dieser Erweiterung das Zuchthaus in eine Straf- und Besserungsanstalt umgewandelt.
Im Jahre 1813 wurden die Züchtlinge der zu erwartenden Belagerung
wegen nach Brandenburg geschafft, das Anstaltsgebäude selbst aber wurde
zunächst von den Franzosen zu einem Lazarette eingerichtet und nach
der Belagerung bis zum Jahre 1814 von den preussischen Behörden zu
militärischen Zwecken benutzt.

Am 7. April 1820 wurde der damalige Oberinspektor Luft von
einem Strafgefangenen durch Messerstiche getötet. Dieser Strafgefangene
sollte wegen einer Zänkerei, die er im Arbeitssaale angefangen hatte,
mit Peitschenhieben bestraft werden. Da er sich der Vollziehung der
Strafe widersetzte, indem er sich mit dem Rücken gegen die Wand lehnte,
ergriff ihn der Oberinspektor an der Weste, um ihn fortzuziehen. Nun
stach der Sträfling mit einem Messer, das er im Ärmel verborgen hatte,
nach ihm. Zwei Stiche trafen das Herz und führten den Tod des allgemein beliebten und geachteten Mannes herbei.

Im Jahre 1822 wurde das Vordergebäude umgebaut und an Stelle
des Hintergebäudes in der Jüdenstrasse ein neues aufgeführt. Dieser
Bau wurde 1824 vollendet. 1825 wurde der Neubau des in der Moritzstrasse gelegenen Flügels in Angriff genommen. Dadurch erhielt das
Gebäude im wesentlichen seine jetzige Gestalt.

Am 30. Juni 1830 revoltierten die männlichen Strafgefangenen.
Zur Unterdrückung des Aufruhrs mussten die Wachtmannschaften von
der Waffe Gebrauch machen, wobei drei Strafgefangene getötet und acht
verwundet wurden.

Im Jahre 1850 wurde Gottfried Kinkel zur Abbüssung einer
lebenslänglichen Zuchthausstrafe, zu welcher er wegen Aufreizung zur

Bewaffnung bei den Aufständen in Düsseldorf und Elberfeld verurteilt worden war, in das Zuchthaus zu Spandau eingeliefert. Mit
Hilfe von Karl Schurz und anderen gelang es ihm in der Nacht zum
7. November 1850 aus dem Zuchthause zu entkommen und sich über
Rostock nach England zu retten.

Die Auflösung des Zuchthauses erfolgte im Jahre 1872.

Die Gebäude wurden zu einer Kaserne eingerichtet, die jetzt den
Namen „Schlosskaserne" führt in Erinnerung an die ursprüngliche Bestimmung des Gebäudes.

III. Die staatliche Stellung der Stadt und die Stadtverfassung.

III. Die staatliche Stellung der Stadt und die Stadtverfassung.

1. Die staatliche Stellung der Stadt.

Die märkischen Städte unterscheiden sich ihrer politischen Stellung nach seit den ältesten Zeiten in Immediat- und Mediatstädte. Die Immediatstädte, seit der Mitte des siebzehnten Jahrhunderts häufig „die Kur- und Immediatstädte" genannt, standen von Anfang an unmittelbar unter dem Landesherrn und wurden zu den Landtagen zugelassen; die Mediatstädte dagegen standen im Privateigentum unter dem Schutze und der Oberherrlichkeit entweder des Landesherrn oder der Geistlichkeit oder der Ritterschaft, weshalb sie auch häufig als Amts-, bischöfliche, Ritterschafts- oder adlige Städte bezeichnet werden; sie blieben auch, nachdem sie unmittelbar unter den Landesherrn gekommen waren, von der Landstandschaft ausgeschlossen und wurden von der Grundherrschaft vertreten. Die Stadt Spandau war eine kurmärkische Immediatstadt.

Aber nicht alle Immediatstädte der Mark Brandenburg nahmen unmittelbaren Anteil an der Landstandschaft. Schon sehr früh unterschieden sich die märkischen Städte in grosse und kleine oder Haupt- und inkorporierte Städte. Seit dem fünfzehnten Jahrhundert werden die kleineren Städte durch gewisse grössere oder Hauptstädte, denen sie inkorporiert sind, auf den Land- und Ausschusstagen vertreten, und die Unterscheidung in grosse und kleine oder Haupt- und inkorporierte Städte ist officiell.

Spandau war als kleine Stadt der grossen oder Hauptstadt Brandenburg inkorporiert.

Die einer Haupt- oder grossen Stadt inkorporierten kleinen Städte bildeten „die Sprache" derselben. Die Sprache Brandenburg umfasste die Städte: Brandenburg, Rathenow, Treuenbrietzen, Potsdam, Nauen und Spandau.

Das Verhältnis der grösseren und kleineren Städte war keineswegs ein loses, es beruhte vielmehr auf althergebrachter deutscher Gewohnheit und erstreckte sich nicht bloss auf die Verwaltung städtischer Angelegenheiten überhaupt, sondern vorzüglich auf die Vorberatung und Beschlussfassung über die im Interesse der Städte liegenden allgemeinen Landessachen, welche den Gegenstand der Landtagsverhandlungen bildeten. Vor dem Beginne der letzteren wurden allemal an die Hauptstädte die Vorlagen der Regierung, sowie die auf alle städtischen und Landesangelegenheiten bezüglichen Verfügungen und Erlasse des Landesherrn gerichtet, und es war die Sache jener, dieselben auf besonderen Versammlungen den ihnen inkorporierten Städten bekannt zu machen, einer weiteren Beratung zu unterbreiten und auf Befolgung der landesherrlichen Befehle und Verordnungen zu halten.

Unterm 10. Januar 1709 stellte der Königliche Amtmann von Spandau dem Generallieutenant und Gouverneur als Oberhauptmann der Stadt und ebenso dem Kammergerichte vor, dass Spandau keine Immediat-, sondern eine Amtsstadt sei, da das Königliche Amt zwei Drittel, der Rat aber nur ein Drittel der Gerichte über die Stadt habe, überdem die Stadt gleich andern Amtsstädten in die Wolfsjagd laufen müsse. Der Rat erwiderte, es sei das ein schwacher Grund, Spandau zur Amtsstadt zu machen, weil sie gleich andern Amtsstädten in die Wolfsjagd laufen müsse, da es ja noch mehr Immediatstädte gebe, welche von der Wolfsjagd nicht befreit seien; am besten sei dies dadurch widerlegt, dass sie das *jus patronatus* habe, Pfarrer präsentiere, Diakonen vociere, auch der Neustadt Brandenburg als einer Hauptstadt inkorporiert sei.

In Beziehung auf städtische Angelegenheiten wurde der Unterschied zwischen mittelbaren und unmittelbaren Städten durch § 7 der Städteordnung vom 19. November 1808 aufgehoben.

Die Vertreter der Städte waren die Bürgermeister und Ratmannen. Nicht die ganze Gemeinde, die Masse aller als Bürger berechtigten Bewohner, trat auf, um die ständischen Rechte zu üben.[1]

Ausdrückliche Überlieferungen über den Verkehr Spandaus mit Brandenburg sind nur zwei auf uns gekommen. Als im Jahre 1602 verfügt wurde, dass keine Ratswahl und keine Ratswechselung ohne vorhergehende kurfürstliche Genehmigung vorgenommen werden solle, suchte der Rat von Spandau diesen Eingriff in seine Rechte abzuwehren und wandte sich deshalb an Brandenburg mit dem Bemerken, dass dieses verpflichtet sei, den ihm inkorporierten Städten nicht bloss Rat zu erteilen, sondern auch Schutz zu gewähren, da es mit denselben für einen Mann stehen müsse.[2]

Am 31. Juli 1618 musste der Rat von Spandau vor dem Kurfürstlichen Geheimenrate zum Verhör erscheinen, um sich ausser anderem deswegen zu verantworten, dass seine Vertreter bei der letzten Städteversammlung, als noch wichtige Dinge zu verhandeln waren, zuerst und ohne Urlaub aufgebrochen seien. Der Rat erklärte, „dass sie niemals, wenn Tagfahrten der Städte angesetzt gewesen, dageblieben, sondern

---

[1] Siehe v. Mühlverstedt „Die älteste Verfassung der märkischen Landstände.“

[2] Schultze, Mscr. a. a. 1602.

jedesmal gegen die Nacht, die Zehrungskosten zu ersparen, hinausgerückt
seien; das hätten sie neulich auch gethan, aber dabei sich deshalb bei
dem Rate der Neustadt Brandenburg, welcher sie inkorporiert seien,
zuvor gemeldet, ihm auch Vollmacht aufgetragen, wenn sie ja Montags,
den 1. Juni, zur Kontinuation der Handlung nicht wiederkämen, ihrent-
wegen das Votum dahin zu geben, dass sie sich vom gemeinen Schluss
nicht sondern, vielweniger etwas zu der Herrschaft Offension Gereichendes
thun wollten; sie seien aus der Ursache den Montag nicht wiedergekommen,
weil Bürgermeister Blumen seine Hausfrau, wie Dr. Müllern, kurfürstlichem
Leibmedico wissend, tödlich krank geworden, Bürgermeister Westfalen aber
bedenklich gefallen, dem Herkommen zuwider allein zu Stätten zu ziehen,
zumal sie sich auf Vollmacht, dem Rate der Neustadt Brandenburg aufgetragen, verlassen hätten.[1]

Es geht hieraus hervor, dass die Städte auf den Städteversamm-
lungen durch die regierenden Bürgermeister vertreten wurden; denn Blum
und Westfal waren 1618 regierende Bürgermeister in Spandau.

In Verbindung mit anderen Städten der Mark tritt uns Spandau
wiederholt entgegen. So verband es sich am 24. August 1321 mit den
Städten Alt- und Neustadt Brandenburg, Rathenow, Nauen, Berlin,
Kölln, Mittenwalde, Köpenick, Bernau, Eberswalde, Landsberg, Straussberg, Müncheberg, Fürstenwalde, Frankfurt, Sommerfeld, Guben, Beskow,
Luckau, Görtzke, Belitz und Brietzen dem Huldigungseide, welchen es
mit diesen Städten dem Herzoge Rudolf von Sachsen geleistet hatte,
treu zu bleiben; gleichzeitig schloss es mit diesen Städten einen Rechtsschutzverein gegen Räuber, Mörder, Diebe und Mordbrenner.[2] Diesen
Rechtsschutzverein erneuten und erweiterten die genannten Städte am
21. Dezember 1323.[3]

Mit dem Ableben Markgraf Waldemars des Grossen war grosse
Unordnung in die Marken eingebrochen. Die Landstrassen waren unsicher
durch allerlei räuberisches Gesindel, das auf denselben sein Wesen trieb.
Durch den Rechtsschutzverein suchten die Städte sich und ihre Bürger
zu sichern.

Am 26. Oktober 1342 vermitteln die Ratmänner von Berlin-
Kölln und Spandau einen Vergleich zwischen Alt- und Neustadt Brandenburg *uppe dem rathhuse twischen Berlin und Colne*.[4]

Am 6. Dezember 1342 schliessen die Eingesessenen der Vogtei
Spandau, Mannen, Ritter, Knechte und Bürger, eine Vereinigung zum
Schutze gegen Mörder, Räuber und Mordbrenner.[5]

Die Macht der bairischen Markgrafen reichte nicht aus, die Unterthanen vor Gewaltthätigkeiten von Wegelagerern und Strassenräubern, die
sich nicht zum geringsten Teile aus dem ritterschaftlichen Adel der Mark
rekrutierten, zu schützen, umsoweniger, da die Autorität dieser Fürsten

[1] Schulze Mscr. a a. 1618.
[2] Urkundenb. z. Berlin. Chronik S. 38.
[3] Urkundenb. z. Berlin. Chronik S 40.
[4] Riedel, cod. I. 9, 37.
[5] Urkundenb. z. Berlin. Chronik S. 79.

schwer erschüttert war. Die Vereinigung der Eingesessenen der Vogtei Spandau sollte Ruhe und Ordnung in diesem Bezirke aufrecht erhalten.

1349 finden wir Spandau in der Zahl der Städte, welche sich dem sogenannten falschen Waldemar anschliessen. In seinen Mauern wird der märkische Verein für den falschen Waldemar am 6. April 1349 geschlossen;[1] es söhnte sich aber im Oktober 1349[2] wieder mit den Wittelsbachern aus und hielt fortan treu zu ihnen.

1369 wurde Spandau mit andern märkischen Städten von der markgräflichen Münze zu Berlin befreit, aus der es bisher alljährlich neue Münzen statt der alten eintauschen musste, was natürlich mit grösseren Verlusten verbunden war und den geschäftlichen Verkehr sehr belästigte. Jetzt erhielt es das Recht des ewigen Pfennigs; wie es in der Urkunde heisst:

„*Die Radmanne unser Stete Berlin, Cöln, Frankenvorde, Spando, Bernow, Ebirswolde, Landesberge, Strusseberge, Monkeberge, Drossen, Forstenwolde, Middenwolde, Wriezen und Frienwolde sullen des Macht haben ewichlichen und beholden, under sich czu setzenn eyn Muntze, die ihn und deme Lande nutze und bequeme ist, czu machende di Phennige nach Stendelschen phenningen an Witte und an swere und mit eine Oberzeichen nach irem Wilkur, wenne und wy dicke sy wollen, also, alse in dunket, das is den steten und den lande bequeme is.*"[3]

Die Städte errichteten Münzen in Berlin und Frankfurt.

Am 2. Februar 1393 schlossen die Städte Alt- und Neustadt Brandenburg, Berlin und Kölln, Rathenow, Nauen, Spandau, Bernau, Straussberg, Eberswalde, Landsberg, Müncheberg, Frankfurt, Drossen, Fürstenwalde, Wrietzen, Mittenwalde, Beelitz, Brietzen, Potsdam und Oderberg einen Rechtsschutzverein auf drei Jahre gegen alle Ruhestörer und Strassenräuber. Spandau soll 3 Gewappnete und 2 Schützen zur Aufrechterhaltung der Ordnung stellen.[4]

Damals waren die Marken von Sigismund an Jost und Prokop von Mähren verpfändet. Von gutem Frieden und Ordnung ward den Marken nicht viel zu teil, als sie Jost übernommen hatte. Ihm galten die Marken nur als Geldquelle. Kein Wunder, dass unter einem solchen Fürsten alles drunter und drüber ging. Jeder Nachbar suchte an dem Lande seinen Vorteil, und die märkischen Ritter plünderten und raubten in dem Lande selbst und über die Grenzen hinaus, der Landeshauptmann Lippold von Bredow an der Spitze. Eine Fehde zog die andere nach sich, und eine Menge Gesindel benutzte die dadurch erzeugten Unruhen, um beutegierig auf eigene Hand zu rauben und zu plündern. Selbst dicht vor den Thoren der Städte wurden Reisende überfallen und nicht selten ermordet, das Vieh geraubt und die Ernte vernichtet, und nirgend war ein Schutz gegen diese Unbill zu finden. Die Städte waren somit auf Selbsthilfe angewiesen. In dem Rechtsschutzverein suchten sie dieselbe.

---

[1] Urkundenb z. Berlin. Chronik S. 102.
[2] Riedel, cod. I. 11, 38.
[3] Urkundenb. z. Berlin. Chronik S. 165.
[4] Riedel, cod. I. 11, 66.

Eine besondere Vereinigung zu demselben Zwecke schlossen die Städte Brandenburg, Rathenow, Nauen, Spandau, Berlin und Kölln am 14. August 1394. Spandau stellte sechs Gewappnete, um das Ziel der Vereinigung zu erreichen.[1]

Obwohl nun die Urkunden, Privilegien, Rezesse, auf welchen die Rechte der Landstände im brandenburgisch-preussischen Staate beruhten, niemals ausdrücklich aufgehoben worden sind, so wurden sie doch nach und nach zurückgedrängt. Das Streben der Zollern als Kurfürsten von Brandenburg ist von Anfang an dahin gerichtet, sich in den Besitz der vollen und ungeteilten Staatsgewalt zu setzen. Friedrich Wilhelm, der grosse Kurfürst, war es besonders, welcher die ständischen Rechte zu untergraben begann. In der späteren Zeit seiner Regierung trachtete er dahin, die Rechte der Stände in allen Beziehungen zu beseitigen, wo sie seinem Streben nach unumschränkter fürstlicher Macht und der Verschmelzung seiner Länder zu einem einheitlichen wehrkräftigen Staate hinderlich waren, vornehmlich in Bezug auf Steuern und Landeslasten. Ihrem ganzen Wesen nach vernichtet wurden die ständischen Rechte durch König Friedrich Wilhelm I. Er legte sich in Wort und That eine unumschränkte Gewalt zu und sprach es unumwunden aus, wie er sich als alleiniger Gebieter über Land und Leute betrachte. Den Ständen der Mark verweigerte er in der Resolution vom 22. April 1713 offen die von ihnen nachgesuchte specielle Bestätigung der ständischen Rechte. Seitdem war von einer Berufung der Stände, abgesehen zu den Huldigungslandtagen, nicht mehr die Rede. Die königliche Gewalt erhob sich in Preussen zu einer völlig unbeschränkten, absoluten; das Recht der Unterthanen wurde ein Ausfluss der königlichen Gnade.

Das Landbuch Kaiser Karls IV. teilt die Mark Brandenburg in die Mark jenseit der Elbe oder die Altmark, in die Mark jenseit der Oder und in die Mittelmark. Die Mittelmark umfasst die Lande: *Lubus, Barnym, Czucha, Teltow, Harelland, Glyn, Prignitz, Ukera, Grafschaft Lindow* (Lebus, Barnim, Zauche, Teltow, Havelland, Glien, Priegnitz, Uckermark, Grafschaft Lindow).

Das Havelland umfasst die Orte: *Spandow, Brandenborg, Ratenow, Nauwen, Postamp, Vorlant, Cotzin, Pritzerwe, Frysag.* Seit dem dreizehnten Jahrhundert besorgte der Vogt von Spandau die Verwaltung des ganzen Havellandes. Die Vogtei Spandau selbst erstreckte sich ursprünglich über einzelne Teile des Teltow und des Landes Barnim und über Pichelsdorf und Wustermark im Havellande; es gehörten dazu die Städte Spandau, Berlin und Kölln, Alt-Landsberg und Mittenwalde.[2] Die Kirchenreformation führte in dem Verwaltungswesen des Havellandes Veränderungen herbei. Die eingezogenen Güter des Klosters zu Spandau wurden zu einem Klosteramte verbunden und dieses bald darauf mit dem Schlossamte vereinigt. Das ganze Havelland aber, umfassend das Havelland mit dem Dome und der Altstadt Brandenburg, die Länder Friesack,

---

[1] Riedel, cod. I. 10, 488.
[2] Fidicin. Die Territorien der Mark Brandenburg. III. XVIII.

Rhinow und Bellin und den Nusswinkel, bildete einen einzigen Ver-
waltungsbezirk: „Die Vogtei und Landreiterei zu Spandow." Später
wurde es ein Landratskreis.[1]

Die jetzt bestehende Einteilung des Havellandes in die Kreise
Ost- und West-Havelland stammt aus dem Jahre 1816. Spandau liegt
im Kreise Osthavelland, welcher einen Teil des ehemaligen havelländischen
und den grösseren Teil des früheren Glien- und Löwenbergischen Kreises
umfasst. Die Kreisstadt und der Sitz des Landratsamtes ist Nauen.

Nach den Bestimmungen der Städteordnung vom 19. November
1808 war Spandau eine mittlere Stadt, da es über 3500 und weniger
als 10 000 Einwohner hatte.

Als im Jahre 1824 der Provinziallandtag zusammenberufen wurde,
wählte Spandau mit den Städten Beelitz, Beltzig, Brück, Niemegk, Saarmund, Treuenbrietzen und Werder des zauch-belzigschen Kreises, Friesack,
Pritzerbe, Rathenow und Rinow des westhavelländischen Kreises, Gransee,
Lindow, Neustadt a./D., Alt-Ruppin, Rheinsberg und Wusterhausen des
Ruppiner Kreises, Cremmen, Fehrbellin, Ketzin, Nauen des osthavelländischen Kreises einen Abgeordneten. Die Wahl fand am 24. Januar
1824 in Nauen statt. Sie fiel auf den Bürgermeister Spandaus Fröhner.

In dem am 11. April 1847 eröffneten vereinigten Landtage waren
Spandau und die mit ihm wählenden Städte durch den Bürgermeister
von Spandau Dr. Zimmermann vertreten, auf dem am 2. April 1848 zu-
sammentretenden durch ebendenselben.

In die „Versammlung zur Vereinbarung der Preussischen Verfassung",
oder wie sie gewöhnlich genannt wird, „Nationalversammlung", welche am
22. Mai in Berlin zusammentrat, wurde als Vertreter des osthavelländischen
Kreises der Stadtverordnetenvorsteher Braueigen Reinicke gewählt.

---

[1] Die Landräte sind ursprünglich von den Kreisständen aus ihrer Mitte
gewählte Verordnete, welche die von den Ständen bewilligten Steuern erheben
und sonstige ständische Geschäfte besorgen sollen. Im Laufe des 17. Jahrhunderts traten der Landesherr und diese Kreisverordneten in ein näheres Verhältnis, indem jener dieselben zugleich zu seinen Kreis- und Kriegskommissarien
ernannte und ihnen die Sorge für sein Heer und die Polizeigewalt auf dem
Lande übertrug. Unter König Friedrich Wilhelm I. und Friedrich dem Grossen
bekamen die Landräte immer mehr den Charakter landesherrlicher Beamten,
bis sie sich schliesslich zu Organen der Regierung umgestalteten. -- 1599 umfasste die Mittelmark sechs Landreuter-Beritte: Teltow, hohe Barnim, niedere
Barnim, Beelitz, Müncheberg, Spandow (v. Eickstedt. Beitr. zu einem neuen
Landb. d. Mark Brandenburg S. 156.) — Der havelländische Kreis umschloss
1684 die Ämter: Spandow, Potstamb und Fehrbellin; das Amt Spandow: Gatow,
Cladow mit kurfürstlichem Lehnschulzen, Seeburg mit kurfürstl. Lehnschulzen,
Rohrbeck mit kurfürstl. Lehnschulzen, Wustermark mit Freischulzengericht,
Falkenhagen mit kurfürstl. Lehnschulzen, Hennigsdorf mit kurfürstl. Lehn-
schulzen, Pichelsdorf mit kurfürstl. Lehnschulzen, Kietz bei Spandau. (v. Eick-
stedt. Beiträge S. 421.)

2. Die Verwaltung der Stadt.

A. Bis zur Einführung der Städteordnung vom 19. November 1808.

a. Der Rat.

„*Ipsa autem ciuitas nostra Spandowe jura sua in Brandenburg afferat uniuersa;*" „Unsere Stadt Spandau selbst soll alle ihre Rechte in Brandenburg holen." Durch diese Worte giebt uns die Urkunde vom 7. März 1232, durch welche die Markgrafen Johann I. und Otto III. den Bewohnern Spandaus Stadtrecht erteilen, einen Anhalt zum Entwurfe eines Bildes von der ältesten Verfassung der Stadt. Nach dem Vorbilde der Stadt Brandenburg sollte die Einrichtung des Gemeinwesens der Stadt Spandau erfolgen.

Das Stadt- oder Weichbildrecht Brandenburgs ist in einer zusammenhängenden Überlieferung nicht auf uns gekommen; die wesentlichen Bestimmungen desselben ergeben sich aber aus dem Stadtrechte Magdeburgs, worauf sich das brandenburgische gründete,[1] ferner aus einem Schreiben des Rates der Stadt Berlin an die Bürger in Frankfurt, worin jener diesen das in Berlin geltende Stadtrecht, wie es von den Brandenburgern überliefert ist, ums Jahr 1253 mitteilt,[2] und endlich aus einer Urkunde des Markgrafen Johann V. vom Jahre 1315.[3]

In Magdeburg wählte man nach Gründung der Stadt aus der Bürgerschaft Schöffen und Ratmannen, die Schöffen auf Lebenszeit, die Ratmannen auf ein Jahr. Nach Ablauf ihres Amtsjahres wählten die Ratmannen ihre Amtsnachfolger, indem sie gelobten: „der Stadt Recht, Ehre und Nutzen zu wahren, so sie am besten könnten und möchten, nach der Ältesten Rate."[4]

In Berlin wurden ebenfalls alljährlich neue Ratmannen gewählt. Die Wahl wurde durch die im Amte befindlichen Ratmannen vollzogen, und durch ebendieselben geschah auch die Einsetzung der Erwählten in ihr Amt. Beim Amtsantritt wurden sie mit des Schulzen Frieden gefestet und bestätigt, nachdem sie eidlich gelobt hatten, der Stadt Bestes allzeit zur Richtschnur ihres Handelns zu nehmen.[5]

---

[1] O. A. Walther. Das sächs. od. Magdeb. Weichbild-Recht. Leipzig. 1871.

[2] Urkundenb. z. Berlin. Chronik. Herausg. v. d. Verein f. d. Geschichte Berlins d. F. Voigt. S. 8.

[3] Riedel, cod. I. 9, 12.

[4] Walther, Weichbild-Recht S. 23. „*Da man meideburg alvest buete unde besatzte unde dy stat us gap nach weichbilde rechte, Da gap man en recht noch ires selbis willekur unde noch der wicżigsten rate. Da worden Sy czu rate, wy Sy koren scheppen unde rat-manne, bynnen der stat; dy scheppen czu langer czyt, dy ratmanne czu eine jare: dy sweren alle jar, wen sy newe kyzen: der stat recht, unde ere, unde vrom czu bewarne, so sy am besten kunnen unde mogen, nach der eldesten rate.*"

[5] Urkundenb. z. Berlin. Chronik a. a. O. „*Consules autem, qui nunc sunt, sequentis anni consules eligere habent et statuere, et scultheti pace firmari debent et muniri, quicquid ciuitati expediat, sub juramento faciendum.*"

So mag es anfänglich auch in Spandau gewesen sein, obwohl keine Nachricht davon auf uns gekommen ist. In der Zeit, aus welcher uns sichere Überlieferungen über die Zusammensetzung des Rates der Stadt Spandau vorliegen, ist von einer jährlichen Neuwahl der Ratmannen keine Rede. Bereits im Anfange des vierzehnten Jahrhunderts setzt sich der Rat aus zwölf ständigen Mitgliedern zusammen, von denen je sechs abwechselnd ein Jahr lang die Regierung führen. Stirbt eines dieser ständigen Mitglieder, so wird durch die überlebenden ein Ersatzmann gewählt, und zwar auf Lebenszeit.

Die „Polizeiordnung der Städte", welche Kurfürst Joachim I. unterm 18. Juli 1515 erliess, war von keinem Einflusse auf die Zusammensetzung des Rates der Stadt Spandau. Erst 1582 trat in dieser eine Änderung ein, indem nach dem Tode eines der vier Bürgermeister der Rat beschloss, diese Bürgermeisterstelle eingehen zu lassen. Fortan gab es also nur elf Ratsmitglieder. Von 1603 an finden wir die Zahl derselben auf neun herabgesunken, zu denen im Jahre 1690 als zehntes überzähliges Mitglied zuerst ein Senator supernumerarius mit der Anwartschaft auf die zunächst frei werdende ordentliche Ratsherrenstelle tritt.

Unterm 28. September 1693 erging eine kurfürstliche Verfügung, dass wegen des Rates Schuldenwesen anstatt der verstorbenen keine neuen Ratsglieder zur Konfirmation präsentiert werden und der Rat in Zukunft nur aus sieben besoldeten ordentlichen Mitgliedern, senatores ordinarii, und zwei unbesoldeten überzähligen Mitgliedern, senatores extraordinarii oder supernumerarii, bestehen solle.[1]

Auch 1694 wurde durch eine königliche Verfügung verboten, mehr als sieben ordentliche und zwei ausserordentliche Ratsmitglieder zu wählen. Es wurde nun thatsächlich eine ordentliche Bürgermeister- und eine Ratsherrnstelle aufgehoben, so dass es fortan nur zwei Bürgermeister gab, welche jährlich in der Regierung wechselten.

Der § 3 des „rathäuslichen Reglements" vom Jahre 1703 handelt von der „Konstituierung der Ratsglieder". Es heisst darin:

„Ob nun wohl die ordentliche Zahl der Ratsglieder wie vorher gesetzet in acht Personen bestehen und über diese keine mehrere besoldet werden sollen, so ist dadurch dem Magistrate unbenommen etwann einen consulem und einen senatorem als supernumerarios durch ordentliche Wahl zu bestellen und wie bishero geschehen zu dero königlichen Konfirmation zu präsentieren, nur dass dieses nicht weiter extendiert und über zwei supernumerarii zu einer Zeit nicht angenommen werden, auch dieselben so lange ohne Gehalt dem Rathause dienen und sich perfektionieren, bis daran einige Stellen zu ihrer wirklichen Bedienung ledig werden."

Unterm 27. Oktober 1716 erging eine königliche Verfügung, welche anordnete, dass Neuwahlen im Rate nicht ohne Wissen des Commissarius loci ausgeführt und das Rathaus nach Abgang der zeitigen Ratsglieder auf eine Anzahl von sechs Personen, welche zulänglich wären, reduziert

---

[1] Königl. Geheimes Staatsarchiv zu Berlin.

werden solle.[1]) Der Rat sollte sich dann zusammensetzen aus einem
Bürgermeister, einem Nebenbürgermeister, der zugleich Stadtrichter ist,
einem Stadtschreiber, einem Kämmerer und zwei Ratsherren, von denen
einer ein „Literatus“, der andere ein „Öconomus“ sein sollte. Trotz alle-
dem finden wir bis zum Jahre 1800 stets mehr als sechs Ratsmitglieder: so

1717 neun ordentliche und einen ausserordentlichen Senator,
1718 und 1720 sieben ordentliche und zwei senatores honorarii,
1731 neun ordentliche Senatoren, davon fünf als Bürgermeister, und
    zwei ausserordentliche,
1744—1745 acht ordentliche,
1751 acht ordentliche und einen ausserordentlichen Senator,
1752 acht ordentliche und zwei ausserordentliche,
1778 und 1783 acht ordentliche,
1795, 1796, 1798 sieben ordentliche,
1800—1809 sechs ordentliche Senatoren.

Erst mit Einführung der Städteordnung vom 19. November 1808
gewann das Magistratskollegium eine feste Gestalt.

Bis in den Anfang des siebzehnten Jahrhunderts hinein ist der
Rat vollkommen unbeschränkt in der Wahl seiner Mitglieder. Das Streben
der zollernschen Kurfürsten ging jedoch dahin, bestimmenden Einfluss auf
die inneren Angelegenheiten ihrer Städte zu gewinnen. Kurfürst Joachims I.
Polizeiordnung vom 18. Juli 1515 machte den ersten Versuch in dieser
Richtung, freilich ohne besonderen Erfolg. Unterm 2. November 1602
erging aber eine kurfürstliche Verordnung, dass keine Ratswahl und keine
Ratswechselung ohne vorhergehende kurfürstliche Konfirmation vorgenommen
werden solle. Von dieser Pflicht suchten sich die Städte freizumachen,
und Spandau wandte sich deshalb an seine Bezirkshauptstadt Brandenburg. Dies teilte ihm mit, dass es beim Kurfürsten vorstellig werden
und dann seinen ihm inkorporierten Städten bekannt machen wolle, was
es ausgerichtet habe. Nach einiger Zeit benachrichtigte Brandenburg
den Rat von Spandau, dass es Hoffnung habe, für sich die Aufhebung
der Verordnung vom 2. November 1602 zu erlangen; jede andere Stadt
möge dasselbe für sich nachsuchen. Hierauf antwortete der Rat von
Spandau: „er habe von undenklichen Jahren keine Konfirmation bei dem
Kurfürsten weder in electione noch in permutatione consulatus suchen
dürfen, und die Wahl habe ihm bis auf diese Zeit freigestanden;
Brandenburg sei verpflichtet, den ihm inkorporierten Städten, also auch
der Stadt Spandau, nicht blos Rat zu erteilen, sondern auch Schutz zu
gewähren; es müsse mit denselben für einen Mann stehen; dies erwarte
Spandau, es möge schriftlich oder mündlich geschehen.“[2]) Wir wissen
nicht, was hierauf weiter erfolgte, nur soviel steht fest, dass der Rat
von Spandau bis zum Jahre 1618 weder bei der Ratswechselung noch bei
Neuwahlen die kurfürstliche Bestätigung nachgesucht hat. Am 31. Juli
1618 musste er sich jedoch deshalb vor dem kurfürstlichen Geheimrate

---

[1]) Schulze, Mscr. S. 913.
[2]) Schulze, Mscr. S. 743.

verantworten. Obwohl er hier erklärte, dass die Bestätigung erfolgter Ratswahlen seit undenklichen Zeiten beim Kurfürsten nicht nachgesucht worden und die Nichteinholung eine „Observanz temporis immemorialis" sei, die volle Freiheit der Wahl auch durch die kurfürstlichen Generalkonfirmationen aller alten Rechte und Gewohnheiten der Stadt Spandau verbürgt werde, so wurden dennoch diese Einwände für unerheblich erklärt, weil die Konfirmation des Rates unter die „majora regalia" des Landesfürsten gehöre, und deshalb in Zukunft alle Jahre vor Hilarii, und ehe denn die Ratsverwechselung geschähe, „auf vorhergehende Wahl tauglicher Personen über alte und neue Ratspersonen" Konfirmation gesucht werden müsse.[1]) Von nun an wurde nicht nur bei Neuwahlen, sondern auch vor jeder Ratswechselung, welche auf Hilarii (13. Januar) stattfand, die kurfürstliche Bestätigung nachgesucht. Es ist uns ein solches Bestätigungsgesuch des Rates aus dem Jahre 1672 erhalten. Darin bitten Bürgermeister und Ratmannen um Bestätigung „der hiebevor und neuerwählten Bürgermeister und Ratsverwandten", „damit dieser Stadt Nutz und Wohlfahrt desto mehr befördert und die Bürgermeister mit ihren Kollegen von der anbefohlenen Bürgerschaft und andern bei hiesiger Stadt beschwerten Zeiten, da die auctoritas und respectus magistratus inferioris ohnedem sehr gefallen und fast niemand seinen schuldigen Gehorsam mehr recht beobachten will, desto mehr respektiert und als ihre von Gott und Kurfürstliche Durchlaucht vorgesetzte Unterobrigkeit möge geehret werden."

Der Rat hatte also seit 1619 die Freiheit der Wahl seiner Mitglieder vorbehaltlich landesherrlicher Bestätigung. Diese Wahlfreiheit wurde auch späterhin im Prinzipe stets anerkannt, wenn auch die landesherrliche Regierung sich mannigfache Eingriffe in dieselbe erlaubte. So wurde dem Rate 1672 aus dem Geheimen Staatsrate befohlen, dass er bei erster Vakanz einen Reformierten, und zwar David Henning, ins Kollegium aufnehmen solle. Als es sich 1693 um die Wahl eines Bürgermeisters handelte, empfahl ein kurfürstliches Schreiben vom 16. März 1693, „dass auf den Amtsschreiber Zützel vor andern Reflexion gemacht werden möge, welches jedoch dem Rat an seiner freien Wahl nicht präjudizieren solle."[2]) 1694 musste Ernst Gottlieb Cantius auf königlichen Befehl als senator supernumerarius in den Rat aufgenommen werden.

Das königliche Reglement für die Administration des Rathauses zu Spandau von 1703 bestimmte zwar in § 2: „Dem Magistrat der Stadt Spandow bleibt, wie allen andern Immediatstädten des Landes das von Alters hergebrachte Recht, seine Mitglieder zu erwählen; wobei auch Se. Königl. Majestät sie ferner schützen wollen. Jedoch sind sie dagegen schuldig, allemal bei vorzunehmender Wahl dahin zu sehen, dass sie tüchtige dem gemeinen Wesen wohl anständige Subjekte wählen, deren meister Teil in Litteratis bestehen soll, damit des Rathauses und gemeiner Stadt Verrichtungen bei den Zusammenkünften des corporis der Städte

---

[1]) Schulze, Mscr. S. 764.
[2]) Schulze, Mscr. S. 881.

in deren Landesjudicio und zu Rathause selbst desto besser beobachtet und abgethan werden möge".[1]) Trotzdem kamen aber kurz darauf wiederholt Eingriffe des Königs in das freie Wahlrecht des Magistrats vor.

Im Jahre 1701 war Johann Kühne als Garnisonapotheker nach Spandau gekommen. Unterm 5. Oktober 1703 richtete er ein Bittgesuch an den König, derselbe möge veranlassen, dass er zum Senator gewählt werde. In diesem originellen Schreiben führt er folgendes zur Unterstützung seines Gesuches an. Er sei, sagt er, nicht bloss seit zwei Jahren Apotheker in Spandau, sondern habe auch als Feldapotheker in der Schlacht bei Salankemen eine Verwundung davongetragen. Vor etlichen Jahren seien zwei Apotheker im Magistrat gewesen. Zur Zeit sei gar keiner darin, und der Rat zähle überhaupt jetzt nur vier ordentliche Mitglieder. Durch die Wahl zum Senator wolle er „den Widerwärtigkeiten" entgehen, welche „bei bürgerlichen Wachten und Aufzügen allezeit vorgehen, indem man sich alsdann von Bäckern, Schustern, Schneidern u. dergl. kommandieren lassen müsse". Er habe deshalb das Vertrauen zum Könige, dass er seine Bitte erfüllen werde. Darauf verfügte der König unterm 10. Dezember 1703 an den Magistrat, er solle Kühne bei der nächsten Ratsversetzung berücksichtigen. Als dies nicht geschah, beschwerte sich Kühne beim Könige. Nun befahl dieser unterm 24. Mai 1704 dem Rat, Kühne als Senator supernumerarius aufzunehmen. Unterm 12. Juni 1704 wurde dieser Befehl wiederholt. Der Rat erwiderte unterm 25. August 1704, dass er dem königlichen Befehle zur Zeit nicht folgen könne, da keine Ratsstelle frei sei. Darauf verfügte der König unterm 9. September 1704, die Sache bis zu einer Vakanz ruhen zu lassen.[2])

Unterm 20. Juli 1705 richtete die reformierte Gemeinde zu Spandau, welche damals aus fast hundert Deutschen und mehreren Franzosen bestand, ein Bittgesuch an den König, dem Rate von Spandau zu befehlen, „dass er von nun an eine Parität unter den Ratsgliedern halten und allemal einen reformierten Bürgermeister und reformierte Ratsherren wählen solle". Hierauf verfügte der König unterm 22. September 1705, dass der Magistrat zwei Mitglieder der reformierten Gemeinde, den Acciseeinnehmer Rauch und den Brauer Schultze zu überzähligen Senatoren erwählen solle, gleichzeitig verweigerte er dem vom Rate bereits „als einen bei hiesiger Stadt wohlverdienten Bürger, der auch einige Jahre hier Gerichtsassessor und Stadtverordneter gewesen, der auch seine studia vormals absolvieret", gewählten Erdmann Leddihn die Bestätigung, welche der Rat unterm 9. September 1705 nachgesucht hatte.[3])

---

[1]) Schulze, Mscr. S. 895. Das Reglement selbst ist leider nicht mehr aufzufinden. Die Bezeichnung des Rates als „Magistrat" beginnt seit dem Ende des 17. Jahrhunderts üblich zu werden. Durch das Reglement vom 14. Mai 1703 wurde sie wahrscheinlich officiell eingeführt.

[2]) Königl. Geheim. Staatsarchiv.

[3]) Königl. Geheim. Staatsarchiv. Rauch und Schultze hatten sich jeder persönlich mit einem Bittgesuche ihrer Wahl wegen an den König gewandt. Schultzes Gesuch ist vom 7. September 1705. Er sagt darin zur Begründung unter anderm: *„Da ich vor allen andern ohne Ruhm zu melden eine Ratsherrenstelle meritiere und hiezu capabel bin".*

Im Jahre 1709 hatte der Rat den Stadtschreiber und Aktuarius Herz zum ordentlichen Senator erwählt und dem Könige zur Bestätigung präsentiert. Eine königliche Verfügung vom 2. Mai 1709 erteilte ihm deshalb einen Verweis. Dieselbe genehmigte zwar, dass Herz die Stelle eines Ratsverwandten (ausserordentliches Magistratsmitglied) einnehmen möge, als ordentlicher Ratsherr aber der Sattler Johann Schultze, ein Reformierter, angenommen werden solle. Unterm 27. Oktober 1716 erhielt der Magistrat durch das General-kriegskommissariat eine königliche Verfügung, welche anordnete, dass Neuwahlen von Magistratsmitgliedern in Zukunft ohne Wissen des königlichen Commissarius loci nicht vorgenommen werden dürften.[1) In einem königlichen Rescripte vom 3. Dezember 1743 war dem Magistrate empfohlen worden, bei Vakanzen aus den Stadtverordneten die Ratmänner zu erwählen, falls sich einer derselben zu solchem Amte schicke. Hierauf fussend, beschwerten sich, als 1750 der Rat an Stelle des verstorbenen Senators und Kämmerers Feske dessen Sohn zum Kämmerer wählte, die Stadtverordneten unterm 27. Januar 1750 bei der königl. Kriegs- und Domänenkammer über diese Wahl. Sie verlangten, dass dem Commissarius loci und dem Magistrate „für jetzt und künftig" anbefohlen werde, aus den Stadtverordneten die Senatoren zu wählen. Die Kammer entschied, dass „der Magistrat es nicht schuldig sei, sondern lediglich von ihm abhange, ob er jemanden aus den Stadtverordneten wählen wolle, da ihm sein Wahlrecht illimitiert gegeben sei".

Das freie Wahlrecht seiner Mitglieder wurde dem Magistrate auch durch königliche Kabinettsordre vom 31. Oktober 1751 anerkannt. Es wurde darin gesagt, „dass Se. Majestät Allergnädigst zufrieden sei, dass der Magistrat seine Ratsglieder bei sich ereignenden Vakanzen ferner wie bisher selber wählen und solche Wahl jedesmahl zur Konfirmation gewöhnlichermassen einschicken möge; gestalt dann höchstgedachte Se. Königl. Majestät solches auch dero Generaldirektorio dato besage copeilicher Anlage zur Nachricht und Achtung bekannt gemacht habe."

Wenn es sich um die Wahl eines Justizbürgermeisters, Richters, Syndikus oder Stadtschreibers handelte, stand dem Magistrate zufolge eines königlichen Reglements vom 19. Juni 1749 jedoch nur ein Vorschlagsrecht zu. § 14 dieses Reglements sagte: „Die Magisträte, welche das Wahlrecht ihrer Mitglieder haben, müssen, wenn es sich um die Wahl eines Justizbürgermeisters, Richters, Syndikus oder Stadtschreibers handelt, dem ständigen Justizkollegium zwei oder drei geeignete Personen zur Prüfung vorschlagen, damit zu Administrierung der Justiz in den Städten redliche und in den Rechten erfahrene Männer bestellet werden mögen." Nach der Prüfung empfahl das Justizkollegium die befähigsten der vom Magistrate vorgeschlagenen Personen mit eingehendem Berichte dem Grosskanzler zur Bestätigung.

[1)] Königl. Geh. Staatsarchiv. Der Commissarius loci war ein königlicher Beamter, welchem die Aufsicht über die städtischen Angelegenheiten vom Könige übertragen war.

Im Prinzip war also das freie Wahlrecht seiner Mitglieder dem Rate zugestanden. Welchen Beeinflussungen von oben herab aber die Magistratswahlen ausgesetzt waren und wie dadurch die Freiheit derselben so gut wie aufgehoben wurde, davon giebt das Vorhergehende und namentlich folgendes einen schlagenden Beweis.

Im Juli 1755 legte der damalige erste Bürgermeister Lindner sein Amt nieder und machte davon dem Commissarius loci schriftlich Anzeige, der die Sache der Königl. Kriegs- und Domänen-Kammer meldete. Diese wies darauf durch Rescript vom 12. August 1755 den Commissarius loci an, dass er dem Magistrate aufgeben solle die Wahl eines neuen Dirigentis ohne alle Parteilichkeit vorzunehmen; zugleich aber solle er dem Magistrate zu Gemüte führen, dass er sehr wohl thun werde, wenn er hauptsächlich auf den Auditeur Lemcke, dessen sich der Prinz von Preussen vorzüglich annehme, reflektiere, widrigenfalls er riskiere, dass ihm der König einen Dirigenten, dessen Wahl „eigentlich nicht zu dem Magistrate nachgelassenen Wahlrechte gehöre, indem sie wohl ihresgleichen oder ihre Unterbedienten, keinesweges aber Vorgesetzten wählen könnten", vorsetzte. Der Commissarius loci stellte dies Kammerrescript dem Magistrate zu, und der wählte dann einstimmig den Auditeur Lemcke.

Man beachte hierbei, welche Gründe die Regierung vorbringt, um dem Magistrate das Recht der Bürgermeisterwahl abzusprechen.

Ein unmittelbarer Eingriff in das Wahlrecht des Magistrats erfolgte im Jahre 1788. Der damalige Kommandant von Spandau beschwerte sich beim Könige über den Polizeibürgermeister Hart, dass derselbe seine Pflicht nicht gehörig erfülle, vornehmlich in betreff der Feuerlöschanstalten. Der König schickte ohne weiteres in dem ehemaligen Feldwebel vom Regiment Preussen Hertig einen neuen Polizeibürgermeister, der, so lange Hart lebte, das halbe, nach dieses Tode aber das ganze Polizeibürgermeistergehalt beziehen sollte. Der Magistrat wurde um seine Zustimmung garnicht gefragt.

Ein gleiches geschah im Jahre 1806. Am 13. Juni 1806 starb der Polizeibürgermeister Rüppel. Der Magistrat beschloss, dass die Nachfolger Rüppels aufrücken sollten, und wählte in die letzte Stelle den Justiziarius Rüppel. Die Kurmärkische Kammer beanstandete den Beschluss und die Wahl des Magistrats, „da die Stadt hätte einen Invaliden, entweder den Feldwebel Wegener oder Lause, anstellen sollen". Der Magistrat wandte sich nun an den König und bat um Bestätigung seiner Massnahmen. Dieser bemerkte aber unterm 18. August eigenhändig am Rande der Eingabe: „Abzuschlagen und aufzufordern die Wahl nach Sr. Majestät Wunsch endlich zu stande zu bringen, widrigenfalls Allerhöchstdieselbe die Stelle selbst besetzen werden."

Ursprünglich mag auch der Rat Spandaus, wie es in Magdeburg, Brandenburg und Berlin geschah, alljährlich die Neuwahl seiner Amtsnachfolger vorgenommen haben. Vermutlich belief sich die Zahl der Ratmannen anfänglich auf sechs. Es mochte nun Gebrauch werden, dass die Ratmannen, welche in dem einen Jahre die Regierung führten, diejenigen, welche das Jahr vorher die Regierung geführt hatten, zu ihren

Amtsnachfolgern erwählten, während sie selbst von dem neuen oder sitzenden Rate als alte Ratmannen in allen wichtigeren Angelegenheiten zur Beratung und Beschlussfassung hinzugezogen wurden. Die Wahl wurde so eine leere Form, die man zuletzt ganz fallen liess. Man wechselte schliesslich einfach alljährlich die Regierung, indem die sechs aus dem Amte scheidenden Ratmannen den sechs in das Amt tretenden Rechnung legten über ihre Verwaltung. Schon im Anfange des vierzehnten Jahrhunderts scheint sich der Rat Spandaus aus zwölf ständigen Mitgliedern zusammengesetzt zu haben. Je sechs führten abwechselnd ein Jahr lang die Regierung, und die regierenden Ratmannen bildeten den neuen Rat, die nicht regierenden den alten. Urkundlich tritt uns der Rat von Spandau unter der Bezeichnung *„Wy Borgemeister und Ratmanne Old und Nye der Stadt Spandow"* erst im Jahre 1442 entgegen.[1]) Der jährliche Wechsel zwischen dem alten und dem neuen Rate blieb bestehen bis zum Jahre 1719. Die Übertragung des Stadtregiments von dem „neuen", dem „sitzenden Rate" auf den „alten Rat" wurde die „Ratswechselung", die „Ratswandelung" oder auch die „Ratsversetzung" genannt.

In Teymlers Stadtbuch der Stadt Frankfurt a. O. von 1516 wird *„Von der Versatzung des Ratsstuhles"* folgendes gesagt:

> *„Der alde Rat der im Regiment dis Jar uber gesessen hat, ist schuldig jerlich den Herren, die an das Regiment an ihre stat komen sollen, alles Innemen und Ausgebens Rechnung zu thun, und wenne dem also geschehen, so haben sie die Versatzung den Suntag vor oder nach Galli ghalten, so haben die Herrn die regiret habn, den neven Herrn eyne erliche Maletzeit beraitet und in Betrachtung gemeyner Stat, Ehre vnd Redlikait, haben sie alle Doctores vnd Magistri, die Geste und Inwoner di uf irnantn Suntagen alhir befundn, zu Gaste geladn."*

In Spandau fiel die Zeit der Ratsversetzung ursprünglich in die Fasten, nachdem am Aschermittwoch *(die cinerum)* die Rechnungslegung stattgefunden hatte. So erfolgte die Ratswechselung 1438 auf Invocavit, 1444 auf Reminiscere, 1445 auf Oculi.

Im Anfange des siebzehnten Jahrhunderts fällt sie auf Hilarii (13. Januar).

Durch königliche Verordnung vom 20. Februar 1719 wurde die bisherige Ratswandelung oder der jährliche Wechsel zwischen einem alten und neuen Rate, der sich zuletzt übrigens nur auf einen Wechsel der Bürgermeister beschränkt zu haben scheint, aufgehoben, weil „die bisherige Alternation des Magistrats dem Publico nicht zuträglich gewesen, sondern dessen bestes erfordere, dass ein beständiges Kollegium bestellet und darin von dem vorsitzenden Bürgermeister das Direktorium perpetuum geführt werde". „Aus landesherrlicher Macht" wurden nun „zur Administration der Stadt" bestimmt drei Konsuls, ein Kämmerer, zwei Senatoren, ein Stadtsekretär und drei Honorarii; „dergestalt und also, dass sie

---

[1]) Schulze, Mscr. S. 660.

zuvörderst dem Könige treu und gehorsam sein, das Stadtregiment ohne einige Alternation beständig füren" sollen.[1])

Bis zur Einführung der Städteordnung vom 19. November 1808 setzt sich fortan der Magistrat aus ständigen Mitgliedern zusammen. Es wurde immer mehr üblich, Beamte in den Magistrat zu wählen, indem die königliche Regierung die Ratsherrnstellen als geeignete Versorgung namentlich für Invaliden betrachtete.

Die Befugnisse, welche dem Rate in ältester Zeit zustanden, ergeben sich aus dem Schreiben der Ratmannen von Berlin an die Bürger von Frankfurt. Es heisst darin folgendermassen:[2])

„Falschen Scheffel, unrechtes Gewicht und unrichtige Elle verbieten wir; wer aber überwiesen wird solcherlei falsches Mass unter sich gehabt zu haben, soll dem Spruche der Ratmannen verfallen, indem er den Ratmannen zur Strafe und Genugthuung 36 Schillinge zahlt."

„Allen aber, welche Handwerke betreiben, als Bäckern, Schustern, Fleischern, oder welches Gewerkes sie immer sein mögen, soll es nicht freistehen in der Stadt, was man Innung nennt, zu haben, es sei denn mit Willen und Erlaubnis der Ratmannen und zwar so lange, wie es diesen beliebt und sie es wollen. Und alle, welche die sogenannte Innung (*Innincghe*) erlangen wollen, müssen bei der ersten Aufnahme den Ratmannen 3 Schillinge zum Besten der Stadt geben und 3 Schillinge zur eigenen Verwendung und zu ihrem gemeinschaftlichen Bedürfnis entrichten."

„Auch sollen Obermeister der Bäcker von den Ratmannen bestellt werden und nach ihrem Beschlusse zwei Ratmannen, welche mit den Obermeistern zuweilen das Brot besichtigen. Wenn irgend jemandes Brot weniger gut ist, so können sie nach ihrem Ermessen bestimmen, wie ihnen ratsam zu sein scheint. Wenn derselbe aber auch dann sich nicht bessern will, so soll er zur Strafe 5 Schillinge an die Ratmannen zahlen. Die Bäcker aber, welche grobes Brot backen, nämlich zwei für einen Pfennig, sollen es an den Markttagen an ihren Stellen auf ihren hingestellten Tischen frei und ungehindert verkaufen; aber in der Woche verbieten wir ihnen dies; sie dürfen aber in ihren Häusern unter der Verdachung der Fenster ihr Brot verkaufen."

„Und merke: Wenn Ratmannen in städtischer Amtsthätigkeit sind und von irgend jemandem mit Schmähworten beschimpft werden, so soll dieser von den Ratmannen, wenn es nötig ist, in dreimaliger Vorladung vor dem Schultheissen angeklagt werden, wobei zu merken ist, dass das Zeugnis der Ratmannen sein Leugnen entkräftet; und wenn er in solcher Weise überführt worden ist, soll er jeglichem Ratmannen 36 Schillinge als Strafe zahlen. So aber jemand, wenn von den Ratmannen zu ihm geschickt wird, zum dritten Male zu erscheinen sich weigert, so soll er von den Ratmannen vor dem Richter verklagt werden, wobei ebenfalls

---

[1]) Das Rescript selbst ist nicht mehr aufzufinden. Es ist aber anzunehmen, dass es gleichlautend war mit dem unterm 18. Februar 1819 an Stendal erlassenen. Aus diesem sind die Angaben entnommen.

[2]) Voigt. Urkundenb. a. a. O.

sein Leugnen keine Wirkung, sondern das Zeugnis der Ratmannen über ihn Kraft hat, und soll er dann zur Strafe 36 Schillinge zahlen."

„Ausserdem ist zu wissen, dass von den Ratmannen zwei oder mehr geeignete Männer bestellt werden sollen, welche auf das Tuch, ob es auch, wie es sein muss, gemacht ist, sorgsam achtgeben; und das sollen sie auf ihren Eid thun. Wessen Tuch von denselben tadelhaft befunden wird und nicht so, wie es sein muss, gearbeitet ist, soll zum Nutzen der Stadt 5 Schillinge zur Strafe zahlen; aber 2 Pfennige sollen für das Vergehen den Ratmannen und der dritte Teil den Anklägern zufallen. Das tadelhafte und falsche Tuch auch die Wolle und die falschen Fäden haben die Ratmannen Macht im Feuer zu vernichten und zu richten darüber."

„In gleicher Weise soll es der Willkür und dem Urteile der Ratmannen unterliegen, wer wegen falschen und betrüglichen Kaufs verdient hat auf dem Sitze zu sitzen, welcher *Scup-Stol* (Schubstuhl) genannt wird."

„In gleicher Weise sollen die Ratmannen auch in betreff· der Steine, welche die Weiber für ihre Vergehen zu tragen haben, richten."

„Wenn aber, was öfter zu geschehen pflegt, jemand in der Stadt wegen irgend eines Vergehens geächtet wird, und selbiger flüchtig geworden, nachher durch den Beistand seiner Freunde dem Verletzten und dem Richter Genugthuung gegeben, der soll, um das Recht der Stadt wiederzugewinnen und die Ächtung aufzuheben, 36 Schillinge als Strafe in die Kassen der Stadt zahlen."

In Magdeburg standen laut Weichbildrecht den Ratmannen folgende Befugnisse zu:

„*Dy ratmanne kysen einen burgermeister, adir czwene undir en unde legen ere burding us, wenne sy wollen, mit der wiczigisten* (weisesten) *rate von der stat. Was sy den dem burgemeister globen* (geloben), *daz sal man stete halten; wer abir das bricht, daz schullen* (sollen) *dy ratmanne vordern. Wer czu dem burgedinge nicht en* (hin) *komet, so man dy glocke lütet* (läutet), *der wettet sechs phennige; wirt abir ieme das burding gekundiget* (angesagt), *her wettet funf schillinge phennige.*"

„*Dy ratmanne haben dy gewalt, daz sy richten obir allhande unrechte mas unde schepphele* (Scheffel), *unde unrechte wagen* (Wage), *unde obir allerhande falsche spise* (Speise). *Auch wer die ynnunge* (Innung) *bricht binnen wichbilde, unde des obirwunden* (überführt) *wirt, der wettet dry windische* (wendische) *marg, daz sind sechs unde drysig schillinge.*"

„*Waz da dy markt hoken* (Markthöker) *heisen* (heissen) *bynnen wichbilde, vorbusen* (verbüssen) *sy sich an valschem spise-koufe* (Speisekauf), *adir misse-tun sy sich an der stat, daz sy er globde* (Gelübde) *brechen. Sprichz en* (Spricht es ihnen) *der ratman czu von der stat wegen, wen sy des Dinges obirwunden werden, so mussen sy wetten hut* (Haut) *unde har* (Haar), *adir mit sechs unde drysig schillingen; daz stet an der ratmanne willekur, welch sy nemen wollen; unde nemen sy dy phennige, jener ist doch rechtlos, unde mag ouch keine spise binnen wichbilde mer vorkoifen* (verkaufen) *noch keine ynnunge mer gehaben ane der ratmanne loube* (Erlaubnis). *Daz selbe gerichte ged* (geht) *obir allerhande lute* (Leute). *dy bynnen wichbilde mit valschem Koufte begriffen werden, unde des obirwunden werden mit deine rechte.*"[1]

Betreffs der Bürgermeister und ihrer Gewalt wird folgendes gesagt:

„Un vornemet von den Borgermeistern dy man kuset czu wichbilde, dy kuset man czu eime jare. Nu wiss ouch welchir-by gewalt sy haben sullen. Sy sullen richten obir allerhande wane mas vnde obir vnrechte Steffele, vnde aller hante keufe, brot, czu kleine gebacken, adir vngebe fleyz vorkouft, vnde obir alle vnrechte wage, vnde obir die haken, ap sy keine ynnunge haben brechen, dy czu wichbilde gewillekurt wirt mit vorkoifene. so man den schaft uf steket dy wyle sullen sy nicht koifen. So dy alle gekouft haben dy binnen wichbilde sitzen, vnde um mittag ist, so man den schaft abe-nymet, so koufet menlicher, was her wedir vorkoifen wil. Wer dise ynnunge brichet, alzo hy vor geret is, obir den richten dy Burgermeister czu hut vnde czu hare, adir mit sechs vnde drysig schillingen czu lofene, wen ir burmal da mete czu brochen ist. Das stet an der Burgermeister willekur, wedir sy dy phennige nemen wollen, adir hut vnde har.[2]

Die Machtbefugnisse des Rates bestanden also in Handhabung der Polizei und in Ausübung eines Teiles der Civilgerichtsbarkeit. Er hatte Gewalt zu richten über unrichtig Mass und Gewicht und über allerhand falsche Speise, d. i. über den Verkauf zu kleinen Brotes und schlechten Fleisches; ferner über Innungsbruch innerhalb des Weichbildes, d. i. über Höker und Wiederverkäufer, die so lange nicht kaufen durften, als der Schaft oder die Fahne ausgesteckt war, sondern erst nach Einziehung derselben von Mittag an, da bis zu dieser Zeit die Bürger zu ihrem Selbstbedarf den Vorkauf hatten, endlich über bürgerlichen Kauf und Verkauf und über Vergehen der Weiber, welche die Strafe des Steintragens nach sich zogen. Dann war der Rat befugt, durch geeignete Männer die Anfertigung des Tuches zu überwachen und schlechte Wolle sowie schlechtes Garn und schlechtes Tuch wegzunehmen und zu verbrennen. Ferner stand ihm die Verleihung und Entziehung von Innungsrechten und die Einsetzung der Obermeister des Bäckergewerkes zu. Ausserdem hatte er Macht das Bürgerrecht zu verleihen und endlich verwaltete er die Einkünfte der Stadt, welche die Kämmerei vereinnahmte und aus denen die Gefälle an die markgräfliche Kammer gezahlt wurden.

Ausser diesen laut der angeführten Überlieferungen dem Rate nach brandenburgischem Rechte zustehenden Befugnissen übertrugen ihm die Markgrafen bei der Gründung der Stadt die Erhebung und Vereinnahmung des Marktzolles, welcher bisher zur markgräflichen Kammer erhoben und vereinnahmt worden war.[3] Ferner machten sie Spandau

---

[1] u. [2]) Walther. Weichbildrecht, S. 15 fg. 23.

[3]) Siehe Urkunde vom 7. März 1232: *„Preterea Telonium quod per totam civitatem Spandowe supra forum scilicet, preterquam in domo venali habuimus, eisdem concedimus et dimittimus ita ut de hoc civitati sue Spandowe vtilitatem faciant, prout ipsis visum fuerit expedire."*

zum Rechtsvororte für alle Städte der Länder Teltow, Glien und Barnim, d. h. in zweifelhaften Rechtsfällen sollten sich die genannten Städte an die Ratmannen und Schöffen der Stadt Spandau um ein Urteil *(Weistum)* wenden, wie diese in solchen Fällen sich Rechts bei dem Schöffenstuhle in Brandenburg zu erholen hatten. [1]

Aber noch andere Befugnisse standen dem Rate gleich anfangs zu. Obwohl dieselben in den Überlieferungen des alten Magdeburger und brandenburgischen Stadtrechtes nicht ausdrücklich hervorgehoben werden, so sind sie doch bei der die inneren Stadtangelegenheiten leitenden Behörde als selbstverständlich schon für die ältesten Zeiten anzunehmen.

Der Rat übte die gesamte Markt-, Bau- und Feuerpolizei und hatte alle öffentlichen Gebäude und Anlagen unter seiner Aufsicht. Er sorgte für die Sicherheit der Stadt durch Instandhaltung der städtischen Befestigungen sowie der städtischen Rüstkammer und des städtischen Marstalles, der allerdings in Spandau nicht sehr gross war. Er stellte die städtischen Unterbeamten, die Ratsdiener, an und entliess dieselben. Er vertrat endlich die Stadt in allen Sachen.

Überblicken wir nun noch einmal im Zusammenhange die Amtsgewalt des Rates. In ihr Bereich fällt zunächst die Handhabung der Polizei. Der Rat führt die Aufsicht über die Ordnung in den Strassen bei Tage und bei Nacht. Ihm liegt ob für Bauten und Sicherheit vor Feuersgefahr Sorge zu tragen und die wider die Verordnungen Handelnden zu bestrafen. Handel und Wandel in der Stadt ist seiner Aufsicht unterstellt. Seine Pflicht ist es, den Verkauf schlechter Ware zu verhüten und den Preis der brauchbaren zu bestimmen. Er prüft die Gewebe der Leinen- und Wollenarbeiter und lässt alles, was nicht nach Mass und Güte den Vorschriften entspricht, verbrennen. Rücksichtlich der Strassenordnung ist er befugt, jeden in Strafe zu nehmen, dem es obliegt, in der Nähe seines Gehöftes Stege und Brücken zu erhalten, der aber seiner Pflicht nicht nachkommt, kurz über alles zu wachen, was nur heutzutage in den Bereich einer aufmerksamen Polizeibehörde gehört. Auch für die äussere Sicherheit der Stadt hat er zu sorgen und deshalb darauf zu achten, dass die Befestigungswerke, als Planken, Mauern, Wälle und Gräben, allzeit in gutem Zustande sich befinden. Die Thorwachen sind seinem Befehle unterstellt, und im Falle eines feindlichen Angriffes

---

[1] Urkunde vom 7. März 1232: *„Insuper eidem civitati nostre Spandowe ex plenitudine nostre gratie indulgemus, ut omnes de Terra Teltowe et omnes de Ghelin nec non et omnes de nova terra nostra Barnem jura sua ibidem accipiant et observent, sicut nostram gratiam diligunt et favorem; ipsa autem civitas nostra Spandowe jura sua in Brandenburg afferat universa".* — Walther, Weichbildrecht S. 9 zeigt, wie es gehalten wurde, wenn die von Halle in Magdeburg sich Recht erholten: „Dy von meideborg sollen es en geben vor den ryr* (vier) *benken, unde den schephin* (Schöffen) *sal* (soll) *man gebin* (geben) *ir recht, unde des schullen sy getzug* (Zeuge) *sin, das en das orteil* (Urteil) *gegeben sy. da sollen dy boten keinwertig* (gegenwärtig) *sin, da man en das orteil gap an beiden halben, und da das orteil gestrafet das wart, das sy sen unde horen, das en beden recht gesche, unde der richter sall sy bekostigen hen unde hervedir."*

leitet er die Verteidigung. Er sorgt endlich nicht nur für Verhütung aller Ausschreitungen in Wein- und Bierhäusern und an andern öffentlichen Orten, besonders an solchen, wo sich die Leute zum Spiel zusammenfinden, sondern er bestimmt auch die Höhe der Spielsätze, um Unheil zu vermeiden; und als der Luxus sich mächtig über alle Stände zu verbreiten anfängt, erlässt er Verordnungen über Trachten und Festmahle.[1]) Eine so ausgedehnte Machtbefugnis erfordert natürlich, dass dem Rate ein gewisses Erkenntnis- und Strafrecht zusteht. Die Aburteilung und Bestrafung aller Polizeivergehen kommt ihm deshalb zu.

---

[1]) Gegen Ende des sechzehnten Jahrhunderts erliess der Rat eine „Ordnung der Stadt Spandow bei Verlöbnissen, Hochzeiten und Kindtaufen". „Auf Verlöbnissen sollen Rats- und vornehme Personen nur zwo Tische auf einen Abend einladen und mit vier Essen, darunter Butter und Käse, besetzen, andere nur einen Tisch nebst drei Essen und eingebrauen Bier, bei zwei Thaler Strafe an den Rat für die Übertreter. Bei Hochzeiten des Rates sind acht Tische erlaubt auf zwei Tage, nämlich Montags und Dienstags mittags vier Essen und Butter und Käse und abends drei Essen. Wohlhabenden und vornehmen Bürgern stehen sechs Tische und mit des Rates Vorwissen sieben auf diese beiden Tage frei und vier Essen mittags, drei abends; Tagelöhner item Hauseinsitzer (Mieter), Knecht und Mägde sollen nur den Montag Hochzeit haben und zwei oder drei Tische setzen. des Mittags drei Essen und abends zwei Essen nebst Butter und Käse haben bei Strafe eines halben Thalers. Wer länger Hochzeit macht und mehr Tische setzet und speiset soll für jeden Tisch zwei Thaler und für jedes Essen über die Zahl einen Thaler geben. Die Gesellen sollen Dienstags um zehn Uhr sich mit den Jungfern wieder zur Hochzeit einstellen, ihr Geschenk der Braut und Bräutigam alsbald übergeben und nach gehaltener Mahlzeit mit den Jungfern zu Rathause zum Tanze gehen, nach vollbrachtem Tanze die Jungfern aber wieder zur Hochzeit geleiten, den Abend allda bleiben und damit die Hochzeit schliessen. Fremde können länger als die zwei Tage bleiben. Die Hochzeitsgäste sollen um halb zehn Uhr vor Mittage Braut und Bräutigam mit ihrer Präsenz beiwohnen und um zehn Uhr mit ihnen in der Kirche sein. Wer um zehn Uhr in der Kirche nicht ist, für den soll sie geschlossen und ehe nicht geöffnet werden, er habe denn zuvörderst der Kirche einen halben Thaler Strafe einbeantwortet. Abends um halb neun Uhr höchsten neun Uhr soll die Braut dem Bräutigam zugeführt werden und die Gäste nach Hause gehen. Die Braut soll niemandem etwas verehren, sondern dem Bräutigam nur einen Kranz und Schnupftuch, ebenso der Bräutigam niemandem etwas als Schuhen und Pantoffeln, ausser der Braut ein Paar Schuhe, Tasche und Pantoffeln, beide bei Strafe von zwo Thalern. Dem Hausmann soll von den vornehmsten Hochzeiten, darauf er Drometen zu blasen Erlaubnis hat, anderthalb Thaler, von den mittleren und von den gemeinen Hochzeiten 12 Gr. gegeben werden; wie er derentwegen Montags zu Mittage und Dienstags auf den Abend umb Trankgeld für die Tische spielen und sonsten der Gebühr und Gelegenheit nach aufwarten soll. Er soll auch nicht länger in der Hochzeit auf den Abend denn bis neun Uhr und so lange, bis den ersten Tag der Brauthahn übergeben ist aufzuwarten schuldig sein, damit er des Turmes in Acht nehmen und zur rechten Zeit des Abblasens gewarten könne. Aufm Tanzboden sollen Aufwärter verordnet werden, damit christliche und ehrliche Tänze gehalten und das viehische Durcheinanderlaufen vermieden werde. Auch soll der Hausmann zu Rathause, sonderlich wenn die Herren (Rat) droben sein und zu thun haben, die Trummel heimlich und die Tänze nicht zu geschwinde schlagen, damit die Tänzer nicht zum Laufen verursacht und die Herren deswegen kein Ungemach in der Ratsstube haben mögen. Fremde Biere und Weine sollen auf keiner Hochzeit eingelegt und gegeben werden, man vermuto sich denn vornehme ansehnliche fremde Leute, auf den Fall ein jeder Erklärung beim Rat, wieviel er

Die Fürsten selbst empfehlen von der frühesten Zeit an den Bürgern Gehorsam gegen den Rat und versprechen ihm mit ihrer ganzen Macht beizustehen.

Aber nicht bloss die Handhabung der Polizei im ausgedehntesten Sinne, auch die ganze Verwaltung war Sache des Rates. Alles was die Stadt an Zins, Renten, Schoss, Zoll und Einkünften aus Gewässern und Grundstücken besitzt, Kalköfen, Lehmgruben und Ziegelscheunen u. s. w., sowie Heiden, nebst allem, was ausser den Mauern ihr noch gehört, verwaltet der Rat nach eigenem Gutdünken anfänglich ohne jede Kontrolle.

Die Ratmänner sind die Vertreter der städtischen Gemeinde. Sie verhandeln alles für dieselbe mit Fürsten und andern Städten, und wenn besondere Fälle es nötig machen, so berufen sie die ganze Bürgerschaft zu einer Bürgersprache, um ihre Meinung zu hören. Im Interesse der

dessen einlegen, sich erholen soll; bei poen zwei Thaler. Der Tanzboden soll keinem ehe er Bürger geworden vergönnt und aufgeschlossen werden, oder er soll für jeden Gang und dies alles mit Erlaubnis des regierenden Bürgermeisters einen Gulden geben. Bei Kindtaufen können die Gevattern nach Zurückkehr von der Taufe mit einem Trunk Bier oder Wein vergnüget, aber weder mittags noch abends gespeiset werden. Beim Kirchgang können die Vornehmsten zwölfe, die gemeinen sechs und die unvermögenden Bürger vier Paar Frauen dazu erbitten und, wenn sie aus der Kirche kommen, ihnen vier Gerüchte und Butter und Käse vorgetragen werden. Auf diesen Abend sollen nicht mehr Mannspersonen als Frauen im Kirchgange gewesen, gebeten und ihnen nicht mehr als den Frauen zu mittage vorgesetzt werden bei Strafe eines Thalers. Alles hat man frei kleiner zu machen, aber nicht zu vergrössern." Eine städtische Polizeiordnung aus der Mitte des sechzehnten Jahrhunderts dringt wegen der nun mehreren Erkenntnis auf ein anständiges Leben, empfiehlt die Furcht Gottes und die Liebe des Nächsten, verbeut die Lästerungen Gottes, seines Wortes, der Mutter des Herrn, setzt Strafe sogar für die, so solche Lästerungen hören aber verschweigen. Ohne Erlaubnis des regierenden Bürgermeisters soll keiner vor der Hohe-Messpredigt sich aus der Stadt zu reisen oder auch sonst zu fahren begeben, sondern jeder sich mit den Seinigen zur Predigt halten, auch niemand unter der Predigt oder Kommunion auf dem Markt müssig stehen oder aus Verachtung um den Kirchhof oder ausserhalb des Thores spazieren gehen, noch in Wein- oder Bierschenken, vielweniger zum Brantwein mittler Zeit sich finden lassen, bei vier Groschen dem Gotteskasten und vier Groschen einem Rat Strafe. Wer aber solche Strafe nicht vermag, soll einen Tag und eine Nacht im Gefängnis sitzen. Ebenso soll, wer in der Zeit dergleichen, ausgenommen am Kranke, verkauft, bestraft werden. Das Gesinde- und Tagelohn wird also bestimmt: einem gemeinen Tagelöhner täglich 1 Groschen, einem Futterschneider täglich 2 Groschen, einem Schneider täglich 10 Pfennige, einem Binder täglich 6 Pfennige. Es soll niemand dem andern sein Gesinde abspänstig machen und, wenn es sich vor der Zeit ausser Dienst begibt, ohne Vorwissen des letzten Herrn nicht annehmen. „Wer viel Zanks und Widerwillen wegen geringen Dinges erhebt und den andern gröblich an Ehr und Glimpf antastet, daraus der Obrigkeit viel Mühe und Unlust verursacht, soll zwei Wispel Hafer, einen dem Rat den andern dem gemeinen Kasten geben oder, wie vor alters, die Steine in der Stadt herumtragen. Wer zu Rathause oder sonst vor dem Rat den andern mit Worten angreift oder Lügen straft und gross Geschrei hat, soll von Stund an vom Rathause in Gehorsam (Gefängnis) gehen und acht Tage darin sein." Am 5. Juni 1684 verordnet der Rat: 1. es sollen nicht mehr als sieben Gevattern gebeten werden, für jeden Taufpaten mehr aber sechs Groschen zur Vermehrung der Kirchenbibliothek gegeben werden; 2. die Vertrauungen sollen präcise des Mittags um 11 Uhr und des Abends um 5 Uhr geschehen.

Stadt machen sie die zu Verhandlungen nötigen Reisen, für welche sie Entschädigung erhalten und zu denen ihnen auch ein eigener Wagen, gewöhnlich „des Rates Bullerwagen" genannt, und Pferde gehalten werden. Endlich liegt ein wesentlicher Teil der städtischen Gesetzgebung in den Händen des Rates. Solche Verordnungen, die innerhalb der vom Landesherrn verliehenen Verfassung vom Rate gegeben werden, heissen Willküren.[1]

Nach Einführung der Reformation wurde dem Rate durch den Visitationsabschied vom 25. April 1541 das Patronat über die städtische St. Nicolaikirche übertragen. Schon 1240 hatten die Markgrafen Johann I. und Otto III. „den Bürgern und Einwohnern, welche erblichen Grundbesitz in der Stadt Spandau haben", das Recht zugestanden, die „ecclesia forensis", die sie dem Kloster übertragen hatten, von dem Kloster durch eine Entschädigung zu lösen und einem eigenen Priester, der in der Stadt wohnen solle, zu übergeben.[2] Von dieser Erlaubnis scheint der Rat damals keinen Gebrauch gemacht zu haben, vielleicht weil ihm die nötigen Geldmittel fehlten. Erst infolge der Reformation geht mit Auflösung des Klosters das Patronat über Kirchen und Schulen auf den Magistrat über. Von 1541 gehört also das jus patronatus zu den Befugnissen des Rates.

Nachdem der Rat im Jahre 1548 den dritten Teil des Stadtgerichtes, das Schulzenlehen, käuflich an sich gebracht hatte, kam er nach und nach in den Besitz der vollen Gerichtsbarkeit, namentlich als er von 1631 an auch das Obergericht pachtweise an sich brachte. Fortan verwalteten die Bürgermeister abwechselnd das Stadtrichteramt, bis 1718 ein ständiger Richter, der zugleich Magistratsmitglied war und den Titel Justizbürgermeister führte, eingesetzt und 1723 „zur Administrierung sämtlicher Polizei-, Justiz- und Stadtgemeinde-Sachen, die bis dahin bestandenen Kollegien des Rates und Gerichtes in einen Magistrat zusammengefasst" wurden. „Mittelst dieser geschenkten, gekauften und gepachteten Jurisdiktion", sagt das Urbarium von 1744, „richtet Magistratus allein alle peinlichen, Verbal- und Real-Injuriensachen, Polizeisachen, auch was das Kreditwesen der Bürgerschaft mit Einheimischen und Auswärtigen betrifft, Kauf-, Verkauf-, Tausch-, Erbschafts-Sachen, Bürgerwerden; hiernächst gehören vor den Magistrat alle Rechnungssachen von bürgerlichen und Stadt praestationibus, welche alle von dem Commissario loci justifizieret werden." Die volle Gerichtsbarkeit über den Behnitz stand dem Rate seit 1329 zu, und einer der Ratmannen war stets „Behnitzischer Richter".

Ursprünglich scheinen die Schöffen, die ihr Amt anfangs auf Lebenszeit bekleideten, als ständige Mitglieder dem Rate angehört zu haben. Diese Verbindung wurde aber schon früh aufgehoben. Im Anfange des dreizehnten Jahrhunderts haben die Schöffen nichts mehr mit der Verwaltung zu thun; sie sind nur noch mit dem Gerichtswesen beschäftigt, während die Ratmannen immer weitere Fortschritte als das die Stadt regierende Kollegium machen. Nur einmal treten uns die Schöffen mit der

---

[1] Zimmermann. Märk. Städteverf. S. 87 fg., 109 fg.
[2] Riedel, cod. I. 11, 3.

Gesamtheit der Ratmannen von Spandau, *„scabini cum universitate consulum in Spandowe"*, als ein Kollegium entgegen. Unterm 17. Dezember 1282 erliessen sie an „alle Gläubigen in Christus sowohl Geistliche als Laien" einen offenen Brief, in welchem sie um Unterstützung für ihr Hospital zum heiligen Geiste bitten. Da dieser Brief zugleich die älteste uns erhaltene urkundliche Äusserung der Spandauer Stadtbehörden ist, lassen wir denselben, soweit er noch zu lesen ist, hier folgen:

Omnibus in Christo fidelibus tam spiritualibus quam secularibus personis, ad quos *presens* scriptum *pervenerit*, scabini cum universitate consulum in Spandowe salutem cum omni promtitudine obsequiorum. Sicut injusta et inhonesta petentibus nullus tribuendus est asscensus, sic justa et idonea postulantibus nulla est peticio *deneganda*. Noverint enim huius cedule *inspectores*, quod in domo sancti spiritus, que est apud nos sita, multorum *beneficia* largissime pauperibus *ero*gantur et divina cottidiana sollempniter *cele*brantur. Ut autem predicte domus *indi*gentibus expensarum letior[1] donetur consolatio, venerabiles domini episcopi omnes premisso hospitali manum *largitatis* exibentes magna indulgentia munierunt. Hec autem episcoporum nomina et summa indulgentie: Episcopus *Branden*burgensis quadraginta dies, frater Hugo[2]) apostolice sedis legatus sexaginta dies et duas quarenas,[3]) frater Johannes[4]) Pru*scie* episcopus quadraginta dies et unam quarenam, Wilhelmus Lubucensis episcopus quadraginta dies, Herm*annus* Cami*nensis* episcopus quadraginta dies et unam quarenam, Hinricus, Havelbergensis episcopus, quadraginta dies. Hec vero vo*bis* . . . . et testium, qui propter pet . . . . . diligenter et attente quatenus . . . torem presentium in suis negociis fami*liaribus* . . . dignemini promovere. Ne a*utem* alicui dubium ex hoc oriatur, presens scriptum ei tradimus sigillo no*stro corro*boratum. Datum *Spandowe* anno M°CC octogesimo II. *Feliciter.*[5])

Allen Gläubigen in Christo, sowohl Geistlichen als Laien, zu welchen gegenwärtige Urkunde gelangt, die Schöffen mit der Gesamtheit der Ratmannen in Spandau gehorsamsten Gruss. Wie den Ungerechtes und Unehrenhaftes Fordernden Zustimmung nicht erteilt werden darf, so soll den Gerechtes und Geeignetes Fordernden keine Bitte verweigert werden. Mögen also die Leser dieser Urkunde wissen, dass in dem Hause St. Spiritus, welches bei uns gelegen ist, viele Wohlthaten den Armen reichlich erwiesen und täglich Messen gelesen werden. Damit aber den Armen genannten Hauses Trost und Hilfe freudiger[1]) gewährt werde, haben alle ehrwürdigen Bischöfe gedachtem Hospitale mit mildthätiger Hand einen grossen Ablass zugestanden. Dies aber sind die Namen der Bischöfe und die Summe des Ablasses: Der Bischof von Brandenburg 40 Tage, Bruder Hugo,[2]) Legat des päpstlichen Stuhles, 60 Tage und zwei Karenen,[3]) Bruder Johannes,[4]) Bischof von Preussen (?) 40 Tage und eine Karene, Wilhelm Bischof von Lebus 40 Tage, Hermann Bischof von Kamin 40 Tage und eine Karene, Heinrich, Bischof von Havelberg, 40 Tage. Dies aber . . . .
. . . .
. . . .
. . . .
Dass aber keinem ein Zweifel hieraus entstehe, übergeben wir ihm gegenwärtiges Schreiben mit unserm Siegel beglaubigt. Gegeben. Spandow im Jahre 1282.[5])

---

1) Latior? reichlicher?

2) Gedruckt bei Riedel cod dipl. A. XI. p. 4.

3) Cfr. Du Cange. Glossarium s. v. Karena. Karena ist die Fastenzeit von 40 Tagen beziehungsweise der Erlass derselben. Das Letzte bedeutet es hier.

4) Vermutlich Johann von Diest, 1252—1254. Bischof von Samland, darauf Bischof von Lübeck cfr. Perlbach in der altpreussischen Monatsschrift IX. 643 ff.

5) Die Originalurkunde befindet sich im rathäuslichen Archive der Stadt Spandau. Dieselbe ist stark beschädigt. Das Siegel fehlt. Das Pergament hat durch Feuchtigkeit derart gelitten, dass es an einigen Stellen durchlöchert ist, an andern die Schriftzüge verwischt sind. Um die Urkunde vor weiterer Zerstörung zu schützen, ist sie durch den Verfasser auf Papier gezogen worden. Bei Herstellung des Textes ist der Verfasser durch den Kgl. Geh. Staatsarchivar Herrn Dr. Hegert zu Berlin wesentlich unterstützt worden. Die Konjekturen sind in Kursivschrift gedruckt.

Im Jahre 1309 übertrug Markgraf Waldemar „den Ratmannen und allen Bürgern in Spandow" das Recht, „sich alle drei Jahre neue Schöffen zu wählen".[1]) Vielleicht wurde damit zugleich die Trennung der Schöffen vom Rate vollzogen.

1349 werden die Schöffen hinter den Ratmannen genannt; es heisst in der Urkunde: „Wy Ratmanne Scheppen unde ganze Meynheit der Stadt Spandow". Ein Beweis, dass die Schöffen jetzt nicht mehr zum Rate gehörten.[2])

Nach der Trennung entwickelte sich der Rat immer mehr zu einer ständigen oligarchischen Behörde, die zuletzt fast unumschränkt die wirtschaftlichen, gewerblichen und polizeilichen Angelegenheiten der Stadt verwaltete. Bei wichtigen Dingen liess der Rat „Burding läuten", worauf die Bürgerschaft sich zu einer „Bursprache" oder „Börgersprache" versammelte, um ihre Meinung zu äussern und Beschlüsse des Rates, besonders Rechtssprüche desselben zu vernehmen. Hierbei scheint es nicht immer ruhig hergegangen zu sein; denn im Jahre 1488 verordnete Kurfürst Johann Cicero, „dass er auf bittliches Ansuchen bewillige und befehle, nachdem es Burgermeister, Ratmanne, Gewerke und Gemeine der Stadt eins geworden, dass bei Börgersprachen, es sei zu Rathause oder wider den Rat, nicht willkürlich viele Bürger, sondern die vier Werke und sechzehn gekorene Mann zusammenkommen sollten, bei Strafe von 60 Gulden für den Landesherren und 40 Gulden für den Rat der Stadt, weil des Kurfürsten Wille sei, dass die Räte in den Städten nicht erzürnet, sondern bei billiger Regierung von ihm geschützet würden."[3])

Hieraus geht übrigens hervor, dass die Bürgerschaft auch ohne durch den Rat berufen zu sein, eine Bursprache zur Beratung städtischer Angelegenheiten abhalten konnte. Der Zweck der kurfürstlichen Verordnung von 1488 war, System in die Sache zu bringen und Ruhestörungen, wie sie bei grösseren Versammlungen unvermeidlich waren, unmöglich zu machen.

Die „vier Werke" waren die Gewerke der „Gewandschneider oder Tuchmacher, Schuster, Bäcker und Schlächter." Sie kamen wohl nicht vollzählig zusammen, sondern schickten ihre Vertreter, die Gildemeister und Ältesten oder Alderleute, zur Bürgersprache.

Unzweifelhaft wurde die Verordnung Kurfürst Johanns durch das berechtigte Streben der Bürgerschaft, grösseren Einfluss auf die Verwaltung der städtischen Angelegenheiten zu gewinnen, hervorgerufen. Der Rat regierte die Stadt ohne eine gesetzlich geregelte Kontrolle seitens der Bürgerschaft. Trotz aller Ehrenhaftigkeit der Ratsherren mochten doch wohl manche Menschlichkeiten vorkommen, welche die Bürger in Harnisch brachten, umsomehr, wenn unter denselben sich einige Schreier befanden, vor deren Bierstubenweisheit nur die eigenen Thaten Gnade fanden. In allen märkischen Städten sehen wir im vierzehnten und

---

[1]) Riedel, cod. I. 11, 19.
[2]) Schulze, Mscr. S. 47.
[3]) Schulze, Mscr. S. 665 nach einer nicht mehr vorhandenen Abschrift der kurfürstl. Verordnung.

namentlich im fünfzehnten Jahrhundert demokratische Tendenzen sich breit machen, welche den oligarchischen Rat aus seiner Machtstellung verdrängen wollen. Da aber der Landesherr meist auf Seiten des Rates steht, so kommen diese Tendenzen nur in sehr beschränktem Masse zur thatsächlichen Geltung.

Auch im Anfange des siebzehnten Jahrhunderts machten die vier Gewerke und gemeine Bürgerschaft Spandaus den Versuch, sich ein Organ zur Kontrolle der rathäuslichen Verwaltung zu schaffen. Der Erfolg war einer Niederlage sehr ähnlich.

Die Ursache waren etwas grobe Menschlichkeiten, welche sich die Ratsherren und vornehmlich der Stadtrichter in der Verwaltung der gemeinen Stadtheide hatten zu Schulden kommen lassen. Die Bürgerschaft warf den Herren vor, sie liessen in der gemeinen Stadtheide zu eigenem Nutzen zu viel Holz schlagen und verwüsteten dadurch dieselbe. In einer Beschwerde an den Kurfürsten gab sie ihrer Meinung Ausdruck. Nachdem die Sache vom Kammergericht untersucht war, setzte der Kurfürst zur Regelung der Angelegenheit eine Kommission ein, welche vom 3. bis 5. Januar 1610 auf dem Rathause zu Spandau tagte. Sie vereinbarte eine Holzordnung, durch welche vornehmlich die den Ratsherren und anderen Stadtbedienten zustehenden Holzdeputate genau bestimmt wurden, und regelte die Ansprüche, welche die vier Gewerke und gemeine Bürgerschaft betreffs ihrer Teilnahme an der allgemeinen Stadtverwaltung erhoben. Diese Ansprüche waren im ganzen sehr gemässigt. Die Bürgerschaft verlangte das Recht, sich jährlich aus ihrer Mitte Stadtverordnete zu wählen, welche befugt sein sollten, der gemeinen Bürgerschaft Nutzen dem Rate gegenüber zu vertreten und bei der Ratsversetzung an der Rechnungslegung teilzunehmen. Bürgermeister und Ratmannen erklärten, dass sie es wohl geschehen lassen könnten, dass „die Bürgersprache alle Jahr gehalten" werde und „die gemeine Bürgerschaft aus ihrem Mittel 24 Mann" erwähle, „welche vor dem Rat dem Herkommen nach in der Bürger Gegenwart sollen vereidet und in Pflicht genommen werden" und „der Gemeine Notdurft" dem Rate vortragen mögen. Sie willigten auch ein, dass die Bürgerschaft „aus ihrem Mittel neben des Rates auch zween Bauherren möge erwählen, so zugleich neben den ihren zu den Gebäuden, wo etwas zu besichtigen und zu verbessern, mögen Aufsicht haben". Teilnahme der Stadtverordneten an der Rechnungslegung lehnte der Rat jedoch entschieden ab.

„Dasselbige hatt er der Rath", heisst es in der über die Kommissionsverhandlungen aufgestellten Urkunde, *„nicht eingehen wollen, hatt sich auch wegen dieses Begerens zum höchsten beschwerett, alss dass man Ihn die suspition wolte ziehen, gleich gingen sie nicht richtigk mit den Rechnungen umb, es were auch bey Ihnen niemals gebrewchlich gewesen, Sondern diss weren Newrungen, Es haben aber Bürgermeister unnd Rath sich dahin erbotten, wan es Churfl. Ge. begheren würden, entweder den Commissarien oder andern so von Churfl. Gn. darzu verordnet, die Rechnungen vorzulegenn, und zu zeygen, den sie tragen derselben keine scheu"*. Die Bürgerschaft begnügte sich mit der mageren Errungenschaft, ihre

„*Bürgermorgensprache und ehrliche nothwendige Zusammenkunfftenn*" abhalten und jährlich 24 Stadtverordnete erwählen zu dürfen. Sie erklärte in der Urkunde „*dem Rath alss Ihrer von Gott vorgesetzten Obrigkeitt gebürlich respectiren, veneriren lieben und ehren, allen schuldigen gehorsamb und reuerentz erzeigen und sich aller heimlichen unzimblichen conventiculen unnd Zusammenkunfften genzlich enthalten*" zu wollen, „*und wan etwass vorlaufft, darauss sie wegen des gemeinen Nutzes und mit dem Rath notwendigk zu reden, solches soll durch die vierundzwanzigk Mann ordentlicher weise mit gebürlicher Bescheidenheit geschehen*".[1]

Im Jahre 1694 wurde die geordnete Zahl der Stadtverordneten auf zwölf herabgesetzt. 1709 und auch noch 1731 gab es deren nur acht und am Ende des achtzehnten Jahrhunderts nur noch fünf.[2] Welche Verhältnisse diese Veränderungen herbeigeführt haben, ist nicht zu ermitteln. Die Zahl acht wurde vermutlich durch das rathäusliche Reglement vom Jahre 1703 festgesetzt. Die Stadtverordneten wurden vom Rate hinzugezogen, wenn Anlagen oder Taxen gemacht werden sollten oder Rechnungen abzunehmen waren. Im allgemeinen waren ihre rechtlichen Befugnisse sehr untergeordneter Art und von geringer Bedeutung.

Der Bürgerschaft stand der Rat von Spandau bis zur Einführung der Städteordnung ziemlich unumschränkt gegenüber. Von unten her erlitt er also so gut wie keine Einbusse an seiner Macht, desto grössere von oben her, von seiten der landesherrlichen Regierung. Als sich seit dem Ende des fünfzehnten Jahrhunderts die Tendenz einer Steigerung der landesherrlichen Gewalt und kräftigerer Ausbildung der Staatseinheit entwickelte, als alle Stände, die in der älteren Verfassung als Grundbestandteile des Staates anerkannt waren, ihre Selbständigkeit einzubüssen begannen, fing auch die Unabhängigkeit der Städte an gegen die Übermacht der landesherrlichen Gewalt zu sinken; sie musste allmählich dem Geiste der Centralisation erliegen, welcher endlich selbst das Vermögen der Gemeinden ergriff und zu Staatszwecken benutzte. ·Schon die von König Friedrich Wilhelm I. erlassenen allgemeinen Gesetze und die Einrichtungen, welche derselbe im Finanz-, Kriegs- und Polizeiwesen traf, haben den erheblichsten Einfluss auf die Verhältnisse der Städte ausgeübt; es wurden aber auch direkte Änderungen in den städtischen Verfassungen vorgenommen, deren Zweck teils auf Vermehrung der Einkünfte des Staates aus den Städten, teils auf Anordnung specieller Aufsicht und Leitung durch landesherrliche Behörden gerichtet war.

In betreff der inneren Einrichtung wurde die Zusammensetzung des Magistrats verändert, welcher auf ein wenig zahlreiches Ratskollegium reduciert wurde, dem die Geschäftsverteilung und der Geschäftsgang genau vorgeschrieben waren und dessen Mitglieder im wesentlichen die Stellung

---

[1] Nach Urkunden des Magistratsarchivs zu Spandau. Die Kommission bestand aus „*den Edlen gestrengen Ehrenvesten Achtbaren und Hochgelehrten Herren Arnold de Reyger, Georg von Redern zu Schwante, Peter von Hoppenrade zu Stolp, Dr. Joachim Kemnitz, kurf. Kammergerichts- und Konsistorialrat, Hans Frize, Kammermeister.*"

[2] Schulze, Mscr. S. 63, 881.

königlicher Beamten einnahmen. Nach aussen hin wurden die Städte in die strengste Unterordnung gegen Steuerräte (commissarii locorum) — bereits 1710 nimmt ein solcher dem Rate von Spandau die Rechnung ab — und gegen die Kriegs- und Domänenkammern gestellt, welche nach und nach eine vollständige Vormundschaft über die Städte erlangten, die spätere Landesgesetze förmlich sanktionierten. So büsste der Rat immer mehr an seiner ursprünglichen Selbständigkeit und Machtvollkommenheit ein, und die Städte befanden sich schliesslich in der vollständigsten Unterordnung unter die Staatsgewalt. Von selbständigem Leben war zu Ende des achtzehnten Jahrhunderts keine Spur mehr vorhanden und mit ihm erloschen Gemeinsinn und Bürgertugend.

Vor dem Jahre 1351 erscheinen die Mitglieder des Rates der Stadt Spandau nur unter der allgemeinen Bezeichnung „Consules" oder „Ratmannen". In einer Schuldverschreibung des Markgrafen Ludwig II. vom 26. April 1351 ist zum ersten Male von den „weisen Burgermeistern und Rathmannen der Stadt Spandow" die Rede.[1]) Wenn auch einige Bedenken gegen die Originalität dieser Urkunde aufsteigen könnten, so ist doch unzweifelhaft anzunehmen, dass der Titel „Bürgermeister" oder „Proconsul" für die leitenden Mitglieder des Rates damals in den märkischen Städten allgemein üblich war.[2])

Namhaft gemacht wird ein Bürgermeister von Spandau zuerst im Jahre 1427: „*Clawes Stenze, Borgemeister und Gildebroder det Wullenwerks un der Wantschneider Gilde*".[3])

Von 1432 bis 1581 führen stets vier Ratmannen den Titel „Bürgermeister" oder „proconsules". Zwei derselben gehören immer dem regierenden Rate an; der eine führt in der ersten, der andere in der zweiten Hälfte des Amtsjahres den Vorsitz als regierender Bürgermeister.[4])

Von 1582 bis 1693 gab es drei Bürgermeister. Jeder derselben blieb zwei Jahre lang Mitglied des regierenden Rates. Der Vorsitz wechselte halbjährlich zu Hilarii und Johannis, 13. Januar und 24. Juni.

Von 1694 bis 1719 waren nur zwei Bürgermeister, welche jährlich zu Hilarii in der Regierung wechselten.

Das königliche Edikt vom 20. Februar 1719 hob den jährlichen Wechsel zwischen dem alten und neuen Rate auf und setzte ein ständiges Magistratskollegium ein. Nun gab es nur einen wirklichen Bürgermeister, welcher sein Amt auf Lebenszeit verwaltete. Neben ihm führen freilich noch mehrere andere Magistratsmitglieder den Titel „Bürgermeister." So

---

[1]) Riedel, cod. I. 11, 41.
[2]) Götze, Urk. Gesch. d. St. Stendal S. 75. Zimmermann, märk. Städteverfassung I. 10 u. s. w. Walther, Weichbildrecht § 30.
[3]) Schulze, Mscr. S. 48. Die urkundliche Quelle ist leider nicht mehr vorhanden.
[4]) Der alte Schultz, Fol. 45. „*Burgermeister Regiment bolangen.*" „*Ein Radt olt und nye eindrechtlich over ein gekomen unnd beslathen dath wanner sich ein Radt vorsetteth up fastenachten szo szoll die eyner von den burgemestern des eynen Rades von fastelavent ahn wenthe des fridages vor . . . . Bartholemei de ander Burgemester von da, solange tidt . . . . fort dath regem enth vorhegenn. Actum anno XIIII in die Cinerum.*"

finden wir einen „Justizbürgermeister", einen „Polizeibürgermeister" und
oft noch den Stadtsekretär und einen anderen Ratsherren als „Bürgermeister" bezeichnet. Der „Polizeibürgermeister" oder „Proconsul" war
in der Rangordnung der Magistratsmitglieder der zweite, der „Justizbürgermeister" oder „Richter" der dritte.

1731 führen den Titel Bürgermeister:
1. Cautius, consul dirigens;
2. Schwechten, proconsul;
3. Herz, consul und judex;
4. Ritter, consul und secretarius;
5. Zützel, consul.

1733 sehen wir wiederum fünf Ratsherren mit dem Titel Bürgermeister:
1. den Consul dirigens oder regierenden Bürgermeister Lindener;
2. den Proconsul oder Polizeibürgermeister Schwechten;
3. den Justizbürgermeister Herz;
4. den Bürgermeister und Ratsherrn Zützel;
5. den Bürgermeister und Stadtsekretär Ritter.

1792 finden wir ausser dem regierenden noch zwei andere Bürgermeister im Magistrate.

1800 werden als Bürgermeister bezeichnet der Vorsitzende oder
Consul dirigens, der Stadtsekretär oder Proconsul, der Polizeibürgermeister
und der Kämmerer.

Bis zum Jahre 1694 führten zwei der regierenden Ratmannen
stets den Titel Kämmerer; der eine versah in der ersten, der andere in
der zweiten Hälfte des Amtsjahres die Geschäfte. Von 1695 ab gab
es nur einen Kämmerer im Rate.

Die übrigen Ratsmitglieder erscheinen zum ersten Male 1603 als
Bauherren, Fischherren, Weinherren und Kornbodenherren; sie hatten die
öffentlichen Bauten, die städtischen Gewässer und Weinberge und den
städtischen Kornboden zu beaufsichtigen. Späterhin werden den Magistratsmitgliedern alljährlich durch den regierenden Bürgermeister gewisse Verrichtungen zugewiesen.

Einer der Ratsherren war, nachdem die Gerichte in den Besitz
des Rates übergegangen waren, Schultheiss oder Stadtrichter; ein anderer
war von 1329 an Richter auf dem Behnitz, gewöhnlich einer der Bürgermeister, zuletzt immer der regierende.

Von eigentlicher Besoldung des Rates ist in den älteren Zeiten
nicht die Rede; das Amt war lediglich ein Ehrenamt. Die Ausgaben,
welche den Ratmannen ihr Amt verursachte, vergüteten sie sich natürlich
aus der Stadtkasse, und an gewissen Tagen hielten sie auf Kosten des
Stadtsäckels ein Festmahl ab. So war es üblich, beim jährlichen Rats-
wechsel ein „Versetzungsmahl" zu geniessen. In der Kämmereirechnung
von 1386 wird angegeben, dass bei der Versetzung am Aschermittwoch
die Ratmannen IX sol. gross. verzehrt haben.[1]) Die Kämmereirechnung
von 1430 erwähnt Ausgaben für Hering, Stockfisch, Brot, Kringeln und

---

[1]) Schulze, Mscr. S. 650. „*Consules consumserunt IX solid. gross., it.
in eodem die XV grossos dederunt. fistulatoribus.*"

eine Tonne Bier, „*die die Herren up Fastelavend trunken*". An diesen Versetzungsmahlen nahmen auch die Frauen der Ratsherren, sowie der Richter und die Schöffen und andere angesehene Personen teil. Man sorgte auch für Tischmusik und liess zum Tanze aufspielen; denn die angeführte Kämmereirechnung von 1386 sagt, dass die Flötenbläser 15 Groschen erhalten haben. Im sogenannten „alten Schultz" finden wir folgende Stelle:

> „*Wes die Radt bedarff to der vorsettinghe*"
> „*Item V tunnenn Bernowisch bir.*"
> „*Dedt Gekrude*"
> „*Item VIII Loth Czeffran Ein punt peper V punt mandelkerne VI punt Rys VIII lot negelken IIII muskaten I punt Engewer Eyn punt grote Rossinen.*"

Die Kämmereirechnungen geben auch an, welche Dinge beim Versetzungsmahle verzehrt wurden. Da werden Malvasier, Frankenwein, Bier, Mandelkern, Rosinen, Neunaugen, Heringe, Stockfisch, Brot, Kringeln u. a. erwähnt. Seit der Mitte des fünfzehnten Jahrhunderts wurden stets einige Schock Groschen für das Mahl ausgegeben, eine für damalige Zeiten nicht unbedeutende Summe.

Im Jahre 1495 fasste der Rat den Beschluss, die Ratsversetzung in folgender Weise zu feiern:

> am Aschermittwoch Versetzungsmahl, wozu Richter, Schöffen und deren Beamte geladen werden;
> am Donnerstag Frühstück und Abendessen; zu beiden werden die Frauen der Beteiligten eingeladen;
> am Sonntag Invocavit kommen die Ratmannen mit ihren Frauen des Nachmittags und zum Abendessen zusammen.[1]

Auch zu Weihnachten, auf visitatio Mariae und auf Bartholomei kamen die Ratmannen zu gemeinsamer Schmauserei, sogenannter Collation, auf Stadtkosten zusammen. Die Collationen auf visitatio Mariae und Bartholomei wurden 1510 aufgehoben und die zu Weihnachten um dieselbe Zeit. Dabei wurde festgesetzt, dass für die Fastnachtscollation, das Versetzungsmahl, nicht mehr als sechs Scheffel Roggen aus der Kämmereikasse entnommen werden sollten. Der Wirt, bei welchem der Rat sein Versetzungsmahl hielt, sollte einen Ochsen dazu mästen, von welchem der Rat nach Belieben zehren könnte.[2]

---

[1] Der alte Schultz, Fol. 25. „*Die Radt olt unnde nie szin eindrechtlich uncer ein gekomen Jnn Joachim Kremers husz Jm fastelavende Jm LXXXXV dith nhabeschrewen vasten to haldenn szy unndt ore nhakomelingen wanehro szich die Radt vorszettet um aske dage geste to bidden Richter unndt Schepen unndt ore ambachts lude deth men des dunredages die Radts frowen ock richter unndt schepen frowen ock dehr ambachts lude frowen die des middewecks dahr to gaste gewest szin szal laten bidden ther Stowen unnd ock awendts ther collation meth drien gerichten szo deth nu em gutlich deth nha vormegen Item am Szundage Invocavit alleyne die Radts frowen meth den Borgermeister frowen des nhamiddags to der collation to biddende unndt gutlich to dunde nha wisze beschrewen des dunredags unnds szust nymandts anders to biddende van frowen. Actum anno LXXXXV.*"

[2] Der alte Schultz, Fol. 33 u. 43.

Im Jahre 1522 wurden jedem Ratmann anstatt der Zehrungen jährlich ein Schock Groschen ausgesetzt.[1]) Daneben erhielten die Ratsherren aber noch den Gänsezehent, das Semmelgeld und andere Emolumente, und bei gewissen Geschäften thaten sie sich auf Stadtkosten gütlich, z. B. bei den öffentlichen Schulprüfungen. Die Kämmereirechnung von 1567 berechnet die Kosten dessen, was bei solchen Gelegenheiten verzehrt wurde, auf mehr als 100 Schock Groschen, welche für Rheinwein, Zerbster und Bernauer Bier, Wachholderwasser, Lachs, Fische, Gänsebraten, Pfefferkuchen u. s. w. ausgegeben wurden.

1550 baten die Ratmannen den Kurfürsten Joachim II., dass ihnen ein bestimmtes Gehalt ausgeworfen werde, da sie „durch fast tägliche Sitzung zu Rathause und Bestellung gemeiner Stadtsachen grosse Mühe, Versäumung ihrer Nahrung und Gewerkes und keinen Vorteil oder Einkommen davon hätten". Der Kurfürst verfügte darauf, dass „von des Rathauses Einkommen jeder Bürgermeister jährlich 12 Gulden, jeder Kämmerer 8 Gulden und jeder Ratmann 6 Gulden erhalten solle. Allmählich steigerten sich diese Gehälter. 1692 erhält jeder Bürgermeister im ganzen 64½ Thaler, jeder Kämmerer 39¼, jeder Ratmann 22¼ Thaler. Die ordentliche Besoldung des Bürgermeisters betrug 40 Thaler, des Kämmerers 25 Thaler, des Ratsherrn oder Ratsverwandten 15 Thaler; das übrige waren auf Geld reduzierte Naturalieneinnahmen, wie Gänsezehent oder Opfergeld, Vatertrunk oder Biergeld, Semmelgeld und Holzgeld.

Durch königliche Verfügung vom 3. Januar 1718 wurde das Gehalt der Magistratsmitglieder in folgender Weise bestimmt:

der regierende Bürgermeister	150 Thaler
der zweite Bürgermeister	150 „
der dritte Bürgermeister und Richter	80 „
der Kämmerer	90 „
zwei Senatoren à	50 „
zwei Senatoren à	40 „
der Stadtsekretär	80 „

Damit wurden aber die Getreidedeputate, welche die Ratsherren seit 1588 bezogen hatten, abgeschafft. Späterhin wurden die Gehälter der Magistratsmitglieder noch mehr erhöht. So erhielt 1792:

der erste Bürgermeister, der zugleich Richter war,	277 Thaler
der Polizeibürgermeister	300 „
der Bürgermeister und Stadtsekretär	150 „

1804 erhielt:

der erste Bürgermeister	544 Thlr. 17 Sgr. 8 Pf.
der Polizeibürgermeister	460 „ — „ — „
der Bürgermeister und Stadtsekretär	320 „ — „ — „
der Bürgermeister und Kämmerer	240 „ — „ — „
der Senator und Registrator	250 „ — „ — „
ein Senator	141 „ — „ — „

Alle bezogen gewisse Emolumente, welche teils in Entschädigungen für frühere Naturallieferungen, teils und hauptsächlich aus Einnahmen von besonderen durch Ratsmitglieder zu versehenden Ämtern bestanden:

---

[1]) Schulze, Mscr. S. 670.

der Bürgermeister   4 Thlr. — Sgr. — Pf. für Versetzungsmahl
           10 „ 29 „ 6 „ „ Holz
         200 „ — „ — „ Anteil an den Gerichtsgebühren
         214 Thlr. 29 Sgr. 6 Pf.

der Polizeibürgermeister
           2 Thlr. — Sgr. — Pf. für Versetzungsmahl
           4 „ 26 „ 6 „ „ Holz
           3 „ — „ — „ „ Viehatteste
           8 „ 18 „ — „ „ Assessorate
         18 Thlr. 14 Sgr. 6 Pf.

der Stadtsekretär   30 Thlr. 11 Sgr. — Pf. für Versetzungsmahl, Holz, Garten
                                         und Wiese
           5 „ — „ — „ „ Licht und Postgeld
           4 „ — „ — „ „ Assessorate
           8 „ — „ — „ als Kurator der Depositenkasse
        360 „ — „ — „ Anteil an Gerichts-, Hypotheken-
                                         und Expeditionsgebühren
         407 Thlr. 11 Sgr. — Pf.

der Kämmerer   18 Thlr. 12 Sgr. — Pf. für Versetzungsm., Holz, Getreide
           10 „ — „ — „ „ Bereisung der Vorwerke
           40 „ — „ — „ als erster Billetierer
           7 „ 9 „ 6 „ für Assessorate
           8 „ — „ — „ als Kurator Depositorii
         83 Thlr. 21 Sgr. 6 Pf.

der Registrator   51 Thlr. 14 Sgr. — Pf. für Versetzungsm., Holz, Getreide
           10 „ — „ — „ „ Registraturgebühren
        120 „ — „ — „ als Servisrendant
         26 „ — „ — „ „ Oberkirchenvorsteher
           2 „ 6 „ — „ für Assessorate
        209 Thlr. 20 Sgr. — Pf.

der Senator   2 Thlr. — Sgr. — Pf. für Versetzungsmahl
           12 „ — „ — „ als Landarmenkassenrendant
           12 „ — „ — „ „ zweiter Billetierer
           10 „ — „ — „ „ Depositenkassenrendant
           4 „ 6 „ — „ für Assessorate
         40 Thlr. 6 Sgr. — Pf.

Daneben bekleidete jedes Ratsmitglied mit Ausnahme des Stadtsekretärs Ämter, welche mit diesem Amt in keiner Verbindung standen, und bezogen dafür Gehalt:

	Thlr.	Sgr.	Pf.
der Bürgermeister als ehem. Kriegs-Nutz-Einnehmer	40	—	—
als Zieseassessor	14	—	—
der Polizeibürgermeister als Salzfaktor	64	5	6
als Mühlenschreiber . . .	60	—	—
der Kämmerer als Wachtkassenrendant	12	—	—
als Wollmagazinkassenrendant . . .	13	18	—
als Ziesemeister	128	12	—
als Lizenteinnehmer	4	—	—
der Registrator als Schosseinnehmer	15	—	—
als Stempelrendant	10	8	—
der Senator als Administrator bei der königlichen Straf- und Besserungs-Anstalt	400	—	—

1805 wurde das Gehalt auf Antrag des Magistrats durch die kurmärkische Kammer erhöht:

für den	Bürgermeister		um 150 Thlr. als persönliche Zulage			
„ „	Polizeibürgermeister	„	62	„	„	„
„ „	Stadtsekretär	„	100	„	„	„
„ „	Kämmerer	„	60	„	„	„
„ „	Registrator	„	60	„	„	„
„ „	Senator	„	30	„	„	„

Beim Amtsantritte wurden die Ratmannen vereidet. Die älteste Eidesformel ist uns nicht überliefert. Wahrscheinlich lautete sie wie folgt:

„Tu deme rade, dar gi tu gekoren und derwelet syn, von der heren und stede wegen, dar wil gi andon alse gi von godes weghen und von radrechte plichtik syn tu donde, den rad tu verswigene der stede beste tu weruene und oren scaden tu kerene, also gi best mogen; und willen dat nicht laten dorch fruntscap, magescap, noch dorch engerleige sake wille; und scole den armen don alse den riken, den fründ alse den fremden: alse helpe iuwe god und alle syn hilligen."[1]

Zu Ende des siebzehnten Jahrhunderts schwur der Bürgermeister folgenden Eid:

„Ich N. N. schwöre zu dem allmächtigen wahren Gott, Schöpfer Himmels und der Erden: Nachdem ich von E. E. Rath dieser Stadt Spandau zum Bürgermeisteramt erwählet worden, dass ich unserm gnädigsten Kur- und Landesfürsten und E. E. Rat nach meinem höchsten und besten Vermögen in diesem mir aufgetragenen Amte getreu, gehorsam und gewärtig sein, dem gemeinen Nutzen wohl vorstehen, der Stadt Aufnehmen fleissig suchen und befördern, einem jeden, er sei reich oder arm, alt oder jung, fremd oder einheimisch, zu unparteiischer Justiz und Recht verhelfen, das Unrecht aber dahingegen abwehren und strafen, allen guten Ratschlägen, sie geschehen allhier oder bei öffentlichen Landes- und Kreisversammlungen, fleissig beiwohnen und meinem Verstande und Gewissen nach bekräftigen helfen; dahingegen alles, was der gnädigen Herrschaft, dem Lande und voraus dieser Stadt nachteilig sein möchte, auch allen Eigennutz fliehen, meiden und verhindern helfen. Dasjenige, so bei meiner Administration und Regierung zu gehörigem Vortrag an mich gebracht werden möchte, will ich fleissig und getreulich vortragen, mit meinen Kollegen fleissig darüber ratschlagen und, so viel möglich, zu rechtmässigem Entschluss befördern. Auf des Rathauses und der Stadt Freiheiten, Privilegien, Gerechtigkeiten und Grenzen fleissige Aufsicht haben, dieselbe verteidigen und erhalten helfen, dass Kirchen, Schule und Hospital, auch gemeinen Gütern wohl vorgestanden, ihre Einkünfte ohne Abgang und Schaden beigetrieben und an gehörigem Ort verwendet werden, fleissige Aufsicht haben: Einnahme und Ausgabe, sie sei beim Rathause oder anderswo, fleissig untersuchen und die darüber geführten Rechnungen zu guter Richtigkeit befördern helfen, und mich der gnädigsten Herrschaft, dem lieben Vaterlande, Rathause und gemeinen Besten also

---

[1] Fidicin. Hist.-dipl. Beiträge zur Geschichte der Stadt Berlin. I. S. 2.

erweisen, als einem getreuen Bürgermeister eignet und gebühret: So wahr mir Gott helfe und sein heiliges Wort!"

Der „Ratsverwandten-Eid" lautete am Ende des siebzehnten Jahrhunderts:

„Ich N. N. gelobe und schwöre zu Gott dem Allmächtigen, nachdem ich von E. E. Rat dieser Stadt Spandow zum Ratsstuhl ordentlicherweise berufen und von Sr. Kurfl. Durchlaucht zu Brandenburg, unserm gnädigsten Herrn dazu bestätiget worden, dass ich in diesem mir anbefohlenen Amte nach meinem höchsten Vermögen getreu und gehorsam sein, so oft ich vom regierenden Bürgermeister oder Rat beschieden und erfordert werde, kommen und ohne besonders erhebliche Ursachen nicht ausbleiben will. Ich will auch gemeiner Stadt, dem Rathause und dazu gehörigen Gütern, Kirchen, Schule und Hospital wohl vorstehen, derselben Aufnehmen, Nutzen und Bestes befördern, ohne Eigennutz und Vorteil in Besserung bringen und erhalten, auch der Stadt Freiheiten, Gerechtigkeiten, Statuten, Privilegien, Satzungen und Gewohnheiten erhalten und allen Schaden verhüten und abwenden helfen, dem Rate treulich und mit unverdrossenem Fleisse beiwohnen und meinem Verstande nach alle getreuen Ratschläge im Beisitzen eröffnen und bestätigen, dagegen alles, was der gnädigsten Herrschaft, dem Rat und gemeiner Stadt nachteilig, keineswegs billigen helfen. Alle Ratschläge und was sonst vom Rat geurteilet und gethan werden, auch was mir sonst bei meinem Eide zu verschweigen befohlen und auferlegt wird, das will ich die Zeit meines Lebens niemandem offenbaren, sondern allezeit verschwiegen und bis in die Grube bei mir behalten. Will mich auch an den Registern und Geld, Einnahme und Ausgabe treulich und ungefährlich verhalten. Da auch einiger Unwille und Missverstand zwischen mir und meinen Kollegen entstünde, solches will ich vorsätzlich zu keiner Weitläufigkeit bringen, sondern E. E. Rat nach Billigkeit entscheiden lassen und mich deren Erkenntnis unterwerfen. Ich will auch einem als dem andern, dem Reichen als dem Armen, dem Fremden als den Freunden, den Einheimischen als den Ausländischen Recht sprechen und widerfahren lassen, die Frommen schützen und die Bösen strafen helfen und solches nicht lassen wegen Gunst, Gift oder Gaben, Freundschaft oder Feindschaft oder meines eignen Nutzens halber, oder auch durch keine anderen Wege, welche Namen sie haben möchten, so mich von der Wahrheit und Gerechtigkeit abführen könnten: Und will solchen meinen gethanen Eid stets, fest und unverbrüchlich halten: So wahr mir Gott helfe durch Christum seinen Sohn!"

b. Die Ratsdiener.

1. Der Stadtschreiber.

Unter den Ratsdienern war der angesehenste, vornehmste und wichtigste der Stadtschreiber. Ursprünglich scheint das Amt von einem Geistlichen, später von dem Schulmeister versehen worden zu sein. Der Visitationsabschied von 1541 sagt: *„Vor alters hat ein stadtschreiber*

*allhie auch die Schule versorgt;" „do aber der handel so vil worden,
dass es ein stadtschreiber an baiden orthen als uffm rathause und in der
schule nicht bestellen konnen, ist ein sonderlicher schulmeister und ein
sonderlicher stadtschreiber gehalten worden."* In dem sogenannten alten
Schultz heisst es: *„Wath men dem Schulmester geft". „Dem Stadtschriver
geft men alle fastelawende VI Schilling und ¹/₂ Schock."* Hier wird also
der Schulmeister als Stadtschreiber bezeichnet.[1])

1496 stiftete der Rat von Spandau zum Altare St. Annae in der
Nicolaikirche eine jährliche Rente und bestimmte, dass dieselbe zur Stadt-
schreiberei gehören und der Stadtschreiber dafür wöchentlich zwei Messen
lesen oder bestellen solle. Damals muss also der Stadtschreiber ein
Geistlicher gewesen sein. Gegen Ende des sechzehnten Jahrhunderts
erscheint der Stadtschreiber vielfach als Mitglied des Rates. Königliche
Verfügungen aus den Jahren 1711 und 1712 verboten jedoch, dass der
Stadtschreiber zu den wirklichen Magistratsmitgliedern gerechnet werde.
Das königliche Reglement vom 20. Februar 1719 nahm ihn unter die
Magistratsmitglieder auf und in späterer Zeit erscheint er nicht blos als
Senator, sondern sogar mit dem Titel Bürgermeister, namentlich in den
letzten Jahren vor Einführung der Städteordnung. — Eine Kammerver-
ordnung von 1750 bestimmte jedoch, dass der Stadtschreiber nicht
wirklicher Senator sei. Seit der Rat die städtische Gerichtsbarkeit ausübte, war der Stadtschreiber auch zugleich Gerichtsschreiber, und seit
1749 stand dem Rate nicht mehr die Wahl desselben, sondern nur ein
gewisses Vorschlagsrecht zu. Die vom Rate vorgeschlagenen Personen
wurden vom Justizkollegium geprüft und die fähigste derselben dem
Grosskanzler zur Bestätigung empfohlen. 1434 betrug der Stadtschreiber-
sold 1 Schock 6 Groschen. 1533 belief sich das Gehalt auf 40 Gulden,
1583 auf 50 Thaler und ausserdem 12 Thaler Hausmiete und 1¹/₄ Thaler
Bureaugelder, 1704 auf 66 Thaler, 1718 auf 80 Thaler, 1720 bis 1808
auf 100 Thaler.

Der Stadtschreibereid ist uns nur in der Form erhalten, wie derselbe seit dem Anfange des siebzehnten Jahrhunderts bis zur Einführung
der Städteordnung abgelegt wurde. Er lautete damals:

„Ich N. N. gelobe und schwöre: Demnach ich von E. Ehren-
festen Wohlweisen Rat, meinen grossgünstigen Herren, durch einhellige
Wahl für einen Stadt- und Gerichtsschreiber hieselbst bestallt, auf-
und angenommen worden, dass ich mich in solchem Amte getreu und
wohl verhalten, die mir anvertrauten und deponierten Gelder in guter
Verwahrung halten, derselben Ausgaben und Einnahmen fleissig registrieren und getreulich an seinem Ort verzeichnen, an Gelde zur Ungebühr mich nicht vergreifen, eines ehrbaren Rats Heimlichkeit Zeit
meines Lebens Niemand offenbaren, bei Verträgen aufrichtig handeln,
die Bürger mit den Verträgen befördern, der Stadt Nutz und Bestes
bei Tag und Nacht suchen und befördern, im Schreiben mich willig

---

[1]) Auch in Berlin und Kölln war der Stadtschreiber zugleich Schulmeister.
Siehe Fidicin hist dipl. Beitr. I. 28.

erzeigen, da mir auch Reisen in Stadtsachen angemutet würden, willig
und gern auf mich nehmen und mit allem möglichen Fleiss verrichten
und, was mir sonsten mehr von dem regierenden Bürgermeister und
Richter in Rats- und Gerichtssachen zu thun anbefohlen wird, alles,
wie es einem getreuen Stadt- und Gerichtsschreiber wohl füget, unweigerlich thun und verrichten, auch wider den Rat in keinerlei Weise
mich gebrauchen lassen oder im geringsten wider denselben etwas
attentieren soll und will: So wahr, als mir Gott helfe und sein heiliges
Wort."

Aus diesem Eide ergiebt sich die an und für sich klare Amtsthätigkeit des Stadtschreibers.

Die übrigen Ratsdiener wurden in älterer Zeit insgesamt als
„Stadtknechte" bezeichnet und auf eine gemeinsame Formel vereidet.
Diese Eidesformel lautete in Berlin, wie folgt:

> „Tu deme dinste, dar gi an entfangen sint, dar wil gi truwelike
> tu dynen und horsam syn den Radmannen und den Borgeren. Und
> wes man iuwe het in deme rade dat wil gi vorswigen, und wes iuwe
> berolen wert in deme rade dat wil gi ernstliken angripen; und willen
> des nicht laten dorch lif noch dorch leide, als helpe iuwe god und syne
> hilgenn.[1]

Die Stadtknechte waren: der Markmeister, der Zöllner, der Hausmann, die Thorknechte, die Bauknechte, der Heideknecht, der Bierspünder,
der Wageknecht, ausserdem rechnete man dazu die Hirten, den Ziegeler,
den Sägemüller, den Walkmüller und überhaupt jeden, der gewisse niedere
Dienste im Auftrage des Rates gegen Bezahlung versah.

2. Der Markmeister.

Der Markmeister, auch Marktmeister genannt, führt die Aufsicht
über das Rathaus und den Markt und nimmt im allgemeinen die Stellung
eines Polizeiwachtmeisters ein. Zu Ende des achtzehnten Jahrhunderts
versieht der Polizeischreiber die Geschäfte des Marktmeisters. Der sogenannte alte Schultze gedenkt dieses Beamten Fol. 23 und Fol. 45. Hiernach möchte es fast scheinen, als wenn er ursprünglich den Thorwärter-
dienst am Klosterthore versehen habe. Seine Wohnung finden wir späterhin in der Nähe dieses Thores, in der „Unvernunft", demjenigen Teile
der jetzigen Mauerstrasse, welcher zwischen der Potsdamer und der Breiten
Strasse liegt. Nach Abbruch des Klosterthores im Jahre 1731 scheint
in dem Hause des Marktmeisters der „Bürgergewahrsam", das Stadt-
gefängnis, gewesen zu sein.

Der Eid, den der Marktmeister seit der Mitte des siebzehnten
Jahrhunderts leistete, war folgender:

> „Ich N. N. gelobe und schwöre zu Gott dem Allerhöchsten:
> demnach ich von E. E. Rat dieser Stadt für einen Markmeister bestellet
> und angenommen worden bin, dass ich demselben allezeit treu und

---

[1] Fidicin. Hist.-dipl Beitr. I. 4.

gewärtig sein will, das Rathaus fleissig verwahren, die Schlüssel dazu niemand geben oder vertrauen auch dieselben allezeit an gehörigen Ort liefern, niemanden ohne Vorbewusst des Rates in die Ratstube lassen, auch alles, was ich etwa zu Rathause erfahren möchte, verschweigen und niemand offenbaren; ich will auch fleissig aufwarten und die andern Diener zu fleissiger Aufwartung antreiben. Ich will auch die Verbrecher zu gefänglicher Haft bringen helfen, mit den Gefangenen, (welche ich in meiner Verwahrung halten muss, nach der königlichen Kriminalordnung überall verhalten [späterer Zusatz]), wie auch mit denen, so in bürgerlichen Gehorsam oder Arrest gesetzt oder denen sonst im Namen des Rats was anbefohlen wird, nicht unter einer Decke liegen, noch ihnen anderes verstatten oder zulassen, als von E. E. Rat befohlen ist; die Scheffel und Massen richtig eichen, (den Marktpreis vom Korn richtig angeben); die Pfände zu Rathause richtig einbringen und, wenn sie daselbst sind, nicht veräussern noch sonst unrichtig damit umgehen. Auf dem Markt und in den Jahrmärkten will ich fleissige Aufsicht haben, dass ein jeder rechte Mass und Gewichte gebrauche auch kein Vorkauf geschehe. In den Jahrmärkten will ich niemand übersetzen, sondern dahin sehen, dass das Städtegeld richtig und für voll zur Kämmerei geliefert werde. Und mich sonsten, als einem getreuen Diener gebühret, verhalten: So wahr mir Gott helfe durch Christum seinen Sohn!"

3. Der Zöllner.

Der Zöllner war städtischer und landesherrlicher Beamter zugleich. Seine Ernennung bedurfte der landesherrlichen Genehmigung, da die Hälfte der Zolleinnahmen dem Kurfürsten gehörte. Durch Übernahme gewisser anderer Verpflichtungen trat er jedoch in ein näheres Verhältnis zum Rate, und dieser nahm ihn deshalb besonders in Eid und Pflicht. Der Eid, welchen der Zöllner Adam Lucko 1598 dem Rate ablegte, ist uns erhalten und gestattet einen Einblick in die Stellung dieses Beamten. Der Eid lautet:

„Demnach von E. E. Rat allhier, meinen grossgünstigen Herren, ich für einen Zöllner und Diener bestellt, auf- und angenommen worden, als will ich mich in solchem Amt und Zollverwaltung also erzeigen und verhalten, wie es einem getreuen Diener eignet und gebühret, die Zölle mit allem Fleisse einnehmen, dieselben treulich registrieren, die eingenommenen Gelder wohl verwahren und von Quartal zu Quartal E. E. Rat gute richtige beständige und vollkommene Rechnung davon thun, auch alle andre E. E. Rats Gefälle, so auf den öffentlichen freien Märkten und an den heiligen Abenden der hohen Festtage im Zollhause und in den Stadtthoren gefallen, fleissig anfordern, dieselben registrieren, E. E. Rat davon gute Rechnung thun und die Gelder zu rechter Zeit zu Rathause einbeantworten, die Wage auch mit allem Fleiss verwalten, die Gewichte gross und klein in gute Hut nehmen und einem sowohl als dem andern alles recht wägen, und, da es vonnöten und begehret würde, einem jeden, was gewogen worden, ein Verzeichnis davon geben. Und demnach E. E. Rat mir auch den Bernauischen Keller um einen verglichenen Kellerzins, Zerbster und Bernauisch Bier einzulegen und auszuschenken, übergeben und eingethan, als will ich den Armen sowohl als den Reichen, den Fremden als den Einheimischen volle Mass geben oder durch die Meinen geben lassen, also dass sich niemand mit Fug über mich zu beklagen haben soll, und in summa ich will mich in diesem Amt also erzeigen, beweisen und verhalten, wie es einem getreuen Diener eignet und gebühret."

Ausser der Zollerhebung besorgte also der Zöllner noch andere Geschäfte, für die er besondere Accidenzen bezog. Dafür, dass er zu Rathause und dem Regenten aufwartete, hatte er die Einnahme von der rathäuslichen Wage, 22 Scheffel Roggen, 8 Fuder Holz, einen Garten und freie Wohnung. Auf eine Beschwerde des Zöllners Lucko, der die Dienste, welche er zu Rathause und dem regierenden Bürgermeister leisten sollte, seiner Würde nicht angemessen hielt, wurden dem Zöllner die Accidenzen vom Rate 1605 entzogen und dafür ein Thürknecht angestellt, welcher späterhin als „Polizei- und Gerichtsdiener" und zuletzt als „Polizeischreiber" bezeichnet wurde.

Mit Einführung der Accise- und Steuerordnung vom 30. Juli 1641 wurde der Zöllner ein landesherrlicher Beamter.

Im Jahre 1600 erhält der Zöller aus der Stadtkasse jährlich $8\frac{1}{2}$ Thaler, 1658 erhält er 16 Thaler.

4. Der Hausmann.

Der Hausmann, auch Stadt- oder Kunstpfeifer und zuletzt Stadtmusikus genannt, hatte die Turmwacht zu besorgen. Nach einer vermutlich aus dem Ende des sechzehnten Jahrhunderts stammenden Polizeiordnung der Stadt Spandau wurde ihm vorgeschrieben, dass er von den vornehmsten Hochzeiten, worauf er Drommeten zu blasen Erlaubnis habe, $1\frac{1}{2}$ Thaler, von den mittleren 18 Groschen und von den gemeinen 12 Groschen haben solle, dagegen Montags zu Mittag und Dienstags auf den Abend um Trankgeld für die Tische spielen und sonsten der Gebühr und Gelegenheit nach aufwarten möge; er solle auch nicht länger in der Hochzeit auf den Abend denn bis 9 Uhr und solange, bis den ersten Tag der Brauthahn übergeben ist, aufwarten, damit er des Turms in acht nehmen und zu rechter Zeit des Abblasens warten könne; auch solle er zu Rathause, sonderlich wenn die Herren droben sein und zu thun haben, die Trommel heimlich und die Tänze nicht zu geschwinde schlagen, damit nicht die Tänzer zum Laufen verursacht und die Herren deswegen kein Ungemach in der Ratsstube haben mögen.[1]

Nach dem alten Schultz bestand des Hausmanns jährliche Besoldung 1513 in freier Wohnung, vier Fuder Holz, neun Tonnen Kohlen, vier Scheffel Roggen und wöchentlich $8\frac{1}{2}$ Groschen. Von Michaelis bis Ostern soll er von abends 8 Uhr bis morgens 3 Uhr und von Ostern bis Michaelis von abends 9 Uhr bis morgens 3 Uhr stündlich vom Turme

[1]) Siehe pag. 79. Anm.

blasen. Er soll berechtigt sein nach Vereinbarung den Bürgern bei Festlichkeiten aufzuspielen.

Dem Hausmann Meister Jonas Berlin wurde 1609 in seiner Bestallung vorgeschrieben, dass er „selbvierte" oder nach Gelegenheit „selbfünfte" zu Mittage um 10 Uhr, nachmittags um 5 Uhr und abends bei Sommerzeiten um den Glockenschlag neun, des Herbstes und Winters aber nach 8 Uhr vom Turme ein Stück machen, bei Nacht von 9 bis des Morgens um 2 Uhr jedesmal mit einem Hörnlein den Wächtern, wenn sie die Stunden melden, von oben herab antworten und letztlichen um 3 Uhr einen geistlichen und christlichen Gesang mit dem Zinken abblasen solle.

Ursprünglich versah der Hausmann die Turmwacht selbst, späterhin hielt er sich dazu Gesellen. Er erscheint nun stets als Kunstpfeifer oder Musicus instrumentalis, auch wohl als Stadtmusikus und wird zu den Schulbedienten gezählt, weil er an der Schule Musikunterricht erteilte.

5. Die Thorknechte.

Die vier Thorwärter hatten für rechtzeitige Schliessung und Öffnung der Thore und Pforten der Stadtmauer zu sorgen und an den Markttagen darauf zu achten, dass kein Verkauf vor den Thoren stattfände. Gegen Ende des siebzehnten Jahrhunderts führten die Thorwärter den Titel „Thorschreiber". Sie wurden damals durch den kurfürstlichen Steuerkommissarius, den Rat und den kurfürstlichen Zollverwalter angenommen und folgendermassen vereidigt:

„Demnach ich N. N. vom kurfl. brandenburg. zu dieser Stadt Verordneten Steuer-Commissario Herrn N. N., dann auch von E. E. Rat und kurfl. Zollverwalter allhie zum Thorschreiber angenommen und bestellet worden;

Als schwöre ich zu Gott dem Allerhöchsten einen körperlichen Eid, dass ich sowohl dem kurfl. Herrn Commissario und Steuerbedienten getreu, gehorsam und gewärtig sein, alle zum Thor aus- und eingehende Wagen, worauf accis- und zollbare Waren vorhanden, mit Fleiss visitieren und was darauf befindlich bei der Accise und Zoll ungesäumt angeben, die Accise-Zettel und Zollzeichen wohl in acht nehmen und am behörigen Orte einliefern, auch niemand, er sei, wer er wolle, um Geschenke oder Freundschaft halber frei aus- und einpassieren lassen, Eines Ehrb. Rats Kämmerei dasjenige, wovon der Rat das Einlagegeld und dergleichen zu fordern, richtig und sofort anmelden, auch in denen Jahrmärkten des Rats Thorzettel wohl berechnen und niemand mit dem Trinkgelde übersetzen und sonst mich überall also bezeigen will und soll, wie einem getreuen, fleissigen und ehrlichen Thorschreiber eignet und gebühret."

Nach Einführung der „General-Accise- und Zoll-Administration" oder „Regie" im Jahre 1766 wurden die Thorschreiber oder Thoreinnehmer von der Provinzial-Accise-Direktion bestellt.

7

6. Die Bauknechte.

Die Bauknechte führten die Aufsicht über die „gemeinen Stadtgebäue". Im Jahre 1576 gab es deren zwei, von denen der eine beim Thorwärter am Neuen- oder Berliner Thore, der andere am Stresowthore wohnte. Sie gelobten in ihrem Eide die „gemeinen Stadtgebäue in guter Aufsicht zu haben und zu rechter Zeit zu bessern und die Verbrecher, wenn es ihnen befohlen würde, unverzagt fangen zu helfen und in dem Gefängnisse fleissig zu verwahren". Zur Ausführung öffentlicher Bauten nahm der Rat besondere Baumeister an. So wurde der Neubau des „*Kophuses*" oder „Rathauses" im Jahre 1434 dem Meister Nikolaus Riken aus Berlin übertragen. Der sogenannte alte Schultz erwähnt Fol. 78 einen Baumeister, welcher 1530 vom Rate eine stehende Besoldung empfing. Späterhin finden wir einen besonderen Rats-Zimmer- und Mauermeister erwähnt.

7. Der Heideknecht.

Der Heideknecht führte die Aufsicht über die Stadtheide. Im Jahre 1610, als zwischen der Bürgerschaft und dem Rate Streitigkeiten wegen der Stadtheide ausgebrochen waren, wurde von der Bürgerschaft ein zweiter Heideknecht oder „Heideläufer" angestellt. Zu Ende des sechzehnten Jahrhunderts wurde des Rates Heideknecht auf folgenden Eid verpflichtet:

„Ich N. N. gelobe und schwöre zu Gott dem Allmächtigen: Demnach E. E. Rat dieser Stadt mich für einen Heideknecht bestellet und angenommen: dass ich

1. nach meinem besten Vermögen fleissig und treulich auf die Heide Aufsicht haben, dass kein Baum, so nicht mit dem Stadtzeichen angeschlagen, er sei klein oder gross, ohne Vorwissen und Erlaubnis des Rats abgehauen und heimlicher Weise in die Stadt, Gärten und sonst vor den Thoren wohin geführet werde.

2. Will ich niemanden Klafterholz in der Heide hauen lassen, ausser was der Rat zum Deputatholz gebrauchet und sonst verordnet, er zeige mir dann zuforderst den Holzzettel, den er zu Rathause entweder von dem regierenden Bürgermeister oder dem Holzherren bekommen hat; und ihm sonst nichts anweisen als auf windfällige oder Lagerbäume, so von den Holzherren angeschlagen.

3. Will ich auch Acht haben, dass das Rutenholz nach rechtem Masse und völlig gesetzet, die besten Herzen nicht ausgehauen und auf den Karren oder sonst nach Hause geschleppet auch die Klawen dem gesetzten Mass nach lang genug gehauen und die ganze Klafter völlig weggeladen und an gehörigen Ort geführet wird.

4. Wann die Heide zu gewissen Zeiten von E. E. Rat aufgethan wird, will ich nach höchstem Vermögen fleissig Aufsicht haben, dass niemand nutzbares Bauholz abhaue, sondern nur was zur Brennung dienlich aufgeladen und weggeführt werde.

5. Wenn die Herrenbäume sollen gehauen werden, will ich die gezeichneten und angeschlagenen Bäume anweisen und einen Stock

halten, damit jeder Herr seine ihm zugeordneten Bäume und nicht mehr jährlich möge hauen und hereinfahren lassen.

6. Wer ohne Wissen und Erlaubnis E. E. Rats in der Heide Holz hauen oder fahren, auch bei Herbstzeit, wann die Schweine in der Mast eingejaget sind, Eicheln raffen würde, den will ich, er sei Herr oder Knecht, ohne Ansehen der Person pfänden und hierin keinen Menschen, sie haben Namen wie sie wollen, noch auch die Bauern von Staaken oder andern Dörfern ansehen, verschonen, noch mich mit Gift oder Gaben von jemand bestechen oder verblenden lassen, auch die Pfände sofort zu Rathause bringen und einantworten.

7. Wo ich erfahren werde, dass sich jemand auf der Heide mit Abhauung der Bäume oder Wegführung des Lagerholzes ausser und in den gesetzten Zeiten ungebührlich verhalten und ich denselben nach geschehener Nachforschung bei scheinbarer That nicht antreffen, noch pfänden könnte, das will ich alsofort dem regierenden Bürgermeister oder dem Holzherrn anmelden, damit deshalb Erkundigung eingezogen und gebührende Strafe angeordnet werden könne.

8. Will ich auch auf der Heide die Grenzhütung in acht nehmen und die Hirten fleissig anmahnen, dass sie solche behüten, wie auch, dass die Nachbarn nicht über den Schohn hüten und hauen.

9. Will ich auch sonst alles thun oder verrichten, was einem getreuen und fleissigen Heideknecht und Diener gebühret und anstehet: So wahr mir Gott helfe durch Christum seinen Sohn!"

1698 erhielt des Rates Heideknecht den Titel „Hegemeister". Ende des achtzehnten Jahrhunderts wurden beide Ämter einer Person übertragen, die nun den Titel „Stadtförster" erhielt. Noch heute führt der Kommunalbeamte, welchem die Oberaufsicht über die Stadtheide übertragen ist, diesen Titel. Der letzte hat sogar den Titel „Oberförster" erhalten.

8. Der Bierspünder.

In älterer Zeit wurde im städtischen Ratskeller von Rats wegen das Bier verkauft. Den Verkauf besorgte der Bierspünder. Gleichzeitig hatte er dafür zu sorgen, dass von den in den Ratskeller einzulegenden fremden Bieren und Weinen das Einlagegeld an die Kämmerei gezahlt wurde. Ausserdem wird er in älterer Zeit und auch noch 1611 als „Bierspünder und Marställer" bezeichnet. Daraus ist zu schliessen, dass ihm die Sorge für die Stadtpferde, welche der Rat ehedem hielt, übertragen war. Späterhin verpachtete der Rat den städtischen Ratskeller, so 1598 dem Zöllner. In der Mitte des siebzehnten Jahrhunderts hat der Bierspünder eine Reihe anderer Geschäfte zu versorgen und die Beschäftigung, von der sein Amt den Namen hat, ist zur Nebensache geworden.

Dies ergiebt sich aus dem Eide, den der Bierspünder 1651 ablegte. Derselbe lautete:

„Ich N. N. gelobe und schwöre zu Gott dem Allerhöchsten: Demnach ich von E. E. Rat dieser Stadt für einen Bierspünder und Diener bestellet und angenommen bin, dass ich ihnen getreu, gehorsam

7*

und aufwärtig sein, ihr Bestes befördern, Schaden und Nachteil meinem höchsten Vermögen nach verhüten und in allen Sachen fleissig und getreu sein soll und will: wie ich dann

1. auf den Ackerbau nebst dem Meier auf dem Stadthofe sehen und in acht nehmen will, dass der Acker mit Misten, Pflügen, Eggen und Besäen wohl gewartet und fürnehmlich das Saatkorn vollkömmlich ausgesäet und nichts veruntreuet werde.

2. Zur Erntezeit will ich fleissig aufsehen, dass das Korn und Gras zu rechter Zeit gemähet, trocken zusammengebracht, wohl und rein aufgebarket und von den Bauern ohne einigen Abgang und Untreu in die Scheune gebracht werde.

3. Will ich auch auf des Rates Wiesen fleissig sehen, dass dieselben zu beschlossener Zeit mit Pferden oder Gänsen nicht überhütet, abgefressen oder das Gras zu nichte gemachet, sondern zu rechter Zeit gemähet, das Heu gewendet und trocken in die Scheune und Schafställe eingeführet werde.

4. Das Rohr, wann es von den Wiesen abgebracht wird, will ich dahin, wo es dem Rate zu verbrauchen nötig, verwenden oder in die Scheune verschaffen, damit es nicht vom Vieh oder sonst zu nicht möge gemachet werden.

5. Ich will auch von ihren Äckern und Wiesen, soweit die dem Eigentum nach sich erstrecken, wissentlich nichts entwenden noch entziehen lassen.

6. Soll und will ich auch nebst dem Meier auf dem Stadthofe dahin trachten, dass der Mist auf dem Stadthofe und in der Schäferei zu rechter Zeit rein abgeführet und in den Weinberg und auf des Rates Äcker gebracht, auch von den Kossäten fleissig voneinander gebrochen werde.

7. Ich soll und will auch die staakenschen Bauern und Kossäten zur Verrichtung ihrer gebührlichen Hofedienste zu rechter Zeit bestellen und Aufsicht haben, dass sie das ihrige mit allem Fleiss verrichten und hierbei nichts verabsäumen.

8. Wann von Ratsverwandten, Bürgern oder sonst jemand in der Stadt Wein eingelegt würde, soll und will ich solches alsofort zu Rathause ohne Ansehen einiger Person anzeigen, damit das behörige Einlagegeld könne gefordert werden.

9. Will ich, so oft es mir befohlen wird, alle und jede des Rathauses und der Kämmerei Einkünfte fleissig einfordern, auch bei entstehender Mast die Schweine zeichnen und in die Jagd aufbieten helfen.

10. Wenn jemand von E. E. Rath zu verreisen willens, will ich dazugehörige Fuhren bestellen.

Letztlich will ich auch nebst andern Dienern fleissig und wenn es die Notdurft erfordert, zu der Verbrecher gefänglichen Einbringung Hand mit anlegen und sonst alles thun und verrichten, was einem getreuen und fleissigen Diener eignet und gebühret also, dass des Rates Nutz beschaffet, alles fleissig verrichtet und aller Schaden nach Möglichkeit abgewendet werde."

9. Der Wageknecht, später Wagemeister.

Der Wageknecht hatte die Aufsicht über die Ratswage. Vom Jahre 1712 an führte er den Titel „Wagemeister" und leistete folgenden Eid:

„Ich N. N. schwöre zu Gott dem Allmächtigen einen körperlichen Eid, dass ich bei E. E. Magistrats Wage allhie getreulich handeln, richtig Gewicht jeder Zeit halten und niemand mit dem Wagegeld übersetzen auch diejenigen, es seien Arme oder Reiche, die sich der Wage bedienen wollen, fleissig abwarten will u. s. w."

In späterer Zeit gehörten zu den vereideten Kommunalbeamten ausser den angeführten noch der Polizei- und Gerichtsdiener oder Polizeischreiber, der Stadt-Physikus, der Stadt- und Pest-Chirurgus, der Registrator, die Nachtwächter und die Wehmütter.

10. Der Polizei- und Gerichtsdiener.

Der Polizei- und Gerichtsdiener wurde mit dem Titel „Thürknecht" im Jahre 1603 zuerst angestellt. Damals leistete er folgenden Eid:

„Ich N. N. schwöre zu Gott dem Allmächtigen einen leiblichen Eid, nachdem ich von E. E. Rate allhier in Spandau für einen Thürknecht und Stadtdiener bin auf- und angenommen worden, als will ich meinen Dienst in allen Dingen fleissig bestellen, dem Rate getreu und gehorsam sein und, was mir vom regierenden Bürgermeister wird anbefohlen werden, unweigerlich und treulich verrichten, einem jeden des Rates der Gebühr nach alle Ehrerbietung erweisen, zu Rathause sowohl als auch beim Regenten fleissig aufwarten, das Rathaus sauber und rein halten, auch wo es baufällig und brüchig wird, acht darauf geben und anzeigen. Ingleichen will ich auch darauf gute Achtung haben, damit an allen Pfunden, Scheffeln, Vierteln, Metzen und andern Massen die rechte Länge und Schwere gebraucht werde, und mein eigen recht geeicht Viertel und Metze halten, nach welchen ich auch die Viertel und Metzen eichen will. Auch will ich von den Leuten, so etwas zu Markte bringen, nicht mehr, als was sich gebühret, nehmen und niemanden hierin übersetzen."

Im achtzehnten Jahrhundert wurden die Funktionen des Thürknechtes erweitert. Der Eid, welchen er ablegte, lautete dann wie folgt:

„Ich N. N. gelobe und schwöre zu Gott dem Allmächtigen in dem Himmel einen körperlichen Eid: „Nachdem ich von E. E. Rat dieser Stadt für einen Polizei- und Gerichtsdiener bestellet und angenommen bin, dass ich demselben allezeit treu und gewärtig sein will, die Heimlichkeiten des Rates und des Rathauses, so ich etwa erfahren möchte, verschweigen und niemandem offenbaren. Die Schlüssel zur Audienz, wofern mir solche zuweilen anvertraut werden sollten, will ich niemandem geben oder anvertrauen, auch dieselben allezeit an gehörigen Ort liefern, auch niemand ohne Vorbewusst des Rats in die Ratsstube lassen. Das gesammte Collegium in specie die Herren Bürgermeister und deren Befehle will ich gebührend respektieren; ich will auch fleissig und getreulich aufwarten sowohl in Bescheiden, als Kopieren, zu Ungebühr nichts von den Parteien fordern, von den zu Rathause befindlichen Sachen und

Protokollen auch Geld nichts herunternehmen, alle Sachen, so mir übergeben und befohlen worden, unverzüglich und treulich expedieren, auch
sonst überall nach der Instruktion, die mir deshalb wird ausgefertigt
werden, wie einem getreuen redlichen Polizei- und Gerichtsdiener eignet
und gebühret, verhalten und ausführen."

Seit 1754 führt der Beamte den Titel „Polizeischreiber".

11. Der Stadtphysikus.

Als Stadtphysikus wird zuerst Dr. Johann Georg Camprisius im Jahre
1701 genannt.   Der Eid, welchen derselbe abzulegen hatte, war folgender:

„Ich N. N. schwöre zu Gott dem Allmächtigen in dem Himmel
einen körperlichen Eid.   Nachdem ich vom Magistrat dieser Stadt zum
Stadtphysicum allhie angenommen und bestellet worden, dass ich diesem
Amte nach meinem besten Wissen und Gewissen fürstehen will, dergestalt und also, wie es einem Physico anstehet und gebühret; auch
allen und jeden Patienten, sie mögen sein, wer sie wollen, mit Hülfe
und Rat meinem besten Vermögen nach beispringen, bei Tag und
Nacht, wann ich gefordert werde, solche besuchen und mit Willen
niemand versäumen auch der Honorarii halber keinen übersetzen wolle;
wann ich vom Magistrat erfordert werde die Verwundeten oder Ertöteten
zu besichtigen, dass ich mich gern und willig dazu einfinden und meinen
pflichtmässigen Bericht davon auf Begehren ohne Entgelt abstatten und
mich sonst überall, wie einem getreuen und gewissenhaften Physico
zustehet, bezeigen und verhalten will."

Der berühmteste Spandauer Stadtphysikus ist Dr. Ernst Ludwig
Heim, welcher dieses Amt in den Jahren 1776 bis 1783 verwaltete und
von hier aus nach Berlin ging.

12. Der Stadtchirurgus.

Stadtchirurgen hat es schon früh gegeben.   Der Eid, welchen dieselben zu leisten hatten, war im wesentlichen gleichlautend mit dem des
Stadtphysikus.

13. Der Registrator.

Auf königliche Verordnung musste zur Beaufsichtigung der rathäuslichen Registratur im Jahre 1775 ein besonderer Beamter mit dem
Titel „Registrator" angestellt werden.

14. Die Nachtwächter.

Nachtwächter scheinen im Jahre 1719 zuerst angestellt worden
zu sein.   Der Eid derselben lautete:

„Demnach ich N. N. von E. E. Rat der Stadt Spandau zum Nachtwächter bei hiesiger Stadt bestellet und angenommen worden, als gelobe
und schwöre ich zu Gott dem Allmächtigen in dem Himmel einen körperlichen Eid, dass ich nach der königl. neuen Feuerordnung des Sommers
und Winters um 10 Uhr den Anfang zum Rufen machen und solches
des Sommers um 2, des Winters aber bis 5 Uhr continuieren und

sowohl auf Feuer als Diebstähle gut acht haben will, auch wenn Durchmärsche und fremde Garnison hier lieget, alle halbe Stunden bis zum Trommelschlag abrufen. Sobald ich Feuersgefahr vermerke, will ich nicht nur in geschwindester Möglichkeit diejenigen Leute, in deren Hause solches entsteht, sogleich aufmuntern, sondern auch durch Anmahnung des Trommelschlages die in der Stadt hierselbst befindliche Garnison und durch Läuten der Feuerglocke die Bürger alart zu machen mir äusserst angelegen sein lassen. Hiernächst will und soll ich auch den zeitigen und mir bekannt gemachten Feuerherren zur Besorgung der Anstalt wegen des Feuergerätes gleichfalls aufmuntern und Nachricht geben, will auch sonst als einen getreuen, fleissigen und ehrliebenden Nachtwächter geziemend und gebührend mich überall verhalten."

15. Die Wehmütter.

Eine Wehmutter, welche von der Stadt Gehalt bezieht, erscheint schon 1535. Sicherlich sind Wehmütter schon früher offiziell angestellt worden.

Ursprünglich nahmen die Bürgermeisterfrauen die Wehmütter oder Hebeammen an und führten die Aufsicht über dieselben. In den Konferenzen, welche sie mit ihnen abhielten, in der Regel um Jungfrauen, vornehmlich Dienstmägde, in bezug auf Schwangerschaft zu untersuchen, wurde ihnen auf Stadtkosten Obst, süsser Wein, Konfekt, auch Bier gereicht. So erwähnt die Kämmereirechnung von 1554:

„Per Jacobi 12 Pfennige für Kirschen denen drei Bürgermeisterfrauen vorgetragen, als sie des Richters Magd besichtigt haben."

Späterhin wurden die Hebeammen der Aufsicht des Stadtphysikus unterstellt.

1599 gab es zwei Wehmütter. 1607 erhielten sie Wohnung vom Rate, von 1727 an in dem städtischen Offiziantenhause, welches an dem heutigen Joachimsplatze lag.

In ihrem Eide gelobten sie „ihres Amtes treu zu warten und niemandem Mittel und Wege zur Abtreibung der Leibesfrucht anzugeben."

Als Stadtbediente werden bezeichnet:

1601 und 1603 ein Zöllner, ein Thürknecht, ein Marktmeister, ein Wageknecht, ein Bierspünder und Marställer, zwei Bauknechte, ein Hausmann, ein Heideknecht, vier Wächter, fünf Hirten (Schäfer, Kuhhirt, Kälberhirt, Wildenhirt, Schweinehirt oder Schweiner), ein Fischer, ein Weinmeister, eine Wehmutter.

1610 sind diese um einen Wageknecht und einen Heideknecht vermehrt, und der Hausmann erscheint als Küntspfeifer.

1658 erscheinen unter den Stadtbedienten der Gerichtsdiener, zwei Stadtknechte und zwei Bauknechte;

1731 ein Stadtphysikus, ein Stadtchirurgus, acht Stadtverordnete, fünf Schöppen, ein Gerichtsdiener, ein Hegemeister, ein Heideläufer, ein Pumpenmacher, ein Ratsfischer, ein Scharrenmann, zwei Nachtwächter, ein Knecht bei den Stadt- und Artilleriepferden, drei Hirten, zwei Ratsdiener, deren einer zugleich als Bierspünder fungiert, ein Abdecker, zwei Wehmütter;

1744 ausserdem ein Stadt-Wachtmeister-Lieutenant, ein Polizeischreiber und ein Totengräber.

1795 werden folgende Stadtbediente erwähnt: ein Stadtphysikus, ein Stadtchirurg, fünf Stadtverordnete, die zugleich Gerichtsschöppen sind, ein Polizeischreiber oder Nuntius, ein Stadtförster, ein Heideläufer, ein Pumpenmacher oder Röhrmeister, ein Ratsfischer, zwei Nachtwächter, zwei Artillerieknechte, drei Hirten, zwei Ratsdiener, von denen der eine als Marktmeister, der andere als Bierspünder fungiert, ein Abdecker.

c. Verzeichnis der Bürgermeister und Ratmannen bis zur Einführung der Städteordnung 1809.

Als Bürgermeister werden genannt:

1427 Clawes Stenz.	1570 – 1587 Johannes Engel.
1432 Vincentius, Peter Michel, Peter	1575 – 1581 George Schüler
Hellembrecht, Jakob Zeger.	1578 – 1587 Bartholomäus Wendeler.
1435 Peter Michel, Peter Hellembrecht.	1590 – 1624 Balthasar Westfal.
1442 Martinus Wartenberg, Jakob Voss.	1591 – 1611 Joachim Moyss.
1471 Joh. Mutzeltin, Claws Hoenow,	1594 – 1595 Martin Köhler.
Severinus Kyn, Jak. Farneholt.	1596 – 1614 Johann Müller.
1473 Sev. Kyn, Joach. Kremer.	1612 – 1613 Joachim Bier.
1474 Joh. Mutzeltin, Sev. Kyn.	1614 – 1618 Günther Elteste.
1491/93 Joach. Kremer, Bastian Rücker.	16'4 – 1615 Johannes Schmidt.
1492 Matthies Wartenberg, Thomas	1619 – 1639 Joachim Fritze.
Meves.	16?5 – 1636 Johannes Walter.
1494 Matth. Wartenberg, Bast. Rücker.	1620 – 1653 Petrus Barthold.
1506 – 1521 Bast. Rücker.	1637 – 1657 Christian Ungnad.
1506 – 1518 Borchard Mackert.	1640 1657 Dietrich Albrecht.
1507 – 1510 Petrus Rudenitz.	1654 – 1683 David Dilschmann.
1507 – 1511 Jakob Dames.	1658 – 664 Emanuel Vulpinus.
1512 – 1522 Peter Schröder.	1658 – 1676 Andreas Fromm.
1513 – 1542 Jürgen Wartenberg.	1665 1676 Georg Neumeister.
1519 – 1526 Michel Walter.	1677 – 1691 Georg Erasmi.
1523 – 1529 Hans Wasse	1677 – 1693 Andreas Leporius.
1523 – 1544 Andreas Koch.	1692 – 1693 David Henricy.
1527 – 1542 Jürgen Gutten.	1693 – 1703 Georg Neumeister.
1530 – 1547 Urban Ritter.	1694 – 1714 Johannes Sebastian Zützel.
1542 – 1553 Matthias Wilke.	1703 – 1705 Ernst Gottlieb Cautius.
1543 – 1546 Theodor Drescher.	1705 – 1727 Georg Adam Neumeister,
1546 – 1563 Peter Lonies.	von 1720 als zweiter
1548 – 1566 Barthol. Wittstock.	Bürgermeister.
1547 – 1575 Joachim Kramer.	1714 – 1733 Franz Ernst Cautius, von
1554 – 1569 Thomas Tempelhof.	1720 als regierender
1563 – 1578 Barthol Bier.	Bürgermeister.
1567 – 1568 Andreas Forbiger.	1733 – 1755 Christian Lindner.
1568 – 1590 Andreas Marzahn.	1755 – 1808 Gottlob Bernhard Lemcke.

Als Ratmannen werden bis zum Jahre 1720, also bis zur Aufhebung der Ratswechselung, genannt:

1317 Henricus Salomo.	1317 Bodo.
Johannes Langerwisch sen.	Tidericus Faber.
Nicolaus Stephans.	Johannes Blankenfelde.
Henricus Prigart	Nicolaus Günther.
Nicolaus de sanctu spiritu.	Rudolf von Köln.
Nicolaus Zughedam.	1330 Johannes von Blankenfelde.

1330 Nicolaus Stephans.
Dietrich Pelz.
Brendeken Pelz.
1356 Henning Smergow.
Arnold von Schönhausen.
Godekin Buschow.
Arnold Kubier.
Heinrich Honhase.
Conrad Colen.
Henning Dobeler.
1378 Klaus Reiche.
Henning Stroband.
1379 Zabel von Schorin.
Hans Prigarde.
Peter Bamme.
Lamprecht von Parne.
Hans Bamme.
Bartholomäus von Vorlant.
1410 Hans Velkener.
Vincent Zabel.
Claus Carzow.
Henning Velefanz.
Peter Dives.
Pecze Dives.
Otto Durecke.
Köppen Blankenberg.
Peter Verlitz.
Claus Wustermark.
Arnt Plawe.
Hans Smergow.
1427 Peter Michel.
Peter Hellenbrecht.
Georg Hellenbrecht.
Hans Sparre.
Albert Falck.
Claus Wuthenow.
1429 Peter Hellenbrecht.
Jakob Zeger.
1467/69 Matthias Hönow.
Johannes Muzeltyn.
1468/70 Severin Kyn.
Jakob Farnehold.
1471 Claus Bredemow.
Jochim Kremer.
Claus Hönow.
Peter Werbik.
Matthis Wardemberg.
Peter Hallembrecht.
Peter Stegelitz.
Thomas Dechtemann.
1473 Johann Muzeltyn.
Nikolaus Hönow.
1474 Severin Kyn.
Johann Muzeltyn.
1475 Claus Hönow.
Joachim Kramer.
1476 Severin Kyn.
Joachim Kramer.
1477 Claus Hönow.

1477 Tile Kramer.
1485 } Matthias Wartenberg.
1488 }
1492 } Dames Mewes.
1493 } Joachim Kramer.
1495 }
1497 } Bastian Rücker.
1494 } Matthias Wartenberg.
1498 } Benedict Dusike.
1500—1510 Bastian Rücker.
Borchard Markert.
Peter Rudenitz.
Jak. Daniel.
Jak. Marzahn.
Hans Buchow.
Albrecht Bellin.
Georg Wartenberg.
Peter Schröder.
Hans Wasse.
Mich. Walter.
Andreas Koch.
Peter Schönebeck.
Dames Schulze.
Hans Ritter.
Jores Becke.
Barth. Dywitz.
Peter Schrywer.
1520—1530 Dames Schulze.
Peter Schrywer.
Hans Buchow.
Joach. Bernd.
Barth. Wittstock.
Joris Rebhun.
Joach. Kramer.
Urban Ritter.
Jürgen Gutten.
Matthias Wilke.
Jakob Beken.
1530 - 1540 Barth. Wittstock,
Joach. Bernd.
Joris Rebhun.
Joach. Kramer.
Matth. Wilke.
Jak. Beke.
Moritz Wartenberg.
Jak. Willemann.
M. Pflugmeister.
1540 - 1550 B. Wittstock.
Jak. Bernd.
Jak. Rebhun.
Jak. Beke.
Jak. Kramer.
M. Wilke.
M. Wartenberg.
Jak. Willemann.
M. Pflugmeister.
Theod. Drescher.
Urban Schulze.
Lucas Becker.

1540—1550 Thomas Tempelhof.
1550—1560 Jak. Willmann.
    Barth. Bier.
    Andreas Marzahn.
    Urb. Schulze.
    Luc. Becker.
    Gregor Wittstock.
    Christ Borde.
    Valentin Renebode.
    Georg Schüler.
    Moritz Schwarzkopf.
    Peter Fuchs.
1560—1570 Urb. Schulze.
    Luc. Becker.
    M. Schwarzkopf.
    Jak. Willemann.
    Andr. Marzahn.
    G. Schüler.
1570—1580 Andr. Marzahn.
    B. Wittstock.
    Barth. Pülz.
    Jak. Willmann.
    G. Schüler.
    Peter Matthias.
    Barth. Wendeler.
    G. Wittstock.
    Martin Bier.
    Andr. Franke.
    Peter Fuchs.
    Hans Belitz.
1580—1590 Hans Belitz.
    Günther Eltiste.
    M. Bier.
    Joach. Bier.
    Math. Rostock.
    Mart. Köhler.
    Joh. Müller.
    Joh. Schmidt.
1590—1600 Günther Eltiste.
    Joach. Bier.
    M. Köhler.
    Joh. Schmidt.
    Joh. Müller.
    Adam Engel.
    Joach. Voigt.
    Benedikt Braun.
    Matth. Wartenberg.
    Benedikt Dusike.
    Joach. Kramer.
    Sebastian Böttcher.
    Luc. Becker.
    Martin Drobisch.
    Georg Blume.
1601—1615 L. Becker.
    M. Drobisch.
    J. Bier.
    B. Braun.
    G. Blum.
    G. Eltiste.

1601—1615 Mart. Schröder.
    Georg Däncke.
    Joh. Walter.
    Valentin Grimenthal.
    Joach. Schumacher.
    Joach. Fritze.
    Joh. Bekerer.
    Joh. Blume.
1616—1630 Joh. Walter.
    J. Bekerer.
    Sebastian Mohngreif.
    Dan. Fahrerholz.
    Heinr. Vorbrücken.
    Peter Barthold.
    Joach. Moyss.
    Georg Heise.
    Andr. Bötticher.
    Peter Lange.
    Dietrich Albrecht.
    Andreas Neumeister.
    Christof Piper.
    Joach. Bergemann.
1631—1645 A. Bötticher.
    P. Lange.
    Chr. Piper.
    A. Neumeister.
    Paulus Dudenberg.
    Martin Heinss.
    Hart Bange.
    Paul Schönfeldt.
    Georg Meyer.
    Andr. Wachle.
1646—1660 A. Neumeister.
    Heinrich Kagel.
    M. Heinss.
    Joh. Thiede.
    Georg Meyer.
    Andr. Fromm.
    Georg Neumeister.
    Joh. Bruno.
    Benedikt Zernebach.
    Joach. Fritze.
    Georg Erasmi.
    Joach. Senff.
    Barth. Barth.
1661—1675 G. Neumeister sen.
    Joh. Bruno.
    G. Erasmi.
    J. Senff.
    Joh. Schmidt.
    Karl Nicolai.
    Andr. Leporinus.
    Georg Neumeister jun.
    Georg Rautenberg.
    David Henning.
1676—1690 G. Erasmi.
    K. Nicolai.
    G. Neumeister jun.
    G. Rautenberg.

1676 - 1690 D. Henning.
            Joh. Sebast. Zützel.
            Joach. Schwerin.
            Ernst Gottlieb Cautius.
            Bernhard Berger.
1691 - 1705 H. Nicolai.
            J. S. Zützel.
            J. Schwerin.
            B. Berger.
            Joh. Ritter.
            Kaspar Herz.
            G. Adam Neumeister.
            Samuel Jacobi.
            Dan. Schmidt.
            Dr. Joh. Georg Camprisius.
            Joh. Friedr. Herz.
            Joh Kühne.

1691—1705 Joh. Schulze.
            Erdmann Leddihn.
            Joh. Georg Rauch.
1706—1720 Joh. Gottl. Ritter.
            Dan. Schmidt.
            Dr. Camprisius.
            J. F. Herz.
            Joh. Kühne.
            J. G. Rauch.
            Joh. Schulze.
            Dr. Heinr. Christian An-
              gelocrator.
            Georg Bademann.
            Konrad Pauli.
            Joach. Falkenthal.
            Samuel Krieger.

Als Stadtschreiber werden namhaft gemacht:

1520 Walter.
1523 Sagittarius.
1529/30 Clemens Rusth.
1536—1540 Caspar Wiederstadt von Offenburg, Licentiat.
1540 - 1563 Andreas Forbiger von der Mitweide, wurde 1563 Stadtrichter und war auch notarius publicus caesareus.
1563 - 1571 Arnd Heinz.
1576 Christian Seger.
1579 Barthel Wendeler, wurde Ratsherr und Bürgermeister.
1585—1588 Balthasar Westfal, wurde Ratsherr und Bürgermeister.
1588 Martin Köhler, wurde Ratsherr.
1589—1599 Balthasar Westfal, als Bürgermeister.
1600—1624 Johann Walter, wurde Ratsherr.
1625—1634 Johann Ebel, wurde Ratsherr.
1634—1638 Christian Ungnad, wurde 1637 Bürgermeister.
1652—1679 David Dilschmann, wurde 1654 Bürgermeister.
1679—1685 Joh. Andreas Schultesius, ein Reformierter, wurde 1685 Richter auf der Dorotheenstadt zu Berlin.
1685—1705 Johann Ritter aus Kölln a. Spree, wurde Ratsherr und Kämmerer.
1705—1717 Joh. Friedr. Herz, wurde 1714 consul supernumerarius und 1717 wirklicher Bürgermeister.
1717—1738 Joh. Gottlieb Ritter, wurde 1727 consul supernumerarius.
1739—1750 Hofrat Georg Christof Sanno, der 1750 als proconsul und Stadtschreiber nach Gransee ging.
1750—1788 Adam Reinicke, der die Stadtschreiberstelle von Sanno erkauft hatte, aber nicht als wirklicher Senator laut Kammerverfügung betrachtet werden sollte.
1789—1803 Johann Heinrich Krüger, zugleich Bürgermeister.
1803—1809 Thiede.

d. Die Bürgerschaft und ihr Verhältnis zum Rate.
Stadtverordnete.

Wer teilnehmen wollte an den städtischen Rechten und Freiheiten, musste nach einem schon in den frühesten Zeiten allgemein giltigen Grundsatze das Bürgerrecht der Stadt gewinnen. Hierzu gehörte, dass der angehende Bürger einen guten Leumund habe, dass er ein gewisses Bürgergeld entrichtete, dass er ein Grundstück besitze und die Haltung des richtigen Masses und Gewichtes in dem Bürgereide angelobte. Dafür ward ihm Schutz und der Genuss des städtischen Bürgerrechtes zugesagt, welches darin bestand, Handel, Gewerbe und Ackerbau in der Stadt zu treiben, teilzunehmen an der gemeinen Stadtweide mit einer bestimmten Anzahl Vieh, diejenige Zollfreiheit zu geniessen, welche den Bürgern der Stadt zugesagt war.

Wer das Bürgerrecht gewann und kein Grundeigentum in der Stadt hatte, musste dem Rate zwei Bürgen stellen, dass er in Jahresfrist den bürgerlichen Pflichten sich nicht entziehen wolle. Starb ein Bürger, er mochte arm oder reich sein, so vererbte das Bürgerrecht auf seine Kinder.

Das Berliner Stadtbuch sagt uns über das Bürgerrecht folgendes:

„Dy Borgermeister tu Berlin scolen vororlouen di burscap dengenen dy sy wynnen alsus:

„Ich vororloue iuwe von der radmannen wegen di borgerscap vnd die burscap; eyn horsam medeborger scole gi sin; water vnd weide scole gi geniten; tolfrie scole gi varen glik anderen vnsen Borgeren. Ok scole gi hebben rechte wicht, rechte mate, eynen rechten schepel vnd eyn virt, vnd alle dar gi met vmme gan dat sal rechtverdich syn. Vnd hebbe gi vor wat vp iuwe, dat legget ane; hirna wil wi iuwe vordedingen iuwes rechten, glich anderen vnsen Borgeren.“

„Dy borgerschaft kost eynen isliken tu wynnene X schill. pen. Het der, dy de borgerscap wynnet, tu den Berlin nicht eigens, so sal he borgen setten, dat he nicht werde wanbur in iare vnde dagen.“

„Dy eyn borger tu Berlin sterwet, di eruet synen kindern di borgerscap, he si rike oder arm.“

Über die in älterer Zeit bei Erteilung des Bürgerrechts üblichen Formen belehrt uns das köllnische Stadtbuch:

„De Conciuio. Alle dy gene dy dy Borgerschap wynnen dy geuen deme rade XV gr., deme Schriuer III pen., den Stadknechten eynen groschen. Juramentum. Dy Borgermeister vraget: Bystu der Borgerschap Begherende? — So sprecht he: Ick bin. Denne Seth dy Borgermeister: Hestu ennige zake up dy, dy sich thu hader vnnd krighe thin müchte, darafe desse Stad mughe vnnd arbeyt krügen müchte, dy schaltu jrst ran dy legghen, men nempt dy anders nicht thu eynen Borgher. Denne so sprekt he: Ik en weyl nicht wen alle gut up desse tyt. — Ick gelawe vnde swere mynen gnedigen herren getrwe vnnd gewere tu seyende, synen schaden to wenden vnd fromen tho werffen, vnnd in keyner sake weder syner gnade vnd dy herschap weszen, alze my goth helpe vnd sy hilgen. Ick wyl deme rade getrwe vnnd gewer syen; wan my dy rath vorbadeth by dach edder nacht, wyl ick gerne to deme rade kumen, vnnd eyn gehorsam burger syen; by myner truwen vnnd erenn.“[1]

Wurde jemand zum Bürger aufgenommen, so fanden also folgende Förmlichkeiten statt: Nachdem der Bürgermeister sich zuvor von der

---

[1] Fidicin, hist. dipl. Beiträge I. 2, 44.

ernstlichen Absicht des Aufzunehmenden überzeugt hatte, fragte er ihn:
„Hast Du einige Sachen auf Dir, welche sich zu Hader und Krieg ziehen
möchten und der Stadt Mühe und Arbeit verursachen könnten?" Fand
sich kein Bedenken, so erfolgte die Vereidigung. Zum Schlusse sprach
der Bürgermeister: „Ich gestatte Dir von der Ratmannen wegen die
Bürgerschaft; ein gehorsamer Mitbürger sollst Du sein; Wasser und Weide
sollst Du geniessen; zollfrei sollst Du fahren gleich andern unserer Bürger.
Du sollst halten rechtes Mass, rechtes Gewicht, rechte Metze, einen rechten
Scheffel und ein Viert, und alles, womit Du umgehst, soll rechtfertig sein.
Hast Du noch Streitigkeit aus früherer Zeit, die lege zuvor ab, sodann
wollen wir Dich verteidigen gleich andern unserer Bürger."

Dass auch in Spandau der Bürgereid abgelegt werden musste,
geht aus einer Mitteilung des sogenannten alten Schultz vom Jahre 1519
hervor, in welcher es heisst:

> *„Ein Radt olt vnnd nye sein eindrechtlichen owerein gekomen*
> *vnd beslathen, dath diegene wi hie ein borger wirdt oder werden wil,*
> *dat derselwige ssall vnserm gnedigsten herrn vnd hier der Stadt eiden."*

Des erworbenen Bürgerrechtes konnte jemand zur Strafe verlustig
gehen, wenn er den auferlegten Schoss nicht zahlte, mehr an fremden
Bieren und Weinen einführte, als zum eigenen Bedarf erforderlich war,
oder wenn er wegen Übertretung der Statuten oder gewisser Verbrechen
halber Jahr und Tag aus der Stadt verwiesen war.

Wie oben gezeigt worden ist, nahm der Rat Spandaus schon sehr
früh den Charakter einer oligarchischen Regierungsgewalt an, indem
seine Mitglieder auf Lebenszeit im Amte blieben und nur alljährlich die
Regierung wechselten. Es bildete sich somit ein schroffer Gegensatz
zwischen Regierenden und Regierten heraus. Die Bürgerschaft stand dem
Rate bald rechtlos gegenüber. Es war natürlich, dass ein solches Verhältnis der Bürgerschaft nicht behagen konnte, und auf den Bürgersprachen mochte es daher häufig genug zu stürmischen Erörterungen
kommen, die hervorgerufen wurden durch das durchaus gerechtfertigte
Bestreben der Bürgerschaft, Einfluss auf die Verwaltung der allgemeinen
Stadtangelegenheiten zu gewinnen. Von den Vorgängen, in welchen diese
Bestrebungen zum Ausdruck kamen, sind nur ganz dürftige Überlieferungen vorhanden; sie genügen aber, um uns zu zeigen, dass der Rat
alle Versuche der Bürgerschaft, ihn zu beschränken, siegreich abschlug.

Im Jahre 1488 einigten Rat und Bürgerschaft sich dahin, es
sollten bei Bürgersprachen, es sei zu Rathause oder wider den Rat, nicht
willkürlich viele Bürger, sondern nur die vier Werke und sechzehn gekorene Mann zusammenkommen. Der Kurfürst Johann Cicero genehmigte
diese Vereinbarung mit der Bestimmung, dass der unbefugt Erscheinende
80 Gulden Strafe zahlen solle, 60 Gulden dem Landesherrn und 20 Gulden
dem Rate, „weil", wie hinzugefügt wurde, „es des Kurfürsten Wille sei,
dass die Räte in den Städten nicht erzürnet, sondern bei billiger Regierung von ihm geschützet würden."

Die vom Kurfürsten hinzugefügte Strafbestimmung macht es sehr
zweifelhaft, dass die Bürgerschaft der Vereinbarung gern und willig

zugestimmt habe, sie lässt diese Vereinbarung eher als vom Rate mit Hilfe des Kurfürsten octroyiert erscheinen.

Die vier Werke und sechzehn gekorene Mann bildeten also die Vertretung der Bürgerschaft. Es ist nicht ausdrücklich überliefert, aber trotzdem anzunehmen, dass auch in Spandau, wie in andern Städten der Mark, z. B. in Berlin und Kölln, unter den vier Werken die Gilden der Bäcker, Schuhmacher, Knochenhauer und Tuchmacher verstanden sind. Die Art und Weise, wie die sechzehn Mann gekoren wurden, ist nicht bekannt, wahrscheinlich ernannte sie der Rat, da erst späterhin, im Jahre 1610, die Bürgerschaft beantragte, es möge ihr das Recht, vierunzwanzig Stadtverordnete aus ihrer Mitte als ihre Vertreter zu wählen, zugestanden werden. Überhaupt gewann· durch die ganze Einrichtung nur der Rat. Durch Verminderung der Zahl derjenigen, welche berechtigt waren auf den Bürgersprachen zu erscheinen, wurde dem Rate die Verhandlung mit der Bürgerschaft sehr erleichtert. Ernannte er ausserdem, wie es den Anschein hat, die sechzehn Mann selbst, so wird er sich gehütet haben solche zu wählen, die ihm irgendwie unbequem werden konnten.

Ursprünglich hatte die Bürgerschaft ohne Zweifel das Recht, aus eigener Initiative zu einer Bürgersprache sich zu versammeln. Je unumschränkter aber die Ratsgewalt wurde, desto kräftiger nahm sie für sich allein das Recht eine Bürgersprache zu berufen in Anspruch, zumal da sie in diesem Streben bei den Landesherren volle Unterstützung fand. Gebot doch Kurfürst Joachim I. in seiner Polizeiordnung von 1515, dass die Gewerke und die gemeine Bürgerschaft den Ratleuten gehorsam sein, gegen deren Willen keine Gemeinsprachen halten und alles durch ihre Ältesten dem Rate zur Bescheidung vortragen lassen sollten. Denn war auch die Polizeiordnung von 1515 auf die Zusammensetzung und Organisation des Rates von Spandau ohne Einfluss, so können wir doch ohne Zweifel annehmen, dass der Rat von allen zu seinen Gunsten sprechenden Bestimmungen dieser Polizeiordnung Gebrauch gemacht haben wird. Eine solche war aber die, welche die Bürger zum Gehorsam gegen den Rat verpflichtete und ihnen verbot, gegen den Willen des Rates Gemeinsprachen zu halten. Die Ratsherren des Mittelalters wussten gar sehr ihren Vorteil wahrzunehmen, und die Spandauer werden hierin keine Ausnahme gemacht haben.

Dass die Bürgerschaft Spandaus bestrebt war grössere Selbständigkeit dem Rate gegenüber zu erlangen, geht aus der Vereinbarung von 1488 unzweifelhaft hervor, ebenso unzweifelhaft aber ergiebt sich auch daraus, dass die Bürgerschaft mit ihren Bestrebungen unterlag.

Von einem zweiten Versuche, den die Bürgerschaft machte, um Einfluss auf die Stadtverwaltung zu erlangen, wird uns im Jahre 1610 berichtet. Vom 3. bis 5. Januar 1610 tagte auf dem Rathause zu Spandau eine vom Kurfürsten eingesetzte Kommission, um Beschwerden der Bürgerschaft über den Rat zu untersuchen. Bei dieser Kommission beantragte die Bürgerschaft, dass sie fortan berechtigt sein möge, aus ihrer Mitte jährlich in einer Bürgersprache 24 Stadtverordnete zu wählen, welche befugt sein sollten der gemeinen Bürgerschaft Nutzen dem Rate gegenüber zu vertreten und bei der Ratsversetzung an der Rechnungslegung teilzunehmen. Ein sehr bescheidenes und durchaus berechtigtes Verlangen, das aber die an unumschränkte Herrschaft gewöhnten Ratsherren gewaltig in Harnisch brachte. Sie erklärten, dass sie es wohl geschehen lassen könnten, dass „die Bürgersprache alljährlich gehalten werde und die gemeine Bürgerschaft aus ihrem Mittel 24 Mann erwähle, welche vor dem Rate dem Herkommen nach in der Bürger Gegenwart vereidet und in Pflicht genommen werden sollen und der Gemeine Notdurft dem Rate vortragen mögen;" sie willigten auch ein, „dass die Bürgerschaft aus ihrem Mittel zween Bauherren erwähle, welche neben den Ratsbauherren über die Gebäude Aufsicht haben möchten;" jede Teilnahme der Stadtverordneten an der Rechnungslegung lehnten sie jedoch entschieden ab. Daraufhin musste sich die Bürgerschaft mit der mageren Errungenschaft begnügen jährlich in einer Bürgermorgensprache 24 Stadtverordnete, welche dem Rate der Gemeine Notdurft vortragen sollten, und zwei Nebenbauherren wählen zu dürfen.

Diese Verhandlungen ergeben, dass im Laufe des sechzehnten Jahrhunderts die Berufung der Bürgerschaft zu Bürgersprachen allmählich eingeschlafen war, und dass der Rat in seinem Streben nach möglichster Unumschränktheit der Bürgerschaft gegenüber von der landesherrlichen Regierung nach Kräften unterstützt wurde.

In dem Kommissionsabschiede wurde der Bürgerschaft anbefohlen, dass sie sich gegen den Rat als ihrer von Gott vorgesetzten Behörde gebührlich verhalten, alle heimlichen Zusammenkünfte unterlassen, nur die jährlich gestattete Bürgermorgensprache halten und wegen des gemeinen Nutzens nur durch 24 Verordnete beim Rate vorstellig werden solle. Gleichzeitig ergiebt auch der Kommissionsabschied, dass das Vertrauen zu der Unparteilichkeit des Ratsregiments nicht gerade allzugross war, denn wie hätte man sonst in denselben das Versprechen der Ratmannen aufnehmen können, „dass sie wegen desjenigen, so vor und bei diesen Handlungen vorgelaufen, keinen Groll, Hass oder Neid auf die gemeine Bürgerschaft wollen halten, und da einer oder der andere je etwas würde delinquieren und verbrechen, dass sie deswegen nicht aus Privataffekten, sondern nach Befindung der Sachen wider diejenigen ohne Respekt und Ansehen der Person, er sei auch wer er wolle, gebührlich verfahren wollen." Aus diesem Misstrauen gegen die Unparteilichkeit und Uneigennützigkeit des Rates ging auch das Bestreben der Bürgerschaft, die Regierung desselben durch Stadtverordnete mit geeigneten Befugnissen zu kontrollieren und zu beeinflussen, hervor. Von grossem Erfolge waren diese Bestrebungen allerdings nicht, sei es, dass der Rat zu energisch seine Rechte wahrte, sei es, dass die Bürgerschaft zu wenig energisch ihre Ansprüche geltend machte. Die Energie der Ratmannen geht zur Genüge aus ihrem Verhalten vor der Kommission hervor. Sie erklärten, dass sie dem Landesherrn oder seinen dazu verordneten Beamten jederzeit Rechenschaft über ihre Verwaltung ablegen wollten, dass sie es aber unter ihrer Würde hielten, der Bürgerschaft gegenüber ihrer Amtsführung wegen sich verantworten zu müssen.

1638 brach abermals ein Konflikt zwischen Rat und Bürgerschaft aus. Die Stadt hatte damals grosse Kontributionen zu zahlen. Die Verteilung dieser Kontribution auf die Bürgerschaft und die Erhebung derselben war Sache des Rates. Durch eine kurfürstliche Verfügung vom 20. Mai 1636 war der Rat angewiesen worden, betreffs der erhobenen Gelder der Bürgerschaft Rechnung zu legen. Dies war jedoch nicht geschehen. Darüber wurde die Bürgerschaft so aufgebracht, dass sie sich darüber beschwerte und bei dieser Gelegenheit ihren alten Wünschen Ausdruck gab. Sie verlangte:

1. Ausantwortung der Rechnung über die eingehobene Kontribution;
2. die Specifikation der Retardaten von den verkauften Häusern (deren Inhaber ausgestorben oder weggelaufen waren);
3. einen Nachweis über Verwendung der Quoten, welche die andern Städte zur Verpflegung von sechs Compagnieen beigetragen hatten (diese sechs Compagnieen lagen in Spandau);
4. einen richtigen und sicheren modus contribuendi, Kommunikation der Stadtprivilegien, einen besondern Stadtrichter und einen besondern Stadtschreiber, gewisse Viertelmeister, Wiederanordnung der Morgensprachen und Rechnungslegung über die Stadtgüter.

Der Rat weigerte sich standhaft, diesem Verlangen zu willfahren. Zur Entscheidung der Sache wurde eine kurfürstliche Kommission nach Spandau geschickt. Die Folge davon war eine unterm 27. August 1641 von Kölln aus erlassene Verfügung des Markgrafen Ernst, durch welche der Rat angewiesen wurde, „hinfüro bei Austeilung der Quartiere den Obristwachtmeister vom Ribbeckschen Regiment allemal mitzuzuziehen und solche durchgehende Gleichheit zu halten, dass die armen Leute dabei bleiben könnten und der Kurfürst mit ferneren Klagen nicht behelligt werde". Im übrigen werden die Forderungen der Bürgerschaft ad acta gelegt.

Im Laufe der Zeit wurde der Rat der Bürgerschaft gegenüber noch unabhängiger, als er es im Anfange des siebzehnten Jahrhunderts schon war. Von 1642 an erwählte nicht mehr die Bürgerschaft alljährlich die Stadtverordneten, sondern der Rat selbst. Dies wurde durch einen Kommissionsrecess vom 12. August 1642 verordnet und ergiebt sich aus dem Eide, welchen ein zum Stadtverordneten erwählter Bürger nachweislich von 1692 bis zur Einführung der Städteordnung ablegte. Dieser Eid lautete:

„Ich N N. schwöre zu Gott dem Allerhöchsten einen körperlichen Eid, nachdem ich von E. E. Rat dieser Stadt zu einem Stadtverordneten bei hiesiger Bürgerschaft erwählt worden, dass ich in diesem Amte E. E. Rate hold und gehorsam sein, dasjenige, was ich gemeiner Stadt und Bürgerei zuträglich befinde und darum ich von E. E. Rat erfordert und befraget werde, wohl beobachten, der Stadt Schaden möglichst abwenden und verhüten helfen und, wo ich solchen sehe oder erfahre, dem Rate entdecken, hergegen deren Bestes überall meinem

besten Wissen und Vermögen nach befördern, wann ich von E. E. Rat
in der Stadt Angelegenheit und sonst erfordert werde, sofort auf bestimmte Zeit erscheinen, der Stadt Privilegien, Grenzen und Male,
Hütung und alle andern ihre Gerechtigkeiten, sie haben Namen, wie
sie wollen, in gute Observanz nehmen und sie dabei schützen helfen
und, da von jemand einiger Eingriff darin geschehen möchte, solches
einem Rat förderlichst hinterbringen und mich sonst als einem getreuen
fleissigen und aufrichtigen Stadtverordneten gebühret, verhalten will.
So wahr, als mir Gott helfe durch Christum seinen Sohn!"

Hiernach erscheinen die Stadtverordneten als Beauftragte oder
Beamte des Rats, bar jeder Eigenschaft, die ihnen auch nur einigermassen
den Charakter von Vertretern der Bürgerschaft gewähren könnte. Wann
diese Änderung in der Stellung und der Wahl der Stadtverordneten gemacht worden ist, wissen wir nicht. Vermutlich war sie eine Folge des
dreissigjährigen Krieges, der ja allenthalben dem deutschen Bürgertum
die schwersten Wunden schlug. Die Bürger scheinen sich häufig geweigert
zu haben, das Stadtverordnetenamt anzunehmen, da der Rat 1677 aus
der Amtskammer eine Verordnung erwirkte, „dass die Bürger, welche der
Rat zu Ämtern erwählt, sich sollen dazu bestimmen lassen".

1694 wurde die geordnete Zahl der Stadtverordneten auf zwölf
herabgesetzt. Von 1711 an finden wir nur acht Stadtverordnete, deren
jedem auf königlichen Befehl jährlich ein Thaler und seit 1718 zwei
Thaler aus der Stadtkasse gezahlt wurden.

Vom Ende des achtzehnten Jahrhunderts an bis zur Einführung
der Städteordnung erscheinen nur noch sechs Stadtverordnete. Der älteste
ist Bürgerkassenrendant und erhält dafür 36 Thaler Gehalt, jeder der
andern erhält jährlich 10 Thaler aus der Bürgerkasse. Zuletzt waren die
Stadtverordneten nichts weiter als Assistenten des Magistrates und, so
scheint es, ständige Beisitzer oder Gerichtsschöppen im Stadtgericht. Sie
werden zu den Stadtbedienten gerechnet und betrachten sich schliesslich
als die alleinberechtigten Kandidaten für erledigte Magistratsstellen. Zu
dieser Ansicht waren sie gekommen durch eine königliche Verfügung
vom 3. Dezember 1743, in welcher den Magistäten anempfohlen wurde,
bei Neuwahlen von Magistratsmitgliedern auf die Stadtverordneten zu
rücksichtigen. In Beschwerden über Magistratswahlen, welche nicht auf
eines ihrer Mitglieder gefallen waren, gaben die Stadtverordneten ihrer
Ansicht offenen Ausdruck, indem sie erklärten, „es sei billig, dass der Magistrat einen aus ihrem Mittel wähle, da unter ihnen Leute seien, welche in
der Hoffnung auf Beförderung bei einem jährlichen Gehalte von zwei Thalern
und einem Scheffel Roggen zehn bis zwanzig Jahre in Stadtgeschäften thätig
seien und dabei ihre eigenen Angelegenheiten versäumt hätten".

Namen von Stadtverordneten erfahren wir:

1675 Kaspar Herz, Joachim Schwerin, Christof Herens, Valentin Schüler,
    Daniel Meltze, Paul Lütkemann, Abraham Vettinger, Christof
    Hensche, Christian Heise, Jacob Fischer, Hans Bellin.

1731 Daniel Wilke, Materialist; Johann Gotthold Ritter, Chirurgus;
    Johann Christian Kresse, Kürschner; Johann Büchting, Seifensieder;

Johann Kasper Rathenow, Nadler; David Heitner, Materialist; Johann Burgfeldt, Glaser und Brauer; Samuel Bettke, Schuster.

1795 Johann Gottfried Böttcher, Handschuhmacher und Rendant der Bürgerkasse; Wilhelm Krüger, Glaser; Franz Harre, Brauer; Adam Hensch, Schuhmacher; Johann Julius Kiss, Töpfer; Gottlieb Kühne, Polizeischreiber, und Nuntius.

B. Die Einführung der Städteordnung.

Unter dem System staatlicher Bevormundung, das sich seit der Regierung des grossen Kurfürsten, namentlich aber im achtzehnten Jahrhundert immer strenger ausbildete und schliesslich zum militärisch-bureaukratischen Absolutismus entwickelte, war alles selbständige Leben in den preussischen Städten allmählich ertötet und der Gemeinsinn der Bürger erkaltet.

Der preussische Staat, wie ihn Friedrich Wilhelm III. im Jahre 1797 übernahm, war eine Schöpfung seiner Regenten. Durch kluge Benutzung der jeweiligen politischen Verhältnisse und eine energische Regierungsthätigkeit hatten die Hohenzollern von kleinen Markgrafen zu Brandenburg zu Beherrschern eines ausgedehnten Königreiches sich emporgeschwungen. Allein dieses Staatswesen trug nicht in sich selber die Bürgschaft seiner Dauer. Auf die Überlegenheit des Heeres und die persönliche Tüchtigkeit des Herrschers und seiner Beamten gründete sich sein Dasein. Das Heer und die königliche Beamtenschaft bildeten eigentlich nur den Staat, die Masse des Volkes hatte keinen Teil an der Erhaltung und Regierung des Ganzen. Bürger und Bauer hatten sich einfach den in alle Verhältnisse eingreifenden, alles regelnden Anordnungen der königlichen Herrschaft zu fügen. In gänzlicher Entfernung von allen öffentlichen Geschäften bildeten aber Bürger und Bauer die Kräfte und Gesinnungen nicht aus, welche allein für den Bestand des Staates bürgen. Es fehlte im Volke an Verständnis, an Eifer und Liebe für die öffentlichen Angelegenheiten, an uneigennütziger Aufopferungsfähigkeit zum Wohle des Ganzen, kurz an Gemeinsinn, an echter Bürgertugend und wahrer Vaterlandsliebe. Die straffe preussische Zucht, wie sie der grosse Kurfürst und noch mehr König Friedrich Wilhelm I. begründet, hatten zwar den Staatsbürger oder vielmehr den Unterthanen an einen stillen Gehorsam gegenüber den Massnahmen der Regierung gewöhnt, in ihm aber auch einen politischen Stumpfsinn und eine politische Urteilslosigkeit erzeugt, die heute noch nicht überwunden sind, umsoweniger als die Staatsregierung sich immer noch nicht frei machen kann von absolutistischen Gelüsten und dem Streben nach Bevormundung, auch in Dingen, die dem freien Entschlusse der Gemeinden und des einzelnen Bürgers überlassen bleiben müssen, wenn der Staat auf wirklich gesunden Grundlagen sich aufbauen soll.

Ein Staatswesen, dessen Kraft im wesentlichen nur auf der Tüchtigkeit seines Lenkers beruht, das gewissermassen nur auf zwei

Augen gestellt ist, muss zu Grunde gehen, wenn diese Augen sich schliessen, ohne dass die, welche sie ersetzen, dieselbe durchdringende Schärfe, dieselbe Klarheit besitzen. Kein Wunder daher, dass nach dem Tode Friedrichs des Grossen unter der Regierung der dem grossen Ahnherrn keineswegs geistesebenbürtigen Nachfolger die Kraft des preussischen Staates immer mehr geschwächt wurde und schliesslich so viel an ihrer einstigen Nachhaltigkeit und Widerstandsfähigkeit eingebüsst hatte, dass sie dem Ansturm des Jahres 1806 in einer einzigen Schlacht gänzlich erlag. Nur in der freien Entwickelung aller Kräfte, die ihre Schranken einzig und allein in den Gesetzen der Vernunft findet, kann das Leben gedeihen. In ihr allein liegt die Energie und nachhaltige Kraft eines Staatswesens, sie allein verbürgt dauerhaften Bestand.

Das Jahr 1806 hatte grosses Unglück über den preussischen Staat gebracht. In der Hand des Siegers lag es denselben gänzlich zu vernichten. Als ein Gnadengeschenk des Franzosenkaisers verblieb dem Könige Friedrich Wilhelm III. durch den Frieden von Tilsit ungefähr die Hälfte des von den Ahnen ererbten Gebietes; von 5570 Quadratmeilen behielt er noch 2877, von fast zehn Millionen Einwohnern noch fünf Millionen. Alle westlich der Elbe gelegenen Lande gingen verloren, und im Osten mussten die in den Jahren 1793 und 1795 erworbenen polnischen Gebiete dem Sieger überliefert werden. Allein trotz aller Schmach, trotz aller Demütigungen, trotz der schweren Leiden und Verluste, welche der Tag von Jena und Auerstädt über unser geliebtes Vaterland brachte, müssen wir heute eingestehen, dass dieser Tag dennoch heil- und segenbringend für Preussen, für das gesamte Deutschland gewesen ist; denn er führte zur Erkenntnis alles Faulen in dem bestehenden Staatsleben. Er enthüllte nicht bloss den jämmerlichen Zustand des Heeres und der ganzen bestehenden Wehrverfassung, auch alle Fehler und Schwächen des gesamten innern und äussern Staatswesens erschienen nach jenem Unglückstage im grellsten Lichte.

Als das Heer zertrümmert und die Beamtenschaft gelähmt, entflohen oder dem Sieger verpflichtet war, da zeigten sich die Folgen jenes absoluten bureaukratischen Regimentes, das den Bürger systematisch zur Unselbständigkeit erzogen hatte. Wenn die Gefahr einer Stadt sich näherte oder ausserordentliche Anstrengungen von den Bewohnern gefordert wurden, dann trat die ganze Unzulänglichkeit der bestehenden Gemeindeverfassung, der Mangel an festen Bestimmungen und gehörigem Zusammenhange hervor. Wollte man das Gerettete behaupten und zugleich die Möglichkeit schaffen, das Verlorene wiederzugewinnen, dann musste man das äussere und innere Staatswesen gänzlich neugestalten und eine sittliche und politische Wiedergeburt des Volkes herbeiführen. Der Zustand der Bewohner der Städte und des platten Landes musste verbessert und dadurch in den Staatsbürgern Liebe zum Vaterlande, Teilnahme an der Wohlfahrt des Ganzen und der Wille zur Verteidigung desselben erweckt werden. Man musste einsehen, dass die bestehende Form des Staatswesens den Bedürfnissen und Anforderungen der Zeit durchaus nicht genügte. Ein Glück für Preussen und Deutschland, dass der Tag von Jena und Auerstädt zu

dieser Einsicht führte.   Aus den Trümmern, in die er den Staat Friedrichs
des Grossen zerschlug, erwuchs neues kräftiges Leben.

Die Verfassungsgesetze des Jahres 1808 legten Bresche in jenen
verrotteten bureaukratischen Absolutismus, der allein alles Unglück verschuldet hatte.

Eine völlige Umgestaltung der ländlichen Verhältnisse wurde durch
das Edikt vom 9. Oktober 1807, welches die Unterthänigkeitsverhältnisse
des platten Landes aufhob und durch Abschaffung der Bann- und Zwangs-
rechte, welche die Entfesselung des Grundeigentums von gutsherrlicher
Abhängigkeit anbahnte, herbeigeführt.   Beide Gesetze verbesserten wesentlich die Lage des Bauernstandes.

Die Mängel der städtischen Verfassung sollte die Städteordnung
vom 19. November 1808 beseitigen.

„Der besonders in neueren Zeiten," so beginnt sie, „sichtbar
gewordene Mangel an angemessenen Bestimmungen in Absicht des
städtischen Gemeinwesens und der Vertretung der Stadtgemeinde, das
jetzt nach Klassen und Zünften sich teilende Interesse der Bürger und
das dringend sich äussernde Bedürfnis einer wirksameren Teilnahme
der Bürgerschaft an der Verwaltung des Gemeinwesens, überzeugen
Uns von der Notwendigkeit, den Städten eine selbständigere und bessere
Verfassung zu geben, in der Bürgergemeinde einen festen Vereinigungs-
punkt gesetzlich zu bilden, ihnen eine thätige Einwirkung auf die Verwaltung des Gemeinwesens beizulegen und durch diese Teilnahme Gemeinsinn zu erregen und zu erhalten."   Der wesentliche Inhalt dieser
Städteordnung ist folgender:

1. Dem Staate bleibt das oberste Aufsichtsrecht über die Städte, ihre
   Verfassung und ihr Vermögen vorbehalten, welches er dadurch
   ausübt, dass er die Rechnungen der Städte über die Verwaltung
   ihres Gemeinvermögens einsieht, die Beschwerden einzelner Bürger
   oder ganzer Abteilungen über das Gemeinwesen entscheidet, neue
   Statuten bestätigt und zu den Wahlen der Magistratsmitglieder
   die Genehmigung erteilt.

2. Die Städte werden nach der Zahl der Civileinwohner in grosse,
   mittlere und kleine und jede wiederum in Bezirke geteilt.   Der
   ganzen Stadt ist ein Magistrat, jedem Bezirke ein Bezirksvorsteher
   vorgesetzt.

3. Die Einwohner teilen sich in Bürger und Schutzverwandte.   Aller
   bisherige Unterschied unter den Bürgern ist aufgehoben.   Keinem
   Ansässigen darf das Bürgerrecht versagt werden.   Stand, Geburt, Verschiedenheit des christlichen Bekenntnisses und überhaupt persönliche Verhältnisse begründen bei Gewinnung des
   Bürgerrechts keinen Unterschied.   Jeder, der städtische Gewerbe
   treibt und Grundstücke besitzt, muss Bürger werden und alle
   Bürgerpflichten übernehmen.   Alle persönlichen Befreiungen in
   dieser Beziehung hören auf.

4. Die Bürgerschaft wird in allen Angelegenheiten durch die von
   ihr auf drei Jahre erwählten Stadtverordneten vertreten.   Die

Wahl der Stadtverordneten erfolgt durch die stimmfähigen Bürger nach Bezirken. Jährlich scheidet ein Drittel der Stadtverordneten aus. Der Magistrat veranlasst die Wahlversammlungen und leitet sie durch den Bezirksvorsteher oder einen besonders Beauftragten.

5. Die Stadtverordneten erwählen einen Vorsteher aus ihrer Mitte auf ein Jahr. Sie erwählen die unbesoldeten Magistratspersonen, die Oberbürgermeister, Bürgermeister und Kämmerer aus der Bürgerschaft auf sechs Jahre, die übrigen besoldeten Beamten dagegen auf zwölf Jahre. Den Oberbürgermeister bestätigt der König, alle übrigen Beamten die Regierung. Die eigentliche Verwaltung ist allein dem Magistrate, die Kontrolle der Verwaltung den Stadtverordneten zugewiesen. Manche Geschäfte werden in gemischter Deputation verhandelt. Den Stadtverordneten ist ein wesentlicher Anteil an allen allgemeinen Beschlüssen, also an der gesetzgebenden Gewalt, zugestanden und die Bewilligung der Steuern mit Rücksicht auf das allgemeine System des Staates, der Ausgaben, Zulagen u. s. w. in ihre Hand gelegt."

Unterm 7. Februar 1809 wurde dem Magistrate von Spandau durch den Kriegs- und Steuerrat von Lindenau ein Exemplar der neuen Städteordnung zugestellt und derselbe angewiesen, „mit der Einführung der verbesserten Verfassung des gemeinen Wesens sofort vorzugehen und dieselbe womöglich bis zum 1. April 1809 zu vollenden".

Es kam zunächst darauf an, festzustellen, zu welcher Klasse von Städten Spandau gehöre, und dann die einzelnen Stadtbezirke abzugrenzen. Beides geschah am 13. Februar.

Die Stadt zählte 4334 Civileinwohner und gehörte somit zu den mittleren Städten. Man teilte dieselbe in sechs Bezirke:

1. Klosterbezirk	mit	96	Häusern
2. Marktbezirk	„	81	„
3. Heidebezirk	„	121	„
4. Berliner Bezirk	„	93	„
5. Stresowbezirk	„	49	„
6. Oranienburger Bezirk	„	67	„

Die damaligen Viertelsherren wurden beauftragt, die Bezirke zu „respizieren" und zwar

der Bürgermeister Classe	den	4. und 5. Bezirk		
„ Ratmann Kattfuss	„	1.	„ 2.	„
„ Ratmann Daberkow	„	3.	„ 6.	„

Die Stadtverordneten Störkau, Poppe, Lange, Rücker, Bocksfeld und Still wurden mit Aufnahme der Bürgerrollen beauftragt.

Die Zahl der unbesoldeten Magistratsmitglieder wurde auf sieben, die der Stadtverordneten auf 36 und die der Stellvertreter auf 12 festgesetzt.

Die Handhabung der Polizei sollte einer besonderen Polizeiverwaltung übertragen werden.

Im Laufe des Februar wurden nun die Bürgerrollen aufgestellt. Stimmfähig waren nach § 74 der Städteordnung alle angesessenen Bürger und von den unangesessenen in den mittleren und kleinen Städten die, deren reines Einkommen mindestens 150 Thaler betrug. Danach hatte

der Klosterbezirk	81	stimmfähige Bürger	
„ Marktbezirk	75	„	„
„ Heidebezirk	100	„	„
„ Berliner Bezirk	71	„	„
„ Oranienburger Bezirk	41	„	„
„ Stresowbezirk	34	„	„

im ganzen 402 stimmfähige Bürger.

Die Wahl der Stadtverordneten sollte am 9. März 1809 erfolgen. Dies wurde am 26. Februar und am 5. März von der Kanzel und ausserdem durch öffentliche Anschläge bekannt gemacht. Der Bekanntmachung von der Kanzel wurde folgendes Gebet hinzugefügt:

„Der Gott der Ordnung, des Friedens und Rechtes heilige und segne auch dieses wichtige Unternehmen. Sein guter Geist regiere alle, die für Teilnahme an demselben berufen sind; er lehre sie thun nach seinem Wohlgefallen, wie sie es vor Gott und ihrem Gewissen verantworten können. Er vereinige alle Gemüter durch Einigkeit, Liebe und Vertrauen und verbanne aus ihnen allen Eigennutz und jede unedle leidenschaftliche Regung. Er lenke ihre Aufmerksamkeit lediglich auf den grossen einzigen Zweck, der erreicht werden soll - die Begründung der allgemeinen Wohlfahrt. So gefällt es Gott, dem Gotte der Ordnung, so will es unser verehrungswürdiger Monarch — so wünscht es jeder redliche Vaterlandsfreund! Amen!"

Am Wahltage selbst wurde um 9 Uhr morgens Gottesdienst abgehalten, und nach demselben versammelten sich die stimmfähigen Bürger jedes Bezirkes in einem besonderen Lokale zur Wahl.

Der Klosterbezirk wählte in dem Garnisonschulhause in der Jüdenstrasse. Magistratskommissarius war Kattfuss, zum Wahlaufseher wurde der Maurermeister Stürkau, zum Protokollführer der Bäckermeister Lange, zu Beisitzern der Glasermeister Bohne und der Bäckermeister Poppe erwählt. Es waren 72 stimmfähige Bürger erschienen.

Zu Stadtverordneten wurden gewählt:

1. der Bürger Braueigen u. Eigentümer Joh. Friedr. Zahn   mit 67 Stimmen
2. „ „ „ „ „ Christ. Friedr. Harre   „ 66   „
3. „ „ Glasermstr. u. „ George Friedr. Bohne   „ 65   „
4. „ „ Bäckermstr. u. „ Friedr. Wilh. Lange   „ 62   „
5. „ „ Böttchermstr. u. „ Friedr. Wilh. Borst   „ 55   „
6. „ „ Weinmeister „ „ Frdr. Wilh. Segemund   „ 51   „
7. „ „ Maurermstr. „ „ Joh. Joachim Stürkau   „ 49   „

Zu Stellvertretern:

1. der Bürger Gastwirt u. Eigentümer August Heinr. Siefert mit 47 Stimmen
2. „ „ Braueigen u. Eigentümer Gottfr. Christof Bock   „ 47   „

Der Marktbezirk wählte im untern Zimmer der grossen Schule. Erschienen waren 63 stimmfähige Bürger. Magistratskommissar war Stadtschreiber Thiede, Wahlaufseher Maurermeister Bocksfeld, Beisitzer: Haase, Böttcher und Hermann. Es wurden gewählt:

Zu Stadtverordneten:

1. der Kaufmann   Joh. Joachim Prillwitz   mit 56 Stimmen
2. „ Schlächtermeister Friedr. Wilh. Stolberg   „ 51   „
3. „ Braueigen   Joh. Friedr. Tübbecke   „ 49   „

4. der Bäckermeister   Karl Ludwig Lange   mit 43 Stimmen
5. „ Bäckermeister   Friedr. Ernst Corths   „ 41 „
6. „ Maurermeister   Joh. Abraham Bocksfoldt „ 41 „
7. „ Seilermeister   Friedr. Wilh. Hermann   „ 38 „

Zu Stellvertretern:

1. der Kaufmann   Joh. Ferd. Friedr. Putsch mit 34 Stimmen
2. „ „   Carl Friedr. Wilh. Bötcher   „ 31 „

Der Heidebezirk wählte auf dem Rathause. Erschienen waren 92 stimmfähige Bürger. Magistratskommissar war Justizbürgermeister Hindenburg, Wahlaufseher Oberbuchhalter Grobecker, Beisitzer: Still, Rücker und Döhl. Es wurden gewählt:

Zu Stadtverordneten:

1. der Apotheker   Joh. Friedr. Döhl   mit 78 Stimmen
2. „ Oberbuchhalter   Phil. Aug. Friedr. Grobecker „ 73 „
3. „ Bäckermeister   Adam Betcke   „ 72 „
4. „ Schlächtermstr.   Joh. Friedr. Baer sen.   „ 66 „
5. „ Zimmermeister   Gottfr. Brettschneider   „ 64 „
6. „ Kaufmann   Joh. Gottl. Maass   „ 61 „
7. „ Braueigen   Samuel Reinecke   „ 59 „
8. „ Nadlermeister   Martin Gottfr. Koeppe   „ 58 „
9. „ Bäckermeister   Joh. Joach. Steinecke   „ 56 „

Zu Stellvertretern:

1. Nagelschmiedemstr. August Friedr. Riefenstahl mit 55 Stimmen
2. Schuhmachermeister Chr. Friedr. Stechow   „ 53 „
3. Kürschnermeister   Chr. Friedr. Neue   „ 51 „

Der Berliner Bezirk wählte im Hause des Gastwirts Godduhn in der Potsdamer Strasse. Es waren erschienen 66 stimmfähige Bürger. Magistratskommissar war der Bürgermeister Classe, Wahlaufseher der Zimmermeister Johann Lange, Beisitzer Rüppel, Arnold und Müller. Es wurden gewählt:

Zu Stadtverordneten:

1. Justizsekretär Karl Friedrich Rüppel   mit 62 Stimmen
2. Kaufmann   Karl Friedrich Walter   „ 60 „
3. Zimmermstr.   Johann Lange   „ 59 „
4. Kaufmann   Gottfr. Christian Arnold   „ 50 „
5. „   Christof Konrad Koch   „ 48 „
6. Färbermeister Johann Heinrich Wagner   „ 48 „
7. Brauer   Johann Daniel Fritsche   „ 47 „

Zu Stellvertretern:

1. Lohgerbermeister Wilhelm Reinicke   mit 46 Stimmen
2. Schmiedemeister Sigmund Steinmüller   „ 44   „

Der Oranienburger Thor-Bezirk wählte in der Wohnung des Försters Schiebler. Es waren 35 stimmfähige Bürger erschienen. Magistratskommissar war der Ratmann Daberkow, Wahlaufseher der Ackerbürger Schindelhauer, Beisitzer Stadtförster Schiebler, Amtmann Lucke und Ackerbürger Nickel. Es wurden gewählt:

Zu Stadtverordneten:

1. Amtmann   Bernhard Lucke   mit 29 Stimmen
2. Ackerbürger Karl Schindelhauer   „ 29   „
3. „   Wilhelm Spannagel   „ 29   „
4. „   Friedrich Nickel   „ 29   „

Zu Stellvertretern:

    1. Ackerbürger Schumann mit ? Stimmen
    2.   „   Kühne   „ ?   „

Der Stresow wählte in dem Offiziantenhause am Nicolaikirchhofe. Es waren 27 stimmfähige Bürger erschienen. Magistratskommissar war Polizeibürgermeister Lausse, Wahlaufseher Lindert, Beisitzer Maurermeister Bernhard, Schiffbauer Heinrici und Bartel. Es wurden gewählt:

Zu Stadtverordneten:

    1. Bürger und Eigentümer Maurermeister Bernhard mit 21 Stimmen
    2.   „   „   „   Karl Segemund   „ 17   „

Zum Stellvertreter:

    Bürger und Eigentümer Johann Fritze mit 15 Stimmen.

Am 12. März traten die neuen Stadtverordneten, an der Zahl 36, zur ersten Sitzung in dem Audienzzimmer des Rathauses zusammen. Zum Vorsteher wählten sie den Maurermeister Bocksfeld sen., zum Protokollführer den Justizsekretär Rüppel, zum zweiten Vorsitzenden den Glasermeister Bohne und zum stellvertretenden Protokollführer den Oberbuchhalter Grobecker. Der Älteste in der Versammlung war der Bäckermeister Betcke. Er eröffnete die Sitzung. Nach Wahl des Vorsitzenden u. s. w. schritt man zur Wahl des Magistrats und der Bezirksvorsteher. Es wurden gewählt:

Zu besoldeten Magistratsmitgliedern:

    1. Kattfuss   als Bürgermeister mit 33 Stimmen
    2. Rüppel   „ Kämmerer   „ 24   „
    3. Grobecker   „ Syndikus   „ 25   „
    (Letzterer war der Sohn des Stadtverordneten Grobecker.)

Zu unbesoldeten Magistratsmitgliedern:

    1. Walter, Kaufmann,   mit 32 Stimmen
    2. Döhl, Apotheker,   „ 31   „
    3. Koch, Kaufmann,   „ 27   „
    4. Prillwitz, Kaufmann,   „ 25   „
    5. Stolberg, Schlächtermeister,   „ 24   „
    6. Reinecke, Braueigen,   „ 23   „
    7. Lange, Zimmermeister,   „ 23   „

Zu Bezirksvorstehern:

    1. für den Klosterbezirk   Bäckermeister Liess sen.,
    2. „ „ Marktbezirk   Schlächtermeister Stebal,
    3. „ „ Berliner Bezirk   Braueigen Noack,
    4. „ „ Heidebezirk   Mehlhändler Wieprecht,
    5. „ „ Oranienburger Bezirk Ackerbürger Dan. Schönicke,
    6. „ „ Stresowbezirk   Schiffbaumeister Heinrici.

Der Braueigen Reinicke und der Zimmermeister Lange lehnten die Wahl mit guten Gründen ab. An Stelle des ersten wurde am 18. März der Glasermeister Bohne und an Stelle des letzten der Bäckermeister Wilhelm Lange gewählt.

Am 3. August 1809, dem Geburtstage des Königs, fand die feierliche Auflösung des alten und die Einsetzung und Vereidigung des neuen Magistrats durch den königlichen Kommissarius Regierungsassessor von Bärensprung in der Nicolaikirche statt.

Unter dem Geläute der Glocken versammelten sich zu Rathause der alte und der neue Magistrat, die Stadtverordneten und deren Stellvertreter, die Bezirksvorsteher, die Schützengilde, der königliche Kommissarius und die militärischen Spitzen, der Kommandant Oberst von Thümen, Oberstlieutenant von Mandelsloh und Hauptmann von Barfuss. Punkt 9 Uhr bewegte sich der Zug, geführt von der Stadtkapelle, zur Nicolaikirche. Nach dem Gottesdienste vereidigte der königliche Kommissarius den neuen Magistrat vor dem Altare. Alsdann bewegte sich der Zug wieder nach dem Rathause zurück, in welchem der neue Magistrat seine erste Sitzung hielt. Um 1 Uhr fand ein Festessen beim Gastwirte Riefenstahl statt.

Von dem alten Magistrat trat nur ein Mitglied Kattfuss als Bürgermeister in den neuen. Als jedoch dem Magistrat auch die Polizeiverwaltung übertragen worden war, wählte man den früheren Polizeibürgermeister Lausse zum ausserordentlichen Magistratsmitgliede.

Die früheren Magistratsmitglieder Classe und Daberkow wurden den Bestimmungen der Städteordnung gemäss pensioniert. Da jedoch der Kämmerer Rüppel schon 1810 seine Pensionierung beantragte, und ihm diese bewilligt wurde, wählte man Daberkow zum Kämmerer, der am 31. August 1810 in sein Amt eingeführt wurde.

Der bisherige Justizbürgermeister Hindenburg blieb Stadtrichter. Da aber die Jurisdiktion durch die neue Städteordnung vom Magistrate getrennt wurde, so hörte auch die bisherige Verbindung des Stadtrichters mit dem Magistrate auf.

Das Amt eines Gerichtssekretärs verwaltete der frühere Stadtsekretär Thiede, welcher vor Einführung der Städteordnung Magistratsmitglied gewesen war.

Durch die Städteordnung wurde den Städten ein Recht wiedergegeben, welches sie ursprünglich besessen, im Laufe der Zeit aber verloren hatten, das Recht: ihre eigenen Angelegenheiten selbst zu verwalten.

Von der Erlaubnis, auf Verleihung der revidierten Städteordnung vom 17. März 1831 anzutragen, machte die Stadt Spandau keinen Gebrauch.

Die bestehende Verfassung der Stadt gründet sich auf die Städteordnung vom 30. Mai 1853, zu deren Ausführung der Minister des Innern unterm 20. Juni 1853 besondere Instruktionen erliess. Sie ist folgende:

„Den städtischen Gemeindebezirk (Stadtbezirk) bilden alle Grundstücke, welche demselben einverleibt sind."

„Alle Einwohner des Stadtbezirks mit Ausnahme der servisberechtigten aktiven Militärpersonen gehören zur Stadtgemeinde und sind zur Mitbenutzung der öffentlichen Gemeindeanstalten berechtigt und zur Teilnahme an den städtischen Gemeindelasten nach den Vorschriften der Städteordnung verpflichtet."

„Das Bürgerrecht besteht in dem Rechte zur Teilnahme an den Wahlen, sowie in der Befähigung zur Übernahme unbesoldeter Ämter in der Gemeindeverwaltung und zur Gemeindevertretung. Jeder selbständige Preusse, welcher das vierundzwanzigste Lebensjahr vollendet und einen eigenen Haushalt hat, erwirbt, sofern ihm nicht das Verfügungsrecht über sein Vermögen oder dessen Verwaltung durch richterliches Erkenntnis entzogen ist, das Bürgerrecht, wenn er seit einem Jahre Einwohner des Stadtbezirkes ist und zur Stadtgemeinde gehört, keine Armenunterstützung

aus öffentlichen Mitteln empfangen und die ihn betreffenden Gemeindeabgaben bezahlt hat und ausserdem entweder ein Wohnhaus im Stadtbezirke besitzt oder ein stehendes Gewerbe als Haupterwerbsquelle wenigstens
mit zwei Gehilfen selbständig betreibt oder zur klassifizierten Einkommen-
steuer veranlagt ist oder an Klassensteuer einen Jahresbetrag von mindestens vier Thalern entrichtet. — Wer infolge rechtskräftigen Erkenntnisses der bürgerlichen Ehrenrechte verlustig geworden, verliert dadurch
auch das Bürgerrecht und die Befähigung, dasselbe zu erwerben; auch
geht dasselbe verloren, sobald eines der zur Erlangung desselben vorge-
schriebenen Erfordernisse bei dem bis dahin dazu Berechtigten nicht mehr
zutrifft. Wem durch rechtskräftiges Erkenntnis die Ausübung der bürgerlichen Ehrenrechte untersagt ist, der ist während der dafür im Erkenntnisse festgesetzten Zeit von der Ausübung des Bürgerrechts ausgeschlossen."

„Die Stadtgemeinde ist eine Korporation; derselben steht die
Selbstverwaltung ihrer Angelegenheiten nach den Vorschriften der Städteordnung zu."

„Der Magistrat ist die Obrigkeit der Stadt und verwaltet die
städtischen Angelegenheiten, die Stadtverordnetenversammlung vertritt die
Gemeinde."

„Die Stadt ist befugt, besondere statuarische Anordnungen zu
treffen über solche Angelegenheiten der Stadtgemeinde und solche Rechte
und Pflichten der Mitglieder derselben, hinsichtlich deren die Städteordnung
Verschiedenheit gestattet oder keine festen Bestimmungen enthält, und
über solche eigentümliche Verhältnisse und Einrichtungen, insbesondere
hinsichtlich der den gewerblichen Genossenschaften bei Einteilung der
stimmfähigen Bürger und bei Bildung der Wahlversammlungen und der
städtischen Vertretung zu gewährenden angemessenen Berücksichtigung.
Dergleichen Anordnungen bedürfen aber der Bestätigung der Regierung."

„Die Stadtverordnetenversammlung, deren Mitgliederzahl 36 beträgt,
wird von den stimmfähigen Bürgern gewählt, welche zu diesem Behufe
nach Massgabe der von ihnen zu entrichtenden Steuern in drei Abteilungen geteilt werden, deren jede ein Drittel der Stadtverordneten aus
der Gesamtheit der Bürger wählt."

„Die Hälfte der von jeder Abteilung zu wählenden Stadtverordneten muss aus Hausbesitzern bestehen."

„Stadtverordnete können nicht sein — Beamte und Mitglieder der
Behörden, durch welche die Aufsicht des Staates über die Städte aus-
geübt wird — Mitglieder des Magistrats und besoldete Gemeindebeamte
— Geistliche, Kirchendiener und Elementarlehrer — richterliche Beamte
— Beamte der Staatsanwaltschaft — Polizeibeamte — auch Vater und
Sohn sowie Brüder dürfen nicht gleichzeitig Mitglieder der Stadtverord-
netenversammlung sein."

„Die Wahl erfolgt auf sechs Jahre; alle zwei Jahre scheidet ein
Drittel aus. Die bei der regelmässigen Ergänzung neugewählten Stadtverordneten treten mit Anfang des nächsten Jahres in die Versammlung.
Einführung und Verpflichtung durch Handschlag an Eidesstatt veranlasst
der Magistrat."

„Der Magistrat besteht aus vier besoldeten Mitgliedern (Bürgermeister, Syndikus, Kämmerer und Baurat) und 7 unbesoldeten, welche den Titel „Stadtrat" führen."

„Die Wahl der Magistratspersonen erfolgt durch die Stadtverordnetenversammlung, die der besoldeten auf zwölf, die der unbesoldeten auf sechs Jahre. Alle drei Jahre scheidet die Hälfte der unbesoldeten Stadträte aus. Die Wahlen bedürfen der Bestätigung der Regierung und in betreff des Bürgermeisters des Königs."

„Die Magistratsmitglieder werden durch den Bürgermeister vor der Stadtverordnetenversammlung in Eid und Pflicht genommen, der Bürgermeister in gleicher Weise durch den Regierungspräsidenten oder dessen Kommissarius vereidigt."

„Die Stadtverordnetenversammlung hat über alle Gemeindeangelegenheiten zu beschliessen, soweit dieselben nicht ausschliesslich dem Magistrate überwiesen sind. Sie giebt ihr Gutachten über alle Gegenstände ab, welche ihr zu diesem Zwecke von den Aufsichtsbehörden vorgelegt worden sind. Über andere als Gemeindeangelegenheiten dürfen die Stadtverordneten nur dann beraten, wenn solche durch besondere Gesetze oder in einzelnen Fällen durch die Aufsichtsbehörde an sie gewiesen sind. Sie sind an keinerlei Instruktionen der Wähler gebunden."

„Die Stadtverordnetenversammlung darf ihre Beschlüsse in keinem Falle selbst zur Ausführung bringen. Die Zustimmung des Magistrates ist in solchen Angelegenheiten, welche diesem durch das Gesetz zur Ausführung zugewiesen sind, erforderlich, und wenn eine Verständigung nicht herbeigeführt werden kann, so entscheidet die Regierung."

„Die Stadtverordnetenversammlung kontrolliert die Verwaltung und ist daher berechtigt, sich von der Ausführung ihrer Beschlüsse und der Verwendung aller Gemeindeeinnahmen Überzeugung zu verschaffen."

„Die Stadtverordnetenversammlung wählt jährlich einen Vorsitzenden sowie einen Stellvertreter desselben aus ihrer Mitte und versammelt sich auf Berufung des Vorsitzenden. Sie kann nur beschliessen, wenn mehr als die Hälfte ihrer Mitglieder zugegen ist, ausgenommen, wenn sie zum zweiten Male zur Verhandlung über denselben Gegenstand mit ausdrücklichem Hinweis darauf zusammenberufen wird."

„Die Sitzungen sind im allgemeinen öffentlich, für einzelne Gegenstände kann jedoch auf besonderen Beschluss die Öffentlichkeit ausgeschlossen werden."

„Der Vorsitzende leitet die Verhandlungen, eröffnet und schliesst die Sitzungen und handhabt die Ordnung in der Versammlung. Die Stadtverordnetenversammlung beschliesst über die Benutzung des Gemeindevermögens nach Massgabe der gesetzlichen Bestimmungen."

„Die Genehmigung der Regierung ist erforderlich zur Veräusserung von Grundstücken und Immobiliarrechten, zur Veräusserung von wesentlichen Sachen, welche einen besonderen wissenschaftlichen, historischen oder Kunstwert haben, zu Anleihen, zu Veränderungen in dem Genusse an Gemeindenutzungen."

„Zur Deckung der Bedürfnisse und Verpflichtungen der Gemeinde können die Stadtverordneten Gemeindesteuern in der Form von Zuschlägen zu den Stadtsteuern oder indirekte oder direkte Gemeindesteuern vorbehaltlich der Genehmigung der Regierung beschliessen."

„Der Magistrat hat als Ortsobrigkeit und Gemeindeverwaltungsbehörde folgende Geschäfte:

1. Gesetze und Verordnungen, sowie Verfügungen der vorgesetzten Behörde auszuführen;
2. die Beschlüsse der Stadtverordneten vorzubereiten und im Zustimmungsfalle auszuführen, bei Beanstandung aber eventuell die Entscheidung der höheren Behörde anzurufen;
3. Verwaltung resp. Beaufsichtigung der städtischen Gemeindeanstalten;
4. Verwaltung der Einkünfte der Stadtgemeinde, Anweisung von Einnahmen und Ausgaben, Überwachung des Rechnungswesens;
5. Verwaltung des Eigentums der Stadtgemeinde und Wahrung ihrer Rechte;
6. Anstellung und Beaufsichtigung der Gemeindebeamten;
7. Aufbewahrung der Urkunden und Akten der Stadtgemeinde;
8. Vertretung der Stadtgemeinde nach aussen und in Verhandlungen mit Behörden und Personen, Führung des Schriftwechsels der Gemeinde und Vollziehung der Gemeindeurkunden in Urschrift;
9. Verteilung der städtischen Gemeindeabgaben und Dienste auf die Verpflichteten nach Massgabe der Gesetze und Beschlüsse und Eintreibung derselben."

„Die Beschlüsse des Magistrats werden nach Stimmenmehrheit gefasst, bei Stimmengleichheit entscheidet die Stimme des Vorgesetzten, welcher die Pflicht hat, den Beschluss zu beanstanden und die Entscheidung der Regierung einzuholen, falls derselbe gesetz- oder rechtswidrig ist oder das Staatswohl oder das Gemeindeinteresse verletzt."

„Der Bürgermeister leitet und beaufsichtigt den Geschäftsgang der städtischen Verwaltung."

„Zur dauernden Verwaltung oder Beaufsichtigung einzelner Geschäftszweige, sowie zur Erledigung vorübergehender Aufträge können Deputationen aus Mitgliedern des Magistrats oder aus Mitgliedern beider Gemeindebehörden oder aus diesen und stimmfähigen Bürgern gebildet werden. Diese Deputationen und Kommissionen sind aber dem Magistrate untergeordnet."

„Die Stadtgemeinde ist in Bezirke geteilt; jedem steht ein Bezirksvorsteher vor, welcher von der Stadtverordnetenversammlung auf sechs Jahre gewählt und vom Magistrate bestätigt wird und ein Organ des Magistrats ist."

„Alljährlich vor Beratung des Stadthaushaltsetats berichtet der Bürgermeister über die Verwaltung und den Stand der Gemeindeangelegenheiten."

„Der Bürgermeister hat folgende Geschäfte:

1. die Handhabung der Ortspolizei;
2. alle örtlichen Geschäfte der Kreis-, Bezirks-, Provinzial- und allgemeinen Staatsverwaltung."

„Der Magistrat entwirft den Normaletat aller Besoldungen, und die Stadtverordnetenversammlung geuehmigt denselben."

„Bürgermeister, besoldete Magistratsmitglieder und auf Lebenszeit angestellte Kommunalbeamte haben Anspruch auf Pension."

„Der Magistrat entwirft jährlich den Haushaltsetat und die Stadtverordnetenversammlung stellt denselben fest."

„Der Magistrat sorgt dafür, dass der Haushalt nach dem Etat geführt wird; zu ausserordentlichen Ausgaben ist die Genehmigung der Stadtverordueten einzuholen."

„Die Gemeindeabgaben u. s. w. können im Exekutionswege eingetrieben werden."

„Die von dem Einnehmer zu legende Jahresrechnung ist von dem Magistrate zu revidieren und von den Stadtverordneten zu prüfen, festzustellen und zu entlasten, auch der Aufsichtsbehörde der Feststellungsbeschluss mitzuteilen."

„Jeder stimmfähige Bürger ist verpflichtet eine unbesoldete Stelle in der Gemeindeverwaltung oder Gemeindevertretung anzunehmen und mindestens drei Jahre lang zu versehen. Zur Ablehnung oder früheren Niederlegung berechtigen andauernde Krankheit, Geschäfte, die lange Abwesenheit erfordern, ein Alter von sechzig Jahren, die Verwaltung eines andern öffentlichen Amtes, ärztliche oder wundärztliche Praxis, besondere Verhältnisse, die nach dem Ermessen der Stadtverordnetenversammlung die Ablehnung rechtfertigen, die stattgehabte Verwaltung einer unbesoldeten Stelle (aber nur auf drei Jahre). Wer aus andern Gründen sich weigert ein Gemeindeamt zu übernehmen oder sich der Verwaltung eines solchen entzieht, kann auf Beschluss der Stadtverordneten auf drei bis sechs Jahre des Bürgerrechts verlustig erklärt und mit einem Viertel bis zu einem Drittel höher zu den Gemeindelasten herangezogen werden. Dieser Beschluss bedarf jedoch der Bestätigung der Aufsichtsbehörde."

„Die Aufsicht des Staates über die Stadtverwaltung führt die Regierung. Gegen die Entscheidungen derselben findet binnen einer Präclusivfrist von vier Wochen Rekurs an den Oberpräsidenten und von diesem an den Minister des Innern statt."

„Die Aufsichtsbehörde ist befugt und verpflichtet, den Magistrat zur Beanstandung solcher Beschlüsse der Stadtverordneten zu veranlassen, welche deren Befugnisse überschreiten, gesetz- und rechtswidrig sind oder das Staatswohl verletzen. Der Magistrat hat sodann die Stadtverordneten hiervon zu benachrichten und an die Regierung zu berichten, welche sodann ihre Entscheidung unter Anführung der Gründe zu geben hat."

„Unterlässt oder verweigert es die Stadtverordnetenversammlung, die der Gemeinde gesetzlich obliegenden Leistungen auf den Haushaltsetat zu bringen oder ausserordentlich zu genehmigen, so lässt die Regierung unter Anführung des Gesetzes die Eintragung in den Etat bewirken oder stellt die ausserordentliche Ausgabe fest."

„Durch königliche Verordnung kann auf Antrag des Staatsministeriums die Stadtverordnetenversammlung aufgelöst werden, in welchem Falle binnen sechs Monaten eine Neuwahl erfolgen muss, bis wohin die

Verrichtungen der Stadtverordneten durch von dem Minister des Innern zu bestellende Kommissarien zu besorgen sind."[1]

Namen der Bürgermeister seit Einführung der Städteordnung:

1809—1815 Kattfuss.
1815—1821 Daberkow.
1821—1838 Froehner.
1839—1848 Dr. Zimmermann.
1849—1851 interimistisch Kammergerichtsassessor Sprengel.
1851—1869 Roedelius
1869—1873 Bollmann.
1873—   Gardemin.

3. Die Rechtspflege.

Die eigentliche Rechtspflege innerhalb der Grenzen des Weichbildes der Stadt Spandau handhabte ursprünglich der „Schultheiss" oder „Schulze", welcher in lateinischen Urkunden „prefectus", „scultetus", „judex civitatis" genannt wird. Er war der Vorsitzende des städtischen Schöffengerichts und hatte sein Amt vom Landesherrn zu rechtem erblichen Mannlehen. Von den Gerichtseinkünften bezog er ein Drittel, das sogenannte Untergericht oder judicium infimum, während er zwei Drittel dieser Einkünfte dem Landesherrn, dem Inhaber des Obergerichtes oder judicium supremum und eigentlichem Gerichtsherrn, auszahlen musste.[2]

Im Anfange des vierzehnten Jahrhunderts war der Schultheiss der kompetente Richter über alle innerhalb der Grenzen des Weichbildes der Stadt Spandau begangenen Verbrechen, wie Urkunden aus den Jahren 1319 und 1320 ausdrücklich bezeugen.[3]

Der erste Schulze von Spandau hiess „Heinrich". Er erscheint unter den Zeugen der Urkunde vom 7. März 1232 als „Heinricus scultetus noster de Spandowe".[4] Um die Mitte des vierzehnten Jahrhunderts ist das Schulzenamt im erblichen Lehnsbesitze der Familie Honhase.[5] Von dieser scheint es auf die Familie Stroband übergegangen zu sein,

---

[1] Vergleiche L. von Rönne „Das Staatsrecht der preussischen Monarchie".
[2] Der eigentliche Gerichtsherr Spandaus war der Landesherr, wie Kaiser Karls IV. Landbuch der Mark Brandenburg (Fidicin S. 29, 32) ausdrücklich bezeugt, indem es sagt, dass das judicium supremum oder Obergericht in Spandau der Landesherr innehabe. Dasselbe Landbuch bezeugt auch S. 32, dass der Landesherr von den Gerichtseinkünften nur zwei Drittel bezog, während ein Drittel dem Schulzen zukommt. „De (judicio supremo habet dominus) duas partes et prefectus terciam."
[3] Riedel, cod. I. 11, 25. „Prefectus civitatis — omnes potest et debet judicare excessus, qui in suo judicio existunt perpetrati. (1319) A. n. O. 27. „Excessus infra istas distinctiones (Weichbildgrenzen) commissos prefectus dicte civitatis potest et debet judicare cum civibus supradictis." (1320.)
[4] Siehe pag. 7.
[5] Riedel, cod. I. 11, 49, 50.

in deren Besitz es sich im fünfzehnten und im Anfange des sechzehnten Jahrhunderts befindet.[1]) Mit Benedikt Stroband starb die Familie während der Regierung des Kurfürsten Joachim I. aus. Das erledigte Lehen wurde von Joachim I. dem „Kastener zu Potsdam Siegmund Weyer" „zu einem rechten Mannlehen" übertragen, und diese Übertragung durch Urkunde vom 22. Januar 1537 durch Kurfürst Joachim II. bestätigt.[2]) Die Söhne Siegmund Weyers versetzten 1539 mit Genehmigung des Kurfürsten das Stadtgericht dem Rate von Spandau für 100 Gulden auf vier Jahre, indem sie versprachen, innerhalb dieser Zeit zu erwirken, dass der Kurfürst ihnen gestatte, das Stadtgericht dem Rate für 225 Gulden zu verkaufen. Allein erst 1548 kam der Verkauf zu stande. Am 8. November 1548 verkauften „Hieronymus und Sigismund, Gebrüdere, die Weyer genannt" „durch gnädigen Verlaub und Vollword des durchläuchtigsten hochgebornen Fürsten und Herrn, Herrn Joachims, Marckgrafen zu Brandenburg und Kurfürsten" „den Ehrbaren, Ehrsamen und Weisen Burgermeistern und Rat zu Spandow" „und allen ihren Nachkommen auf Gerichts- und rechtbeständiges Erbverkaufs" „in der besten Form, wie solches zu Rechte geschehen kann und mag" „das dritte Teil des Stadtgerichts zu Spandow mit allen und jeglichen Nutzungen und Zugehörung", wie die Strobande, ihr Vater und sie selbst es besessen haben, für 225 Gulden Münze. Ausserdem zahlte der Rat den Gebrüdern Weyer noch 60 Gulden, weil sie viel Zehrung und Kosten gehabt hatten, ehe der Kurfürst den Verkauf genehmigen wollte.[3])

Es ist wunderbar, dass die Stadt Spandau erst so spät in den Besitz des Schulzenlehens gelangte; denn das Bestreben aller Städte war von Anfang an mit grosser Energie darauf gerichtet, das Stadtgericht oder wenigstens das Schulzenlehen an sich zu bringen. Da von andern Umständen, welche die Stadt Spandau an dem früheren Erwerbe hinderten, nichts überliefert wird, so müssen wir den Grund in den beschränkten finanziellen Verhältnissen der Stadt suchen. Es mochte ihr vordem nicht möglich gewesen sein, eine so grosse Summe, als zum Erwerbe des Schulzenlehens nötig war, aufzubringen. Vielleicht hatte man auch früher schon den Versuch gemacht, war aber auf entschiedenen Widerstand, sei es bei den zeitigen Lehnsinhabern, sei es beim Landesherrn, gestossen. Jedenfalls ist die Thatsache, dass die Stadt Spandau erst, nachdem sie mehr als dreihundert Jahre bestand, in den Besitz des Schulzenamtes gelangte, höchst merkwürdig. Leider genügen die vorhandenen Überlieferungen nicht, diese merkwürdige Thatsache bestimmt zu erklären.

---

[1]) Riedel, cod. dipl. I. 11, 137, 145.
[2]) Riedel, cod. I. 11, 134. „*Wir Joachim — bekennen, dass wir — Unsern Kastener zu Potsdam und lieben Getreuen Siegmund Weyern und seinen männlichen Leibes Lehnerben das Stadtgericht zu Spandow, welches durch Absterben Benedictus Strobandten seeligen an — Unserm Herrn und Vater verlediget und Seine Gnaden dasselbe weiter dem genanten Siegmund Weyern aus Gnaden zu Angefäll und gegeben in aller Mauss, wie solches die Strobandte und nachfolgig er von Unserm Herrn und Vater in Lehn und Besitzung gehabt, zu einem rechten Mannlehen gnediglich geliehen haben —.*"
[3]) Riedel, cod. I. 11, 145.

Der Schultheiss war, wie erwähnt, der Vorsitzende des Stadtgerichts. Er berief dasselbe zu den Sitzungen, leitete die Verhandlungen,
verkündete das gefundene Urteil und vollstreckte dasselbe. Feststehende
Gerichtstage, „gebundene Tage“ oder „echte Dingtage“, waren: der zwölfte
Tag nach Weihnachten, der letzte Tag der Osterwoche und der Dienstag
nach Pfingsten. Nach diesen Gerichtstagen setzte der Schultheiss alle
vierzehn Tage Gerichtstag an; fiel aber der vierzehnte Tag auf einen
Feiertag oder auf einen gebundenen Tag, so konnte die Abhaltung des
Gerichtes oder Dinges um einen oder zwei Tage verschoben werden.[1])
Zur Aburteilung ausserordentlicher Rechtsfälle „notnunftiger Klagen und
Ungerichte“ konnte der Schultheiss jeden Tag Gerichtssitzung anbe-
raumen[2])

Über den Ort, an welchem in Spandau die Gerichtssitzungen abgehalten wurden, ist nichts überliefert. Es scheint jedoch, dass in älterer
Zeit in der Nähe des Rathauses eine besondere Gerichtslaube sich befunden
habe, da Kämmereirechnungen des fünfzehnten Jahrhunderts eine dort gelegene, der Stadt gehörige „Lovinghe“ (Laube) erwähnen. Späterhin
wurden die Gerichtssitzungen im Rathause abgehalten.

Die Urteilsfinder im Stadtgericht waren die sieben Schöffen.[3])
Sie wurden von der Bürgerschaft erwählt ursprünglich auf Lebenszeit,
seit 1309 auf drei Jahre.[4]) Sie sollten schöffenbare Leute sein, d. h.
von echter Geburt.[5]) Späterhin erwählte der Rat die Schöffen, wie es
scheint aus den Stadtverordneten. Eidesformeln, nach denen die Schöffen
vereidet wurden, sind uns aus dem vierzehnten, dem Ende des sechzehnten
und aus der zweiten Hälfte des achtzehnten Jahrhunderts erhalten. Die
älteste Formel lautet:

„Tu der schepenbank, dar gi von der heren, von der Radmanne.
vnd der stade vnd von gerichtes wegen sint tu gekoren, dar wil gi
recht an don an ortel tu wyndene vnd tu gevene, na iurer cumpan rade.
Wete gi des ordels nicht, gi willen darrmme vragen met rechtriken
luden, di iuwe des beduden. Wes sy iuwe leren das recht sy, dat
wil gi vort deilen dem armen alse dem riken, deme freunden alse den
fremden. Auer gebreke iuwe ordel vnd recht, so wil gi dat halen in

---

[1]) Walther. Das sächs. oder Magd. Weichbildrecht, S. 25. *„Der schul-*
teise hat dry echt Ding in dem Jare. Eins an dem czwelften tog noch winachten,
daz andere alzo dy astirwoche uzget. Das drytte an dem dinstage nach phingisten.
Nach desen dren dingen so leget her ymmer obir vierczen tage sin ding us, komet
abir der dingtag an einen virtag, adir an einen gebundenen tag, her mag obir
einen tag, adir obir czwene sin ding uz legen.“

[2] u. [3]) Fidicin, hist. dipl. Beiträge 1. 90. *„Souen schepen scolen syn, nicht*
mer noch nyn, nach den souen tagen in der weke, in den man tu allen tyden
richten sal und dat werlike swerd in den tagen nicht rusten sal, wen nodnunftige
klagen und ungerichte geschiet.“

[4]) Riedel, cod. I, 11, 19 Markgraf Waldemar giebt 1309 den Ratmannen und Bürgern das Recht, sich alle drei Jahre neue Schöffen zu wählen.

[5]) Fidicin, hist. dipl. Beitr. S. 90. *„Di schepen scolen syn schepenbar*
lude; dat is dat sy scolen syn echte geboren von oren vir anen, von twen older-
vadern und von twen oldern mudern, und von vader und muder undeschulden
sin an orme rechte.“

dy rechtrike Stadt zu Brandenborch, na iuwer cumpen rade. Wes iuwe dar wert vor recht gesproken, dat wil gi hebn, bed gi weder komen in iuwer bank, vnd willen dat recht dar deilen, alse dat is gevunden. So werlike helpe iuwe god vnd syn hiligen."

Der Eid aus dem Ende des sechzehnten Jahrhunderts ist folgender:

„Zu der Schöffenbank und zu dem Amte, dazu ich gekoren und von unserm gnädigsten Herrn, dem Kurfürsten zu Brandenburg, oder einem Rat bestätigt bin, will ich gern kommen bei Tag und Nacht, wann und so oft ich dazu gefordert werde, und will Recht sprechen zu dem Lobe Gottes und um des gemeinen Nutzens willen; was ich aber nicht weiss, soll und will ich mich an den Orten des Rechtes, da es billig geschehen solle, belehren lassen, und die Belehrungen so lange, bis sie an gebührlichen Orten eröffnet, im geheimhalten; ich will auch Recht sprechen dem Herrn als dem Knechte, den Armen als den Reichen, dem Gaste als dem, der im Gerichte wohnhaft ist, dem Elenden als dem Befreundeten, sofern ich das erkenne und weiss, nach meinem besten Verstande, und will das nicht lassen, durch Lieb noch durch Leid, noch durch Gift oder Gaben, noch durch keinerlei Sachen halber willen, als mir Gott helfe und seine heiligen Evangelia."

Die jüngere bis Aufhebung der Schöffengerichte übliche Formel lautet:

„Ich N. N. schwöre zu Gott dem Allmächtigen, nachdem ich von E. E. Rat dieser Stadt zum Gerichtsschöffen erkoren worden, dass ich in Besichtigung der Baustätten, Fahren, Grenzen, Feuerstätten, Gebäuden und dergleichen, sowohl in Schätzungen der Häuser und anderer Güter, Besichtigung der Beschädigten, Aufhebung der Entleibten, Hegung und Haltung peinlicher Halsgerichte, wie auch sonst alles andern, dazu ich entweder von E. E. Rat oder den Stadtgerichten allhier werde erfordert und gebraucht werden, dasjenige, so ich für rechtmässig und billig auch gegen Gott und jedermann zu verantworten bei mir befinden werde, einzig und allein in acht nehmen, auch meinem besten Vermögen und Verstande nach anzeigen und verrichten, dagegen aber dem, was ich unrecht und der Billigkeit ungemäss befinden werde, soviel an mir ohne Ansehen der Person steuern und wehren und solches weder um Liebe noch Leid, Freundschaft noch Feindschaft, noch einiger andern Ursachen wegen nicht unterlassen, auch wohlermeldetem Rat und Stadtgerichten allhier allenthalben verschwiegen und gehorsam sein will, so wahr als mir Gott helfe durch Christum seinen Sohn!"

Nachdem der Rat 1548 in den Besitz des Stadtgerichts gelangt war, wurde dasselbe zunächst durch einen vom Kurfürsten ernannten Richter verwaltet. Als solcher wird 1551 Georg Wittstock genannt.

1551 verpfändete Kurfürst Joachim II. dem Rate die Obergerichte für 700 Gulden. Nun ernannte der Rat eines seiner Mitglieder zum Richter. Es erscheinen folgende Ratmannen als Richter:

1552—1557 Urban Schulze,
1558   Valentin Renebode,
1559   Bartholomäus Bier,
1561   Johann Tempelhof.

1563	Andreas Forbiger von der Mitweida,
1566	Moritz Schwartzkopf,
1568/69	Johann Engel,
1570	Andreas Marzahn,
1571	Arnd Heinz,
1572/73	Bartholomäus Pülz.

Auf eine Anfrage betreffs des Stadtgerichtes erhielt der Rat 1552 von dem kurfürstlichen Kanzler Johann Weinlöben nachstehenden Bescheid:

„Unser Gnädigster Herr der Kurfürst zu Brandenburg hat die Articul, welche der Rat zu Spandow Sr. Kurfurstl. Gn. schriftlich übergeben und Resolution darauf gebeten, allenthalben zur Notdurft angehöret und darauf Bescheid gegeben. Zum ersten da gefraget worden, weil Kurfürstl. Gn. dem Rate die Gerichte allda in Verpfändung gesetzt, wie weit sie sich derselben gebrauchen sollen. Darauf Seine Kurfl. Gn. bescheiden lassen, dass weil berürter Rat hiebevor den dritten Teil der Gerichte allda gehabt, so soll er auch nunmehro der Ganzen Gerichte, soweit sie vormals an dem dritten Teil getan, und da sie Schoss und Zinse von liegenden Gründen einnehmen, gebrauchen. Zum zweiten ist gefragt, dass wenn ein Fremder oder Einländischer zu Spandau mit Rechte beschlagen und bekümmert und aus dem Kummer führe, ritte oder liefe: Ob der Rat auch folgen und den Flüchtigen auch aus andern Gerichten wieder holen lassen möchte? Darauf lassen Sr. Kurfstl. Gn. bescheiden, dass der Rat einen solchen Flüchtigen in continenti möge folgen und denselben wiederholen, jedoch denselben auch Sr. Kurfstl. Gn. Amt allda überantworten lassen oder denselben mit des Amtmanns Willen bei ihnen behalten sollen? Es wollen auch Sr. Kurfstl. Gn. wieder die von Spandau ihrer ungehört zu ernsten Befehlich nicht bewegen lassen, sondern sich in deme dem Rechten und der Vorschreibung denen Städten gegeben gemäss verhalten. Actum unter Sr. Kurfstl. Durchl. ausgedrucktem Insiegel. Cölln an der Spree Montags Laetare Anno 1552."

Am 9. Mai 1574 musste der Rat die Obergerichte gegen Wiedererstattung der geliehenen 700 Gulden dem Kurfürsten zurückgeben. Nun verwaltete der kurfürstliche Richter Georg Wittstock das Stadtgericht. 1580 ernannte der Rat jedoch einen eigenen Richter. Es kam nun aber zwischen dem Rate und dem kurfürstlichen Amte zu allerlei Irrungen wegen der Ausdehnung des städtischen Gerichtsbezirkes. Zur Beilegung dieser Irrungen ernannte der Kurfürst Johann Georg eine Kommission, deren Mitglieder Rochus Graf zu Lynar, „kurfürstlicher General Obrister Artollerey, Munition Bau und Zeugmeister Rath", Heinrich Vorhower, Hauptmann auf dem Mühlenhofe zu Berlin, Carolus Bartt, der Rechten Doktor, und Heinrich Straube, Kammermeister, waren. Diese Kommission vereinbarte am 21. August 1584 folgendes:

„Das Ober- und Untergericht vor dem berlinischen Thore bis an die Brücke an dem Thore, vor dem Mühlenthore bis an das Fliess, so die Behnitz und die Stadt scheidet, vor dem Heidethore auf der Stadt Hufen und Äckern bis an die Heide, soweit sich der Stadt und der Bürger Eigentum erstreckt, vor dem Klosterthore bis auf den Graben zwischen dem Hospitale und dem Kloster und auf der Stadt Hufen, Gärten und Äckern, vor dem stresowschen Thore, soweit ihre Gärten und Zäune ausweisen, soll dem Kurfürsten und dem kurfürstlichen Amte zu zwei Teilen und dem Rate zu einem Teile zukommen, nachdem von den Einkünften der vierte Teil für Besoldung und Unterhaltung des Richters abgezogen ist. Die Stadtheide und die Stadtwiesen, von welchen das Amt Zins bezieht, sowie die Gebiete, auf welchen das Amt die Gerichte bisher allein gehabt, bleiben der Gerichtsbarkeit des Amtes unterworfen. Der Behnitz mit Ausnahme der kurfürstlichen Schneidemühle untersteht wie bisher der ausschliesslichen Jurisdiktion des Rates."

„Den Angriff und Folge derer, die über Arrest und Kummer flüchtig werden, belangen soll dem Rate zugelassen sein zu folgen, die anzugreifen und wieder anhero zu führen; sie sollen aber dieselben dem Amte zu Spandow überantworten oder mit des Amtes Willen in gefänglicher Haft behalten."

„Einer von des Rates Dienern soll als Gerichtsdiener dem Richter verpflichtet werden." [1]

Der Behnitz war, wie bereits oben erwähnt, in den Jahren 1329 und wiederholt 1348 und 1349 der Gerichtsbarkeit des Rates unterstellt worden. [2] Seitdem war stets einer der Ratsherren „Behnitzscher Richter", bis 1706 das Gericht auf dem Behnitz mit dem Stadtgerichte vereinigt wurde.

Es wurden auch besondere Schöffen für den Behnitz ernannt. 1474 werden deren drei erwähnt: Arnold Greven, Claus und Stephan Rutze. [3]

1618 verbot der Kurfürst, dass der Stadtrichter Ratsmitglied werde, und ernannte einen besonderen Richter, Bartholomäus Weitzke. Zu seiner Einführung, welche am 28. Dezember 1619 auf der Festung stattfand, erschien der Amtskammerrat Fritze als kurfürstlicher Kommissarius. Zunächst legte Weitzke in Gegenwart des kurfürstlichen Kommissarius, des Oberhauptmanns von Spandau Hans Georg von Ribbeck, des Amtsschreibers Gericke und der drei Bürgermeister der Stadt, Balthasar Westfal, Joachim Frize und Johann Blume, folgenden Eid ab:

„Nachdem der durchlauchtigste hochgeborene Fürst und Herr, Herr George Wilhelm, Markgraf und Kurfürst zu Brandenburg, in Preussen, Jülich, Cleve und Berg Herzog, mein gnädigster Herr, mich Barthold Weitzken zum Richter allhier zu Spandow annehmen lassen: Als gelobe und schwöre ich, dass nicht allein Ihrer Kurfürstl. Gnaden ich getreu, sondern auch E. E. Rat der Stadt Spandow wegen ihres

---

[1] Riedel, cod. I. 11, 151.
[2] Riedel, cod. I. 11, 31. 1348 am 20. September schenkt Markgraf Waldemar (der Falsche) der Stadt Spandau „supremum judicium et infimum super Bentz et montem." Riedel, cod. I. 11, 36. Und in einer Urkunde des Markgrafen Ludwig des Älteren und des Herzogs Ludwig des Römers vom 12. Oktober 1349 heisst es: „Ock geue wi in den Bergh uppe dem Bentz mit allerlei Nutt und leggen en den Bentz tu der Statrechte, so dat sie den hebben scholen und dat Gerichte dar uppe Wente an die Molen." Riedel, cod. I. 11, 39.
[3] Riedel, cod. I. 11, 114.

9*

dritten Teils an den Gerichten gewärtig sein, zuforderst Ihrer Kurfürstl. Gnaden und dann des Rates Nutzen und Frommen besten Vermögens befördern, Nachteil und Schaden aber abwenden und verhüten helfen wolle. Insonderheit aber soll und will ich in meinem Richteramte eines jeden Klage gern und willig hören, gebührlichen und rechtmässigen Bescheid erteilen, den Armen als den Reichen Recht jederzeit widerfahren lassen und hierin nicht ansehen Freund- oder Feindschaft, Geschenk, Gift, Gaben oder anderes, wie das auch mag Namen haben, sondern mich gegen männiglich unparteiisch bezeugen. Würde sich auch etwas zutragen, so wichtig und mir zu schwer fiele, will ich mit Vorwissen des kurfürstl. brandenburgischen Rats und Oberhauptmanns Hans George von Ribbeck, an den ich von Ihrer Kurfürstl. Gnaden verwiesen, darin verfahren, auch nichts, so Ihre Kurfürstl. Gnaden an dero Gerichten und daran zustehenden Gerechtigkeiten zum Nachteil gereicht, vornehmen noch vorzunehmen gestatten, und da etwas widerliches vorginge, will Ihro Gestrengen, dem Herrn Oberhauptmann ich es alsobald berichten; die Strafen, so fallen, will ich getreulich einnehmen und im Beisein oft gemeldeten Herrn Oberhauptmanns oder Amtsschreibers und des Rates jährlich berechnen und an keinen andern Ort, als dahin sie gehören, überantworten, auch hierüber thun und leisten, was einem ehrliebenden Richter und treuen Diener wohl ansteht, eignet und gebühret."

Nach der Vereidigung wies der Amtskammerrat den neuen Richter an den Oberhauptmann, „ohne dessen Wissen er nicht in Sachen verfahren und bei dem er sich Resolution und Bescheid erholen solle." Darauf wurde er dem Rate vorgestellt und ihm anbefohlen, „allen Streit mit demselben zu vermeiden".

Er entwich am 30. Dezember 1627 heimlich aus der Stadt. Der Rat fragte deshalb unterm 28. Januar 1628 bei der kurfürstlichen Amtskammer an, ob er selbst die Gerichte halten solle oder die Amtskammer einen andern damit beauftragen wolle. Die Amtskammer übertrug darauf die Gerichte dem Rate, der den Bürgermeister Fritsch zum Stadtrichter ernannte.

Nachdem bereits 1618 das Amt gutachtlich geäusert hatte, es sei für den Kurfürsten und den Rat zuträglicher, wenn das Stadtgericht dem Rate verpachtet werde, wurde endlich am 22. März 1631 ein Pachtvertrag abgeschlossen, laut dessen dem Rate für jährlich 80 Thaler das Obergericht innerhalb der 1584 festgestellten Grenzen auf zehn Jahre überlassen wurde. 1641 wurde dieser Pachtvertrag erneuert. Bei der abermaligen Erneuerung 1652 wurde der Pachtzins auf 30 Thaler jährlich und die Pachtzeit auf fünf Jahre herabgesetzt. Unter diesen Bedingungen wurde der Pachtvertrag bis 1709 von fünf zu fünf Jahren erneuert. 1709 erhöhte man aber auf Veranlassung des königlichen Amtmanns Ferrari den Pachtzins auf 80 Thaler jährlich und schloss einen Pachtvertrag auf 6 Jahre ab. Nach Ablauf dieses Vertrages wurde im Jahre 1715 der Pachtzins auf 85 Thaler jährlich festgesetzt. Zu diesem Pachtpreise verwaltete der Rat das Stadtgericht bis zum Jahre 1809.

Von 1631 an verwaltete der Rat durch eines seiner Mitglieder das Stadtgericht; ein anderes Ratsmitglied war Richter auf dem Behnitz. Von 1674 bis 1697 war Karl Nikolai besonderer und ständiger Richter in der Stadt sowohl wie auf dem Behnitz. 1699 verordnete Kurfürst Friedrich III., dass stets der eine der beiden Bürgermeister, welcher nicht in der Regierung sei, das Richteramt in der Stadt verwalten -solle. Demzufolge wechselten nun die Bürgermeister jährlich in der Verwaltung des Stadtregiments und des Gerichtes, bis unterm 3. Januar 1718 König Friedrich Wilhelm I. einen ständigen Richter (judex perpetuus) ernannte und denselben der Aufsicht des regierenden Bürgermeisters unterstellte.

1706 war bereits das Richteramt auf dem Behnitz mit dem Stadtrichteramte vereinigt worden.

1723 wurden „zur Administrierung sämtlicher Polizei-, Justiz- und Stadtgemeindesachen" die bis dahin getrennten Kollegien des Rates und Gerichtes in einen Magistrat zusammengefasst.

Die Wahl des Justizbürgermeisters oder Richters, sowie die des Stadtsekretärs, welcher gleichzeitig als Gerichtssekretär fungierte, bedurfte bis 1749 nur der Bestätigung. Ein königliches Reglement vom 19. Juni 1749 änderte dies dahin, dass der Magistrat fortan für dieses Amt nur ein Vorschlagsrecht behielt. Dies Reglement bestimmte nämlich in § 14:

„Die Magisträte, welche das Wahlrecht ihrer Mitglieder haben, müssen, wenn es sich um die Wahl eines Justizbürgermeisters, Syndikus oder Stadtschreibers handelt, dem zuständigen Justizkollegium zwei oder drei geeignete Personen zur Prüfung vorschlagen, damit zur Administrierung der Justiz in den Städten redliche und in den Rechten erfahrene Männer bestellet werden mögen. Nach der Prüfung soll das Justizkollegium die befähigste der vorgeschlagenen Personen mit eingehendem Berichte dem Grosskanzler zur Bestätigung empfehlen, der dann dieselbe dem Befinden nach bestätigen und auf die Instruktion durch das Justizkollegium verpflichten wird."

Der Eid, welchen der ständige Richter seit 1718 zu leisten hatte, lautete folgendermassen:

„Ich N. N. schwöre zu Gott dem Allmächtigen in dem Himmel einen körperlichen Eid. Nachdem ich von Sr. Königl. Majestät zum judice perpetuo bestellt worden, dass ich diesem Amte nach meinem besten Wissen und Gewissen, Kräften und Vermögen fleissig und getreulich abwarten und dabei in allen vorfallenden Justizsachen, dieselben haben auch Namen, wie sie immer wollen, gehörige und unparteiische Justiz ohne alle Passion und menschliche Absichten administrieren, jedoch alles und jedes sub directione des jedesmals regierenden Bürgermeisters vornehmen will. Ich will und soll auch in Kriminalsachen zuvörderst die königliche Kriminalordnung, auch was Se. Königl. Majestät ferner deshalb publizieren lassen, und demnächst die unter Kaiser Karl V. ins Reich ausgegangene peinliche Halsgerichtsordnung samt denen gemeinen kaiserlichen Reichsrechten und hiesigen Landes wie auch Reiches Konstitutionen jedesmal vor Augen haben und mich davon wie auch sonst in allen übrigen Actibus judicialibus durch kein

Ansehen der Person, unzeitiges Mitleiden, Freundschaft oder Feindschaft, Geschenk, Gift oder Gaben oder andere Ursachen abhalten
lassen. So wahr mir Gott helfe durch seinen Sohn Jesum Christum,
Amen!"

Die Städteordnung vom 19. November 1808, wodurch den Städten
eine selbständige Verwaltung gegeben wurde, trennte die Jurisdiktion von
den Magisträten. Dieselbe wurde königlichen Untergerichten übertragen.
So entstand in Spandau 1809 das königliche Stadtgericht, dessen Verwaltung einem Stadtrichter und einem Stadtsekretär übertragen wurde.
1814 erhielt der Vorsitzende des Stadtgerichts den Titel Stadtgerichtsdirektor, neben ihm stand ein Stadtgerichtsassessor. Die anderen Beamten
waren ein Registrator, ein Nuntius und ein Gefangenwärter. 1842 wurde
das Stadtgericht mit dem Justizamte Spandau zu einem Stadt- und Land-
gerichte vereinigt. Diese Vereinigung war schon im Jahre 1811 geplant
und darauf verschiedene Male in Anregung gebracht worden. Das Justiz-
amt, welches die Gerichtsbarkeit über das Amt Spandau ausübte, war
1770 als achtes kurmärkisches errichtet worden. Als Richter fungierte
bei demselben ein Justizamtmann.

Im Jahre 1849 wurde Spandau der Sitz eines Kreisgerichts,
welches am 1. Oktober 1879 infolge der neuen Justizorganisation aufgelöst wurde. Jetzt hat die Stadt ein Amtsgericht mit vier Richtern.

Die Namen der Kreisgerichtsdirektoren sind: 1849—1855 Holz-
apfel, 1855—1860 Flaminius, 1860—1862 Kühl, 1862—1875 Hoene,
1875—1879 Peskatore.

Einiges von den Gerichtssitzungen, der Schöffenwahl und dem Gerichtsverfahren älterer Zeit.

Bei den Gerichtssitzungen im Mittelalter sass der Schultheiss mit
bedecktem Haupte und im Mantel dem Eingange zur Dingstätte gegenüber; vor ihm auf einem Tische lag ein abgeschälter Stab. Rechts und
links von ihm sassen die Schöffen auf einer Bank mit unbedecktem
Haupte, aber auch in Mänteln.

Interessant sind die Formen, unter denen in alten Zeiten Gericht
gehalten wurde. Das Berliner Stadtbuch, welches aus dem vierzehnten
Jahrhundert stammt, sagt darüber folgendes:

„Alsus hege di schulte syn ding; he vrage des irsten ordels: ofte
id ding tyd sy! Wen dat is gevunden so vrage he, ofte he dat ding
moge hegen! Wen dat is gedeilet, so hege he dat ding und spreke:
„Ik hege hir eyn ding von godes, der heren und von gerichts wegen
der stad, und vorbide alle dat ik von rechtes wegen vorbiden sal; ich
vorbide alle unrecht und vorvolue alle recht". Dan vort vrage he,
ofte he deme ding mach eynen frede werken! Wen dat is gevunden
so spreke he: „Ik werke dessen dinge und alle den di hirtu deme ding
syn, und komme godes, der heren und des gerichtes vrede; an den
freden sik nymande vorsume". Dan vrage, ofte he richte moge? Wen
dat is gevunden so gebide he den vronenbode, dat he gebide den

kleiger tu syner klage und den schuldigen tu antwerde. Dat sal di vronebode don und eischen so lude, dat man dat buten der bank wol hore.[1]

Noch im sechzehnten und siebzehnten Jahrhundert hatten diese Formen bei Hegung des Gedinges statt, wie sich aus den Aufzeichnungen ergiebt, welche Joachim Fritsch, Bürgermeister und Richter in Spandau, im Jahre 1602 hierüber machte.[2] Es heisst darin wie folgt:

„1. Kurzer Unterricht wie die Sceppenbangk soll geheget werden."

„Ich frage euch des Rechten, ob es so ferne Tages ist das man magk ein geding hegen oder was Recht dorumb ist; Hierauff andtwortet der negste Sceffe dem Richter vnndt theilet das vrtheill abe: Ich spreche vor recht das es so ferne Tages sey, das man woll ein geding hegen möge vonn rechts wegen.

Judex.

Ich hege alhier ein gedinge von vnsers lieben Herrn des Allmechtigen Gottes, vnndt von wegen vnsers gnedigsten Herrn Marggraff Joachim Friderich zu Brandenburgk vnndt Churfursten, von eines Erbarn Raths vnndt gerichts wegen högest vnndt seidest.

Zum 1. 2. vnndt 3.

Vnndt frage euch des Rechten, Ob ich das gedinge also geheget habe, das ich domit magk volnkommen sein in dieser gehegen bancke, oder was recht dorumb ist.

Der 2. Sceppe andtwortett.

Ich spreche vor recht, das das gedinge also gehegett, das der Richter domit volnkommen sey von rechts wegen.

Judex.

Ich frage euch des Rechten, was ich in diesem gehegten gedinge von rechtswegen vorurlauben heischen vnndt vorbieten soll, oder was sonsten Recht ist.

Der 3. Schöppe.

Ich spreche vor Recht das ir recht vorurlauben vnndt heischen vnndt vnrecht verbieten möget von rechtswegen.

Judex.

Ich vorurlaube von gerichtswegen einem jeden was billich vnndt recht ist, vorbiete auch lügenstraffen, Schmehevort, vnnd Ziehenden wehre,

---

[1] Fidicin, hist. dipl. Beiträge 1. S. 85.
[2] Magistratsbibliothek zu Spandau. Handschriftlicher Folioband.

rnndt das Keines des andern wort rede, Er thue dan das mit volbort und
erleübung des Richters rnndt vorurlaube was ich von rechtswegen vorurlauben soll, undt vorbiete was ich von rechtswegen vorbieten soll. Ich
frage euch des rechten, Ob ich also recht vorurlaubet undt unrecht vorbotten, wie sichs zue rechte eignet undt gebüret, rnndt ich domit möge volnkommen sein.

Der 4. Schöppe.

Ich spreche vor recht das also recht geheischen rnndt vorurlaubet
rnndt vnrecht vorbotten, das ir der Richter domit möget volnkommen sein,
von rechtswegen.

Judex.

Ich frage euch des rechten, ob das gedinge sich verzögerte bis
auf den nachmittagk, ob man alsdan woll magk urtheilen rnndt recht theilen
als vor mittage nach dem es vorhin mit rechte rerwarett ist, oder was
sonst recht dorumb ist.

Der 5. Sceppe.

Ich spreche vor recht, nach deme es mit recht rnndt vorworten
bewaret ist, So mag man nach mittage so woll richten als vor mittage
von rechtswegen.

Judex.

Ich frage euch des rechten, Ob unsern gnedigsten Herrn den
Churfürsten oder den gerichten högest und seidest vonnöthen thete, das
wir alle aus der bancke anders wohin geheischet, Oder ich der Richter
aufstünde rnndt einen andern die gerichte befiele, Oder auch wieder keme
rnndt niedersiesse, Ob ir rnndt mir alle dazu auch so woll vrtheil rnndt recht
finden rnndt sprechen mögen, als in der vorgehegten banck, nach dem es
mit rechte rnndt vorworten bewahret ist.

Der 6. Sceppe.

Ich Spreche vor recht nach deme es mit vorworten bewahret ist,
das es woll sein möge krafft rnndt macht haben, von rechtswegen.

Judex.

Ich frage euch des rechten, ob einer von dieser gehegten bancke
queme rnndt zu rechte gefoddert rnndt angesprochen würde, rnndt derselbige
wirdt flüchtigk und wolte zu rechte nicht stehen, ihm folgenten nach die
geding pflichtigen rnndt schluegen ihm dorüber kampfferdig rnndt blutrünstig
würde, oder gar zu tode, ob wir auch oder sie einige noth dorumb leiden
dörfften, Oder was sonst recht dorumb ist.

Der erste Sceppe.

Ich spreche vor recht, dieweil es mit vorworten bewahret das wir
sie wegen des gerichts keine noth dorumb leiden sollen von rechtswegen.

Judex.

Ich frage euch des rechten, ob ich auch woll möge richten uber haut vnndt hohre hals bauch vndt handt, zwischen zweier Manne Rede in dieser geheglen bancke, Oder was sonsten deswegen recht ist.

Der andere Sceppe.

Ich spreche vor recht das der Richter in diesen gehegten gedinge woll richten möge zwischen zweier Manne rede vber hals vnndt handt haut vnndt har von rechtswegen.

Judex.

Ich frage euch des Rechten, Ob nicht alle die ienigen so stehenden erbe oder liegende gründe so in diesen gerichten gelegen, zuuorlassen vnndt aufzunehmente haben, billich vnndt von rechtswegen vor diesen gehegten gedinge sein sollen, Oder was sonsten Recht dorumb ist.

Der dritte Scöppe.

Ich spreche vor recht das alle die ienigen so stehende Erben, oder liegende gründe zuuorlassen vnndt aufzunehmen von rechts wegen vor diesen gehegten gedinge sein sollen.

Judex.

Ich frage euch des rechten, Ob ich nicht von wegen unsers gnedigsten Herrn des Churfürsten vnndt den gerichten högst vnndt seidest euch den Sceppen vnnd allen dingpflichtigen billich von rechtswegen einen frieden wirken soll, Oder was sonsten recht ist.

Der 4. Sceppe.

Ich spreche vor recht, das ir der Richter woll einen frieden wircken möget von rechtswegen.

Judex.

Ich wirke euch den Sceppen vnndt allen dingpflichtigen einen frieden von des allmechtigen gottes wegen vnndt von wegen unsers gnedigsten Hern des Churfürsten vnndt der gerichte högst vnndt Seidest, zum ersten, zum andern vnndt zum dritten mahll, denselbigen frieden euch niemands mitt wortten oder wercken brechen soll, so iemands dorüber thet, so ferett man billich mit ihme, wie allen hüfflich vndt ir der Richter domit volnkommen sein möget von rechts wegen.

Der 5. Sceppe.

Ich spreche vor recht, das ir der Richter den frieden also gewirket vndt die bancke also geheget, das es uns ir der Richter woll einer frieden wirken möget von rechtswegen.

Finis.

*Wan nun also wie obstehet der Richter die Scheppen bancke ge-
heget hatt, So beſilt er dem gerichts dienern, das er öffentlich ausrueffe, Ob
imandts stehende Erben vnndt liegende grunde zu vorlassen vnndt aufzu-
nehmende, oder sonsten etwas vor gehegten gedinge zu thun haben, das
dieselben herfür treten, Nach geschehener ufgieſt, Spricht der Richter, Nach
dem euch N. N. einen garten, weinbergk, acker, hauss oder Wiesen vorlassen vnndt auffgegeben, will ich euch von rechts wegen hiemit in kraft
meines ampts daran gewaltiget vnndt gewiesen haben, vnndt wircke euch
darüber einen frieden von Gottes des Almechtigen wegen etc. ut supra.“*

„2. Process der Fragen des peinlichen Halsgericht.“

*„In peinlichen Sachen als vnnb mordt, diebstalls vnndt dergleichen
wirdt der process die bancke zuhegen, wie vorgemelt gehalten mit allen
fragen, vnndt ihrer andtwort allein mutatis mutandis das vor das wordt
(:Gehege Dinge:) Nottgedinge gesazt werde, Vnndt wan also das nottgedinge geheget, füeret der Scharfrichter den gefangenen auss, vnndt be-
schreiet ihnen mit 3 Zetter geschreien, das letzte als das dritte, thut er
hart vor der Sceppen bancke vnndt füeret also den gefangenen vor Richter
vnndt Scepen vnndt Sprecht, Herr Richter, seidt ihr müssigk.*

judex respondet.

Ja ich bin müssigk.

Scharfrichter.

*Herr Richter ich bitte ihr wollet mir vergönnen weiter in diesen
gerichte zureden.*

judex.

Ich vergönne dir was recht ist.

Scharfrichter.

*Herr Richter ich frage vmb recht, Ob ich meine drey Zetter geschrey
dermassen vorbracht, das ich an diesen armen Sünder magk ein anckleger
werden, fraget meinen Herrn Sceppen vmbs recht. Darauf fraget der
Richter den ersten Sceppen der erkennet es vor recht vnndt spricht:
Ich erkenne zu rechte, das meister N. seine drey Zetter geschrey dermassen vorbracht das er vor den armen sünder woll magk ein an-
cleger werden.*

Scharfrichter.

*So ancklage ich diesen armen Sünder, das er dis oder ieniges
gethan, recensetur: Welchs vnsern gnedigsten Herrn, den Churf. Zu
Brand. vnndt einen Erborn Rahte vnndt gerichten alhier Zu N. nicht Zu-
dulden, Sondern vielmehr Zustraffen gebüret: Herr Richter ich frage vmb*

*recht, Ob ich die erste klage also gethan, das sie krafft habe, fraget die
Sceppen vmbs recht.*

Der 2. Sceppe.

*Die schöppen theilen abe, die erste klage sey also geschehen das
sie krafft habe in Brandenburgischen rechten.*

Scharfrichter.

Herr Richter erlaubet mihr die ander klage.

Judex.

*Ich erlaube dir alles was recht ist. — Dorauf volfhüret der Scharf-
richter die ander rundt dritte klagen, rundt fraget ferner, Ob er nicht
mit ia oder nein andtworten soll, dorauf fraget der Richter den dritten
Scheppen, der erkennets vor recht, Er solle mit Ja oder nein andtworten.*

Scharfrichter Zu den armen Sünder.

*Zum ersten, Zum andern, Zum dritten mall gib andtwort vor
meinem Herrn richter rundt Schöppen.*

Judex Zum Scharfrichter.

Binde in auf.

Ad reum.

*Du hörest wie du vmb begangener missethat willen beclaget wirst,
hastu solches gethan was sagestu darzu.*

Scharfrichter ter interrogando.

*Hastu es gethan, hastu es gethan, hastu es gethan, rundt wirdt
mitter weile die vrgericht Summarien vorlesen rundt fraget der richter
was der armen sünder darzu saget.*

Scharfrichter.

*Weill, dan dieser armen sünder sich Zur Thadt mit ja bekennet,
was davor sein straf sey.*

Darauff Fraget der Richter den Scharfrichter.

Da frage ich dich rmb.

Scharfrichter.

*Herr Richter weill ihr mich darumb fraget, so bringet ihme das
Brandenburgische Vrtheill mit, das man in solle etc. rundt hinaus führen
damit ers nicht mehr thue, rundt sich andere daran stossen.*

Dorauf Zerbricht der Richter den Stecken.

*Dieser gebrauch das der scharfrichter das vrtheill was der arme
Sünder vordienet, rundt vor straffe leiden soll, absprechen soll, wirdt an*

ezlichen örtern nicht gehalten, ist auch verboten, Vnndt ist besser der
Richter frage den dritten Scheppen, derselbige bittet das ihme der richter
wolt vergönnen sich dorauf mit den Herrn Scheppen Zubereden, als dan
Stehn die Sceppen miteinander auf (:der richter bleibt allein sizen:) vnndt
entschliessen sich eines vrtheils, gehen darnach wieder Zur Scheppen bancke,
sezen sich nieder vnndt Spricht der Scheppe als der dritte, Das er vnndt
die andern scheppen vor recht erkennen nach dem die that ist.

Darnach fraget der scharfrichter den Richter, wer in den Armen
Sünder vberantworten soll.

Dorauf fragt der Richter den Vierten Scheppen, der erkennet vor
recht, das es der Richter thuen soll, Alssdan spricht der richter. So will
ich dir den armen sünder von gerichtswegen vberantwortet haben, das du
in richtest wie du gehört hast, das ihme Zu rechte ist zuerkant worden.

Scharfrichter.

So will ich ihn darauf hinnemen vnndt nach seiner vorwirkunge mit
den fewr, schwert, tangen, wasser, rade, straffen, das ers ein andermall
lasse, vnndt andere sich doran stossen.

Scharfrichter.

Herr Richter, ich frage vmb recht, Ob nicht mir vnndt meinen
knechten ein friede soll gewircket werden, do es mir mit dem Richten miss-
gelunge, Ob ich nicht gleichwoll mit meinem knechten frey sicher geleit
haben soll so guth wider herrein Zugehen, als wir hinnaus gehen.

Dorauf fraget der Richter den fünften Schöppen der erkents vor
recht man solle meister N. mit seinem knechten einen friede wircken.

judex.

So wircke ich dir vnndt allen deinen Zugehörigen einen frieden
von unsers lieben Herrn Gottes wegen, von wegen vnsers gnedigsten herrn
des Churfürsten Zu Brandenburgk von gerichts wegen hügest vnndt seidest,
das solchen frieden niemands breche wieder mit worten noch mit wercken,
vnndt wer es thete das derselbe als ein friedbrecher soll gestraft werden.

Dorauf fraget der richter dem Sechsten Scheppen vmb recht, Ob
er den frieden also gewircket, das er dem Scharfrichter vnndt alle den
seinen könne hülflich sein, Das erkendt der Scheppe vor recht.

Finis.

„3. *Process vnd vbunge, wie man Scheppen kiesen vnd sezen soll mitt*

dem Scheppen eide wan das gedinge geheget ist."

Zum Ersten Zue fragen vmb ein recht, nach deme ezliche Scheppen
mangeln, Ob ich von wegen vnsres gnedigsten Herrn, Oder eines Erbarn

Rhats soviel man derselbigen benüttiget, kiesen möge oder was darumb recht sey.

Darauff Spricht der Elteste Scheppe, nach dem die bancke nicht voll ist, So magk man woll soviel kiesen, als derer noth vnndt behuef sein.

Zum andern Zufragen, Ob vnser gnedigster Herr, Oder ein Rhat die ienigen, so sein Churf. Gn. Oder ein Rhat dazu haben wolt kiesen vnndt heischen liess, Ob sich imandt des von rechts wegen könte weigern, Oder was darumb recht sey. Darauf andtwort der ander Scheppe das sich des niemandts von rechts wegen weigern muege.

Zum Dritten Zufragen vmb recht, weill nuhn Zu rechte gefunden ist, das sich der köhre niemants weigern solle, vnndt sich gleichwoll Jemandts dowieder sezen vnndt vngehorsamblich erzeigen würde, Ob der oder dieselbigen vnsern gnedigsten Herrn, oder einen Erbarn Rhat dorumb nicht in wette vnndt busse gefallen, Oder was recht dorumb sey.

Der dritte Scheppe theilet abe vor recht so sich iemandes gegen der küre sez, der soll von rechts wegen dorumb büessen.

Zum Vierten Zufragen, Ob nun einer seines vngehorsambst halben wedhafftig würde, Ob er auch in einem Tage mehr dan dreymal wetten solle. Der Vierte Scheppe Spricht vor recht, Er soll von rechts wegen nicht mehr dan dreymall wetten.

Zum Junften Zufragen, vmb ein recht was das högste gewette sein solle, domit ein gedingpflichtiger Zu einem geheglem gedinge seinem Herrn vorfallet.

Der funfte Schepps spricht vor recht, Es sein dreissig Schillinge pfennige, domit ein gedingpflichtiger seinen Herrn wetten solle.

Zum Sechsten Zufragen vmb recht, Ob iemandts wehre, der vnser gnedigsten herr oder ein rhat Zu der Schöppen bancke gekohren vnndt befestiget, vnndt derselbe nach erheischung vndt erforderung sich vngehorsambs erzeigete, auch sich mitt wette vndt buesse nicht wolte lassen Zwingen, Ob Sein Churfl. Gn. oder ein Rhat den oder dieselbigen nicht alleine aus diesser Stadt, Sondern dozu des landes verwiesen lassen müge. Der Sechste Scheppe spricht vor recht, So iemandes wehre, der sich wieder die köhre sezte vnndt sich mit wette nicht wolt zwingen lassen, den magk vnser gnedigster Her oder ein Rhatt nicht allein aus der Stadt, sondern auch des Landes vorweisen.

Zum Siebenden Zufragen, Ob ich den Newgekornen Scheppen nicht bey nahmen nennen vnndt heischen möege wie recht ist. Der Scheppe spricht vor recht, man solle in bey nahmen nennen, vnndt heischen wie recht ist.

Zum Achten Zufragen, wie oft er soll geheischen werden, findet man Zu rechte, man solle ihn von rechts wegen dreymal heischen, Darauf heischet in der Richter dreymal.

Zum Neunden Zufragen, weill der gekorne Scheppe im gerichte gehorsamblichen erschienen, Ob er nicht einen Cörperlichen Eydt dozu thuen solle, Recht Zu mehren, vnndt vnrecht Zuwenden. Spricht der Scheppe, Er soll den Eidt dorzu thuen, das er wolle recht mehren vnndt vnrecht kehren.

Folgett der Eydt.

Zu der Scheppen baucke, vnndt Zu dem ampt dozu ich gekohren vnndt von vnserm gnedigsten herrn den Churfürsten Zu Brandenburgk, Oder ein Rahtt bestettiget bin, will ich gerne kommen bey Tage vnndt Nacht, wen vnndt so oft ich dozu gefoddert werde, vnndt will recht Sprechen in dem lobe Gottes, vnndt vmb des gemeinen nuzes willen, was ich aber nicht weiss, Soll vnndt will ich mich an den Ortern des rechten do es i illich geschehen solle belehren lassen, Vnndt die belerunge also lang bis sie an gebuerlichen Ortern erőfnet, Im geheim halten, ich will auch recht sprechen dem herrn als dem knechte, den armen als den reichen, dem gaste als dem der im gerichte wohnhaftigk ist, dem Elenden als dem befreundten, So ferne ich das erkenne vnndt weis nach meinem besten verstande, vnndt wil das nit lassen, durch lieb noch durch leidt, noch durch gifft oder gaben, noch durch keinerley sachen halben willen, als mir Gott helfje vndt seine heilige Evangelia.

Zum Zehenden Zufragen, weill nun dieser newe Scheppe zu dem rechte vnndt zu der Scheppen baucke seinen Eidt gethan hatt, Ob er nun nicht nidersizen vrtheill vnndt recht theilen muege, vber haut vnndt har, vber halss vnndt hanndt, vber Erb vnndt guett, Oder was dorumb sey. Der Schöppe nach der Ordnung Spricht vor recht, nach dem er seinen Eidt zu der Scheppen baucke gethan hatt, muege er woll die Schöppen bangk besizen, vrtheill vnndt recht theilen, von rechtswegen.

Zum Elfften Zu fragen, Ob man ihme nicht seinem eidt vnndt zu dem rechten dozu er befestiget befrieden solle, Findet der Schöppe man solle ihm den Eidt befridigen.

judex.

Ich wircke euch einen frieden von Gotteswegen, ut supra.

„Kurtzer Bericht, wie der Process in den Gerichten zu Brandenburgk gehalten wirdt."

Do ein Bürger dem andern schulde halben desgleichen ein frembder einen Bürger Zubesprechen muess er denselbigen dreymall von 14 Tagen zu 14 Tagen, welchs also im Sechs wochen geschicht in den gerichten verclagen. Dozu der Creditor iedesmals den Debitorren einen Tagk zuuor vor den gerichts tagk pfleget fordern Zulassen, do nun der Debitor vnge-horsamb aussen bleibet, vnndt seinem Creditori in den Sechs wochen nicht contentiret, wirdt der Debitor nach aussgang der dreien clagen ausge-pfandett. Von der Ersten desgleichen von der andern clage wirdt dem richter iedesmahll 1 merkischen grosche, das er die clagen vorzeichnet, vndt einschreibet, endtrichtet. Von der Dritten Clage aber gibt der Creditor auch 1 merkischen groschen dem Richter, vnndt Zwelf pfennige wegen der burgkpfandung.

*Wan aber der Debitor die drey Clagen vber ihn ergehen lassen,
magk der Creditor ihnen durch Richter vnndt Scheppen lassen auspfanden.
Oder sich in sein vnterpfandt der liegende gründe weisen, vnndt durch
Richter vnndt Schepen schezen lassen, davor Richter vnndt Scheppen
36 groschen gebuerett. Wolte auch einer ein fremden oder einheimischer
sonsten richter vnndt Scheppen sezen, vnndt in einer sachen wieder sein
wiederpartt dorauf erkennen lassen, ist ihme vngewehret, davon dem Richter
vnndt Scheppen in gebuer 26 groschen gegeben werden.*

*Wan ein Bürger einen frembden rfm dorffe oder in einer Stadt
beclagt vnndt ihm die hülffe vorsaget wirdt demselbigen aus dem dorffe
oder Stadt mit rechte Zu Arrestiren vergönnet, vnndt giebt von solcher
Cummer klage 12 pf. den gerichten einzuschreiben. Dem Gerichtsdiener
wan ein Bürger den andern in die gerichte forddern lesset, wirdt 2 pf.
vorreicht, ein frembder aber giebt ihm iedes mall 4 pf.*

Ursprünglich scheinen Richter und Schöffen keine Besoldung erhalten
zu haben. Im Jahre 1528 reichten sie ein Bittgesuch an den Kurfürsten
Joachim I. ein, worin sie ihm berichteten, „wie sie der Gerichten halben
jeglichen mit vieler Mühe und Arbeit beladen und ihre Nahrung dadurch
versäumen und doch davon wenig Belohnung und Nutz haben" und
demütiglich bitten „sie ihrer Notdurft nach gnädiglichen zu versehen
und zu bedenken". Der Kurfürst erliess darauf folgende „*Gerichts-Ordenung
zu Spandow*":

*Wir Jochim von Gottes gnaden, Marggraff Zu Brandenburgk
des heiligen röhmischen reich, Erz- vnndt Churfürst. etc. Bekennen vnndt
thuen kundt öffentlichen mit diessem brieffe vor idermenniglichen, nach
dem vns unsere lieben getrewe Richter vnndt Scheppen alhie Zu Spandow
bericht gethan, wie sie der gerichten halben, Jeglichen mit vieler mühe
vnndt arbeit beladen, vnndt ihre narung dardurch verseumen, vnndt
doch darwon weinigk belonung vnndt nuz haben, vnndt vns darauf
demütiglichen gebetten sie ihrer notturft nach gnediglichen Zuuorsehen,
vnndt zu bedencken, das wir demnach solche ihre demütige bitte angesehen, auch damit sie in der gerichten Zu iglicher Zeit desto vleissiger
vnndt getrewlicher vfwarten muegen, aus besondern gnaden vorgönnet
erlaubt vnndt nachgegeben haben, das sie vnndt ihre nachkommen, Zu
erstattunge ihrer mühe, arbeit, vnndt versäumbniss möchten hinfurder vf
ansuchen der Parthien von iglichen Zeugen so sie gerichtlichen verhoren
4 gr., vnndt so die Partheien abschrifften begehren, vor dasselben aus-
sagen auch 4 groschen fordern vnndt nehmen sollen.*

*Desgleichen von einen iglichen bey vnndt endt vrtheill so das Zu
rechte von innen gesprochen wirdt, auch 4 gr. dessgleichen von ieder
abschrifft solcher urtheill uff begeren der Parteiung auch 4 gr. allewege
fordern vnndt nehmen mügen, Erlauben, nachgeben vnndt vorgönnen
ihnen solchs wie obstehtt, In gegenwertige krafft vnndt macht dieses
briefs doch bis vf vnser wiederruffen, vnndt also das sie vnndt ihre
nachkommen in den gerichten Zu ichlicher Zeit vleissig vnndt getrewlich
vfwartten, vnndt den Parteyen, den armen als den reichen ohne fürder*

beschwerunge schleüniges rechten nach ihren höqsten vorstandt, vorhelffen
vnndt ergehn lassen, wie sie der Zu Eidt vnndt pflicht gethan haben,
alles getrewlich vnndt vngebuerlich Zu vrkundt mit vnsern hierunten
anhangenden insiegell vorsiegelt vnndt geben zu Cölln an der Sprew
am Tage Judica nach Christi vnsers Herrn geburt 1528.

Seit dem Jahre 1317 hatten die Bürger Spandaus ihren ausschliesslichen Gerichtsstand vor dem Stadtschulzen. Durch dieses Zuge-
ständnis, welches ihnen Markgraf Waldemar am 20. Juni 1317 machte,
waren sie vor Willkür hinsichtlich des Gerichtsstandes geschützt.[1]
Dass die Schöppenbank in Spandau Rechtsvorort für die Schöffen-
stühle in den Landen Teltow, Glien und Barnim war, die Schöffen
Spandaus in zweifelhaften Rechtsfällen sich um eine Entscheidung, ein
Weistum, an den Schöppenstuhl zu der Klinken in Brandenburg wandten,
ist oben erwähnt. In den letzten Zeiten der Askanier bildete der Schöffen-
stuhl in Brandenburg die zweite, das Hofgericht in Tangermünde die
dritte Instanz. An Stelle des Schöffenstuhles in Brandenburg trat nach
1515 als zweite Instanz das kurfürstliche Hof- und Kammergericht, die
dritte Instanz bildete der Landesherr, durch dessen Vermittelung die
Sache an eine der fünf Universitätsstädte: Leipzig, Wittenberg, Frankfurt a./Oder, Ingolstadt oder Heidelberg auf Kosten der Parteien geschickt,
und dann das Urteil im Namen des Kurfürsten erkannt und veröffentlicht
wurde. Niemand durfte mehr an das kaiserliche Reichskammergericht
oder an irgend ein anderes Gericht appellieren.

---

[1] Riedel, cod. 1. 11, 23. „*Non debent etiam predicte civitatis cives pre-*
sentes et futuri extra civitatem ad aliquod trahi provinciale judicium, sed si
aliqui aut aliquis aliquem predictorum civium convenire decreverint, volumus, ut
it coram saepe dicte civitatis Sculteto faciat, id quod juris ordo declaraverit
recepturus."

IV. Die kirchlichen Verhältnisse.

IV. Die kirchlichen Verhältnisse.

1. St. Nicolai.

Die älteste Kirche der Stadt ist die St. Nicolaikirche. Nach einer unverbürgten Nachricht soll dieselbe im Jahre 1210 erbaut worden sein. Es wird behauptet, dass noch im Anfange des vorigen Jahrhunderts über einer Kirchthür ein Stein mit der Zahl „1210" gewesen sei, und diese Zahl das Gründungsjahr der Kirche angezeigt habe. 1240 war die Kirche bereits vorhanden. In einer Urkunde vom 29. Juli 1240 geschieht der „ecclesia forensis" Erwähnung, welche dem Kloster einverleibt ist.[1] Die Markgrafen Johann I. und Otto III. geben durch diese Urkunde den Bürgern Spandaus das Recht, die „ecclesia forensis", welche sie dem Kloster übertragen hatten, durch eine Entschädigung vom Kloster zu lösen und einen eigenen Priester für dieselbe anzustellen. Diese Lösung ist jedoch nicht erfolgt, denn das Kloster war 1375 im Besitze der Kirche und blieb bis zur Reformation darin.[2] Es übertrug die Pfarrgeschäfte bisweilen einem Pfarrer und einem oder zweien Kaplänen, bisweilen hielt es auch nur einen oder zwei Kapläne an der Kirche, welche Wohnung in der auf dem Kirchhofe gelegenen Pfarre und in einem dazu gehörigen Häuschen hatten und ihre Mahlzeiten sowie ein gewisses Gehalt im Kloster erhielten. Zu Zeiten hielt das Kloster auch einen besonderen Beichtvater an der Kirche. Dafür bezog es den Opfer- und Vierzeitenpfennig aus der Pfarrkirche und das Scheffelkorn von 50 Hufen aus der Stadt.

Die Kirche stellt sich als eine gotische Hallenkirche dar, wie man solche im vierzehnten Jahrhundert erbaute. Es ist deshalb zu vermuten, dass die ursprüngliche Gestalt der Kirche eine andere gewesen ist, im vierzehnten Jahrhundert aber ein Neubau stattgefunden hat. Der Mangel jedweder Nachricht lässt uns jedoch über diese Vermutung nicht hinauskommen; dieselbe wird aber unterstützt durch den Umstand, dass die

---

[1] Riedel, cod. I. 11, 3.
[2] Fidicin, Kaiser Karl IV. Landb. d. Mark Brandenburg. S. 30. „Parochiam habent moniales ibidem."

10*

zum Baue verwendeten Backsteine in Form und Grösse mit denen der im vierzehnten Jahrhundert erbauten Stadtmauer fast übereinstimmen.

Der Turm ist später hinzugefügt worden. In den Jahren 1467/68 erbaute ihn Meister Paul Rostock oder Rothstock aus Magdeburg. Ursprünglich scheint derselbe bedeutend höher als jetzt gewesen zu sein. Als man ihn 1557 ausmass, fand man, dass die Stange, welche den Knopf trug, 19 Schuh lang war: von der Stange bis auf das Mauerwerk mass man 44 Klaftern, und die Höhe des Mauerwerks betrug ebenfalls 44 Klafter. Leuthinger sagt, dass der Nicolaikirchturm in Spandau alle übrigen Kirchtürme der Mark an Höhe übertroffen, durch zwei Blitzschläge aber an seiner Höhe eingebüsst habe.[1]

Über diese Blitzschläge sind folgende Nachrichten auf uns gekommen:

„1537 als im Rat waren George Juthe und Urban Ritter, Bürgermeister, und Joachim Bernd, Matthias Wilke, Moritz Wartenberg und Jacob Willemann Ratsherren und Beisitzer, Mittwochs nach vincula Petri zwischen elf und zwölf Uhr hat ein grosses Ungewitter in die Spitze der Pfarrkirche eingeschlagen angezündet und bis den folgenden Tag um sieben Uhr vormittags gebrannt, sodass von der Stange ein Teil entzwei gebrannt und der andere oberste Teil mit dem Knopfe heruntergefallen durch das Dach bis auf das Gewölbe der Kirche ohne dessen Verletzung. Dennoch ist solche Spitze in neununddreissigsten Jahre vor vierzig Gulden zu bauen verdingt worden, dessen Baumeister aber bald nach dem Anfange davongelaufen. Da dann im folgenden vierzigsten Jahre George Wartenberg, Andreas Koch, Barthel Wittstock Joris Rebhuhn, Jacob Berg, Joachim Kramer, regierende Bürgermeister und Ratsherren mit den andern obangezeigten Bürgermeistern und Ratsfreunden und also der ganze sitzende Rat Meister Kaspar Theissen, kurfürstlichen Obristen Baumeister des angefangenen Schlosses zu Berlin verdungen vor dreissig Gulden wieder anzurichten und, was die Arbeit anbetrifft, zu verfertigen. Der Knopf wurde von neuem Kupfer gemacht und am 18. Oktober 1540 aufgesetzet.“

„1576 den Montag nach Misericordias Domini hat ein fürchterlich Gewitter des Nachts diesen, damals in der ganzen Mark höchsten Turm entzündet, den Seiger zerschmettert, alle Glocken zerschmolzen, den Turm ausgebrannt und, doch ohne Schaden der benachbarten Häuser, heruntergestürzt, auch Schaden gethan an der Orgel.“

Man scheint nach dem Brande von 1576 den herabgestürzten Teil des Turmes nicht wiederhergestellt, sondern dem erhaltenen gleich die Haube aufgesetzt zu haben. 1580 wurde die Wiederherstellung beendet. 1687 mussten die Haube und der obere Teil des Turmes wegen Baufälligkeit abgetragen werden. Die Höhe wurde also wiederum verringert. Darauf wurde der Turm wiederholt vom Blitze getroffen, am 4. Juni 1723, am 11. Juni 1725, am 20. Juni 1727 und am 7. August 1738. Der

---

[1] Nic. Leuthinger. Commentarii. lib. XIV. § 19. „(Turris templi Spandoviensis) quae in universa Marchia reliquas omnes altitudine superabat et bis fulmine tacta magis magisque dejecta fuerat.“

Schlag vom 4. Juni 1723 beschädigte das Dach des Turmes und der Kirche sehr stark und zerschmetterte die Turmthür und zwei Kirchenthüren, tötete auch drei junge Leute, welche unter der Kirchenthüre standen.

Am 25. Juni 1740 brannte der Turm bei einem in der Nähe desselben entstandenen Feuer, durch welches die Haube entzündet wurde, gänzlich aus. Es heisst hierüber in der Kirchenchronik:

„1740 den 25. Juni ward bei einer ohnweit der Kirche in des Bäckers und Brauers Böldike Hause des Nachts entstandenen Feuersbrunst, wodurch zehn Häuser in die Asche geleget, die Flamme von einem starken Winde auf die oberste Haube des Turmes hinaufgetrieben, wodurch die Uhr mit allen Glocken geschmolzen, alles Holzwerk in dem Turme völlig ausgebrannt, auch durch das hereindringende Feuer die neuerbaute Orgel ziemlich beschädigt, jedoch durch Gottes sonderbar verschonende Gnade unter vieler Bemühung die Kirche mit ihrem auswärtigen Dach und inwendigen Chören, Stühlen, Kanzel und Altar errettet und erhalten worden."

Das Mauerwerk musste um 38 Fuss abgetragen werden. Zum Wiederaufbau sammelte man eine Kollekte im Lande, welche 3197 Thaler 19 Silbergroschen 1 Pfennig einbrachte. Mit Hilfe dieses Geldes, sowie 2865 Thalern aus der Feuerkasse und einem Zuschusse von ungefähr 5000 Thalern aus der Stadtkasse bewerkstelligte man den Ausbau. Die Kosten beliefen sich im ganzen auf 11950 Thaler 14 Gr. 2 Pf. Am 3. September 1744 setzte der Polier Riedel unter Musikbegleitung den Knopf, die Fahne und den Stern auf, und der Bau war vollendet. Die gleichzeitig neu eingerichtete Uhr begann am 1. Juli 1744 zu schlagen. Es ist die noch jetzt vorhandene.

Über die feierliche Aufsetzung des Turmknopfes berichtet die Kirchenchronik:

„Den 3. September 1744 wurde, nachdem das bisher sehr stürmisch gewesene Wetter etwas nachgelassen, sogleich vormittags anstalt gemacht auf die Nicolaikirche den Turmknopf aufzusetzen. Zuerst ward derselbe nebst der Fahne und dem Sterne auf die Rüstung gebracht, so über der obersten Haube gemacht war. Indessen hatte sich der Herr Kantor Horter nebst seinen Schülern wie auch der Stadtmusikus mit seinen Gehülfen auf dem Turme versammelt, und nach vorhergegangenem praeambulo mit Pauken und Trompeten aus zwei Schalllöchern wurde das Lied: „Lobe den Herrn den mächtigen König der Ehren", unter besagter Instrumenten Schall abgesungen. Als der Knopf hinaufgezogen ward, wurde gesungen: „Es woll uns Gott gnädig sein". Der Zimmergesell Riedel stieg auf den Richtbaum und lenkte den Knopf auf die Helmstange; darauf auch die Fahne auf gleiche Weise aufgesetzt und der Stern befestigt wurde. Da nun solches glücklich geschehen, ward zum Beschluss mit Pauken und Trompeten abgesungen: „Nun danket alle Gott". Es war gefährlich anzusehen, daher unter der grossen Menge Zuschauer mancher bewegt wurde, einen Seufzer für die Leute, so damit zu thun hatten, abzuschicken; ja einige Bürger gaben ihnen Geld, als sie herunterkamen. Vorher aber wurde ihnen eine bouteille Wein, wie es in solchen Umständen gebräuchlich, nebst drei Gläsern hinaufgeschickt, da denn die Gesundheit des Königs und königlichen Hauses zuerst, nachmals des Gouverneurs und Kommandanten, zuletzt des Magistrats, Ministerii und Bürgerschaft auf der obersten Rüstung getrunken und die Gläser nebst bouteille, wie in solchen Fällen gebräuchlich, heruntergeworfen wurden."

1790 erhielt der Turm einen Blitzableiter. Zuletzt ist er in den Jahren 1839/40 bei Gelegenheit der Restauration der Kirche ausgebaut und dabei auch der weisse Putz, welchen er bis dahin trug, auf den Wunsch Friedrich Wilhelm III. entfernt worden.

Vor dem Jahre 1466 zeigte die Westseite der Kirche eine einfache Giebelfassade und an Stelle des südlichen Strebepfeilers den noch vorhandenen kleinen Turm. Grössere Reparaturbauten erfuhr die Kirche in dem Jahre 1699, dann 1722—1724, wo sie geweisst und mit neuen gleichmässigen Stühlen und neuen Feustern ausgestattet wurde, und zuletzt 1839 und 1840. Zu dem letzten Ausbau bewilligte König Friedrich Wilhelm III. auf wiederholte Bittgesuche die Summe von 10000 Thalern. Die Kirche gab dazu 3500, die Stadt 12500 Thaler. Leider hat durch diese Reparaturbauten die architektonische Schönheit der Kirche nicht gewonnen. Die leitenden Baumeister scheinen keine Baukünstler gewesen zu sein; sie haben die zwar einfache, aber nicht unschöne Kirche geradezu verhunzt.

Vor der Reformation war die Kirche reich an Altären. Es werden folgende genannt:

1. Der Altar der Jungfrau Maria oder Privathoren *(beatae Mariae Virginis et privatarum horarum)* in der Kapelle unserer lieben Frauen, der jetzigen Sakristei, gestiftet im Jahre 1330 von Rat und Bürgerschaft und mit Einkünften von zwei Elendengärten, von denen der eine auf dem Stresow, der andere vor dem Heidethore lag, ausgestattet. Patron war der Rat. Im Jahre 1541 bestanden die Einkünfte aus 27 Schock. Dazu besass der Altar zwei silberne Kelche, zwei Patenen und zwei Pazificale. Zwei Priester und drei Chorschüler sangen täglich die horae privatae bis zur Reformation.

2. Der Altar der ersten oder Frühmesse. 1323 zahlten Heinrich Pregharde und seine Ehefrau Martha dem Kloster 68 Talente brandb. Denare, dass täglich zu ewigen Zeiten in der Nicolaikirche zu ihrem Selenheile eine Frühmesse gelesen werde. Es wurde nun 1330 der Frühmesse-Altar gestiftet zu Ehren der Jungfrau Maria. 1541 betrug die Einnahme desselben 22 Schock. Ausserdem besass der Altar 2 Kelche, 2 Patenen und 2 Pazificale. Vor der Hauptmesse lasen bis zur Reformation täglich zwei Priester eine Frühmesse für das Hausgesinde und für Arbeiter.

3. Der Altar der 10000 Jungfrauen, Johannis des Täufers und Johannis des Evangelisten. Er wurde 1340 gestiftet und von dem Bürger Nikolaus Stephan mit dem Burgwall beschenkt. Das Präsentationsrecht scheint die Elendengilde gehabt zu haben.

4. Der Altar Johannis des Täufers, Johannis des Evangelisten und

der heiligen Katharina, gestiftet 1352 von den Kalandsbrüdern des Distriktes Barnim. 1358 wurde er auch dem Apostel Jacobus dem jüngeren, dem Livinus und Erasmus geweiht. Das Präsentationsrecht hatten die Kalandsbrüder. 1541 bestanden die Einkünfte aus 4 Schock 1 Gr. und 18 Scheffel Hafer; dazu besass der Altar ein kleines Häuschen, einen Kelch und eine Patene.

5. Der Altar der Elenden oder Fremden zu Ehren der Apostel Petrus und Paulus 1352 von der Elendengilde gestiftet, welche auch das Präsentationsrecht hatte. Einkünfte waren 1541 zwei Wispel Roggen, ein Wispel Gerste und zwei Wispel Hafer; dazu besass der Altar einen Kelch, eine Patene und ein Pazificale.

6. Der Altar des heiligen Leichnams Christi *(Sancti corporis Christi)* und St. Bartholomaei, gestiftet 1432 von den Knochenhauern. Patron war der Rat. 1541 waren die Einkünfte 4 Schock.

7. Der Altar St. Annae und des Erzengels Michael, gestiftet 1496 vom Rate und dem Presbyter Vincentius Ryke. Patron war der Rat. Es gehörte zu dem Altare eine Kommende von acht Schock, die zur Stadtschreiberei und zur Schule verausgabt wurde. Die eine Hälfte des Einkommens erhielt der Stadtschreiber, die andere Hälfte der Schulmeister. Jener sollte nach dem Tode des Vincentius Ryke wöchentlich zwei Messen am Altare lesen. Zu diesem Altare vermachten 1501 Kurfürst Joachim I. und sein Bruder Albrecht eine Rente von 40 Groschen, aus dem Amte Spandau zu erheben, und ein kleines Häuschen, weil die Meister und gemeine Brüder der St. Annenbrüderschaft sie und alle ihre Vorfahren und Nachkommen in ihre Gilde aufgenommen hatten. Die Einkünfte beliefen sich 1541 auf mehr als neun Schock, und ausserdem besass der Altar einen Kelch, eine Patene und ein Pazificale.

8. Der Altar der heiligen Jungfrau Maria, Hieronymi, Petri Apostoli, Martini, Sebastiani, Michaelis archangeli, Liborii, Mariae Magdalenae, Barbarae, Catharinae, Dorotheae und Apolloniae, gestiftet 1512 von den Schöppen, welche das Patronatsrecht über denselben ausübten. 1541 bestand das Einkommen aus 4 Schock 22 Gr., dazu gehörten ein Kelch und eine Patene.

9. Der Gewandschneideraltar zu Ehren des heiligen Kreuzes, gestiftet 1524 von dem *„Wullenwerk und der Wandschneidergulde“.* Die Einkünfte betrugen 2 Schock 45 Groschen, und es gehörten dazu ein Kelch, eine Patene, ein Pazificale.

10. Der Altar der Schuhmacher, gestiftet vor 1493. Die Einkünfte beliefen sich auf 2 Schock 40 Groschen; ausserdem gehörten dazu ein Kelch, eine Patene, ein Pazificale.

11. Der Altar Margarethae. Das Präsentationsrecht hatten die Kalandsherren. Die Einkünfte betrugen 2 Schock 47 Groschen, darunter 45 Groschen vom Fährmann zu Heiligensee und 50 Groschen von den Fischern auf dem Kietze vor Potsdam, 1 Wispel 19 Scheffel Roggen, 1 Wispel 19 Scheffel Hafer aus Teltow. Es gehörten dazu ein Kelch, eine Patene, ein Pazificale.

Bis zum Ausbau in den Jahren 1839/40 waren noch zwei Altäre vorhanden, ein grosser und ein kleiner. Der kleine Altar wurde beim Ausbau entfernt. Der grosse Altar ist ein Geschenk des Grafen Rochus Guerini zu Lynar, welcher denselben im Jahre 1582 errichten liess, wie eine unter dem Altarbilde angebrachte Inschrift meldet. Sie lautet:

„Exstructa est autem haec ara et cum omnibus suis ornamentis parata, anno Domini Jesu Christi nati ex virgine 1582 d. 17. Juli, cui sit honor et laus et gloria in secula seculorum, Amen!"[1])

Nach dem französischen Tagebuche der Gräfin Lynar ist der Altar am 22. Oktober 1582 eingeweiht worden. Der Pfarrer Calerus predigte „mit grosser Erbauung der ganzen Versammlung". Der Graf gab mittags und abends ein Gastmahl und schenkte zwei messingene Leuchter auf den Altar, den einen mit seinem, den andern mit der Gräfin Wappen.

Das bedeutendste Denkmal der Kirche ist das Taufbecken. Dasselbe ist ein Bronzegusswerk aus dem Ende des vierzehnten Jahrhunderts. Eine am oberen Rande angebrachte Inschrift giebt genau die Zeit seiner Entstehung:

„Anno domini millesimo trecentesimo XC⁰VIII⁰ in festo nativitatis gloriosae Mariae virginis."[2])

Unter dem Taufbecken, das bis zum Ausbau der Kirche 1722 im Hauptgange stand, ist die Gruft des Grafen Adam von Schwarzenberg. Bis zum Jahre 1722 bezeichnete eine Bronzetafel, welche das schwarzenbergische Wappen darstellt, die Gruft. Jetzt befindet sich diese Tafel an der Südwand der Kirche dem Taufsteine gegenüber.

Das hölzerne Kruzifix hinter dem Altar stammt aus dem Jahre 1540. Neben demselben standen, als es noch seinen ursprünglichen Platz hatte, der allerdings nicht mehr zu bestimmen ist, die ebenfalls aus Holz geschnitzten Bildwerke des Johannes und der Maria, welche sich jetzt in der Kirchenbibliothek befinden.

Von den vier messingenen Kronleuchtern trägt der am Altare die Inschrift:

„Melchior Millies, Bürger und Handelsmann allhier und Maria Ferbiz seine Ehefrau. 1651. 24. Decbr."

Der nächste zeigt die Inschrift:

„Peter Lange Tuchmacher und Katharina Elisabeth Neumeisterin 1651. 30. Juni."

Der dritte und vermutlich auch der vierte sind von der Kirche angeschafft worden.

Eine Orgel hatte die Kirche schon 1515, denn in diesem Jahre genehmigte der Bischof Hieronymus von Brandenburg, dass die Kommende zu St. Gertrud auf dem Stresow, welche zur Erhaltung eines Rektors oder Geistlichen an der Gertraudenkirche nicht ausreiche, zur Erhaltung der

---

[1]) „Errichtet aber ist der Altar und mit allen seinen Ornamenten versehen im Jahre des Herrn Jesu Christi 1582 den 17. Juli, welchem sei Ehre und Lob und Ruhm in die Jahrhunderte der Jahrhunderte. Amen!"

[2]) „Im Jahre des Herrn 1398 am Feste der Geburt der glorreichen Jungfrau Maria."

Orgel und des Organisten in der Nicolaikirche verwendet werde. 1559 wurde eine neue Orgel von Hans Thomas, Bürger und Orgelmacher zu Braunschweig, aufgestellt. Sie kostete 300 Thaler. 1643 wurde sie durch den Orgelbauer Andreas Werner aus Leipzig renoviert und um einige Stimmen vermehrt. Nachdem sie vollständig unbrauchbar geworden war, wurde sie am 17. August 1733 mit königlicher Genehmigung abgebrochen und unter Leitung des Oberlandesdirektors Stolze von dem berühmten Orgelbauer Wagner aus Berlin eine neue aufgestellt. Die Kosten beliefen sich auf 2500 Thaler. Am 16. Mai 1734 wurde der Bau vollendet und Dominica Jubilate die neue Orgel durch den Inspektor Lamprecht mit einer von dem Organisten Joh. Hermann Till eigens dazu komponierten Musik eingeweiht. Der Rektor Samuel Jacobi hielt zur Feier der Einweihung einen eigenen „actus oratorius" ab, zu welchem er ein „programma" drucken liess: „Ein wohlklingendes und den öffentlichen Gottesdienst zierendes Orgelwerk."

Die Kirchenchronik berichtet über den Abbruch der alten und die Aufstellung der neuen Orgel wie folgt:

„Nachdem die alte Orgel durch Länge der Zeit ganz unbrauchbar worden, so ist auf königliche Approbation vom dato Berlin d. 6. Oct. 1732 unter Direktion des Ober-Landes-Bau-Direktor Kriegsrat Stolze von dem berühmten Orgelbauer Johann Wagner vom 17. August 1733 an die alte Orgel abgebrochen, bis den 16. Mai 1734 eine neue verfertigt und aufgerichtet worden, sodass sie an obgedachtem Tage Dominica Jubilate nach eigen hiezu verfertigter Musik des Organisten Herrn Johann Hermann Tille von Herrn Inspektor George Lamprecht in einer Predigt eingeweihet werden können, und hat das ganze Orgelwerk nebst Schülerchor in allem 2470 thlr. gekostet, wovon allein der Orgelbauer Joachim Wagner 1550 thlr., das andere aber Bildhauer, Maler, Zimmermann, Tischler, Klein- und Grobschmied, Maurer und Nebenausgaben weggenommen haben."

Beim Brande des Turmes im Jahre 1740 wurde die Orgel stark beschädigt. Nachdem sie 1774 und 1839 grössere Reparaturen erfahren hatte, wurde sie im Juni 1880 abgebrochen. Die neue Orgel ist ein Werk des Orgelbauers Ladegast aus Weissenfels. Bei Gelegenheit ihrer Aufstellung ist das Chor durch den Zimmermeister Ernst Gossner aus Spandau erweitert und umgeändert worden. Die Einweihung der Orgel erfolgte am 2. Advent, 5. Dezember 1880. Die Baukosten beliefen sich auf ungefähr 29000 Mark, wovon der Orgelbauer Ladegast ungefähr 23000 Mark erhielt.

Ehedem befanden sich in und bei der Kirche eine Reihe von Erbbegräbnissen und Grüften. Zur Erinnerung an die Bestatteten waren im Innern der Kirche Denkmäler und Gedenksteine an einzelnen Pfeilern, an den Wänden und auf dem Fussboden angebracht. Nur wenige sind noch erhalten.

1. Das Denkmal der Gebrüder von Roebel.

Der östlichste Pfeiler der Südreihe zeigt die Reliefbilder zweier geharnischter Ritter in Lebensgrösse, darstellend die Gebrüder von Roebel,

von denen der eine im Jahre 1572, der andere 1575 iu der Kirche beigesetzt wurde. Die unter der Figur zur Linken angebrachte Inschrift lautet:

> „Der Edel und Viel kuhne held
> Jochim von Roebell ich dihr meld
> Von Jugend auff mit guten Raht
> Gahr manche schlacht besuchet hat.
> In holstein Fuhen Coppenhagen
> In Ungern Franckreich thet ehrs wagen
> Der Graff von Oldenburkg sein Muht
> Gespurt; Der Sachs ihm auch wahr gut
> Zum Wacht und Rittmeister Ihn macht
> Feldtmarschalgk ihn fur Magdburg bracht
> Clauss ehr auch halff nehmen ein
> In Ungern Feldmarschalcgk solt sein.
> Feldmarschalcgk in Braunschweigerlaud
> Wahr Er, braucht Ritterlich sein handt
> Do Hertzog Moritz fiel der Held
> Feldmarschalcgk ehr wahr kuhn im Feld.
> Feldmarschalcgk er fuhr Gotha kahm
> Churfurst August ihn mit sich nahm
> Zu Spandow ehr im Christmond kald
> Starb, sibn und funfzigk jahr wahr aldt
> Die Jahrzahl funffzehn hundert wahr
> Dazu noch zwei und sibnzigk jahr.
> Alhier er auch begraben ist
> Gott hab sein sehl zu aller frist
> Sein Erben ihm dis Grabes zird
> Gesetzet han wie sichs gebuhrt."

Die Inschrift unter der zweiten Figur sagt:

> „Dies Bildnis Dihr den Edlen Held
> Zacharias Roebeln vohrstellt
> Welcher auf Buch ein Erbsass wahr
> Auch Hauptmann zu Spandow vier Jahr
> Seins lebens zeit Durch Gottes Macht
> In drey und funfzigst Jahr hatt bracht
> Die minder Zahl nach Christi geburt
> Funf und siebnzig gezehlet wurdt
> Als ehr zu Spandow thet sein leben
> Im Augstmond durch den Todt aufgeben
> Sein Leib allhier liegt beim Altar
> Sein Sehl lebt bei der Engel schar."

Zacharias von Roebel war von 1571 bis 1575 Amtshauptmann
oder Amtmann in Spandau.

2. Das Denkmal des Daniel von der Linde.

Der nächste Pfeiler zeigt in Relief das Brustbild des Daniel von
der Linde, weiland Pfarrer und Inspektor zu Spandau, mit folgender
Unterschrift:

„Disce mori.

solches hat zu seiner Zeit auch gethan
Herr Daniell von der Linde,
wohlverdienter Oberpfarrer und Inspector allhier,
welcher 1607 im Mai zu Berlin gebohren,
1640 ins heilige Predigtamt durch ordentlichen Beruf getreten
und solches anfangs zu Rudow, nachmahls allhier zu Spandow
bis ins vierzigste Jahr treulich verwaltet,
im Ehestande mit Frau Gertrud Kotzen eine Tochter,
und mit Magaretha Ehlerts sieben Kinder gezeuget,
endlich 1679 am 25ten Nov. Morgens zwischen funf und sechs Uhr,
lebenssatt und sanft in seinem Erloser abgeschieden,
seines Alters 72 Jahr sechs Monath;
dem auch seine hinterlassene Wittwe Margaretha Ehlers
anno 1680 d. 28. October nach 11 Uhr in der Nacht
durch einen sanften Todt gefolget.
Beider Leichentext. 2. Timoth. 1. C. 12. Psalm 31. C. 6.“

Wir geben eine Übersicht sämtlicher ehemals in der Kirche vorhandener Denkmäler und Gedenktafeln nach den Aufzeichnungen des
Inspektors Schulze; zum Teil sind dieselben noch vorhanden:

1. „Unter der Orgel zur rechten Hand ist ein steinernes Denkmal
an der Mauer, auf welchem zu oberst zwei Wappen und in der Mitte
eine Sanduhr, unter welcher ein Totenkopf über dem Leichentext:

„Unser Wandel ist im Himmel. Philipp. IV. 20, 21.
A. W.

Das in Seegen bleibende Gedächtniss
des weiland Hoch Edlen und Hochadligen Herren,
Herrn Johann Sebastian Zützel,
der Stadt und Veste Spandow wohl meritirten
ältesten Bürgermeisters, wie auch daselbst
dreissigjährigen Königl. Preuss. Amtmanns,
Salzfactors und Ziese Meisters,
gebohren in der Festung Peitz d. 10. August 1642,
7 Monate nach seines seeligen Herrn Vaters Tode,
verehlicht d. 14ten November 1664,
mit der damahligen tugendsamen Jungfer,
Jungfer Ursula Elisabeth Strauben,
(so gebohren in Berlin 24 August 1637, gestorben
in Spandow den 2ten September 1709, ihres Alters 72 Jahr, weniger
2 Tage)
gestorben aber seelig im Herrn d. 25. August 1714,
seines Alters 73 Jahr, da er in seiner gesegneten
und 45jährigen Ehe 9 Kinder Vater, 39 Kinder Grossvater war.
Beider Gebeine ruhen bey einander in einer Gruft
dieses Gotteshauses und warten mit allen Seeligen
auf ihres Leibes Erlösung,
gestiftet aber aus Kindlicher Liebe u. letzter Ehrenbezeugung
von deren hinterbliebenen Kindern und Erben.

Nachruff!
Hier bleibt Gottseeligkeit noch ihr Gedächtnissstein,
Gerecht und Gütigkeit musz deren Grabschrift sein."
(Noch vorhanden.)
Auf der linken Seite unter der Orgel:

2.   „Illustrissimo viro Valentin Neumeister Schmalkaldensi
Erhardi Neumeister et Ursulae Zelfeldin filio, civi Spandoviensi,
anno 1588 pie in Domino defuncto.
reverentiae et memoriae ergo
consecratum
a nepote ex filia,
Martino Heinsio ecclesiae cathedralis
episcopatus Brandenburgensis pastore,
anno 1645 Cal. Octobr.
Gloria, laus, honor et virtus sit munimi in orbem
Ex nihilo natos mille quod ire jubet
Atque exire jubet rursusque in pulvere condi.
Hanc tabulam posuit cura nepotis avo,
Cui nihil antefuit, quem nullus in orbe futurum
Scivit homo terrae, quando dabatur avus
Festinatque suos post patres itque libenter,
Cui via per Christi vulnera tuta patet.
Ille Valentin Neumeister honestus in urbe hac.
Annis viginti civis et hospes erat,
Inter pistores senior, nec promtior alter
Fecit opus, sacros distribuit reditus, (Kirchenvorsteher)
Cui dedit in Cattis celebris Schmalkaldia vitam
Tempore conventus, quem sacra causa tulit, (1537)
Primus hic his nomen feliciter intulit oris,
A quo succrevit splendida posteritas.
Unus homo pedibus peregrinis venit in oris,
Centenas animas rettulit unus homo.
Huic viduo Anna viro praetoria nupsit eumque (1569)
Dilexit tenere, saepe locuta fuit:
Non mihi per mundum, si calceus aeneus esset,
Currendi melior vir potuisset emi.
Bis quater illa fuit cum conjuge reddita mater,
Junior Heva mihi filia mater erat.
Hanc hujus secli rapuit trigesimus annus
Extra urbem fato functa sepulta jacet.
Aeternum salve mater, tuque, o ave, salve
Annos post paucos,{ vos ubi estis, ero."

3.   An der nördlichen Wand das Epitaphium der Jungfer Ringken.
Auf ihrer Rückreise von Berlin war sie, als auf den Ruhlebenschen
Bergen (Bock) die Pferde durchgingen, vom Schlitten gesprungen und
hatte sich an einer Eisscholle den Kopf so zerschlagen, dass sie nach
elf Tagen, am 10. Februar 1758 starb. Die Inschrift lautet:

„Allhier, nicht weit von diesem Leichensteine,
ruhen die Gebeine der hochedlen tugendbelobten Jungfer
Jungfer Catharina Elisabeth Ringken,
welche d. 10ten Febr. 1758 allhier sanft und seelig verstorben
und ihr Alter nicht höher gebracht, als 20 Jahre und 18 Tage.
Ihr seeliger Vater war Herr Johann Heinrich Ringk,
gewesener Bürger und Lohgerber allhier;
Die hinterbliebene betrübte Mutter
Frau Catharina Elisabeth Grassmannin,
welche dieses zum Andenken
ihrer einzigen geliebten Tochter sezen lassen."
(Noch vorhanden.)

4.   Gegenüber der Kirchenbibliothek hoch an einem Pfeiler das
Ferrarische Denkmal. „Man erblickt darauf ganz oben das schöne
Bildnis der Frau Amtmännin Ferrari in blauem Gewande mit goldenen
Spitzen; es ist ein Bruststück. Auf jeder Seiten neben dem Bildnis ein
weinender Genius, wovon der eine in der Hand eine verlaufene Sanduhr,
der andere eine verlöschende Lampe hält; unter solchen auf beiden Seiten
Schalen mit Weihrauch, die dampfen. An jeder Seite der Aufschrift
befindet sich ein Totenkopf und unter diesem Totengebeine." Die Aufschrift lautet:

„Ad portum veni
Jetzt hat mich mein frommer Gott aus dem Thränen Thal geführet
und an solchen Port gebracht, da kein Unfall mich mehr rühret,
da ich leb' in Fried und Ruh u. schau Gottes Herrlichkeit,
welche währet für, ja in alle Ewigkeit.
Christlicher Leser!
Also
ruffet dir und mir zu aus ihrer Gruft
die in ihrem Erlöser einschlafende
und in ihrem Gott ruhende,
die hochedle, hochtugendbegabte
Frau, Frau, Margaretha Sophia,
gebohrne Ottin, weiland Herrn
Christian Otten, wohledlen, hochgelahrten
und wohl verdienten Predigers der Gemeine
Gottes zu Oranienburg u. dessen seeligen Frauen,
hinterlassene eheleibliche Jungfer Tochter,
welche sich mit dem tit. hochedlen, Vest und hochbenannten
Herrn, Herrn Friedrich Ferrari zu Oranienburg
d. 30. Januar 1700, als damaligen Amtmann
zu Lehnin hat copuliren lassen, und mit welchem sie
als p. t. in dem königl. Preuss. Amte Spandow gleichfals als
wohlverordneten Amtmann bis hierher eine friedliche, liebreiche
Ehe in die zehn Jahre u. 8 Monath geführet auch durch
Gottes Seegen darinn gebohren zween Kinder, als 1, d. 2. Sept.
1705 einen Sohn Namens Christian Friedrich, welcher aber alsobald

d. 22. Octobr. sub mens. darauf gestorben u. in Lehnin in einem Gewölbe
beygesetzt worden, 2, d. 13. Dec. 1706 eine Tochter Namens Friderica
                                        Sophia zu Lehnin
gebohren, welche GottLob! noch am Leben.   Sie aber obgedachte seelige
                                        Frau ist zu
Oranienburg an die Welt gebohren anno 1682 d. 5. Dec. u. darauf im 28sten
Jahr ihres Alters zu ihren Vätern durch den zeitlichen, doch seeligen
                      Todt am 22. Sept. 1710
versammelt u. am 24ten allhier in dem Begräbnisz Gott zu Ehren,
den Hinterbliebenen zum Trost u. zu der Verstorbenen
stets währendem Andenken, auf Verordnung
dero treuen u. hochschätzbaren Eheherrn beygesetzt
und zu pflichtschuldigster Dankbarkeit mit diesem wohlmeinendem epitaphio
                                        beehret worden.
                    Psalm XXXVII V. 4.
Habe Deine Lust an dem Herrn, der wird dir geben, was dein Herz
                                        wünschet.“

5.   Zur Rechten des Altars auf dem Chor an der Wand ist dem verstorbenen Kaufmann Haake ein vortrefflich steinern Denkmal aufgerichtet.
Auf dem Schilde ist zu lesen:
                      „Dem
                      Herren
              Johann Ludewig Haake
              gebohren d. 13ten November 1695
              gestorben d. 21ten März 1764
              einem redlichen Handelsmanne,
              einem getreuen Ehemanne
                      sezte
                      dieses Denkmahl
              dessen hinterlassene Wittwe
              Spandow d. 9ten Septembr. 1767.“

6.   Fast unter diesem, mehr zur Rechten, ist noch an der Wand ein
kleines steinernes Denkmal eines Sohnes des verstorbenen Inspektors
George Lamprecht.   Die Aufschrift lautet also:
              „Stehe stille, Wandersmann! und siehe
                      dieses Denkmahl, welches
                      Johann George Lamprecht
Zum Gedächtnisz errichtet worden.   Er war ein Kind guter Art
      die Freude u. Hoffnung seiner Ältern u. kurz zu sagen
ein von Gott geliebter Sohn.   Gott schenkte ihm das zeitliche Leben
              d. 7ten August 1731 zur Freude
                      Herrn George Lamprechts,
              hiesigen Inspectoris und Pastoris primarii und
              Frauen Maria Elisabeth Frommen,
              gab ihm bald darauf in der heiligen Tauffe
              das Recht der Kindschaft, seegnete seine Aufer-
              ziehung unter der Aufsicht treuer Lehrer

und versezte ihn durch einen seeligen Todt
anno 1741 d. 12ten Novembr. in die himmlische Academie.
Lerne aber zugleich, Wandersmann!
Dass ein früh und seelig Sterben
sey bald und glücklich erben
des schönen Himmels Ehrensaal."

„Verschiedene Denkmale sind auf der Erde und gemeiniglich unter einer Thür."

„Das allermerkwürdigste und für die Erweiterung der Geschichte noch nicht genug bekannte ist das gräflich Schwarzenbergsche. Unter einer Thür vor dem von Ribbeckschen Erbbegräbnis befindet sich auf einer messingnen Tafel, unter welcher das gräfliche Wappen ist, folgende Aufschrift:

„Anno 1641. den 4. Mart. ist weiland der Hochwürdige, Hochwohlgebohrne Herr, Herr Adam, Graf zu Schwarzenberg, des Ritterlichen St. Johanniter Ordens in der Mark, Sachsen, Pommern und Wenden Meister, des Königl. Ordens St. Michaelis in Frankreich, Ordens-Ritter, Herr zu Hohen-Landsberg und Gimborn, Churfürstl. Brandenburg. Statthalter in der Churmark Brandenburg, Geheimer Rath und Ober Kammerherr, auf der Vestung Spandow in Gott seelig entschlafen und hier in dieser Kirche beygesetzt.
R. J. P."

„Dies Denkmal stand ehemals, wo gegenwärtig der Taufstein sich befindet. Bei der Renovierung der Kirche 1722 wurde es an seine gegenwärtige Stelle gebracht." Jetzt ist nur noch der das Wappen darstellende Teil vorhanden, welcher sich an der Südwand der Kirche, dem Taufsteine gegenüber befindet.

Andere auf dem Fussboden befindliche Leichensteine tragen folgende Inschriften:

1. „Allhier liegt zur Ruhe beygesezt
    Der Ehrenfeste, fürgeachte und wohl vornehme Herr,
    Herr Friedrich Piper coelebs, Seel. Herrn BürgerMeisters
    zu Bernau, Herrn Johann Pipers Sohn,
    der gebohren worden anno 1590 d. 25ten May,
    und in wahrem Christlichem Glauben
    auf das theure Verdienst Jesu Christi seeliglich in Gott
    von dieser Welt abgeschieden anno 1674 d. 19. Nov.
    seines Alters im 84sten Jahre, welches Seele Gott
    in Gnaden geruhen u. am jüngsten Gerichte
    mit allen Christgläubigen eine seelige Auferstehung
    Gnädiglich verleihen u. schenken wolle zum ewigen Freudenleben.
    st. Paulus ad Romanos XIV.
    Leben wir, so leben wir dem Herrn etc.
    Psalm LXXIII.
    Wann ich nur dich habe etc.
    Esaiae XXVI.
    Gehe hin, mein Volk etc."

2.   „Sub hoc aere Dr. Martini Heinsii civis pistoris et senatoris
de bono publico bene meriti defunctum corpus debita pictate et de-
votione in spem gloriosae resurrectionis reverenter deposuerunt filii
superstites patris observantissimi, Martinus pastor et superintendens
Francof. ad Oderam et Valentinus senator hujus urbis. Anno 1650
obiit 1mo Februarii, aetatis LXI.“

3.   „Hier ruhet in Gott die ehrbare und vieltugendsame Frau, Frau
Anna Klugin I, Herrn Erasmi Kieuscherffen, Burgers und Gewand-
schneiders, dem sie 8 Kinder, als 4 Söhne u. 4 Töchter gebohren
2, Herrn Georgii Neumeisters, vornehmen Kaufmanns u. iziger Zeit
Bürgermeisters allhier zu Spandow, welcher vier Kinder mit ihr gezeuget als zwey Söhne und zwey Töchter eheliche Hauszfrau ist
gebohren am Tage St. Martini anno 1600, gestorben d. 9ten April
1665 ihres Alters 64 Jahre 21 Wochen. Gott wolle sie bis zur
Erndtezeit sanft ruhen lassen, uns Rückstellige aber lehren, dasz wir
sterben müssen.
                              Psalm XXV 18, 19.“

4.   Das noch vorhandene Denkmal der Elisabeth Retzlow und
ihrer Kinder mit den Aufschriften:
        „Anno 1624 d. 28. Februar ist seeliglich entschlafen die ehr-
bare und ehr- und tugendsame Frau, Frau Elisabeth Rezlo, des Ehren-
festen und Ehrbaren Herrn Johannis Heinike, Churfürstl. Brandenburgischen Amtsschreibers allhier eheliche Hauszfrau, ihres Alters 26 Jahr.
Der Seele Gott Genade.
        „Elisabeth, gemeldten Herrn Amtsschreibers Töchterlein seelig
gestorben 1604 d. 17. Juli.“
        „Erwähnten Herrn Amtsschreibers Söhnlein Andreas genannt,
seines Alters zwey Jahr, in selbigem Jahre d. 24ten Juny.“

5.   „Monumentum, quod marito suo, pio viro, multum reverendo
et doctissimo Dr. Michaeli Zyen, ecclesiae Spandoviensis archidiacono
probe merito, Neo Ruppini anno MDCX die 14 Augusti nato Spandoviae d. 14 Martii anno MDCLIX hora secunda antemeridiana atque
adeo, postquam vixerat annos XLVIII menses VII, dies IV, beate
denato, quin et sibi in dicto Ruppinensi oppido anno MDCXIIX
ipsis calendis Octobris ibidem in lucem editae, anno vero ? d. vita
defunctae, in quotidianam mortalitatis memoriam futuraeque resurrectionis spem certissimam ponendum curavit relicta vidua Catharina
Krielen anno aerae Christianae MDCLIX.
                              Roman. XIV. 18.
                              Si morimur etc.
                          Hodie mihi cras tibi.“

6.   „1679 d. 8. Nov. ist dieses adliche Cörperlein von dieser Welt
abgefordert, des Hochwohlgeborenen und Mannfesten Herrn George
Rudolph von Nostiz auf Teicha Sr. Churfürstl. Durchlauchten zu Brandenburg Obristen und Commandanten zu Spandow, geliebtes Söhnlein,
Namens George Adolph, seines Alters zwey Jahr.“

7.   „Rev. Kr. Dr. M. Laurentius Berlin, Ruppinensis, ecclesiae Spandov. archidiac. dignissimus, qui 1595 die 4 Novembr. post horam primam promeridianam summum obiit diem, hoc tumulo reconditus jacet."

8.   „Der Ehrenfeste und wohlgeachte Herr Wolffgang Schneider, weiland Churfürstl. Brandenburgscher sechsundzwanzigjähriger Landreuter in Spandow aetatis a. 68. anno 1603. d. 28. April."

Von den einst in der Kirche vorhandenen Erbbegräbnissen ist noch erhalten das gräflich Lynarsche unter dem Altare. Darin sind beigesetzt:

1. Graf Rochus zu Lynar in einem zinnernen, aber schon am Ende des vorigen Jahrhunderts zerstörten Sarge mit der Aufschrift:

„In hac sandapila acquiescit et resurrectionem laetam exspectat Illustris Dominus Rochus, Comes de Linar, natus anno Christi 1525 d. 25. Dec. media nocte natalitiis Christi, ex generosa comitum Guerinorum de Linar familia. Anno Christi 1564 duxit in uxorem Annam ex illustri stirpi Baronorum de Montot, qua anno Christi 1585 demortua, junxit sibi Margaretham e nobili a Termo virorum prosapia, heros vere pius et magnanimus, familiae instaurator felicissimus, bonis unice dilectus sed et malis ob vitae innocentiam admirabilis, charus quoad vixit Johanni Georgio, electori Brandenburgico, dilectus Francisco, Henrico II et Carolo, Galliae regibus, Friderico electori Palatino, filio Casimiro, gratus Augusto et Christiano Saxoniae electoribus, Wilhelmo Hasso, Joachimo Ernesto Anhaltino et totius imperii Germanici proceribus acceptissimus, annum agens LXXI placide huic mundo morte valedixit, die 22. Decembr. anno Christi 1596, nunc ad thronum Dei triumphat, coronam gloriae gestat, hymnos sacrosanctae trinitati cantat malis exemtus, bonis aeternis locu pletatus."

2. Graf Johann Kasimir zu Lynar, ältester Sohn des Grafen Rochus zu Lynar, in einem zinnernen Sarge mit folgender Aufschrift:

„Der Wohlgeborene u. Edle Herr Johann Casimir, Graf zu Lynar, Chur- ud Fürstl. Brandenburgscher Geheimer Rath ud Kammerpraesident ist gebohren 1569 d. 29. April zu Heidelberg in der ChurpPfalz ud anno 1619 d. 22. January zu Dresden zwischen 11 ud 12 Uhr zu Mittage christlich und seelig in Gott verstorben, welchem Gott der Allmächtige nebst andern Auserwählten an jenem grossen Tage eine fröliche Auferstehung aus Gnaden verleihen wolle.

Herr Rochus, Graf zu Lynar, der Herr Vater. (Wappen.)

Frau Anna, gebohrne freyin von Montot, Gräfin ud Frau zu Lynar, die Frau Mutter. (Wappen.)

1619. d. 4. April ist diese gräfliche Leiche in ihr Ruhekammerchen gesezt worden."

3. Elisabeth, geborene Distelmeyer, Gemahlin des Grafen Johann Casimir zu Lynar, Tochter des Kauflers Christian Distelmeyer. Ihr Sarg ist von Zinn und mit vieler erhabener Arbeit geziert. Er trägt die Aufschrift:

11

„Anno 1582 d. 20sten Januarii ist die Hochwohlgeborne Frau, Frau Elisabeth, Gräfin ud Frau zu Lynar, gebohrne Distelmeyern, Frau zu Lübbenau, zu Berlin auf diese Welt gebohren ud folgends den Sonntag Quasimodogeniti 1599 dem Hochwohlgebohrnen Herrn, Herrn Johann Casimir, Grafen zu Lynar, Churfürstl. Brandenburgschen Geheimen Rath ud Kammerpraesidenten zu Spandow vermählt worden. 1652 d. 11. Octobr. aber abends zwischen 7 u. 8 Uhr zu Lübbenau sanft und seelig in Gott entschlaffen, deren Seelen Gott Genade. P. F. X. P. F. L. V. P. Philipp. 1. ich begehre aufgeloest und bey meinem Herrn Christo zu sein."

(Sie kaufte die Herrschaft Lübbenau und Glienicke im August 1621 von der freiherrlich schulenburgschen Witwe im Konkurse.)

4. Elisabeth Sophia, Tochter des Grafen Johann Casimir, verwitwete Freiin von Biberstein.   Aufschrift ihres zinnernen Sarges:

„Elisabetha Sophia Comtessa Lynaria, nata Berolini ipsis nonis Octobris anno supra millesimum et sexcentesimum decimo quinto, illustri Generallissimo domino Ulrico Wenceslav Baroni a Biberstein in Forsta et Pforta dynasta non. cal. Martii nupta, decem cum dimidio annos non usque quaque felices cum eodem egit, cui annum et sex menses vidua superstes. Lubbenaviae oct. cal. Aprilis hora matutina quarta placide denata est. Sic in misera hac vita quadraginta annos, quinque menses, octodecim dies non egressa lassam contentionibus animam sospitatori deo lubens reddidit et in anime corpus gloriosum judicis ejusdemque servatoris adventum et desideratissimam redintegrationem exspectare jussit. Sit memoria ejus in benedictione."

5. Graf August zu Lynar, zweiter Sohn des Grafen Rochus. Die Aufschrift seines zinnernen Sarges lautet:

„Augustus ex inclyta Comitum Guerinorum de Lynar familia, Patre Rocho, viro magno et celebri, matre Anna baronessa a Montot, Dresdae anno 1571 d. 19. Juli, natus, cum vixisset annos XXX, menses X, Spandoviae d. 25. Mai anno 1602, tabe consumtus placide in Christo abdormivit. Hic a parentum funeribus junctus, simul gloriosum Salvatoris adventum exspectat. Erat corporis statura procera et angusta, facie virili et grata, moribus commodis, animo heroico, ingenio excellenti, memoria insigni indeque varia doctrina insignitus, inprimis in computatione et logistice paene admirabilis, cumque uno, doctrinae sensu, visu orbatus esset, altero auditu, per anagnostas et quotidiana doctorum colloquia studiis in Academiis Wittenbergensi et Frankofurtana Marchionum, ubi Rectoris etiam officio functus est, dans operam, ac Italiam et Galliam adiens, eos progressus fecit, ut apud magnum illum septemvirum Johannem Georgium Brandenburgicum etc. Custrini in judicio Marchico per aliquot annos consiliarii munere fungeretur, Vir pietate, eruditione et virtute praestans, hoc uno infelicior, quod infantulus nutricis injuria visum amiserat, mentis autem acie ea prospiciebat, quae alii oculati vel nesciunt vel negligunt. Pax manibus esto beatis."

6. Gräfin **Anna Sabina**, jüngste Tochter des Grafen Rochus, geb. 22. August 1574 zu Dresden, gest. 4. Mai 1623 zu Lübbenau unvermählt. Sie ist hier beigesetzt, denn Pastor Schulze fand auf einem durch die Zinnsärge eingedrückten Holzsarge eine Aufschrift in Zinnbuchstaben, von denen noch folgendes zu lesen war:

„Anna Sabina, Gräfin zu Lynar, geb. von . . . . . t, gebohren . . . . . Gräflich . . . . . anno . . . . . stirbet mit guter Vernunft und seeligem Ende d. 4. May."

Ferner sind in dem lynarschen Erbbegräbnisse vermutlich beigesetzt worden:

7. **Anna**, geborene Freiin von **Montot**, Tochter Johanns, Freiherrn von Montot, und der Anne de la Roche, Witwe des Herrn von Barbé, vermählt am 15. Mai 1564 mit dem Grafen Rochus zu Lynar, gestorben am 31. Mai 1585 in Spandau.

8. **Margaretha**, geborene **von Termow**, zweite Gemahlin des Grafen Rochus zu Lynar, Tochter des Hans von Termow, kurfürstlichen brandenb. Rates und Hauptmanns zu Grampzow und zu Klobbig Erbsasse, und der Dorothea, geborene von Buch, vermählt mit dem Grafen Rochus zu Lynar am 7. Juli 1588, gestorben am 24. September 1609. Sie verordnete durch Testament vom 13. August 1603, dass sie in dem gräflichen Gewölbe unter dem Altare der Nicolaikirche zu Spandau beigesetzt werde.

Im Erbbegräbnisse sind noch vorhanden: fünf zinnerne und drei zum Teil zerfallene Holzsärge.

Andere in der Kirche vorhandene Erbbegräbnisse waren:

1. Das Erbbegräbnis der Familie von Ribbeck,

erbaut nach dem Tode des kurfürstl. Geheimen Rats und Oberhauptmanns der Veste Spandow, Erbsassen auf Glienicke, Dürotz, Seegefeld und Dalgow, Hans Georg von Ribbeck des Älteren durch dessen Witwe Katharina, geborene von Brösike, und seine Söhne, Hans Georg, Heino und Johann Sigismund. Sie erbaten dazu vom Ministerium, Rat und Kirchenvorstehern die· ehemalige Kapelle unserer lieben Frauen, die jetzige Sakristei. Dieselbe wurde ihnen für 200 Thlr. den 20. April 1647 überlassen „in Betrachtung der getreuen langwierigen Dienste, so der Wohlseelige dem Churfürsten, dem ganzen Lande und dieser Stadt lange Jahre geleistet auch die, Seinigen zum Teil noch leisteten". Von jeder Leiche, die darin beigesetzt würde, sollten für das Geläute der Kirche 15 Thaler bezahlt werden. Still und ohne Geläute sollte keine Leiche darin beigesetzt werden. Es wurde ein oberes und ein unteres Gewölbe eingerichtet. Die schmiedeeiserne mit dem von Ribbeckschen Wappen verzierte Thür, welche zu dem unteren Gewölbe führte, ist noch als Eingangsthür zur Sakristei vorhanden. Das grosse Wappenschild derer von Ribbeck, welches vordem über dem Erbbegräbnisse angebracht war, befindet sich jetzt an der Chorwand hinter dem Altare.

11*

Es waren darin beigesetzt im unteren Gewölbe:

1. **Hans Georg von Ribbeck** am 28. März 1647 beigesetzt.

2. **Frau Katharina von Ribbeck**, geb. **von Brösike**, Gemahlin Hans Georgs. Sie starb 1650 und ward am 23. Juni d. J. beigesetzt.

3. **Hans Sigmund von Ribbeck**, jüngster Sohn Hans Georgs, geb. 21. August 1613, gest. den 21. Dezember 1652 als Hauptmann im Regiment Podewils auf der Feste Pillau. 19. Juli 1653 hier beigesetzt.

4. **Heino von Ribbeck**, zweiter Sohn Hans Georgs, Herr von Glienicke, geb. 20. Februar 1602, gest. in Spandow 11. März 1659. Zu seinem Andenken befand sich im oberen Gewölbe eine Fahne mit der Aufschrift:

> „Der HochEdelgebohrne, Gestrenge u. Mannfeste Herr Heino von Ribbeck, der Bischöflichen Kirche zu Havelberg senior, der Röhmisch Kaiserlichen Majestät fünfzehnjährig gewesener Obrister zu Fuss, gestorben zu Spandow auf der Veste d. 11. Maerz 1659, seines Alters 56 Jahr, 2 Wochen, 5 Tage.“

5. **Frau Anna Katharina**, Tochter Hans Georgs von Ribbeck des Jüngeren, Gemahlin des Rittmeisters Sigismund von Loeben auf Blumberg, Falkenberg, Dahlewitz und Eiche, und nach dieses Tode des Obristlieutnants im Ribbeckschen Regiment und kurprinzlichen Kammerjunkers Isaac du Plessis, auf Espenda und Mahlsdorf Erbherrn (vermählt 23. April 1663). Sie starb 1665 und wurde am 5. März d. J. beigesetzt.

6. **Frau Dorothea Hedwig von Barfuss**, Gemahlin des Moritz Damm von Schiecken, Hauptmanns im Regiment von Gersdorf, gest. den 25. August 1728.

Im oberen Gewölbe:

1. **Hans Georg von Ribbeck**, der Jüngere, beigesetzt am 14. Oktober 1666. Sein Sarg war von Kupfer und im Feuer vergoldet. Auf der einen Seite desselben las man:

> „H. G. von Ribbeck, Obrist u. Comthur zu Werben 1666.“

auf der andern:

> „Anna Maria von Groeben. 1674.“

Eine Fahne war zu seinem Andenken im obern Gewölbe aufgestellt mit der Aufschrift:

> „Anno 1666. d. 3ten August ist nach dem unwandelbaren Willen Gottes in herzlicher Anruffung seines Erlösers und Seeligmachers Jesu Christi verschieden Hr. Hans George von Ribbeck, des St. Johanniter Ordens Ritter u. Comptur zu Werben, Sr. Churfürstl. Durchlauchten zu Brandenburg ältester Kämmerer u. Obrister, auch Gouverneur der Stadt u. Veste Spandow, Oberhauptmann daselbst, wie auch zu Potsdam u. Saarmund, auf Glienicke, Dyraz, Seegefelde, Neuendorff u. Dalgow Erbherr, seines Alters 64 Jahr, 7 Monath, 10 Tage.“

2. Frau Margaretha Gottliebe, geborne von Pfuhl, Gemahlin
Johann Georg von Ribbecks, Domherrn zu Brandenburg. Der hölzerne
Sarg trug folgende Aufschrift.
„Anno 1672 d. 11. September ist die HochEdelgebohrene, Viel
Ehr- u. Tugend-reiche Frau, Frau Margaretha Gottliebe, gebohrne
von Pfuhl, des Hochwürdigen u. HochEdelgebohrnen Herrn Hans George
von Ribbeck, Domherrn zu Brandenburg u. auf Glienicke, Dalgow,
Dyratz u. Seegefelde Erbherrn, seine herzvielgeliebte Eheliebste in ihrem
besten Lebensflor aus dieser Zeitlichkeit gerissen, als sie 20 Jahr
5 Monath u. 1 Tag alt war u. in vergnügter Ehe gelebt hatte 2 Jahr
4 Monat 3 Wochen u. 4 Tage."

3. Frau Anna Maria von Ribbeck, geborne von Groeben,
Tochter Ottos von Groeben, vermählt 1633 mit H. G. von Ribbeck, dem
Jüngeren. Ihr Sarg war von Kupfer und vergoldet und trug die Aufschrift:
„Die Frau Obristen Anna Maria von Ribbeck, gebohrne von
Groeben, ist gebohren 1616. d. 25. July u. gestorben d. 31. Dec. 1674,
nachdem sie 33 Jahr in der Ehe ud 8 Jahr im Wittwenstande gelebt
u. 4 Kinder Mutter u. 9 Kinder GrossMutter geworden, ihres Alters
58 Jahre 5 Monath 6 Tage."
Beigesetzt 25. April 1675.

4. Frau Maria Elisabeth von Ribbek, Tochter H.G. von Ribbecks
des Jüngeren, vermählt mit Joachim von Gräveniz den 2. Dezember 1650,
gestorben zu Buckow 1680, den 5. Dezember 1680 beigesetzt. Ihr Sarg
war von Kupfer, vergoldet und mit getriebener Arbeit geziert. Er trug
die Aufschrift:
„Die HochEdelgebohrne u. Tugendreiche Frau, Frau Maria
Elisabeth von Ribbeck, des weiland HochEdelgebohrnen Gestrengen
ud Mannfesten Herrn Joachim von Graeveniz, Römisch Kaiserlicher
Majestät hoch meritirten Obrist-Lieutnants, auf Schilde u. Krampfen
Erbherrn, hinterlassene Wittwe, ist gebohren 1635 d. 16ten April ud
hat diese Welt geseegnet d. 21. July 1680."

5. Fräulein Dorothea Sophia von Ribbeck, des Herrn Domdechanten Johann Georg von Ribbeck Tochter. Ihr hölzerner Sarg trug
die Aufschrift:
„Dorothea Sophia von Ribbeck, welche den 5ten May 1684
Nachmittags um 3 Uhr auf dem Hause Gross Glienicke in diese Welt
gebohren u. d. 22ten Martii 1685 Abends um 6 Uhr hie wieder in
Spandow seelig verstorben."

6. Fräulein Anna Margaretha von Ribbeck, geb. 1672, beigesetzt 20. März 1692. Auf ihrem hölzernen mit vergoldeter Arbeit
verzierten Sarge war zu lesen:
„Frl. Anna Margaretha von Ribbeck, Herrn Hans George
von Ribbeck, Domdechanten zu Brandenburg, von Margaretha Gottliebe
von Pfuhl in erster Ehe erzeugte einzige Tochter, d. 8ten Maerz 1692
als eine Verlobte mit dem Canonico des hohen Stifts zu Brandenburg

ud Markgräfl. Anspachschen Rath, Herrn Hans Christoph von Bredow, gestorben, alt 20 Jahr, 8 Monath.“

7. Hans Georg von Ribbeck, des Kammerherrn Hans Georg von Ribbeck auf Seegefeld und dessen Gemahlin Albertine, geb. von Erxleben, Sohn, geb. den 11. März 1769, gest. den 22. April auf dem Amte Spandow, beigesetzt am 25. April 1769.

8. Christof Friedrich von Ribbeck, königl. Geheimer Rat und Kammerpräsident zu Halberstadt, Ritter des Johanniterordens, Erbherr auf Glienicke, Dalgow, Hoppenrahde und Postorf, geb. 1689, gest. am am 3. Oktober 1774 zu Glienicke, beigesetzt am 30. November 1774.

2. Das Erbbegräbnis der Familie Neumeister.

1676 kaufte Georg Neumeister jun., Ratskämmerer und Notarius publicus caesareus, nach dem Tode seines Vaters, des Bürgermeisters Georg Neumeister, den Raum im sogenannten Leichenhause zur linken Hand in dem Eingange gegenüber der grossen Schule für 100 Thlr. zur Anlage eines Erbbegräbnisses. Er übergab der Kirche eine Wiese vor dem Berliner Thore am neuen Graben, von deren Einkünften jährlich 2 Thaler zur Erhaltung des Erbbegräbnisses verwendet und ein Thaler dem Oberkirchenvorsteher für fleissige Aufsicht über das Erbbegräbnis gegeben werden sollten. In diesem Gewölbe waren beigesetzt:

1. Georg Neumeister, Bürgermeister zu Spandau, geb. 1607, gest. 1676, beigesetzt 27. August 1676.
2. Seine Frau Dorothea Neumeister, geborne Waehle, beigesetzt 12. November 1680.
3. Seine Enkelin Anna Ursula Greinert, beigesetzt 22. Septbr. 1691.
4. Caspar Neumeister, Dr. phil. et med., Garnisonarzt in Spandau, beigesetzt den 3. März 1695.
5. Frau Anna Dorothea von der Linde, geborne Neumeister, Gemahlin des Bürgermeisters Hans Michael von der Linde zu Nauen, beigesetzt den 19. Januar 1700.
6. Georg Neumeister, Bürgermeister zu Spandau und Einnehmer des havelländischen Kreises, geb. Mai 1639, gest. 1703, beigesetzt den 10. Januar 1703.
7. Georg Thomas Greinert, beigesetzt am 25. Juli 1703.
8. Johanna Christina Neumeister, beigesetzt den 23. Mai 1706. (Tochter von 6.)
9. Georg Thomas Greinert, beigesetzt den 7. November 1707.
10. Georg Friedrich Neumeister, Sohn des Bürgermeisters Georg Adam Neumeister, beigesetzt den 21. Februar 1708.
11. Frau Anna Christina Neumeister, G. A. Neumeisters Gemahlin, geborne Asberg, beigesetzt den 15. Febrar 1715.
12. Augusta, G. A. Neumeisters Tochter, beigesetzt 1. April 1716.
13. Katharina Elisabeth, G. A. Neumeisters Tochter, beigesetzt den 16. Oktober 1716.

14. Ein totgeborener Sohn des Obristen und Kommandanten von Hackeborn, beigesetzt den 3. März 1717.
15. Frau Greinert, Ehefrau Georg Adam Greinerts auf Kl. Behnitz, geborne Polz, beigesetzt den 4. Februar 1718.
16. Eine Tochter Joh. Georg Neumeisters, beigesetzt 7. Juni 1719.
17. Johann Georg Neumeister, Lieutenant im Schwendyschen Regiment, beigesetzt den 22. September 1720.
18. Diedrich Adam von Hackeborn, Sohn des Kommandanten, beigesetzt den 27. Januar 1721.
19. Georg Adam Neumeister, Bürgermeister zu Spandau und Einnehmer des havelländischen Kreises, geb. den 6. Juni 1672, gest. den 7. September 1727, beigesetzt 10. September 1727.
20. Maria Johanna von Kroecher, des Obristen von Kroecher Tochter, beigesetzt den 18. September 1722.
21. Joh. Gottlieb Schwechten, Sohn des Amtsrats Schwechten, beigesetzt den 10. Dezember 1733.
22. Georg Lamprecht, Pastor und Inspektor der Nicolaikirche zu Spandau, beigesetzt 29. Juni 1766.

Vor dem Neumeisterschen Erbbegräbnis zunächst an der Kirchthüre war auf braunem Marmor folgendes epitaphium des Bürgermeisters George Adam Neumeister:

„In dieser gewölbten Grufft
erwartet der seeligen Auferstehung
der Weiland, HochEdle, HochWeise und
Wohlgelahrte Herr,
Herr George Adam Neumeister,
der seinem seeligen Herrn Vater nach wohl absolvir-
ten stud. jurid. in allen EhrenStuffen löblich nachge-
folget, indem er hieselbst der Stadt 30 Jahr, nehmlich 9 Jahr
als senator, 21 Jahr als BurgerMeister, treulich und mit Nuzen
gedienet, auch bey dem hochlöblichen Havellændischen Kreise Wohlbeliebter
Einnehmer
23 Jahr gewesen. Seine dreymahl glücklich getroffene Ehen waren mit
zwei Söh-
nen u. 5 Töchtern von Gott geseegnet, davon 2 wohlgerathne Töchter
noch am
Leben, 2 Söhne aber u. 3 Töchter ihm zu der frohen Ewigkeit vorangegangen.
Er ward gebohren d. 6. Juny 1672, starb d. 7. Sept. 1727 Abends
1 Viertel auf zehn Uhr,
und da hat er die Kraft seines WahlSpruchs Psalm 38 V. 22. sequ.
Verlass mich nicht,
Herr, mein Gott! sey nicht ferne von mir, eile mir beyzustehn, Herr, meine
Hülffe etc. zur ewigen Erquickung empfunden. Seiner Jahre waren 55,
drey Monath,

2 Tage; auch nimmt er daran seinen gebührenden Antheil, wenn hiesige Stadt
159 Jahre rechnet, da seine VorAeltern rühmlich gelebtt, sein GrossVater
und Vater durch mildthätige Stiftungen, in ansehnlichen legatis u. stipendiis
an Kirch- u. Schul-Bedienten, auch studirender Jugend sich unvergesslich-
gemacht.
Leser! vergnüge dich mit dieser Nachricht, welche des Seeligen nachgelass-
ne Ehegenossin, Frau Rosina Elisabeth, gebohrne Queinzin u. beyde
Töchter zweyter Ehe Jungfer Anna Christiana u. Jungfer Sophia Louise,
die Neumeistern, diesem Stein anvertrauet."
(Noch vorhanden.)

Nebenbei war ein epitaphium des Bürgermeisters George Neumeister, des Jüngern, in Stein:

„In
piam memoriam beate defuncti
Viri,
Nobilissimi, consultissimi,
Domini Georgii Neumeisteri
Consulis Spandoviensium quondam vigilantissimi
Nati anno MDCXXXIX mense Majo,
Demoti anno MDCCIII mense Aprili.
Adsta praeteriens pede non properante viator;
Heic Neumeisteri consulis ossa cubant
Pater erat patriae vulgi securus et expers
Fraudis, nec cordi dissona labra suo
Urbem deseruit, non orbem, morte soluto,
Altius humanas despicit unde vices."

3. Das Erbbegräbnis der Familie von Below.

Es befand sich in dem oberen Teile des Neumeisterschen Erbbegräbnisses und wurde den 7. Juni 1706 von Ursula, der Witwe, und
Georg Adam, dem Sohne des verstorbenen Bürgermeisters Georg Neumeister,
dem Generalmajor und Kommandanten von Spandau, Claus von Below,
dessen Gemahlin und Bruder, dem Obristen Martin von Below, und Nachkommen unentgeltlich und aus Freundschaft abgetreten vorbehaltlich aller
Rechte der Kirche. Magistrat, Inspektor und Kirchenvorsteher genehmigten
diese Abtretung unter der Bedingung, dass die von Below 60 Thaler an
die Kirche zahlten. Über dem Gewölbe befand sich folgende Aufschrift:
„Derer Gebrüder, der von Below, gestiftet anno 1706 von Herrn
Nicolaus von Below, Königl. Preuss. GeneralMajor der Infanterie u.
Commandanten der Festung Spandow und dem Herrn Martin von Below,
Königl. Preuss. Obristen der Infanterie."
Unter dieser Inschrift war das von Belowsche Wappen, jetzt an
der Chorwand der Kirche. Innerhalb des Gewölbes an den Wänden standen
folgende Sprüche:
„Denn es kommt die Stunde, in welcher alle, die in den Gräbern
sind, werden seine Stimme hören u. werden herfürgehen, die da Gutes

gethan haben, zur Auferstehung des Lebens, die aber Übels gethan haben, zur Auferstehung des Gerichtes." Joh. 28. 29.

„Seelig sind die Todten, die in dem Herrn sterben von nun an ja! Der Geist spricht, dass sie ruhen von ihrer Arbeit, denn ihre Werke folgen ihnen nach." Apocal. XIV. 13.

„Ich bin die Auferstehung u. das Leben; wer an mich glaubet, der wird leben, ob er gleich stürbe, u. wer da lebet u. glaubet an mich, der wird nimmermehr sterben." Joh. XI. 25. 26.

Es sind in diesem Erbbegräbnisse beigesetzt:

1. Nicolaus von Below. Der Sarg war mit schwarzem Sammet überzogen und mit breiten Tressen besetzt und trug auf einem silbernen Schilde die Aufschrift:

„Hr. Nicolaus von Below, Königl. Preuss. Generalmajor der Infanterie und Commandant der Festung Spandow, gebohren d. 29. October 1648, gestorben d. 4. October 1707."

2. Martin von Below. Der Sarg war gleich dem des Nicolaus von Below und trug die Aufschrift:

„Martin von Below, Königl. Preuss. Wohlbestallter Obrister zu Fuss, gebohren d. 22ten Januar 1650 alten Styls, gestorben d. 7ten August neuen Styls 1719.

3. Frau Lucia Antoinette von Hackeborn, geborne von Loē, Gemahlin des Obristlieutenants und Kommandanten von Spandau, Dietrich Gottlieb von Hackeborn, beigesetzt d. 6. März 1717.

4. Frau Christina Elisabeth von Katte, geborne von Kapell, Gemahlin des Seniors des hohen Stifts zu Havelberg, Melchior von Katte. Sie war geboren d. 7. Juni 1650, vermählt d. 23. Aug. 1670, gest. d. 9. Juni 1734. Der Sarg war gleich der der Gebrüder von Below, nur war das Schild grösser und eine silberne Krone darüber.

5. Matthias von Gottschen, Obrister und Kommandant von Spandau, Erbherr auf Eitkowiz in Preussen, geb. d. 12. März 1667, zum Kommandanten von Spandau ernannt am 20. Januar 1731, gest. d. 16. Dezember 1739. Seine Leiche wurde am 21. Dezember 1739 im von Tettauschen Erbbegräbnisse beigesetzt, aber auf Protest der von Tettauschen Nachkommen am 18. Februar 1740 in das von Belowsche Erbbegräbnis hinübergeschafft.

6. Frau Maria Jacoba, Gräfin von Neale, geborne von Ackley, eine Holländerin und Gemahlin des Grafen Stephan Lorenz von Neale, gest. am 27. August 1762 in Spandau, beigesetzt am 29. Aug. 1762.

7. Frau Henriette Juliane von Humbert, geborene von Fink, Gemahlin des Hauptmanns im Regiment Prinz von Preussen Friedrich Ludewig von Humbert, geb. den 29. Oktober 1744, gest. zu Potsdam d. 6. Dezember 1765, beigesetzt am 8. Dezember 1765.

4. Das Erbbegräbnis der Familie von Tettau,
später von Saldern,

in der Halle beim Eintritte aus der Schulgasse von einer Mauer zur andern, 15 Fuss lang und 9 Fuss tief. Der Platz wurde den 12. Mai 1705 von dem Gouverneur zu Spandau, Generallieutenant Johann Georg von Tettau, zum Erbbegräbnisse für sich und seine Nachkommen gekauft für 200 Thlr. Er musste den kleinen Altar und das Fenster, welche an dem Platze waren, auf seine Kosten verlegen. Der Kontrakt ist unterschrieben von dem Generallieutenant von Tettau, dem Generalmajor von Below und Hofrat Matthias Simonis einerseits, dem regierenden Bürgermeister Ernst Gottlieb Cautius und dem Inspektor Joachim Lamprecht andererseits. In diesem Erbbegräbnisse waren beigesetzt:

1. Frau Eva von Tettau, Gemahlin des Generallieutenants von Tettau, 2. Juli 1705 beigesetzt. Der mit schwarzem Sammet überzogene Sarg trug die Aufschrift:
    „Eva von Tettau, Generallieutnantin, gebohrne von Wreechen, gestorben in Berlin 12ten April 1705.“

2. Friedrich Ludewig von Tettau, Sohn des Generallieutenants. Sargaufschrift:
    „Friedrich Ludewig von Tettau, Königl. Preuss. Rittmeister der Garde du Corps u. CammerJunker, gebohren d. 23. July 1684 u. gestorben zu Berlin d. 12. August 1706.“

3. Johann Georg von Tettau. Sargaufschrift:
    „Johann George von Tettau, Sr. Königl. in Preussen General-Lieutenant der Cavallerie, Ritter des schwarzen Adler-Ordens, Gouverneur u. OberHauptMann zu Spandow, Obrister Commendant der Garde du Corps, Hauptmann zu Preussisch Eylau u. Bartenstein, Erbherr der Wönnischen Güter, gebohren zu Königsberg in Preussen 1630 d. 4ten Nov., gestorben zu Berlin 1713 d. 22. Dec., 83 Jahre 1 Monath 3 Wochen alt.“

4. Karl von Tettau, Sohn des Generallieutenants, gest. zu Salza im Magdeburgischen, beigesetzt am 2. Dezember 1723. Sargaufschrift:
    „Carl von Tettau, Sr. Königl. Majestät in Preussen bestallter ObristLieutenant zu Ross, gebohren d. 20ten Maerz 1690, gestorben d. 10. May 1723.“

5. Sophia Hedwig von Tettau, Gemahlin des Obristlieutenants Carl von Tettau, 1721 in Stettin verstorben und 2. Dezember 1723 hier beigesetzt. Sargaufschrift:
    „Sophia Hedwig von Tettau, gebohrne von Borken, gebohren d. 27. Marty 1700, gestorben d. 4. Dec. 1721.“

6. Friedrich von Saldern, einziger Sohn des Major Friedrich Christof von Saldern und dessen Gemahlin, einer Tochter des Obristlieutenants Karl von Tettau, gest. im zehnten Monat seines Lebens, beigesetzt am 19. Juni 1752.

7. Frau von Saldern, älteste Tochter des Obristlieutenants Karl von Tettau, Gemahlin des Generalmajors von Saldern, Mutter des sub. 6 genannten Friedrich von Saldern, gest. im April 1759 während eines Besuches bei ihrem Gemahl in Breslau, beigesetzt am 18. Januar 1760.

8. Fräulein von Tettau, zweite Tochter des Obristlieutenants Karl von Tettau, Hofdame der Königin, zu Berlin verstorben, 15. September 1762 beigesetzt. Sie war die letzte der Familie von Tettau, und nach ihrem Tode fiel das Erbbegräbnis der Kirche anheim.

Unterm 15. Dezember 1766 kaufte der Generalmajor und Kommandant zu Potsdam, Friedrich Christof von Saldern das von Tettausche Erbbegräbnis auf ewige Zeiten für 500 Thlr. Der Kontrakt wurde unterm 24. Dezember 1766 vom Oberkonsistorium bestätigt. Es wurden nun noch beigesetzt in dem Erbbegräbnisse:

9. Frau Antoinette Charlotte Leopoldine von Saldern, geborene von Borck, zweite Gemahlin des Generalmajors von Saldern, gest. den 15. Oktober 1766 noch nicht 25 Jahre alt zu Potsdam, beigesetzt den 17. Oktober 1766.

10. Fräulein von Saldern, einzige Tochter des Generalmajors von Saldern aus zweiter Ehe und 6 Monat alt, beigesetzt zugleich mit der Mutter 17. Oktober 1766.

11. Friedrich Christof von Saldern, Generallieutenant und Gouverneur zu Magdeburg, Ritter des schwarzen Adlerordens, gest. den 14. März 1785 zu Magdeburg, beigesetzt den 22. März 1785.

Nach seiner Beisetzung wurde das Erbbegräbnis zugemauert.

Auf dem Nicolaikirchhofe befanden sich folgende Erbbegräbnisse:

1. Das Erbbegräbnis der Familie von Quast
neben der jetzigen Sakristei.

Frau Ilsa Katharina von Quast hatte nach dem Tode ihres Gemahls zur Bestattung desselben bei der Kirche um eine Stelle, über welcher sie ein Gewölbe aufführen wollte, nachgesucht. Ehe der Preis vereinbart war, liess sie über der angewiesenen Stelle ein grosses unförmliches Gebäude aufführen. Die Kirche verlangte nun 300 Thaler, umsomehr, da die zum Begräbnis des von Quast kommandierten Reiter, welche die Nacht über hinter der Kirchenmeierei lagen, das Gehege um dieselbe abgebrannt hatten, ferner beim Abfeuern der Kanonen auf dem Kirchhofe viele Kirchenfenster gesprungen waren und endlich die Frau von Quast dadurch, dass sie die Fahne des Grafen Kasimir zu Lynar aus der Kirche wegnehmen und an deren Stelle die Fahne ihres Gemahls aufhängen liess, die Kirche in einen Prozess mit der gräflich lynarschen Familie verwickelt hatte. Erst nach dem Tode der Frau von Quast

wurde am 4. März 1673 zwischen den Vormündern der nächsten Erben
des Generals von Quast, den Kindern der verstorbenen Brüder desselben,
einerseits und dem Rate und der Nicolaikirche zu Spandau andrerseits
ein Vergleich geschlossen dahin lautend, „dass besagte Vormünder dieses
Begräbnisses wegen (welches dem Quastschen Geschlecht zu ewigen Zeiten
zur Begrabung ihrer Leichen verbleiben sollte) sofort 150 Thlr. und auf
nächste Pfingsten 64 Thlr., zusammen 214 Thlr. geben und Niemand
ohne des Quastschen Geschlechts Einwilligung dieses Begräbnis brauchen
sollte. Wenn auch ohne öffentliche Ceremonien Leichen darinn eingesetzt
wurden, so sollten doch Inspectori 2 Thlr. u. jedem Prediger und Schul-
collegen, unter welchen auch der Küster, 1 Thlr. gegeben und entrichtet
werden; Überdem die Kirche, wenn auch nicht geläutet würde 3 Thlr.,
wenn aber insignia aufgehenckt würden 5 Thlr. über die 3 Thlr., so fürs Geläute gebührten, bekommen". In diesem Erbbegräbnis waren beigesetzt:

1. Albrecht Christof von Quast. Der kupferne, im Feuer ver-
goldete und mit getriebener Arbeit verzierte Sarg trug die Aufschrift:
„Der HochEdelgeborne Herr, Herr Albrecht Christoph von Quast,
Sr. Churfürstl. Durchlauchten zu Brandenburg Geheimer Kriegsrath,
generalFeldwachtMeister der Cavallerie, Obrister zu Ross und zu Fuss,
Gouverneur u. Oberhauptmann der Veste, Amt u. Stadt Spandow, auf
Garz, Damm, Prenner, Lancke, Wuzez Erbherr, gebohren zu Leddihn
d. 10. May 1613, verschied auf der Veste Spandow d. 17. May 1669."

2. Otto Ludolf von Quast. Der hölzerne Sarg trug die Aufschrift:
„Des weiland HochEdelgebohrnen Herrn Alexander Luldolphi
von Quast, Churfurstl. Brandenb. Rittmeisters auf Prozen und Dalgow
ErbHerrn u. des Ruppinschen Kreises bey der Löbl. Landschaft grossen
Ausschusses Verordneter, Söhnlein, Namens Otto Ludolph, welcher anno
1667 in dem Amt zu Prozen gebohren u. 1675 d. 13ten Febr. in
Spandow an den Pocken gestorben, seines Alters 8 Jahr."

3. Otto Gottfried von Quast. Der zinnerne Sarg zeigte einen
Stern, ähnlich einem Johanniterkreuze, darunter ein Kruzifix, unter diesem
einen Totenkopf und die Aufschrift:
„Hier ruht der weiland HochEdelgebohrne Herr, Herr Otto
Gottfried von Quast, Churfürstl. Brandenburgischer unter des Herrn
General Lüdike Regiment bestellter Adjutant auf Garz u. Küdow Erb-
herr sowie anno 1656 am 20ten Marty gebohren, in dem mit der
Schwedischen Armee bey Fehrbellin am 18ten July 1677 gehaltenen
Treffen tödtlich verwundet u. am 22ten August allhier in Spandow
seelig gestorben."

4. Fräulein Dorothea von Döberiz, aus Carpzow gebürtig, den
12. August 1693 hier verstorben und den 15. August beigesetzt.

5. Fräulein Barbara Hippolyta von Katte, älteste Tochter des
Melchior von Katte, Seniors des Domstifts zu Havelberg, und der Katharina
Elisabeth, gebornen von Kapell, geb. den 18. November 1677. Der
hölzerne mit vergoldetem Bildwerk gezierte Sarg trug die Aufschrift:

„Fräulein Barbara Hippolyta von Katten, ihres Alters 24 Jahr,
2 Monath u. 2 Tage ist d. 20. Januar 1702 seelig im Herrn entschlaffen."

6. Fräulein Eleonora Sophia von Katte, Schwester der Barbara
Hippolyta, geb. 1680 im Mai. Der Sarg war wie der ihrer Schwester
und trug die Aufschrift:

„Fräulein Eleonora Sophia von Katten, ihres Alters 21 Jahr
u. 9 Monath, ist d. 5. Febr. 1702 seelig im Herrn entschlaffen."

2. Das Dilschmannsche Erbbegräbnis.

Es enthielt folgende Leichensteine:

1.
H. S. E.
B. David Dilschmannus,
Consul civitatis Spandov.
B. Petri Dilschmanni, Pastoris in Silesia filius,
Natus XVI Martz MDCXXV,
prudentia juris, moderatione animi,
integritate in civilibus negotiis,
aliisque virtutibus viro consulari dignis,
bona, famam, honorem, omnia consecutus
cum e duplici matrimonio
felici pariter ac fœcundo
cum praestantissimis matronis,
Ursula Ferbizia, patre mercatore Berolinensi genita
et Maria Elisabetha a Linde, Inspect. Spandov filia
XIV liberos suscepisset
anno aetatis LVIII d. 6. Dec. MDCLXXX mo I
Liberi susperstites
piis manibus opt. et digniss. parentis
hoc monumentum posuerunt."

2.
„Monumentum
honestissimae matronae
Ursulae Ferbiziae,
quae 3 Februarii 1630 Berolini
parentibus Elia Ferbizio, mercatore claro,
Anna Duringia in hunc mundum nata, cum
in omni genere virtutem virginem ornantium adolevisset
nuptum data d. 25. April 1653
Viro consultissimo et doctissimo
Dn. Davidi Dilschmanno
Not. publ. Caesareo et consuli hujus urbis meritissimo,
Sic vixit,
ut in pietate erga Deum nunquam crescere desierit,
in fide vero ergu maritum, amore castitatis ac
humilitatis, industria domus sapienter regendae,
prolisque ad honorem Dei educandae

palmam relinquere nemini voluerit.
Tradidit animam servatori d. 25. septembr. 1675,
postquam novem liberorum, duorum filiorum
et septem filiarum mater esset facta (ex
quibus tertiam filiam Annam Martham
d. 19 Juny 1658 natam d. 9 April. 1659
mortuam, et ultimam filiam antequam
d. 4 Juny 1673 nasceretur denatam
Sepulcri socias habet) vitaeque, annos
explevisset 45, hebdomadas 30 ac
dies 6,
magnum sui et marito et liberis desiderium
relinquens."

3.　　　　„Petrus Dilschmann, Martha Bressleria,
pii conjuges hic requiescunt, quorum
ille reverendus et doctissimus vir
Neomarchiae Silesiorum ex Bernhardo Dilschmann
cive ac infectore, matre vero Catharina Gottwaldia
d. 13 Octobr. 1591 natus, studiis vero excultus Francofurti
et Wittenbergae, d. 20 Martii 1620
in pago zieserwiz ecclesiae pastor constitutus
Verbo Dei puro pavit auditores,
nec ab officii cura multis patriae
calamitatibus, direptionibus,
incendiis, peste, aliisque miseriis
quas forti animo pertulit, aversus est,
tandemque ob constantem orthodoxiae Lutheranae confessionem
d. 29 Februar 1653 patria expulsus,
triennium Wratislaviae, post vero usque ad beatam mortem
hic apud Filium Davidem, hujus urbis consulem
commoratus est, exspiravit d. 20 July 1666
exactis vitae annis 74, mensibus 8 et diebus 7.
Haec vero d. 4 Octobr. 1594 Neomarchiae nata
patre Christophoro Bresslero, quaestore Caesaris,
et aerario templi praefecto, ex matre Brigitta Tiezin,
post matrimonium tranquillissimum 47 annorum
diem suum obiit hic Spandoviae d. 26 Novembr. 1678
nata 76 annos, 7 septimanas, 6 dies;
mater facta ex uno patre sex filiorum et filiae
Petri Christophori, Bernhardi, Davidis Samuelis,
Benjamini, Marthae
nepotes ex 2 et 4 filiis conspexit 24.
Vale jam lector et memento, etiam te moriturum esse,
ut ne imparatus moriaris."

Von anderen auf dem Nicolaikirchhofe befindlichen Leichensteinen
giebt der Inspektor Schulze folgende Nachrichten:

„Hinter dem Turm herum ist zunächst der Leichenstein der ver-
wittweten Frau BurgerMeister Cantiussen mit folgender Aufschrift:“
„Hier ruhen in Gott
die Gebeine der weiland hochwohlgebohrnen Frauen
Frauen Reginen Sibyllen Fomannen von Waldsachsen,
des weiland HochEdelgebohrnen Herren,
Herrn Franz Ernst Cantius
wohlmeritirt gewesenen regierenden BurgerMeisters,
Königlichen PostMeisters auch ZollEinnehmers allhier
hinterbliebne Wittwe.
Sie war gebohren d. 27ten May 1686 zu Franecken am Rhein
ReichsGräflich Salmscher Herrschaft,
von hochAdlichen Aeltern, als
Herrn Valentin Ernst Fomann von WaldSachsen,
HochFürstlichen KammerRat u. OberAmtmann daselbst
und
Frau Juliana Margaretha von Noseville,
ward verheyrathet 1707 und eine Mutter
von 7 Kindern, u. 15 Kinder GrossMutter.
Sie wandelte im Dienst Gottes freudig,
in der Liebe aufrichtig, im Glauben gerecht,
daher Gott gefällig.
Sie starb in Christo seelig d. 21 sept. 1748,
alt 62 Jahr, 4 Monath, weniger 2 Tage.
Leichentext
2 Timoth. 1. 12.
Denn ich weiss, an wen ich glaube etc.“

Noch weiter hin findet man das

„Denkmahl
des in Gott seelig Verstorbenen
Herrn Johann Burgfeldt,
vornehmen Bürger, Brauer, Glaser
und Verordneten hierselbst,
welcher gebohren 1674 d. 26 Januar
in der Altstadt Brandenburg,
hat anno 1700 glücklich sich verheyrathet
mit Frau Catharina Maria Kettlizen,
die nächst an seiner Seite ruhet,
und ist in der 37jährigen Ehe geworden
8 Kinder Vater, 13 Kinder GrossVater,
verliess die LeibesHütte und
gieng ein zur himmlischen Behausung
anno 1738 d. 1 Decembr.
GedenkSpruch
2 Corinth. V. 1. 2.“

„Nebenbei ist das Denkmal der Frau vorerwähnten Herrn Burgfeld,
von welcher der Leichenstein folgendes sagt:"

„RuheStätte
der in Jesu seelig entschlaffenen
Frau Catharina Maria Kettlitzen,
welche gebohren zu Stolpe 1674
d. 14 July verehlicht zu zweyen Mahlen
zuerst anno 1696 mit
Herrn Thomas Bohnen,
Bürger, Brauer u. Glaser hieselbst,
hernach 1700 mit Herrn Johann Burgfeldt,
Bürger, Glaser und Verordneten,
welcher hierselbst zu ihrer Seite lieget,
ist geworden 10 Kinder Mutter,
19 Kinder GrossMutter
und 2 Kinder ÄlterMutter,
verschied seelig
in der Hoffnung der Herrlichkeit
1737 d. 19ten May
GedenkSpruch:
Psalm XXVII. 1."

„Noch vor dem Burgfeldtschen Leichenstein ist der Holzer-
mannsche, worauf man lieset:"

„Durch
Gottes Schickung
hat seine RuheKammer allhier gefunden
Herr Christian Hollzermann,
Bürger u. Brauer dieser Stadt,
welcher
hieselbst zur Welt gebohren
im Jahr 1703 d. 11ten Juny
und in den Stand der Ehe getreten
mit Jungfer Eva Christina Stimmingen
anno 1728 d. 26ten August
und durch göttlichen Segen in dieser Ehe erzeuget
drey Söhne und fünf Töchter.
Er hat
seinen Wandel christlich geführet
und sein Leben seelig beschlossen,
als Gott
des mühseeligen Lebens in Friede ein Ende machte.
Er ist in das HimmelReich gegangen
1741 d. 6. Januar
seines Alters 38 Jahr u. 8 Tage.
Sein WahlSpruch ist:

Psalm 34 15, 16
Ich aber, Herr, hoffe auf dich pp."

„Weiterhin stehet auf einem Leichensteine:"

„In
dieser Gegend erwartet
der seelig frölichen Auferstehung der Todten
Frau Eva Christina Stimmingen,
Herrn Andreas Gaeuen, Bürgers u. BrauHerrn allhier
im Leben lieb gewesene EheGenossin.
Sie war gebohren allhier zu Spandov d. 24 Dec. 1711
Ihr Vater war Herr George Stimming,
Bürger u. Brauer allhier,
Ihre Mutter war Frau Magdalena Wilcken.
Nach dem Willen Gottes ward sie d. 26ten August 1728 vermählt
mit Herrn Christian Holzermann,, Bürger u. BrauHerrn allhier
In dieser Ehe sind 8 Kinder erzeuget, davon
noch drey Töchter am Leben sind.
Aus dieser EheVerbindung ist er durch den frühzeitigen
Todt d. 6 Jan. 1741 gerissen worden.
Sie ist in das Band der Ehe gegangen d. 1 Nov. 1742
mit Herrn Andreas Gaeuen, Bürger u. Brauherrn allhier,
welche Ehe Gott mit 7 Kindern geseegnet,
davon noch 4 am Leben sind.
Endlich hat sie Gott von der Welt gefordert
d. 19ten Septembr. 1750.
Ihr WahlSpruch ist:
Psalm 39 5."

„Noch weiter hinter ist das"

„EhrenGedächtniss
des weiland hochEdlen und Wohlgebohrnen Herren,
Herrn George Wulffen,
gewesenen Königl. Preuss. MühlMeisters allhier
welcher zu Fürstenwalde d. 22. April 1655 gebohren
d. 12ten Octobr. 1712 zu Neustadt an der Dosse
mit Jungfer Johanna Maria Neubeden
copuliret ward, aus welcher Ehe
sie 13 Kinder erzeugt, als 4 Söhne und 9 Töchter,
davon 4 Söhne u. 8 Töchter noch am Leben sind,
eine Tochter aber dem Vater in die Ewigkeit
vorangegangen.
Er starb den 10ten April 1736,
seines Lebens 81 Jahr 11 Monath 28 Tage.
LeichenText:
Psalm 12 1. 2."

„Neben dou Denkmälern des Burgfeldt und seiner Frau ist in ebendem Gitter, dem Inspectorat-Hause gegenüber, zur Linken am von Quastschen Gewölbe der Leichenstein des Kaufmanns D a e n i c k e mit folgender Aufschrift:"

„Hier
ruhet in Gott
Herr Otto Wilhelm Daenicke,
Vornehmer, Wohlberühmter
Kauf- u. Handels-Mann allhier
welcher im 1679sten Jahre d. 8ten Februar
in dem Amt Konze unter dem Fürstenthum
Wolffenbüttel gebohren.
Anno 1706 verehlichte er sich
mit der Tugendbegabten Jungfer Maria Falkenbergen,
welche der grosse Gott nach Vollendung
vergnügt geführter christlicher Ehe
von seiner Seite gerissen.
Nachdem verehlichte er sich
mit der hochgeachten und Tugendbegabten
Jungfer Anna Catharina Schmidts.
Selbige verliess er
in seiner achtzehnjährigen Gott gefälligen Ehe,
starb seelig im Herren
d. 13ten Januar 1730
Sein WahlSpruch war:
heute roth, morgen todt."

„Der letzte noch leserliche Leichenstein, dem Archidiaconat-Hause gegenüber, ist auf den jungen Herrn S c h r e i n e r. Seine Aufschrift lautet also:"

„EhrenGedächtniss
des wohlgelahrten
Herrn Gottlieb Schreiner,
Herrn Johann Christian Schreiners,
Archidiaconi hieselbst hoffnungsvoller Sohn.
Er hatte allhier in Spandow
des Tages Licht erblickt 1722 d. 23ten April.
Seine lieben Ältern hatten ihn
seiner stillen und frommen GemüthsNeigung wegen
dem studio theologico gewidmet,
wie er denn schon die Friedrichs-Universitaet bestiegen,
von derselben aber mit Brust- u. Lungen-Kranckheit
zurückkam u. endlich d. 16ten April 1742
in jene hohe Schule versezt wurde,
so dass ihm Tages nachher
sein Herr Vater dahin gefolget.

Seine wenigen Tage hat er gebracht
auf 20 Jahr, weniger eine Woche."

An Gemälden befanden und befinden sich teilweise noch in der Kirche:

1. Ein Gemälde darstellend den über den Wolken thronenden Gott. (Noch vorhanden.)

2. Ein Gemälde darstellend die Auferstehung Christi. (Verschwunden.)

3. Ein Gemälde darstellend die Taufe Christi. (Verschwunden.)

4. Ein Gemälde, auf welchem man eine Anzahl schwarzgekleideter barhäuptiger Männer und eine schwarzgekleidete betrübte Frau mit jungen Kindern und zwei Wappen erblickte. Die Männer und die Frau waren durch folgende Inschriften von einander getrennt:

„Anno 1546 Montags nach Nicolai ist der Ehrbare u. Wohl-Weise Dietrich Dreszer, BurgerMeister allhier zu Spandow gottseelig entschlaffen; dem Gott gnädig sei." Und ferner:

„1549 am Freytage nach Thomae ist der Ehrbare u. Fürnehme Romanus Hindenburgk in Gott seelig entschlaffen."

„Anno 1562 d. 26 Januar den Dienstag vor ? ist der Ehrbare Weise Valentin Reinbude, Kämmerer allhier zu Spandow auch in Gott dem Herrn seelig entschlaffen. Gott wolle diesen Seelen gnädig und barmherzig seyn durch Christum, Amen." (Verschwunden.)

5. Ein Gemälde darstellend Christus in Gethsemane. (Verschwunden.)

6. Ein Gemälde darstellend die Propheten. (Verschwunden.)

7. Ein Gemälde darstellend eine Christenverfolgung. (Verschwunden.)

8. Ein kleines Gemälde ein Crucifix darstellend, an welchem drei geharnischte Männer und drei trauernde Frauen standen. Darunter war zu lesen:

„Anno Domini 1568 d. 24ten Augusti in der Nacht um 12 Uhr ist in Gott seelig verschieden der Edle, Ehrenfeste u. Gestrenge Caspar von Klitzing auf Neuendorff Hauptmann zu Spandow, welches Seele Gott durch Christum gnädiglich geruhen wolle." (Verschwunden.)

9. Ein kleines Bild, ein Crucifix darstellend, welches trauernde ältere und jüngere Personen umstanden. Darunter ist zu lesen:

„Anno 15 . . d. . . . . ist der Ehrbare Meister Hans Schmidt, Koch allhier zu Spandow gewesen seelig in Gott entschlaffen."

„Anno 15 . . d. . . . . . . ist die tugendsame Sibylla Fechlers, seine eheliche Hauszfrau in Gott seelig entschlaffen. Gott wolle ihnen u. allen gottseeligen Seelen gnedig sein, Amen." (Verschwunden.)

10. Auf einer Holztafel verschiedene Darstellungen:

a. Auferstehung Israels nach Hesekiel 37.

b. Auferstehung Christi.

c. Crucifix, auf dessen einer Seite ein schwarzgekleideter Mann mit zwei Söhnen, auf der andern eine schwarzgekleidete Frau mit zwei Töchtern stehen. Unter dem Manne und der Frau ist je ein Wappen mit der Jahreszahl 1641 und den Namen Joachimus Mœggelin und Eva Walters. Darunter war zu lesen:

„Der Ehrenfeste, Wohlgelahrte und Vorachtbare Herr
Joachimus Mœggelin, Churfürstl. Brandenburgscher wohlverord-
neter Ober ZieseMeister im Ruppin- u. Priegnizschen Kreise,
nebst seiner herzliebsten HaussEhre, der ehr- u. viel tugendsamen
Frau Eva Walters, haben diess epitaphium Gott zu Ehren, der
Kirche zum Zier u. zu ihrem Gedächtniss sezen lassen anno 1641.
d. 25 Septembr. Er ist seelig verstorben anno 1639 d. 12 Julii
aetatis 34 Jahr. Sie starb seelig anno 1686. d. 4ten August,
ihres Alters 76 Jahr. Ihrer Beyderseits Kinder Joachimus I
ward gebohren 1634. d. 14ten April u. Karl 1634 d. 29ten April;
Elisabetha Sophia ward gebohren 1635 d. 7 Juny, starb 1696
d. 19. Januar; Anna Catharina ward gebohren 1637 d. 9 Januar,
starb 1639 d. 6ten Octobr.; Joachimus II ward gebohren 1636
d. 18 Sept., starb 1687 d. 3 November.“   (Verschwunden.)

11. Rechts der Orgel an der Westwand ist ein grosses Gemälde
von zwei Säulen eingerahmt, darstellend die Hirten bei der Krippe Jesu.
(Noch vorhanden.)

12. Unter 11. ein Gemälde darstellend Christus am Kreuz. Auf
der einen Seite standen schwarzgekleidete Männer, auf der andern
schwarz gekleidete Frauen und zwei weissgekleidete Kinder mit Kreuzen
in den Händen. Hinter dem Crucifix ist die Bundeslade, über demselben
die Aufschrift J. N. R. J., unter demselben ein Totenkopf und daneben
drei Wappen. (Verschwunden.)

13. Auf der linken Seite der Orgel ist ein von Säulen einge-
rahmtes Gemälde darstellend die Opferung Isaaks. Es trägt die Unterschrift:

„Mit dieser Tafel ohne Ruhm
diese Kirche ziert Jürgen Blum,
welchen, nachdem er früh und spat
elf Jahr der Schul mit Lehr u. That,
ja auch nicht ohne Muh darinn die Jugend
gewöhnt zu aller Zucht und Tugend,
dazu mit Ehren ins zehnte Jahr
gedient dem Rathhauss offenbar
die Pestilenz nach Gottes Rath
mit Andern hingerissen hat,
dem seine Frau Ursula Kahlerin
mit ihren lieben Kinderlein,
als Margareth, Jürgen u. Johann,
Jochim, Cathrine, Casimire dann
so all' noch jung u. wohl gestalt
an gleicher Pest gefolget bald,
da man zählt ein tausend Jahr
sechshundert u. eilf offenbar
der Seelen all'n Gott gnädig sey,
ein fröhlich Urstand auch verleih.“

(Noch vorhanden.)

14. Im Ratsstuhl ein Gemälde auf Holz in vergoldetem Rahmen darstellend die Auferstehung Israels nach Hesekiel 37.

15. Das Bild am Orgelchor: Die Entführung des Apostels Petrus aus dem Gefängnisse: ist ein Geschenk Sr. Majestät des Königs Friedrich Wilhelm III., welches dem Magistrate am 9. Februar 1826 mit folgendem Kabinettsschreiben zuging:

„Eingedenk der Bereitwilligkeit, mit welcher der Magistrat zu Spandau der Einführung der Liturgie in der dortigen Nicolaikirche entgegengekommen ist, will Ich das beikommende Bild: der Apostel Petrus von einem Engel aus dem Gefängnisse geführt, dieser Kirche zum Andenken verehren und nur dabei bemerken, dass dasselbe, da es zu einem Altarbilde nicht geeignet ist, einen andern angemessenen Platz in der Kirche erhalten muss, über dessen Auswahl auch die Geistlichkeit der Kirche mitzustimmen hat.

Friedrich Wilhelm."

Folgende Bildnisse befinden sich in der Kirche:

1. Das Bild des George Lamprecht, Inspektors allhier, gemalt von Bernhard Rohde. Eine weibliche Figur in weissem Gewande sitzt, die Augen traurig gen Himmel erhoben, mit gefalteten Händen da und hält im linken Arme das Brustbild Lamprechts, welches Engel umgeben. Zu den Füssen der weiblichen Figur sieht man ein Rauchgefäss. Darunter zwei Inschriften. Die eine von Professor Ramler lautet:

„Ihr Redlichen im Lande weint!
Hier lieget der der Andacht Einhauch fühlte,
der das Gesetz des Herrn erklärte, glaubte, hielte,
er starb, wie er gelebt, ein Menschenfeind."

Die andere von Inspektor Freyer lautet:

Dr. Georgius Lamprecht
natus hac in urbe d. 27. Octobr. 1694, ab anno 1721.
Ecclesiae Werbensis Diaconus, anno 1729 pastor et
Inspector hujus ecclesiae et diœcesios constitutus,
Denatus d. 27. Juny 1766, aetatis 71 ann. 8 mens."

2. Das Bild des Joachim Lamprecht, Vaters des Inspektors, 1682 hier Kantor, 1684 Konrektor, 1685 Diakonus und Archidiakonus, 1707 Pastor und Inspektor. 1730 gestorben. Unter seinem Bilde steht:

Dr. Joachimus Lamprecht,
Pastor et inspector hujus ecclesiae et vicinarum
meritissimus. Natus Kyritii d. 28. January 1658,
Denatus Spandoviae d. 27 Septembr. anno 1730,
aetatis 72 ann. 8 mens.

Friedrich Guhle pinxit."

3. Das Bild des George Vulpinus, Konrektors, Rektors, Diakonus und seit 1680 Archidiakonus in Spandau. Unterschrift:

„Dr. Georgius Vulpinus.
Ecclesiae hujus archidiaconus et ultra octo annos praeco
exoptatissimus, natus est Spandove anno 1644 d. 9 Maji,
ibidemque placide defunctus anno 1685 d. 25 Septembr.
cum complevisset annum aetatis 41 mens. 4. hebd. 2. et dies 2."

4. Das Bild des Michael Zye. Unterschrift:

„Herr Michael Zye, der Kirche zu Spandow Archidiaconus ist
an diese Welt gebohren in Neuen Ruppin, im Jahr Christi 1610 am
16ten Augusti und nachdem er fast 22 Jahr im Predigtamt allhier
aufgewartet, ist er im 49ten Jahr seines Alters d. 16 Marty früh um
zwey Uhr anno 1659 sanft und seelig im Herrn entschlafen; welchem
zu Ehren und stets währendem Andenken seine hinterbliebene und
hochbetrübte Frau Wittwe Catharina Kriedten dieses hat sezen lassen.
Requiescat in pace."

5. Das Bild des Inspektors Joachim Moritz. Unterschrift:
„M. Joachimus Maurizy
Bernoviensis Marchicus, Pastor et Inspector
olim Spandoviensis, natus anno MDXC, vocatus
ad S. Ministerium Wernigerodae 1613, Magdeburgi 1626, Spandoviae 1631,
denatus anno MDCLIX, aetatis suae 69.

6. Das Bild des M. Christophorus Rhewend. Unterschrift:
„M. Christophorus Rhewendus
Archidiaconus Spandoviensis fidelissimus,
Vir solida eruditione et animi integritate
conspicuus
natus Zechlini d. 15 January 1632,
denatus Spandoviae d. 19 Juny 1677."[1]

7. Das Bild des Tobias Reinhart. Überschrift:
„Reverendo Dr. Tobiae Reinhardo, ecclesiae hujus inspectori.
Puro corde virum picturea haec postuma signat,
ut fuerat nomen de bonitate Dei.
Sic retulit vultum sic in sacra pulpita scandit,
docturus populum jussa verenda Dei:
Lustra Deus septem quatuor concessit et annos
octo minister erat, totque maritus, erat,
Proh dolor! ante diem Libitina hunc abstulit atra
arae vestibulum corpus inane tegit.
Thren. III. 24.
Mens, ait aegra, malis deus est pars optima solus,
hunc mea spes imo corde reposta manet."

8. Das Bild des M. Christof Gigas, des ersten Rektors hiesiger
Schule. Überschrift:
„Effigies reverendi et doctissimi Domini
M. Christophori Gigantis, ecclesiae Spandovianae
Pastoris, anno aetatis 29. Messiae 1599, obiit anno 1603 d. 23 Martii."

---

[1] Begründer der Kirchenchronik.

9. Das Bild des Archidiakonus C. Schreiner. Die Unterschrift lautet:

„Dr. Johannes Christianus Schreiner,
Archidiaconus ecclesiae Spandoviensium longe meritissimus, natus Arndorffii anno 1698 d. 27 Juny
vocatus Archidiaconus 1732 d. 4 Septembr.
V. D. Minister Arnsdorffii 1705 d. 30 July
Diaconus Spandov. 1710 d. 15 Novembr.
denatus Spandove anno 1742 d. 17 April aetatis 63 ann. 9 mens. 20 dies."

10. Das Bild des M. Albertus Calerus auf öffentliche Kosten von Meister Jeronymus Rosenbaum für 8 Thlr. gemalt. Überschrift:

„Der Ehrwürdige, Achtbare u. Wohlgelahrte Herr,
M. Albertus Calerus ist gebohren anno 1532 d. 10ten
Decembr. nach Spandow vocirt anno 1564 d. 28 Juny,
im Diaconat gedient 13 Jahr 39 Wochen, dem Pastorat fürgestanden 20 Jahr u. 13 Wochen, sein ganzer
Amtslauf 34 Jahr, sein Alter 66 Jahr, seelig
entschlafen 1598 d. 24 Juny vor Johannis Baptistae früh um 3 Uhr, an welchem er seine erste Messe gesungen."

11. Das Bild des Inspektors Daniel Schulze, Verfassers von „zur Geschichte und Beschreibung von Spandow. Gesammelte Materialien".

Schon vor der offiziellen Einführung der Reformation in den Marken waren Rat und Bürgerschaft Spandaus Anhänger der Lehre Luthers. Dies beweist vor allem die Anwesenheit Philipp Melanchthons in den Fasten 1535 und besonders die Beschenkung desselben seitens des Rates mit zehn Joachimsthalern. Als dann die verwitwete Kurfürstin Elisabeth auf dem Schlosse Wohnung nahm und 1537 den lutherischen Pfarrer Buchholzer als ihren Hofprediger zu sich berief, scheint man in Spandau offen der neuen Lehre beigetreten zu sein, denn in der Kämmereirechnung werden Gelder erwähnt, die dem Prediger Heinrich vom Rate als Gehalt gezahlt wurden. Die katholischen Pfarrer erhielten kein Gehalt vom Rate, Heinrich scheint demnach der erste evangelische Prediger Spandaus gewesen zu sein.

Nachdem Kurfürst Joachim II. am 1. November 1539 in der Nicolaikirche das Abendmahl in beiderlei Gestalt genommen und damit in aller Form zur Reformation übergetreten war, nahm auch die Stadt und das Kloster öffentlich die neue Lehre an. Es wurde nun zwischen dem Rate und dem Kapitel des Klosters verhandelt: „wie es in der Folge mit Predigern, Kirchendienern und derselbigen Ämtern in gemeiner Stadt und Klosterkirche mit der Bestellung des Soldes soll gehalten werden". Das Kapitel verpflichtete sich zum Unterhalte der Prediger und Kirchendiener jährlich 44 Gulden, 4 Ruten Holz aus der Klosterheide und einen Wispel Roggen beizutragen. Ausserdem genehmigte es, dass der Klosterdiener zusammen mit dem Stadtzöllner den Vierzeitenpfennig zu Gunsten der Pfarrer einsammele. Gleichzeitig übertrug das Kloster das Patronat der städtischen Pfarrkirche dem Rate.

Nachdem die kurfürstlich brandenburgische Kirchenordnung im Jahre 1540 als Landesgesetz publiziert worden war, wurde zur Durchführung derselben eine allgemeine Kirchenvisitation angeordnet. Zu Visitatoren wurden ernannt: der Bischof von Brandenburg, Matthias von Jagow; der Generalsuperintendent Stratner und der Kanzler Weinleben. Im April 1541 fand die Kirchenvisitation in Spandau statt. Der Visitationsabschied vom 25. April 1541 regelte die kirchlichen Verhältnisse der Stadt und bestimmte folgendes:[1]

Der Rat übt fortan das Präsentations- und Patronatsrecht über die Nicolaikirche aus.

Zur Pfarre wird dem Rate vom Kapitel des Klosters überwiesen:

1. Das Pfarrhaus auf dem Pfarrkirchhof nebst den daran gelegenen zwei Häuslein als Wohnung für den Pfarrer.
2. Das Scheffelkorn von 50 Hufen à 1 ½ Scheffel Roggen und 1 ½ Scheffel Hafer jährlich und die Retardaten.
3. Der Opfer- oder Vierzeitenpfennig.
4. Jährlich 15 Gulden barer Münze von seiten des Kapitels zu zahlen.
5. Fünf Stein Talg, welche bisher jährlich der Rat, und 45 Groschen, welche bisher jährlich die Gilde der Gewandschneider dem Kloster zahlte.

Dem Kloster ist das Pfarrrecht vorbehalten. Die Jungfrauen „sollen und wollen unverhindert sein, in der Pfarrkirche Predigt zu hören, Sakrament zu empfangen und ander Kirchenamt zu besuchen". Ferner soll ein Pfarrer oder Kaplan wöchentlich zweimal, am Sonntage und Mittwoche im Kloster predigen und Sakrament reichen, die Kranken des Klosters aber, so oft es Not ist, besuchen und trösten.

Der Pfarrer soll freie Wohnung in dem Pfarrhause, 100 Gulden an Geld, den Opfer- oder Vierzeitenpfennig, 2 Wispel Roggen und 1 Wispel Gerste haben.

Ein emeritierter Pfarrer erhält, so lange er in der Stadt bleibt, jährlich 25 Gulden aus dem gemeinen Kasten.

Der Pfarrer soll einen Kaplan haben, der jährlich 50 Gulden und 3 Wispel Roggen erhält und dazu freie Wohnung hat.

Nach Erledigung der Pfarre zu Seeburg und Staaken soll, falls dieselbe von der Stadt aus versorgt wird, ein zweiter Kaplan mit den Einkünften jener Pfarre angestellt werden.

Der Küster erhält freie Wohnung, ½ Schock für das Seigerstellen, 4 Schock vom Rate, Präbende und Kaldar auf dem Schlosse, 4 Pfennige aus jedem Hause, 2 Gulden 6 Groschen Wachgeld, 10 Groschen aus der Zollbude und 3 Schock aus dem gemeinen Kasten.

Ausserdem beziehen Pfarrer, Kaplan und Küster Accidenzen von Taufen, Trauungen und Begräbnissen.

Zu Vorstehern des gemeinen Kastens ernennt der Pfarrer jährlich einen Ratmann und einen aus der Gemeinde, die an Sonn- und Festtagen

---

[1] Ein Buch in folio enthält die Visitationsabschiede. Es befindet sich in der Magistratsbibliothek.

in der Kirche, an hohen Festtagen auch in den Häusern zu dem gemeinen Kasten bitten sollen. Aus dem gemeinen Kasten, in welchen die Einkünfte aller Kommenden und Lehen fliessen, werden dem Pfarrer, dem Kaplan, den Schuldienern und dem Küster jährlich die festgesetzten Besoldungen und 20 Gulden jährlich einem auf der Universität Frankfurt a/Oder studierenden Bürgerssohne als Stipendium gezahlt.[1]

1550 ist bereits ein zweiter Kaplan angestellt. Er wird als Diaconus bezeichnet, während der erste Kaplan fortan Archidiaconus genannt wird. 1576 fand die zweite Kirchenvisitation statt. Hierbei wurde der Pfarrer oder erste Prediger zum Inspektor (Superintendenten) ernannt und ihm aufgetragen, er solle nicht bloss „auf seine Kirchendiener, sondern auf die benachbarten Pfarrer, so allhie visitiert, fleissig sehen und das Ungebührliche abwenden und verhüten helfen". Das Gehalt der Geistlichen wurde erhöht und die Anstellung eines neuen Kirchendieners, des Organisten, genehmigt. Auch der Kirchenvorstand erlitt eine Veränderung, indem für denselben drei Ratmannen und drei Bürger, schon jetzt als Kirchenväter bezeichnet, ernannt wurden.

Zur Inspektion Spandau gehörten die Pfarren zu: 1. Kladow, Gatow, Glienicke; 2. Potsdam; 3. Geltow und Eichstedt; 4. Bornim, Golm und Gröben; 5. Fahrland, Sakrow und Satzkorn; 6. Karzow und Priort; 7. Schorin und Paren; 8. Ütz; 9. Falkenrede und Karpzow; 10. Wustermark und Hoppenrade; 11. Rohrbeck und Dürotz; 12. Döberitz und Ferbitz; 13. Dalgow und Seeburg; 14. Segefeld und Falkenhagen; 15. Staaken; 16. Kotzeband und Schönwalde; 17. Wansdorf; 18. Paussin; 19. Perwenitz; 20. Marwitz und Velten; 21. Eichstedt; 22. Vehlefanz; 23. Schwante und Klein Ziethen; 24. Gnaden-Germendorf und Nateheide. Im Jahre 1730 wurde die Spandauer Inspektion durch Einrichtung der Potsdamer beschränkt.

Die Trennung der Pfarre zu Seeburg von der zu Staaken und ihre Vereinigung mit der Pfarre von Dalgow erfolgte im Jahre 1560. Die Superintendentur Spandau umfasst jetzt die Pfarren von: 1. St. Nicolai zu Spandau, mater, Privat-Patronats, Staaken, filia mit eigenen Pfarrern; 2. St. Johannis zu Spandau, Personalgemeinde innerhalb der Parochie St. Nicolai, kgl. Patronats; 3. Bötzow, mater, kgl. Patronats, Schönwalde, filia, Privat-Patronats; 4. Wansdorf, mater, Privat-Patronats, Pausin, mater conjuncta, kgl. Patronats; 5. Marwitz, mater, kgl. Patronats, Velten, filia, kgl. Patronats, Eichstädt, mater conjuncta, Privat-Patronats; 6. Vehlefanz, mater, kgl. Patronats, Bärenklau, filia, kgl. Patronats; 7. Schwante, mater, Privat-Patronats, Klein Ziethen, filia, kgl. Patronats: 8. Quaden

---

[1] Die geistlichen Lehen und Kommenden der Pfarrkirche waren: Zwei Lehen von der Kapelle unserer lieben Frauen, die erste Messe, das Lehen des Altars Michaelis und Annae, das Lehen exulum Annae, das Lehen Jacobi, das Lehen Margarethae, das Lehen Johannis, das Lehen der Knochenhauer, das Lehen der Schuhmacher, das Lehen exulum Petri und Pauli, das Schöffenlehen, das Lehen in der Heiligen-Geist-Kapelle, die St. Gertruden-Kommende, das Lehen Johannis und das Schützenlehen in der Moritzkapelle, die Zinsen von den Kietzern und andere Zinsen.

Germendorf, mater, kgl. Patronats, Nassenheide mit Freienhagen, filia, kgl. Patronats.

Die Namen der ersten Prediger und Inspektoren der Nicolaikirche seit der Reformation sind folgende:

1538—1540	{Heinrich (Machelt). / Johann Kaulitz.
1540—1542	Johann Herz oder Cordus.
1542—1543	M. Johann Schmol. (?)
1543—1546	M. Johann Garcaeus, ein geborener Spandauer.
1546—1555	M. Christophorus Lasius.
1555—1566	M. Johann Salmuth.
1567—1573	M. Johann Aquila.
1578 - 1598	M. Albertus Calerus.
1598—1603	M. Christof Gigas.
1603—1618	M. Joachim Grunovius

(Er musste wegen reformierter Neigungen auf Befehl des Konsistoriums 1618 sein Amt niederlegen.)

1618—1626	M. Tobias Reinhardt.
1626—1632	M. Wolfgang Günther.
1632—1659	M. Joachimus Mauritii.
1659—1679	M. Daniel von der Linde.
1680 - 1707	Zacharias Mathiae.
1707—1730	Joachimus Lamprecht.
1730--1766	Georg Lamprecht.
1766—1778	Johann Gottfried Freyer.
1778—1811	Daniel Friedrich Schulze, der Verfasser der Materialien.
1811—1831	Fidler (nicht Superintendent).
1831—1845	Hornburg.
1845—1848	Stechow.
1849—	Guthcke.

Das Anwachsen der Gemeinde machte im Jahre 1874 die Anstellung eines vierten Predigers nötig, so dass das Ministerium der Nicolaikirche zur Zeit aus einem Oberprediger und drei Diakonen besteht. Seit 1874 erhalten die Prediger festes Gehalt und zwar:

der Oberprediger hat kein festes Gehalt,
„ Archidiakonus   4800 Mark⎫
„ Diakonus I.   3900   „ ⎬ und Wohnung,
„ Subdiakonus II. 3000   „ ⎭

Dazu bezieht jeder Prediger, so lange das Geld vorhanden ist, 750 Mark aus der Predigerwitwenkasse.

Am 27. November 1825, dem ersten Adventssonntage, wurde die von König Friedrich Wilhelm III. für die Domkirche zu Berlin verordnete Agende in der Nicolaikirche eingeführt. Aus Anerkennung dafür schenkte der König unterm 30. Januar 1826 das Ölgemälde, darstellend die Entführung des Petrus aus dem Gefängnisse.

Die Kirchenbibliothek wird 1532 zuerst erwähnt. Sie wurde durch Anschaffung und Schenkung von Büchern, besonders zu Ende des sechzehnten und im Anfange des siebzehnten Jahrhunderts vermehrt. 1760 zählte sie über 400 Bände. 1765 vermachte ihr der Prediger Wegener zu Germendorf seine ganze Bibliothek von fast 1400 Bänden und setzte ausserdem ein Legat von jährlich 100 Thalern aus, die der Archidiakonus als Bibliothekar bekommen sollte. 1766 vermachte der Prediger Korthym zu Pankow seine Bibliothek von fast 500 Bänden, und 1772 überwiesen die Erben des Diakonus Mendius einige Hundert Bücher, so dass die Bibliothek nun gegen 2700 Bände zählte. Ein vom Inspektor Schulze aufgestellter Katalog stammt aus dem Jahre 1772. Seitdem hat die Bibliothek viele Verluste erlitten und hat jetzt fast gar keinen Wert mehr.

Der jetzige Joachims- und Heinrichsplatz führten bis in den Anfang dieses Jahrhunderts hinein den gemeinsamen Namen „Nicolaikirchhof". Vordem war der Platz ein wirklicher Kirchhof gewesen, auf welchem die Toten der Gemeinde begraben wurden. Urkundlich wird derselbe im Jahre 1424 zuerst erwähnt.[1]) Seit Eröffnung des Moritzkirchhofes im Jahre 1612 scheinen nur noch in den Erbbegräbnissen oder, falls für den Platz eine gewisse Summe an die Kirche bezahlt wurde, auch sonst Leichen beigesetzt worden zu sein. 1722 verwandte man diejenigen Leichensteine, welche entweder Mitgliedern ausgestorbener Familien gesetzt waren oder deren Schrift nicht mehr zu lesen war, zur Pflasterung des Mittelganges der Kirche, welche, wie erwähnt, in diesem Jahre ausgebessert wurde. Gegen die Klosterstrasse, die jetzige Potsdamer Strasse, hin war der Kirchhof durch eine Mauer geschlossen, welche teilweise im Jahre 1739 auf Verlangen des Generals von Derschau, „damit die Soldaten desto mehr Raum hätten, sich zu stellen, wenn sie auf die Wache ziehen, auch auf der Seite nach den Offiziantenhäusern und der Schule hin exerzieren könnten," und gänzlich 1751 auf Befehl des Prinzen Heinrich niedergerissen wurde. Fortan wurde niemand mehr auf dem Kirchhofe beerdigt. 1778 liess der Oberst von Kalckstein, Kommandeur des in der Stadt garnisonierenden Regimentes Prinz Heinrich, einen grossen Teil des Kirchhofes an der Potsdamer Strasse planieren und mit Gras belegen, „um das Regiment beim Exercieren gerader in Parade zu haben". Der Kirchhof wurde also als Exercierplatz benutzt. 1780 liess der Oberst von Stwolinski, der Nachfolger Kalcksteins, den Kirchhof fast bis an die Kirche mit Gras besäen und 1781 auf allen Seiten des Grasplatzes Bäume pflanzen und den Platz einhegen. Der Inspektor Schulze protestierte hiergegen beim Magistrate, aber ohne Erfolg. Bald darauf versah der Oberst von Wartensleben den Platz auf seine Kosten mit Gängen und Gartenanlagen. Diese wurden während der Anwesenheit der Franzosen vernichtet.

Zu welcher Zeit der südliche Teil des Kirchhofes den Namen „Joachimsplatz", der nördliche den Namen „Heinrichsplatz" erhalten hat, ist nicht zu finden. Es scheint in dem ersten Viertel dieses Jahrhunderts geschehen zu sein.

Das Denkmal auf dem Heinrichsplatze ist dem Andenken der beim Sturme auf die Stadt am 20. April 1813 gefallenen Preussen und der in den Kriegen von 1812—1815 gebliebenen Söhne der Stadt geweiht und am 27. April 1816 enthüllt worden. Gleichzeitig wurde der Heinrichs-

---

[1]) Riedel, cod I. 11, 80.

platz mit Bäumen bepflanzt.   Die neuen Anlagen auf dem Joachims- und
Heinrichsplatze sind im Jahre 1881 gemacht worden.[1]

Das Vermögen der Kirche setzt sich jetzt zusammen aus:
1. Kapitalvermögen:
  A. Substanzvermögen der kirchlichen Institute, Kapi-
     talien, deren Zinsen an die Institute verausgabt
     werden 102985   M.
  B. Substanzvermögen der Kirche, Kapitalien, deren
     Zinsen zur Deckung der Ausgaben für die Kirche
     verfügbar sind 157675   „
  C. Sonstiges Vermögen der Kirche . . . . 108006,10 „
                                    Summa . . . 368666,10 M.
2. Grundstücke:
  Kirche, Kirchhof, Diakonathaus, Ackergarten, Spekteacker, Falken-
  hagener Acker, Weinbergparzellen, Sandwiesen und Radelandacker,
  Spreewiesen, Pfarrmeiereiacker in Staaken.
Bei der Nicolaikirche bestanden in katholischen Zeiten auch einige
geistliche Brüderschaften oder Gilden.   Erwähnt werden die Kalandsbrüder
und die Brüder der Fremdlinge oder Elenden.

2. Die Kalandsbrüder.

Schon im achten Jahrhundert war es üblich, dass die Priester
eines gewissen Distriktes am ersten Monatstage zusammenkamen, um sich
über die Führung des göttlichen Amtes, zu welchem sie berufen waren,
zu beraten und die kirchlichen Feste für den laufenden Monat zu ordnen.
Von dem lateinischen Namen des Zusammenkunftstages erhielten die Zusammenkünfte selbst, an welche sich ein gemeinsamer Gottesdienst und
ein gemeinsames Mahl anschlossen, den Namen „Kalenden“.[2])   Aus diesen
synodalen Zusammenkünften sind die „Kalandsgilden“ oder „Kalandsbrüderschaften“ (confraternitas oder fratres kalendarum) hervorgegangen,

---

[1]) Das einfache gusseiserne Denkmal trägt auf drei Schilden folgende
Inschriften:
  1. Die dieses Erz Dir, Wandrer, nennt,
     Im Sieg für unserer Freiheit Glück sind sie gefallen,
     Der Dank liess ihre Heldennahmen nicht verhallen,
     Das sie nacheifernd noch der späte Enkel kennt.
2. Aus Spandow fielen im Kriege von 1812—1815: Greiser, Teichert, Weiland,
Neumann, Teikert, Heinrich, Scheller, Rauscherl, Specknick, Jobo, Albrecht,
Michel, Angermeier, Schilbe, Herr, Rasenack, Tübbicke, Kraul, Jacob, Biermann,
Dewes. 3. Am 20. April 1813 beim Sturm von Spandau fielen: v. Lebbin,
Wender, Walter, Merszahn, Zacharias, Hoppe, Sareyka, Szarnowsky, Tiborowsky,
Talinsky, Warmbier, Neunfeld, Alexander, Szentka, Lawrenz, Szelinsky, Katsch,
Tubbicke. Ein viertes Schild zeigt das eiserne Kreuz.
  [2]) Die Römer nannten den ersten Monatstag „Kalendae“. Wilda, Gilde-
wesen. Götze, urk. Gesch. von Stendal.

die Geistliche und Laien in sich schlossen, und deren Zwecke die Ausübung brüderlicher Freundschaft, gegenseitige Unterstützung, Sorge für
das Seelenheil sowohl der Lebenden wie der Toten durch gemeinsame
Teilnahme an gewissen Messen, feierliche Bestattung der gestorbenen
Mitglieder, Gebete, Memorien und Vigilien, Spenden an Arme u. s. w.
waren. Die Zusammenkünfte dieser Brüderschaften fanden zu gewissen
Zeiten statt und wurden durch ein gemeinsames Mahl beschlossen, das
später so sehr zur Hauptsache wurde, dass die Kalands z. B. bei Luther
in keinem hohen Ansehen stehen und der Ausdruck „Kaländern" zur
Bezeichnung wüster Schwelgerei üblich wurde.

Der Kaland „von Spandau und auf der Heide" (confraternitas ac
fratres Kalendarum de Spandowe et de merica) wird zuerst erwähnt in
einer Urkunde aus dem Jahre 1319,[1]) durch welche Markgraf Waldemar
der Brüderschaft eine Hebung aus dem Kietze bei Spandau zuweist. Der
„Kaland auf der Heide" (fratres Kalendarum de merica et de quibusdam
aliis villis eidem territorio adjacentibus) erscheint urkundlich schon 1313.[2])
In dieser Urkunde werden zugleich die Namen der Brüder angegeben.
Es sind:

Johann, Vorsteher des Heiligen-Geist-Hospitals in Spandau.
Priester Stephan in Fahrland.
      „   Johann in Seeburg.
      „   Otto in Ketzin.
      „   Konrad in Schorin.
      „   Nicolaus in Heiligensee.
      „   Arnold Weiger in Wustermark.
      „   Lorenz in Ütz.
      „   Johann in Rorbeck.
      „   Nicolaus in Zieten.
      „   Arnold Weiger in Langwitz.
      „   Johann in Kladow.
      „   Friedrich in Markee.
      „   Wromoldus in Töplitz.
      „   Thomas in Knoblauch.
      „   Wilhelm in Etzin.
Heinrich, Priester der St. Georgenkapelle in Spandau.
Hermann von Weyben und die
Ritter Burchhard Greueltent und Nicolaus von Gröben.

Daraus, dass Priester Spandaus 1133 bereits Mitglieder des Kalands
auf der Heide sind, lässt sich annehmen, dass die in den Urkunden von
1373 und 1319 erwähnten Brüderschaften identisch sind, umsomehr da
Urkunden aus dem Jahre 1322 die Brüderschaft als „fratres Kalendarum
de merica Spandow", also als die „Kalandsbrüder auf der Heide zu
Spandau" bezeichnen.[3]) Im Jahre 1358 vereinigten sich die Kalandsbrüder des Barnim und die von Kotzeband mit denen von Spandau unter
der gemeinsamen Bezeichnung „fraternitas districtus Spandowe", „Kalandsbrüderschaft des Distriktes Spandau".[4]) Ihr gehörte das Patronatsrecht

---

[1]) Riedel, cod. I. 11, 24.
[2]) Riedel, cod. I. 10, 458.
[3]) Riedel, cod. I. 11, 28, 29.
[4]) Riedel, cod. I. 11, 55 u. folg.

über den von den Kalandsbrüdern des Barnim in der Nicolaikirche zu Spandau gestifteten und Johannis dem Täufer, Johannis dem Apostel und Evangelisten, der seligen Katharina, dem Apostel Jacobus dem Jüngern, dem Livinus und Erasmus geweihten Altar.[1]

Ausserdem waren die Kalandsherren Patrone des Altars der Margaretha. Sie besassen auch ein eigenes Haus. Der Prediger Schulze vermutet, dass es das spätere Stierikowsche Haus in der Breiten Strasse gewesen sei. An der Wand desselben war ein steinerner Weihkessel, welchen später die katholische Kirche auf dem Plane erhielt. 1546 wurde das Kalandshaus zum Besten des gemeinen Kastens der Nicolaikirche verkauft. Gleich nach der Reformation hatte sich die Kalandsbrüderschaft von Spandau aufgelöst. Ihre Einkünfte gingen zum Teil an die Nicolaikirche über.[2] Ein Verzeichnis dieser Einkünfte aus dem Jahre 1536 findet man bei Dilschmann, diplom. Geschichte der Stadt und Festung Spandau S. 153. Es lautet:

In Spandow Nach geschribene Summen Seint In der Kalantz Herrn vorsiegelde Kasten befunden vnd Inventirt worden ausz Iren Consense vnd ander briuen wie volgeth:

In Duratz.
XIII *Schock Bartolomeus Bellin.*
In ffalkenhagen.
X *Schock Valentin Kratz.*
In falkenhagen.
III *Schock N . . . . Falkenberch.*
Ibidem.
V *Schock Albrecht Farnholt.*
In Falkenhagen.
III *Kersten piper.*
In falkenhagen.
VI *Schock Bartolomeus Dusyke.*
Ibidem.
II *Sckock Claus Bellin.*
Ibid:
IIII *Schock Hans Bartheldt.*
In Spandow.
IC *gulden Consulatus ibid.*
In Segefelde.
XV *Schock vrban falkenberg.*
Ibid:
V *Schock Hans Specht.*
In Bornim.
XXIIII *gulden Hans Hacke.*
In Markow.
VI *Schock Laurentz Deneke.*

In Nowenn.
VI *Schock Dames Botzow.*
Ibid:
VI *Schock merten Stolp.*
Ibid:
III *Schock Laurentz Doringk.*
In Cladow.
VI *Schock Achim Wagenknecht.*
Ibid:
III *Schock Achim Stolp.*
In Spandow.
VI *Schock Brosse Smedeke.*
Ibid:
III *Schock Mattheus Reinicke.*
Ibid:
III *Schock Thewes Bierhals.*
Ibid:
VI *Schock Valentin Hanne.*
uff den Sthresow ror Spandow.
III *Schock Baltz Szeborch.*
uff de Kytz ror Spandow.
II *Schock Marcus Smidt.*
In Bredow.
VI *Schock Tabernator.*
Ist alles abzulegen.

[1] Riedel, cod. I. 11, 42 u. folg.
[2] Riedel, cod. I. 11, 140.

In Kotzebanth.
III *Schock Lambrecht bädiker.*
In fjelefantz.
VII *Schock Claus Schrapstorff.*
In Carptzow.
VI *Schock Busso Hake.*
In Daberitz.
III *Schock N . . . . Spiegelberch.*
In Marwitz.
III *Schock Hans Wrede.*
In Szeborch.
IIII *Schock palmen Musselow.*
Ibid:
III *Schock Laurentz Münthe.*
In falkenrede.
III *Schock Jesper Burthes.*
In Wustermarke.
I *Winspel roggen.*
I *Winsp. gersten Thomas Bellin.*
In falkenhagen.
I *Schock Radenschleue.*
In potzstamp.
III *Schock Jacob Schulthe.*

L floren haben sie Ewer K. f. g.
Herrn Vater vnter denicglichen
vorgestrackt laut kurfürstlich g.
Schult brieff darüber Anno 33
(1533)
Thur Lutze.
IIII *Schock Claus Hasse.*
Ibid:
III *Schock Benedictz leman.*
Ibid:
I *Schock peter pawell.*
In Rorbecke.
III *Schock peter Schlaberstorff.*
Ibid.
VI *Schock benedictz Steghe.*
Ibid.
III *Schock Bastian Sassze.*
In Gatow.
III *Schock Thewes Harthwich.*
Ibid.
II *Schock Claus Czander.*

Item In demselbigen Kasten ist befunden ahnn Barschafjth.
X *Schock in eine lynen Budell angeschlagen.*
VI *Schock In Einer blaszen angeschlagen.*
III *Schock In Einer Blaszen vnnd 1 Kilch 1 pathen.*
Actum Sabato post Epiphanie Im 1536ten Jar.

3. Die Elendsgilde oder St. Annenbrüderschaft.

Ausser dem Kaland bestand noch eine andere religiöse Brüderschaft bei der Nicolaikirche. Es sind die „Brüder der Fremdlinge oder
Elenden" (fratres exulum), auch die „St. Annenbrüderschaft" genannt.
Im Jahre 1312 gründeten sie den Altar der Fremdlinge zu Ehren
der Apostel Petrus und Paulus in der Nicolaikirche.[1]) Ausserdem gehörte
ihnen auch das Patronat des St. Annen-Altars in der Nicolaikirche.[2])
Diese Brüderschaft besass ferner einen Hof und Garten auf dem Stresow
und mehrere Gärten vor dem Heidethore, also in der jetzigen Oranienburger Vorstadt,[3]) letztere werden noch heute die „Elendengärten" genannt.

---

[1]) Riedel, cod. I. 11, 44 u. 46.
[2]) Riedel, cod. I. 11, 140.
[3]) Schulze, Materialien 1.

1501 nahmen „Meister und gemeine Brüder der St. Annenbrüderschaft in der Pfarrkirche zu Spandow" den Kurfürsten Joachim I.
und seinen Bruder Albrecht sowie alle ihre Vorfahren und Nachkommen
auf ihr Ansuchen in die Brüderschaft auf.   Der Kurfürst überwies ihnen
bei dieser Gelegenheit eine jährliche Rente von 40 märkischen Groschen,
die ihnen der Amtmann zu Spandau alljährlich auszahlen sollte.   Dafür
wird die Brüderschaft verpflichtet, jährlich und sonderlich in den Zeiten,
so von ihr zu gottesdienstlichen Handlungen bestimmt sind, den Kurfürsten
und alle seine Vorfahren und Nachkommen in ihre Gebete mit aufzunehmen.   Gleichzeitig wird den Richtern und Schöffen der Stadt genehmigt,
den Priester des St. Annenaltars als Gerichtsschreiber zu gebrauchen.[1])

Ausser der städtischen Pfarrkirche St. Nicolai besass und besitzt
Spandau noch einige andere Kapellen und Kirchen.   Die älteste derselben war:

4. Die Kapelle des Hospitals St. Spiritus.

Der mehrfach erwähnte Prediger Schulze, Inspektor an St. Nicolai,
berichtet in seinen „Zur Beschreibung und Geschichte von Spandow ge-
sammelten Materialien", S. 370: „Das Hospital zum heiligen Geiste, das
vordem zwischen dem Klostervorwerk und der Jäkelschanze[2]) stand, soll
1244 laut einem Buch in weiss Pergament in 4° zu Rathause, worin
die Kopie des Stiftungsbriefes verzeichnet, vom Propst und Rat allhier
zur Aufnahme der Fremden, Gäste und Armen gestiftet sein.   Dies besagt
ein alt Repertorium zu Rathause vom Jahre 1686, erwähntes Buch aber
habe ich noch nicht gesehen."   Jetzt ist auch das Repertorium, aus
welchem Schulze schöpfte, nicht mehr vorhanden, wohl aber wird die
Glaubwürdigkeit der demselben entnommenen Nachricht durch eine Urkunde
vom 8. August 1212 erhöht, in welcher der Kardinallegat Hugo von Trier
aus allen, welche zum Baue des Hospitals in Spandau etwas beitragen
würden, einen Ablass von sechzig Tagen gewährt.   Dieselbe lautet:

Universis Christi fidelibus per Ale- maniam constitutis ad quos presentes littere pervenerint, Frater Hugo misera- tione divina secundus societatis Sabine presbyter, Cardinalis apostolice sedis Legatus, Salutem in Domino sempi- ternam. Quoniam, ut dicit Apostolus, omnes stabimus ante Tribunal Christi recepturi, prout in corpore gessimus, sive bonum fuerit sive malum, oportet	Allen Gläubigen in Christo, die in Alemannien wohnen, zu welchen gegen- wärtige Urkunde gelangt, Bruder Hugo, durch göttliche Gnade zweiter Pres- byter der sabinischen Gesellschaft, Kardinallegat des päpstlichen Stuhles, ewiges Heil in dem Herrn. Da wir ja alle, wie der Apostel sagt, vor dem Richterstuhle Christi stehen werden, um den Lohn zu empfangen, je nach-

---

[1]) Riedel. cod. I. 11, 126.
[2]) Vermutlich das Terrain zwischen der jetzigen Bastion 1 und der
Besitzung Klosterhof.

nos diem messionis extreme miseri-
cordie operibus pervenire ac eternorum
intuitu seminare in terris, quod reddente
Domino cum multiplicato fructu re-
colligere debeamus in celis, firmam
spem fiduciamque tenentes, quemadmodum qui parce seminat parce et
metet, et qui seminat in benedictionibus, de benedictionibus et metet
vitam eternam. Cum igitur sic dilecti
in Christo prepositus et cives de Spandowe Brandenburgensis dioecesis inti-
mare curaverint hospitale, in quo pere-
grini hospites pauperes et languentes
recipiantur, in ipsorum oppido de Spandowe de novo edificium ceperint opere
sumptuoso, nec ad id proprie sibi suppe-
tant facultates, universitatem nostram
rogamus, monemus et hortamur attente
in remissionem vobis peccaminum in-
jungentes, quatenus de bonis vobis a
Deo collatis pias eis eleemosinas in
caritatis subsidia erogetis, ut per sub-
ventionem vestram opus tam pium
valeat consummari, ac vos per hec et
alia bona, que Domino inspirante
feceritis, ad eterne possitis felicitatis
gaudia pervenire. His enim de omni-
potentis Dei misericordia et beatorum
Petri et Pauli apostolorum ejus autori-
tate confisi omnibus, vere penitentibus
et confessis, qui dicto hospitali manum
porrexerint adjutricem, sexaginta dies
de injuncta sibi penitentia peccata
oblita, vota incauta seu fracta, si ad
eadem redierint, offensas patrum et
matrum facta violenta manum injec-
tione, duas quarrenas indictas aut
indicendas, si secundum facultatem
bonorum a Deo sibi collatorum eas
redimere voluerint, misericorditer re-
laxamus, Presentibus post operis ipsius
consummationem minime valituris,
Datum Trevire sexto idus Augusti
Pontificatus Domini Innocentis pape
quarti anno decimo.[1])

1) Riedel, cod. I. 11, 4, nach Dilschmann. Für
„Hugo — secundus societatis etc.", welches keinen
Sinn giebt, ist wohl zu lesen: „Hugo — tituli
sancte etc." Die Originalurkunde ist leider nicht
mehr vorhanden.

dem wir im Leben gehandelt haben,
sei es gut oder böse gewesen, so ist
es nötig, dass wir zum Tage der letzten
Ernte mit Werken der Barmherzigkeit
gelangen und im Hinblick auf das
Ewige auf Erden säen, was wir, indem
der Herr es wiedervergilt, mit viel-
fältiger Frucht im Himmel wiederein-
sammeln sollen, in der sichern Hoffnung und dem festen Vertrauen, dass,
wer wenig säet, auch wenig ernten
wird, und wer mit Segen säet, aus
dem Segen das ewige Leben ernten
wird. Da nun der in Christo so geliebte Probst und die Bürger von
Spandau in der brandenburgischen
Diöcese ein Hospital gegründet haben,
in welches fremde Gäste, Arme und
Kranke aufgenommen werden sollen,
und da sie angefangen haben in ihrer
Stadt Spandau ein Gebäude mit grossen
Kosten aufzuführen, zu welchem aber
ihre eigenen Mittel nicht ausreichen,
so bitten, erinnern und ermahnen wir
unsere Gemeinheit, indem wir es Euch
auferlegen zum Erlass der Sünden,
dass Ihr, so viel Ihr könnt von den
Euch von Gott verliehenen Gütern
jenen fromme Almosen zur Unterstützung christlicher Liebe gebet, damit durch Eure Hilfe jenes so fromme
Werk vollendet werden möge und Ihr
durch dieses und anderes Gute, welches
Ihr auf Eingebung des Herrn thun
werdet, zu den Freuden ewiger Glück-
seligkeit gelangen könnet. Hierdurch
erlassen wir gnädig im Vertrauen auf
die Barmherzigkeit des allmächtigen
Gottes und das Ansehen seiner seligen Apostel Petrus und Paulus, allen,
welche wahrhaft bereuen und bekennen
und dem genannten Hospitale ihre hilf-
reiche Hand entgegenstrecken, sechzig
Tage von der auferlegten Pönitenz, ver-
gessene Sünden, unvorsichtige und ge-
brochene Gelübde, wenn sie zu denselben zurückkehren, Beleidigungen der
Väter und Mütter, Gewaltthaten, zwei
angesagte oder anzusagende Karenen,
wenn sie gemäss der ihnen von Gott
verliehenen Güter dieselben zurück-
kaufen wollen. Nach Vollendung des
Werkes hat gegenwärtige Urkunde
keine Giltigkeit mehr. Gegeben Trier
am sechsten vor den Iden des August
im 14. Jahre des Pontifikats des Herren
und Papstes Innocens IV."

Im Jahre 1252 war man also in Spandau mit dem Bau eines

Hospitals beschäftigt, das Propst und Rat gegründet hatten.[1]) Dass dies das Heilige-Geist-Hospital war, geht aus einer andern Urkunde vom Jahre 1282 (s. S. 82) hervor, in welcher Schöffen und Ratmannen Spandaus allen Gläubigen in Christo bekannt machen, welchen Ablass geistliche Obere den Wohlthätern des Hospitals St. Spiritus in Spandau bewilligt haben. Unter den geistlichen Oberen wird als zweiter der Kardinallegat Hugo aufgeführt, und der von ihm bewilligte Ablass, wie in der von ihm 1252 ausgestellten Urkunde, auf sechzig Tage und zwei Karenen angegeben. Es unterliegt deshalb keinem Zweifel, dass mit dem Hospitale der Urkunde von 1252 das Heilige-Geist-Hospital gemeint ist. Da zur Vollendung der im Jahre 1244 gemachten Stiftung die vorhandenen Mittel nicht ausreichten, so wandte man sich an geistliche Obere um Unterstützung, die einem so wohlthätigen Werke bereitwilligst gewährt wurde. Die hierüber ausgestellten Urkunden sind mit Ausnahme der des Kardinallegaten Hugo vom 8. August 1252 durch die Ungunst der Verhältnisse leider verloren gegangen; die dadurch entstandene Lücke wird aber durch jene Bekanntmachung der Schöffen und Ratmannen Spandaus vom Jahre 1282 in genügendem Masse ausgefüllt. Ausser dem Kardinallegaten Hugo bewilligten die Bischöfe von Brandenburg, Preussen (Samland), Lebus, Kamin und Havelberg den Wohlthätern des Heiligen-Geist-Hospitales Ablass in verschiedener Höhe. Dass der vom Kardinallegaten Hugo bewilligte Ablass in dem Schreiben der Schöffen und Ratmannen vom Jahre 1282 noch erwähnt wird, beweist, dass damals der Bau des Hospitals noch nicht vollendet war, weil sonst dieser Ablass keine Gültigkeit mehr gehabt hätte.

Zu dem Hospitale gehörte eine Kapelle, welche im Jahre 1289 urkundlich zuerst erwähnt wird. (S. unten.)

Über Schenkungen und Vermächtnisse, welche dem Hospitale zugewendet wurden, sind folgende Nachrichten auf uns gekommen:

Unterm 24. April 1261 schenkte Henricus Thrudo, Vogt in Spandow, dem Hospitale vier Wispel Roggen, die er aus der Mühle zu Spandau vom Markgrafen zu Lehen hatte.[2])

Unterm 24. Juni 1289 überliessen Heynkin von Gröben und sein Oheim Ludwig der Kapelle des Hospitales vier Hufen Landes im Dorfe Seegefeld, welche Herr Johann, Rektor und Provisor der Kapelle von Thidekin Bornewitz für die Kapelle erkauft hatte. Zum Gedächtnis derer von Gröben sollten fortan Seelenmessen in der Kapelle gelesen werden.[3])

Der Rektor und Provisor Johann starb bald nach dieser Schenkung. Er hatte von Hechard Sutor und Otto, genannt Gütergoz, eine jährliche

---

[1]) Merkwürdig ist die Stiftung des Hospitals durch prepositus et cives de Spandowe. Allerdings hatte das Nonnenkloster einen prepositus und musste einen solchen haben; aber dieses Zusammenwirken ist doch ungewöhnlich. Wahrscheinlich ist das Hospital eine Stiftung des Klosters, und die Bürger trugen nur dazu bei, ohne Rechte zu erlangen. „Cives" ist dann im Sinne von „Bürgerschaft", aber nicht identisch mit der „Stadt", bezw. der „Kämmereikasse" zu nehmen.

[2]) Riedel, cod. I. 11, 300.

[3]) Riedel, cod. I. 11, 11.

Getreidepacht von zwei Wispeln Roggen und zwei Wispeln Gerste aus der Mittelmühle in Teltow angekauft. Diese Getreidepacht vermachte er in seinem Testamente der Kapelle des Heiligen-Geist-Hospitales mit der Verpflichtung, dass für ihn und die Seinen Seelenmessen in der Kapelle gelesen würden. Die Ratmannen von Spandau beurkundeten dieses Vermächtnis unterm 5. Dezember 1289.[1]

Unterm 26. Februar 1300 vereigneten Markgraf Hermann und Bischof Volrad von Brandenburg dem Heiligen-Geist-Hospitale die Kirche zu Wesenthal und acht Hufen im Dorfe Gross Glienicke.[2]

Für eine jährliche Getreiderente, welche das Hospital Grund einer Schenkung des Burchard von Irkesleben aus den Mühlen zu Berlin bezog, überwies Markgraf Hermann von Brandenburg demselben unterm 12. April 1306 eine jährliche Hebung von $3^3/_4$ Wispel Roggen aus der Stadt Teltow und $1^3/_4$ Wispel Roggen aus dem Dorfe Schönow.[3]

Unterm 13. Dezember 1314 verkauften die Gebrüder von Borck dem Hospitale die Einkünfte von vier Hufen in der Stadt Teltow und eine jährliche Getreidehebung von zwei Wispeln Roggen in der Mittelmühle daselbst.[4]

Nach Kaiser Karls IV. Landbuch der Mark Brandenburg vom Jahre 1375 bezog das Hospital von der Fähre zu Heiligensee $3^1/_2$ Talent jährlich. 1401 wollten die von Bredow darauf Anspruch erheben, wurden aber vom Markgrafen Jost abgewiesen, und 1403 bezeugte Friz Bardeleven, markgräflicher Hofrichter zu Alt-Berlin, „dass die Fähre und die Überfahrt zu Heiligensee mit allen Rechten, obersten und niedersten, und mit allen Zubehörungen also von Alters dazu gehöret haben, und Haus und Hof binnen dem Graben und langem Wehre in der Havel Erbe und Eigentum des heiligen Geistes zu Spandow sei, ausgenommen ein Schock Hühner, die die von Bredow darauf haben, und 30 Pfennige Schillinge, die die Kalandsherren zu Spandow darauf behalten".[5]

Unterm 24. Mai 1420 vertauschte der Rat von Spandau, als Verweser des Hospitals zum heiligen Geist, die Besitzungen des Hospitals im Dorfe Seegefeld, einen Hof und zehn Hufen, gegen zwölf Hufen, welche dem Marienkloster vor Spandau im Kämmereidorfe Staaken gehörten. Dieser Tausch wurde unterm 6. Juli 1420 vom Bischofe Johann von Brandenburg und unterm 9. Juli 1422 von dessen Nachfolger Bischof Stephan, genehmigt.[6]

1541 wurden die Lehne der Heiligen-Geist-Kapelle infolge der Kirchenvisitation zur Erhaltung der Kirchen und der Schule eingezogen.

1542 wurde das Georgen-Hospital mit dem Heiligen-Geist-Hospitale vereinigt.

---

[1] Riedel, cod. I. 11, 13.
[2] Riedel, cod. I. 11, 15.
[3] Riedel, cod. I. 11, 17.
[4] Riedel, cod. I. 11, 302.
[5] Fidicin, Kaiser Karls IV. Landb. d. M. Brandenbg. S. 70. Schulze, Mscr. 371.
[6] Riedel, cod. I. 11, 77, 78.

1573 wurde beim Heiligen-Geist-Hospitale ein Kirchhof angelegt.

Der Visitationsabschied von 1576 verordnete, dass die Vorsteher des Hospitals in sterblichen Zeiten, auch sonst die armen Gebrechlichen von der Gasse ins Hospital nehmen und unterhalten sollten, aber keine junge Personen, die noch arbeiten könnten; dass sie ferner den alten Weibern im Hospital auflegen sollten, auf der Bürger Erfordern in ihre Häuser zu kommen, um die Kranken zu warten und die Toten zu kleiden.

An Stelle des alten Siechenhauses[1]) wurde 1591 ein neues am Heiligen-Geist-Kirchhofe erbaut.

1613 wurde das Wolff-Schneidersche Legat gestiftet, aus welchem die Hospitaliten jährlich 12 Groschen erhalten sollten.

1639 musste das Heilige-Geist-Hospital mit seiner Kapelle auf Befehl des Grafen Adam zu Schwarzenberg „der Fortifikation wegen" abgebrochen werden. Der Abbruch begann am 10. Juni 1639. Es wurde an das Berliner Thor verlegt auf zwei Bürgerstellen, von denen die eine Jürgen Marzahn gehörte. Hier befindet es sich noch jetzt. Es wird gewöhnlich als „Spittel" bezeichnet, in welchem arme altersschwache Frauen gegen eine Anzahlung von 105 Mark mit freier Wohnung, freiem Holz und einer Geldunterstützung Aufnahme finden. Ausserdem besteht beim Hospital eine Männerstiftung. Gegen Anzahlung von 105 Mark erhalten die Männer je 12 Mark monatlich. Das hinterlassene Vermögen der Hospitaliten verbleibt den Erben derselben.

5. Die Moritzkirche.

„Anno 1461", heisst es in Christian Schnees Nachrichten von Spandau aus dem siebzehnten Jahrhundert, „hat einer Namens Martinus Brumme, Klerikus der damals neu erbauten Kirche zu St. Mauritii all' sein väterlich Erbteil nach seinem Tode in honorem altaris St. Mariae, Andreae, Laurentii et Antonii vermacht, welche Donation nachmaln Bischof Theodoricus von Brandenburg zu Berlin in aula spirituali d. 16. Juli 1467 konfirmiert hat."[2]) Hiernach könnte es scheinen, dass die Moritzkirche nicht lange vor dem Jahre 1461 erbaut worden sei; allein der Neubau kann auch bloss in dem Umbau einer längst vorhandenen Kirche bestanden haben. Bei dem gänzlichen Mangel weiterer Nachrichten ist es nicht möglich die Gründungszeit der Moritzkirche genauer festzustellen. Im Jahre 1461 war sie vorhanden. Sie war, wie die Nicolaikirche, dem Kloster einverleibt, scheint aber schon lange vor der Reformation garnicht

---

[1]) Vielleicht das alte St. Jürgenhospital.
[2]) Königl. Geheimes Staatsarchiv zu Berlin.

oder doch nur selten zu gottesdienstlichen Handlungen benutzt worden zu sein, denn laut dem Visitationsprotokoll von 1541 sind die beiden in der Kirche befindlichen Altäre, der Altar St. Johannis und der Schützenaltar, von keinem Priester versorgt, und 1545 wird die Kirche zu einem Kornhause eingerichtet, das in der Kämmereirechnung von 1546 als „das neue Kornhauss St. Mauritienkirch" bezeichnet wird.

Fast hundert Jahre später, 1642, beschloss der Rat statt der eingegangenen und zerstörten Heiligen-Geist- und Gertrauden-Kirche „die von langen Zeiten her öde und ganz wüst gelassene Moritzkirche, die eine geraume Zeit fast nur eine Bettlerherberge gewesen und zu verächtlichen Dingen gebraucht worden war", wieder herzustellen. Zu Bauherren erwählte der Rat aus seinen Mitgliedern Paul Schönfeld, Andreas Wähle und Georg Neumeister. Wegen unzureichender Mittel malte man zunächst jedoch nur die Decke. 1656 fasste der Rat den Beschluss, den Bau in Angriff zu nehmen und liess dies von der Kanzel herab bekannt machen. Alle Einwohner wurden um eine „freiwillige und freigebige Beisteuer" dazu gebeten, die sie in ein zu diesem Zwecke herumgehendes Kollektenbuch eintragen sollten. Es kamen 135 Thaler und 18 Groschen zusammen.

Die Ausführung des Baues wurde nun durch den Bauschreiber Joachim Steinhäuser in Angriff genommen. Am 22. September 1657, dem Mauriustage, fand bereits die Einweihung der wiederhergestellten Kirche statt. Um 7 Uhr morgens versammelte sich unter dem Geläute sämtlicher Glocken die ganze Gemeinde in der Nicolaikirche und zog dann mit dem Rate, der Geistlichkeit und der Schule an der Spitze in Prozession zur Moritzkirche, in welcher der Inspektor Mauritii die Einweihungspredigt hielt. Es wurde fortan jeden Mittwoch morgens 7 Uhr in der Moritzkirche gepredigt, und jeden Sonnabend eine Vesper unter Absingung deutscher Gesänge gehalten.

Im Dezember 1659 suchte die in Spandau garnisonierende Artillerie um Überlassung der Moritzkirche zum Sonntagsgottesdienste nach. Der Rat gewährte das Gesuch, nachdem der Obrist Christian Hochkirch und der Artilleriepfarrer Christof Schröder einen Revers unterschrieben hatten, worin sie anerkannten, „dass dies bloss auf Bitte geschehe, dem Rate nicht präjudicieren und dem Ministerio, wenn es seinen gewöhnlichen Gottesdienst darin halten wolle, nicht hinderlich sein solle."[1)]

Als im Jahre 1806 die Franzosen Spandau genommen und besetzt hatten, richteten sie die Moritzkirche zu einem Schlachthause ein, nachdem die Kanzel und die Stühle abgebrochen worden waren. Das Gotteshaus geriet dadurch in einen solchen Zustand, dass es zu kirchlichen Zwecken nicht mehr geeignet war. 1836 wurde es von der Stadt für 2000 Thaler dem Militärfiskus verkauft und von diesem 1837 zu einer Kaserne umgebaut, in welcher jetzt Mannschaften der Militärschiessschule untergebracht sind.

Die Moritzkirche war von einem Kirchhofe umgeben, auf welchem man am 24. August 1612 zu begraben anfing, vermutlich weil auf dem

---

[1)] Schulze, Materialien.

Nicolaikirchhofe nicht mehr genügender Platz vorhanden war. 1681 war der Moritzkirchhof aber bereits so voll, dass man an die Beschaffung eines neuen Begräbnisplatzes denken musste. Man wählte dazu den ehemaligen Schützenplatz vor dem Klosterthore. 1685 wurde der neue Kirchhof eröffnet. Man begrub darauf meist Arme aus der Stadt und Soldaten, weshalb der Kirchhof auch der „Soldaten-Kirchhof" genannt wurde. Die Bürger bestattete man auf dem Moritzkirchhofe und teilweise auch noch in der Nicolaikirche und auf deren Kirchhofe.

1768 wurde ein Teil des Moritzkirchhofes zum Bau einer Kaserne hergegeben, in welcher jetzt eine Compagnie vom Regiment Königin Elisabeth liegt. Die Anlage der Kaserne hat, wenn auch nicht die förmliche, so doch die thatsächliche Schliessung des Kirchhofes zur Folge gehabt. Denn als im Jahre 1772 das faule Fieber in der Stadt epidemisch auftrat und viele daran starben, deren Leichen auf dem Moritzkirchhofe beigesetzt wurden, fürchtete der Kommandant für die Gesundheit der in der Kaserne am Kirchhofe liegenden Soldaten, und bewirkte die Aufhebung der freien Begräbnisstellen und eine bedeutende Erhöhung der Kosten für die andern, damit die Einwohner veranlasst würden ihre Toten auf dem neuen Kirchhofe in der Oranienburger Vorstadt zu beerdigen. Der Totengräber hatte seine Wohnung auf dem Moritzkirchhofe.

Vom 1. Januar 1868 verweigerte die Nicolaikirche allen Nichtmitgliedern ihrer Gemeinde das Begräbnis auf dem ihr gehörigen Kirchhofe. Infolge dessen wurde ein Kommunal-Kirchhof für Fremde und Dissidenten vor dem Potsdamer Thore in dem Winkel zwischen der Potsdamer Chaussee und dem Gatower Wege eingerichtet.

6. Die Georgen- oder Lazarus-Kapelle.

Unterm 13. Oktober 1307 übertrug Busso Gruwelhut, Truchsess am Hofe des Markgrafen Hermann von Brandenburg, mit Zustimmung seines Landesherrn „der Kapelle des St. Lazarus-Hospitales, welches im Felde bei Spandow gelegen und zur Aufnahme Aussätziger erbaut ist", vier Hufen im Dorfe Wustermark, welche jährlich 4 Wispel Roggen, 32 Scheffel Weizen, 2 Wispel Gerste, 4 Scheffel Erbsen und 35 Hühner einbrachten.[1]

---

[1] Riedel, cod. I. 11, [...]ctus[...]cimus — quod — quatuor mansos si[...] donamus Capelle hospitalis sa[...] percussis colligendis constructe[...]

Die ansteckende, ekelerregende Krankheit des Aussatzes war, vom Morgenlande eingeschleppt, im Mittelalter durch ganz Europa und auch in Deutschland allgemein verbreitet.

Vor den Thoren jeder Stadt erbaute man deshalb sogenannte Leprosenhäuser, um darin die vom Aussatz Befallenen aufzunehmen und so die Weiterverbreitung der Krankheit zu verhüten. Diese Aussatz-spitäler waren dem heiligen Lazarus und im nördlichen Deutschland fast durchgängig dem heiligen Georg geweiht und wurden daher St. Lazarus- oder St. Georgs-Hospitäler genannt. Die angeführte Urkunde ergiebt, dass Spandau im Anfange des vierzehnten Jahrhunderts ein St. Lazarus-Hospital besass, welches zur Aufnahme Aussätziger bestimmt war. Dies Hospital muss aber bald nach 1307 seinen Namen geändert haben, denn im Jahre 1322 wird ein St. Georgenaltar erwähnt, der vor Spandau bei einem Hospitale gelegen ist und die Einkünfte von 4 Hufen im Dorfe Wustermark bezieht.[1]) Das Patronat über diesen Altar ist im Besitze der Familie Gruelhut. Da nun das Lazarus-Hospital vor Spandau und seine Kapelle ausser im Jahre 1307 nicht mehr erwähnt wird, wohl aber später ein St. Georgs- oder St. Jürgen-Hospital erscheint, welches thatsächlich zur Aufnahme Aussätziger bestimmt war und auch eine Kapelle hatte, so werden wir nicht irren, wenn wir die 4 Hufen im Dorfe Wustermark, deren Einkünfte 1322 dem unter Patronat der Familie Gruelhut stehenden St. Georgenaltare gehören, mit den 4 Hufen in dem-selben Dorfe, welche 1307 Busso Gruwelhut der Lazarus-Kapelle schenkte, identifizieren und eine Namensänderung für das Hospital annehmen, wir werden umsoweniger irren, da nichts zu der Vermutung berechtigt, dass die Stadt Spandau zwei Leprosenhäuser besessen habe. Das St. Jürgen-Hospital und seine Kapelle lagen vor dem Klosterthore nach dem Kloster zu. Dies ergiebt eine Urkunde vom Jahre 1439, in welcher von „den armen luten zu sannt Jorgen vor der stadt Spandow gein dem Closter gelegin“ die Rede ist.

Am 31. Mai 1322 übertrug Albert Gruelhut zugleich im Namen seines Bruders Busso, der nach erlangter Mündigkeit unterm 19. Januar 1332 seine Zustimmung erteilte, das Patronat des St. Jürgenaltars bei Spandau dem Herzoge Rudolf von Sachsen, welcher dasselbe mit den Einkünften des Altars, 4 Hufen im Dorfe Wustermark und einer Getreide-hebung aus der Mühle zu Nyerburch, der Kalandsbrüderschaft von der Heide zu Spandau an demselben Tage zusprach.[2])

1367 vereignete Markgraf Otto der Faule von Brandenburg „den armen luten zu sannt Jorgen vor der stad Spandow gein dem Closter gelegin“ „drie stucke jerlich Zinsse vnd rente Im dorffe Zu wustermarke

---

[1]) Riedel, cod. I. 11, 28, 29.
[2]) Riedel l. 11, 28. „Ego Albertus, dictus Gruelhut, nomine meo et nomine fratris mei Bussonis resignavi — Illustri principi Domino meo Rudolfo, Duci Saxonie — jus patronatus altaris sancti Georgii siti prope Spandow extra muros. — —“ — Riedel, I. 11, 29. „Rudolfus etc. recognoscimus — quod — in villa Wustermarke IIII mansos — et in molendino Nyerburch tria fructa redi-tuum, quae bona — spectant ad altare sancti Georgii, situm apud infimos extra muros Zpandow — donavimus — fratribus Kalendarum de merica Zpandow.“

con dem houe vnd von zweien Huben, die zu der czit geackert vnd besessen hat Niclaws cladow." Markgraf Friedrich der Junge bestätigte diese Schenkung unterm 6. Mai 1439. [1]

Im Jahre 1541 bei Gelegenheit der Kirchenvisitation bat der Rat von Spandau die Visitatoren, ihm beim Kurfürsten die Erlaubnis zu erwirken, die St. Georgenkapelle, „so allda vor der Stadt wüste stehet, abzubrechen, dann sich sonst böse Buben bei der Nacht sollten bisweilen darin verhalten". Der Kurfürst gab die Erlaubnis, und 1542 wurde die Kapelle abgebrochen, auch die Fundamente wurden ausgegraben. Das St. Jürgen-Hospital aber wurde mit dem Heiligen-Geist-Hospitale vereinigt.

7. Die Gertrauden-Kapelle.

Die Gertrauden-Kapelle lag auf dem Stresow, da, wo sich jetzt der Stresowkirchhof befindet. Die Zeit der Gründung ist nicht anzugeben. Sie war zu Ehren der Jungfrau Maria, der heiligen Gertraud und der heiligen Barbara errichtet worden und wird zum ersten Male 1462 erwähnt. [2] Die Kommende St. Gertraud hatte 1464 einen Vicarius und besondere Gotteshausleute. [3]

1515 genehmigte Bischof Hieronymus von Brandenburg auf Bitten des Rates, dass diese Kommende, da sie zur Erhaltung eines eigenen Priesters nicht ausreiche, zur Erhaltung der Orgel und des Organisten der Pfarrkirche St. Nicolai, verwendet werde. [4] 1541 wurde infolge des Kirchenvisitationsabschiedes die St. Gertraud-Kommende zur Unterhaltung der Kirchen und der Schule eingezogen.

In der Kämmereirechnung von 1567 wird ein Siechenhaus auf dem Stresow erwähnt. Es war also die St. Getrauden-Kapelle mit einem Hospitale verbunden.

Am 25. April, die Marci, 1600 wurde der Gottesdienst in der St. Gertrauden-Kirche auf dem Stresow mit Predigen und Verreichung der Sakramente wieder eingerichtet. Den Gottesdienst versahen natürlich die Prediger der städtischen Pfarrkirche St. Nicolai.

1602 vermachte die Witwe des Grafen Lynar, Margaretha, geborne von Termow, der Gertrauden-Kirche 100 Thaler zur Errichtung eines Altars, welcher im Jahre 1604 erbaut und später, wie es scheint, in der Moritzkirche aufgestellt wurde.

---

[1] Riedel, cod. I. 11, 98.
[2] Schulze, Mscr. 371. Dilschmann.
[3] Schulze, Mscr. 371. Dilschmann.
[4] Schulze, Mscr. 371. Dilschmann.

Unterm 27. April 1640 befahl der Kurfürst Georg Wilhelm dem Rate und den Geistlichen der Stadt, „weil die stresowsche Kirche die Wälle der Stadt noch überhöhe und daraus bei sich zutragendem feindlichem Einfall grosser Schaden geschehen könne, die Kirche ohne Verzug abtragen und demolieren zu lassen."

Diesem Befehle wurde sofort folge geleistet, obgleich der Wert der Kirche auf 3000 Thaler geschätzt wurde.

Der Kirchhof blieb bestehen und diente, nachdem 1751 ein Teil zur Strasse genommen worden war, bis zum Jahre 1879 den Grundbesitzern auf dem Stresow als Begräbnisplatz. Durch Polizeiverordnung vom 8. Oktober 1879 wurde der Kirchhof aus sanitären Rücksichten geschlossen.

8. Die St. Johannis-, ehemalige reformierte Kirche.

Über die Gründung einer reformierten Gemeinde in Spandau erzählt der erste Prediger der reformierten Kirche, David Scultetus, wie folgt:

„Im Jahre 1666 bewilligte der Kurfürst Friedrich Wilhelm dem damaligen Obersten und Kommandanten in Spandau, Isaac du Plessis Gonret in seinem Hause durch einen reformierten Prediger den Gottesdienst mit Predigen und Administrierung der Sakramente verrichten zu lassen. Hiezu wurde der Collega beim Joachimthalschen Gymnasium zu Berlin, Adam Girk, erwählt und vom Obersten mit 50 Thalern salarieret. Derselbe hat von Berlin aus den Gottesdienst in dem Hause des Obersten (welches auf der Stelle des jetzigen römisch-katholischen Schulhauses stand) während vier Jahre verrichtet. Da aber schon 1669 die Gemeinde derartig angewachsen war (durch Anlegung der reformierten Kolonien), ersuchte der Kurfürst auf Vorstellung der Gemeinde den Rat zu Spandau, derselben die Moritzkirche, welche nur in der Woche und an den Aposteltagen gebraucht wurde, zum Gottesdienste zu öffnen. Der Magistrat lehnte dies jedoch ab. Infolgedessen schenkte der Kurfürst der Gemeinde die sogenannte Striepenstelle mit allem Zubehör und befahl daselbst eine Kirche zu bauen."

Diese wüste Stelle gehörte dem Amtskammerrat Hoyer Striepen. Der Kurfürst kaufte die Stelle und schenkte sie 1669 mit einer Summe Geldes der reformierten Gemeinde zum Baue einer Kirche. 1670 wurde der Bau, zu welchem die Stadt das Bauholz frei liefern musste, vollendet und der erste Gottesdienst von Adam Girk in der Kirche gehalten. Bis 1673 versah Girk den Gottesdienst und taufte auch das erste Kind

in der Gemeinde, einen Sohn des Obersten Bostrus von Schort. 1673
bat die Gemeinde um einen eigenen Prediger. Als solcher wurde der
reformierte Prediger in Gramzow, David Scultetus, berufen, der am
15. August 1673 sein Amt antrat und das 1671 erbaute Prediger-
haus bezog.

1685 kamen eine ganze Anzahl französischer Refugiés in die
Stadt, und es bildete sich nun eine französische reformierte Gemeinde,
welche Sonntags um 10 Uhr durch einen eigenen Prediger ihren Gottesdienst in der reformierten Kirche abhielt, während die Deutsch-Reformierten
um 8 Uhr zur Predigt sich versammelten. Anfangs kam der französische
Prediger aus Berlin zur Abhaltung des Gottesdienstes nach Spandau, als
aber die Gemeinde stärker geworden war, erhielt sie im Jahre 1693
einen eigenen Prediger. Der erste Prediger der französischen Gemeinde
hiess Jean Vieu, der letzte Collé. Um 1730 scheint die Gemeinde sich
aufgelöst zu haben. Der Rest derselben vereinigte sich mit der deutschen
Gemeinde.

Im Jahre 1688 wurde die reformierte Kirche auf kurfürstlichen
Befehl den 156 Piemontesen, welche ihres Glaubens wegen aus ihrem
Vaterlande vertrieben nach Spandau gekommen waren, zur Abhaltung des
Gottesdienstes eingeräumt. Sie hatten ihren eigenen Prediger. 1690
kehrten sie wieder in ihre Heimat zurück.

Nachdem im Jahre 1709 auf Betrieb des damaligen Kommandanten von Schwendy in der Citadelle für die Mitglieder der Festungsgemeinde eine Kapelle, die sogenannte Schlosskapelle, eingerichtet und
am 1. April 1709 eingeweiht worden war, wurde in derselben sonntäg-
lich Gottesdienst abgehalten und zwar abwechselnd von dem reformierten
Prediger und einem der Prediger von St. Nicolai. An Stelle des letzten
trat 1711 der Garnison- und Zuchthausprediger. Zur Festungsgemeinde
gehörten die Bewohner der Citadelle, die Arrestanten und die Garnison.
Um die Mitte des achtzehnten Jahrhunderts wurde diese Gemeinde in betreff
der Amtshandlungen gänzlich dem Garnisonprediger unterstellt. Im Jahre
1789 wurde das baufällige Schloss auf der Citadelle zum Teil abgebrochen.
Hierbei ging die Kapelle ein, und es wurde für die kleine Gemeinde ein
Betsaal aus zwei Arrestantenstuben nahe am Juliusturme eingerichtet und
am ersten Pfingsttage 1789 eingeweiht. 1806 hörte der Gottesdienst
auf der Citadelle gänzlich auf.

Seit Einrichtung jenes Gottesdienstes hatten die reformierten
Prediger den Titel Hofprediger angenommen, als aber der Nachfolger
Hoffhams, welcher schon vor seiner Anstellung in Spandau Hofprediger
des Markgrafen Albrecht in Friedrichsfelde gewesen war und deshalb
auch als Prediger der Johanniskirche von den Behörden als Hofprediger
bezeichnet wurde, die Bestätigung des Titels nachsuchte, wurde er abgewiesen, und die Titulatur verlor sich bald nach 1771.

Anfangs bestand die Gemeinde aus wenigen armen Leuten. 1706
zählte sie 182 Seelen, 1747: 189 und 1779: 198 Seelen. 1773 feierte
sie ihr hundertjähriges Bestehen: „In Anno 1773," so lautet die Überlieferung hierüber, „hatte die hiesige Gemeinde und ihre Prediger die

Freude, die hundertjährige Stiftung der reformirten Kirche im Beisein des Inspektors Wintzelmann mit einem solennen Gottesdienst und musikalischem Tedeum bei einer ansehnlichen Zuhörerschaft zu begehen; der zeitige Prediger Scholz hielt am 11. nach Trinitatis, 22. August 1773, die feierliche Jubelpredigt über Galater 5. 13—15: „Vom Wert und rechten Gebrauch der Gewissensfreiheit". Die Predigt ist auf Verlangen der Gemeinde gedruckt und ad acta gelegt. Die sämmtlichen Kinder der Gemeinde wurden auf dem Kirchenvorhofe im Beisein ihrer Eltern öffentlich gespeiset und der heitere Tag vergnügt beschlossen."

Schon vorher hatte die Gemeinde eine neue Kirche erhalten. Das erste Gebäude war nur in der Front massiv, die übrigen Wände bestanden aus Fachwerk. Im Jahre 1691 litt die Kirche durch das Auffliegen der Pulverkammer der Citadelle grossen Schaden. Der Kurfürst schenkte zur Reparatur 700 Thaler und genehmigte die Sammlung einer Kollekte bei den reformierten Gemeinden in Berlin, Küstrin und Frankfurt a/Oder. 1735 würde aber schon über die Baufälligkeit der Kirche geklagt. Auf wiederholte Bittgesuche an die Könige Friedrich Wilhelm I.[1]) und Friedrich den Grossen bewilligte dieser 1750 zum Neubau 2000 Thaler. Am 22. Juni 1750 wurde der Grundstein zu dem jetzigen massiven Kirchengebäude gelegt und 1751 der Bau vollendet, auch eine massive Sakristei an die Hinterfront angebaut. Während des Baues hielt die Gemeinde ihren Gottesdienst in der Moritzkirche ab. In den Jahren 1836 bis 1838 wurde die Kirche im Innern auf Staatskosten für 4200 Thaler ausgebaut und zur Aufnahme der Militärgemeinde eingerichtet.

Die originelle Kanzel ist ein Geschenk König Friedrich Wilhelm I. und stammt aus der Garnisonkirche in Potsdam.

Die Orgel ist aus einem Vermächtnis der Witwe des Hofpredigers Stiez von 150 Thalern und aus dem Schneebergerschen Legate von 1000 Thalern im Jahre 1783 durch den Orgelbauer Grünberg aus Brandenburg für 757 Thaler erbaut und am 6. Juli 1783 feierlichst eingeweiht worden. Im Jahre 1859 ist diese Orgel durch den Orgelbauer Lüttkemüller aus Wittstock renoviert worden. Die beiden vergoldeten Kreuze auf dem Kirchdache sind 1866 auf Anregung des Pfarrers Senstius für 170 Thaler angeschafft worden.

Im Jahre 1817 trat die Gemeinde thatsächlich zur Union über. Der offizielle Beitritt wird freilich erst 1834 durch einen besonderen Akt vollzogen, indem die Gemeinde urkundlich erklärt, „dass sie von nun an eine evangelische Gemeinde im Geist und in der Wahrheit bilden und heissen wolle." Sie bewahrte sich dabei aber ihre Selbständigkeit. Den Namen „St. Johanniskirche" erhielt die Kirche im Jahre 1824.

Am 8. Februar 1838 wurde die Militärgemeinde auf ewige Zeiten in die St. Johanniskirche eingepfarrt. Ursprünglich wurde für beide

---

[1]) Zu dem ersten Bittgesuche von 1735, in welchem die Gemeinde um 6718 Thaler 19 Groschen bat, „weil die Kirche in solchem baufälligen Zustande sei, dass sie den Einfall drohe und die Gemeine nicht mehr ohne Lebensgefahr hineingehen könne," bemerkte König Friedrich Wilhelm I.: „Ich habe kein Geld, sollen in der grossen Kirche predigen."

Gemeinden der Gottesdienst gemeinschaftlich durch den Prediger der Johanniskirche gehalten. Als jedoch die Zahl der Mitglieder bei den Gemeinden so gewachsen war, dass die kleine Kirche nicht mehr genügenden Raum bot, wurde 1865 zur Trennung beider Gemeinden geschritten, indem ein besonderer Garnisonprediger angestellt wurde.

Im Jahre 1834 zählte die Johannisgemeinde 52 Familien, 1850 bereits 170, 1862 deren 403, 1872 deren 575, 1880 betrug die Zahl der Gemeindemitglieder 1500--1700.

Das Vermögen der Kirche belief sich 1700 auf 200 Thaler, 1760 auf 1850 Thaler, 1779 auf 3700 Thaler, 1772 auf 7075 Thaler und 1881 auf 23800 Mark. Es ist grösstenteils aus Legaten entstanden. Ausserdem besitzt die Kirche: ein Grundstück in der Stadt, auf welchem sich befinden das Kirchengebäude, das Pfarrhaus, das Küsterhaus und ein Garten; den Kirchenacker; den Pfarracker und die Kantorwiese. Ein Teil des Ackerlandes ist ein Geschenk des grossen Kurfürsten, der andere Teil eine Schenkung des Hauptmanns Berndt Arenwalde.

Endlich hat die Kirche mit der Militärgemeinde, früher mit den Beamten der Strafanstalt und der Gemeinde Plan, Anteil an zwei Kirchhöfen. Der eine liegt vor dem Potsdamer Thore. Er wurde 1796 eröffnet und 1831 geschlossen. Der andere ist infolge der Schliessung des ersten auf einem am 21. Juli 1831 von der Nicolaikirche erkauften Grundstücke eingerichtet worden; es ist der Johanniskirchhof in der Neuendorfer Strasse.

Anfänglich begrub die reformierte Gemeinde ihre Toten auf dem Vorhofe der Kirche; im Jahre 1715 wurde ein neben der Kirche gelegenes Grundstück angekauft und als Begräbnisplatz eingerichtet. Man beerdigte auf demselben bis 1814. Daneben benutzte die Gemeinde auch den Soldatenkirchhof vor dem Potsdamer Thore, welcher 1796 an seine jetzige Stelle verlegt und 1831 wegen Überfüllung geschlossen wurde. Auf demselben wurden auch die Zuchthaussträflinge beerdigt.

Im Jahre 1673 richtete die reformierte Gemeinde eine eigene Schule ein, in welcher der Kantor, der zugleich Küster und Organist war, unterrichtete. Sie wurde 1816 in den Verband der städtischen Schulen aufgenommen und der Kantor als städtischer Lehrer angestellt, wofür die Johanniskirche der Stadt in dem unteren Stockwerke des Kantorhauses unentgeltlich eine Schulklasse erhalten musste. 1854 löste die Stadt diese Verbindung und gab die Schulklasse ganz auf, stellte auch den Kantor nicht mehr als städtischen Lehrer an. In neuester Zeit hat die Stadt das untere Stockwerk des Kantorhauses wiederum gemietet, um dort eine Gymnasialklasse einzurichten.

Die Prediger an der reformierten, späteren Johanniskirche, waren:

1673-1710 David Scultetus. Er wurde 1710 emeritiert und starb 1719.
1710—1714 Erasmus Colerus, ging 1714 nach Ziesar.
1714-1731 Martin Scherer.
1732-1739 Christian Hoffham, vorher Hofprediger des Markgrafen Albrecht Friedrich, wurde 1739 Hofprediger und Konsistorialrat in Berlin.
1739—1761 Stephanus Stietz.

1761—1763 Daniel Andersch, ging 1763 nach Königsberg.
1763—1801 Karl Friedrich Scholz.
1801—1810 Lebrecht Bientz.
1811—1829 August Wilhelm Rosa.
1830—1849 Bornemann.
1850—1863 Kirchner, ging nach Elsholz bei Beelitz.
1863—1867 Senstius.
1869—1881 George Souchon, ging nach Berlin.
1881—   interimistische Verwaltung durch den Garnisonprediger.

Stiftungen bei der Kirche:

1. Haaksches Legat,	Vermächtnis von	1772,	Kapital	1500	Thaler.
2. Schneebergsches Legat,	„	„ 1765,	„	150	„
3. „	„	„ 1775,	„	100	„
4. Stietzsches	„	„ 1758,	„	100	„
5. Bauermüllersches	„	„ 1776,	„	500	„
6. von Diestsches	„	„ 1703,	„	200	„
7. Ehrlichsches	„	„ 1793.	„	25	„

Im ganzen 2575 Thaler.

9. Die katholische Kirche.

Als 1723 die Gewehrfabrik auf dem Plane angelegt wurde, liess König Friedrich Wilhelm I. für die aus Belgien kommenden katholischen Arbeiter auf dem Plane eine Kirche bauen, die 1767 vergrössert wurde. Im Jahre 1847 erbaute die katholische Gemeinde eine neue Kirche auf dem Behnitz, welche 1848 eingeweiht wurde. Mit derselben ist eine katholische Schule verbunden. Das Schulgebäude befindet sich neben der Kirche auf dem Behnitz und ist im Jahre 1879 durch Aufsetzung eines Stockwerkes erweitert worden. Die Kirche hat einen Priester, die Schule zwei Lehrer und eine Lehrerin.

10. Das Benediktiner-Nonnen-Kloster St. Marien.

Nach einer alten Nachricht ist das Benediktiner-Nonnen-Kloster St. Marien, welches bis in das siebzehnte Jahrhundert hinein vor dem ehemaligen Kloster-, jetzigem Potsdamer Thore, stand, im Jahre 1239 von den Markgrafen Johann I. und Otto III. gegründet und mit dem

Dorfe Langwitz ausgestattet worden.[1]) Ohne Zweifel bestand dasselbe bereits im Jahre 1240.[2])

Ganz genau lässt sich die Lage des Klosters nicht mehr bestimmen, so viel bekannt, befand es sich südlich der jetzigen Lehrter Bahn zur Linken der heutigen Potsdamer Strasse. Ehe man zu demselben gelangte, musste man den Heiligen-Geist-Graben überschreiten, welcher das Kloster von dem Hospitale zum heiligen Geiste, das unmittelbar vor dem Thore lag, trennte. Dem Kloster gehörte zunächst alles Land, welches noch heute als das „Klosterfeld" bezeichnet wird. Allmählich gelangte es aber zu grösserem Besitze. 1239 wurde ihm bei der Gründung, wie erwähnt, von den Markgrafen Johannes I. und Otto III. das Dorf Langwitz geschenkt.[3])

1251 kaufte es von Ritter Friedrich von Kare eine an der Panke gelegene Mühle im Dorfe Wedding.[4])

1258 schenkte ihm Markgraf Johann II. eine jährliche Getreidehebung von 3 Wispeln Roggen, aus der markgräflichen Mühle in Spandau zu erheben.[5]) Diese Schenkung wurde 1336 durch Markgraf Ludwig den Älteren erneuert, nachdem die Hebung eine Zeitlang entzogen worden war.[6])

1264 schenkte ihm Markgraf Otto III. fünf Hufen im Dorfe Schöneberg zu freiem Eigentum.[7])

1265 überwies ihm Bischof Heinrich von Brandenburg den Zehnten der unter seinem Patronate stehenden Kirche des Dorfes Langwitz, „da die Jungfrauen nur dürftige Einkünfte hätten".[8])

In demselben Jahre übertrug Ritter Dietrich, genannt von Bornim, dem Kloster vier Hufen im Dorfe Seegefeld, welche er vom Markgrafen zu Lehen hatte. Markgraf Otto III. genehmigte nicht nur diese Übertragung, sondern überliess das Land dem Kloster zu freiem Eigentum.[9])

1267 vermachte Ritter Arnold von Bredow dem Kloster eine jährliche Getreidehebung von 4 Wispel Roggen aus dem Dorfe Cladow und ausserdem 35 Mark Geldes.[10])

1270 übertrugen die Markgrafen Otto V. und Albrecht III. dem Kloster das Patronat und die Einkünfte der Kirche in Roschow.[11])

1271 wurde die Tochter des Ritters Rudolf von Schneitlingen in das Kloster aufgenommen. Der Vater überwies deshalb dem Kloster 8 Hufen Landes im Dorfe Dalgow, welche er vom Landesherrn zu

---

[1]) Riedel, cod. 1. 11, 148.
[2]) Riedel, cod. 1. 3.
[3]) Riedel, cod. 1. 11, 148.
[4]) Riedel, cod. 1. 11, 3. Urkundenb. z. Berlin. Chronik 7. Diesen Besitz scheint es später wieder aufgegeben zu haben.
[5]) Riedel, cod. 1. 11, 148.
[6]) Riedel, cod. 1. 11, 33.
[7]) Riedel, cod. 1. 11, 5.
[8]) Riedel, cod. 1. 11, 5 u. fg. „Ad ipsarum mensam, que tenuis est, libere contulimus."
[9]) Riedel, cod. 1. 11, 6.
[10]) u. [11]) Riedel, cod. I. 11, 7.

Lehen hatte. Die Markgrafen gaben dem Kloster das Land zu freiem Eigentume.[1]

1272 kaufte das Kloster das Dorf Gatow.[2]

1273 übertrugen die Ritter Heinrich und Arnold von Döberitz dem Kloster acht Hufen im Dorfe Staaken. Sie hatten dieselben vom Grafen Günzel von Schwerin zu Lehen. Der Graf selbst war ein Lehnsmann des Bischofs von Brandenburg, zu dessen Besitze das Dorf Staaken gehörte. Das Kloster erhielt die Schenkung mit der Verpflichtung, alle Parochialkirchen im Umkreise von zwei Meilen mit Wein und Oblaten zu versehen.[3]

1286 übertrugen die Markgrafen Otto V. und Albrecht III. dem Kloster das Patronat und die Einkünfte der Kirche zu Bornim.[4]

1287 erbte das Kloster von Jakob von Fahrland zwei Hufen im Dorfe Mahlow. Ferner erwarb es zwei Hufen im Dorfe Ozlow.[5]

1289 bezog das Kloster die Einkünfte der Kirche zu Golm.[6]

1297 erwarb es eine jährliche Getreidehebung von 6½ Wispel Roggen aus Seegefeld.[7]

1299 übertrug ihm Markgraf Hermann das Patronat der Kirche zu Dalwitz und Ritter Busso Greuelhut das der Kirche zu Kienitz.[8]

1308 kaufte es von dem Bürger Mundeke zu Spandau eine auf dem linken Havelufer gelegene Wiese.[9]

1309 schenkte ihm Ritter Petzke von Lossow eine jährliche Hebung von ⅓ Last Hering aus dem Zolle zu Küstrin.[10]

1317 kaufte das Kloster von den Gebrüdern Heinrich und Lorenz Gross 9½ Hufen Landes im Dorfe Beiersdorf.[11]

In demselben Jahre schenkte ihm Markgraf Waldemar 10 Hufen im Dorfe Wilmersdorf.[12]

1318 schenkte Thilo von Hamel dem Kloster den Fischzoll in Berlin und Kölln. Derselbe wurde von jeder Art von Fischen mit Ausnahme von Heringen erhoben.[13]

1320 schenkte Ritter Heinrich von Rychow dem Kloster den See Glienicke.[14]

1323 schenkte ihm Herzog Rudolf von Sachsen 4 frusta im Dorfe Wilmersdorf.[15]

---

[1]) Riedel, cod. I. 11, 8.
[2]) Riedel, cod. I. 11, 149.
[3]) Riedel, cod. I. 11. 8 u. fg.
[4]) Riedel, cod. I. 11, 9.
[5]) Riedel, cod. I. 11, 10 u. 149.
[6]) Riedel, cod. I. 11, 12
[7]) Riedel, cod. I. 11.
[8]) Riedel, cod. I. 11, 16.
[9]) Riedel, cod. I. 11, 19.
[10]) Riedel, cod. I. 11, 20.
[11]) Riedel, cod. I. 11, 21.
[12]) Riedel, cod. I. 11, 22.
[13]) Urkundenb. z. Berlin. Chronik S. 31.
[14]) Riedel, cod. I. 11, 26.
[15]) Riedel, cod. I. 11, 29.

1329 schenkte Otto von Fahrland dem Kloster eine jährliche Rente von 4 Talenten aus der markgräflichen Münze in Berlin zu erheben.[1]

1332 war das Kloster bereits im Besitze von Grundstücken in Seeburg, welche es von den Gebrüdern Kersten und Johann Clyck und Heinrich Prigarde erworben hatte. Es war vornehmlich ein Hof mit zehn Hufen.[2]

1334 schenkte der Rat von Spandau dem Kloster einen Kohl- und einen Hopfengarten. Ferner ermässigte er den Zins, welchen das Kloster jährlich der Stadt zahlen musste, auf drei Schillinge, und endlich gestattete er ihm die Teilnahme an der städtischen Lehmgrube und den städtischen Weiden.[3] In demselben Jahre erwarb das Kloster Besitzungen in Potsdam.[4]

1336 schenkte Albert Greuelhut dem Kloster bei der Aufnahme seiner Tochter in dasselbe den Falkenhagener See.[5]

1339 schenkte Friedrich von Belitz dem Kloster eine jährliche Rente von 35 Schillingen aus dem Kruge des Dorfes Fehben zu erheben.[6]

1340 schenkte ihm Markgraf Ludwig der Ältere eine jährliche Rente von zwei Mark aus den Abgaben der Stadt Spandau zu erheben.[7]

1345 schenkte ihm Markgraf Ludwig eine jährliche Rente von 5 frusta aus den Gewässern Potsdams zu erheben,[8] und 1351 eine Rente von zehn Mark jährlich aus der Urbede der Dörfer Gatow, Kladow, Daldorf und Lichtenow zu erheben.[9]

1355 übertrug Markgraf Ludwig dem Kloster das Patronat und die Einkünfte des Marienaltars in der Kapelle des Schlosses zu Spandau.[10]

1356 schenkten die von Gröben und Nikolaus Honhase, Schultheiss in Spandau, dem Kloster Einkünfte aus Bornim.[11]

1361 kaufte das Kloster von Johannes Wolf, Bürger in Kölln an der Spree, das Dorf und die Mühle Tegel für 60 Mark brandenb. Silbers und Gewichtes.[12]

1371 schenkte Markgraf Otto der Faule dem Kloster die Bede des Dorfes Langwitz.[13]

1374 erbte das Kloster von Heinrich von Haselberg, Priester in Markau, 5 1/2 Talent jährlicher Einkünfte von den Gewässern in Potsdam.[14]

Nach dem Landbuche Kaiser Karl IV. hatte das Kloster im Jahre 1375 folgende Besitzungen:

[1] Riedel, cod. I. 11, 305.
[2] u. [3] Riedel, cod. I. 11, 32.
[4] Riedel, cod. I 11, 149.
[5] Riedel, cod. I. 11, 33
[6] u. [7] Riedel, cod. I. 11, 34.
[8] Riedel, cod. I. 11, 36.
[9] Riedel, cod. I. 11, 42.
[10] Riedel, cod. I. 11, 47.
[11] Riedel, cod. I. 11, 49.
[12] Riedel, cod. I. 11, 56.
[13] Riedel, cod. I. 11, 61.
[14] Riedel, cod. I. 11, 62.

im Teltow:

die Dörfer *Lusze* (Lietzow), *Lanckowitz* (Langwitz),

aus Schöneberg von 5 Hufen 45 Scheffel Roggen und 45 Scheffel Hafer, Getreidepacht, 12 Schilling Geldzins,

aus Gross-Beeren von 2 Hufen 10 Scheffel Roggen und 10 Scheffel Hafer Getreidepacht,

aus Malow ¹/₂ Wispel Roggen und ¹/₂ Wispel Hafer;

im Barnim:

die Dörfer *Luboz* (Lubars), Tegel mit der Mühle Daldorf,

aus Blankenfelde von 5 Hufen 20 Scheffel Roggen und 20 Scheffel Hafer Getreidepacht, 10 Schilling Geldzins,

aus Seeberg von 5 Hufen Getreidepacht,

aus Wilmersdorf von 14 Hufen Getreidepacht,

aus Wese von 2 Hufen 6 Scheffel Roggen, 6 Scheffel Gerste, 1 Viertel Erbsen Getreidepacht, 4 Schilling Geldzins,

in Beiersdorf 10 Hufen:

im Havellande:

die Dörfer *Seborch* (Seeburg), *Clodow* (Kladow), *Gottow* (Gatow),

aus Dalgow von 3 Hufen Getreidepacht,

aus Falkenhagen von 10 Hufen Getreidepacht,

aus Gross-Glienicke von 18 Hufen Getreidepacht,

aus Dürotz 1 Wispel Roggen,

in Klein-Glienicke einen See,

aus Gross-Bentz 2 Wispel Roggen Getreidepacht, 8 Schilling Zins.[1]

Hierzu kamen die Klostergebäude, das Klosterfeld und die St. Nicolaikirche bei und in Spandau.

1378 kaufte das Kloster von Balthasar von Falkenrehde die Fischereigerechtigkeit auf dem See Gr.-Glienicke.

1379 kaufte es erst eine Geldhebung von zwei Hufen in Falkenhagen und dann das ganze Dorf Falkenhagen mit dem Patronate in Seegefeld von den Gebrüdern von Bardeleben.[2]

1403 erbte das Kloster von Hermann Bardeleben das Dorf Rohrbeck.[3]

1410 kaufte es von Hans von Kröcher eine Wiese auf dem Götel bei Spandau[4] und 1418 eine jährliche Geldrente von 35 böhm. Groschen zu erheben aus dem *„vierten Teile des potsdamschen Garnes“*.[5]

1420 vertauschte es seine Besitzungen in Staaken gegen einen Hof und zehn Hufen in Seegefeld.[6]

1424 stiftete das Tuchmachergewerk in Spandau den Nonnen zur Kleidung jährlich drei weisse Laken, statt deren von 1427 an jährlich 9 Schillinge gezahlt wurden.[7]

---

[1] Fidicin, Kaiser Karls IV. Landbuch der Mark Brandenburg.
[2] Riedel, cod. I. 11, 64.
[3] Riedel, cod. I. 11, 70.
[4] Riedel, cod. I. 11, 73.
[5] Riedel, cod. I. 11, 75.
[6] Riedel, cod. I. 11, 77.
[7] Schulze, Mscr.

14

1436 entstand Streit zwischen dem Kloster und den Fischern von
Berlin und Kölln wegen des Fischzolles in jenen Städten, der seit 1318
dem Kloster gehörte. Der Rat von Berlin und Kölln war Richter in der
Sache und entschied dieselbe dahin, dass der Zoll von den Fischern in
Berlin und Kölln erhoben, dafür aber von diesen alljährlich dem Kloster
10 Schock böhmischer Groschen gezahlt werden sollte. Dazu wurde den
Fischern die Fischereigerechtigkeit auf dem Plötzensee, welcher Eigentum
des Klosters war, zugesprochen. Damit waren aber die Streitigkeiten
zwischen dem Kloster und den Fischern noch nicht beigelegt. Deshalb
vereinbarte man im Jahre 1443, dass der Zoll durch den Rat von Berlin
und Kölln erhoben und durch denselben auch die Fischerei auf dem
Plötzensee ausgeübt werden, dafür aber dem Kloster alljährlich von den
Städten Berlin und Kölln eine Rente von 8 Schock böhmischer Groschen
an guten Berliner Pfennigen ausgezahlt werden solle.[1]

Nach einem Schossregister aus der zweiten Hälfte des fünfzehnten
Jahrhunderts gehörten dem Kloster folgende Dörfer:
im Teltow:
Lanckwitz als markgräfliches Lehen, Lucze;
im Barnim:
Daldorf, Lubarsz, Tigel, 10 Hufen in Wilmersdorf;
im Havellande:
Cladow, Gothow, Seeburg, Verbitz, Rorbeke.[2]

1463 kaufte das Kloster vom Rate der Stadt Nauen eine jährliche
Rente von 8 Schock.[3]

1538 vertauschte das Kloster seine Einkünfte aus dem Dorfe
Roschow gegen solche aus den Dörfern Dürotz und Wustermark.[4]

Nach dem Amtserbregister von 1590 waren die Besitzungen des
Klosters zuletzt folgende:
Mehrere Hufen bei Spandau, das sogenannte Klosterfeld oder die
   Klosterfreiheit, auf welchem die Klostergebäude und ein Vorwerk
   standen und welches in drei Felder: das Feld an der Bullen-
   wiese, das Mittelfeld und auf dem Hasenmarkt, zerfiel, die Dörfer
   Lietzow, Langwitz, Tegel, Lubars, Daldorf, Falkenhagen, Rohr-
   beck, Seeburg, Gatow, Cladow;
den Falkenhagener See mit 15 Garnzügen, 6 Garnzüge auf dem Lietzower
   See, den Glienicker See, und eine Einnahme aus den Gewässern
   bei Potsdam;
das Kirchenlehen in Wilmersdorf, Glienicke, Golm, Gruben, Roschow;
Getreidepächte und Geldzinse aus Seegefeld, Alt-Landsberg, Beiersdorf,
   Heckelberg, Teltow, Gross-Beeren, Klein-Beeren, Sputendorf,
   Malow, Schöneberg, Dalgow, Glienicke, Bornim, Golm, Kotzeband, Geltow, Feben, Velten, Gross-Behnitz, Nieder-Schönhausen,

[1] Riedel, cod. I. 11, 95 u. 102 u. folg.
[2] Fidicin, Kaiser Karls IV. Landb. d. Mark Brandenburg, S. 259 u. folg.
[3] Riedel, cod. I. 11, 111.
[4] Riedel, cod I. 11, 134.

Blankenfelde, Wilmersdorf, Wese, Seberg, Lindenberg, Zehlen-
dorf, Dürotz und Wustermark, im ganzen
. 166 Thaler 13 Sgr. 10½, Pf.
69 Wispel 14 Scheffel 2 Metzen Roggen.
16 „ 13 „ — „ Gerste.
48 „ 11 „ 2 „ Hafer.
3 Schock 41 Stück Rauch- und Pachthühner.

Ausserdem war dem Kloster die städtische Pfarrkirche St. Nicolai
einverleibt.

Sonst sind nur dürftige Nachrichten über das Kloster auf uns
gekommen.

Als Pröbste werden genannt:

1258 und 1267 Jacobus,
1308 „ 1314 Albert,
1317 Johannes,
1334 Wilhelm von Schöneberg,
1352, 1356 und 1357 Nicolaus,
1383 Nicolaus Smergow,
1405 und 1410 Johann von Cöln,
1418, 1424 und 1436 Johannes Rabenstein,
1443 Thiele Schartow,
1449 und 1463 Thiele Pell,
1483 Christian Damer,
1515 Andreas Hopenrahde,
1519 Melchior Hunicke,
1520 (?) Matthias von Jagow,
1528 Konrad Sleys,
1531 Ludwig.

Die Pröbste verwalteten das Kloster und sorgten für den Unterhalt der Klosterjungfrauen, indem sie ihnen alles nötige aus den Einkünften des Klosters zukommen liessen. In allen den Besitzstand des
Klosters betreffenden Angelegenheiten waren sie an die Zustimmung der
Priorin oder Domina und des Convents der Klosterjungfrauen, „der
Domina und der ganzen Versammlung des Jungfrauen-Klosters zu Spandau“,
gebunden.[1]

·. Als Priorinnen werden erwähnt:

1267 Margaretha,
1352 Jutta,
1374 Margaretha von Haselberg,
1383 Katharina Rudow,
1405 und 1410 Margaretha Domes,
1418 Elisabeth Bellin,
1443 Sophia Griben,
1488 Elisabeth Stroband,
1515—1519 Katharina Barfﬁt, Domina; Barbara Schapelowe, Priorin,
1528 Barbara Schapelowe, Äbtissin; Anna Glons, Priorin.

Als Unterpriorinnen werden genannt:

1383 Margaretha Domes,
1405 Margaretha Buschow.

---

[1] Riedel, cod. I. 11, 147 u. a.

14*

1418 Anna Hakeuberg,
1448 Gertrud Bamme.
1528 Dorothea Barfft.

Als Nonnen erscheinen:

1271 ein Fräulein von Schneitlingen,
1336 eine Greuelhut,
1351, 1371, 1374 Margaretha von Burg,
1355 eine Weger,
1371 Dorothea von Prag,
1375 eine Sunden aus Berlin,
1379 ein Fräulein von Etzen,
1488 Anna Ribbeck, Elisabeth Hake, Margaretha Dyrike.

Im Jahre 1539 reformierte das Kloster und traf mit dem Rate von Spandau eine Vereinbarung, „wie es in der Folge mit Predigern, Kirchendienern und derselbigen Ämtern in gemeiner Stadt- und Klosterkirche gehalten werden solle."

Unterm 27. April 1541 vereinbarten die kurfürstlichen Visitatoren mit den Klosterjungfrauen, nachdem dieselben die kurfürstliche Kirchenordnung angenommen hatten, folgendes:

„1. Die Jungfrauen werden in den gottesdienstlichen Gebräuchen sich nach der Kirchenordnung richten.

2. Der Pfarrer aus der Stadt soll wöchentlich zweimal, Sonntags und Mittwochs, im Kloster predigen.

3. Die Jungfrauen sollen der Domina in allen Stücken gehorchen.

4. Es steht jeder Jungfrau frei, sich weltlich zu kleiden und ganz aus dem Orden zu treten.

5. Die Jungfrauen sollen gemeinschaftliche Mahlzeiten halten und das, was übrig bleibt, wieder in die Küche schicken. Während der Mahlzeit soll ihnen ein Kapitel aus der Bibel deutsch vorgelesen werden.

6. Gäste sollen in das Kloster nicht aufgenommen werden.

7. Die Abgabe, welche das Kloster der Universität Frankfurt bisher geleistet hat, bleibt bestehen.

8. Mit der Rechnung des Klosters soll es wie bisher gehalten werden.

9. Für junge Mädchen, welche dem Kloster zur Erziehung übergeben werden, sollen wie vor Alters jährlich 4 Schock Kostgeld gezahlt werden. Bürgerstöchter aus der Stadt, welche Leseunterricht im Kloster erhalten, sollen zur Zeit der Mahlzeiten das Kloster verlassen."

Es wurde nun als Verweser des Klosters Kaspar von Klitzing eingesetzt. Kurfürst Joachim übertrug ihm *„das Junckfrauen Kloster vor Spandow vf sein lebenlangk"*, also dass er dem Kurfürsten und seiner Herrschaft *„dauon soll dienen, pflegen, rechnung vnd alle gerechtigkeit thun vnd halten, In massen die vhorigen probste gethan. Dessgleichen soll er auch von dem einkommen des klosters der Domina vnd Junckfrauen berurts klosters teglichen vnd Wochlichen ihne lassen, vnterhalten vnd reichen, auch andere pflichten geben, wie die vhorigen probste, ane alle verminderung vnd das kloster sampt seinen guthern in wesentlichen baw* *erhalten.“* Darüber soll er auch dem Kurfürsten „*mit zweien pferden, jedoch ane besoldung vnd schadenstandt*“, so oft der Kurfürst „*Inn fordern oder fordern lassen, dienen*“; doch will ihm der Kurfürst Hofkleidung wie andern Dienern geben und, wenn er in seinem Befehl über Land reist, „*mit zherung vnd schadenstandt*“ versorgen und versehen. Veränderungen sowie gänzliche Rücknahme des Klosters behält sich der Kurfürst für sich und seine Nachkommen vor. Auf sein und seiner Nachkommen Bogehr soll das Kloster Kaspar von Klitzing „*frey, vngehindert und ane behelff abtretten vnd einreumen.*“[1]

1552 waren noch 18 Jungfrauen im Kloster.

1558 wurde das Kloster und seine Besitzungen mit dem Schlossamte Spandau vereinigt und den noch vorhandenen Klosterjungfrauen ein gewisses Deputat ausgesetzt, das bis zum Tode der letzten Jungfrau gezahlt werden sollte.[2] Die letzte Klosterjungfrau war Hippolyta von Gröben, welche im Jahre 1598 starb.

---

[1] Riedel. cod. I. 11, 147.
[2] Im königl. Geh. Staatsarchiv findet sich hierüber folgendes:
„*1558 trat das Spandowsche Jungfrauen-Closter alle ihre Dörfer, Einkommen, Holzung, Wiesewachs und anderes mehr dem Churfürsten ab, und erhielt dagegen auf Lebenszeit einen gewissen Deputat, welcher in folgenden bestand:*
„*10 Winspel 22 Scheffel Rocken oder Brod.*
„*100 Tonnen Bier und noch*
„*16 Tonnen von einem Brauen Lager-Bier.*
„*6 Tonnen Wein aus dem Closterweinberg.*
„*2 Tonnen Wein zu den Kirchen der Amts- und Closter-Dörfer.*
„*12 Scheffel Salz.*
„*8 feiste Schweine.*
„*36 Pfund Fleisch wöchentlich.*
„*Den halben Zehend von Lämmern und Gänsen.*
„*4 Scheffel Weitzen.*
„*1 Schock zu Semmeln.*
„*1 Schock Hühner*
„*1 Eymer Kumpost aus der Schäferey.*
„*2 Tonnen Butter.*
„*2 Tonnen Käse.*
„*1 Tonne Hering aus dem Hoflager.*
„*4 Scheffel Erbsen.*
„*3 Viert Hirsen.*
„*2 Scheffel Hafergrütz.*
„*2 Scheffel Hanfkörner.*
„*2 Viert weissen Mahn.*
„*24 Gr. zu Reise.*
„*3 Gr. alle Woche zu Milch.*
„*10 Scheffel Rüben.*
„*2 Scheffel Zibollen.*
„*2 Fl. zu Oel.*
„*1 Emichen Honig.*
„*1 Pfund Saffran.*
„*3 Pfund Pfeffer.*
„*1 Pfund Ingwer.*
„*2 Steine Talch.*
„*2 Paar Schue Jedermann.*
„*2 Paar Schue der Magd und Köchin.*
„*3 Fl. zu Flachs und Weberlohn.*

1626 wurde das „alte verfallene Kloster" auf Befehl des Kurfürsten Georg Wilhelm abgetragen. Das dazu gehörige Vorwerk blieb
aber bestehen.[1])

_____

„24 Gr. vor den Krautgarten zu bereiten.
„2 Stein Seife.
„6 Scheffel Roggen der Wäscherin.
„5 Fl. Mägdelohn.
„2 Fl. zu Küchengeräthe.
„4 Fl. zu den Siechen.
„3 Pfund Wachs.
„1 Fuder Kohlen.
„4 Fl. zu Schmalz.
„5 Winspel Hafer.
„Fische sollen ihnen nach Nothdurft von dem Amtsfischer gegeben werden,
„oder in Ermangelung jeden Fischtag 8 Gr.
„So ofte sich die Jungkfern beichten lassen, den Prädicanten und Schul-
„gesellen nothdürftig Essen und Trinken.
„Heu und Stroh soll ihnen der Clostervogt, so viel sie nothdürftig bedürfen,
„zu jeder Zeit folgen lassen.
„Holz in die Küche, Badstube und Dörntzen soll ihnen, soviel sie jährlich
„bedürffen, durch die Closterpferde oder Dörfer, ohne ihre Unkosten, zur
„Statte geführt und gebracht werden."
[1]) Siehe Seite 20.

V. Das Schulwesen.

V. Das Schulwesen.

Schon früh besass Spandau eine Knabenschule. Eine nicht mehr vorhandene Urkunde vom Jahre 1330 erwähnte eines Johann von Genffenberg mit der Bezeichnung *„quondam rector parvulorum"* (einst Schulmeister). [1]

Ursprünglich erteilte der Stadtschreiber den Unterricht in der Schule und bezog dafür den Zins eines geistlichen Lehens von 6 $\frac{1}{2}$ Schock. In dem sogenannten „alten Schultz", welcher aus dem fünfzehnten Jahrhundert stammt, erscheint noch der Stadtschreiber als Schulmeister. Als aber die rathäuslichen Geschäfte sich vermehrten, konnte der Stadtschreiber nicht mehr den Dienst in der Schule versehen, und es wurde ein besonderer Schulmeister angestellt. Dies ist im Laufe des fünfzehnten Jahrhunderts geschehen.

1431 wird neben dem Magister scholae, dem Schulmeister, auch ein Baccalaureus, ein Schulgeselle, erwähnt, und 1512 erscheinen neben dem Schulmeister oder Schulfürsten ein Ober- und ein Unter-Geselle supremus und infimus collega, auch Ober- und Unter-Küster genannt. [2] Der erste namentlich bekannte Schulmeister ist „Nymptlius", welcher in einem alten Rentenbuche aus den Jahren 1472 bis 1507 vorkommt.

Über die innere Einrichtung der Schule ist aus der Zeit vor der Reformation garnichts überliefert. Vermutlich war dieselbe eine sogenannte Trivialschule, in welcher das notwendigste gelehrt wurde: Schreiben, Lesen, etwas Rechnen, Kirchenlatein, einige Glaubens- und Gebetsformeln und die kirchlichen Gebräuche.

Mit der Reformation wurde die Schule unter die Aufsicht der Kirche und des Rates gestellt. Der Kirchenvisitationsabschied von 1541 bestimmte betreffs derselben:

„Für die Knabenschule sollen ein Schulmeister und ein Geselle und bei zunehmender Frequenz noch ein Kantor angestellt werden;" „die sollen sich des Pfarrers gebührlich verhalten."

---

[1] Diese Urkunde lag dem Inspektor Schulze noch vor.
[2] Der Schulfürst ist ohne Zweifel mit dem Obergesellen oder Oberküster oder supremus collega identisch, so dass wir in dem Jahrhundert vor der Reformation zwei Schullehrer haben.

„Das Gehalt des Schulmeisters beträgt 45 Gulden und einen Wispel Roggen, das der Gesellen 30 Gulden. Dazu haben beide freie Wohnung auf der Schule oder sonst, die Präbende auf dem Schlosse und die Accidenzen der Schule, zu welchen namentlich das Eintritts- und das Schulgeld gehörten. Beim Eintritt zahlte jeder Knabe zwei Groschen. Ausserdem gab jeder vierteljährlich zwei Groschen Schulgeld. Zur Instruktion für den Schulmeister wird hinzugefügt: „Und soll der Schulmeister die Knaben fleissig, einen jeden nach seiner Geschicklichkeit instruiren, sie sonderlich den Catechismum wohl lernen und recitiren lassen, darauf dann der Pfarrer, dass es ordentlich in der Schule zugehet, gut acht haben soll. Es sollen auch die Knaben sonderlich in Musica gelehret und die alten Gesänge de Tempore vorgesungen werden, damit sie die hernach in der Kirche und vor den Thüren singen mögen. Und sollen die Schüler, damit sie vor andern Bettlern gekannt, vor den Thüren anders nicht denn lateinisch singen.“

1542 ist bereits ein Kantor und 1565 ein dritter Schulgeselle, der Tertianus angestellt. Der eigentliche Schulmeister wurde gewöhnlich „Rektor“, der zweite „Konrektor“ genannt. Der Visitationsabschied von 1576 erhöhte das Gehalt der Lehrer etwas und stellte weitere Erhöhungen in Aussicht. Gleichzeitig wurden Schulinspektoren eingesetzt. Diese sollten sein die Geistlichen, der regierende Bürgermeister, der Stadtschreiber und „einige aus dem Rate und der Gemeine, die Pfarrer und Rat vor tüchtig dazu erachtet.“ Sie sollen fleissig darauf sehen, „dass die Jugend fleissig instruieret und nicht mit verdächtigen Lehren korrumpieret und depravieret, sondern in den Fundamentis Theologiae in göttlicher Schrift gegründet, ohne Corruptelen christlich und ehrbarlich erzogen werde.“ Ferner soll von den Schulinspektoren und dem Schulmeister eine Schulordnung entworfen werden.

Seit der Reformation gestaltete sich die Schule, gewöhnlich „die grosse lutherische Stadtschule“ genannt, immer mehr zu einer gelehrten Schule in dem vollen Umfange, wie ihn die lateinische Schule seit der Reformationszeit angenommen hatte. In ihren Lehrplan gehörte Lateinisch, Griechisch und Hebräisch; ihre Schüler wurden zu Fakultätsstudien vorbereitet und von ihren Lehrern verlangte man eine gelehrte Bildung. Der Rektor, diesen Titel führte der erste Lehrer, war in der Regel ein Magister artium, der Konrektor, der zweite Lehrer, war stets ein Theologe und die übrigen Lehrer waren meist Theologen.

In den lateinischen Programmen, welche von seiten des Rektors bei Gelegenheit der öffentlichen Prüfung zu Ostern und Michaelis herausgegeben wurden, bezeichnet sich die Schule als Lyceum. Die Schulschriften und Schulreden bieten teils durch ihre Form, sie sind meist in lateinischer Sprache geschrieben, teils durch ihren Inhalt einen sicheren Massstab für das höhere Streben der Schule. 1611 schrieb der Rektor Zenkfrei ein „programma de militia scholastica in examine, quod Spandoviae quotannis solenniter institui solet, habita“; 1680 sprach der Konrektor Jacobi in seiner Antrittsrede „über die griechische Sprache“; 1736 führte der Inspektor Lamprecht den Subrektor

Betcke ein mit einer Rede: „*De scholarum utilitate et necessitate*" und 1738 den Rektor Gerven mit einer Rede „*de rite informanda jurentute in Specie de patientia scholastica*"; 1768 ladet der Rektor Heindorf zum Schulexamen durch ein Programm „*de optabili erga scholas beneficentia*" ein; 1780 handelt der Rektor Sprengel, welcher sich als Botaniker einen Namen gemacht hat, in seiner Antrittsrede „Von dem Nutzen der griechischen und lateinischen Sprache."

Öffentliche Schulprüfungen fanden zu Ostern und Michaelis statt. Der Rat wohnte denselben bei und trank auf Kosten der Stadtkasse mit den Lehrern Bier, unter die Schüler aber wurde ebenfalls auf Stadtkosten Papier verteilt. So wurden im Jahre 1583 zu Ostern 9 Thaler und zu Michaelis 11 Thaler 4 Groschen für eine Kollation ausgegeben, welche der Rat mit den Schulgesellen nach beendigtem Schulexamen veranstaltete. 1591 vertranken die Ratsherren und die Schulgesellen während des Examens für 1 Thaler 22 Groschen bernauisch Bier und 1595 für 2 Thaler und 18 Groschen. 1585 wurden unter die Knaben 2 Riess Papier verteilt, ebensoviel 1605 und 1 Riess 1624.

Dass auch das zukünftige Fakultätsstudium bereits starke Berücksichtigung auf der Schule fand, geht unter anderm aus dem Titel eines von dem Konrektor Schulze 1672 abgefassten Schulbuches: „*Historiae ecclesiaticae V. T. in Schola Spandoviensi praelectae isagogica repetitio*", und aus der Erwähnung hervor, dass der Konrektor Heres, welcher von 1753 bis 1756 an der Schule unterrichtete, den jungen Leuten in Privatstunden „einen kurzen Inbegriff aller Wissenschaften" diktierte und dann ins Lateinische übersetzen liess, „dass sie also den doppelten Nutzen davon hatten."

Auch Schulkomödien wurden von den Schülern unter Leitung des Rektors aufgeführt, Lustspiele des Terenz zu Rathause, Stücke aus der biblischen Geschichte teils zu Rathause, teils in der Kirche oder in der Schule. 1545 wird die Andria des Terenz, 1553 und 1556 Phormio zu Rathause aufgeführt, und noch 1731 am 20. März lässt Konrektor Gerven „die blutige doch heilwürkende Schaubühne des Leidens und Todes Christi „in lateinisch und deutsch gebundenen Reden in der Schule aufführen „unter bewegender Passionsmusik in Gegenwart einiger derer Herren „Offiziere von der Garnison, des Magistrats, Ministerii und ziemlicher „Frequenz der Bürgerschaft."

Eine die Schulen betreffende Verordnung König Friedrich Wilhelms I. vom 30. September 1720 verbot jedoch die Aufführung solcher Komödien. Da diese Verordnung auch sonst von Interesse ist, als der erste Versuch einer allgemeinen Regelung des höheren Schulwesens, so lassen wir den Inhalt derselben hier folgen:

„1. Die Schulen sollen von den Aufsicht führenden Geistlichen und Weltlichen fleissig visitieret, die Stipendien ohne Ansehen der Person nur befähigten Schülern gegeben und unbefähigte Schüler bei Zeiten von der Schule entfernt werden.

2. Keinem soll erlaubet werden die Universität zu beziehen, der nicht das Latein wohl verstehet, das novum testamentum in fontibus

absque interprete lesen und vertieren kann, den codicem hebraeum guten teils durchgebracht hat, auch in der deutschen Ortho- und Kalligraphie wohl geübet ist, und in solcher ihm gemeinsten Sprache rein, deutlich und verständlich etwas vortragen kann.

3. Es sollen auf den Schulen oft und fleissig examina privata und jährlich ein examen solenne gehalten werden.

4. Komödien und actus dramatici, dadurch nur Kosten verursacht werden, sollen in den Schulen gänzlich abgeschafft sein.

5. Die im Saufen, Spielen, Tanzen, Müssiggang und dergleichen Üppigkeit lebenden Schüler sollen, wenn sie sich nach vorhergegangener Warnung nicht bessern, exkludieret werden."

Dass die Spandauer Schule mit andern gelehrten Schulen in gleichem Range und Ansehen stand, dafür liegt ein vollgiltiger Beweis darin, dass bis ans Ende des achtzehnten Jahrhunderts Lehrer der Schule zu andern gelehrten Schulen übergingen und von solchen kamen.

1577 wird der Rektor Benjamin Bonerus zum Rektor des 1574 gestifteten berlinischen Gymnasiums zum grauen Kloster, 1608 der Rektor Bernhard Werenberg durch den Grafen Gerhard von Ranzow, den Statthalter des Königs von Dänemark in Holstein, zum Rektor der königlichen gelehrten Schule in Hadersleben, 1769 der Rektor Johann Friedrich Heindorf zum Rektor des grauen Klosters nach Berlin berufen.

1670 kommt der Konrektor des altstädtischen Gymnasiums Christof Schulze als Konrektor, und 1681 der Rektor jenes Gymnasiums Johann Brockmeier als Rektor an die Spandauer Schule. 1780 bewirbt sich der bekannte Schriftsteller Karl Philipp Moritz[1]) als Konrektor des grauen Klosters um das Rektorat der Spandauer Schule.

Als diejenigen Zeiten, in denen die Schule sich eines besonderen Rufes erfreute, werden die letzte Hälfte des sechzehnten, der Ausgang des siebzehnten und die erste Hälfte des achtzehnten Jahrhunderts besonders hervorgehoben. Genannt werden besonders die Rektoren Michael Parnemann (1557—1564), Andreas Celichius (1565—1568), Benjamin Boner (1572 bis 1577), Nicolaus Leuthinger (1578—1579), Paul Lütkemann (1677 bis 1681), Samuel Jacobi (1684—1737), Johann Adolf Ziegler (1748—1753).

Parnemann war es, der die Schule in hohen Ruf brachte. Sie war damals die berühmteste in der Mark. „Wie nach dem gelehrten Athen," sagt Leuthinger, „und zu einem zweiten Kratippus eilte die märkische Jugend nach Spandau und zu Michael Parnemann".[2]) Parnemann war aus Wittenberg hierher gekommen und starb am 9. Februar 1564. Näheres über sein Leben ist leider nicht zu finden.

Leuthinger selbst war in Alt-Landsberg geboren und der Sohn eines Predigers. Er besuchte unter Celichius die Spandauer Schule, dann aber die Fürstenschule in Meissen. 1566 bezog er die Universität Wittenberg und später die zu Frankfurt a/Oder, welche ihn 1573 zum magister philosophiae ernannte. 1575 wurde er Rektor zu Crossen a/Oder und

---

[1]) Verfasser von „Anton Reiser", „Andreas Hartknopf" u. s. w.
[2]) *Nicolai Leuthingeri de Marchia Brandenburgensi etc. commentariorum lib. III. § 21.*

1577 zu Spandau. Hier scheint es ihm jedoch nicht sehr gefallen zu
haben, denn er klagt in seinen Kommentarien über den „Bauernstolz"
der Bürger und die Ungezogenheit der Jugend.[1]) 1579 verliess er
Spandau und widmete sich seinen Studien. Er ist der berühmteste Ge-
schichtsschreiber der Mark aus dem sechzehnten Jahrhundert. Seine
Werke sind im Jahre 1729 gesammelt herausgegeben.

Lütkemann war der Sohn eines Spandauer Bürgers. Er gründete
im Jahre 1680 eine Schulbibliothek, „wodurch der armen studirenden
Jugend unter die Arme gegriffen werden könne". 1681 ging er nach
Stolpe in Pommern und dann nach Kolberg, wo er 1708 starb. Es wird
von ihm gerühmt, dass er sich bis in sein hohes Alter als einen voll-
kommenen Schulmann bewiesen habe.

Jacobi feierte am 14. Mai 1730 als senior rectorum Marchiae
sein fünfzigjähriges Rektoratsjubiläum. Von allen Seiten wurden ihm
Glückwünsche dargebracht. Seine Kollegen überreichten ihm eine ge-
druckte Abhandlung: „Die grauen Haare als eine Krone der Ehre," und
seine Schüler ein gedrucktes Gedicht: „Hymnus votivus Lycei Spandoviensis". Jacobi war 1680 als Konrektor nach Spandau gekommen und
1684 Rektor geworden. Er legte 1735 sein Amt wegen Altersschwäche
nieder und starb am 27. August 1737 in einem Alter von 84 Jahren.

Von Ziegler heisst es, er habe viel Schüler gezogen, die der Welt
und der Kirche nützlich geworden sind.

Erst gegen Ende des vorigen und im Anfange dieses Jahrhunderts
sank die Spandauer grosse Schule von ihrer früheren Höhe herab. 1790
vermachte der Hofstabholzschreiber Ebel zu Berlin, ein geborener Spandauer, der grossen Schule 3000 Thaler, deren Zinsen der Rektor beziehen sollte, damit er sich die Wiederherstellung des ehemaligen Flors
der Schule angelegen sein lasse. Doch das half umsoweniger, als man
1816 die grosse Schule mit dem Elementar- und Privatschulwesen der
Stadt in Verbindung setzte und dadurch ihre Leistungen herunterdrückte.
Ende des achtzehnten Jahrhunderts hatte die Schule drei Klassen mit vier
Lehrern: Rektor, Konrektor, Kantor und Küster. Statt des Küsters wurde
1804 ein besonderer Lehrer als Quartus angestellt, welcher in der untersten Klasse Unterricht im Lateinischen, Schreiben und Rechnen erteilte.

In der grossen Schule wurden die Schüler seit 1628 infolge der
földerichschen Stiftung unentgeltlich unterrichtet.[2]) Täglich wurden zwei

---

[1]) Comment. lib. XXV. § 19 „Peculiaris est huic civitati fastus rusti-
canus, quo ferme nimium superbit, licentia inprimis juventutis intolerabilis est,
ad eam provecta petulantiam, ut reprimi non posse videatur, quod sit vitio dis-
ciplinae domesticae et literariae."

[2]) Im Jahre 1628 stiftete der Ratsherr und Handelsmann Christof Földerich
aus Berlin, ein geborener Spandauer, der Schule zu Spandau ein Legat von
1000 Thalern, von deren Zinsen jährlich erhalten sollten:
  „10 Thaler der Rektor „anstatt des Pretii, so die Schulknaben ihm vor
  diesem geben müssen", und 1 Thaler derselbe „für eine deutsche
  Oration, die er jährlichen auf Michaelis nach Endigung des Examens,
  so in der Schulen mit den Knaben pfleget angestellet zu werden,
  halten und dann allewege des Stifters mit Namen erwähnen und gedenken soll, nur zu dem Ende, damit diese Stiftung bekandt bleiben

Stunden vormittags und zwei nachmittags gegeben. Daneben erteilten die Lehrer Privatunterricht, welcher in den oberen Klassen mit zwei, in den unteren mit einem Thaler vierteljährlich bezahlt wurde und an dem in der Regel alle Schüler teilnahmen. 1809 wurde der Privatunterricht aufgehoben und statt dessen der öffentliche Schulunterricht um eine Stunde täglich vermehrt. Jeder Schüler musste dafür in den oberen Klassen wöchentlich vier Silbergroschen, in den unteren zwei Silbergroschen Schulgeld zahlen, welches unter alle Lehrer gleichmässig verteilt wurde; armen Kindern wurde das Schulgeld erlassen.

Das Gebäude, in welchem sich die grosse Schule befand, wurde im Jahre 1566 zuerst erbaut. 1666 liess der damalige Festungskommandant Obrist von Ribbeck auf seine Kosten das Schulgebäude ausbauen und statt des bis dahin vorhandenen einzigen Klassenzimmers deren drei einrichten. Während der Belagerung im Jahre 1813 brannte das Schulgebäude nieder und musste neu aufgeführt werden.

Neben der grossen Schule waren im Laufe der Zeit mehrere Elementarschulen entstanden.

1550 wird bereits eine Jungfernschule (Mädchenschule) erwähnt. Vor der Reformation hatten die Bürgertöchter von den Nonnen des Klosters nothdürftigen Unterricht erhalten.[1]) Die Reformation des Klosters und die infolgedessen nahe bevorstehende gänzliche Auflösung desselben mochten es notwendig machen, dass man anderweitig für den Unterricht der Mädchen sorgte und eine besondere „Jungfernschule" einrichtete. Dies geschah zwischen 1541 und 1550, denn der Visitationsabschied von 1541 weiss noch von keiner Jungfernschule, während der von 1576 dieselbe ausdrücklich erwähnt. Diese Mädchenschule behielt jedoch bis 1816 den Charakter einer Privatschule.

Ferner war von der 1666 gestifteten reformierten Gemeinde im Jahre 1673 eine Elementarschule gegründet worden, in welcher der reformierte Kantor die Kinder der Gemeinde unterrichtete.

1718 wurde die Garnisonschule eingerichtet, in welcher die Soldatenkinder unentgeltlich unterrichtet wurden. Der Festungsgouverneur Generallieutenant von Schwendi stiftete dazu ein Wohnhaus nebst Garten

---

und das Geld zu anderer Ausgaben nicht gebracht und verwendet werden möge';

10 Thaler der Konrektor „anstatt seines Pretii, so er gleichfalls von den Schul-Knaben vor diesem empfangen;"

10 Thaler der Kantor „ebenmässig anstatt seines Pretii";

6 Thaler der Tertianus;

2 Thaler der ultimus collega an der Schule;

10 Thaler die „Currendarii oder armen Wayselein" zu Büchern, Kleidern und Schuhen;

5½ Thaler „zu Erkauffung etlicher Bücher und andern premiorum, so nach gehaltenem Examine den fleissigen Knaben sollen ausgetheilet werden";

1½ Thaler der regierende Bürgermeister und die Kirchenvorsteher für Verteilung der Zinsen. „Dahingegen soll nunmehr und hinfüro kein einziger Knabe, er sei in- oder ausserhalb der Stadt gebohren, zu allen und ewigen Zeiten mit Schulgeld nicht beschweret, sondern solches güntzlich abgeschaffet werden."

[1]) Riedel, cod. I, 11, 15 u. 142.

in der Jüdenstrasse und eine Meierei in der Oranienburger Vorstadt. Mit der Garnisonschule wurde 1787 die Regimentsschule vereinigt. Es unterrichteten in derselben der Garnison- und der Regimentsküster. In der Armenschule wurden ganz arme Kinder unentgeltlich unterrichtet. Der Lehrer derselben musste alle Kinder aufnehmen, welche ihm der Inspektor von St. Nicolai mit einem Scheine zuschickte.

Endlich war auch zu anfang dieses Jahrhunderts die Biestersche Privatschule vorhanden.

In allen diesen Schulen wurden die Kinder notdürftig im Lesen, Schreiben und Rechnen unterrichtet, in der Jungfernschule wurde ausserdem einiger Unterricht im Nähen und Stricken erteilt. Im ganzen wurde nicht viel geleistet und die städtische Schulkommission dachte deshalb seit dem Jahre 1815 daran, die verschiedenen Schulen unter sich und mit der grossen Schule in Verbindung zu setzen. Am 1. April 1816 kam die Neueinrichtung des städtischen Schulwesens zu stande.

Die Garnison- und die Armenschule blieben als Freischulen für sich bestehen, die andern wurden mit der grossen Stadtschule in Verbindung gesetzt.

Die Garnisonschule, für welche 1828 ein zweistöckiges, massives Gebäude an der steinernen Brücke auf dem Behnitz erbaut worden war, und in der Knaben und Mädchen unterrichtet wurden, löste man 1858 auf.

Die Armenschule war eine gemischte Schule und befand sich bis 1830 in dem Bürgerkassenhause am Oranienburger Thore. Da dies aber dem Militärfiskus zur Erweiterung des Wachthauses überlassen werden musste, so erbaute man 1829/30 ein neues Schulhaus auf dem Behnitz, zu welchem der König den Grund und Boden schenkte. Es wurde als die „Elementar-Stadt-Schule" bezeichnet, weil man es im Bedürfnisfalle zur Errichtung einer Elementarschule benutzen wollte. 1842 trat eine Trennung der Geschlechter in der Armenschule ein. Die Knabenkleinschule blieb auf dem Behnitz, während die Mädchenkleinschule nach dem Joachimsplatz 1 verlegt wurde. Aus der Knabenkleinschule ist in Verbindung mit der städtischen Elementarschule die erste Gemeindeschule am Behnitz, und aus der Mädchenkleinschule in Verbindung mit der Elementarmädchenschule die Elementartöchterschule, die zweite Gemeindeschule am Joachimsplatz 1, hervorgegangen. Den Namen Elementartöchterschule führt sie seit 1850.

Die reformierte oder Candlersche Schule und die Biestersche Schule wurden im Jahre 1816 mit der grossen Schule verbunden, diese als fünfte, jene als vierte Klasse der grossen Schule.

Im Jahre 1822 wurde für die bestehenden 5 Knabenklassen, von denen sich die fünfte in dem Hause Joachimsplatz 1, die vierte in dem Kantoratshause der reformierten oder Johanniskirche, die dritte, zweite und erste in dem Schulgebäude an der Kirchgasse befanden, ein Lehrplan entworfen. Die vierte und fünfte Klasse hatten die Bestimmung einer niederen, die dritte die einer höheren Volksschule, welche gleichzeitig für die zweite vorbereitete. Die zweite und erste Klasse sollten teils die Ziele einer höheren Bürgerschule, teils die der untern Klassen eines Gymnasiums erreichen, so dass die zweite der Sexta, die erste der Quinta eines Gymnasiums entsprach. Die fünf Knabenklassen wurden Quinta, Quarta, Tertia, Secunda und Prima benannt; die drei letzten bildeten die eigentliche grosse Stadtschule, während die beiden ersten als Elementar-Knabenklassen galten; gewöhnlich bezeichnete man aber alle fünf Knabenklassen als die grosse Stadtschule.

Im Jahre 1835 erfolgte eine Umgestaltung des städtischen Schulwesens. Die beiden bestehenden Elementarklassen wurden mit der untersten Klasse der grossen Schule verbunden und bildeten fortan drei auf einanderfolgende allgemeine Elementar- und Vorbereitungsklassen, in deren oberster wöchentlich sechs lateinische Stunden für diejenigen Schüler gegeben wurden, welche sich für Gymnasien etc. vorbereiten wollten. Auf die drei Elementarklassen bauten sich als Parallelklassen auf: eine Mittelbürgerschulklasse, in welcher gar kein Unterricht in fremden Sprachen erteilt wurde, und eine höhere Vorbereitungsklasse für diejenigen Schüler, welche in ein Gymnasium oder eine höhere Bürgerschule übergehen wollten. Durch diese Veränderungen hatte die grosse Schule die Zwittergestalt eines Progymnasiums und einer Bürgerschule angenommen.

An der grossen Schule unterrichteten vier, an der Elementarknabenschule drei Lehrer, an der Elementarmädchenschule drei Lehrer und eine Lehrerin, an der Armenschule ein Lehrer.

Die Mädchenschule erhielt fünf Klassen, IIIa und b, IIa und b, I. 1846 bekam sie ihren ersten Rektor.

Nachdem man im Jahre 1848 da Schulgeld in allen städtischen Schulen gänzlich aufgehoben hatte, wurden allerhand Beschwerden über die Unzulänglichkeit der städtischen Schuleinrichtungen laut. Es bestanden damals folgende Schulen:

1. Die Knabenschule oder grosse Schule, sechs Klassen, die unterste in zwei Abteilungen mit einem Rektor und sechs Lehrern.
2. Die Töchterschule, fünf Klassen, mit einem Rektor und vier Lehrern.
3. Die Elementarschule mit drei Knaben- und drei Mädchenklassen und zwei Lehrern.

Um den Beschwerden über die Mangelhaftigkeit der städtischen Schuleinrichtungen abzuhelfen, beschlossen die städtischen Behörden im Jahre 1850 die Schulen durch einen höheren Schulbeamten revidieren zu lassen und ein Gutachten über deren Zustand, eventuell über die Art und Weise der Verbesserung desselben zu erfordern. Der Stadtschulrat Schulze zu Berlin unterzog sich auf Ersuchen des Magistrats der Revision und der Abgabe eines Gutachtens. Er nahm die Revision im Januar 1852 vor. Sein Gutachten ist vom 10. März 1852. In demselben gab er sein Urteil über die Knabenschulen (grosse Schule und Elementarschule) dahin ab, dass die Elementarschule und die drei untern Klassen der grossen Schule ungeachtet mancher Mängel im einzelnen, die in ihrer Organisation lägen, doch im ganzen den Anforderungen entsprächen, die man an dieselben zu stellen berechtigt sei, dass jedoch die drei oberen Klassen, besonders aber die erste und zweite nicht den Standpunkt einnähmen, auf dem sie nach Massgabe der Erfolge der

vorhergehenden Klassen stehen könnten und auf dem sie nach den Anforderungen, welche zur Zeit an die Stadtschulen gestellt werden, stehen
müssten.

Über die Leistungen und Einrichtung der Mädchenschulen (Töchterschule und Elementarschule) lautete das Urteil des Stadtschulrats Schulze
im allgemeinen günstiger, nur hielt er das Ziel der Töchterschule für zu
niedrig gesteckt.

Auf grund des Gutachtens und der Verbesserungsvorschläge des
Stadtschulrats Schulze wurde das städtische Schulwesen reorganisiert. Mit
Michaelis 1853 trat diese Reorganisation in Kraft. Danach entstanden
folgende Knabenschulen:

1. Das Progymnasium, zunächst mit drei Klassen, entsprechend der
   Sexta, Quinta und Quarta eines Gymnasiums, denen 1854 die Tertia
   aufgesetzt wurde.
2. Die Bürgerschule mit zwei Klassen.
3. Die dreiklassige Vorschule für Progymnasium und Bürgerschule.
4. Die Elementarschule mit drei Klassen.

Progymnasium, Bürgerschule und die beiden Anstalten gemeinsame
Vorschule standen unter einem Rektorate.

Für die Bürgerschule war schon 1852 ein neues Gebäude in der
Jüdenstrasse errichtet worden. 1855 legte man den Grundstein zu dem
neuen Progymnasialgebäude. 1856 wurde dasselbe vollendet und am
3. Oktober d. J. feierlich eingeweiht. 1857 trat man dem Gedanken,
das Progymnasium zu einem Gymnasium zu erweitern, näher, indem man
zunächst die Obertertia einrichtete.

1859 erfolgte die Einrichtung der Sekunda, und unterm 27. Dezember 1860 erteilten die Minister des Innern und des Krieges dem
Progymnasium für die Schüler der oberen Klasse (Secunda) das Recht
zum einjährig freiwilligen Militärdienste. Zu Ostern 1862 wurde die
Erweiterung des Progymnasiums zu einem vollen Gymnasium durch Einrichtung der Prima zur Ausführung gebracht. Die staatliche Anerkennung
des Gymnasiums erfolgte unterm 30. Oktober 1862. Zu Ostern 1864
wurden die ersten Abiturienten entlassen. 1865 fand die Trennung der
Bürgerschule von dem Gymnasium statt. Das Gymnasium erhielt eine
eigene zweiklassige Vorschule, die 1867 zu einer dreiklassigen erweitert
wurde. Die Bürgerschule wurde 1869 in eine sechsstufige umgewandelt
und so zu einer Knabenmittelschule erhoben. Der erste Direktor des
Gymnasiums, Albert Pfautsch, trat Ostern 1863 sein Amt an.

Die städtischen Mädchenschulen standen anfänglich unter einem
Rektorate. Die Reorganisation dieser Schulen erfolgte erst im Jahre
1862. Es wurden eingerichtet:

die höhere Töchterschule mit sechs Klassen,
die Mitteltöchterschule mit fünf Klassen,
die Elementartöchterschule in der Stadt mit drei Stufen,
die Elementarschule in der Oranienburger Vorstadt mit drei Stufen.

Die höhere Töchterschule und die Mitteltöchterschule wurden unter
demselben Rektorate vereinigt, die Elementartöchterschule in der Stadt

15

und die vorstädtische wurden je einem Hauptlehrer unterstellt und mit der vorstädtischen, der dritten Gemeindeschule, Mittelstrasse 3, eine dreistufige Elementarknabenschule vereinigt.

Die durch Erweiterung und Neuanlage königlicher Fabriken bewirkte Zunahme der Einwohnerzahl machte die Errichtung neuer Elementarschulen nötig. 1876 wurden die vierte und fünfte Gemeindeschule mit der Unterstufe von einer Knaben- und einer Mädchenklasse eröffnet. Beide Schulen erhielten 1878 eigene Gebäude, die vierte Gemeindeschule Seegefelderstrasse 38, die fünfte in der Földerichstrasse.

Zur Zeit hat das städtische Schulwesen folgende Gestalt:

1. Das Gymnasium besteht aus den Klassen Sexta B und A, Quinta, Quarta, Tertia B und A, Secunda und Prima. Mit demselben verbunden ist eine dreiklassige Vorschule. Ausser dem Direktor zählt das Kollegium neun pro facultate docendi geprüfte Lehrer, einen Zeichen- und Gesanglehrer und einen Schreiblehrer, der zugleich erster Lehrer an der Vorschule ist, an welcher drei Elementarlehrer unterrichten.

2. Die Bürgerschule ist eine Knabenmittelschule. Sie umfasst elf Klassen, in denen seit Ostern 1880 in halbjährigen Pensen unterrichtet wird. Das Kollegium besteht aus dem Rektor, einem wissenschaftlichen Lehrer und neun Elementarlehrern.

3. Die höhere Töchterschule hat sieben Klassen. Es unterrichten an derselben der Rektor, vier Lehrer, drei Lehrerinnen und eine Handarbeitslehrerin. Mit derselben ist die Mitteltöchterschule verbunden. Dieselbe hat jetzt neun Klassen und ausser dem Rektor sechs Lehrer, zwei Lehrerinnen und eine Handarbeitslehrerin. Für diese Schulen ist in den Jahren 1874/75 ein neues Gebäude an Stelle der damaligen grossen Schule, deren Räumlichkeiten nach Vollendung des Progymnasiums der Töchterschule überwiesen worden waren, errichtet worden.

Die erste Gemeindeschule, Behnitz 6, zählt fünf Klassen mit fünf Lehrern.

Die zweite Gemeindeschule, die Elementartöchterschule, Joachimsplatz 1, hat sechs Klassen, drei Lehrer, drei Lehrerinnen und eine Handarbeitslehrerin.

Die dritte Gemeindeschule zählt sechs Knaben- und sechs Mädchenklassen mit acht Lehrern, drei wissenschaftlichen und einer Handarbeitslehrerin.

Die vierte Gemeindeschule in der Seegefelderstrasse 38 hat zwei Knaben-, zwei Mädchen- und drei gemischte Klassen mit vier Lehrern und zwei Lehrerinnen.

Die fünfte Gemeindeschule in der Földerichstrasse zählt fünf Knaben- und fünf Mädchenklassen mit fünf Lehrern und vier Lehrerinnen.

Dazu kommen:

Die 1848 einklassig eröffnete katholische Schule, welche jetzt drei Stufenklassen mit zwei Lehrern und einer Lehrerin zählt.

Die private höhere Töchterschule, gegründet 1869, sechs-
stufig mit fünf Lehrkräften. Schon früher hatten Privat-Töchterschulen
bestanden, die aber nie eines längern Daseins sich erfreuten; auch die
bestehende vegetiert nur.

Die städtische Fortbildungsschule, welche den der Schule
entwachsenen Zöglingen an zwei Wochentagen abends und am Sonntage
vormittags in drei Stufen Unterricht im Lesen, Schreiben, Deutsch,
Rechnen, Mathematik, Physik, Chemie und Zeichnen gewährt. Die Anstalt
wird besucht von etwa 120 Schülern, welche in vier Klassen von fünf
Lehrern unterrichtet werden.

Der Kindergarten, in welchem von einer Lehrerin die noch
nicht schulpflichtigen Kinder beschäftigt werden. Er ist ein privates
Unternehmen.

Der Turnunterricht.

Im Jahre 1818 erliess die königliche Regierung zu Potsdam eine
Aufforderung zur Errichtung von Turnanstalten. Der Magistrat von
Spandau zog die Beschaffung eines Turnplatzes in Erwägung, da aber
die Stadtverordnetenversammlung die geforderten Mittel nicht bewilligte,
so unterblieb die Einrichtung des Turnunterrichtes, umsomehr als infolge
der im Jahre 1819 begonnenen politischen Prozesse durch königliche
Kabinettsordre vom 12. November 1819 und durch Cirkularverfügungen
des Ministers von Kamptz vom 18. November 1819 und 2. Januar 1820
die Turnübungen als staatsgefährlich verboten wurden. Erst im Jahre
1834 wurde die Einführung gymnastischer Übungen bei den Gymnasien
gestattet. 1837 wurde auch in Spandau die Einrichtung des Turnunterrichtes wieder in Anregung gebracht. Magistrat und Stadtverordnete waren der Sache geneigt, und so wurde ein von der Schützengilde bewilligter Platz zum Turnplatze hergerichtet. Da aber die
Beteiligung der Schüler am Turnunterrichte nur gering war, so schlief
derselbe bald wieder ein. Die königliche Kabinettsordre vom 6. Juni
1842 anerkannte die Leibesübungen als einen notwendigen und unentbehrlichen Bestandteil der männlichen Erziehung, und es ergingen infolgedessen seitens des Kultusministeriums mehrfache Verordnungen über die
Einrichtung von Turnanstalten, sowie über die Verpflichtung zur Teilnahme am Turnunterrichte und über die Aufbringung der Kosten. Im
Jahre 1844 ordnete die königliche Regierung zu Potsdam die Erteilung
des Turnunterrichtes an. Der inzwischen eingegangene Turnplatz wurde
neu eingerichtet und am 9. Juni 1846 feierlich eröffnet. Am 28. Oktober
1846 fand das erste Schauturnen statt. Es beteiligten sich jedoch nur
60 jüngere Schüler am Turnunterrichte. 1852 wurde ein neuer Turnplatz
im Birkenwäldchen am Ende der Feldstrasse eingerichtet, und nun stieg
die Zahl der Schüler auf 130. 1856 wurde der Turnunterricht ganz
eingestellt. Erst als die Turngeräte wiederhergestellt und 50 Thaler
Gehalt für den Turnlehrer in den Etat des Progymnasiums aufgenommen

waren, begann zu Ostern 1857 der Turnunterricht für die Schüler des Progymnasiums von neuem.

Nachdem durch Allerhöchsten Erlass vom 28. Februar 1862 angeordnet worden war, dass fortan der Unterricht in den gymnastischen Übungen einen integrierenden Teil des Volksschulunterrichtes für die männliche Jugend bilden solle, wurde auch allmählich in den städtischen Elementarknabenschulen obligatorischer Turnunterricht eingeführt. Jetzt wird derselbe an allen Schulen obligatorisch erteilt.

Das Gymnasium und die Bürgerschule halten ihre Turnübungen auf dem Turnplatze in der Feldstrasse ab; die erste und dritte Gemeindeschule benutzen den bei der letzteren befindlichen Turnplatz, die vierte und fünfte Gemeindeschule haben ihren eigenen Turnplatz auf ihren Höfen. Der Mangel einer Turnhalle wird sehr empfunden, da der Turnunterricht deshalb bei schlechtem Wetter und im Winter ausgesetzt werden muss. Seitens des königlichen Provinzial-Schulkollegiums wird seit dem Jahre 1862 auf Beschaffung einer Turnhalle gedrungen, vorläufig aber noch ohne jeden Erfolg.

VI. Handel und Gewerbe in der Stadt.

VI. Handel und Gewerbe in der Stadt.

1. Handels- und Gewerbthätigkeit der Einwohner.

In Bezug auf Handel und Gewerbe hat die Stadt Spandau nie eine hervorragende Stelle eingenommen. Zum weitaus grössten Teile lebten die Bürger anfänglich von den Erträgen ihrer Äcker. Der Handel hat sich im allgemeinen nie über die Stadt und deren nächste Umgebung erstreckt, abgesehen davon, dass einzelne Bürger Getreide und eine Zeit lang auch Bier nach anderen Städten ausführten, Bier sogar im Ausgange des achtzehnten Jahrhunderts bis Hamburg und Breslau.[1]) Der Gewerbebetrieb der Bürger hatte ebenfalls nie einen grösseren Umfang, als nötig war, um die Bedürfnisse der Bewohner der Stadt und ihrer nächsten Umgebung zu befriedigen.

Wir stellen kurz zusammen, was uns über die Handels- und Gewerbsverhältnisse der Stadt überliefert ist.

In der Urkunde vom 7. März 1232 wird den Bürgern zugestanden, dass sie zollfrei sein sollen durch alle märkischen Lande, wie die Bürger zu Stendal und Brandenburg bis jetzt diese Auszeichnung genossen haben.[2]) Dadurch erhielten die Bürger das Recht ihre Waren zollfrei in den märkischen Landen umherzuführen.

Nur den Stadtbürgern war es gestattet, Handel zu treiben. Ursprünglich musste alle Ware, welche in eine Stadt kam, in derselben Stadt verkauft werden. Da aber hierbei ein lebhafter Handel nicht aufkommen konnte, so wurde nachgegeben, dass die Waren gegen Erlegung einer Abgabe, welche man als Zoll, *teloneum*, bezeichnete, durch die Stadt

---

[1]) Riedel, I. 11, 26. „*Volumus etiam quod pauperes Civitatis cives ejusdem cum suo frumento non minus quam divites tempore suo, cum decreverint Civitatem Hamburch ac reliquas civitates frequentant navigando.*"
[2]) Siehe die Urkunde oben Seite 6. „*— per omnem nostram terram — Burgenses Telonei liberos constituimus et immunes, quemadmodum Burgenses nostri Stendalgenses et Brandenburgenses fuisse hactenus dinoscuntur.*"

geführt werden dürften. Dieser Zoll bildete eine landesherrliche Einnahme, oft aber floss er nur teilweise in die markgräfliche Kammer, indem die Stadt selbst oder andere in den Mitgenuss gesetzt waren. So wurde von den Zolleinnahmen in Spandau nur die Hälfte an den Landesherrn abgeführt, während die andere Hälfte in die städtische Kämmerei floss.

Wenn nun auch der Kaufmann mit seinen Waren durch die Städte ziehen durfte, in jeder aber Zoll bezahlen sollte, so wurden die Waren dadurch so verteuert, dass ein lebhafterer Handelsverkehr nicht entstehen konnte. Daher war es ganz natürlich, dass die Fürsten, welche doch die Städte gegründet hatten, um freie, selbständige und wohlhabende Kommunen zu haben, von denen sie im Notfalle zur Unterstützung des Ganzen etwas erheischen konnten, auch für die Möglichkeit des Handels, dieser ursprünglich als Privilegium der Stadt gedachten Beschäftigung, sorgten. Deshalb sehen wir, dass sie bei Gründung der Städte denselben für einen grösseren oder geringeren Teil ihrer Lande die Zollfreiheit zugestehen, d. h. die Freiheit von dem alten ursprünglichen Wege- und Stadtzoll, dem vorbehaltenen Eigentume der Fürsten, nicht von Zöllen, zu deren Erhebung andere berechtigt waren, z. B. dem Stättegelde, dem Zinse für den Verkaufsplatz auf dem Markte, welcher ursprünglich zwar auch dem Landesherrn gehört hatte, schon sehr früh aber in den Besitz der einzeln n Städte übergegangen war, wie 1232 in Spandau.[1]

Die Bürger von Spandau genossen also Zollfreiheit innerhalb der markgräflichen Lande in dem Umfange, wie die Bürger von Stendal und Brandenburg. Die Bürger von Stendal waren zollfrei in Brandenburg, Havelberg, Werben, Arneburg, Tangermünde, Osterburg und Salzwedel,[2] und Brandenburg erhielt 1170 vom Markgrafen Otto V., dem Langen, das Recht in allen markgräflichen Landen zollfrei zu kaufen und zu verkaufen, nur von Fischen, ausgenommen von Heringen, Murenen und Lachsen, sollte gezollt werden.[3]

Ungehindert konnten fortan die Bürger Spandaus mit ihren Waren zu Wasser und zu Lande die markgräflichen Zollstätten passieren, nur von Fischen, ausgenommen von Heringen, Murenen und Lachsen, mussten sie zollen.

In Spandau selbst waren zollfrei: Brandenburg, Bernau, Berlin, Kölln, Frankfurt, Havelberg, Königsberg, Kyritz, Mittenwalde, Nauen, Eberswalde, Osterburg, Potsdam, Rathenow, Stendal, Salzwedel, Treuenbrietzen, Tangermünde, Teltow und Werben, also im wesentlichen die Städte der Kurmark.

Im Genusse des Privilegiums der Zollfreiheit blieb die Stadt bis zum Ende des sechzehnten Jahrhunderts. Schon 1544 verlangte der Amtmann oder Rentmeister in Potsdam, dass die Spandauer hier zollten,

---

[1] Urkunde vom 7. März 1232. „*Teloneum quod per totam civitatem Spandowe supra forum scilicet, preter quam in domo venali habuimus, iisdem concedimus et dimittimus ita ut de hoc civitati sue Spandowe utilitatem faciant, prout ipsis visum fuerit.*"

[2] Götze, urkundl. Gesch. d. St. Stendal, 30.

[3] Riedel, cod. I. 9, 2.

wurde aber durch kurfürstliches Reskript auf die Zollfreiheit der Spandauer
aufmerksam gemacht. 1572 zollte ein Spandauer aus Unkenntnis in
Potsdam, und nun wollte der Rentmeister den Spandauern überhaupt
nicht mehr Zollfreiheit zugestehen. Diese kümmerten sich jedoch nicht
darum, bis endlich am 1. Februar 1574 der Zöllner von Potsdam zwei
Spandauer Bürger festhielt und sie nicht eher freigeben wollte, bis diejenigen ihrer Mitbürger, für welche der Zöllner den vom Rentmeister
geforderten Zoll ausgelegt hatte, durch Bezahlung der nicht erlegten Zölle
sie auslösen würden. Auf kurfürstlichen Befehl mussten sie aber am
8. Februar freigelassen werden. Allein die Unvorsichtigkeit des einen
Spandauers, welcher 1572 den Zoll in Potsdam gezahlt hatte, war für
die ganze Stadt von üblen Folgen. Bald mussten die Bürger derselben
„zu Verhütung daraus entstehender Gefahr" überall in der Mark
Zoll geben. Alle Gesuche an den Kurfürsten Johann Georg und seine
Nachfolger um Erneuerung des Privilegiums der Zollfreiheit waren
erfolglos.

Schon vor der Erhebung Spandaus zur Stadt, als der Ort noch
ein Marktflecken war, hatten sich ohne Zweifel Kaufleute und Handwerker
in demselben angesiedelt. Die Beleihung mit Stadtrecht gab den im Orte
wohnenden Handwerkern das Recht, sich zu Innungen oder Gilden zu
vereinigen. Sie bedurften hierzu aber der Genehmigung des Rates, wie
dies die Ratmannen von Berlin in ihrem Schreiben an die Stadt Frankfurt über die ihnen zustehenden Befugnisse ausdrücklich hervorheben,
indem sie sagen:

„Allen aber, welche Handwerk betreiben, als Bäckern, Schustern,
Fleischern oder, welches Gewerkes sie immer sein mögen, soll es nicht
freistehen in der Stadt, was man „Innung" nennt, zu haben, es sei
denn mit Willen und Erlaubnis der Ratmannen und zwar nur solange,
wie es diesen beliebt und sie es wollen. Alle, welche die sogenannte
Innung erlangen wollen, müssen bei der ersten Aufnahme den Ratmannen drei Schillinge zum besten der Stadt geben und drei Schillinge
zur eigenen Verwendung und zu ihrem gemeinschaftlichen Bedürfnis
entrichten."[1]

Wer in eine Gilde eintreten wollte, musste vorher das Bürgerrecht erlangt haben.

Die Gilde wählte jährlich einen Gildemeister und vier andere
„gute Leute", welche „Aldermänner" genannt wurden, als Vorsteher.
Jährlich fanden drei ordentliche Zusammenkünfte der Gilde, die sogenannten „Morgensprachen" statt, zu welchen alle Gildebrüder bei Strafe
erscheinen mussten. Was in diesen Morgensprachen mit einer Majorität
von zwei Dritteln beschlossen wurde, war für alle Gildebrüder unver-

---

[1] Urkundenb. z. Berl. Chron., S. „*Omnes vero exercentes officia, vide-
licet Pistores, Sutores, Carnifices, seu cujus cunque operis fuerint, non liceat eis
habere quod dicitur Inninghe in civitate, nisi de uolunte et premissione consulum,
et hoc quamdiu consules eis fauent et uolent, et omnes habere uolentes quod
dicitur Inninghe in primo aggressu consulibus tres solidos dabunt ad usum ciuitatis, et tres in usus proprios redigent ad communem ipsorum necessitatem.*"

brüchliches Gesetz bei Strafe von drei Schillingen, welche bei der nächsten Morgensprache zu erlegen waren.

Bei den Morgensprachen spielte das Trinken eine bedeutende Rolle. In den Berichten über die Morgensprachen heisst es: „Die N. N. tranken die Gilde", oder: „Die Gilde wurde gefeiert und getrunken", oder: „Die Gilde wurde tapfer und sehr tapfer getrunken". Die Kosten der Gelage wurden durch gemeinsame Beiträge und Hinzunahme der Eintritts- und Strafgelder und anderer Einkünfte bestritten. Denjenigen Gildebrüdern, welche an dem Gelage nicht teilnahmen, wurde von dem Getränke ins Haus geschickt.

Wer seinen Gildebruder thätlich misshandelte oder bei den Morgensprachen durch Wort oder That sich ungebührlich betrug, zahlte Strafe.

Die Gilden sorgten auch für das Seelenheil verstorbener Mitglieder durch Stiftung von Altären und Unterhaltung eines besonderen Geistlichen zur Lesung der Messen.[1])

Den Kindern von Gildebrüdern war die Aufnahme in die Gilde sehr erleichtert.

Bei Abhaltung der Morgensprachen waren besondere Formen und Formeln üblich. Als Beispiel mögen die im siebzehnten Jahrhundert bei der Gewandschneidergilde in Stendal gebräuchlichen dienen. Sie sind übereinstimmend mit den Formeln des ältesten deutschen Gerichtsverfahrens, und ohne Zweifel wichen die einzelnen Gilden darin wenig von einander ab.

Der regierende Aldermann liess die Morgensprache den Tag vorher durch den Gildeknecht ansagen. Die Aldermänner und die Gildemeister hatten um 11 Uhr vormittags, die Gildebrüder um 12 Uhr zu erscheinen oder sich persönlich zu entschuldigen, bei Strafe von sechs Schillingen. Die Morgensprache begann um 12 Uhr. Der erste Aldermann bedankte sich zunächst, dass die Gildebrüder auf seine und seiner Kollegen Bitten erschienen seien.

Dann fragte er den neben ihm sitzenden zweiten Aldermann: „Ich frage Euch, ob es wohl so fern Tages sei, dass ich eine Morgensprache hegen und halten mag?"

Der zweite Aldermann antwortete mit ja oder auch ausführlicher: „Sofern Ihr von Sr. Kurfürstlichen Durchlaucht unserem gnädigsten Herren und Einem Ehrbaren Rate allhier die Macht habt, ist es wohl so fern des Tages, dass ihr eine Morgensprache hegen und halten möget."

Hierauf wandte sich der erste Aldermann an den dritten: „Ich frage Euch, wie oft ich die Sprache hegen und halten soll?"

Der Gefragte antwortete: „Dreimal, als Recht ist."

Der erste Aldermann fragte darauf den nächsten in der Reihe: „Ich frage Euch, was ich in dieser gehegten Sprache gebieten und verbieten soll?"

„Ihr sollt Recht gebieten und Unrecht verbieten, dass auch keiner des andern Wort reden oder halten soll, es geschehe denn mit Bewilligung der Aldermänner und Gildemeister."

---

[1]) Siehe S. 149 u. folg.

Hierauf sprach der regierende Aldermann: „Weil es nun so fern des Tages, dass ich eine Morgensprache hegen und halten mag, so hege ich sie zum ersten Male, und hege sie zum zweiten Male, und hege sie zum dritten Male, gebiete daneben Recht und verbiete Unrecht, dass auch keiner des andern Wort reden oder halten soll, es geschehe denn mit Bewilligung der Aldermänner und Gildemeister; dass auch keiner antworten soll, als bis er gefragt werde."

Hierauf ermahnte er jeden, sich in acht zu nehmen, damit er nicht zu schaden komme. Dann trank man eins herum. War dies geschehen, so that der Aldermann die erste Umfrage, indem er jeden einzelnen fragte, ob er etwas wisse, das der Gilde ab- oder zuträglich sei, dann solle er es vermelden. Wusste der Aldermann selbst etwas, so zeigte er es zuerst an. Bei der zweiten Umfrage war zu vermelden, ob jemand die Gilde begehre. Die Anmeldung musste durch einen Gildebruder erfolgen. Dieser bat zunächst um das Wort und sagte nach erhaltener Erlaubnis: „Der (oder die) N. N. begehret diese unsere Gewandschneidergilde, wie wir sie von Sr. Kurfürstlichen Durchlaucht zu Brandenburg und Einem Ehrbaren Rate allhie haben."

Nach der Anmeldung hiess der Aldermann die Person, welche die Aufnahme begehrte, das Zimmer verlassen und fragte herum, ob sie der Gilde und Gerechtigkeit wert sei. Erfolgte günstiger Bescheid, so wurde sie wieder hereingeführt und, wenn es eines Gildebruders Sohn, Tochter oder Frau war, ihr sofort die Gilde gegeben und ein Trunk geboten. Darauf tranken alle übrigen der Reihe nach herum. War der Angemeldete ein Mann, dem die Gilde nicht „angeboren" war, so musste sein Fürsprecher dem Aldermanne die Hand darauf geben, dass er der Gilde würdig sei, und geloben bis zur dritten Morgensprache dessen Geburtsbrief zu beschaffen. Dann setzte sich jeder wieder an seine Stelle; der Fürsprecher erhielt einen Trunk, der Angemeldete nicht.

Die Verleihung der Gilde geschah folgendermassen: Der Aldermann hiess den Aufzunehmenden an den Gildebrief greifen und sprach: „So gebe ich Euch hiermit diese unsere Gewandschneidergilde, wie wir sie von Sr. Kurfürstlichen Durchlaucht unserem gnädigsten Herren und Einem Ehrbaren Rate allhie haben, dass Ihr sollet haben Rechte, Ellen, Masse und Gewichte, und ernähren Euch redlich, Wir unsers Teils wünschen Euch dazu Gottes Segen."

Dann wurde der neu aufgenommenen Person, mochte es ein Bruder oder eine Schwester sein, ein Trunk geboten, und darnach tranken alle der Reihe nach herum. War es ein Mann, so wurde er noch besonders auf die Bestimmung des Gildebriefes verpflichtet, dass er bei seinem Gildebruder, wenn dieser auf Reisen in Krankheit oder irgend eine Not geriete, einen Tag und eine Nacht auf eigene Kosten verbleiben müsse bei Verlust der Gilde. Nachdem der Aufgenommene dies gelobt hatte, wurde ihm wieder ein Trunk geboten und er setzte sich dem alten Gebrauche gemäss unten an.

War die Aufnahmefeierlichkeit beendet, so setzte der Aldermann die Umfrage fort.

Waren mehrere Personen aufzunehmen, so erneuerte sich die geschilderte Handlung; sonst wurden sofort die Strafen eingefordert. Endlich erfolgte die dritte Umfrage. Zum Schluss bedankte sich der Altmeister gegen alle und erklärte die Morgensprache für geschlossen.

Im wesentlichen ist dies gewiss die Form, in welcher die Morgensprachen aller Gilden von den ältesten Zeiten an abgehalten wurden und verliefen.

Zu welchen Zeiten die Morgensprachen stattfanden, ist nicht überliefert.

Von den in Spandau bestehenden Gewerken erscheint urkundlich zuerst das der Schlächter oder Knochenhauer.

Diesem übergab der Rat zu den bestehenden 24 Fleischscharren im Jahre 1302 noch 20 neue, welche er hatte einrichten lassen, gegen einen jährlichen Zins in Erbpacht.[1]) 1432 stifteten die Knochenhauer den Altar des heiligen Leichnams Christi und des heiligen Bartholomäus in der städtischen Nicolaikirche.

Im Anfange des vierzehnten Jahrhunderts bestand auch bereits die Bäckergilde, das sogenannte „Backwerk“. Als im Jahre 1317 kurz vor der Ernte eine Teuerung ausbrach, hob der Rat die Gilde auf, erneuerte dieselbe aber unterm 30. November 1317. Wir geben die hierüber ausgestellte Urkunde als den ältesten erhaltenen Gildebrief in wörtlicher Übersetzung:

„Im Namen des Herrn Amen. Allen Getreuen Christi, welche gegenwärtige Urkunde lesen oder hören, wünschen Wir Ratmannen der Stadt Spandow Heil und grosses Glück in dem Herrn. Das Eisen wird vom Roste verzehrt und die Steine verwittern durch Alter, viel schneller verschwinden die Einrichtungen und Vereinbarungen der Menschen aus dem Gedächtnisse, wenn sie nicht durch das Zeugnis des Geschriebenen und der Schrift befestigt werden. Deshalb ist es, dass wir Ratmannen der Stadt Spandow wünschen, es möge bekannt sein den gegenwärtigen und zukünftigen Menschen, dass die Bäcker unserer Stadt Spandow im Jahre seit der Fleischwerdung des Herrn 1317 am Tage Andreae vor uns erschienen sind, um ihr Gewerbe des Stampfens und Backens, was insgemein „Backwerk“ genannt wird, wieder zu haben, welches besagte Gewerbe zu jener Zeit von uns freigegeben worden war, und um deshalb mit uns eine Vereinbarung zu treffen. Es haben nun die Bäcker, da sie bei uns Gunst und Vereinbarung fanden, auch mit dankbarem Gemüte und wohlwollender Gesinnung mit uns eine Vereinbarung getroffen unter der Bedingung, dass an den Wochenmärkten Brot von fremden Ortschaften eingeführt und verkauft werden darf, und dass, was mehr ist, keiner, der am Jahrmarkte sein Brot zum Verkauf bringt, von den vorgenannten Bäckern behindert oder irgend beschwert werden darf. Es versprechen auch die genannten Bäcker, dass sie keinen in ihr Gewerk, das mit einem gewöhnlichen Wort „Backwerk“ genannt wird, aufnehmen oder zu demselben zulassen wollen, er habe denn das Bürgerrecht,

---

[1]) Riedel, cod. I. 11, 301.

welches eigentlich „*Burscap*" heisst, von uns erworben. Darnach aber sollen genannte Bäcker jenen oder jenem drei „Morgensprachen" ansagen und nach Beendigung derselben mit jenem oder jenen vor uns erscheinen. Wenn er ein solcher gewesen ist, der zu ihrem Werke würdig und geeignet genug ist, mögen wir einerseits und die Bäcker andererseits jenem oder jenen das Gewerk, welches Backwerk genannt wird, zusprechen. Ausserdem aber, wenn irgend ein Bäcker wäre, dem es begegnete den Weg alles Fleisches zu betreten, wie es so oft geschieht und noch geschehen kann, und dann ein oder zwei Söhne dieses Bäckers das Backwerk erwerben wollten, so sollen sie zu dem Gewerke zugelassen werden, wie sie mit Recht zuzulassen sind, und wie es gerecht ist und die Gerechtigkeit erfordert. Ferner wenn eine solche Teuerung wieder ausbricht, wie im Jahre seit der Fleischwerdung des Herrn 1317, so haben die Bäcker vor uns erklärt, dass wir ihr Gewerk, welches Backwerk genannt wird, wieder freigeben und überhaupt aufheben und allen zugestehen sollen, bis Gott die Zeiten und den Zustand des Landes bessern wird. Endlich wenn einer wäre, welcher vorstehende von uns einerseits und euch andererseits getroffene Einrichtungen durch Frevelmut oder Bosheit zu behindern oder zu brechen sich herausnähme, so haben die Bäcker selbst uns zugestanden, dass der, wenn wir ihn durch zwei geeignete Zeugen und ehrbare Leute überführen können, des Werkes verlustig gehen und unsererseits als vom Werke ausgeschlossen erklärt werden soll. Wenn aber der, welcher obgemeldete Einrichtungen, welche wir beiderseits getroffen haben, zu brechen sich herausnimmt, sagen sollte, er habe es mit Zustimmung aller Bäcker gethan, und wenn dann alle Bäcker selbst dies zugestanden haben, so willigen sie ein, dass ihr Gewerk, welches Backwerk genannt wird, wie vorher gesagt ist, von uns gänzlich aufgehoben und ihnen genommen werde, sodass kein Bäcker mehr sein Gewerbe ausüben darf. Dann ist zu wissen, dass genannte Bäcker mit uns übereingekommen sind, dass wir die Brote, welche sie zum Verkaufe backen, alle vier Wochen in ihren Backstuben untersuchen, ob sie das schuldige Mass beim Backen innegehalten und ihre Brote gut gebacken haben. Da nun dieses mit freiem und guten Willen verhandelt ist, so haben wir auch, wie versprochen wurde, den Bäckern durch Gegenwärtiges ihre alten Gewohnheiten und Freiheiten aufschreiben lassen und gegeben, welcher Freiheiten die erste ist, dass jeder Knecht, welcher von neuem gelehrt und von anfang an zum Gewerke besagter Bäcker genommen werden soll, gehalten ist den Bäckern insgemein drei Schillinge zu geben; ausserdem ist die zweite, dass wenn irgend einer unter den Bäckern selbst wäre, der, wenn sie bei ihren geheimen Morgensprachen sind, böse Worte sagte oder schimpfliches thäte, dieser dem Gewerke sechs Pfennige geben soll; die dritte ist, wer beim ersten Messeläuten nicht bei der Kirche sich einfindet mit seinem Almosen und dasselbe nicht opfert, soll dem Gewerke drei Schillinge geben, wenn er sich einfindet, aber nicht mit dem ersten Geläute, soll er sechs Pfennige geben.

Zeugen dieser Einrichtung oder Abmachung sind folgende geeignete Männer: Herr Joh. genannt von Hersuelde, Probst der Jungfrauen in Spandow, Wernerus Pelz und Tidericus Lantrider, welche von beiden Seiten das Vorstehende zu genannter Zeit behandelt haben. Dieser Verhandlung wohnten auch bei von der einen Seite folgende: Henricus Salomo, Johannes Langerwiz senior, Nicolaus Stefphans, Henricus Prigart, Nicolaus vom heiligen Geist, Nicolaus Zughedam, Bodo, Tidericus Faber. Joh. Blankenvelde, Nicolaus Ghünterum, Rudolphus von Köln, welche damals waren Ratmannen und Bürgermeister der Stadt Spandow. Von der andern Seite waren dabei die Bäcker jener Zeit als Lambrech Rust, Joh. Went, Joh. Nacke, Nicol. Runghe, Joh. Mulynk, Reinecke Trunt, Marcus Lubatz, Joh. Lubatz, Ghyso Desconenvlitz, Joh. Umbeworren, Arnoldus von Saukorn und mehr andere Glaubwürdige. Und zum Zeugnisse dieser Sache haben wir gegenwärtiges durch unser Siegel bestätigen lassen. Gegeben im Jahre des Herrn 1317 am Tage Andreae."[1])

Die spandowschen Stadtbücher, der sogenannte „alte" und der „renovierte Schultz"[2]) führen folgende Gewerke auf:

„Die Lakemaker und Wantsnider", „die Snider oder Schroder", „die Knakenhower", „die Becker", „die Korsener", „die Schumacher und Logerber", „die Leynenweber", „die Wulwefer", „die Tuchscherer".

Es wird betreffs derselben folgendes bestimmt:

„Van den Lakemakern und Wantsnidern."

Ein „Wantsnider efte lakemaker", der das Werk gewinnet, indem er eine Frau heiratet, die zum Gewerke gehört, zahlt der Stadt ein halb Schock, sonst ein Schock und, falls er nicht Bürger ist, fünf Schillinge „vor die Borgerschapp".

Jeder „Lakemaker und wantsnider" giebt dem Rate 7 Groschen Stätte- oder Fenstergeld, ausgenommen die beiden Meister.

Für das Werk giebt er dem Gewerk vier Pfund Wachs.

Jeder „Lakemaker" giebt für jeden Laken, der in der Walkmühle gewalkt wird, zwölf Pfennige.

„Der Snider vordracht".

Wer von ausserhalb kommt und das „Sniderwerk" begehret, soll dem Rate 24 Groschen, der Innung 12 Groschen, ein Pfund Wachs und eine halbe Tonne Bier geben, ein Einheimischer giebt dem Rate 12 Groschen, der Innung 6 Groschen, ein Pfund Wachs, eine halbe Tonne Bier und eine Mahlzeit mit zwei gewöhnlichen Fleischgerichten. Der Ungehorsam eines Meisters wird mit drei Pfennigen „brokegelde" bestraft. Wer von den „Jungerluden" sein Licht nicht „umb Hoff" trägt, giebt sechs Pfennige, und wenn sie unter sich uneins werden, sollen sie im Gewerk nicht arbeiten, bis die Sache vor dem Rate und den Innungsmeistern vertragen

---

[1]) Riedel, cod. I. 11, 303 hat die lateinische Urkunde.
[2]) Befinden sich in der Magistratsbibliothek.

ist. Welcher Meister einen Lehrjungen annimmt, giebt der Innung ein Pfund Wachs. Der Rat ist befugt das Gewerk aufzulösen, falls die Schneider den Bestimmungen nicht nachkommen oder die Bürger überteuern. Diese Bestimmungen wurden im Jahre 1494 vereinbart.

„Van den Knakenhouren“.

Wer ein Knochenhauer werden will, der soll vorher Bürger sein und dem Rate 8 $\frac{1}{2}$ Groschen für das Werk geben. „Wert em die Radt vororkundenen, wu he sich holden ssal“.

Die Knochenhauer geben jährlich dem Rate für den Scharren sieben Schock Zins. Für jeden Schlachthof, deren es zweie giebt, werden jährlich 35 Groschen gezahlt. Die Lage der Schlachthöfe ist nicht genau bekannt; sie scheinen jedoch in der Nähe des Berliner Thores gelegen zu haben, vielleicht ausserhalb der Mauer.

„Van den Beckeren.“

Die Hälfte der Bäcker sollen den einen Freitag, die andern den nächsten und so fort abwechselnd nach Berlin fahren, nur an Jahrmärkten und an dem „jn den fridach“ dürfen alle zusammen dorthin fahren.

„Van den Korsenern“.

Ein Einheimischer soll, wenn er das Werk gewinnt, dem Rate 15 Groschen und den Kürschnern 6 Groschen geben, ein Fremder zahlt das doppelte. 1450.

„Von den Schumachern und jrem Brieße.“

„Vor allermeniglich die diesen vnsern offen Brief sehen, horen oder lezen, Bekennen wir Burgermeister vndt Radtmanne alt und nye der stadt Spandow, vor uns und alle vnser nakomen in Krafft vnd macht dits briefs, das wir in guter meynung mit wolbedachtem mut begunstiget, bestetiget und befestiget haben das wercke vnd die gulden der schumacher vnd Logerber mit eintracht vnd volwort meistere, Alterleuthen vnd gantzer gemeinen wergkgenossen, jn solcher weyse vnd gerechtigkeit, wie dem hiernach gescrewen stet, alzo: wer von buten her in komet edder hir binnen getagen vnd gebaren js vnd nicht eynes werckghenoten kind js vnses werkes vnd gulde der Schumacher vnd Logerwer, die ssal weten: To dem irsten, dadt her sich rechtfertigen ssal vormiddelst synem Adelbryve, dat her van vader vnd muder vnd van allenn synen voranen dudisch vnd nicht wendescher art echte vnd recht gethagen vnd gebaren is. To dem andern male, dat he dryn in achteyn wecken dharumb spreken ssal dy irste sprake anthohewen nha bolegenheit he di mester vnd Olderlude thosamene bringen kan. Weret awer ssake, dy vargnante mestere vnd Olderlude vortoch wolden maken denjene die des werk bogeret, sulkes soll vor dem Rade to der ersten sprake, darna awer ses weken ssal he gewen ses groschen, dry Groschen dem Rade vnd dry gr. dem Werke vnd ssal vordern mer die andere sprake. Vorth awer sess weken ssal he dun die drudde sprake, denne dharna awer ses weken wert he fultogich vnd *kommet jn, wenn he denne ingekamen is, sso gest he vyr punt was to den lichten, Sante Nicolaus ses pennighe, Sancto Mauricio 2 pen., dem Hilgengeste 2 pen., Sante Jurgen 2 pen. rnd des werkes baden 12 pen., dem Caplan 12 pen., dem mester 12 pen. vnd vor dat werck ssall he gewen 6 schilling gr., die helfft des geldes dem Rade jn der Stadt bohuf vnd die ander helffte des geldes to des werkes entholdunghe vnd beteringhe orer gulde. Dharna wenn he syne werkenkost dut, ssal he mannen, fruwen vnd kindern, die in dem werke horen, twe gantze dhage to eten gewen, dharto eine tunne bier des irsten dhages gessotten vnd gebraden, des andern dhages gewonlike spise die vnuorspraken js, darto eyn stauen bath mannen vnd fruwen. Ok ran olders wegen gewen die gemelte schumaker 7½ Gr. der stadt vor dat werck. Vortmer begnedige wie die nhagelaten wedewen vnd kinder rnses werkes vnd gulde der schumaker vnd Logerwer met dem halwen werke, vnd dat sy (nicht mer denn) twier darumb spreken ssolen in 12 weken na boquemcheit sy dy mester vnd olderlude tossamen bringen kan, ssolen sy dun dy erste sprake, die ander dharna awer ses weken, vorth awer ses weken werden sy fultogich vnd komen in, dharna ssal et halden in allen stucken vnd artikeln, sso vorberurt sind, met den obgenanten Inwonern nhagelaten wedewen vnd Kindern rthgenamen die fulle maltiden vnd dat Stawenbat; dy sy dun ssollen na wisse vnd wanheit sso vorbenumet is. Ok weret ssake, die mester, Olderlude vnd vire von den jungesten geloefte halwen gebeden worden, vor eyn andern to lawen, des ssolen sy entbunden vnd fry syn. Weret sake, dat ennich werkgenote krank were, et were man edder fruwe, men ssal em des dhages eyn stoweken Byr ssenden, wen sy tosamende sint. Desgliken wan eyner dem werke eyn werkenkost deyt, ssal he ene ssenden gewonlike spise, ssoverne he van Krankheyden nicht kamen kann. Desse vargenante stucken vnd artikel ssolen dy ergemelten Meister, Olderlude vnd gantze gemeine werkgenoten vnsres werkes vnd gulde der Schumaker vnd Logerwer stede, recht, vaste vnd geborlich holden vnd vnuortichlich nicht mer oder geringer to nemende by vorfallinghe ores werkes. Dartu bostedigen vnd bouestigen wir sulke punkte vnd artikel, sso in dem groten parmynten bryff bostemet syn worden, die stede, vaste to holden by sulke broke, alze dharsulwest boruret werdt. Ok ssolen die obgemelten sich nich gebruken hakerie, ok ssal em nymant hinder dun an kalwesfellen, bukeshuden, adder an Verschenledder, sso er to oren werke noth vnd behuf worde syn, by brake des Rades vnd vorbutunghe dem werke. Sullich obgedacht geldt ssal dy, dy vnsse werck winne will bringen vb dat Rathus, dhar wille wy affnemen dat vns gehoret vnd gewen den Schumakern, wat en gehoret, vnd wat dar owerig is, wil wie reken weder den obgedachten. Actum coram Matthes Wardenberghe et Dames Mewes proconsulibus am Sundhage Oculi anno (14)90."*

„Van den Leynenwebern vnd jrem Lhon."

Die Leinweber sollen ohne Wissen und Willen des Rates das Weberlohn nicht erhöhen und nicht mehr als zwölf Pfennige für den Rechen Garn nehmen. 1436.

„Die Wulwefer"

sollen nicht *„rororlouren oder annemen one des Erssamen Rades willen vnd fulborth"*, besonders; wenn sie einen *„fuller"* annehmen, sollen sie zuvor vor dem Rate erscheinen, und der Anzunehmende soll geloben, dem Rate und der Stadt treu zu sein, niemanden zu übervorteilen, sondern einem so gut zu machen als dem andern.

„Von den Tuchscherern".

Wer die Tuchschererbuden inne hat, giebt Budenwache und einen jährlichen Zins von 1½ Schock.

An Scherlohn soll genommen werden für die Elle:

von *„Leidischen, Mechlischen und Löndischen"* Tuch drei Pfennige,
von *„Vilsmedischen, Elermundischen"* und dergleichen zwei Pfennige,
von *„gemeinen geringern"* Tüchern, als *„Behmisch, Camper, Gottinger, Stendalschen"* einen Pfennig,
von den *„ynlendischen, so in der stadt gemacht,"* einen Heller.
Die beiden Scherbänke sollen stets bei den Buden bleiben.

Von den Innungen standen vier, die sogenannten Vierwerke, in besonderem Ansehen. Die Namen derselben sind nicht ausdrücklich überliefert; vermutlich waren es wie in Berlin und Kölln die Gewerke der Gewandschneider, Knochenhauer, Schuhmacher und Bäcker. Sie traten, aus welchen Gründen ist nicht bekannt, in einen gewissen Gegensatz zu der übrigen Bürgerschaft, *„der gantzen gemeyne"*. Inwieweit diese Gewerke verfassungsmässigen Einfluss auf die Stadtverwaltung gewannen, ist oben dargestellt worden. Eine hervorragende politische Rolle wie in andern Städten haben die Zünfte in Spandau nie gespielt, sondern sie wurden immer mehr abhängig vom Rate, namentlich seitdem die Landesregierung ihren bestimmenden Einfluss auch auf die Innungsangelegenheiten ausdehnte. Sie wurden immer mehr der Aufsicht und Einwirkung der Obrigkeit unterworfen. Diese Einwirkung war auch in vielen Fällen sehr notwendig, da unter dem Scheine der Innungsrechte oft die grössten Bedrückungen einzelner ausgeübt wurden. So geschah es häufig, dass einzelne Meister von den übrigen auf unrechtmässige Weise eines Vergehens gegen die Innung beschuldigt und deshalb durch willkürliche Auslegung der Innungsgesetze zu Strafen verurteilt wurden. Die Gewalt, welche den Innungen zustand, gab ihnen die Möglichkeit allen guten Verordnungen, die zum Besten des Ganzen aber vielleicht zur Beeinträchtigung einzelner erlassen wurden, indirekt entgegenzuarbeiten, indem sie gegen die, welche sich nach diesen Verordnungen richteten, alle möglichen Chikanen hervorsuchten. Schon die Polizeiordnung Kurfürst Joachims I. von 1515 erliess allgemeine Anordnungen für die Gewerke, und Kurfürst Joachim II. gab 1541 strenge Bestimmungen darüber und schärfte namentlich von neuem ein, dass Innungs- und Zunftbriefe mit dem Vorbehalt gegeben seien, dass es der Obrigkeit freistehe, dieselben nach Gelegenheit der Zeit zu ändern, zu erklären, zu vermehren und zu mindern, dass dieselbe durch die Gerichtsbarkeit, welche sie ausübe, auch das Recht habe bei

16

Gelegenheit der Gewerksstrafen einzuschreiten und nach Gebühr und Ordnung zu sehen, damit niemand bedrückt werde.

   Im folgenden Jahrhundert wurde der Einfluss der Landesregierung auf die Zunftangelegenheiten noch mehr ausgedehnt, und da die Innungsbriefe selbst oft Gelegenheit zu Streitigkeiten gaben, so schritt das Kammergericht zum Präjudiz der Magistrate bei solchen Gelegenheiten sehr häufig ein. Auch die Beispiele, dass der Landesherr unmittelbar in Zunftangelegenheiten eingriff, mehrten sich. So sicherten Verordnungen des grossen Kurfürsten denen, welche wüste Stellen in den Städten bebauen würden, mannigfache Erleichterungen und vornehmlich unentgeltliche Zulassung zum Bürgerrechte und unentgeltliche Aufnahme in die Innungen zu.

   Gewisse Handwerks-Innungen, Gilden und Zünfte nahmen statutenmässig nur eine bestimmte Anzahl von Meistern auf und nannten sich deshalb geschlossene Handwerke. Der Kurfürst Friedrich III. sah hierin mit Recht ein Hindernis des „Aufnehmens seiner Städte"; denn es wurden dadurch viele abgehalten sich in einer Stadt, die solche geschlossene Handwerke hatte, niederzulassen. Er verfügte deshalb unterm 7. Mai 1688, dass die Lehnskanzlei bei Ausfertigung neuer Innungsbriefe dasjenige, was „von geschlossenen Handwerken oder einem gewissen Numero der Meister" darin enthalten sei, auslassen solle, weil alle geschlossenen Handwerke abgeschafft werden sollten.

   König Friedrich Wilhelm I. verordnete durch ein Edikt vom Jahre 1719, dass alle Gewerb- und Handeltreibende, welche sich in seinen Landen niederlassen würden, nicht nur zehn Jahre von Schosse, Service, Einquartierung u. s. w., sogar von der Konsumtionsaccise frei sein, sondern auch in das Bürgerrecht und in die Gilden und Zünfte unentgeltlich aufgenommen werden sollten. Er liess auch Verzeichnisse von den in den märkischen Städten befindlichen Handwerkern anfertigen, teils, um eine Übersicht über die gewerbliche Thätigkeit zu gewinnen, teils auch, um für die Vervollständigung des Gewerbebetriebes sorgen zu können. Wenn an irgend einem Orte in einem Handwerke zu viel Meister waren, so wurde denen, die nicht hinreichende Nahrung fanden, auf die Bestätigung des Magistrats die Erlaubnis gegeben dahin zu gehen, wo es an solchen Meistern mangelte. Sie waren dann von allem Abzugs- und Abschlossgelde frei und erhielten, wohin sie kamen, unentgeltlich das Bürger- und Meisterrecht. 1717 war ein solches Kataster angefertigt worden. Die Stadt Spandau erscheint nicht unter den Städten, in welchen es an Meistern gewisser Gewerbe fehlte; es müssen also damals alle Gewerbe darin vertreten gewesen sein.

1731 zählt die Stadt:

Ackerleute	31	Drechsler	3	Hufschmiede	4
Apotheker	3	Fleischhauer	12	Hutmacher	4
Arzt	1	Garnweber	21	Kahnbauer	1
Bäcker	27	Gastwirte	7	Kleinbinder	2
Böttcher	9	Gelbgiesser	1	Knopfmacher	1
Buchbinder	1	Glaser	2	Köche	2
Chirurgen	5	Handschuhmacher	2	Krämer	8
Destillateure	1	Höker	5	Kupferschmiede	1

Kürschner	2	Schlosser	3	Tabakspinner	3
Lohgerber	2	Schneider	28	Tagelöhner	265
Materialisten	11	Schönfärber	2	Tischler	5
Maurermeister	3	Schornsteinfeger	1	Töpfer	2
Nadler	2	Schulmeister	4	Tuchmacher	5
Nagelschmiede	2	Schuster	49	Tuchscherer	1
Pantoffler	4	Seifensieder	1	Weissgerber	3
Posamentiere	1	Seiler	2	Zimmermeister	6
Raschmacher	2	Stellmacher	5	Zinngiesser	2
Riemer	2	Strumpfmacher	1	Zirkelschneider	1
Sattler	1				

Dilschmann sagt in seiner „Diplomatischen Geschichte und Beschreibung der Stadt und Festung Spandow" über die gewerblichen Verhältnisse der Stadt im Jahre 1784 folgendes:

„Tuchmacher sind anjetzo nicht mehr vorhanden und nur zwei Zeugmacher und Strumpfwürker finden ihren notdürftigen Unterhalt; deshalb die häufige Wollspinnerei, die allhier einen grossen Teil der geringeren Einwohner beschäftiget, für die berlinischen Manufakturen getrieben wird. Das Bäcker-, Schuhmacher- und Schneidergewerk sind noch anjetzo nebst den Leinewebern die zahlreichsten Gewerbe. Noch jetzt wird die spandowsche Semmel nach dem platten Lande häufig zum Verkauf gebracht. Das hiesige Gewerk der Bäcker hat eine geschlossene Zahl, und es können nicht mehr als 24 sesshaft werden. Noch jetzt ist die Stadt in bezug auf Bäckerei und Brauerei ein nahrhafter Ort zu nennen, wozu hauptsächlich die Schiffahrt und verschiedene andere Beschäftigungen auf dem Wasser als das Verbinden des Holzes, welches als Kaufmannsgut nach Hamburg gehet, die Salzniederlage und die Niederlagen von Stab- und Brennholz sehr vieles beitragen. Es hat daher auch die Stadt in Verhältniss ihrer Grössen eine grosse Anzahl Brauhäuser. Man rechnet auf 91 derselben, von welchen doch nur 40 wirklich Braunahrung treiben, hingegen sind 59 Branntweinblasen in derselben. Seit einigen Jahren werden in den Hofrat Fredersdorfschen und Häselerschen Brauhäusern Biere gebraut, die nicht nur nach Berlin, Potsdam, Charlottenburg, sondern auch nach entlegenen Städten verfahren werden, als Stendal, Breslau, Hamburg, nach welchen beiden letzteren öfters ganze Schiffsladungen davon abgehen. Wegen der Nähe der Hauptstadt des Landes ist leicht zu erachten, dass kein grosser Handel hierselbst getrieben wird. Der Kauf- und Handelsleute, die mit Spezereien und Materialwaren handeln, sind zwölf. Jetzt sind in der Stadt zwölf Meister des Schlächtergewerks. Die Anzahl der Meister von den übrigen Gewerken ist diese:

Böttcher	4	Hutmacher	2
Brunnenmacher	1	Klempner	1
Buchbinder	2	Knopfmacher	1
Drechsler	3	Kürschner	4
Glaser	3	Kupferschmiede	2
Gelbgiesser	2	Leinweber	14 mit 21 Stühlen.
Handschuhmacher	3	Lohgerber	3
Huf- u. Waffenschmiede	4	Maurermeister	5

Nagelschmiede	3	Schuhmacher	56
Pantoffelmacher . . .	2	Seifensieder	2
Peruquenmacher . . .	3	Seiler	4
Posamentier	1	Stellmacher	2
Riemer und Sattler .	4	Tischler	9
Schiffbauer	3	Töpfer	4
Schlosser	4	Weissgerber	1
Schneider	16	Zeug- u. Zirkelschmied	1
Schönfärber	1	Zimmermeister . . .	2
Schornsteinfeger . . .	1	Zinngiesser	2

Die meisten von diesen Gewerken haben ihre besondere Innung für sich, welche allemal bei ihren Zusammenkünften ein Mitglied aus dem Magistratskollegium zum Beisitzer haben (seit 1685); andere, von welchen wenige Meister vorhanden sind, halten sich zur Innung ihres Gewerks einer benachbarten Stadt."

Aus dem Jahre 1790 ist uns folgendes über den damaligen Umfang des Gewerbebetriebes der Stadt überliefert.

Die Stadt hatte:

	Stühle.	Meister.	Gesellen.	Jungen.	Material. Thlr.	Ertrag. Thlr.
1. Seidenbandfabrikanten .	20	1	—	20	4725	6400
2. Tuch-, Zeug-, Strumpf-, Hutmacher	9	7	1	—	991$\frac{1}{3}$	1830$\frac{1}{3}$
3. Handschuhmacher . . .	—	2	1	—	66$\frac{2}{3}$	200
4. Weiss- und Lohgerber .	—	4	1	1	2126$\frac{1}{2}$	3582
5. Horndrechsler	—	1	1	—	50	150
6. Garnweber	24	15	5	2	arbeiten für andere.	
7. Seifensieder	—	2	1	—	220	1300
8. Gelbgiesser	—	1	1	1	20	466$\frac{2}{3}$
9. Schlosser, Schmiede, Zirkel- und Nagelschmiede	—	12	7	4	1358$\frac{1}{3}$	2272$\frac{2}{3}$

Verbraut wurden vom 1. Juni 1789 bis 1. Juni 1790 31 Wspl. 12 Schfl. Weizen, 851 „ 10 „ Gerste zu 14378$\frac{2}{3}$ Tonnen Bier, von denen
9541 Tonnen in der Stadt,
3027$\frac{2}{3}$ „ auf dem Lande und den Schiffen verbraucht,
1810 „ nach andern Städten versandt wurden.

Zur Branntweinfabrikation wurden verbraucht: 14 Wispel 23 Scheffel Weizen,
166 „ 1$\frac{1}{2}$ „ Roggen,
156 „ 14$\frac{1}{2}$ „ Gerste.

Es wurden fabriziert 107361 Quart Branntwein; davon verbrauchten:
die Stadt . . . . 93810$\frac{1}{2}$ Quart.
das Land und die Schiffer . . . . 13550$\frac{1}{2}$ „

Die unglücklichen Ereignisse der Jahre 1806/7 führten zu der Überzeugung, dass nur dadurch der zerrüttete Zustand der Nationalwohlfahrt wiederhergestellt werden könne, wenn ein jeder in den Stand gesetzt werde, seine Fähigkeiten und Kräfte ungehindert und frei zu entwickeln und davon den möglichst vorteilhaften Gebrauch zu machen, dass dies aber die Hinwegräumung aller entgegenstehenden Hindernisse voraussetze. Schon durch das Edikt vom 9. Oktober 1807 betrat Preussen den Weg zur Einführung der Gewerbefreiheit. Die Gesetzgebung wie die Verwaltung ging fortan von dem Grundsatze aus, dass niemand im Genusse seines Eigentums, seiner bürgerlichen Gerechtsame und Freiheiten weiter eingeschränkt werden dürfe, als zur Beförderung des allgemeinen Staatswohls notwendig ist, und dass Gesetzgebung und Verwaltung nur dazu berufen seien, alle Hindernisse der möglichst freien Entwickelung der Anlagen, Fähigkeiten und Kräfte der Staatsbürger aus dem Wege zu räumen. In diesem Sinne erfolgte insbesondere auch eine durchgreifende Reform der gewerblichen Verfassung des Staates.

Das Edikt vom 2. November 1810 über die Einführung einer allgemeinen Gewerbesteuer beseitigte zuvörderst in Beziehung auf den Gewerbebetrieb jeden bisherigen Unterschied zwischen Stadt und Land, sowie alle bis dahin den Zünften und Innungen oder einzelnen Personen zugestandenen oder mit dem Besitze von Grundstücken verbundenen Sonderrechte, indem es allgemein den Grundsatz aussprach, dass zum Betriebe eines Gewerbes die Lösung eines Gewerbescheines erforderlich, aber auch genügend, und der Gewerbeschein niemandem zu versagen sei, der bis dahin einen rechtlichen Lebenswandel geführt habe. Nur aus polizeilichen Gründen wurde die Gewerbefreiheit einigen Beschränkungen unterworfen. Das Edikt vom 7. September 1811 erteilte hierüber die näheren Bestimmungen. Die allgemeine Gewerbeordnung vom 17. Januar 1845 regelte die gewerblichen Verhältnisse für den ganzen Staat. Es wurde anerkannt, dass die Grundbedingung des Gedeihens gewerblicher Unternehmungen in der Gewerbefreiheit, in der Befreiung der Gewerbe von lästigen Formen und in der Aus- und Fortbildung der gewerblichen Kenntnisse zu suchen ist. Alle bestehenden Beschränkungen des freien Gewerbebetriebes wurden beseitigt.

Zum selbständigen Gewerbebetriebe wurde in der Regel nur Dispositionsfähigkeit und fester Wohnsitz und nur ausnahmsweise der Nachweis der Geschicklichkeit erfordert. Im öffentlichen Interesse des Publikums wurden indes gewisse Beschränkungen und Bedingungen festgesetzt, teils für solche gewerbliche Anlagen, deren Betrieb mit Gefahren oder Nachteilen für andere Personen verknüpft sein kann, teils für solche Gewerbe, bei welchen die Sicherheit des Publikums entweder den Nachweis technischer Qualifikation oder die Bescheinigung erprobter Rechtschaffenheit und Zuverlässigkeit erfordert. Ferner wurden der Umfang, die Ausübung und der Verlust der Gewerbebefugnisse, der Marktverkehr und die polizeilichen Taxen, sowie die Innungsverhältnisse geordnet. In betreff der Innungen nahm man als Basis an, dass sowohl die noch vorhandenen älteren Innungen fortbestehen, als auch neue Korporationen von Gewerbetreibenden sich bilden können, aber beide nur als freie Gemeinschaften.

Die Bestimmungen der allgemeinen Gewerbeordnung erlitten aber durch die Verordnung vom 9. Februar 1849 wesentliche Abänderungen. Sie schuf das Institut der Gewerberäte, machte bei fast allen Gattungen der Handwerker den Beginn des selbständigen Gewerbetriebes von dem Beitritte zu einer Innung nach vorgängigem Nachweise der Befähigung oder doch von einer Prüfung abhängig, verordnete die Abgrenzung der Arbeitsbefugnisse und Beschäftigungsgebiete der Handwerke, schrieb Gesellen- und Meisterprüfung, Lehrlings- und Gesellenzeit im allgemeinen obligatorisch vor und ordnete die Errichtung von gewerblichen Unterstützungs- und ähnlichen Kassen an. Die Gesetze vom 22. Juni und 1. Juli 1861 führten einige Verbesserungen in der Gewerbegesetzgebung herbei.

Nachdem der Norddeutsche Bund gegründet war, ergab sich schon aus den im Art. 3 der Bundesverfassung ausgesprochenen Grundsätzen über das gemeinsame Indigenat aller Bundesangehörigen, sowie demnächst aus der durch das Gesetz vom 1. November 1867 begründeten Freizügigkeit der Bundesangehörigen die Notwendigkeit des Erlasses übereinstimmender Vorschriften über die Berechtigung zum Gewerbebetriebe im Bereiche des Bundes. Am 21. Juni 1869 kam die Gewerbeordnung für den Norddeutschen Bund zustande, welche nach Stiftung des deutschen Reiches zum Reichsgesetze erhoben wurde und als solches den betreffenden Landesgesetzen vorgeht, insoweit sie nicht selbst in einzelnen Bestimmungen auf die Vorschriften der Landesgesetzgebung verwiesen hat. Sie hat einzelne Abänderungen durch die Reichsgesetze vom 17. Juli 1878, vom 23. Juli 1879 und vom 15. Juli 1880 erfahren.

Durch die neue Gewerbeordnung ist die volle Gewerbefreiheit hergestellt, an der allerdings die konservativ-reaktionäre Strömung unserer Tage zu rütteln sucht, hoffentlich aber nicht mit Erfolg. Denn nur in der freien Entwickelung aller Kräfte liegt das Heil der Gesellschaft, und der Staat darf nur da beschränkend und beaufsichtigend eintreten, wo das gesamte Staatswohl in Frage kommt.

Was die Handels- und Gewerbeverhältnisse Spandaus in der Gegenwart betrifft, so ist darüber folgendes zu sagen:

Die Privatindustrie beschränkt sich im wesentlichen auf das kleine Handwerk, dagegen übt der Staat in fünf grossen Fabriken, der Gewehrfabrik, der Pulverfabrik, dem Feuerwerkslaboratorium, der Geschützgiesserei und der Artilleriewerkstatt eine sehr ausgedehnte industrielle Thätigkeit. Die Anlage und Erweiterung dieser Fabriken, sowie mehrfache Garnison- und Festungsbauten und die Errichtung einer sehr bedeutenden Zahl von Privathäusern haben in den letzten 25 Jahren die Baugewerke sehr lebhaft beschäftigt. Der Handel der Stadt ist nur Kleinhandel, welcher für die Befriedigung der Bedürfnisse der Stadt und ihrer nächsten Umgebung sorgt. Die unmittelbare Nähe Berlins veranlasst jedoch sehr viele Bewohner der Stadt und Umgegend alle möglichen Gebrauchsgegenstände in der eine grössere Auswahl bietenden Hauptstadt zu kaufen.

Es wäre sehr wünschenswert, dass neben der Staatsindustrie eine grössere Privatindustrie entstünde, die kommunalen und socialen Verhältnisse der Stadt würden dadurch entschieden gewinnen. Durch Aufnahme der Oranienburger Vorstadt ist die Möglichkeit zur Anlage industrieller Etablissements gegeben. Von dem verständigen Sinne der Behörden und Einwohner Spandaus wird es abhängen, ob diese Möglichkeit benutzt wird.

Wir schliessen hieran einige Nachrichten von der Entwickelung der Spandauer Presse: Die erste periodische Druckschrift wurde in Spandau im April 1848 von dem Bürgermeister Dr. Zimmermann herausgegeben und von C. Sander gedruckt, welcher sich 1842 als erster Buchdrucker in Spandau niedergelassen hatte. Betitelt war dieselbe „Havelländisches Volksblatt für den osthavelländischen Kreis und die Städte Spandau, Potsdam, Nauen, Charlottenburg, Oranienburg, Cremmen, Fehrbellin u. s. w." Das Blatt erschien zweimal in der Woche. Es wurde ihm bald nach seinem Erscheinen von der königlichen Regierung zu Potsdam die rechtsverbindliche Publikationskraft für ortspolizeiliche Verordnungen verliehen, im Juli 1849 aber wieder entzogen, nachdem das Blatt wegen Abdrucks eines „Aufrufs an das deutsche Heer" mit Beschlag belegt worden war. Dr. Zimmermann wurde seines Amtes als Bürgermeister entsetzt und wegen seiner Beteiligung am Stuttgarter Rumpfparlament und wegen Verbreitung des Aufrufs der März-Vereine an das deutsche Heer, in ersterer Beziehung wegen Hochverrats, in letzterer wegen Majestätsbeleidigung und Aufruhrs in Anklage versetzt, am 15. März 1850 vom Schwurgericht zu Brandenburg der ihm zur Last gelegten Verbrechen für schuldig erklärt und zu 12jährigem Festungsarrest, Kassation, Verlust der Kokarde und 12jähriger Polizeiaufsicht verurteilt.

Das Havelländische Volksblatt wurde von dem Buchhändler Martens, welcher sich eine Buchdruckerei einrichtete, weitergeführt, während Sander ein „Spandauer Wochenblatt", das dreimal in der Woche erschien, herausgab. Im Jahre 1851 wanderte Sander nach Amerika aus und Martens änderte den Titel seines „Havelländischen Volksblattes" um in „Spandauer Anzeiger, Wochenblatt für Spandau und Umgegend". Das Blatt erschien in Quartformat und hatte keinen anderen Inhalt als Anzeigen. Es ging Anfang des Jahres 1860 ein, nachdem von dem Buchdrucker J. Sauerteig im Oktober 1859 eine Buchdruckerei errichtet worden war und ein Blatt mit politischen Nachrichten unter dem Titel „Allgemeiner Anzeiger für Spandau und Umgegend" herausgegeben wurde. Dieser Titel wurde im Jahre 1863 in „Anzeiger für das Havelland" umgeändert. Das Blatt erschien anfänglich zweimal, dann dreimal in der Woche. Nachdem es im Jahre 1872 in den Besitz des seit 1868 in Spandau ansässigen Buchdruckers E. Hopf übergegangen war, wurde es bedeutend vergrössert und erscheint seit 1874 täglich. Mehrere andere Tagesblätter, welche seit 1868 in Spandau herausgegeben wurden, waren nur von kurzem Bestand.

2. Die königlichen Fabriken.

Von den königlichen Fabriken in Spandau ist die älteste

A. Die Gewehrfabrik.

Dieselbe ist im Jahre 1722 auf Veranlassung des Königs Friedrich Wilhelm I. zur Ergänzung der Gewehrfabrik in Potsdam von den Kaufleuten Splittgerber und Daun aus Berlin angelegt worden. Die Gebäude und Werkstätten wurden auf Kosten des Königs hergestellt und von diesem auch das grosse Arbeitszeug: Ambosse, Blasebälge, Feilkloben, geliefert. Die Bestimmungen des mit den Unternehmern vom Könige abgeschlossenen Vertrages sind im wesentlichen folgende:

„Die Entrepreneurs müssen die Gebäude in guten baulichen Wesen und Würden und das grosse Arbeitszeug in brauchbarem Zustande halten und das kleine Arbeitszeug liefern."

„Die fremden Meister und Gesellen, welche an der Fabrik Arbeit nehmen wollen, sollen auf königliche Kosten nach Spandau befördert und ihnen freie Religionsübung zugestanden werden."

„Alle fabricierten Waffen sollen vom Staate abgenommen, jede Lieferung von 300 Stück bar bezahlt (die Flinte mit 6½ Thaler), auch andere Arbeit abgekauft werden. Die Arbeiter sollen nicht unter dem ordinären Stadtmagistrat, sondern immediate unter dem königlichen Hofgerichte stehen und bei diesem ihr Forum haben."

„Das Eigentum an den zur Fabrik gehörenden Gebäuden verbleibt dem Könige."

Unter denselben Bedingungen ging die Spandauer Gewehrfabrik bald nach ihrer Gründung an die Gebrüder Schickler, die Inhaber der Gewehrfabrik in Potsdam, über. In Spandau wurden nur die Gewehrläufe, Bajonette, Ladestöcke und eine Zeitlang auch Klingen und Kürasse gearbeitet, während die Fertigstellung der Gewehre in Potsdam erfolgte. Im Jahre 1777 fertigte die Fabrik jährlich 10000 Gewehrläufe, und 1783 umfasste sie 38 Gebäude mit 14 Werkstätten für Laufschmiede und 9 Schmieden für Klingen und Bajonette.[1] Die Gemeinde Plan zählte damals 175 Personen, welche zum grössten Teil aus Lüttich stammten und zum Katholicismus sich bekannten, weshalb sie eine eigene Kirche und einen besonderen katholischen Prediger erhielten.

Die Verwaltung war bis zum Jahre 1852 zwischen dem Staate und der Familie Schickler geteilt. Grund und Boden, sowie die Gebäude waren Staatseigentum, während die Inhaber der Fabrik für die Unterhaltung der Fabrikgebäude und Wohnhäuser sorgen mussten.

---

[1] Büsching. Beschreibung seiner Reise von Berlin nach Kyritz. S. 512 u. fg.

1813 geriet die Fabrik in grosse Gefahr zerstört zu werden; nur durch die besondere Thätigkeit des damaligen Buchhalters Bulsz wurde sie gerettet. Dieser war von den Gebrüdern Schickler beauftragt worden, eine namhafte Summe zu verwenden, um die Erhaltung der Fabrik zu bewerkstelligen. Er erlangte auch von dem französischen General Lebredon das Versprechen, dass die Fabrik erhalten werden solle. Trotzdem wurde die nahe an der Zitadelle gelegene Polier- und Schleifmüle niedergebrannt. Auf den Rat des Generals Lebredon ging Bulsz unverweilt nach Schöneberg zu Murat und bat um Gnade für die Fabrik, indem er darauf hinwies, dass die Gebrüder Schickler laut Bürgerbriefes französische Unterthanen seien. Es erfolgte nun wirklich der Befehl, mit dem Abbrennen der Fabrik innezuhalten. Bald aber mussten die ganze Fabrik und alle dazu gehörigen Wohnhäuser geräumt werden. Zehn grosse Kähne wurden mit den Utensilien der Fabrik, den Familien und deren Habseligkeiten beladen und fuhren am 7. März nach dem Tegler See, wo alle bis zur Befreiung Spandaus verblieben. Am 1. Juni 1813 wurde die Arbeit in der Fabrik wieder aufgenommen.

Seit dem Jahre 1836 nahm die Fabrik einen grösseren Aufschwung. 1847 zählte die Gemeinde Plan an 500 Personen, welche dem „königlichen Gewehrplangericht", dessen Einsetzung an Stelle des Hofgerichts nicht bekannt ist, unterstanden. Im Jahre 1852 ging die Fabrik in den Besitz des Staates über, der auch die Potsdamer an sich gebracht hatte. Die Gemeinde Plan wurde nun aufgelöst und die Familien zogen in die Stadt. Ferner wurde die Fabrik umgebaut und erweitert, da die Potsdamer Gewehrfabrik 1854 einging und mit der Spandauer vereinigt wurde. Eine abermalige Erweiterung erfuhr die Fabrik in den Jahren 1870 bis 1874 durch den Bau des Direktionsgebäudes und der Munitionsfabrik. Zur Zeit umfasst die Fabrik:

12 grössere Betriebsgebäude zur Gewehr- und Munitionsfabrikation;
2 grössere | Wohngebäude;
2 kleine |
3 Dampfmaschinen;
6 Wasserräder in drei Gerinnen.

Es können beschäftigt werden:

in der Gewehrfabrik 800—1000 Arbeiter;
in der Munitionsfabrik 400 Arbeiterinnen.

In der Gewehrfabrik werden sämtliche Handfeuerwaffen angefertigt, in der Munitionsfabrik metallene Patronenhülsen und Langbleigeschosse.

Die Verwaltung wird gebildet aus:

1. einem Stabsoffizier als Direktor der Gewehr- und Munitionsfabrik;
2. einem Hauptmann als Subdirektor der Gewehrfabrik;
3. einem Premierlieutenant als Subdirektor der Munitionsfabrik;
4. einem Zeughauptmann als Rechnungsführer der Gewehrfabrik;
5. einem Zeugpremierlieutenant als Rechnungsführer der Munitionsfabrik;
6. zweien Direktionsassistenten der Gewehrfabrik;
7. einem Direktionsassistenten der Munitionsfabrik

Jede Fabrik hat einen Betriebsinspektor und einen Oberbüchsen-macher als Revisionsvorsteher, sowie das nötige Revisions- und Bureau-Personal.

Direktoren der Gewehrfabrik:

1852—1854 Major Linger;
1854   Hauptmann von Avemann;
1854—1857 Hauptmann von Garnier;
1857—1875 von Schätzel, zuletzt Generalmajor;
1875—1877 Oberst Klatte;
1877—   Major Gerhardt.

B. Das Feuerwerks-Laboratorium.

Im November 1817 richtete der Major Dietrich in der Citadelle die notwendigen Arbeitsräume zu einem Feuerwerkslaboratorium ein, welches als „Geheimes Brand-Raketen-Laboratorium" bezeichnet wurde. 1827 wurde die Bezeichnung in „Geheimes-Raketen-Laboratorium" umgewandelt, da man nun auch andere Arten von Raketen in demselben anfertigte. Die Arbeiten wurden von dem „Raketenkommando", bestehend aus 2 Offizieren, 4 Unteroffizieren und 12 Grenadieren von Garnisonkompagnieen, gemacht, welches durch königliche Kabinettsordre vom 11. Juni 1828 in eine „Feuerwerkscompagnie" umgewandelt wurde, die sich anfänglich auch mit der Anfertigung von Lustfeuerwerk beschäftigte, bis der Generallieutenant Braun erklärte: „die Lustfeuerwerkerei ist ein Handwerk, welches mit der Artillerie, die sich mit dem Gebrauche der Geschütze beschäftigt, nichts gemein hat als — das Pulver."

Wegen vorzunehmender Herstellungsarbeiten des Kavaliers Branden-burg auf der Citadelle, in welchem sich zum Teil die Räumlichkeiten des Laboratoriums befanden, und da es auch wünschenswert erschien, für dieses Institut ein eigenes, möglichst sicher abgeschlossenes Etablissement zu besitzen, wurde im Mai 1829 die Verlegung des Geheimen Raketen-Laboratoriums auf den bereits zum Festungsterrain gehörenden Eiswerder, einer Insel in der Havel nördlich der Citadelle, angeordnet. Hier befanden sich bereits ein als Pulvermagazin eingerichtetes Reduit und ein Wacht-haus, welche beide dem Laboratorium überwiesen und zweckentsprechend eingerichtet wurden. Ausserdem wurden neu erbaut ein Ladewerk, ein kleineres Pulvermagazin, ein Feuerhaus mit Dampfraum und Trockenanstalt, eine Schmiede nebst Klempnerei, ein kleines Wohngebäude für einen Unteroffizier und ein Bohrhaus. Ende 1829 siedelte das Laboratorium auf den Eiswerder über, behielt aber noch einige Räume in der Citadelle.

Im Jahre 1830 wurde die Feuerwerkscompagnie auf 4 Offiziere, 7 Unteroffiziere und 16 Mann vermehrt und auf dem Eiswerder ein Hafen und ein Brennmaterialienschuppen angelegt.

Durch königl. Kabinettsordres vom 28. März 1831 und 21. Januar 1832 wurde die Feuerwerkscompagnie ein selbständiger Truppenteil mit einer Stärke von 6 Offizieren, 18 Unteroffizieren und 80 Mann. Das Laboratorium erhielt nun die Bezeichnung „Königliches Feuerwerks-Laboratorium". Es wurde ferner die „königliche Verwaltung des Feuerwerks-Laboratoriums", bestehend aus einem Direktor, einem Verwaltungsmitglied und einem Lieutenant als Rechnungsführer, eingesetzt und das Laboratorium in die Abteilung A für die Raketenversuche und die Abteilung B für die Zünderfabrikation zerlegt, von denen diese auf der Citadelle arbeitete.

Bis 1836 behielt das Feuerwerks-Laboratorium einen provisorischen Charakter. Durch königliche Kabinettsordre vom 20. Juni 1836 wurde aber die Formation einer permanenten Feuerwerkstruppe genehmigt. Infolge dieser und der Kabinettsordres vom 13. Januar und 14. Februar 1837 wurde eine Feuerwerksabteilung aus zwei Compagnieen gebildet. Offiziere und Mannschaften derselben erhielten als Abzeichen ein „F" in den Epauletten resp. Achselklappen. Der Etat betrug:

für den Stab: 1 Major als Kommandeur, 1 Secondelieutenant als Adjutant, 1 Feuerwerker II. Klasse als Abteilungsschreiber;
für die beiden Kompagnieen: 2 Hauptleute, 2 Premierlieutenants, 2 Secondelieutenants, 4 Oberfeuerwerker, 2 Feldwebel und Kapitän d'armes, 4 Feuerwerker I. Klasse, 12 Feuerwerker II. Klasse, 2 Hornisten, 76 Gemeine.

In militärischer und disciplinarischer Beziehung unterstand die Abteilung der ersten Artillerieinspektion.

An Verwaltungen und Kommissionen wurden eingesetzt

1. Die allgemeine Betriebs-Verwaltung, bestehend aus: dem Präses, dem Kommandeur der Feuerwerks-Abteilung, dem Vorstand für die Lustfeuerwerks-Angelegenheiten, dem Adjutanten der Feuerwerks-Abteilung.
2. Die Fabrikations-Verwaltung, zerfallend in:
Sektion A für Raketen, Espignolen und andere Lustfeuerwerks-Gegenstände, Dirigent der Chef der ersten Feuerwerkscompagnie,
Sektion B für die Zünder, Dirigent der Chef der zweiten Feuerwerkscompagnie,
Secktion C für das Lustfeuerwerk, Dirigent der Vorstand der Lustfeuerwerks-Angelegenheiten.
3. Die Kassen- und Materialien-Verwaltung, gebildet aus dem Kommandeur der Abteilung, einem Hauptmann und einem Zeugschreiber.
4. Die Revisions-Kommission.

In den Jahren 1840/41 wurden auf dem Eiswerder ein neues Bureaugebäude und ein Zünder-Laboratorium errichtet. In dieses wurde Sektion B von der Citadelle verlegt, während die Räumlichkeiten, die es auf der Citadelle innegehabt hatte, der Sektion C zugewiesen wurden, bis 1848 der Betrieb der Lustfeuerwerkerei einging und die Räumlichkeiten in der Citadelle vom Laboratorium gänzlich aufgegeben wurden.

Anfangs der vierziger Jahre wurde dem Laboratorium auch die Anfertigung von Infanterie-Zündspiegeln übertragen; dieser Betrieb aber Ende der fünfziger Jahre der Gewehrfabrik zugewiesen.

1849 wurde ein Raketenzug mobil gemacht und nach Holstein entsendet, wo er aber nur einmal bei einem Rekognoscierungsgefechte am 6. Juli in der Nähe der Dörfer Wörre und Hombo an der Chaussee von Aarhus nach Randers zur Verwendung kam.

1854 wurde die Feuerwerks-Abteilung um 40 Mann verstärkt.

Durch Kabinettsordre vom 22. April 1858 wurde das Feuerwerks-Laboratorium unter die Inspektion der technischen Institute der Artillerie gestellt. Seitdem stand dem Feuerwerks-Laboratorium eine „Direktion des Feuerwerks-Laboratoriums" vor. Dieselbe bestand aus dem Kommandeur der Feuerwerks-Abteilung als Direktor, dem ältesten Hauptmann der Abteilung und einem Zeugoffizier.

In den sechziger Jahren dehnte sich der Wirkungskreis des Laboratoriums nach allen Seiten hin aus. Es wurden verschiedene Schrapnelzünder, Pillenlichte, Achsenstab-Leuchtraketen, Raketen für die Gesellschaft zur Rettung Schiffbrüchiger, Friktionsschlagröhren, elektrische Geschütz- und Minenzündungen und Säulenzünder angefertigt.

Durch königliche Kabinettsordre vom 1. Mai 1862 wurde eine dritte Feuerwerkscompagnie errichtet, die aber in Berlin als Versuchscompagnie für die Artillerie-Prüfungs-Kommission blieb.

Durch königliche Kabinettsordre vom 16. Juni 1864 wurde die Feuerwerkscompagnie unter die Befehle der General-Inspektion der technischen Institute der Artillerie gestellt, und durch Kabinettsordre vom 9. Juli 1867 unter die neu errichtete technische Abteilung für Artillerie-Angelegenheiten des Kriegsministeriums.

1867 wurde auch der Etat des Stabes und der ersten und zweiten Compagnie um 2 Oberfeuerwerker, 7 Feuerwerker, 2 Obergefreiten, 36 Gemeine erhöht.

Durch Kabinettsordre vom 18. Juli 1868 wurde eine andere Bezeichnung der Unteroffizier-Chargen eingeführt. Es gab fortan 6 Oberfeuerwerker, 8 Feuerwerker, 2 Feldwebel, 8 Sergeanten, 9 Unteroffiziere.

1869 wurde der Etat der Abteilung auf 8 Offiziere, 1 Zahlmeister, 1 Assistenzarzt, 6 Oberfeuerwerker, 8 Feuerwerker, 2 Feldwebel, 17 Unteroffiziere, 12 Obergefreite, 24 Gefreite, 130 Kanoniere, 7 Ökonomiehandwerker erhöht.

Durch Kabinettsordre vom 3. März 1870 wurde genehmigt, dass die Ausführung der Arbeiten im Feuerwerks-Laboratorium in Zukunft durch Civilarbeiter bewirkt und dass mit den zu diesem Zwecke erforderlichen Bauten und Einrichtungen vorgegangen werde. Es wurden nun die mechanische Werkstatt und ein Gebäude für Pulverarbeiten in Angriff genommen , und 1871 vollendet.

Grund der Kabinettsordre vom 5. Mai 1871 erfolgte am 1. August 1871 die Auflösung der Feuerwerksabteilung.   Fortan wird der Betrieb des Laboratoriums lediglich durch Civilarbeiter bewirkt.

Durch diese Kabinettsordre wurde auch die Besetzung des Feuerwerks-Laboratoriums mit 1 Stabsoffizier als Direktor, 1 Hauptmann I. Kl. als Unterdirektor, 1 Hauptmann II. Kl. als Direktionsassistent, 2 Feuerwerkslieutenants als Revisions- und Betriebsoffiziere, 1 Zeughauptmann als Rechnungsführer, 1 Zeuglieutenant als Materialien- und Fabrikations-Verwalter, 3 Zeugfeldwebeln, 1 Zeugsergeanten, 1 Portier, 1 Büreaudiener genehmigt.

Als Aufsichts- und Revisions-Personal für die eigentliche pyrotechnische Fabrikation wurden ausserdem 6 Oberfeuerwerker und 6 Feuerwerker der früheren Feuerwerksabteilung beibehalten und endlich noch für die Leitung der Arbeiten in der mechanischen Werkstatt ein Techniker als Betriebsinspektor angestellt.

Die Direktion des Feuerwerks-Laboratoriums besteht jetzt aus dem Direktor, dem Unterdirektor und dem Zeugoffizier als Rechnungsführer. Der gesamte Betrieb ist in vier Sektionen eingeteilt.   Ausserdem besitzt das Laboratorium eine chemische Station, welche unter Leitung eines Chemikers steht.   In den letzten Jahren ist das Etablissement auf dem Eiswerder mehrfach erweitert worden.   Dann hat man dem Eiswerder gegenüber zwischen der Neuendorfer Strasse und der Havel ein Direktionsgebäude, ein Wohnhaus für die Feuerwerks- und Zeug-Offiziere und für die Beamten des Laboratoriums, einen Arbeiter-Speisesaal und mehrere Wohnhäuser für Arbeiter erbaut.

1817—1837 Dirigenten des Laboratoriums:

1817—1831 Major v. d. Armee Dietrich.;
1831—1836 Major König;
1836—1837 Oberst Plümicke.

1837—1857 Präsiden der allgemeinen Betriebsverwaltung:

1837—1842 Oberst Plümicke;
1842—1852 Oberst Wittich;
1852—1857 Oberst Lademann.

1837—1871 Abteilungs-Kommandeure:

1837—1841 Major von Scheele;
1841—1849 Major Scherbening;
1849—1857 Major Busch;
1857—1858 Major Wille;
1858—1865 Major Wille,
1865—1868 Major Bartsch,   } zugleich Direktoren
1868—1869 Major Engels,   } des Laboratoriums.
1869—1871 Hauptmann Bauch, }

1871— Direktor des Feuerwerks-Laboratoriums:

1871— Bauch, bis 1873 Hauptmann, bis 1879 Major, jetzt Oberstlieutenant.

C. Die Pulverfabrik.

Schon im sechzehnten Jahrhundert besass Spandau eine Pulvermühle. 1578 liess der Graf Lynar eine solche an der Brücke beim
Mühlenthor anlegen. Diese wurde im Jahre 1617 abgebrochen, 1636
aber an einer andern Stelle, im Osten der Festung (zwischen Citadelle
und Gewehrfabrik) wieder aufgebaut. 1663 flog sie in die Luft und
musste von Grund aus wiederhergestellt werden. Nachdem sie 1719 zum
zweiten Male in die Luft geflogen war, wurde statt ihrer eine Polier-
und Schleifmühle angelegt.

Die jetzige Pulverfabrik ist in den Jahren 1832 bis 1837 angelegt. 1838 fabrizierte man in derselben das erste Pulver. Es konnten
jährlich 3500 bis 7000 Centner geliefert werden.

1869 wurde der Verkohlungsapparat umgebaut und das Polier-
werk 3 aufgestellt, 1870 erbaute man die Anlagen für die Fabrikation
des prismatischen Pulvers. In den Jahren 1875 bis 1878 erfuhr die
Fabrik grossartige Umgestaltungen und Erweiterungen. 1879 erhielt sie
ein neues Direktionsgebäude.

Die Fabrik fertigt sämtliche Kriegspulver für alle Arten von Geschützen und Gewehren an. Die Direktion besteht aus

1 Stabsoffizier als Direktor,
1 Hauptmann als Unterdirektor,
1 Rendanten.

Für die technische Leitung des Betriebes sind zwei Betriebsinspektoren angestellt.

Direktoren der Pulverfabrik:

1835—1842 Hauptmann Kehl,
1842—1852 Hauptmann, später Major Hein,
1852—1868 Major, später Generalmajor Otto,
1868—1873 Major Stöckel,
1873—   Hauptmann, jetzt Major Küster.

D. Die Geschützgiesserei.

Schon im Jahre 1828 war die Verlegung der königlichen Geschützgiesserei von Berlin nach Spandau beschlossen worden, aber erst zehn
Jahre später begann man der Ausführung des Planes näher zu treten.
1838 ging man damit um, die Giesserei auf dem Behnitz anzulegen, um
die Wasserkraft, welche vordem die Mühlen getrieben hatte, benutzen zu
können. Wesentliche Hindernisse nötigten jedoch diesen Plan aufzugeben.
Nachdem durch königliche Kabinettsordre vom 21. Dezember 1844 befohlen worden, dass zur Deckung des durch die Verlegung der Giesserei
entstehenden Geldbedarfs von 1845 an jährlich 50 000 Thlr. bewilligt
werden sollten, genehmigte eine andere Kabinettsordre vom 3. September
1846, dass die Geschützgiesserei auf dem linken Spreeufer in der Vor-

stadt Stresow angelegt und zum Betriebe der Maschinen Dampfkraft verwendet werde.

Der Plan für die Anlage wurde im wesentlichen durch den damaligen ersten Offizier der Militärdirektion der Geschützgiesserei zu Berlin, Hauptmann Schür, entworfen und umfasste auch die Einrichtung einer Eisengiesserei zur Herstellung von Eisenmunition für die Artillerie.

Nachdem man im Jahre 1852 endlich das nötige Terrain angekauft hatte, begann 1853 der Bau und wurde 1854 vollendet.

Die Übersiedelung der Geschützgiesserei von Berlin nach Spandau begann am 15. März 1855 und am 21. April desselben Jahres war die Überführung der Maschinen beendet. Schon am 13. April begann die Arbeit in der Bronzegiesserei, und am 4. August 1855 fand der erste Guss eines Geschützrohres statt.

Die Einrichtung der Munitionsgiesserei begann am 1. Juli 1855, am 31. Juli erfolgte der erste Guss.

In der Bohrwerkstatt wurde die Arbeit im August 1855 eröffnet.

Die Erweiterungen, welche die Fabrik später erfuhr, sind folgende:

1856/57 Geschützhaus 2,
1857 Flammöfen 1, 2, 7, 8 für eiserne Geschütze,
1860 Neubau der Putzwerkstatt,
1862 Neubau der Geschosswerkstatt,
1865 Verlängerung der provisorischen Bohrwerkstatt,
1866 Vergrösserung der Bohrwerkstatt und Neubau eines Zink- und Bleigiesshauses,
1867 abermalige Verlängerung der provisorischen Bohrwerkstatt,
1869 Vergrösserung der Geschosswerkstatt,
1871 bis 1874 Bau einer neuen Bohrwerkstatt,
1871 Bau einer Gasanstalt auf dem gegenüber liegenden Spreeufer und eines neuen Wohngebäudes,
1873 Anlage eines neuen Gasbehälters,
1875 Neubau der Geschosswerkstatt,
1876 Vergrösserung der Gasanstalt.

Es werden in der Geschützgiesserei bronzene und eiserne Kanonen jeden Kalibers gegossen und vollständig bearbeitet, ferner werden auch die von Stahlfabriken herrührenden Stahlblöcke bearbeitet und viele Arten von Geschützzubehörstücken und Vorratssachen gefertigt. Endlich werden Geschosse jeden Kalibers gegossen und bearbeitet.

Die Geschützgiesserei umfasst:

1. eine Tischlerei,
2. eine Geschützformerei,
3. eine Geschützgiesserei mit 8 Flammöfen,
4. eine Munitionsgiesserei mit 4 Kupolöfen,
5. eine Geschosswerkstatt,
6. eine Blei- und Zinkgusswerkstatt,
7. die alte Bohrwerkstatt zum Bearbeiten leichterer Kanonen,

8. die neue Bohrwerkstatt zum Bearbeiten schwererer Kanonen,
9. eine Schmiede,
10. eine Schlosserei
11. eine Gasanstalt, welche zugleich die Artillerie-Werkstatt und die Gewehrfabrik mit Gas versorgt und auf dem rechten Spreeufer, der Geschützgiesserei gegenüber, liegt.

Der Betrieb wird bewirkt durch sechs Dampfmaschinen à 100, 50, 35, 24, 16 und 10 und eine Locomobile mit 16 Pferdekräften.

Die Direktion besteht aus

1 Stabsoffizier als Direktor,
1 Hauptmann als Unterdirektor,
1 Zeughauptmann als Rechnungsführer.

Die Werkstätten 1 bis 4 stehen unter einem Betriebsinspektor,
„   „   5, 6, 11 „   „   „ Betriebsführer,
„   „   7   „   „   „ Betriebsführer,
„   „   8, 9, 10 „   „   „ Betriebsinspektor.

Jeder Werkstatt steht ein Meister vor. Sämtliche Dampfmaschinen stehen unter einem Maschinenmeister. Die Betriebsinspektoren und Betriebsführer sind Civilingenieure, auch die Meister und Arbeiter gehören sämtlich dem Civilstande an.

Direktoren der Geschützgiesserei:

1852—1866 Schür, bis 1859 Hauptmann, bis 1866 Major, dann Oberstlieutenant.
1866—1875 Wever, bis 1872 Hauptmann, dann Major.
1875—   Rausch, bis 1876 Hauptmann, jetzt Major.

E. Die Artillerie-Werkstatt.

Die königliche Artillerie-Werkstatt liegt auf der östlichen Seite der Stresow-Vorstadt. Das ganze Terrain derselben hat eine Grösse von 9,56 Hektaren und ist begrenzt: im Süden durch die Strasse Freiheit, im Osten durch die Festungswerke, im Norden durch den Spreefluss und im Westen durch die kgl. Geschützgiesserei und einige Privatgrundstücke.

Nachdem schon im Jahre 1852 durch das kgl. Kriegsministerium in Aussicht genommen worden war, die in der Dorotheenstrasse in Berlin gelegene Artillerie-Werkstatt nach Spandau zu verlegen, wurde im Jahre 1862 mit dem Bau der Werkstatt in Spandau begonnen und wurde zuerst der Grundstein des Wohngebäudes Nr. II gelegt, welches den nördlichen Abschluss der vorderen Façade bildet.

Die grossartigen Anlagen von Betriebsgebäuden mit grösstenteils neuer Maschineneinrichtung, Aufbewahrungsgebäuden, Nutzholzhäusern, einer Reihe von Wohngebäuden etc. erforderten zu ihrem Bau im ganzen 6 Jahre und wurde während dieser Zeit nach dem Kriege von 1866 noch eine Vergrösserung des ursprünglichen Projektes ausgeführt, indem das

Hauptwerkstattsgebäude in seiner ganzen Breite um 5 Felder nach Osten hin verlängert wurde.

Im Sommer 1868 begann die Übersiedelung von Berlin nach Spandau und wurde am 6. November desselben Jahres die vollendete neue Artillerie-Werkstatt durch Se. Majestät den König Wilhelm I. besichtigt, wodurch dieselbe eingeweiht und in allen ihren Teilen in Betrieb gesetzt wurde.

Während des Krieges gegen Frankreich in den Jahren 1870 und 1871 herrschte in der Artillerie-Werkstatt eine grosse Thätigkeit, doch wurde sie noch vor dem Friedensschlusse von dem Missgeschick betroffen, dass ein grosser Teil derselben niederbrannte. In der Nacht vom 17. auf den 18. Februar 1871 brach nämlich in der Holzarbeiterwerkstätte, welche den nördlichen Teil des Hauptwerkstattsgebäudes ausmachte, aus einer nicht ermittelten Ursache Feuer aus, und diese ganze Werkstätte mit allen ihren kostbaren Maschinen und Einrichtungen wurde in kurzer Zeit vollständig zerstört.

Der Wiederaufbau der neuen nach Norden bedeutend verbreiterten Holzarbeiter-Werkstätte erfolgte sofort und dauerte ungefähr ein Jahr. Bis zu jener Zeit lag zwischen der Ostgrenze der Artillerie-Werkstatt und den Festungswerken die königliche Zündspiegelfabrik, von welcher im Jahre 1871 ein Teil, im Jahre 1874 das ganze übrige Terrain mit allen Gebäuden der Artillerie-Werkstatt überwiesen wurde. Die grösseren Gebäude der alten Zündspiegelfabrik wurden zu verschiedenen Zwecken eingerichtet, das übrige Terrain zur Erweiterung benutzt. So erstanden unter anderem und grösstenteils auf diesem neuen Terrain im Jahre 1872 ein neuer eiserner Nutzholzschuppen, in den Jahren 1873—1875 die neue Schmiede, 1874—1876 das Hammer- und Walzwerk, 1877—1878 die neue Seilerwerkstätte etc. Ausserdem wurden in den Jahren 1873—1878 auf dem alten Terrain und in den Einrichtungen der alten Werkstätten bedeutende Veränderungen und Erweiterungen ausgeführt, welche Umstände alle zusammen die derzeitige Gestalt und Grösse der Artillerie-Werkstatt herbeiführten.

In den Jahren 1872—1875 wurden in der Artillerie-Werkstatt durchschnittlich 2000 Arbeiter beschäftigt, 1876—1878 circa 1500 und 1879 und 1880 1000 bis 1200.

Die Hauptgegenstände, welche in der Artillerie-Werkstatt gefertigt werden, sind:

1. Laffeten, Protzen und alle Arten Fahrzeuge für die Feld-, Festungs- und Belagerungs-Artillerie;
2. Laffeten für die Küsten-Artillerie, Boots- und Landungslaffeten;
3. alle Arten Fahrzeug für Train und Truppen, Sanitätswagen, Krankenwagen etc.;
4. Geschirr und Stallsachen, Geschützzubehör, Werkzeuge, Schanzzeuge, Geschosskasten, Pulverkasten, Pulvertonnen etc.

An der Spitze der Artillerie-Werkstatt steht eine militärische Direktion, bestehend aus dem Direktor, dem Unterdirektor, dem Rendanten resp. Rechnungsführer und drei Offizieren als Direktions-Assistenten.

17

Mit dem Rechnungswesen, der Verwaltung der Materialien und der Fabrikate sind Zeugoffiziere betraut, denen eine Anzahl Zeugpersonal unterstellt ist.

Der Betrieb ist in mehrere Abteilungen geteilt, welche durch Civilingenieure geleitet werden; sämtliche Meister und Arbeiter sind Civilpersonen.

Die Stellungen des Direktors der Artillerie-Werkstatt bekleideten seit deren Verlegung nach Spandau:

1. Oberst Wesener bis Juli 1871,
2. Major Diederichs bis Mai 1876,
3. „   Gerhardt bis Oktober 1880,
4. „   Schüler vom Oktober 1880 ab.[1]

---

[1] Zusammengestellt von dem zeitigen Direktor der Artillerie-Werkstatt Herrn Major Schüler.

VII. Hervorragende Ereignisse und berühmte Personen, die in Spandau gelebt haben.

VII.
Hervorragende Ereignisse und berühmte Personen, die in Spandau gelebt haben.

1. Die Jaczo-Schlacht und die Schildhornsage.

Pribislav, der Fürst der wendischen Heveller, welcher seinen Sitz auf der Brennaburg hatte und sich nach seiner Taufe Heinrich nannte, starb, wie durch neuere Forschungen und namentlich durch die Pöhlder Annalen[1]) festgestellt ist, gegen Ende des Jahres 1150, als Albrecht der Bär bereits seit sieben Jahren in dem faktischen Besitz der Altmark, die ihm auf dem Reichstage von Quedlinburg im Jahre 1143 durch Kaiser Konrad III. als selbständiges Herzogtum zugleich mit der Erzkämmererwürde übertragen worden war, sich befand. Zum Erben seiner Herrschaft soll Pribislav den ihm längst befreundeten Herzog Albrecht eingesetzt haben. Nun berichtet Pulcawa, und dies wird anderweit bestätigt, dass Petrussa, Pribislavs Gemahlin, um dem Herzoge Albrecht eine schleunige Aneignung von Burg und Stadt Brennaburg zu ermöglichen und dadurch die dort von ihrem Gemahl begründeten kirchlichen Stiftungen sicher zu stellen, den Burgmannen und den Bewohnern der Stadt das Ableben ihres Gatten drei Tage verheimlicht und so dem Herzoge die Zeit zu einer friedlichen Besitzergreifung der Hauptfeste im Havellande gewährt habe. Es liegt kein berechtigter Grund vor, diesen Hergang in Zweifel zu ziehen; dennoch darf man nicht glauben, dass mit der Brennaburg Albrecht auch sofort in den vollen Besitz des ganzen Havelgaues gelangt sei. Die Brennaburg bildete in der Hand der Wenden für das wendische Hinterland am rechten Havelufer eine gesicherte Ausfallpforte in die strittigen und damals ebenfalls noch überwiegend wendischen Vorlande zwischen der Havel und der Elbe, in der Hand der Deutschen dagegen sicherte sie wohl die Behauptung des Landes zwischen Elbe und Havel als eine starke Schutzwehr gegen Angriffe der Wenden des rechten Havelufers, keineswegs aber begründete und verbürgte sie die Herrschaft über das Havelland selbst, sondern hatte höchstens die

[1]) *Annales Palidenses auct. Theodoro monacho. ed. Pertz. Mg. XVI. 48—98.*

Bedeutung eines sicheren Stützpunktes bei einem Vordringen in die Wälder und Sümpfe desselben. Wegen der Bodenbeschaffenheit des Havellandes, die jede feindliche Annäherung ungemein begünstigte, konnte die Herrschaft der Brennaburg über das jenseits der Havel gelegene Gebiet sich nur auf die nächste Umgebung beschränken.

Immerhin war der Gewinn dieser Hauptfeste für Albrecht sehr wichtig; denn er gelangte dadurch mindestens zur unbedingten Herrschaft über die wendischen Gaue des linken Havelufers und namentlich über die Zauche, welche ihm oder seinem Sohne von Pribislav schon früher übereignet worden war. Auch äusserte sich die Rückwirkung dieser so folgenschweren Erwerbung fast unmittelbar darauf, indem sowohl der Bischof Wigger von Brandenburg als auch der Bischof Anselm von Havelberg, die, wie seit 983 alle ihre Vorgänger, bisher von ihren Bistümern nur den Namen geführt hatten, jetzt in diese übersiedelten, und Albrecht durch den von Anselm seit 1150 bewirkten Wiederaufbau von Havelberg einen zweiten festen Stützpunkt auf dem rechten Havelufer gewann.

Ein Brief des letztgenannten Bischofs gewährt einen Einblick in die damaligen Verhältnisse. Anselm beklagt sich darin, dass sie alle, er und die mit ihm nach Havelberg übergesiedelten Klosterbrüder, während die einen die Stadt befestigten, die andern am Dombau thätig seien und die dritten sich ganz dem Gebete widmeten, aus Furcht vor den ringsum schweifenden Heiden und einem mit jedem Augenblick zu gewärtigenden Überfall derselben im Schlaf wie im Wachen die Waffen nicht aus der Hand legen dürften. Ähnlich wird die Lage auch in Brennaburg gewesen sein und zwar dort umsomehr, weil mit dem durch Petrussa dem Herzoge Albrecht zugewandten Besitz dieses Platzes die Rechte eines dritten schwer verletzt worden waren.

Dieser dritte war, wie er sich auf den von ihm geschlagenen und in der Spree- und Odergegend mehrfach aufgefundenen Münzen selber nennt „*Jaczo von Cöpnic*". Schon die alten Berichterstatter weichen über diesen letzten hervorragenden Wendenfürsten vielfach von einander ab. In der alten brandenburgischen Chronik bei Pulcawa wird er als Polenfürst und Avunculus Pribislavs (dux Polonie et avunculus dicti Regis sc. Pribislav) hingestellt, welches sein Verwandschaftsverhältnis zu Pribislav bezeichnende Wort vielfach abweichend gedeutet worden ist. In den polnischen Quellen hingegen wird Jaczo als Sorbenfürst aufgeführt und diese Bezeichnung scheint nach seinem Fürstensitze in Köpenick, das als dem wendischen Sorbenlande angehörig betrachtet werden kann, dem wirklichen Thatbestande umsomehr zu entsprechen, als Polen wahrscheinlich zu jener Zeit über diesen Wendenstamm eine Art Oberhoheit ausübte. Neuere Forscher und namentlich Rabe in seinem Specialwerke „*Jaczo von Cöpnic*" sind soweit gegangen, in demselben nur einen polnischen Feldherrn, den Grafen von Miechow, anerkennen zu wollen. Diese letzte Vermutung widerlegt sich jedoch durch die vorerwähnten Münzen um deswillen einfach ganz von selbst, weil deren Prägung nur einem selbständigen Fürsten zustand, und zugleich lässt der Umstand, dass fünf verschiedene Prägeformen seiner Brakteaten bekannt sind, auf eine keinesfalls kurze Dauer seiner Herrschaft schliessen. Dass er Christ gewesen oder geworden ist, bezeugt das Doppelkreuz, welches er auf einer dieser Münzen in Händen trägt. Ob er aber schon vor seinen Kämpfen mit Albrecht dem Bären den Christenglauben angenommen hatte oder seine Bekehrung erst durch seine wunderbare Rettung in der Jaczo-Schlacht, wie die Sage behauptet, herbeigeführt wurde, muss dahingestellt bleiben.

Grund eines Verwandtschaftsverhältnisses machte Jaczo Erbansprüche auf den Länderbesitz des verstorbenen Hevellerfürsten Pribislav; diese Thatsache kann als feststehend angenommen werden. Dass er mit seinen Ansprüchen nicht unmittelbar nach dem Tode Pribislavs hervortrat, sondern mehrere Jahre vergehen liess, erklärt sich aus folgenden Erwägungen. Jaczos eigene Macht konnte zu einem Angriffskriege oder gar zur Eroberung der festen Brennaburg der seines Widersachers Albrecht kaum gewachsen sein. Zudem hätte ein unmittelbares Losbrechen ihn leicht in bedenkliche Verwickelungen mit dem Polenherzoge Boleslav IV. bringen können, da Albrechts ältester Sohn Otto eben erst die Schwester Boleslavs als Gemahlin heimgeführt hatte und daher enge verwandschaftliche Beziehungen zwischen dem mächtigen Polenherzoge und dem Markgrafen bestanden. Albrecht selbst wurde an der Ausdehnung seiner Herrschaft über das Havelland unmittelbar, nachdem er von Burg und Stadt Brennaburg Besitz ergriffen hatte, dadurch verhindert, dass der seit lange zwischen ihm und Heinrich dem Löwen glimmende Zwist schon zu Anfang des Jahres 1152 in lichte Kriegsflammen emporloderte, und er, um sich des weit überlegenen Gegners zu erwehren, alle seine Kräfte wider denselben zusammenraffen musste. Erst 1155 wurde dieser Krieg von Kaiser Friedrich Barbarossa durch einen Vergleich beigelegt, auf welchen einzugehen Albrecht vornehmlich durch die bedrohliche Wendung bestimmt werden mochte, welche die Dinge im Havellande und in Polen genommen hatten.

Albrecht hatte eine seiner Töchter mit dem Polenherzoge Wratislav, der durch seinen Bruder Boleslav IV. vom Throne vertrieben worden war, vermählt und dadurch seine freundschaftlichen Beziehungen zu Boleslav so gut wie gelöst. Zugleich sah sich Boleslav von Kaiser Friedrich bedroht, der ihm vielfache Verletzungen seiner Lehnspflichten und eine Reihe von Übergriffen vorwarf. Nun konnte Jaczo für seine Absicht, sich mit Waffengewalt in den Besitz des ihm entzogenen Erbes zu setzen, auf bereitwillige Unterstützung bei Boleslav rechnen.

Zu den gleichzeitigen Mitteilungen wird berichtet, dass 1155 Konrad von Plötzkau mit andern Dienstleuten des Markgrafen Albrecht in einen ihm von den Wenden gelegten Hinterhalt geraten und mit seinen Begleitern, thatsächlich wohl mit der von ihm geführten Ritterabteilung, erschlagen worden sei. Nach der einen gleichzeitigen Quelle, den „Annales Palidenses", scheint sich diesem Vorgange die Einnahme der Brennaburg durch Jaczo unmittelbar angeschlossen zu haben; denn ausdrücklich wird dort angeführt, dass Brennaburg lange von den Wenden besetzt gehalten worden sei. Auch wird erwähnt, dass Jaczo in Brennaburg den christlichen Gottesdienst wieder abgestellt habe. Die andern alten oder gleichzeitigen Quellen geben über die Zeit der Einnahme Brennaburgs durch Jaczo keinen Aufschluss, nur darin stimmen alle überein, dass diese Einnahme durch einen Verrat des wendischen Teils der in der Burg angesiedelten Burgmannen bewirkt worden sei, und endlich wird noch erwähnt, dass in dem mächtigen Heere, mit welchem Jaczo die Einnahme bewerkstelligte, sich auch polnische Hilfsvölker befunden hätten.

Mit der Angabe der „Annales Palidenses" steht nun im Widerspruch, dass Albrecht nach Ausweis einer Reihe von Urkunden in den Jahren 1155 bis 1157 fast unausgesetzt in Reichs- und anderen Geschäften aus der Mark abwesend war. Im April 1157 nimmt er noch teil an der Fürstenversammlung zu Worms, in welcher unter Vorsitz des Kaisers der Heereszug gegen Boleslav IV. für den nächsten Herbst beschlossen wurde. Es ist wohl kaum anzunehmen, dass Albrecht auf die Kunde von einem so wichtigen Ereignisse wie die Einnahme der Brennaburg durch Jaczo nicht sofort in Person herbeigeeilt sein und alles aufgeboten haben sollte, diesen ihm entrissenen, so unendlich wertvollen Besitz wiederzugewinnen. In Übereinstimmung mit den meisten neueren Forschern muss man deshalb die Einnahme der Brennaburg durch Jaczo in den März oder April 1157 verlegen.

Mit Hilfe des Erzbischofs Wichmann von Magdeburg und vieler ihm freiwillig zugezogenen Grafen und Herren, so berichten die alten Gewährsmänner, entriss Albrecht der Bär nach heissem Kampfe und vielem Blutvergiessen dem Feinde Stadt und Burg Brennaburg wieder. Wie hartnäckig hierbei gerungen sein muss, erhellt aus der besonders hervorgehobenen Angabe, dass Brennaburg während der Belagerung auf drei Seiten durch Schanzen von jeder Verbindung nach aussen abgesperrt und auch von der Wasserseite durch Kähne, welche mit Bewaffneten bemannt waren, angegriffen und bestürmt worden sei. Unter den vielen deutscherseits während dieser Belagerung gefallenen Edlen werden Albrechts Schwestersohn, der junge Graf Werner von Veltheim, ein Graf von Werneburg und ein Graf von Osterburg namentlich angeführt. Aus Urkunden ergiebt sich endlich noch, dass gleichzeitig auch in der Priegnitz gestritten worden ist, und dass Erzbischof Wichmann das von ihm während dieses Feldzuges genommene Jüterbog mit den darum gelegenen Landstrichen dauernd seinem Erzbistume eingefügt habe.

Fest steht somit nach diesen gleichzeitigen Mitteilungen nur die Thatsache, dass Brennaburg von Jaczo eingenommen und längere oder kürzere Zeit behauptet, von Albrecht dem Bären aber wieder zurückerobert worden ist; aber in betreff dieser Rückeroberung finden sich nur noch einige den Zeitgenossen besonders merkwürdige Erscheinungen, wie die Anwendung von Verschanzungen, der Angriff auf Kähnen, und dahinter die Todesangabe einiger besonders hervorragender Personen erwähnt. Die ganze Begebenheit wird dabei in einem schwer verständlichen Mönchslatein in drei bis zehn Zeilen abgefertigt, über die Einzelheiten des Verlaufs derselben fehlen hingegen alle näheren Angaben. Und doch hat es sich bei dieser Rückeroberung, wie sich eben aus der Erwähnung der

in den Kriegen jener Zeit durchaus ungewöhnlichen Anwendung von
Schanzen und aus dem Angriffe zu Wasser ergiebt, unzweifelhaft um eine
Belagerung grossen Stils, und im Anschlusse an dieselbe um weitausge-
dehnte Kriegsoperationen gehandelt. Die Geschichtsschreibung jener Zeit
verhält sich jedoch auch in betreff aller anderen noch so folgenschweren
und wichtigen Ereignisse nicht anders. Ihre Entwickelung ist eben einfach noch viel zu unvollkommen, als dass sie mehr zu bieten vermöchte.
Hier in diesem Falle aber haben, wo die Geschichte versagt, die Tradition und die Sage angeknüpft. Durch beide ist der Verlauf dieser merk-
würdigen Belagerung noch durch die Jaczo-Schlacht ergänzt und dadurch
erst das für das Verständnis des ganzen Vorgangs unerlässliche Binde-
glied demselben eingefügt worden.

Dass diese Schlacht stattgefunden hat, ist vielfach angezweifelt,
und erst neuerdings ist noch wieder von einem ernsten Forscher die
Kunde von derselben als eine papierne Sage bezeichnet worden. Warum?
— Weshalb? — Einzig und allein doch nur um deswillen, weil in den
alten Quellen die Schlacht nicht erwähnt wird. Allein eine Mitteilung
über den Zug des Erzbischofs Wichmann gegen Jüterbog findet sich
gleicherweise erst in zwei Urkunden von 1174 und 1184, und dann nur
in der zuvor hervorgehobenen wörtlichen Anführung enthalten, dass derselbe diese Stadt und das zu ihr gehörige Gebiet damals 1157 mit den
Waffen gewonnen habe. Gerade dieser Zug aber muss zu der vorerwähnten Schlacht in einer nahen Beziehung und unmittelbaren Wechsel-
wirkung gedacht werden.

Vor allem jedoch setzen die damalige Kriegführung und die Grund-
verhältnisse derselben einen taktischen Zusammenstoss im offenen Felde
fast unzweifelhaft voraus. In dem vierhundertjährigen Verlauf des Wenden-
krieges finden sich kaum zwei oder drei Fälle, dass ein Wendenführer
sich zur Abwehr eines feindlichen Angriffs mit seiner ganzen Macht in
eine Burg oder Stadt hineingeworfen und diese zu behaupten versucht
hätte. Auch fehlte dazu in diesen befestigten Punkten einfach der Raum,
und eine zu starke Besatzung derselben würde schon wegen der Unmög-
lichkeit, für längere Zeit deren Unterhalt sicher zu stellen, nur ein um
so rascheres Erliegen der betreffenden Feste zur Folge gehabt haben.
Der Schutz derselben war für gewöhnliche Zeitläufte deshalb auch nur
den als stehende Besatzung in jeder Burg angesiedelten Burgmannen anvertraut, zu welchen für die Verteidigung im Falle einer unvorhergesehenen
Gefahr die Bewohner des zu derselben gehörigen Ortes noch hinzutraten.
Wenn eine Belagerung drohte, wurde dieser Besatzungsstamm dann allerdings noch durch die Zuteilung einer Verstärkung widerstandsfähiger gemacht, wobei in betreff der Stärke dieser letzteren jedoch immer wieder
die durch die Rücksicht auf die Verpflegung gebotene Schranke nicht
überschritten werden durfte.

Es lässt sich schlechterdings nicht annehmen, dass Jaczo von
diesem allgemeinen Verhalten abgewichen sei; auch findet sich dafür in
den alten Schriften nicht der geringste Anhalt. Dagegen bedingt sich
für den Wendenfürsten ganz von selbst, dass er alles aufgeboten haben

wird, sich den ihm kaum erst zugefallenen neuen Besitz zu erhalten und
den Gegner zu einer Aufhebung der Belagerung zu zwingen, und dies
konnte nur durch einen direkten Angriff auf das Belagerungsheer oder
durch geeignete Unternehmungen im Rücken und wider die Flanken desselben bewirkt werden.

Die von Albrecht aufgeführten Verschanzungen, deren Nutzen
gegen Brennaburg bei der damals rings von weiten Wasserflächen um-
gebenen Lage der Burg und der für die Belagerung allein in betracht
kommenden späteren Neustadt kaum einzusehen bleibt, lassen darauf
schliessen, dass Jaczo zunächst den direkten Entsatz erstrebt, durch die
von seinem Gegner angewendeten Sicherungsmassregeln jedoch an der
Ausführung dieser Absicht verhindert wurde. Es blieb ihm danach nur
das vorangeführte zweite grosse Mittel, wenn möglich im Rücken des
Belagerungsheeres einen allgemeinen Aufstand der Wenden zu entzünden.
Auch bezeugt die Erwähnung, dass gleichzeitig mit den Brizanern, also
in der Priegnitz, gekämpft worden ist, dass seine Aufreizungen dort einen
Erfolg gehabt haben müssen. Dagegen kann der Zug des Erzbischofs
Wichmann nach Jüterbog kaum eine andere Absicht verfolgt haben, als
Jaczo bei seinem Versuch, auch die Zauche in Aufstand zu ver-
setzen, noch rechtzeitig zuvorzukommen. Dadurch fand sich der Wenden-
fürst aber nicht nur in der Erfüllung dieses seines Vorhabens gehindert,
sondern er sah sich, um mit den gegen ihn entsendeten Panzergeschwadern
nicht auf der dortigen freien Hochebene, die dem Angriffsverfahren der
Ritterscharen so grosse Vorteile geboten haben würde, zum Schlagen gezwungen zu werden, zugleich auch veranlasst, schleunigst wieder in die
Nuthesümpfe zurückzuweichen, und zur noch erhöhten Sicherheit über
Potzdupimi oder Potsdam das waldige Plateau von Spandau wieder zu
gewinnen, von welchem aus die direkten Unternehmungen gegen Brandenburg in jedem Moment von ihm wieder aufgenommen werden konnten.
Gerade die Rücksicht hierauf mag andererseits den Erzbischof bestimmt
haben, ihm auf jede Gefahr auch dorthin nachzufolgen, und durch die
in einer Schlacht erzielte taktische Entscheidung zugleich auch den end-
lichen Erfolg der Belagerung ausser Frage zu stellen.

Nach der durch die Jahrhunderte fortgepflanzten Überlieferung
soll die Schlacht auf den Feldmarken des Dorfes Gross-Glienicke zwischen
dem Lehnitz- und Sacrow-See, nicht zu verwechseln mit dem zwischen den
Schlössern Glienicke und Babelsberg gelegenen Dorfe Klein-Glienicke, geschlagen worden sein. In der That findet sich von Potsdam aus nahe
dem vorgenannten Dorfe bei der Nedlitzer Fähre die schmalste Übergangsstelle nach dem Spandau-Plateau, welche überdies noch durch eine
zweite seitwärts gelegene Übergangsstelle nach der weitvorspringenden
Landzunge von Krampnitz, auch eine leichte Umgehung einer etwa mit
der Verteidigung jenes anderen Hauptübergangs beauftragten Heeres-
abteilung gestattet. Noch aber hat die Tradition über diese Schlacht
zwei Umstände auf uns überliefert, nämlich, dass von seiten der Christen
über Nacht und von den Wenden völlig unvorhergesehen eine Brücke
über den beide Teile trennenden Wasserarm geschlagen worden sei, und

zweitens, dass der Hauptteil der letzteren zuerst den Kampf in einer Verschanzung aufgenommen habe. Gerade auf dieser Stelle findet sich aber noch heute der unter dem Namen der Römerschanze bekannte heidnische Burgwall, welcher für diese letzte Angabe den vollkommen zutreffenden Anhalt zu bieten vermöchte. Endlich ist noch bis in die zwanziger Jahre dieses Jahrhunderts ein kleiner, kreisrunder Hügel gegenüber diesem Burgwall als das Massengrab bezeichnet worden, in welchem die in dieser Schlacht gefallenen wendischen Edlen ihre letzte Ruhestätte gefunden haben sollen, und es wird von mehreren neueren Schriften hervorgehoben, dass seit Alters bis auf die neueste Zeit vielfach auf diesen Feldmarken Pfeil- und Speerspitzen, Menschengebeine, Waffen und Rüststücke gefunden worden seien, welche Funde, wenn sie, wozu sich die Geschichts- und Altertumsvereine die Gelegenheit nicht entgehen lassen sollten, durch sachverständig geleitete Nachgrabungen erhärtet und vervollständigt werden könnten, die historische Bestätigung der hier in Rede stehenden Tradition als unzweifelhaft hinstellen würden.

Auch alle anderen örtlichen Verhältnisse treffen, die Schildhornsage hier anknüpfend, vollkommen zu. Mit dem Eingreifen der zuvor erwähnten Umgehung musste sich die Schlacht für die in ihrer rechten Flanke und im Rücken vollständig umfassten Wenden zu einer Vernichtungsschlacht gestalten. Ein Durchbruch und die Flucht konnten danach nur noch über den schmalen Landrücken zwischen dem Sacrow- und dem Glienicker See das Haveluafer aufwärts bewirkt werden. Bei einer scharfen Verfolgung konnte es wohl geschehen, dass die Flüchtigen sich hinter dem Dorfe Gatow in dem sogenannten Sacke, der Landzunge zwischen dem Gemünde und der scharfen Lanke bei Pichelsdorf, verrannten und ihnen, da der weitere Weg längs der Havel durch die Feinde verlegt war, nur die Wahl blieb, entweder die Havel zu durchschwimmen oder sich ihren Verfolgern zu ergeben. Die Schildhornspitze liegt dem Sacke unmittelbar gegenüber, und für Jaczo konnte schliesslich doch die Entscheidung nicht zweifelhaft sein. Auch wenn er bei dem Durchschwimmen des Flusses schon Christ gewesen sein sollte, so würde ein in dieser Not dem Höchsten dargebrachtes Gelöbnis doch nur als eine Handlung aufgefasst werden können, die sich in der gleichen Lage auch jedem anderen ganz von selber aufdrängen musste, und es ist in der That nach dem Grundbuch des Klosters Zinna in dem Zeitraum von 1057 bis 1160 unfern von Rüdersdorf, ganz in der Nähe der Stadt Köpenick, von Jaczo das Kloster zu Kagel oder Kogel gegründet worden.

An einen Entsatz der Brennaburg konnte der Wendenfürst nach dieser Niederlage selbstverständlich nicht mehr denken. Für die bisher von den meisten Geschichtsschreibern geteilte Annahme, dass Jaczo infolge des Verlustes der Schlacht mit Preisgabe seines Landes gleich nach Pommern geflüchtet sei und am Hofe der dortigen Fürsten fortan als ein heimatloser Flüchtling gelebt habe, liegt jedoch irgend ein faktischer Anhalt und lag vor allem damals irgend eine zwingende Notwendigkeit nicht vor. An ein Ausbeuten der von ihnen erzielten Erfolge ist von Albrecht, wie von dem Erzbischofe nach der Einnahme von Brennaburg höchstens insofern

vernommen, dass sein väterliches Erbe dem Stamme der Askanier ent-
rissen worden und dadurch sein Land in grosse Not geraten sei; er wolle
jetzt wieder Besitz ergreifen von der ihm angestammten Herrschaft und
über dieselbe nach Recht und freiem Willen verfügen. Von diesen Mitteilungen des Pilgers habe der Erzbischof sofort die Herzöge von Sachsen
zu Wittenberg und die Grafen von Anhalt in Kenntnis gesetzt; diese
seien nach Wollmirstädt gekommen, hätten sich von der Echtheit Waldemars
überzeugt und sich dann mit diesem und dem Erzbischofe verbunden,
damit Waldemar wieder in den ihm allein zustehenden Besitz der Marken
gelange.

Der Erzbischof Otto verkündete auch im August 1348 den Ständen
der Mark, dass Markgraf Waldemar der Grosse noch lebe, und forderte
sie auf, den fälschlich tot geglaubten Markgrafen wieder als ihren rechten
Erbherrn anzunehmen. Fast alle märkischen Städte auf dem linken Ufer
der Oder folgten der Aufforderung und schlossen sich dem wiederer-
standenen Waldemar als ihrem rechten Erbherrn an, darunter auch
Spandau. Am 20. September 1348 huldigte ihm die Stadt in Berlin,
und es wurden ihr von demselben alle ihre alten Rechte und Gewohnheiten nicht bloss bestätigt, sondern wesentlich erweitert.[1]

Am 2. Oktober 1348 belehnte König Karl IV. im Lager bei
Müncheberg Waldemar mit der Mark Brandenburg, da er sich, wie die
Belehnungsurkunde sagt, „sicher und ohne Zweifel" davon überzeugt habe,
dass dieser Waldemar der tot geglaubte Markgraf von Brandenburg sei.
Gleichzeitig erliess er ein Gebot an „alle Bischöfe, Äbte, Äbtissinnen,
Fürsten, Fürstinnen, geistliche und weltliche, Grafen, Gräfinnen, Freie,
Dienstmannen, Ritter, Bürger und Bauern, die in den Landen und Herrschaften des hochgeborenen Waldemar, Markgrafen zu Brandenburg und
zu Landsberg, wohnhaftig sind oder darein gehören", dass sie dem Markgrafen Waldemar „hold, gehorsam und unterthänig seien und ihm dienen
mit allen Sachen als ihrem rechten Erbherrn".

Alle märkischen Lande links der Oder mit Ausnahme der Städte
Belitz und Brietzen kamen jetzt in den Besitz Waldemars. Brietzen und
Belitz vereinigten sich am 7. März 1349, dass sie *„nimmer getreden und
gelassen willen von ihrem Herrn Markgrafen Lodewig zu Brandenburg".*
Spandau aber und alle andern Städte der Altmark, Priegnitz und Ucker-
mark und fast alle der Mittelmark hielten zu Waldemar und seinen An-
hängern. Am 6. April 1349 sah Spandau sogar Waldemar und die
Anhänger desselben in seinen Mauern. Auf diesen Tag hatte nämlich
Waldemar Abgeordnete aller ihm anhängenden Städte zu einem Landtage
nach Spandau berufen. Folgende 36 Städte waren durch Abgeordnete
vertreten: Alt- und Neustadt Brandenburg, Nauen, Rathenow, Cremmen,
Görzke, Berlin und Kölln, Spandau, Straussberg, Landsberg, Bernau,
Neustadt, Köpenick, Stendal, Tangermünde, Alt- und Neu-Salzwedel, See-
hausen, Werben, Osterburg, Perleberg, Pritzwalk, Kyritz, Havelberg,
Sandau, Freienstein, Prenzlau, Pasewalk, Angermünde, Templin, Zehdenik,

---

[1] Riedel, cod. I. 11, 36, 37. Suppl. 233.

Schwedt, Liebenwalde, Strassburg und Fürstenwerder. Diese Städte verpflichteten sich, „nach Waldemars Tode und auch bei seinen Lebzeiten"
keinen andern Herrn bei sich aufzunehmen, er vermöchte denn nachzuweisen, dass er ein besseres Recht darauf habe, als die Herren von
Anhalt. „Geschehe es aber", heisst es in der Urkunde, „dass ein anderer
Herr ein besseres Recht auf die Mark nachzuweisen vermöchte, so sollen
und wollen wir denselben nicht zum Herren annehmen, bevor er den vorbesagten Herren von Anhalt und ihren Erben erst ihre Kosten und ihren
Schaden abgenommen hat, die und den sie nach dieser Zeit um der Mark
willen tragen und nehmen, was sie redlich beweisen mögen. Wenn wir
benannte Städte aber bei besagten Herren von Anhalt verbleiben und
ihnen huldigen und sie zu Herren behalten sollten, so sollen wir der
Kosten des Gelöbnisses und des Schadens ledig und los sein. Weiter
geloben wir vorbenannten Städte eidlich den vorbesagten Herren von
Anhalt, dass wir ihnen treulich raten und helfen wollen in allen ihren
Nöten."[1])

Im Mai 1349 nahmen die Dinge für Waldemar eine ungünstige
Wendung. König Karl IV. lag am Rheine gegen Günther von Schwarz-
burg zu Felde. Seine Macht war dadurch bedeutend gewachsen, dass
eines der Häupter der wittelsbachschen Partei, Pfalzgraf Rudolf, sich ihm
angeschlossen hatte. Dieser veranlasste wahrscheinlich, dass Markgraf
Ludwig der Ältere bei König Karl um eine Unterredung nachsuchte,
welche ihm am 23. Mai gewährt wurde und seine Aussöhnung mit dem
Könige herbeiführte. Ludwig anerkannte Karl als rechtmässigen römischen
König und bewog Günther, den königlichen Titel abzulegen.[2])

Die Führung der märkischen Angelegenheiten hatte Ludwig der
Ältere schon im März 1349 seinem Bruder, Ludwig dem Römer, übertragen. Dieser drang vom Lande Lebus aus in den Barnim ein. Am
14. Juli eroberte er Alt-Landsberg. Von hier aus erliess er zugleich im
Namen seines Bruders eine Erklärung an die märkischen Städte, wie den
Wirren ein Ende gemacht werden könne. „Die Städte und Lande", sagte
er, „sollen zwei oder vier Männer schicken und die Markgrafen ebensoviel
biedere Leute, denen wohl zu glauben ist; die sollen hinreiten zu dem
römischen Könige. Bekennet dann der König, dass die Markgrafen und
er freundlich und gütlich versöhnet und berichtigt sind, so dass ihnen
und ihren Erben die Mark zu Brandenburg bleiben soll, so sollen die
Herren, die Städte und Lande in der Mark ohne alle Widerrede und
Streit sich wieder an die bairischen Markgrafen und ihre Erben halten
und ihnen gehorsam und unterthänig sein, wie sie es zuvor ihrer rechten
Herrschaft und Markgrafen Ludwig gewesen sind, und wir sollen dann
künftig ihre huldige gnädige Herren sein und sollen ihnen weder insgesamt, noch dem Einzelnen nimmermehr etwas nachtragen um alle den
Streit und Spaltungen, die sich zwischen ihnen und uns zugetragen haben,
und sollen ihrer keinem das je entgelten lassen weder mit Worten noch

---

[1]) Riedel, cod. II. 2, 244.
[2]) Riedel, cod. II. 2, 252.

mit Werken, sondern alle Streitpunkte sollen tot sein, so dass ihrer nimmer von uns und unsern Erben gedacht werden soll". [1]

In den Marken beriet man über die Sache und erteilte dann dem Herzoge Ludwig dem Römer die Antwort, dass man keine Boten an den König schicken wolle, sondern vorziehe, bei ihm schriftlich anzufragen, wer Herr der Mark sein solle, Ludwig oder Waldemar. Ausserdem verlangten die Städte eine Bürgschaft für das von Ludwig gegebene Versprechen einer allgemeinen Amnestie für den Fall, dass die Mark wieder an die Wittelsbacher gewiesen werde. Ludwig der Römer bestimmte deshalb die ihm treu gebliebenen Städte der Neumark, Arnswalde, Friedeberg und Landsberg, die Bürgschaft für die versprochene Amnestie zu leisten. Die Ratmannen dieser Städte begaben sich unter sicherem Geleite nach dem noch zu Waldemar haltenden Spandau. Hier waren die Abgeordneten der 36 Städte, welche auf dem Landtage vom 6. April vertreten waren, am 25. Juli versammelt und nahmen von den Ratmannen der Städte Arnswalde, Friedeberg und Landsberg die urkundliche Erklärung entgegen, dass sie „allen Städten und Ratmannen in der Mark gelobet haben und geloben, dass der hochgeborene Fürst, ihr Herr Markgraf Ludwig von Brandenburg und seine Erben ihnen allen insgemein so wenig, als einem Einzelnen irgend etwas nachtragen oder gedenken wollen um alle Sachen und Geschichten, die sich zugetragen haben zwischen ihrem ehgenannten Herrn und Städten und Mannen in der Mark, und er soll sie das nimmer nie entgelten lassen weder mit Worten noch mit Werken, sondern alle Sachen sollen tot sein, dass der nimmermehr soll gedacht werden." „Dafür stehen wir ihnen und haben als Zeugnis unser Insiegel an diesen Brief gehangen, der gegeben ist zu Spandow."

Hierauf schrieben die Städte an König Karl. Aber obwohl dieser unterm 15. August von Köln a/Rhein aus den Städten eröffnete, dass er Waldemar als Markgrafen zu Brandenburg und zu Landsberg ansehe „und anders niemand mehr" und nach seinem Tode die Herzöge von Sachsen und die von Anhalt und dass, wer anders sage, ihm nicht recht thue, denn das sei mit nichten so, so finden wir dennoch bald einige der ehemaligen Anhänger Waldemars auf seiten der Wittelsbacher. Am 12. Oktober 1349 söhnte sich die Stadt Spandau mit ihnen aus. Die darüber ausgestellte Urkunde lautet, wie folgt:

Wir Ludewich von Gotts gnaden Marggrave zu Brandenburgk und zu Laussnitz, Pfalzgrave beim Rein, Herzogk zu Beiern und zu Kernthen, des heil. Römschen Reichs Oberster Cämmerer, und wir Ludewich der Römer von derselben Gnade, Herzogk zu Beiern und Pfalzgrave beim Rein. Bekennen offenbar mit diesem Brive, das wir mit den bescheiden Mannen, den Rathmannen und den Bürgern unser Stadt Spandow unser lieben getrewen, denen die nu sind und noch kommende sein, umb alle stücke, sache, Zwietracht, Uffleüfe und umb allerlei Gebrechen, die sie je gehandelt haben und gewest seyn, zwischen uns und Inen also lieblichen und gütlichen versünet, berichtet und vor-

_____

[1] Riedel, cod. II. 2, 258.

*einiget sein, das wir oder unsre Erben der nimmermehr gedenken wollen,
und sie der nimmermehr entgelten lassen, weder mit Worten noch mit
Werken, sondern alle die Sachen sollen todt sein, also das der nymmer-
mehr soll gedacht werden heimlich oder offenbar, und sollen Ire holden
gnedigen Herrn wesen vorbleiben ewiglichen und sollen sie bei alle der
Gerechtigkeit und Gewohnheit lassen bleiben, die sie vor haben gehabt
bei unsern Vorfaren, den Gott genade, und auch bei unsern Zeiten,
und bestetigen auch alle die Brive, die sie haben redlich von unsern
Vorfaren, und auch von uns, und sollen sie auch die Stadt Spandow
festen, wo Inen es dunket, das sie das behufen, das sollen wir Inen
gönnen und darzu beholffen wesen, als die alten Fürsten vor gethan
haben. Were auch das unsre Stadt Spandow Schaden nehme, dieweil
dieser krieg wehret, den sollen wir Inen gnediglichen vorsichern. Und
were das jemand der stücke gedechte und Inen die uffhube zu vor-
dechtnis, der soll einen Frieden gebrochen haben, ob er des mit Recht
überwunden wird und darum leiden was recht ist, darzu sollen wir
Inen beholfen wesen. Auch sollen wir sie nicht vorgessen, sondern
were es, das wir heerescraft führen müsten, das heer sollen wir legen
bei der Stadt, da es doch sicher ligt, nach der Rathmanne Rat. Auch
soll kein Gast in der Mark bleiben, one die durch Manunge oder durch
Leistens willen darinne musten bleiben, und welch Gast hett Lehn oder
Erbe hier in der Mark, den sollen wir vergüten dort draussen in unsern
Landen. Were aber das wir Geste bedurfften zu unsern Nöten, die
sollen wir nehmen nach Rathe unserer Manne und der Stedte. Auch
sollen wir unsern Rath, unsere Schlösser und Festen und unser Amt
innerhalb diesen Landen, mit keinen andern Leuten besetzen, denn mit
unsern besessenen Mannen, die hierin gesessen sein. Auch sollen alle
die vorgeschriebene Rathmanne zu Spandow, Bürger und Manne die
darzu gehören und mit ihren schedingen anstehn wollen, alle die Nütze
und Recht haben, in allen ihren Gütern da sie Recht zu haben, darüber
sie redliche Brive und Beweisunge haben, die sie hatten des Tages
darvor, ehe das sich die Sachen erst erhuben, dasselbige sollen wir
auch thun. Were; auch das einige Stedte oder Manne geistlich oder
weltlich mit den von Spandow anstehn wolten an diesen scheidingen,
des geben wir den getrewen Rathmannen daselbst volle macht zu schedingen und zu enden nach ihren treüen, so sie best mögen. Das wir
und unsre Erben den ehenumbten Rathmannen zu Spandow und allen
ihren Burgern gemeinlichen und izlichen besonderlich und ihren Nach-
komlingen alle diese vorgeschriebene Stücke und sachen ewiglichen stete
und ganz halden wollen und sollen und unzubrochen, das geloben wir
Inen bei unsern waren worten, one allerlei arge List und Geverde.
Und haben des zu Zeuge unser beide Insiegel an diesen Brief wirklichen
lassen hangen, des sind Zeüge und thedingsleüte gewesen, Herr Frede-
helm von Kodebus, Herr Friedrich von Lochen, Herr Hasse der Alte
von Wedel, Herr Hasse von Falkenberg, Herr Hermann von Redern,
Herr Peter von Bredow, Herr Hans von Rochow und Henning von
Uchtenhagen. Dis ist geschehen und geschedinget zu alten Landsberg*

und dieser Brief ist gegeben zu Spandow nach Gottes Geburt 1349 am Montage vor S. Gallen tagk.

Fortan hielt die Stadt Spandau treu zu den Wittelsbachern. Eine nicht verbürgte Überlieferung behauptet, dass die Spandauer Schützengilde zum Andenken an die Aussöhnung der Stadt mit den Wittelsbachern die blaue Schärpe, welche die Schützen noch tragen, angenommen habe.

4. Die Zeit der Quitzows.

Schwere Zeiten brachen über die Marken herein, als dieselben in den Pfandbesitz des Markgrafen Jost von Mähren gekommen waren. Er sah darin nur eine Geldquelle und liess es geschehen, dass jeder Nachbar an ihnen seinen Vorteil suchte und dass die märkischen Ritter im Lande heerten und raubten. Neben den Edlen Herren, den Puttlitz und Ruppin stehen die Bredow, die Rochow in der Mittelmark, die Alvensleben und Schulenburg in der Altmark, die Wedell jenseits der Oder, die Polenz, die Bieberstein in der angrenzenden Lausitz, vor allem die beiden Brüder Johann und Dietrich von Quitzow, die rechten Muster des gewaltig emporstrebenden niederen Adels. Die Quitzows hatten eine ganze Reihe landesherrlicher Schlösser und fester Plätze, Friesack, Saarmund, Bötzow (Oranienburg), Rathenow, Straussberg u. s. w. inne; so mächtig waren sie, dass „niemand von Mannen und Bürgern wagen durfte, um eines Bedrängten willen ein Pferd zu satteln oder ein Wort zu sprechen, das wider jene gewesen wäre". „Rauben und Stehlen", sagt ein Zeitgenosse, „sei damals in der Mark die grösste Kunst und das beste Handwerk gewesen"; also dass, sagt Haftiz, „je näher man der Marke kommen, je sorglicher und gefährlicher es zu reisen, handeln und wandeln ist gewesen; denn der Adel hat nicht allein auf offenen freien Strassen die Fremden beraubet und beschädigt, sondern auch des Landes Einwohner nicht verschonet, dieselbigen geschlagen, verwundet, getötet, gefänglich weggeführt, gestäubt, geplöckt, beschatzt und so übel mit ihnen gebahret, dass schier ein Bürger nicht hat sicher fürs Thor spatzieren gehen" können; „haben die Städtischen in der Ernte an ihrer Arbeit verhindert, davon gejagt, das Getreide zu nichte gemacht, das Rindviehe und Schweine vor den Thoren geraubt und weggetrieben".

„Weil nun die Städte", sagt Haftiz weiter, „von ihrem Haupte keinen gebührlichen Schutz haben erlangen können, sind sie für solche Gewalt sich zu salvieren und solch knechtisch Joch von ihren Hälsen zu werfen, notwendig verursacht und gedrungen worden." Am 9. Juni 1390

tagten die Städte: Alt- und Neustadt-Brandenburg, Berlin, Kölln, Frankfurt a/O., Müncheberg, Drossen, Straussberg, Landsberg, Mittenwalde,
Neustadt-Eberswalde, Bernau, Spandau, Nauen, Brietzen und Belitz in
Neustadt-Brandenburg und vereinigten sich, „wider solch öffentliche
Feinde des Vaterlandes zu streiten, zu fechten und ihnen Widerstand zu
thun".[1]) Ihnen schlossen sich auf dem Tage zu Berlin am 2. Februar
1393 die Städte Wrietzen, Fürstenwalde, Potsdam und Oderberg an. Sie
vereinigten und verbanden sich *„vp diegene, dy binnen der Heren frede
die straten röwen, schinden vnd des Nachts puchen vnd vpstoten vnd sich
nicht willen laten genügen an Lich vnde Rechte"*. Beide Brandenburg
verpflichten sich acht Gewappnete und drei Schützen zu stellen, Frankfurt acht Gewappnete und vier Schützen, Berlin fünf Gewappnete und
zwei Schützen, Kölln, Rathenow, Nauen, Spandau, Bernau, Straussberg,
Drossen und Brietzen je drei Gewappnete und zwei Schützen, Fürstenwalde, Wrietzen, Mittenwalde und Belitz je zwei Gewappnete und einen
Schützen, Landsberg, Potsdam und Oderberg je einen Gewappneten und
einen Schützen.[2]) 1394 tagten beide Städte Brandenburg, Rathenow,
Nauen, Spandau, Berlin und Kölln in Spandau, um sich gegen die Gewaltthätigkeiten der geistlichen und weltlichen Herren zu vereinigen.
Spandau verpflichtete sich sechs Gewappnete zu stellen.

Aber trotz aller Einigungen und Bündnisse gerieten die Spandauer
durch Dietrich von Quitzow in grosse Not. Im Juni 1400 unternahm
Dietrich mit den Grafen von Lindow einen Streifzug in das Havelland,
den er bis Spandau hin ausdehnte. Obwohl die Stadt gut befestigt war,
wurde sie angegriffen und mit brennenden Pfeilen beschossen. Die zum
weitaus grössten Teile nur mit Stroh oder Rohr gedeckten Häuser fingen
leicht Feuer, und es entstand ein verheerender Brand, dessen die Bürger
nur mit grosser Mühe Herr werden konnten. Um schwereres Unheil von
der Stadt abzuwenden, unterhandelten die Spandauer mit Dietrich und den
Grafen von Lindow. Unter harter Bedingung und mit grossen Opfern erkauften sie Schonung und den Abzug des feindlichen Heeres. Darauf stellten
sie dem Landesherrn ihre Not vor und beklagten sich bitter über die
Unordnung im Lande und die Gewaltthätigkeiten der fehde- und beute-
lustigen Ritter. Jost weilte damals in Dresden bei seinem Schwager
Wilhelm von Meissen. Er erteilte den Spandauern unterm 16. Juli folgende Antwort:

*Wir Jost von Gotes Gnaden Marggraf zu Brandenburg des
heiligen Römischen Reichs Erzkamerer Marggraf und Herre zu Meehern
Bekennen und tun kunt offentlichen mit diesem Brive allen den die In
sehen oder horen lesen, das wir haben angesehen, die grossen und merk-
lichen Scheden, die unser Stadt zu Spandow unser liben getrewen von
des Kriges wegen empfangen hat, und haben wir In mit wolbedachtem
Mute und von rechten unsern Wissen, die Freyunge gegeben und geben
In die mit craft ditz Brives, das sie der Orbete, die sie uns pflichtig*

---

[1]) Hafftitius, Microchronikon Marchicum. Bei Riedel IV. S. 48.
[2]) Riedel, cod. 1. 11, 66.

*seyn zu geben uff den nechsten sand Walpurgen tage und uff den nechsten
sand Martins tage, eyn gantz Jare sollen ledig und los seyn und die
nymandes geben, Sunder die in iren Nutz fromen bekeren, mit Urkunt
ditz brives versiegelt mit unserm heimlichen anhangenden Insiegel. Geben
zu Dresden nach Christs Geburt vierzehenhundert Jare des nechsten
Freitages nach sand Margarethen tage*

De mandato Dni Marchionis
Hinko protonotarius.

Die Orbede, die feststehende Abgabe, welche zu Walpurgis und
Martini an die landesherrliche Kammer gezahlt werden musste, wurde
also der Stadt zur Entschädigung für den erlittenen Kriegsschaden auf
ein Jahr erlassen. Nach Kaiser Karls IV. Landbuche der Mark Branden-
burg zahlte Spandau jährlich 20 Mark oder 22 Schock 40 Groschen
Orbede.[1)
        Bald fanden die Spandauer Gelegenheit, sich an ihrem Schädiger
zu rächen.
        Jost hatte im Jahre 1402 die Hauptmannschaft in der Mark den
Herzögen Ulrich und Johann von Mecklenburg übertragen, gerade als
Dietrich von Quitzow nach Beendigung des Feldzuges, den er mit den
Herzögen von Pommern und den Grafen von Lindow gegen den bisherigen
Hauptmann in den Marken, Bischof Johann von Lebus, unternommen
hatte, aus dem Barnim sich zurückziehen wollte. Am 10. November
brach Dietrich von Heiligensee auf, um sich in Tremmen, einem bischöf-
lich brandenburgischen Dorfe, mit seinem Bruder Johann zu vereinigen
und von dort aus Plaue zu gewinnen. Aber ehe er Tremmen erreichte,
trat ihm Herzog Johann von Mecklenburg mit den Bürgern Spandaus am
Thürberge entgegen. Es kam zu einem heissen Gefechte, in welchem
Herr Dietrich unterlag. Von den Feinden umzingelt und besiegt musste
er sich ergeben. Im Triumphe führten die Spandauer den gefürchteten
Ritter als Gefangenen mit sich in ihre Stadt. Allgemeiner Jubel empfing
die heimkehrenden Krieger, grosses Lob ward ihrer Heldenthat gespendet.
Alles war auf den Beinen, um den verhassten Raubritter zum Schlosse
zu geleiten, wo er in dem Verliesso des Juliusturmes gefangen gehalten
wurde; jedoch nur kurze Zeit. Am 25. November bereits kam Markgraf
Jost selbst nach Spandau. Gegen ein Lösegeld von 1000 Schock
böhmischer Groschen entliess er den Dietrich von Quitzow aus seiner
Haft.[2)

[1) Fidicin, Kaiser Karls IV. Landb. d. Mark Brandenburg, S. 29.
[2) Siehe von Klöden: Die Mark Brandenburg unter Kaiser Karl IV.
2, 14 u. 88 fg.

5. Die Einführung der Reformation.

Noch hatte man in den Marken den ganzen Bestand des alten Kirchenwesens mit seinen drei Landesbischöfen an der Spitze, als die Stadt Spandau bereits thatsächlich der neuen Lehre anhing. Schon 1535 besucht Melanchthon die Stadt und wird vom Rate mit zehn Thalern beschenkt, ohne Zweifel, weil er demselben reformatorische Ratschläge erteilt hatte. Wahrscheinlich stand der Besuch Melanchthons in der Mark mit dem Tode Kurfürst Joachims I. und der nach demselben erfolgten Rückkehr seiner Witwe Elisabeth, die ihren Wohnsitz auf dem Schlosse Spandow nahm, in Verbindung. Bald darauf trat aber auch Kurfürst Joachim II. der Frage einer Reformation der Kirche seines Landes näher. 1538 berief er deshalb Melanchthon zu sich. Im Oktober 1539 war dieser zum zweiten Male in Berlin. Da reifte denn der Entschluss des Kurfürsten. Am Allerheiligentage wollte er in der Nicolaikirche zu Spandau aus den Händen des Bischofs von Brandenburg, Matthias von Jagow, den er mit Durchführung der Reformation in den Marken beauftragt hatte, das Abendmahl in beiderlei Gestalt nach lutherischem Ritus nehmen.

Am Morgen des 1. November 1539 kam der Kurfürst mit seiner Gemahlin, seinen Räten und dem ganzen Hofstaate nach Spandau. Hier hatten sich auch die Landstände der Mark, zahlreiche Bürger von Berlin und Kölln mit ihren Frauen und viel Volks aus der Umgegend eingefunden, um an der feierlichen Handlung teilzunehmen und mit dem Landesherrn das reine Evangelium öffentlich zu bekennen. Von anwesenden Edelleuten werden uns namhaft gemacht: Jochen von Schwanebeck zu Teltow, Jochen von Hacke zu Sand-Machenow, Jochen von Schlaberndorf zu Schloss Beuthen, Hans von Berne zu Gross-Berne, Carl Sigmund von der Liepen zu Blankenfelde, Otto von Britzke zu Britzke, Christof von Spiel zu Dalen, Sigmund von Otterstedt zu Dalwitz, Heinrich von Thümen zu Leuenbruch. Diese adligen Herren aus dem Teltow hatten sich am 18. April 1539 in dem Hause des Jochen von Schwanebeck zu Teltow mit dem Bischofe von Brandenburg, Matthias von Jagow, der auf der Heimreise von Kölln bei Jochen von Schwanebeck eingekehrt war, „wegen der reinen göttlichen Lehre beratschlagt" und waren dahin übereingekommen, „selbige anzunehmen und standhaftig zu bekennen, auch dass sie ihre Pfarrer und Plebanos, die sich sperren wollten, zwar nicht durch Gewalt verjagen und verfolgen, sondern ihnen Unterhalt reichen und sich inmittels nach Predigern der reinen Lehre umthuen wollten". Ihren Entschluss hatten sie in einem Reverse bezeuget, unterschrieben und besiegelt. Am 31. Oktober 1539 reisten sie alle nach Spandau.

Kurfürst Joachim erwartete in einem kleinen landesherrlichen Häuslein, welches neben dem Schulhause am Nicolaikirchhofe lag, den Anfang des Gottesdienstes, während die Glocken des Nicolaikirchturmes in ernsten feierlichen Tönen über die Stadt hin erschallten und das Volk auf dem Kirchhofe sich versammelte. Als seine Mutter Elisabeth und

seine Gemahlin Hedwig mit den Kindern vom Schlosse her vor der Kirche
erschienen, eilte ihnen Joachim entgegen. Angethan mit einem scharlach-
roten Sammetmantel, das Haupt bedeckt mit dem Kurhute führte er zur
Rechten seine Mutter, zur Linken seine Gemahlin mit den Kindern in
die Kirche. Hinter ihm her schritt der Erbmarschall mit dem Kurschwerte,
und diesem folgte der Kanzler Weinlöben mit den kurfürstlichen Räten
und dem ganzen Hofstate. Daran schlossen sich die Landstände und der
Rat von Spandau. Durch das dem Hochaltar gegenüber gelegene Hauptportal bewegte sich der Festzug in das Gotteshaus. Der Kurfürst setzte
sich auf den für ihn am Altare bereit gestellten, mit Goldtuch ausge-
schlagenen Lehnsessel, während hinter ihm der Erbmarschall mit dem
entblössten Kurschwerte seinen Stand nahm. Der Orgel Feierklänge begleiteten das von der andächtigen Menge gesungene Siegeslied des Reformators: „Ein' feste Burg ist unser Gott". Dann bestieg der Kurfürstin
Mutter Hofprediger, Georg Buchholzer, die Kanzel und hielt eine er-
greifende Ansprache an die Gemeinde. Nach Schluss derselben ertönte
der Bussgesang: „Aus tiefer Not schrei ich zu Dir". Darauf hielt
der Bischof Matthias von Jagow die Beichtrede und reichte alsdann dem
Kurfürsten und den Mitgliedern der kurfürstlichen Familie und nach
diesen allen Anwesenden das Abendmahl in beiderlei Gestalt nach lutherischem Ritus. Unter den Anwesenden befand sich auch der bis dahin
der Reformation keineswegs günstig gesinnte Propst Wolfgang von Arnim
aus Salzwedel. Er gelobte dem Bischofe Matthias von Jagow, auch in
seinem Sprengel für die Reformation zu wirken.

Der Kelch, aus welchem der Kurfürst den Wein empfing, befindet
sich jetzt im märkischen Museum zu Berlin. Die Fusssäule des Kelches
enthält in gotischen Minuskeln oberhalb und unterhalb des Knaufes die
Inschrift: „benedic" und auf dem mit einem Kruzifix geschmückten Fusse:
„hilf got — maria beroth." (Hilf Gott — Maria berat.)

So ist der Allerheiligentag ein denkwürdiger in der Geschichte
Spandaus, denn er machte die Stadt zur Zeugin einer Handlung, welche
von der eingreifendsten Bedeutung für die Entwickelung nicht bloss der
brandenburgisch-preussischen, sondern der deutschen, ja man könnte sagen
der gesamten Weltgeschichte gewesen ist. Dadurch, dass der brandenburgische Staat zur Reformation sich bekannte, wurde er befähigt der
Krystallisationspunkt für das protestantisch-germanische Wesen zu werden
gegenüber dem katholischen Romanismus.

Mit Recht gedenkt man in der Nicolaikirche zu Spandau alljährlich
des Allerheiligentages von 1539, und man that recht daran die Wieder-
kehr dieses Tages nach dreihundert Jahren am 1. November 1839 in
besonders feierlicher Weise zu begehen. Das für diese Feier entworfene
Programm möge den Verlauf derselben veranschaulichen. Zu bemerken
ist, dass der König Friedrich Wilhelm III. nicht, wie er beabsichtigt
hatte, schon am ersten, sondern erst am dritten Festtage mit den Mitgliedern der königlichen Familie, den Ministern und Gesandten an der
Feier teilnahm.

Programm

in betreff der Feier des Jubelfestes am 1. November cr. und folgende Tage zum Andenken an den Beitritt des Kurfürsten Joachim II., glorreichen Andenkens, zur evangelischen Kirche, erfolgt am 1. November 1539 in der Nicolai-Kirche zu Spandau.

§ 1. Das Fest wird in der Nicolai-Kirche zu Spandow gefeiert am 1., 2. und 3. November 1839, dergestalt, dass der 1. November der Hauptfesttag, und an demselben der Vormittagsgottesdienst der Hauptgottesdienst ist.

§ 2. Dem Hauptgottesdienste am 1. November cr., welcher vormittags 10 Uhr beginnt, haben Se. Majestät der König beizuwohnen allergnädigst zu verheissen geruht.[1]) Zu demselben sind auch die Prinzen und Prinzessinnen des königlichen Hauses eingeladen, desgleichen die höchsten und hohen Staatsbeamten, sowie Beamte hiesiger Stadt.

§ 3. An dem Hauptgottesdienste werden ferner teilnehmen, die Mitglieder der Nicolai-Kirchen-Gemeinde, von welcher jeder Familie ein Einlass-Billet für eine Person zugestellt ist. Ein Gleiches ist auch bezüglich auf die zur hiesigen reformirten Johannes-Kirchen-Gemeinde gehörigen Familien geschehen und auch denjenigen hier wohnhaften katholischen Familien, die evangelische Mitglieder haben, sind in gleicher Weise Einlass-Billets zugestellt.

§ 4. An dem Hauptgottesdienst wird ferner eine Deputation der hiesigen, bei der Johannes-Kirche eingepfarrten Garnison teilnehmen, welche der Kommandant, Herr Generalmajor von Peteri, zu ernennen ersucht worden ist.

§ 5. Für Se. Majestät den König ist, sofern es Allerhöchstdieselben nicht anders befehlen sollten, das Chor der Kanzel gegenüber ausersehen, auf welchem auch die Prinzen und Prinzessinnen und die übrigen nach § 2 Eingeladenen Platz nehmen werden. Den Eingang zu diesem Chor gewährt das Hauptportal auf der Abendseite der Kirche, und es ist der Zutritt durch dasselbe ausser den Eingeladenen der Garnison-Deputation, nur denjenigen gestattet, welche sich kirchlicher Verrichtungen wegen auf das Orgelchor zu begeben haben. Die Garnison-Deputation nimmt ihren Platz in dem Mittelgange, und zwar so, dass durch denselben der Weg nach dem Altar hin offen bleibt. Der übrige Raum in der Kirche, mit Ausschluss des Raums vor dem Altar, des Predigerstuhls und des Ratstuhls ist den Besitzern von Einlass-Billets bestimmt, welche zu den beiden Seitenthüren der Kirche einpassieren. Gemeindemitglieder, welche sich haben bereitwillig finden lassen, zur Aufrechterhaltung der Ordnung in der Kirche zur Vermeidung des Gedränges mitzuwirken, werden ihre Stellen

---

[1]) War durch Unwohlsein verhindert, erschien am 3. November.

in den Gängen einnehmen, bevor der Gottesdienst eingeläutet wird. Zwei Magistratsmitglieder werden auf dem Chor der Kanzel gegenüber die Eingeladenen von der Bestimmung der Plätze auf demselben unterrichten. Die Sitzplätze parterre werden besonders den weiblichen Gemeindemitgliedern eingeräumt.

§ 6. Der Hauptgottesdienst wird zum ersten Mal um 8 $\frac{1}{2}$ Uhr eingeläutet, zum zweiten Mal um 9 $\frac{1}{2}$ Uhr, zum dritten Mal, sobald Se. Majestät der König in Ruhleben anlangen. Das dritte Geläute hört auf, sobald Se. Majestät in die Kirche eingetreten sind. Mit dem ersten Geläute werden die Seitenthüren zum Einlass derer geöffnet, welche Einlass-Billets haben. Zwischen dem ersten und zweiten Geläute begeben sich durch das Hauptportal die Garnison-Deputation in den Mittelgang der Kirche und die, deren kirchliche Verrichtung es erheischt, auf das Orgelchor. Mit dem zweiten Geläute versammelt sich der Magistrat, Kirchenvorstand und die Stadtverordneten zu Rathause, und es findet kein fernerer Einlass durch die Seitenthüren der Kirche statt. Nach dem zweiten Geläute begeben sich die im Rathause Versammelten vor das Hauptportal der Kirche und stellen sich dort zum Empfang Sr. Majestät des Königs rechts und links dergestalt auf, dass zwei Magistratsmitglieder bereit stehen, Se. Majestät den König an den für Allerhöchstdenselben ausersehenen Platz zu geleiten.

§ 7. Se. Majestät der König werden allerhöchster Erklärung zufolge in dem dem Hauptportal der Kirche gegenüber befindlichen Riefenstahlschen Hause abtreten, und von dort aus Sich zur Kirche begeben. In demselben Hause ist auch zum Abtreten Einrichtung getroffen für die Prinzen und Prinzessinnen des königlichen Hauses und für die hohen Eingeladenen, sofern letztere es nicht vorziehen unmittelbar beim Hauptportal der Kirche vorzufahren, und sich auf das für sie bestimmte Chor zu begeben. Die Equipagen fahren nach der Wahl der Herrschaften entweder auf den Hof des Riefenstahlschen Hauses oder die Potsdamer Strasse entlang, letztere wenden an der Havelstrassen-Ecke um, und stellen sich zum Empfang des Befehls ihrer Herrschaften in mehreren Reihen wieder auf. — Ausser für diese Equipagen und für die sich zu Fuss nach der Kirche begebenden Eingeladenen ist der eingegrenzte Raum vor dem Hauptportal der Kirche und der Teil der Potsdamer Strasse von der Ritterstrassen-Ecke bis zum Warnatzschen Hause excl. sowohl für Fussgänger als für Wagen gänzlich gesperrt. Auch die Equipagen der eingeladenen Herrschaften kehren nun erst zur Abholung derselben in diesen Raum zurück. Auf dem Wege vom Charlottenburger Thore bis zur Kirche und dem Riefenstahlschen Hause wird jede Sperrung der Passage durch aufgestellte Gensdarmen verhindert werden.

§ 8. In betreff des Hauptgottesdienstes selbst wird im allgemeinen bemerkt: Sobald Se. Majestät in die Kirchthür eingetreten sind, beginnt ein Präludium der Orgel, das geschlossen wird, sobald

Allerhöchstdieselben ihren Platz eingenommen haben. Nach abgesungenen zwei Versen wird die Liturgie von dem ersten Bischof der evangelischen Kirche, Hrn. Dr. Eilert, unter Assistenz zweier Geistlichen der Nicolai-Kirche gehalten. Auf einen abermaligen Gemeindegesang folgt die von dem Hrn. Superintendenten Hornburg zu haltende Predigt, an welche sich das Tedeum anschliesst, und dem schliesslich die Feier des heiligen Abendmahls folgt. Die Chöre der Liturgie werden von königlichen Sängern ausgeführt, den Gesang der Gemeinde begleiten Chor, Orgel u. Instrumente.

§ 9. Aus der Kirche begeben sich Se. Majestät, die .Prinzen u. Prinzessinnen des königlichen Hauses und die hohen Eingeladenen nach dem Riefenstahlschen Hause zurück, um dort ein einfaches Frühstück einzunehmen, welches anzunehmen Se. Majestät der König zu verheissen geruht haben. Der im § 7 näher bezeichnete Raum vor dem Hauptportal der Kirche in der Potsdamer Strasse bleibt in der dort beschriebenen Weise gesperrt, bis Se. Majestät und die höchsten und hohen Herrschaften abgefahren sind.

§ 10. Der Nachmittagsgottesdienst am 1. November cr. wird in festlicher Weise und zu gewöhnlicher Zeit eingeläutet. Sämtliche Kirchthüren werden dem Zutritt eines jeden geöffnet, und jedermann nimmt Platz, wo er ihn findet. Die Anweisung neuer, an Stelle früher erworbener Sitzplätze findet nach dem Feste statt. Der Gesang der Gemeinde wird ausser der Orgel von einem Sängerchor und von Blasinstrumenten begleitet.

§ 11. Am Sonnabend den 2. November cr., vormittags zu gewöhnlicher Kirchstunde, findet die Einsegnung der Catechumenen statt. Was § 10 von dem Nachmittagsgottesdienst des 1. November angeführt ist, gilt auch für diesen Gottesdienst.

§ 12. Am Sonnabend nachmittags 3 Uhr findet eine Schulfeier in der Nicolai-Kirche statt, welche um $2\frac{1}{2}$ Uhr eingeläutet wird. Die Schulkinder werden sich, von ihren Lehrern geführt, durch das Hauptportal in die Kirche begeben, und die im unteren Raume befindlichen Sitzplätze einnehmen. Die Gemeinde ist ersucht, auf den Chören und in den Gängen der Kirche Platz zu nehmen. Der Gesang wird ausser der Orgel von Instrumenten begleitet.

§ 13. Am Sonntag, den 3. November cr., ist Früh-, Vormittags- und Nachmittagsgottesdienst zur üblichen Zeit, bei denselben findet statt, was oben § 10 für den Nachmittagsgottesdienst bemerkt ist.

§ 14. Am Donnerstag, den 31. Oktober, nachmittags 1 Uhr, ist in der Johannes-Kirche Vorbereitung für die Communion am 1. Novbr. cr. und am Sonnabend nachmittags 1 Uhr in der Nicolai-Kirche für die Communion am 3. November.

§ 15. Am Donnerstag abends 4 Uhr wird das Fest dergestalt eingeläutet, dass zwischen den einzelnen Pulsen Choralgesang unter Instrumentalbegleitung von der Turmhaube herab ausgeführt wird, und in gleicher Weise wird der grosse Festtag des 1. November cr., morgens 7 Uhr, begrüsst. Geschlossen wird das Fest am Sonntag

§ 16. den 3. November cr., abends 4 Uhr, mit dem von Instrumenten
begleitetem von der Turmhaube herabgesungenen Liede „Nun
danket alle Gott".

§ 17. Am 1. November cr. werden die Armen festlich bewirtet und
durch besondere Unterstützung erfreut werden, auch dabei die
Kinder der Armenschule bedacht werden.

Ausser den in Vorstehendem bereits mitbegriffenen polizeilichen
Anordnungen kommen noch folgende in Anwendung.

  a. die Strassenreinigung, welche am Sonnabend, den 2. Novbr. cr.,
     im gewöhnlichen Laufe der Dinge stattfinden würde, unter-
     bleibt an diesem Tage, wird aber dagegen ganz besonders
     am 31. Oktober cr. zur gehörigen Stunde erwartet.
  b. für den Vorabend des 1. November, für den 1. und 2. November
     selbst und für den 3. November bis zum Schluss des Festes
     finden alle für Gastwirtschaften, Tabagien, Läden und das
     Ruhen bürgerlichen Verkehrs an Sonn- und Festtagen be-
     stehenden polizeilichen Vorschriften ihre volle Anwendung.
     Der Wochenmarkt am Freitag findet nicht statt, und der
     Wochenmarkt am Sonnabend muss mit dem ersten Einläuten
     zum Gottesdienst beendigt sein.
  c. alle Freudenbezeugungen, die mit dem Charakter einer kirch-
     lichen Feier nicht übereinstimmen, müssen unterbleiben, wie
     denn überhaupt sowohl von dem hiesigen, als von dem aus-
     wärtigen Publikum mit Zuversicht erwartet wird, dass jeder-
     mann an seinem Teile zur würdevollen Begehung des hoch-
     wichtigen Jubelfestes nach Kräften mitwirken, und die grosse
     Gnade zu würdigen wissen, welche Se. Majestät unser allver-
     ehrter Landesvater durch Allerhöchst seine Gegenwart unserer
     Kirche und Stadt zu erweisen geruht.

Spandau, den 28. Oktober. 1839.

Der Magistrat.
Kattfuss.   Bullrich.   Hase.   Ferbitz.
Krüger.   Jeserich.   Bock.   Harre.   Sange.

6. Kurfürst Joachim II. entbietet die Bürger Spandaus zum Kampfe gegen die Bürger der Städte Berlin und Kölln am 8. August 1567.

Am frühen Morgen des 8. August 1567 wurden die Bewohner
Spandaus in nicht geringe Aufregung versetzt. Noch lag alles im tiefsten Schlafe, auch der regierende Bürgermeister Herr Bartholomeus Bier
ruhte noch schlummernd in seinem Bette, als heftiges Pochen an seiner

Hausthüre ihn erweckte. Er sprang eilig auf, um nachzusehen, was es gäbe. Gross war sein Schrecken, als er vor seinem Hause Trabanten des Kurfürsten erblickte, welche ihm einen Befehl des Landesherrn, der ohne sein Wissen am späten Abende des vorangegangenen Tages von Berlin auf die Festung gekommen war, überbrachten. Er solle den Trabanten sofort auf die Festung folgen, so lautete der Befehl, und auch die gesamte Bürgerschaft ungesäumt dorthin entbieten. Das war eine besorgniserregende Nachricht! aber so wenig auch der Herr Bürgermeister sich darein finden konnte, am frühesten Morgen von kurfürstlichen Trabanten aus dem Bette geholt und auf die Festung geführt zu werden, und so sehr auch die Frau Bürgermeisterin im tiefsten Négligé dem Kummer über das Schicksal ihres Gemahls durch laute Klagen Ausdruck geben mochte, dem landesherrlichen Befehle musste unbedingt Folge geleistet werden. Eiligst wurde ein Bote zum Stadtdiener entsandt, dass er die Bürgerschaft zusammenberufe und von dem Befehle Sr. Kurfürstlichen Durchlaucht in Kenntnis setze. Der Herr Bürgermeister aber kleidete sich von den Trabanten zur Eile gedrängt an, indem er bekümmerten Gemütes zu ergründen suchte, was kurfürstliche Gnaden zu so sonderbarem Befehle bestimmen könne. Da er jedoch nichts fand, was den Unwillen des Kurfürsten über ihn und die Stadt heraufbeschworen haben konnte, so folgte er in seinem Gewissen beruhigt getrosteren Mutes den Trabanten auf die Festung, während der Stadtdiener die Bürgerschaft alarmierte und durch seine Nachrichten Schrecken und Bestürzung unter derselben verbreitete.

Als Bartholomeus Bier auf der Festung angekommen war, wurde er alsbald dem gnädigen Herrn Kurfürsten vorgestellt, und als ihm dieser mitteilte, dass es sich durchaus nicht um schreckliche Dinge handle, sondern lediglich um ein Vergnügen, zu dessen Veranstaltung die Spandauer mitwirken sollten, fiel dem bekümmerten Bürgermeister ein schwerer Stein vom Herzen. Die Berliner und Köllner Bürger, sagte der Kurfürst, seien beordert, auf Schiffen mit den Spandauern zu kämpfen; sie hätten bereitwillig zugesagt und würden binnen kurzem mit ihren Schiffen vom Tegeler See her gegen die Festung anrücken. Die Spandauer sollten die auf der Festung bereit gehaltenen Rüstungen und Waffen anlegen, dann ebenfalls Schiffe besteigen und auf dem Wasser zwischen der Festung und dem Eiswerder den Angriff der Berliner und Köllner erwarten.

Während der Kurfürst dem Bürgermeister diese Mitteilung machte, hatte sich die Bürgerschaft Spandaus versammelt und war unter Führung ihrer Ratmannen und Viertelsmeister auf die Festung gezogen, wohl keiner mit leichtem Herzen. Als aber mitgeteilt worden war, um was es sich handele, schwand alle Sorge aus den Gemütern der geängsteten Bürger. Gern rüsteten sie sich mit den bereit liegenden Helmen und Brustharnischen und ergriffen die hölzernen Spiesse, welche man ihnen zuteilte, um sie in dem bevorstehenden Kampfspiele als Waffe zu gebrauchen. Dann bemannten sie die durch den Bürgermeister zusammengebrachten Stromschiffe und erwarteten wohlgeordnet auf dem Wasser zwischen dem Eiswerder und der Festung den Angriff der Berliner und Köllner Schiffe, welche auf der Malche, einem Teile des Tegeler Seees, vereinigt waren. Bald sah man diese die Havel heruntersteuern und am Eiswerder zum Kampfe sich ordnen. Auch der Kurfürst bestieg mit seinem Hofstaate ein stattliches Schiff, um von diesem aus dem Kampfspiele zuzuschauen.

Kanonendonner und Trompetengeschmetter gaben von den Wällen der Festung her das Zeichen zum Beginne des Kampfes. Die Schiffe steuerten gegen einander los, und es entspann sich ein hitziges Gefecht, indem keiner dem andern weichen wollte. Gegen ein Spandauer Schiff rannten zwei feindliche mit solcher Gewalt an, dass der Steuermann und einige Streiter zur Belustigung aller über Bord fielen. Durch die Fischer vom Kietze, welche beordert worden waren, um für solche Fälle mit ihren Kähnen bereit zu sein, wurden die ins Wasser Gefallenen gerettet. Während des ganzen Gefechtes ertönte Kanonendonner und Trompetengeschmetter von den Wällen der Festung. Es kam jedoch zu keiner Entscheidung, und nach einiger Zeit machte ein Befehl des Kurfürsten dem Seegefechte ein Ende und ordnete die Fortsetzung des Kampfes zu Lande an. Die Streiter verliessen die Schiffe und stellten sich zum Landkampfe in Schlachtordnung auf.

Zum Kampfplatze war das Land, welches von der Jungfernheide, der Festung, der Havel und der Spree umschlossen ward, ausersehen. Vor der Jungfernheide auf dem sogenannten Plane stellten sich die Berliner und Köllner in zwei Treffen auf. Den rechten Flügel des ersten Treffens bildeten die Grossbürger von Berlin, den linken Grossbürger Köllns; im zweiten Treffen standen die Kleinbürger beider Städte. Die Spandauer, welche dem über 1500 Mann starken Feinde nur 800 Mann entgegenstellen konnten, ordneten sich in nur einem Treffen. Ihre geringe Anzahl flösste ihnen freilich grosse Besorgnis ein, die sie aber zu verscheuchen suchten, indem sie angefeuert durch die erhebenden Ansprachen ihrer Führer einander Mut und Siegeshoffnung erregten.

Der Kurfürst hatte mit wenigen Trabanten in der Mitte zwischen den Berliner und Köllner Grossbürgern Stellung genommen.

Von der Festung donnerten wieder die Kanonen und schmetterten die Trompeten zum Zeichen, dass der Kampf beginnen solle. Mutig rückten die Scharen gegen einander, und bald war man handgemein. Mancher Schlag ward ausgeteilt mit den hölzernen Knütteln, manche Beule und manch blauer Fleck damit geschlagen. Dennoch hätten die Spandauer der Übermacht weichen müssen, wäre es ihnen nicht gelungen dem Feinde unvermutet in den Rücken zu kommen und ihn dadurch zur Flucht zu zwingen. Dabei erhitzten sich die Gemüter so sehr, dass aus dem Spasse Ernst zu werden drohte. Der Kurfürst selbst geriet in Bedrängnis. In der Hitze des Gefechts hatte sein Pferd mehrere Knüttelschläge erhalten und war davon so unruhig geworden, dass der Reiter befürchten musste, abgeworfen zu werden. Dies und die hereinbrechende Dunkelheit bestimmten den Kurfürsten, das Zeichen zur Einstellung des Kampfes zu geben. Über ihren Sieg frohlockend liessen die Spandauer ab von der Verfolgung der eilig fliehenden Berliner und Köllner. Heitern Sinnes kehrte jeder zu den Seinen zurück, auch der Kurfürst fuhr zu Schiffe nach Berlin.[1])

Mit der Veranstaltung dieses Kampfspieles scheint Kurfürst Joachim II. jedoch mehr als ein harmloses Vergnügen beabsichtigt zu haben. Leuthinger, dessen Kommentarien die Quelle unserer Darstellungen sind, fügt seiner Schilderung dieser Begebenheit hinzu:

„Bei diesem Scheingefechte fing der Kurfürst an, den Turm der Spandauer Kirche durch Kanonenkugeln, welche von der Festung her darauf geworfen wurden, zu zerstören. Grosse Kanonenkugeln beschädigten teils die Mauer des Turmes, teils setzten sie die Kirche selbst fast in Flammen. Weshalb der Kurfürst diesen Entschluss gefasst habe, wussten seine Räte nicht genau, allgemein aber wurde geglaubt, dass es geschehen sei, weil der Turm im Falle eines Krieges der Festung Gefahr bringen könne. Auf Bitten der Bürger und seiner Räte stand der Kurfürst von seinem Vorhaben, das viele Bürger geschädigt haben würde, ab."[2])

Leuthinger, der in den Jahren 1578 und 1579 Rektor der grossen Schule zu Spandau war, musste über ein Ereignis, das nur ein Jahrzehnt vorher an dem Orte sich zugetragen hatte und das seiner Eigenartigkeit wegen mit allen begleitenden Umständen noch lange Zeit in lebendiger Erinnerung blieb, genau unterrichtet sein. Die Beschiessung und Beschädigung des Turmes und der Kirche von St. Nicolai berichtet Leuthinger als eine unbezweifelte Thatsache, nur über die Gründe, welche den Kurfürsten zu dieser Beschiessung veranlassten, drückt er sich nicht ganz bestimmt aus, aber doch wiederum nicht so unbestimmt, als dass man nicht schliessen könnte, er habe das, was allgemein als Ursache und Zweck der Beschiessung angesehen wurde, nicht auch dafür gehalten. Dass die Räte des Kurfürsten und solche Leute, welche nicht gern über die Motive der Handlungen Sr. Kurfürstl. Gnaden Auskunft erteilen wollten, sich achselzuckend in Unwissenheit hüllten, ist nicht bloss erklärlich, sondern ganz natürlich. Einen Zweck mussten die thatsächlich geschossenen Kanonenkugeln doch haben; denn zum blossen Vergnügen feuert man doch nicht mit solch zerstörenden Dingen; und dass sie den Turm trafen, war doch keineswegs reiner Zufall. Noch später begegnen wir der Thatsache, dass ein Turm, der Mühlenturm, auf kurfürstlichen Befehl abgetragen

[1]) Leuthinger. *De Marchia Brandenburgensi commentarii. lib. XVI.* § 16—18. — Fontane Wanderungen durch die Mark Brandenburg. 3. S. 176 u. folg. Fontane irrt, wenn er die Seeschlacht in die Malche verlegt. Die Malche ist ein Teil des Tegler Seees und das Wasser zwischen Eiswerder und Citadelle hat weder diesen noch einen andern Namen. Auch die Angaben Fontanes über die Namen der Bürger, welche die Spandauer Schiffe befehligten, über den Ritt Schönickes nach Staaken und seinen Zug in den Rücken der Berliner und Köllner beruhen nicht auf Überlieferung, sondern sind erdichtet. Wir schliessen uns eng an die Darstellung Leuthingers, der Quelle, aus welcher auch Fontane geschöpft hat, an. Fontane schreibt eben nicht Geschichte, sondern erzählt Geschichten.

[2]) Leuthinger. *De Marchia Brandenburgensi commentarii. lib. XVI. § 19.*

werden muss, „weil er der Festung im Falle einer feindlichen Besetzung der Stadt Gefahr drohe". Auf dem Wege gütlicher Verhandlungen würde Joachim II. die Spandauer nie bewogen haben, ihren schönen, seiner Ansicht nach aber der neuerbauten Festung gefährlichen Kirchturm abzutragen. Deshalb zog er die Bürgerschaft aus der Stadt und beschäftigte sie mit Kampfspielen, die ihm die erwünschte Gelegenheit boten, seine Kanonen auf der Festung abfeuern zu lassen. Dass dieselben scharf geladen waren und mit ihren Kugeln den Kirchturm zerstörten, davon merkten ja die kämpfenden Bürger nichts. Lag aber einmal der Turm in Trümmern, dann standen die Bürger einer vollendeten Thatsache gegenüber, der sie, wenn auch unwillig, sich fügen mussten, und Kurfürstliche Gnaden hatten ihren Zweck erreicht.

7. Die Wundererscheinungen von 1594.

(Bereits veröffentlicht in der Zeitschrift: „Der Bär", Jahrgang 1877.)

Im September 1594 wurde die Stadt Spandau in grosse Aufregung versetzt. Siebenunddreissig Personen — vier ältere Männer, drei Junggesellen, zehn Knaben, eine ältere Frau, zehn Mägde und sechs junge Mädchen — wollten teils Engel gesehen haben, die sie zur Busse ermahnt hätten, teils vom Teufel besessen sein, weil sie von diesem ausgestreute Sachen, Geld, Leinwand, ausgehöhlte Büchslein, Kränze, güldene Borten, Knäufe, Ringe, Garn, Zwirnknäule etc. aufgehoben hätten. Ein Bürger und Grobschmied, Andreas Reiche, behauptete, dass ihm am 4. November, auf dem Wege von Spandau nach Neuendorf bei der Papenlake, ein langer Mann in schneeweissem Kleide, das bis auf die Füsse hinabreichte, begegnet sei, der ihm befohlen habe, dem Grafen Lynar, damaligem Kommandanten von Spandau, anzuzeigen, wenn man in dem Gebete, welches man in der Kirche zum Heile der Besessenen angefangen hatte, fortfahre und Busse thue, so würden die Besessenen in 14 Tagen geheilt werden, wo aber dies nicht geschehe, werde binnen vier Wochen eine grosse Finsternis über die Stadt Spandau kommen. Derselbe Engel sei ihm auch am 22. November auf dem Wege nach Rohrbeck bei den Wolfsbergen erschienen und habe ihn zuerst gefragt, ob er seinen Befehl ausgerichtet, und nach Bejahung dieser Frage gesagt: „Ich weiss gar wohl, dass Du es berichtet hast. Fahret im Gebet und mit Gesängen, wie ihr angefangen, also fort. Gott wird Euch gnädig und barmherzig sein." Dann habe er ihm aufgetragen, der Gräfin und ihren Räten mitzuteilen, dass sie die Geistlichen zum Gebet für die Besessenen anhalten sollten, sie möchten sonst, weil es ihnen sehr sauer werde, ermüden und nachlassen. Zuletzt habe er ihm gesagt, dass es Gott wohlgefallen, dass ein Rat bei den Besessenen in der Kirche Leute angeordnet habe, die auf sie warten, wenn sie unterm Gebet in Anfechtung geraten; denn wäre dies nicht, so würde der Teufel noch viel mehr in den Besessenen wüten und toben und viel Lärmens anrichten. Noch wunderbarere Gesichte hatte der Hutmachergeselle Gabriel Kummer aus Leobschütz[1]), der bei einem Spandauer Hutmacher gearbeitet, und nachdem er einige Wochen vom Teufel geplagt worden war, sich auf den Weg in seine Heimat gemacht hatte. In Frankfurt a/O. war ihm ein Engel erschienen und hatte ihm befohlen, wieder nach Spandau zurückzukehren. Über diese Erscheinung erzählte er folgendes: Der Engel sei in der Nacht zu ihm gekommen in schöner Gestalt eines Menschen, mit schönen, langen, gelben Haaren, bekleidet mit einem langen weissen Gewande und einem goldenen Kreuz, mit einem Kruzifix um den Hals. Er habe zu ihm gesagt, er solle sich nicht fürchten, und alsdann die Brust entblösst. Diese habe gar hell geleuchtet, und es habe darauf geschrieben gestanden mit grossen roten Buchstaben: „Fortitudo Dei" und darunter einige hebräische Worte. In Spandau selbst hatte der Geselle neue Gesichte. In der Nacht des 10. November wurde er durch die Erscheinung des bösen Feindes erschreckt, welcher in einem langen Wolfspelze und mit einem grossen breiten Federhute vor sein Bett trat. Eine Stimme aber rief ihm zu: „Gabriel, fürchte Dich nicht!" und alsbald erschien ein Engel mit einer Sense in der Hand. Dieser Engel warf zweimal mit der Sense nach dem Teufel, der aber wich nicht. Nun blies der Engel den Feind an. Dabei fuhr ein Schwert, so klar, wie ein lauteres Gold, aus seinem Munde. Vor diesem wich der böse Feind und verschwand. Jetzt erkannte der Geselle in dem Engel denselben, der ihm in Frankfurt erschienen war, er trug dieselbe Kleidung und noch einen goldumwundenen Rautenkranz auf dem Haupte. Der Engel bedeckte den Gesellen mit einem weissen Laken, auf welchem ein rotes Kreuz war, steckte ihm einen Zweig aus dem Rautenkranze in den Mund und befahl ihm, denselben in Christi Namen zu essen. Der Geselle that, wie ihm geheissen, und hörte nun zwei Chöre singen: „Herr Gott, Dich loben wir!" Nachdem der Gesang geendet, befahl der Engel dem Gesellen, er solle zum Pfarrer gehen und ihm sagen, dass er die Gemeinde mit scharfen Worten antreibe, Busse zu thun in der Zeit der Gnaden, weil die Gnade zu finden ist, und sich zu bessern und zu bekehren. Wo sie solches nicht thue, werde Strafe folgen und alles Unglück, das auf Erden zuvor nie gewesen sei. Es solle kommen ein Geschrei von Mitternacht: „Wehe, Wehe, Wehe und Wehe über alles Wehe!" und reichen von Mitternacht bis gegen Mittag.

Am folgenden Abend, als der Geselle sich zu Bette legte, erschien ihm der böse Feind, gekleidet wie in der letzten Nacht, wieder. Der bekannte Engel verjagte ihn aber und sprach: „Gabriel, fürchte Dich nicht! Stehe eilends auf und gehe hin zum jungen Grafen und sage ihm an bei der Strafe Gottes, dass er dem Pfarrherrn soll lassen verkündigen, auch einem Rat anzeigen und verordnen, dass man den Glockenklang anstelle und alle Tage dreimal unterschiedlich läute auf den Abend

---

[1]) Vergl. „Der Bär", Jahrg. 1875 Nr. 3. „Fliegendes Blatt d. a. 1594."

um 7 Uhr, damit sich das Volk zum Gebet erinnere und bete; es soll
auch im ganzen Lande angeordnet werden, denn es ist grosse Betrübnis
vorhanden und der Tag des Herrn nahe. Du wirst mich mit leiblichen
Augen nicht mehr sehn; ich will aber doch alle Zeit bei Dir sein. Fürchte
Dich nicht!" Am 12. November war der Geselle in der Kirche und
betete am Altar für die Besessenen. Da sah er das goldne Kreuz des
Engels über dem Altare schweben. Er rief den anderen zu, sie sollten
in die Höhe sehen. Diese erblickten jedoch nichts.

Nach diesen drei Erscheinungen sah der Geselle den Engel nicht
wieder. Als er aber am Vormittage des 12. November allein auf der
Werkstatt arbeitete, rief eine Stimme dreimal: „Gabriel!" Da er niemand
sah, kehrte er sich nicht daran, wurde aber bald so müde, dass er sich
zu Bett legte. Kaum hatte er sich niedergelegt, so rief die Stimme abermals und sprach: „Fürchte Dich nicht!" Der Geselle fragte: „Wer bist
Du?" Die Stimme antwortete: „Ich bin der Postbote des Herrn." „Was
ist euer Begehr? Was soll ich ausrichten?" fragte der Geselle weiter.
„Gehe hin zum Grafen," antwortete es, „und sage ihm, er solle verordnen, dass Du mit Mag. Laurentius zu Sr. Kurfürstl. Gnaden verreisest.
Geschieht das nicht, so gehe selber hin zum Magister und sage ihm, er
solle in Person mit Dir nach Berlin gehen und dem Kurfürsten sagen,
dass er mit samt seinen Räten und Unterthanen dem allmächtigen Gott
einen demütigen Fussfall thue und anordne, dass in seinem ganzen Lande
die Betglocke des Abends um 7 Uhr zu dreien unterschiedlichen Malen
geläutet und die übrige Pracht in allen Kleidungen, insonderheit die
grossen Kragen, langen Schleppen, weiten Springer, die grossen Bäuche
an den Wamsen, auch vornehmlich das scheussliche Schelten und Fluchen,
ingleichen das übermässige Fressen und Saufen abgeschafft werde. Darüber soll die Herrschaft ernstlich halten und den, welcher dawider handelt,
am Leibe strafen; denn der Herr der Allmächtige hat einen grossen
Zorn und Missfallen daran. Wo das nicht geschieht, und der Kurfürst
samt seinen Räten und Unterthanen sich nicht demütigt und die übrige
Pracht, Hoffart, das Fluchen und Schelten, das Fressen und Saufen nicht
ablegen wird, so soll in sieben Monden grosse Strafe kommen, und über
die jetzige Landstrafe ein Donnern und Blitzen, das soll währen sieben
Wochen und fünf Tage. Wo das nicht helfen wird, so sollen sich alle
Grundfesten, auch die Steine und Grundmauern in der Erden anzünden,
und soll alles brennen wie Stroh."

Am 24. November, nach der Frühpredigt, rief den Gesellen in
der Kirche wiederum eine Stimme beim Namen. Als er aufsah, erblickte
er mitten am Gewölbe das goldene Kruzifix, die Sense und das Schwert
des Engels; die Stimme aber sprach zu ihm, er solle nachmittags vor
der Vesperpredigt mit Vorwissen des Pfarrers mitten in der Kirche vor
den Predigtstuhl treten und der ganzen Gemeinde selbst persönlich sagen
von dem Gotte Abrahams, von dem Gotte Isaacs, von dem Gotte Jacobs
und dem Gotte des Lebens und sie fragen, ob sie in Gottes Namen thun
wollten, was er ihnen sagen werde. Würden sie es bejahen, so solle er
im Namen Gottes des Vaters und des Sohnes und des heiligen Geistes

seinen Kragen ablegen und die Leute ermahnen, dass sie ihm nachfolgten und forthin keine ausgebrochene und „gezenklichte" Kragen mehr trügen, denn Gott habe einen grossen Greuel daran. Wollte aber jemand Kragen tragen, so sollen sie gar schlecht, kurz, ohne „Zanken" und unausgebrochen sein, wie sie vor alters von den Vorfahren getragen worden. Ferner solle er der Gemeine ankündigen, dass sie sieben Monate lang in Trauerkleidern gehe. Geschehe dies nicht, so solle darauf die Strafe erfolgen, sieben Wochen und fünf Tage Donner und Blitz kommen, und nach diesem die Steine und die Grundmauern sich anzünden und brennen wie Stroh.

Der Geselle berichtete dem Pfarrherrn, wie ihm geheissen worden, und dieser willigte ein, dass er thue, was ihm befohlen. Er trat also nach der Vesperpredigt mitten in die Kirche vor den Predigtstuhl und berichtete dem Volke, was ihm die Stimme gesagt hatte. Auf seine Frage antworteten viele mit Ja. Er legte dann seine Krause ab mit den Worten: „Nun will ich die Zeit meines Lebens keinen Kragen mehr tragen!" und seinem Beispiele folgten viele. Darauf wurde das Gebet gesprochen. Die Besessenen waren zum ersten Male stille während des Gebetes. Es wurde „mit herzlicher Andacht, Lob- und Danksagung zu Ende gebracht", und ist „jedermann mit Friede und Freude aus der Kirche nach Hause gegangen".

Auch Katharina Richter, die Magd des Bauschreibers Luckow hatte Gesichte. Als sie am Abend des 21. November mit ihrer Herrschaft zur Zeit des Gebetes das Lied: „Esaia dem Propheten" sang, überfiel sie grosse Müdigkeit und ein schöner Engel sagte ihr ins Ohr, sie solle schlafen, er werde ihr etwas sagen. Sie ging in ihre Kammer und schlief fest ein. Da kam der böse Feind in einem breiten Hute mit grossen Aufschlägen und goldenen Knöpfen und in aufgestutzten grossen Hosen. Gleich darauf kam der zweite böse Feind mit einem grossen Kragen bis auf die Schulter und ganz schwarz. Zu diesen beiden gesellte sich ein dritter; er hatte eine grosse lange Schleppe am Rock, grosse Krausen und einen so grossen Springer, dass er nicht zur Thüre hinein konnte und die andern beiden Teufel darüber lachten. Auf dem Kopfe trug er ein Kornett mit vielen Schnüren. Über diese Erscheinungen hat die Magd sich sehr entsetzt. Der Engel kam aber, tröstete sie und sagte ihr auf ihre Frage, was der Satan mit den grossen Krausen u. s. w. wolle, es sei eine Todsünde, dass die Menschen so grosse Krausen, lange Schleppen und grosse Springer trügen. Es verdriesse Gott im Himmel und er könne es nicht länger mit ansehen. Er werde die Menschen deshalb strafen. Der Engel war weiss gekleidet und hatte langes goldenes Haar und einen Apfel in der Hand, der mit einem goldenen Bande umwunden und mit einem goldenen Kreuze geziert war. Mit diesem Apfel verjagte der Engel die Teufel. Als die Teufel gewichen waren, sagte der Engel zur Magd, sie solle zum Grafen oder zum Pfarrer gehen und diesen sagen, dass sie die grossen Kragen, Schleppen und Hüte abschaffen sollten, denn Gott sehe darin Todsünden und grossen Übermut. Gott habe nun schon zweimal gewarnt, das erste Mal durch einen Mann, das andere Mal

19

durch einen Junggesellen.   Diese habe man ausgelacht und verspottet.
Jetzt warne er zum dritten Male durch eine Jungfrau.   Bekehre man sich
nicht, so werde eine grosse Strafe über ganz Deutschland kommen.   Mit
Gebet und Singen solle man fortfahren, Gott werde es bald erhören.
Zuletzt befahl der Engel der Magd, aufzustehen und ihrem Herrn zu
sagen, dass er singen solle: „Herr Gott, Dich loben wir.“

Am Abend des 23. November überfiel die Magd wiederum grosse
Müdigkeit und sie schlief fest ein.   Da kam der Satan mit einem grossen
Misthaken und wollte ihr das Herz durchbohren.   Der Engel erschien
aber mit dem Apfel in der rechten und einer Harfe in der linken Hand,
auf dem Kopfe einen Rautenkranz, und sprach: „Weiche Du Satan in
den Abgrund der Hölle in Jesu Christi Namen!   Du hast an dieser
Dienerin Jesu Christi kein Teil.“   Darauf fragte er die Magd, ob sie
gethan habe, was ihr befohlen worden war.   Die Magd bejahte die Frage,
und der Engel sprach weiter: „Ich weiss, dass Dich etliche verspotten.
Nun sollst Du entledigt sein von dem leidigen Satan.   Du sollst aber
fleissig beten, Gott anrufen und dafür danken, und sollst die andern zur
Busse vermahnen, dass sie ja fleissig beten, damit sie Gott auf einem
rechten guten Glauben finde.   Du sollst auch ein weisses Kleid tragen
ein ganzes Jahr lang, wenn Du in die Kirche gehest.   Und nun will
ich nicht mehr zu Dir kommen in dieser Welt sichtlich.   Ich will aber
allezeit bei Dir sein.   In jenem Leben wollen wir einander wiedersehen.
Ich habe ihrer sieben erlöset.   Nun will ich diese Woche umherwandern
und die andern, so da fleissig beten werden, auch erlösen.   Plaget der
Satan den Leib, die Seel' muss er nicht haben.   Ich befehle Dich Gott,
dem heiligen Geiste, in seine Hände.“   Mit diesen Worten verschwand
der Engel.   Die Magd aber war des bösen Geistes los und blieb „ohne
einige Anfechtung, geruhig und mit gutem Frieden“.

Am 25. November, abends, war die Aufregung in der Stadt am
grössten.   Der Hutmachergeselle Kummer war an diesem Abend zwischen
6 und 7 Uhr in das Haus des Grafen Lynar gegangen, um dort in Gemeinschaft mit andern, wie dies täglich um diese Zeit auf Anordnung
des Grafen geschah, zu beten.   Bevor das Hausgebet seinen Anfang
nahm, hielt sich der Geselle in der Hofstube auf.   Er war an das
Fenster getreten und sprach ein Gebet für sich.   Da rief ihm eine
Stimme zu, er solle die Kirche öffnen und die Sturmglocke läuten lassen
und dann durch alle Gassen laufen und schreien: „Thut Busse und Bekehrung oder Wehe euch und Wehe mir selbst!“   Der Geselle rannte
sofort zum Pfarrer und verlangte von ihm, dass er die Kirche öffnen und
die Sturmglocke läuten lasse.   Der Inspektor Calerus wies ihn jedoch
mit harten Worten ab und befahl dem Küster, ohne sein Vorwissen die
Kirche unter keinen Umständen zu öffnen.   Da lief der Geselle durch
alle Gassen, schrie: „Wehe! Wehe!“ und richtete damit einen solchen
Lärm an, dass die Leute, welche bereits angefangen hatten mit dem Hausgebet, von Furcht und Schrecken ergriffen, auf die Strasse stürzten.   Hier
liefen sie wie besessen durcheinander, und es wusste keiner, was er vor
Angst anfangen solle.   Endlich stürzen sie in grossen Haufen auf den

Kirchhof und verlangen mit Gewalt die Öffnung der Kirche. Da aber
diese nicht erfolgt, fallen sie auf dem Kirchhofe nieder. Die einen singen
und beten gar herzlich, die andern schreien und heulen ängstlich, noch
andere laufen jammernd auf den Gassen umher. Es währet zwei Stunden,
ehe die Leute sich beruhigen und wieder heimgehen. Am folgenden
Tage stellte man den Gesellen zur Rede. Er beteuerte, dass er die
Stimme „allermassen gar ausdrücklich und bescheidentlich" gehört habe;
es sei ihm aber dabei sehr Angst und bange gewesen, „also dass er
mehr aus Furcht und Schrecken, denn wohlbedächtiglich auf die Gassen
gelaufen sei und also geschrieen habe". So etwas sei ihm bei den
früheren Erscheinungen und Offenbarungen kein Mal widerfahren. Er
habe deshalb hernach viel Gedanken gehabt, insonderheit, dieweil die
letzte Stimme am vergangenen Sonntag klärlich gemeldet, es solle forthin
durch ihn in dieser Gemeinde nichts mehr angezeigt werden. Er glaube,
dass es „um die Stimme nicht richtig gewesen" sei. Am folgenden Tage
bekannte auch der böse Geist durch eine besessene Person, als man diese
deshalb fragte, er habe die Leute in die Kirche treiben und dann ein
Feuer in der Stadt anzünden wollen; infolge des Feuerlärms würden die
Leute wieder aus der Kirche gestürmt sein; es würde sich dabei ein
grosses Gedränge erhoben haben und durch dasselbe viel Schaden, Mord
und Totschlag verursacht worden sein.

Es sind auch einige Gespräche mit Besessenen erhalten. Durch
Joachim Thiele redete der böse Feind folgendes. Auf die Frage, warum
er die Christen also peinige, antwortete der böse Feind, welcher nach
den Anschauungen der damaligen Zeit in Thiele gefahren war: „Ich muss
es thun." „Wer hat es Dir befohlen?" „Gott." „Warum? Haben es
denn die armen Menschen so verschuldet?" „Wir haben es allzumal
verschuldet." „Wann gedenkst Du denn wieder zu wandern?" „Ich
weiss es nicht." „Warum musst Du immer und ewig in der Höllen
sein?" „Gott hat mich vom Himmel herabgeworfen." „Aus was für
Ursachen?" „Dieweil ich sein wollte als Gott." Als dem bösen Feinde
endlich von dem Fragesteller im Namen Jesu Christi befohlen wurde,
diesen Christen zufrieden zu lassen und in die Hölle zu fahren, da er
hingehöre, antwortete er: „Ob ich gleich weiche, so will ich doch nicht
in die Hölle fahren bis zum jüngsten Tage." „Wo willst Du denn bleiben
bis zu dieser Zeit?" „Zwischen Himmel und Erde, schwebend in der
Luft." „Was wird nun Dein Lohn sein am jüngsten Tage, dafür dass
Du die Christen so plagest und quälest?" „Schwefel, Pech und höllisch
Feuer."

Durch den Edelknaben Gottfried Happe redete der böse Feind
wie folgt: „Gedenkst Du nicht von diesem Christen und Kinde Gottes
abzulassen?" „Ich kann nicht. Ihr betet noch nicht fleissig." „So
bete mit uns?" „Ich kann nicht beten, und warum sollte ich beten, da
ich doch nicht selig werden kann wie Ihr. Ich wollte wohl mitbeten,
wenn ich wüsste, dass ich könnte selig werden. Und wäre ein Baum
so hoch, dass er von der Erden bis in den Himmel hinauf reichte, und
stäche voller Schermesser, ich aber hätte Fleisch und Blut und sollte

mir gleich darin eine Wunde nach der andern und immer eine tiefer als
die andere schneiden, wann ich nur endlich in den Himmel hinauf und
die ewige Seligkeit erlangen könnte, so wollte ich alles solches nicht
achten, und daran hinaufklettern. Aber es kann nicht sein." Weiter
sagte der böse Feind: „Ihr habt nicht die rechte Lehre, sondern die
Türken." „Wenn sie Dir so wohl gefällt, warum bleibst Du nicht bei
den Türken und lässest uns zufrieden?" „Ihr seid vorhin mein." „Warum
marterst Du dieses arme Kind so, und warum bleibst Du nicht bei Deinen
Türken und Heiden?" „O wie wehe thut es mir, dass ich's thun und
euch Menschen zur Besserung damit dienen muss. Ich wollte es sonsten
wohl gelassen und ihrer zehn als itzund drei bekommen haben; denn viel
werden nun fromb und beten fleissig. O wie wehe thut mir's! Ich wäre
lieber weg, aber ich kann nicht, es ist ein Schloss vorgelegt. Ehe kann
ich nicht, bis dasselbe wieder aufgeschlossen ist." „Wie heisst denn
der, welcher es vorgelegt hat" „Ich kann ihn nicht nennen. Er ist
mir so gut nicht, denn er hat mir sehr wehe gethan." Zuletzt sagte er,
es sei Christus.

Aus der Magd Katharina Richter redete er, von dem Pfarrer
befragt, wie folgt:

P.   „Wie bist Du zu dieser Person gekommen, da sie ein Kind
Gottes ist?"

T.   „Gott hat mich dahin gesandt."

P.   „Warum?"

T.   „Um der Gottlosen willen. Weil sie nicht glauben wollen
und nicht folgen, darum hat mich Gott denselben zum Exempel gesandt.
Ich thue es nicht gern, aber ich muss."

P.   „Warum bist Du aus dem Himmel von Gott verstossen?"

T.   „Darum, dass ich hoffärtig gewesen, lange Krausen, Perlen-
Kornett, lange Schleppen, grosse Springer, grosse Bäuche und dergleichen
getragen, hat mich Gott verstossen."

P.   „Wir wissen wohl, dass Du dies alles nicht getragen hast,
sondern nur die Menschen darauf verführest."

T.   „Es ist wahr, und ich erdenke noch immer etwas Schöneres."

Man zeigte ihm ein Kruzifix und fragte, was es bedeute. Er
weigerte sich, zu antworten. Man befahl ihm, es im Namen Christi zu
sagen. Er erklärte, dass er es in diesem Namen nicht sagen wolle.
Man drang in ihn, und da sagte er endlich: „In tausend Teufel Namen,
es bedeutet Jesum Christum, der hat es nur dadurch gethan!"

P.   „Wie ist denn Jesus Christus ans Kreuz gekommen?"

T.   „Er ist gegeisselt, gekrönet, gekreuziget und begraben. Wäre
dies nicl.t geschehen, so müsset Ihr ewig leiden."

P.   „Hat er auch von den Toten auferweckt?"

T.   „Das ist nicht in seiner Gewalt gewesen."

Der Böse sagte auch, dass er die Magd ersäufen wolle. Man
antwortete ihm: „Wolltest Du dieses Kind Gottes ersäufen, da Du doch
der Gergesener Säue nicht ersäufen konntest ohne Erlaubnis Christi?"

T.   „Den bat ich darum."

P. „Das weisst Du aber nicht, was die Säue bedeuten?"

T. „Ich will Dir's wohl sagen. Wann Ihr Euch vollgesoffen habt, seid Ihr Säue. Alsdann erlaubt mir Gott, dass ich in Euch fahren mag, und alsdann habe ich Macht über Euch."

Darauf hat der böse Geist begehret, ihn nicht zu halten. Als man ihn darauf in Christi Namen losliess, hat er sich „ohne einige Ungestüme" fein zurechte gesetzt, die Arme über einander geschlagen und einer ehrlichen Mannsperson mit Lachen diese Frage gethan: „Ich will Euch umb etwas fragen, antwortet mir darauf und sagt mir doch: Wie kommt's, wenn Euer Prediger etwas saget, so glaubt Ihr ihm nicht, ingleichen, wann Euch die Männer mit den weissen Kleidern in gulden Banden etwas sagen, so glaubt Ihr ihnen auch nicht, wann ich Euch aber etwas sage, so glaubt Ihr's und nehmt's Euch in acht. Lieber, sagt mir, wie kommt's?"

Dem Kurfürsten berichtete der Graf Lynar über die Vorgänge in Spandau. Er teilte ihm mit, was man zur Linderung und Abwendung des Übels alles gethan habe, dass man täglich in der Kirche und in den Häusern für die Besessenen bete und singe, das Leiden aber dennoch nicht abnehmen wolle.

Der Kurfürst erliess unterm 6. Dezember, von Grimnitz aus, an die theologische Fakultät zu Frankfurt, sowie an einige Berliner Theologen den Befehl, dass sie sich nach Spandau begeben und den dortigen betrübten Zustand untersuchen sollten. Die Frankfurter Theologen konnten „Ehehaften halben" vor Weihnachten nicht kommen und entschuldigten sich deshalb beim Grafen Lynar. Dieser aber liess sich den kläglichen Zustand der armen betrübten Leute sehr angelegen sein und bat die Berliner Theologen, auf den dritten Advent nach Spandau zu kommen. Sie erschienen. Es waren:

Magister Martinus Nösslerus,
      „   Hieronymus Brunnerus,
      „   Joachim Fabricius,
Pfarrer Sebastianus Mœllerus,
      „   Matthäus Lindholtz,
Doktor Jacobus Colerus.

Die Untersuchung wurde am Sonntag, den dritten Advent, und den darauf folgenden Montag und Dienstag in der Behausung des Grafen, welche, wie die Berliner Theologen sagen, „nächst Gott und dem heiligen Ministerio ein commune asylum et receptaculum der armen betrübten und angefochtenen Personen" war, geführt.

Der Graf Lynar legte den Theologen drei Fragen zur Beantwortung vor. Dieselben lauteten:

1. „Was ist von diesem jämmerlichen Zustande zu halten? Ist es eine leibliche Plage und rechte Besitzung, die Gott unserer Sünden halber über uns verhängt, oder ist es eine Zauberei oder eine Melancholie oder sonsten etwan eine starke Imagination?"

2. „Was ist von den Revelationibus zu halten, welche zu Spandow geschehen. Sind es rechte wahre und divinae revelationes (göttliche

Erscheinungen), welche durch Gottes Engel geschehen, oder illusiones (Einbildungen) und ein dolus satanae (List des Satans), der dadurch vielleicht was sonderliches, was es immer sein möge, sucht, vielleicht eine idolatriam (Bilderverehrung) und einen sonderlich neuen cultum oder sonsten ein externum malum (äusseres Übel), darein er die Leute gern führen will?"

3. „Was ist von dem Prozess, so bishero über die besessenen Leute zu Spandow gehalten, zu judizieren? Hat man genug gethan, oder ist darin etwas zu verbessern?"

Die Berliner Theologen antworteten auf die erste Frage:

„Sie halten dieses für keine Zauberei, denn ihres Erachtens sei allein Gott der Teufel mächtig, ohne dessen Nachgeben die Teufel wider das menschliche Geschlecht nichts könnten, wie alle Historien auswiesen; es sei vielmehr eine leibliche Besitzung, durch welche Gott zur Busse reizen und treiben wolle, wie denn solches aus dem Gebahren, Gesichten, Excitation, Ausdehnung des Leibes, Wüten und Toben, Gotteslästerung, übermenschlichen Kräften und vielen andern Umständen mehr genugsam zu merken, auch an den Personen soviel zu spüren, dass es gar listige geschwinde Geister, die die Leute per intervalla (in Zwischenräumen) anfechten, martern und quälen. Eine Melancholie möge es zum Teil sein, welche der Teufel in dem Falle missbrauche, daher man sie balneum satanae (Bad des Satans) nenne; so möchte ohne starke Imagination solches vielleicht auch nicht geschehen, wie man denn an Gesicht und Geberden der armen Leute spüren könne, dass sie traurig und gar stille seien im Anfange ihres paroxismi.

Auf die zweite Frage erklärten die Berliner:

„Ob es wohl scheine, dass es divinae revelationes sein könnten, und dass Gott durch seine Engel zur Busse und Besserung des sündlichen Lebens vermahnen wolle, sintemal diese Geister ebenso erschienen, wie die Engel im alten und neuen Testament, recht weiss und in einer schönen lieblichen Gestalt, und die Leute nicht, wie die Teufel pflegten, schreckten und ängstigten, sondern vielmehr trösteten, Gottes Ehre und der Menschen Seligkeit suchten, auch die Leute zur Busse und ernstem herzlichen Gebet ermahnten, welches die Teufel nicht thäten, Fressen und Saufen, Hoffart und Fluchen verböten, selber das „Te deum laudamus" anfingen, und die Leute „Gott der Vater wohn' uns bei" und „Esaia, dem Propheten, das geschah" zu singen hiessen, die Teufel wegtrieben und die Menschen instruierten, wie sie von den bösen Geistern wiederum entledigt werden könnten, Krucifixe und Kreuze am Halse und an der Stirn trügen, fortitudo Dei (Tapferkeit Gottes) auf der Brust und das Krucifix auf dem Tuche hätten, ein langes weisses Kleid trügen, in Jesu Christi Namen essen hiessen, die Leute trösteten und sagten, sie sollen sich nicht fürchten, sondern nur Busse thun und fleissig beten, Gott werde sich wohl noch erbitten lassen, bei Strafe Gottes warnten und drohten, sich selbst Postboten des Herrn nannten, zu den Menschen von dem Gotte Abrahams, Isaaks und Jakobs und von dem Gotte des Lebens redeten, die Teufel in Jesu Christi Namen weichen und in den Abgrund der Hölle fahren hiessen, auch sagten: „Plaget der Teufel den Leib, die Seel' kann er nicht plagen", und „Wir wollen die armen betrübten Leut' im künftigen Leben wiederum sehen", und „Ich befehle Dich Gott dem heiligen Geist in seine Hände". Obwohl aus diesem allen scheine, dass dieses gute Engel seien und ihre Offenbarungen von Gott kämen, denn solches der Teufel entweder garnicht thue oder auch also nicht thun könne wie die Geister, so seien sie doch aus folgenden Argumenten noch der Meinung dass dieses zur Zeit sogar categorice nicht zu erschliessen, und sie hätten lieber daran noch zweifeln, denn etwas Gewisses schliessen wollen, weil der Satan ein arglistiger, tückischer und geschwinder Geist sei, der sich auch in einen Engel des Lichts zu verkleiden pflege und eitel Schrift und nach der Schrift reden könne. So komme ihnen sonderlich befremdlich vor die weisse Kleidung, welche den erledigten Personen zu tragen befohlen sei, item die gewisse Zeit zum Gebet; auch gebe das ein grosses Nachdenken, dass sie nur die Kleidung anfeindeten und nicht die andern grossen Hauptsünden, die jetzo allenthalben im vollen Schwange gehen in allen Landen. Derowegen erachteten sie: suspendendum esse assensum et expectandum eventum (Die Entscheidung müsse noch aufgeschoben und der Ausgang abgewartet werden). Doch solle man solche Dinge mittlerweile nicht verachten und in den Wind schlagen, sondern die Leute von ihrer Sicherheit, Hoffart, Fluchen, Fressen und Saufen und anderm sündhaftigen Wesen und Leben auf der Kanzel abhalten, sie zur Busse, zum Gebet, zum Singen, zum nüchternen und ehrbaren Leben und anderm christlichen Handel und Wandel vermahnen und die Predigten dahin richten, wie bis anhero geschehen, dass die Leute sich in Betrachtung dieser schweren Zeiten und erschrecklichen Geschichten bessern und einen christlichen Wandel vor Gott und aller Welt führen sollen."

Die dritte Frage beantworteten sie dahin:

„Die Gebete und Predigten wegen der Besessenen seien ganz gut, nur werde nötig sein, dass die Prediger in der Inspektion Spandow dem Pfarrer und den Kaplänen der Stadt alle Wochen einer, zwei oder drei zu Hilfe kämen, indem die vielen Predigten und Gebete diesen drei Personen allein zu schwer werden möchten. Auch solle man nicht Kinder und schwangere Weiber hinter den Chor, wo die Besessenen zum Gebet versammelt werden, lassen, damit sie in dem Getümmel nicht etwa erschreckt und getreten werden. Bewaffnete und Fremde solle man ebenfalls nicht in den Chor lassen. Ferner solle man während des Paroxysmus nicht soviel mit dem Teufel disputieren und streiten, da er doch nichts anders aus den Menschen thue, als dass er Gottes und seiner Gliedmassen spottet und dieselben blasphemieret und schändet. Darum sei es am besten, den Teufel zu verachten, fleissig über die geängsteten Leute zu beten und nach dem Paroxysmo sie aus Gottes Wort zu trösten."

Die Berliner Theologen berichteten über das Ergebnis ihrer Untersuchung an die theologische Fakultät zu Frankfurt a. O.

Es erschien darauf: „Ein kurtz Bedenken, was von dem betrübten Zustandt der Besessenen in Spandow und von den englischen Erscheinungen zu halten, was auch für billiche und christliche mittel hierin zu gebrauchen sein, Auss heiliger Schrift undt der alten Lehrern durch die von Churfl. G. verordneten Theologen verfasset." Dies „Bedenken" wird eingeleitet durch einen Hinweis auf den „itzigen hochbetrübten und sehr gefehrlichen Zustandt der Christenheit", insonderheit aber auf des „lieben Vaterlandes eussserste Noth und Anliegen". „Dann wir freilich", heisst es, „nunmehr nach Gottes willen erreichet haben die trübseligen letzten Tage, davon der sohn gottes sowol als seine apostel zuvor auch den heiligen Propheten deuttlich geweissaget, zu welchen tag allerley Unglück, verfolgung, anfechtung, angst undt trübsal sich heufe in der Kirche Christi, wie eine Wasserflutt ergeust, Gog undt Magog grausamlich ergrimmet ist wider das Erbe gottes, undt der höllische Leviathan seine alte schlangische gift und list, am meisten wider die menschen blicken undt sehen lesst, das kaum dergleichen elendt in vorzeiten aufgezeichnet undt auf einmal ist gehöret worden." Darauf wird geklagt, dass man „diese kleglicher Gefahr" so wenig beherzigt, und sogar viele über „des teuffels tragoedien, so zu Spandow augenscheinlich sich erregen thutt", übel reden und dawider schreiben, die wenigsten aber „sich daran stossen und zur rechtschaffenen waren buss dadurch verwarnen lassen". Es wird daher für billig erachtet „den eigenen morbum" (Krankheit) recht zu beschreiben, „wie derselbe eigentlich beschaffen", und zu erwägen, „wie er auch nachmals zu curiren sein will". „Woln derohalben", heisst es dann, „von dem Unglück, welchs durch wunderlichen undt sonderlich willen gottes in Unser Chur Brandenburg die Stadt Spandow undt zuvor Friedebergk betroffen aufs kürtzte undt einfeltigest den sichern undt rohen weltt kindern zur warnung Uns und allen mitleidenden zum trost undt christlicher erinnerung auss heiliger schrift und consensu piae antiquitatis (in Übereinstimmung mit dem frommen Altertum) meldung thun, wie es damit gewandt und was eigentlich davon zu halten sey".

„Anfenglich", so beginnen die Theologen nun ihre Betrachtungen und Bedenken über den Zustand der Besessenen, „ist zwar offenbar, wie der leidige Sathan, aller frommen christen abgesagter und trotziger feindt, sein Spiel unlengest in Spandow getrieben" und noch treibt, wie es „der sehr erbermliche Augenschein bis auf itzo bezeuget", da er viel Personen greulich anficht, täglich martert und übel plaget. Es ist auch nicht unbekannt, welche „visiones oder gesichte er dabey fürgegeben, und was vielfältig von diesem betrübten Wesen unter die Leute auch schriftlich oder im Druck hin und wider ohne bedacht ist gesprenget worden". Manche haben es für „ein lauter Spiegelfechten, geuckeley undt zauberey" gehalten; viele mögen auch nicht gewissen Bericht haben, was „von beyden des leidigen teufels listigen Larven, unter welchen eine betrübt, die andere englisch gewesen, gehalten werden solle". Deshalb ist „zu wissen, das nach fleissiger erkundigung undt betrachtung aller undt jeder umbstende billich nichts anders geschlossen wirdt, es sei diese teuffels plage nicht eine melancholische einbildung, nicht Phantasia oder Zauberey, sondern species quaedam verae obsessionis" (eine Art wirklicher Besessenheit). „Dan das es keine kranckheit des leibes noch des gemüths, befindet menniglich an ihnen, weil sie frisch undt sonst gott lob vernünftig. Das

es auch keine melancholey, ist leicht darauss abzunemen, dieweil nicht
einerley complexion, sondern unterschiedliches alters, standes und art
leute mit diesem grausamen flagello (Geissel), wie es die Schrift allda
nennet, gepeitschet werdo: Dabey mancher seine frische farbe und junges
gebluet, auch ausserhalb derselben anfechtung ziemliche fröhliche geberde
undt Sinne" merken lässt.   Dagegen währet „Melancholie beständig, verursacht viel seltsame einbildung des Menschen und ist wol aus dem An-
gesicht jederzeits zu erkennen: „siquidem melancholici omnes timent,
maerent, vitam damnant, mira sibi fingunt somnia, et commune hoc
habent delirium juxta Hippocratem et Aëtum, timorem et maerorem", (zumal da alle melancholischen Leute sich fürchten, traurig sind, das Leben
verdammen, wunderbare Träume sich bilden, und nach Hippocrates und
Aëtius aus Furcht und Trauer schwachsinnig werden).   Davon aber ist
bei denen zu Spandau „ausserhalb des paroxismi" wenig zu merken.
Man könnte sagen, es habe „der Tausendkünstler der Satan" dies Übel
„durch zauberey, beschwerung des Hertzens und dergleichen seines werck-
zeugs eingeführt."   Dies ist jedoch sehr ungewiss und nicht zu vermuten, darf auch deshalb nicht gesagt werden, damit „dem bösen Lügengeist nicht stadt noch gelegenheit, etwa erbare undt aufrichtige undt fromme
leute felschlich seiner artt nach zu beschuldigen, eingereimet werden".
Zudem ist noch nicht genugsam erwiesen, dass der Schalkgeist von den
Zauberhexen über die Menschen, dieselben zu plagen, Macht bekomme,
weil Gott der Herr allein des Satans mächtig ist.   „Undt ist nicht wohl
zu glauben, das soviel christliche Hertzen an einem ortt durch böser
leute fluch dergestalt sollten aufs höchste betrübet werden.   „Das es
aber nun eine species verae obsessionis (eine Art wahrer Besessenheit)
geben folgende argumenta klerlich."

1. Der „Lestergeist" lässt sich oftmals durch die Besessenen „mit
    seinem Schmehen und lestern wider Gott, sein heiliges Wort und
    treuen Diener" hören, so dass man nicht anders sagen kann, als
    „es sey der leidige teuffel selbst, wie dann alle Blasphemiae den-
    selben eigentlich zuzuschreiben sind."   Ja, er machet sich selbst
    „namenkundig", nennet sich „Luciferum, Doctorem, eductorem, se-
    ductorem" (Lucifer, Doktor, Erzieher, Verführer) und eignet sich
    „fast in die vierzig Namen in den Besessenen zu, damit er ja nicht
    unbekanndt bleibe".

2. Es ist der „hellische Drache, welcher die armen Leute so jemmerlich
    plagett, Ihre Augen verkehrett, verblendett, Ihre ohren oftmals ver-
    stopftett, Ihren leib aufbleset, aufwirft und so starck in ihnen
    rumoret, das ob man gleich mit beiden füssen auf ihren aufge-
    blasenen leib getretten, sie dennoch keinen schaden davon bekomen:
    Ja der teuffel in ihnen darob gelachett, wie dan diselbe praeter und
    supernaturalis vis (ausser- und übernatürliche Gewalt) auch genugsam
    darin zu spüren, dass man die Besessenen oft durch vier oder mehr
    personen kaum erhalten kan."   Es ist der Teufel, welcher die Leute
    „auf beume, in die fewermawren, auf den brun und gefehrliche örter
    geführett und sein trawerwesen mit ihnen gespielett".   Solche Werke

schreibt die Schrift dem Teufel zu, und es passt auch hierauf die
„beschreibung der obsession, welche von etlichen gelarten theologis
zusammengetragen ist: quod sit corporis in protestate sathanae re-
dacti horrenda afflictio et calamitas, qua et laceratum corpus et a
sathana inhabilitatum et actiones membrorum non a mente solum,
sed simul a spiritu impuro reguntur". („Ein trübseligk, erbarmlich,
erschreckliches wesen elendt und zustandt eines menschen, welcher
cörper vom teuffel leibhaftigk besesen, eingenommen, jemmerlich
zerrissen undt zerzerret wirdt, also das desselbigen glidmassen und
ihre wirckung nicht allein von den sinnen oder gemüht undt geist
des menschen sondern auch von dem unreinen geist regierett undt
getriben werden.") Es ist der Teufel, welcher „durch die besessenen
tobet, wühtet undt die leute verletzett und beschedigett; er benimmet
und verhindert ihre sinne, gedanken, gebrauchett und missbrauchet
ihre zungen, hende, füsse undt anderer glieder, weissagett undt redett
durch ihre Zungen frembde Sprachen". „Wie dermaleins ein besessen
megdlein, als sie gefragett worden, welchs der beste Verss im Vir-
gilio were, geantwortet: „Discite justitiam moniti et non temnere
Divos". Es sind auch von etlichen Ursachen aufgezeichnet, „warum
itzo der böse geist nicht frembde Sprachen führe".

3. Wenn man andere Exempel, „derer viel in Historicis aufgezeichnet",
ansieht, so findet man, dass der Teufel mit andern, über die er von
Gott Gewalt bekommen, ebenso umgegangen ist. „Der besessene
bey dem Evangelisten Marc. 5. wird a signis (in seinen Merkmalen)
beschrieben: 1. das er einen unsaubern Geist gehabtt; 2. niemandt
habe ihn können binden und zehmen; 3. habe geschrien undt sich
geschlagen; 4. da er Christum gesehen, gebrüllett undt überlaut
geschrien. Von dem andern schreibt er im 9. Cap.: Das er einen
sprachlosen geist gehabt, der ihn gerissen, der gescheumet undt
mit den zeenen geknirschett, ja der in oftmals ins fewer und wasser
geworfen, das er ihn umbrechte. Welches alles, ob es wohl da
ohne Zweiffel grausamer, wie es der text gibt, als bei den unsern
zu sehen, sintemal in dem ersten eine gantze Legion, das ist über
6000 böser geister zugleich genistett, so können doch mehrers theils
signa hiher gezogen werden, alss das der zu Spandow grassirende
böse geist auch unsauber undt unzüchtig, starck und mechtigk, das
oft fünf, sechs oder zehen personen mit einem allein zu thuen,
schreyet undt brüllet auch hesslich, und da er nicht durch andere
verhindert, schlegt er die armen leute auf ihre Köpfe undt gantzen
cörper, das er sie oft bluttrünstigk machet, wirft einen die stiegen
herunter, den andern führet er in die höhe, nimet sie aus den wegen
undt wil sie erseuffen, kan auch übel leiden, das ein frommer seel-
sorger und Christi schüler ihm entkegen tritt undt mit den besessenen
auss gottes wortt was tröstliches redett."

4. Gleich aus dem Anfang des „paroxismi" der Besessenen ist zu erkennen, dass „der teuffel gegenwertig sey". „Dan sie baldt beginnen
trawrigk zu werden, lassen den mutt sincken, weil der trawergeist

vorbanden, sich oftmals durch seltsame species von ihnen sehen leest, und war ist, was Chrisost. sup. 3. cap. de provident. gesagtt: quos Daemen superat, per maerorem superat (Die der böse Geist überwindet, überwindet er durch Traurigkeit), daher sie den wol melancholici werden, ob sie es gleich von natur alle nicht sein."

5. „Zum fünften wan wir auch eine Zeit mit der andern vergleichen wollen, so befindet sich, das zugleich wie zur zeit des ersten adventus Christi eine grosse menge besessener menschen gewesen, welche der sohn Gottes gesundt gemacht act. 10: also auch itzo da wir nunmehr den letzten advent Christi mit seuftzen erwarten, nimmet solcher Jammer gewaltig überhandt und lesset sich das hellische ungeziefer an vielen örtern in Aegypten diser welt sehen, damit wir in unserm exodo nicht zweifeln sondern vilmehr zu flehen undt zu bitten haben, der treue Immanuel wolle uns nun mehr bald erretten undt den hellischen Pharaonem in abgrundt der hellen stürtzen."

6. In der Offenbarung Johannis ist geweissaget, dass „der sathan sol loss gelassen werden nach tausendt Jahren". Diese tausend Jahre rechnen „viel der gelehrten von Gregorii magni zeiten an, nemlich von Anno 593, da sich die verfolgung der christen auch der Arrianismus zimlichen gestillet". Das Ende dieser tausend Jahre fällt demnach in das Jahr 1593, und nun ist auch wirklich der Teufel „gantz und gar loss worden". Es erfüllt sich das Wort des Isidorus: „quanto propinquius finem mundi diabolus videt, tanto condelius persecutionem exercet" (Je näher der Teufel das Ende der Welt sieht, desto grausamere Verfolgung übt er). Es ist kein Zweifel, dass Gott durch diesen mächtigen Feind die Menschen heimsucht, weil allerhand Sünden im Schwange gehen. „Der teuffel ist gottes sein henker", spricht Lutherus, „damit er die bosshafte weltt straffe."

„Auss welchem allen in Kürtze erwiesen, dass diess Spandowsche Unglück nicht schertzlich aufzunehmen undt zu verachten oder für Zauberey zu halten sey, sondern vielmehr pro obsessione."

Dass es aber „ein species oder eine artt einer waren besitzung sey", geht daraus hervor, dass der Teufel, der „truculentior in vielen tumultuiret, zukünftige Dinge verkündigett, leute beschedigett, ins fewer geworfen, umb leib und leben gebracht hatt", in Spandau diese Gewalt nicht bekommen hat. Er hat zwar der armen Leute Körper eine Zeitlang geplagt, aber den Umstehenden nur wenig Schaden zufügen können. Gott meint es also noch väterlich, dass er dem „hellischen peiniger" nicht seinen Willen, die Menschen zu verderben, zulässt. Er will nur die Menschen erinnern, der „ewigen Marter und qual in zeit der gnaden zu entflihen". Wer sich hierdurch nicht bewegen lässt von „sewischen frechen willen, unsaubern leben, bei welchem gewisslich die bösen geister sein", abzustehen, der wird dermaleins „des gestrengen richters sententiam cum executione parata Urteilsspruch und bereite Vollstreckung desselben nicht allein an seinem Leibe, sondern zugleich auch an der seelen endlich fühlen müssen". Es ist nicht nötig zu fragen, ob es möglich sei, dass

„der böse feindt die menschen substantialiter in Person leibhaftig besitze
oder tantum effectu malitiae nur durch die Wirkung der Bosheit". Denn
1. redet die Schrift hin und wieder von den Besessenen, dass der Satan
in sie gefahren, wie Joh. 13 und Marc. 9; 2. redet der Satan aus den
Besessenen Körper, als durch „bequeme instrumenta und Werkzeuge, wie
er durch die schlange mit Eva im paradiss geredett"; 3. bekennen die
Geplagten in Spandow selbst, dass sie „es fühlen als wan ihnen ein
kalter windt im leibe zu wehen beginnett, der sich windett, wie eine
Schlange, biss er an das Hertz kompt; alsdan benehme er ihnen also
fort ihre sinne, das sie nicht wissen, was sie ferner reden oder thun
mögen"; 4. ist kein Zweifel, dass „wie die heilige Dreyfaltigkeit ihren
tempel in den menschen bereitett, Joh. 14 undt 1. Corinth. 6, also auch
der leidige sathan seinen sitz bey unss armen dürftigen leuten anzu-
schlagen gedenckett, undt wan es ihm von gott dem herrn (wie es am
tage) wirdt verstattet wider alle unser Vernunft undt sinne er solches
verrichten undt ins werck setzen kann, tantum et eo modo quo ipsi est
concessum", soweit und in der Art, wie es ihm selbst zugestanden ist;
doch muss er als „ein schendlicher und schedlicher gast weichen undt
einem sterckeren stelle undt ortt einreumen".

Der zweite Teil des „Bedenkens" handelt von den Erscheinungen.

Was die Erscheinungen, „so bey dem betrübten wesen mit ver-
laufen", anbetrifft, so handelt es sich nicht darum, zu untersuchen, ob
die Engel wirklich erscheinen können, „welches niemals von rechtgleubigen
in zweifel gezogen", sondern ist zu bedenken, „ob uns gott der all-
mechtige ein besonders ausserhalb des Lehr- uud predigtampts in dieser
letzten wellt machen wolle".

„So settzen wir anfenglich diss zum grunde, das nach dem geoffen-
barten Evangelio nach den Apostolischen und prophetischen schriften des
newen tetaments nirgendt gelesen wirdt, das unser Herr gott seine christliche kirche auf eine newe weise durch Engel hatt mündlich unterweisen
und lehren lassen, oder auch in seinem wortt versprochen und zugesagtt,
das er der weltt zum Valet nachdem er in den letzten tagen durch
seinen sohn geredett, Englische prediger zuschicken wolle."

Es ist „unleugbar, das der tausendtkünstler auf mancherley weise
den kindern gottes nachstellet", wie aus dem neuen Testamente und dem
Augustinus bewiesen werden kann. Es ist deshalb genau zu untersuchen, ob die vom „Hutergesellen Gabriel Kummer" und andern Besessenen genannten Geister gute oder böse gewesen sind. Es „gehöret
freylich die Dreyerley proba dazu: scriptura, oratio, consideratio, juxta
Anshelmum et Gerson" (Schrift, Rede, Betrachtung nach Anselmus und
Gerson).

1. „Die armen weiblein, welche discretionis spiritum (Unterscheidungs-
    vermögen) nicht haben", halten die Engel deshalb für gute, weil
    „Fortitudo Dei auf ihrer Brust gelesen" worden, weil sie das „Te
    Deum laudamus" gesungen, wider den Satan gestritten und sie ver-
    mahnet haben, man solle sich nicht fürchten. Es kann sich jedoch
    der Lucifer „mit buchstaben, worten undt geberden" ohne Zweifel

„fromb und freundlich" erzeugen, um dadurch „mehr verführung, aberglaub und phariseische gleisnerey einzuführen". Mehr aber wiegt noch, dass „der böse Lügengeist wol eines engels namen zu führen sich unterstehen darf, nachdem er sich nicht geschemet sich Christum zu nennen, wie in Historia Martini Hilarionis undt anderer gelesen wirdt". Es kann auch der Teufel eine „Englische stimme gebrauchen undt sich hören lassen, alss ob er noch so ein frommer schalck were", und daher „den schönen Hymnum Ambrosii undt Augustini „Te Deum laudamus" singen oder einen solchen schall für die ohren machen", wie dies genugsam aus schriften dargethan werden kann und „wie gleichfalls seine organa, als da sindt ketzer. münche (Mönche) undt falsche christen, auch göttliche christliche gesenge gebrauchen". Auf solche Weise stellet sich der Teufel „aufs heiligste, vermanet zur busse, saget zu zeiten was war ist, alles zu dem Ende, damit er die weltt betrige undt in aberglauben führe". „Das er tröstet, das er sich gleichsam in streit mit seiner gesellschaft einlest, ist auch lauter betrigerey undt teuscherey, damit er sich ein grösser ansehen als dem wortt gottes machen wil."

2. „Undt ob er gleich viel vom jüngsten tage redett undt heisset sie dazu bereiten, so folgett doch darauss nicht, das er darnach ein recht verlangen trage." Aus den vitis patrum kann man Beispiele anführen, dass sich der böse Feind gestellet, als ob er es mit den Leuten gut meine, dabei aber ihnen „am allermeisten nach leib und leben gestanden". Deshalb haben „die lieben alten ihnen auch Engels gestaltt und wortt nicht begerett zu sehen undt zu hören".

3. Der Edelknabe bekennet, dass er den ihm erschienenen Engel zuerst für gut gehalten, nachher aber gemerkt habe, dass es der Satan selbst sei, da derselbe verschwunden, als er ihm auf seinen Befehl antwortete, er wolle gehen im Namen Gottes des Vaters, des Sohnes und des heiligen Geistes.

4. Wenn man der Engel Rede mit der Schrift vergleicht, befindet sich, dass es „ein heuchlischer Geist" ist, der die Obrigkeit und die Priesterschaft bereden will, „samb stünden sie alle mit gott woll dran, es were nur umb das liebe armut zu thun", der „die herzliche busse aber nur eine halbe busse und Rewe zu Spandow (undt sonst nirgendt) predigett, von Christi leiden und sterben nichts sagett, gewisse betestunden, als wan gott am meisten damit zu versühnen, anordnett, besonderlich am abende, wan man am wenigsten nüchtern", „der gott den Vater nicht also beschreibet, wie er sich im newen testament durch seinen Sohn selbst geoffenbarett, undt sich endlich selbst an tag gibt, sowol in der falschen Determination der straffe, so in drey Wochen erfolgen solte, als in der letzten Stimme wehe, in welches wehe undt betrübnuss er die armen leute zu Spandow zu bringen in willen gentzlichen gewesen".

5. Es kommt auch verdächtig vor, dass sich der Geist unterstehet, „der hohen Obrigkeit undt den predigern fein zu heucheln, damit sie in sicherheit und vermessenheit mögen geführet werden." Hieran kann

man die falschen Geister prüfen und erkennen wie die Löwen an
ihren Klauen; denn „wan der sathan die menschen nicht offentlich
verführen oder mit gewalt unterdrücken kan, so unterstehet er sich
durch heucheley mit hinderlist undt falsche propheten vorzubringen".
„Die Engel und mundtboten des herrn, die propheten, wan sie die
weltt umb der sünde willen straffen, nemen sie die Heupter nicht
auss, sondern fangen an von denselben, beydes im geistlichen undt
weltlichen stande, diese postboten aber unterstehen sich respectum
und discrimen personae (Berücksichtigung und Unterschied der Personen) anzustellen, da doch bei gott undt seinem reich kein unterschied ist, sondern wer ihn fürchtet undt recht thutt ist ihm an-
geneme."

6. Ob der böse Geist gleich „hoffart, fressen, sauffen, welches auch
   haupt laster sein," strafet, so spottet er dabei doch der Menschen.
   Er bringt sie auf den Gedanken, die Frömmigkeit bestehe in kleinen
   Kragen, gewissen Betstunden und dergleichen, und zieht sie dadurch
   vom Predigamte ab, darinnen sie „die lieben Engel, das sind die
   trewen diner gottes, genugsam zur besserung des lebens ermanen".

7. Die Erscheinungen erweisen sich auch dadurch als falsche, dass
   „der Videns (der Sehende) das ist der hütergesell selbst beginnt
   zweifelmütig darob zu werden und keinen solchen freidigen muht
   hat, als ehemals die lieben Videnten."

„Was wolte hirauf erfolgen, wan wir des Sathans list uns dergestalt verblenden liessen? würden nicht lauter superstitiones hirauss er-
wachsen, das heut dise morgen ein ander stunde velut horae canonicae
introduciret würden undt ein newe papatus anginge, ja eine grosse se-
curitas und impietas: sintemal die sicher weltt, in ihrem wesen gesterckt,
das predigampt verachten, auf newe revelationes gaffen, gottes willen
nun erst von Engeln hören wolte, wie dan alle schalckheit des teuffels
stehet darin, das er uns vom wortt reisse." Deshalb wird in den vitis
patrum (Leben der Väter) geraten, man solle auf die Befehle der Engels-
erscheinungen und ihre Erinnerungen nichts geben, sondern in seiner
christlichen Gewohnheit fortfahren. Man muss auch nicht darauf sehen,
dass „etzliche vorwitzige für ein sonderlichen und seligen zustandt und
glück anzihen, wan man Englische gesicht haben kan, wie die wider-
teuffer, schwenckfelder undt ander Irrgeister oder auch die itzige weltt,
die sich stellt, als wan sie dan allererst wolle zur busse kommen, wan
gott durch Engel sie vermahnen liesse".

Der dritte Teil des „Bedenkens" handelt von den gegen den
Teufel anzuwendenden Mitteln.

„Soviel die remedia, Heilmittel, wider des teuffels wueten toben
und schalckheit anlangen thutt, sind diselben vom hern Christo selbst
Matth. 17. gezeuget, da er spricht: Diese art fehret nicht auss, dan
durch beten und fasten: Es muss aber das beten hertzlich, stettig undt
ohne Unterlass geschehen, von denen so einen rechtschaffenen glauben
haben und denselben mit besserung ihres lebens an tag geben und beweisen thun: Undt soll sonderlich in dem namen Jesu, für welchem die

teuffel auch heut zu tage erzittern, undt Christus selber spricht von seinen Jüngern undt von allen gleubigen Marc. 16.: In meinem namen werden sie teuffel austreiben." Es ist gut, dass alle zum Gebet für die Besessenen kommen, auch kann man bei dem Gebet „mit grossem eiffer und kraft, in anruffung Jesu Christi befehlen und gebieten", dass der Satan weiche.

„Eine fröhliche musica ist dem hellischen trawergeist zumahl widerlich, wie aus der historia Sauli, 1. Sam. 18. bekandt." Als David „mit der harffe geistreiche psalmen gespielett und gesungen, ist es mit Saul etwas besser worden". Wo man lehret und vermahnet mit Psalmen und geistlichen Liedern und alles in dem Namen des Herrn Jesu thut, da muss „der Schreckengeist mit seiner Melancholey weichen, undt kömmet also geist und leben, muht undt frewde wider zusammen." „Von nöten were es gleich wie das erste remedium, nemlich das liebe Gebet, von welchem die teuffel als das Wachs verzehret werden, getrieben wirdt, also auch das fasten nicht unterbliebe." „Fasten aber ist nicht allein sich messigen und ein angezogenes Leben führen," sondern es heisst auch „des andechtigen und inbrünstigen Gebets halben bisweilen der speise und trancks" sich enthalten, jedoch nicht in der Absicht, dadurch etwas zu erlangen, sondern um sich „zur waren busse undt betrachtung gottes zorns zum rechten erkentnuss unseres heilands durch des heiligen geistes beystandt gleichsam ermuntern".

„Nachmals sol man mit dem teuffel nicht viel gesprech halten, noch in weitleuftigem Disputiren sich mit ihm einlassen, sondern ihn verachten und in abgrundt der hellen weisen."

„Die besessenen soll man auch post liberationem (nach der Befreiung) ermahnen, das sie ernstlich gott anruffen, er wolle ihnen ohren, zunge, augen undt hertz nicht lassen durch des sathans sein lesterunge missbrauchen, sondern zum werkzeuge seiner ehren gebrauchen: man tröste sie auch, das sie gleichwohl scheflein sein unsers hern Jesu Christi und trewen ertzbischofs, obschon der arme leib eine zeitlang geplaget werde von dem hellischen wolfe, so schade es doch ihnen nicht an ihrer seelen, so lange sie sich auf ihren heilandt Jesum Christum gentzlich verlassen undt sich ihm allein ergeben, wie sie dan wegen diser ihrer anfechtung nicht in zweiffelmuht gerahten sollen, als wan sie nicht Christum, sondern dem sathan zugehörten, sondern sollen viel mehr auss diesem ihrem nohttstande schliessen, dass Christus sie als seine kinder wolle zu rechtschaffener bekehrung dringen, züchtigen undt ihren glauben probiren, damit sie desto lieber zu Christo flihen undt bey ihm ausstawern."

„Was die lieben alten de humilitate et patientia (über die Demut und Geduld) normiret, wirdt alles durch das gebett begriffen, dan wir unss für gott demühtigen sollen, seine handt erkennen, wie der teuffel auch gottes handt genennet wirdt." Wir sollen „in unserm creutz geduldigk sein, nicht auf die böse Leute, auf unsere widersacher und feinde solches unglücks ursache auss feindseligem verdacht schieben, sondern unser sünde undt gottes brennenden zorn hertzlich bedenke". Sollen, von unserm vilfeltigen sünden, schelten, fressen, sauffen, unzucht, hass, neidt, geitz, verleumbdung, dadurch der sathan über uns gewalt erlangett ablassen, die sünde, die kegen den himel schreyen, als da sindt todt- schlagk, sodamitisch wesen, unterdrückung der armen undt hinterhaltung des verdineten lohns der armen, gantz einstellen undt abschaffen, damit wir weder leiblich noch geistlich, das am gefehrlichsten ist, besessen werden, oft unss zum beichtstul undt communion halten, da uns ver- gebung der sünden zugesagt undt versiegelt wirdt." Auch die armen Besessenen sollen „darzu gehen, wan sie so viel fride haben können". „Das etlich meinen man soll sie propter blasphemias (wegen der Spötte- reien) nicht zum tisch des hern lassen, ist wider der alten kirchenlehrer ihr concilium, die es dafür gehalten, dass die heilsame Speiss undt trank des leibes undt blutts Christi dem teuffel ein sonderlich gift sey undt die christen hirdurch terribilis werden leonibus infernalibus (schrecklich werden den höllischen Löwen)." Man folge den alten Kirchenlehrern „undt bringe die arme menschen in die gemein undt zur offentlichen versammlung, wie zur zeit Augustini geschehen, halte mit vleissigem gebett an, biss gott der barmhertzige solch jammer undt elendt geendigt umb seines lieben sohnes willen". „Das man aber vermeinet durch viel segnen, stettem creutzmachen, edelgesteinen, kreutter, oel, geheiligten undt geweiheten Dingen die teuffel ausszutreiben ist abergleubigk, ob man schon liset das bey den alten dergleichen ritus undt ceremonien sindt gebraucht worden."

„An diesen remediis," so schliessen die Theologen, „wie sie dan gantz löblich zu Spandow in der heiligen kirchen angestellet, auch mit grossem ernst in des wolgebornen hern graffen unsers gnedigen hern hause teglich continuiret undt gehalten worden, müssen wir uns an diesem hellen licht des evangelii genügen lassen, welches wir aus dem göttlichen wortt allein nemen, in gewisser bestendiger hofnung, da wir unser leben semptlich bessern, mit den Ninivitern beyde hohes undt nidriges Standes ware hertzliche rechtschaffene busse thun, von gebett nicht ablassen, den schlangentretter umb hülfe anruffen, es werde der teuffel in abgrundt der hellen durch das kreftige wortt, welches ein zweyschneidiges schwertt ist, also fortt verjagt, undt wir hernachmals für die gnedige hülfe und errettungk dancken werden undt lobsingen Jesu Christo, welcher kommen ist in die Weltt, das er des teuffels werck zerstöre."

„Der verleihe allen christen gedultt, erhalte uns als seine scheflein, die er mit seinem Rosinfarben blutt tewer von des teuffels tyranney er- losett, undt beware unss samptlich zu dem ewigen leben. Amen!"

Moehsen erzählt in seiner Geschichte der Wissenschaften in der Mark Brandenburg über diesen Vorfall, dass das Übel sich gemindert habe, als der Rat eiserne Ringe in den Mauern habe befestigen und die Besessenen, welche wie Mondsüchtige oder Wurmkranke auf den Schorn- steinen, Dächern und Brunnen mit Lebensgefahr herumgekrochen seien, mit Ketten daran festschliessen lassen. Er beschuldigt die Geistlichen, dass sie die armen Leute in ihren verrückten Einbildungen bestärkt und sie gebraucht hätten, ihre Lehrsätze von der Gewalt des Teufels zu bestätigen.

Er schliesst dies daraus, dass die Reden, deren sich die Besessenen bedienten, um im Namen des Teufels die Menschen über die Modesucht zu bestrafen und die Moral zu predigen, vollkommen in dem damals üblichen Kanzelstil gehalten seien. Angesehene und rechtschaffene Männer, welche die Bosheit und die verworrene Einbildungskraft dieser elenden Menschen erkannt und ihre Schalkheit verachtet hätten, seien von ihnen dafür mit üblen Nachreden und unanständigen Verleumdungen durchgezogen worden. Wenn ein Geistlicher in seinen Predigten gelinder gewesen sei, und über die neuen Moden nicht so gelärmt und gepoltert, auch dem Teufel und seiner Gewalt nicht das Wort geredet habe, so sei er von dem Teufel selbst durch die Besessenen ermahnt worden, seine Gemeinde mit mehrerem Eifer zu bestrafen und mit Ernst anzugreifen. Dies sei dem Inspektor und Pfarrer zu Spandau, Magister Calerus, begegnet, den der Hutmachergeselle auf Befehl eines Engels, wie er vorgab, ermahnte, gegen die Modesucht und Schlemmerei zu predigen.

Diese Erklärung der sonderbaren Vorgänge in Spandau trifft ohne Zweifel das Rechte. Ein frommer Betrug liegt jenen Vorgängen zu grunde, — ein frommer Betrug, nicht besser und nicht schlechter wie der, welcher heute in Lourdes, Marpingen und Dietrichswalde verübt wird. Wie heute die rechtgläubige katholische Geistlichkeit in dem Bewusstsein, dass der Glaube an ihre vernunftwidrigen Dogmen zu wanken beginnt, durch künstliche oder erdichtete Erscheinungen der Mutter Gottes denselben zu beleben sucht, so war die orthodoxe lutherische Geistlichkeit am Ende des sechzehnten Jahrhunderts bestrebt, ihren Teufels- und andern Dogmen durch leibhaftige Erscheinungen des „Gott sei bei uns" neuen Halt zu geben. Und wenn es heute im letzten Viertel des so aufgeklärten neunzehnten Jahrhunderts möglich ist, dem stupiden Volke den Glauben an eine leibhaftige Erscheinung der Mutter Gottes einzuimpfen und tausende zu Wallfahrten nach Lourdes, Marpingen und andern Orten ultramontaner Heiligkeit zu bestimmen, warum hätte es der hyperorthodoxen lutherischen Geistlichkeit am Ende des sechzehnten Jahrhunderts, deren Dogmatismus dem der Ultramontanen unserer Tage durchaus nicht nachstand und überhaupt nichts zu wünschen übrig liess, nicht gelingen sollen, ihren noch in tiefem Dunkel wissenschaftlicher Erkenntnis befangenen Zeitgenossen die Erscheinungen von Engeln und Teufeln glauben zu machen? Sie gingen dabei auch ganz methodisch zu Werke, wie die Äusserungen der Magd Katharina Richter zeigen. Erst ist es ein älterer Mann, der warnende Gefühle hat, dann ein Junggeselle und zuletzt eine Jungfrau. Ja, ist es gleich absurd, so hat es doch Methode!

Des Grafen Rochus von Lynar Schreiben an den Churprintzen Joachim Friedrich, wegen der Besessenen zu Spandau. 1594.

Durchlauchtigster Hochgeborner Fürst, Ewere F. G. seindt meine vnderthenigste, gehorsambe vnd gantz willigste Dienste bestes Vermuegens bereitt zuvorn. Gnedigster Herr, Das E. f. gd. Ich auf Derselben gnedigsten Beuehlich zu andtwortten, so lange vertzogenn, Bitte Ich Vnder-

20

*thenigst, E. f. gd. desfalls keinen missgefallenn haben wollen, Dann Ich
gleich woll, wie es an Ihm selber die notturfft erfordert, Diese sachenn
gerne also ferttigen vnnd E. f. g. zuschicken wöllen, Do mitt sie den
rechtten grundt, was bisshero vor Erscheinungen vnnd offenbahrungen, sich
in Spandow bey etzlichen Personen, begebenn, wissen vnnd haben möchttenn,
wie dann E. f. gd. aus beygefuegtem Product, was fürnemblich vorge-
laufenn, zu ersehenn, vnndt dahero zum Theill abzunehmen, Inn was grosse
nott vnnd gefahr die Armen Leutte zu Spandow stecken, Jedoch auch
dabey Gottes gnedige vnnd väterliche Züchtigung, die so woll den andern
Personen, alss die es leiblich angehett, zum besten gerichet, vorhanden
ist, vnndt ist kein Zweifell, wo ferne nur die Leutte, also, wie Gott Lob
angefangen, mitt herzlichen vnnd embsigen behten vorfahren, dem lieben
Gott inn die Ruthe fallenn, vnnd wahre bestendige Buesse thuen, Das
Seine Göttliche Almacht den gefasten Zorn wiederumb sincken vnnd fallen
lassenn, vnnd sich dieser hohen grossen nott veterlich erbarmen werde,
Alsdann, dafur dem ewigen Vater höchlich zu dancken, es sich allbereits
also anlasset, dass bey diesem grossen Vnglück Besserung, vnnd enderung
befunden wirdtt, Inn deme, das nach Vorkündigunge des Engels, Das von
den besessenen Personen, Ihrer Sieben erlöset seinn, sich es also befindet,
Auch Gott sey Lob, nichtt mehr von newen dergestaldt angegriffen werdenn,
Das also vngezweifelt dieser grosser Jammer gantz vnd gar von der Stadt
Spandow durch Gottes gnade abgewendet, vnnd ein Jedes frommes Christ-
lichs Herz, alles Leides ergetzet werden wirdtt, Es thuen auch, dafur dem
Allerhöchsten zu dancken, die Leutte was Ihnen hierbey beuolen, setzenn
dem Gebett nichtt alleine in der Kirchen, Sondern in den Häusern zu den
verordneten Stunden auch sonsten vleissigk nach, brauchen der Hochwir-
digen Sacramenten, Also, das gar ein Newer Wandell bey dem Volcke
zu spüren, Dobey sie dann der getreue Gott bestendigk erhaltten vnd
stercken Wölle, Vnd Ich meines theils E. f. gd. vnderthenigst embsig-
lichen bitten thue, Sie Wölle diese grosse nott beherzigen, vnndt das dieselbe inn Dero Landen auf allen Cantzeln mitt vleissiger Vorbitt stettiglich
möge gedacht werden, gnedigste Verordnung thuen lassen. Ich lasse mir
aus schuldiger Pflicht vnnd Christlicher Lieb wegen diese sache so hoch
angelegen sein, Alss mir mueglich ist, Habe auch auf vnderthenigstes
suppliciren bey dem Churfursten zu Brandenburgk etc. E. f. g. hertzge-
liebten Hernn Vatern, Meinen gnedigsten Hern es doheim befödert Das
S. Churfl. G. Deroselben Verordneten Visitatoren, Item die Prädicanten
in Berlin vnnd Cöln, so woll auss beiden Städten, alss Alten vnnd Newen
Brandenburgk, durch abgangene Schreiben verordnet, Das sie aufn zukünftigen Sonnttag zu Spandow erscheinen, wie der Böese feindt seinen
muettwillen vnd Tyranney ann die Armen Leutte übet, mitt ansehenn,
vnndt ihrenn rahtt vnndt Meinunge, wie es ferner mitt dieser sachen antzu-
greifen, mittheilen sollenn, Wortzu der Almechtige seine gnade vorleihen
wölle, Was meine Personn betrifft, Weiss Ich kein besser mittel vnd wegk,
denn das man die beste gewehr, welches ist das Liebe Gebett, getrost,
ohne aufhören, vnd aus hertzen grundt gebrauche, von Sunden ablasse,
vnndt thue was Gott Wolgefellig ist: So wirdt alssdenn die Plage vnd*

*Straffe ohne allen zweiffel auch woll aufhören, vnd abgewendet werden,
Welches Ich von hertzen grundt wünsche vnd bitte. E. f. G. soll Ich auch
woferne, künftig etwas mehr nötigs vorfellet, solches derselben zueberichtten
nicht vnterlassenn, Ich habe auch kegen E. f. g. vielgeliebten hernn Sohns,
Marggraf Johans Georg, Administratoris des hohen Stifts Strassburgk etc.
ankunfft in Ablager zu Pottstamb vnnd Ziesar bestellet, auch vmb gnedigste
Resolution, bey dem Churfursten zu Brandenburgk, E. f. G. vielgeliebten
Hern Vatern, Meinem gnedigsten Hern schrifftlich angehalten, wie es domitt
zu Brandenburgk gehaltten werden, vnd soll auf erfolgete Erklerung es
also bestellet werden das kein Mangell vorfallen soll, Vnndt Do E. f.
G. Ich viell nutzbarliche vnd vortregliche Dienste vnderthenigst bezeigen
werde können,*

*Sollen mich Dieselbe, ohne das ich mich dessen schuldigk erkenne,
Jederzeit gehorsamlichen bereittwilligk erfinden, Mitt vnderthenigster Pitte
E. f. G. Mein gnedigster herr seinn vnd Pleiben Wollen, Hiermitt E. f.
G. dieselben hertzliebste Gemähelin, Junge hern, Freulein, vnd alle Dero
Bluttuerwandte in des Allerhöhesten Väterliche Beschirmunge, vnderthenigst
getreulichen thue berehlen, Datum Cölln, den 29 Novembris Anno 1594.*
undertenigster und gehorsamster
diener usque ad mortem
Roch Graff zu linar.

Extract

*eines Schreibens aus Spandow, welches der Ehrwürdige Herr M. Albertus
Calerus, Pastor daselbst, an einen guten Freünd geschrieben und Ihm den
erbärmlichen und jämmerlichen Zustand davon zuwissen gethan, unterm
dato 19 Decembr. dieses 94sten Jahres. Wittenberg, gedruckt bey
M. Georg Müller 1594.*

Günstiger und guter Freünd.

*Da ihr einen gewissen Grund von unserm betrübten, jämmerlichen,
kläglichen und erbärmlichen Zustand begehret zu wissen, kan ich eüch
nicht verhalten, dass uns Gott all hier einen grossen Zorn und Straffe
zugeschicket hat, nemlich einen Hauffen Teuffel und bösen Geister, welche
die Menschen besitzen und sehr übel martern und plagen, dass es einen
Stein in der Erde erbarmen möchte, und wenn man sie fraget: Warum
sie die Kinder Gottes also martern und plagen? antworten sie: Ihr wolt
nicht hören, ihr wolt nicht folgen, ihr wolt nicht glauben, ihr wolt nicht
beten, darum müssen wir eüch plagen; Sagen ferner, dass es ihnen sehr
wehe thue, dass sie uns damit dienen müssen zur Seeligkeit, denn wir
würden nun so klug, dass wir fleissig beten und sie könten uns nun nicht
beykommen; Sie wolten sonst wohl Zehen kriegen da sie also nicht drey
kriegen können. Der angefochtenen und besessenen sind in die 38 jung
und alt, und ist das Elend und der Jammer sehr gross, dass wir wohl*

20*

bedürffen, dass uns Christliche Leute zu Hülffe kommen mit ihrem Christlichem Gebet.

Was die Apparitiones der Engel betrifft, sind derselben etliche erschienen, treffen darinn alle überein, dass sie vermahnen zur wahren Busse und Belehrung, zum Gebet um Ablegung der übermässigen schändlichen Hoffart und zur Vermeidung des sündlichen Lebens. Sie sagen von den grossen Krausen, von den langen Schleüssen an den Röcken, von den grossen Springern, von den Cornetten von den grossen aüfgeschlagenen Hüten, von den grossen Bäuchen, dass Gott einen grossen Abscheü davor habe und könne es länger nicht ansehen; würden wir nicht Busse thun, so werde Gott in kurtzen straafen mit Finsternissen, mit Erdbeben, mit Pestilentz, Krieg, Blutvergiessen, theürer Zeit und mit Feüer, das Gott über uns werde regnen lassen: Wenn das nicht helffen will, so werden Steine in der Erden und die Grund-Mauern brennen, wie Stroh. Was aber davon zuhalten, haben die Hochgelahrten, so aus Churf. Anordnung anher gesandt, alles sich zuerkundigen, und zu besehen noch nicht categorice geschlossen, ob es Engel oder Teufel gewesen, welche sich in Engels Gestalt transferiret haben. Es werden aber die Hochgelahrten beydes von Berlin und Franckfurt nach den Feyertagen aus Churfürstlicher Verordnung wieder zusammen kommen und schliessen, was von solch Apparitionibus und Erscheinungen zu halten sey. Der Engel, so einen jungen Gesellen dreymahl erschienen, hat ein lang weiss Kleid von der Brust weggenommen und seinen Nahmen gezeiget, darauf stand mit grossen versal-Buchstaben auf der rechten Seiten: Fortitudo Dei, auf der linken: Fortitudo. Er hat ein güldnes Creütz mit einem Crucifix am Halse gehabt, und eine Sense in der Hand und einen Rauten-Crantz aufgehabt mit Gold bewunden und ein langes gelbes Haar. Unter dem Creütz in der Hertzgruben haben Arabische Buchstaben gestanden, welche so viel geheissen, als Vir Dei. Er hat auch gesagt: Er sey ein Post-Bote des Herrn, der Zur betrübten Zeit in Judaea die Botschaft gebracht der Jungfrauen Maria, etc. Was die Hochgelahrten aber von dieser und anderen Apparitionibus und Erscheinungen schliessen werden, das könnet ihr auf eine andere Zeit erfahren.

Es hat allhier der böse Feind viele und mancherley Sachen ausgestreüet, als Geld, Leinwand, ausgehöhlte Büchslein, Kräntze güldene Borten, Knäuffe, Ringe, Garn, Zwirn-Kneüel, wer etwas aufgehoben, der ist besessen worden, drüm haben wirs in der Schul und auf den Cantzeln verbohten, dass Niemand etwas aufheben soll. In Berlin führt er ietzt auch an auszustreüen, und da ist einer schon besessen; aber sie haben auch auf der Cantzel verboten und die Leüte gewarnet, dass sie nichts aufnehmen sollen, es sey auch was es sey.

Solches habe ich Eüch nicht verhalten wollen, in grosser Eyl und grosser Betrübniss gegeben aus Spandow den 19 Decembris Anno 1594.
E. E. und V.

williger
M. Alberto Calerus
Pastor Zu Spandow.

8. Schicksale der Stadt während des dreissigjährigen Krieges.

Obwohl Spandau während des dreissigjährigen Krieges keinen feindlichen Angriff erfuhr, in seiner Nähe auch keine Schlachten geschlagen wurden, so hatte es doch von Durchmärschen und starken Einquartierungen, durch die wiederholt auftretende Pest und die unaufhörlichen Kontributionen und Naturallieferungen und endlich auch durch die infolge des Krieges angeordnete Befestigung der Stadt ungeheuer zu leiden.

Kurfürst Georg Wilhelm hielt es, wenn auch zunächst nur im geheimen, mit den aufständischen Böhmen. Er gestattete deshalb im Jahre 1620 den englischen Truppen, welche mit Genehmigung König Jacobs I. von Privatpersonen zur Unterstützung des zum Könige von Böhmen erwählten Kurfürsten Friedrich V. von der Pfalz auf britischem Gebiete geworben und von dem Obersten Andreas Gray geführt wurden, auf ihrem Marsche nach Böhmen den Durchzug durch die Marken. Am 20/30. Juni 1620 kamen diese Truppen durch Spandau, das wenige Wochen vorher, am 13/23. Mai von einem grossen Brande, welcher die ganze Jüdenstrasse in Asche legte, heimgesucht worden war. Der Durchmarsch war schon im Januar durch einen kurfürstlichen Erlass angezeigt worden. Es war dabei bekannt gemacht worden, dass die Truppen von kurfürstlichen Kommissarien geleitet werden würden. Man hatte auch darauf hingewiesen, dass jeder bei dem Durchmarsche sich und das Seine in acht haben und des Proviants halber Anstellung machen, und dass einem jeden „nach billiger Taxe" bezahlt werden solle, was er den ankommenden Kriegsleuten verabreichen werde.

Im Jahre 1622 brach bei der infolge der schlechten Münze herrschenden Teuerung in der Stadt ein Aufstand aus. Es wurden verschiedene Häuser gestürmt und viele Gewaltthätigkeiten verübt. Mehrere Personen wurden verhaftet und von diesen drei hingerichtet und zweien der Staupenschlag erteilt.[1]

Die Münzverschlechterung hatte damals ganz erschreckliche Dimensionen angenommen. Es war soweit gekommen, dass der Reichsthaler zu fünf schlechten Thalern gerechnet wurde. Dadurch wurden diejenigen, welche von ihrer Besoldung oder ihren Renten leben mussten, hart betroffen. Die Schlechtheit der Münze steigerte natürlich den Preis aller Bedürfnisse ganz gewaltig. „Der Handwerksmann insgemein," heisst es in einem Münzedikte von 1623, „wie auch die Kramer alle, die Fischer, Bäcker, Brauer, Fleischer, ja auch der Tagelöhner und Botenläufer, der Bauer auf dem Lande und wie sie weiter heissen, haben auf den geringen Gehalt der Usualmünzen gesehen und alle Ding fünffach so teuer als

---

[1] S. S. 319.

zuvorhin bezahlet und belohnet genommen. — Mit manchen ist es darüber alsoweit gekommen, dass er sich fast von Sinnen gegrämet, auch
wol gar Hand an sich selbsten legen wollen: mannicher hat sich auch,
und zwar inner als ausser Gerichts verlauten lassen dürfen, ob er also
gezwungen vor 1000 Thaler guter alter Münzen, zweihundert Reichsthaler annehmen müsse, das Leben gar dabei zuzusetzen.“ „Es seind
auch,“ heisst es weiter, „unsere Räte und Gerichte hierdurch dermassen
irre gemacht, dass sie in Entstehung gütlicher Handlung nicht mehr gewusst, was sie den Sachen vor einen Ausschlag geben sollten; in massen
dann dergleichen Sachen bloss aus diesen Ursachen in suspenso verbleiben und gelassen werden mussten. Was aber solches vor einen
grossen Nachteil und Unheil einem Lande gebäre, das rede das Werk
an ihm selbsten. — Ja es sind die Inkonvenienzien alle, so aus diesem
schändlichen Brunnquell der leichten Münze hergeflossen, nicht alle zu
erzählen; denn auch niemand bei so unstandhaftigem Münzwesen gewusst,
was sein Vermögen oder nicht sei.“ Es dauerte lange, bis diesem Unwesen gänzlich gesteuert wurde. Im Anfange des Jahres 1626 beschlossen
Landschaft und Stände diesseits und jenseits der Oder zur Verteidigung
des Landes 500 Mann zu Ross und 3000 Mann zu Fuss zu werben, die
auf den ersten Mai zusammensein und hernach an die Orte, wo man
ihrer bedürftig sein werde, geschickt werden sollten. Zweien Kompagnieen
zu Fuss, jede 200 Mann stark, wurde als Laufplatz Spandau angewiesen.
Diese Kompagnieen und dazu einige Fähnlein Reiter scheinen· als Einquartierung in der Stadt verblieben zu sein, wenigstens war die Stadt
im Mai mit etlichen Fähnlein Reiter und mit Fussvolk belegt.

Zur Unterhaltung der Truppen wurde eine Defensionssteuer er-
hoben. Der Rat von Spandau war lässig in der Abtragung der auf die
Stadt fallenden Quote, und der Kurfürst machte ihm deshalb in einem
Rescripte vom 6. August 1626 Vorwürfe. „Er sei,“ heisst es in dem
Rescripte, „in der Abtragung der Steuer so unfleissig gewesen, dass der
Kurfürst dadurch in grossen Schimpf geraten und, was nicht leicht gehört sein würde, den Mustermonat abzuführen und auszuzahlen nicht im
Vorrat gehabt habe. Lieber hätten die Städte nichts bewilligen sollen,
dann hätte der Kurfürst das Werben auch eingestellt und der Rat sehen
mögen, wie es ihm ergangen wäre. Jetzt sei unter verschiedenen Kompagnieen, die man habe in infizierte Örter legen müssen, die rote Ruhr
und die Pest ausgebrochen und mancher Kranke und Verschmachtende
könne nicht erquickt und gerettet werden. Hunger, Davonlaufen, Plün-
derung werde unter den Soldaten daraus entstehen. Habe Spandau gleich
jetzt keine Besatzung und glaube es die Gefahr von sich entfernt, so
könne die Zeit kommen, da es nötig werde, die Örter am stärksten zu
belegen, die jetzt von Besatzung leer seien, und dann werde die Stadt
gleiche Ungelegenheit treffen. Dazu habe sie Geld, was den ihr benachbarten Orten von fremden Soldaten an Vieh, Kleidung, Bettgewand und
Hausgerät geraubt sei, zu kaufen, und das thue der Bürgermeister und
der Ratsherr wie der gemeine Pöbel; aber wenn sie das Vaterland retten
sollten, dann sei kein Geld vorhanden. Dem Unwesen könne nicht länger

zugesehen werden. Es werde dem Rate also befohlen, die etwa vorhandenen Defensionssteuern vom vorigen Jahre, wie denn der Kurfürst wisse, dass sie welche vorhanden haben, von Stunde an einzuschicken, damit dadurch die Verschmachtenden erquickt, auch der Obrist und Obristlieutenant in etwas kontentieret werden könnten. Mit allen seinen anderen Resten von dieser Steuer solle der Rat sich vor Bartholomaei unausbleiblich einstellen oder gewiss gewärtigen, dass nach Ablauf dieses Zeitpunktes der Kurfürst zu der Stadt Dörfern, Vorwerken, Schäfereien, Mühlen, Teichen, Holzungen greifen und das Restierende daraus zusammenbringen werde. Hernach möge der Rat schen, wie er es von seiner Bürgerschaft wiederbekomme."

Es müssen auch andere Städte in Abführung der Defensionssteuer säumig gewesen sein, denn der Ausfall der Spandauer Quote allein hätte den Kurfürsten nicht in so arge Verlegenheit setzen können. Die Stadt hatte auch während des ganzen Jahres starke Einquartierung, mehrere Fähnlein zu Ross und zu Fuss, und der Rat richtete deshalb unterm 31. Oktober die Bitte an den Kurfürsten, er möge sich der bedrängten Bürgerschaft annehmen und sie von der vielfältigen Einquartierung befreien, die sie seit dem 1. Januar d. J. ohne Erstattung getragen habe. „Bei ihrer geringen Nahrung und Gewerbe habe sie fast nichts mehr als das blosse Leben, manche Einwohner seien auch schon zur Desperation und Wahnsinnigkeit gebracht worden."

Am 30. November rückten zwei neue Kompagnieen in die Stadt ein, welche die Bürgerschaft gegen eine wöchentliche Entschädigung von 12 Groschen für den Mann täglich mit zwei Mahlzeiten und vier Quart Bier verpflegen musste. Ausserdem musste die Stadt einen Kriegsoffizier halten und besolden, „die Bürgerschaft in ihren Gewehren zu informieren."

1626 wurde auch die Befestigung der Stadt in Angriff genommen infolge kurfürstlichen Befehls vom 26. Juni d. J.: Spandau solle „etwas befestiget und also verwehret werden, damit auf alle besorgenden Fälle man darin sich retirieren und schützen könne."

1627 hatte die Stadt eine Garnison von fünf Kompagnieen. Ausserdem erfolgten häufig Durchmärsche kaiserlicher Truppen, welche nicht bloss Verpflegung beanspruchten, sondern auch mitnahmen, was sie erreichen konnten. Dazu musste die Stadt die zu den Befestigungsarbeiten gedungenen Teichgräber und Zimmerleute lohnen, und ihnen die nötigen Karren liefern, auch täglich eine Anzahl von Bürgern zur Schanzarbeit stellen. Und nicht genug hiermit. Die Bürger mussten einen Tag um den andern die Thorwachen besetzen. Ferner musste die Stadt zur Verpflegung und Löhnung der in Brandenburg und Rathenow liegenden kaiserlichen Truppen monatlich 239 $\frac{1}{2}$ Thaler zahlen und 3 Wispel 15 Scheffel Roggen, 1 Wispel 20 Scheffel Hafer, 22 Ochsen und 66 Tonnen Bier liefern. Die folgenden Jahre brachten durchaus keine Linderung. Alle Bitten um Erleichterung der drückenden Einquartierungslast waren vergeblich. 1630 wurde die Garnison vielmehr noch um eine Kompagnie, zu deren Löhnung die Stadt monatlich 1200 Thlr. zahlen sollte, vermehrt und von den Bürgern die Besetzung der Thorwachen, sowie die Ge-

stellung von Gespannen, Karren und 60 Arbeitern täglich zum Festungsbau
gefordert. Und um das Unglück vollzumachen, brach die Pest, welche
schon längere Zeit in der Umgegend herrschte, anfangs September 1630
auch in der Stadt aus. Das Elend und die Not wurden immer grösser,
und deshalb stellte der Rat unterm 26. Oktober 1630 dem Kurfürsten
vor, „dass die Stadt, so schwer es ihr auch geworden, bisher ihre Kontribution richtig abgetragen, welches ihr aber jetzt weit unmöglich sei,
zumal da sie mehr als Berlin und Kölln zu kontribuieren hätte. Wenn
der Löhnungstag herankomme, könnten sie jetzt kaum auf die Hälfte von
den Leuten zusammenbringen und möchte sich fast ein Stein in der Erde,
geschweige denn ein Mensch erbarmen über das Heulen und Seufzen der
Armen, wenn ihnen das Geld durch die Soldaten extorquiert würde, weil
sie nichts mehr anzugreifen und zu verkaufen hätten und dennoch an
der Summe nichts mangeln dürfe. Da es also mit ihnen aufs äusserste
gekommen und die monatliche Kontribution nicht weiter ausgebracht
werden könnte, so bäten sie den Kurfürsten um Gottes Willen mit der
Kontribution eine Änderung zu machen; auch bei Einnehmen derselben
ausser dem Rat andere verordnen zu lassen, damit sie von dem Verdacht,
so man von ihnen schöpfte, befreiet und mit den Tribulationen, womit
sie als wenige Personen der ganzen Bürgerschaft halber, wenn das Geld
nicht sogleich am Löhnungstage vorhanden, unschuldig belegt würden,
verschont werden möchten."

1631 erhielt die Stadt schwedisches Kriegsvolk als Besatzung.
Am 4/14. Mai 1631 hatte König Gustav Adolf von Schweden mit dem
Kurfürsten Georg Wilhelm einen Vertrag abgeschlossen, laut dessen die
Festung Spandau den Schweden bis zum Entsatze Magdeburgs eingeräumt
wurde. Am 6/16. Mai zogen schwedische Truppen in die Stadt und
besetzten diese und die Citadelle. Diese Truppen waren tags vorher auf
die zwischen dem Könige und dem Kurfürsten abgeschlossene Kapitulation vereidigt worden. Sie schwuren, die Festung bis auf den äussersten Tropfen ihres Blutes best defendieren, alles das Übrige, so in der
Kapitulation enthalten und verglichen, stets fest und unverbrüchlich halten
und im Falle des Todes des Königs dem Kurfürsten gehorchen zu wollen.[1]
Der Befehlshaber der schwedischen Truppen war der Oberst Axel Lillie.

---

[1] Die Bestimmungen der Kapitulation vom 4/14. Mai 1631 waren folgende:
„Gustav Adolf, König von Schweden, hat zu mehrerer Versicherung seiner
Person bei seinem jetzt vorhabenden marches eine unumbgengliche notturft zu
sein befunden — um Einräumung der Stadt Spandow Ansuchung zu tun." Der
Kurfürst räumt die Stadt ein unter folgenden Bedingungen:
  1. 500 Mann zu Fuss werden zunächst in die Festung gelegt, Verstärkung
     ist jedoch gestattet.
  2. Nach Entsetzung Magdeburgs und dadurch bewirkter Schliessung der Elbe
     soll die Festung dem Kurfürsten wieder eingeräumt werden.
  3. Der Oberhauptmann, Amtsschreiber, Kornschreiber und alle Amtsdiener
     sollen in der Festung verbleiben ungehindert.
  4. Der Kurfürst und sein Hof dürfen die Festung beziehen, und den kurfürst-
     lichen Boten soll sie bei Tage geöffnet sein.
  5. Der Proviant in Festung und Stadt soll unberührt bleiben. 100 Wispel
     Korn und 50 Wispel Mehl sollen der Festung verbleiben. Munition soll

Der König Gustav Adolf selbst kam mit seinen Truppen in die Stadt und wohnte im Lynarschen Hause. Zum Kommandanten der Festung ernannte er den Obersten Achatius Wulf Sparr. Für die Verpflegung der Schweden musste die Stadt sorgen, von der ausserdem monatlich 150 Thaler Servis und 600 Thaler Kontribution und zur Herstellung einer Schanze vor dem Stresow 70 Thaler gefordert wurden.

Nachdem Magdeburg gefallen und niedergebrannt war, verliessen die Schweden am 9/19. Juni 1631 Spandau. Da aber die Kapitulation vom 4/14. Mai tags darauf, am 10/20. Juni, erneuert wurde, so besetzten die Schweden die Stadt von neuem. Der kurfürstliche Rat und Hauptmann zu Ruppin, Karl Bertram von Phuell, erhielt Befehl, sie in die Stadt und Feste einzuführen. Es waren die Schwadron des Obersten Achatius Wulf Sparr und vier Kompagnieen unter dem Oberst Axel Lillie. Der Oberst Sparr wurde wiederum zum Kommandanten der Festung ernannt. Er erhielt abermals monatlich 150 Thaler Servis von der Stadt, welche ausserdem monatlich 800 Thaler Kontribution zahlen musste. Ende Juli wird der schwedische Obrist Ulfsburg als Kommandant genannt. Im Oktober erging an den Rat der kurfürstliche Befehl zur Unterhaltung des schwedischen Kavallerieregiments von Effern monatlich 902 Thaler 15 Sgr. 3 Pf. beizutragen. Es kam dahin, dass mancher Bürger monatlich 12 bis 18 Thaler Kontributionssteuer zahlen musste, und da infolge der stark auftretenden Pest viele Häuser ganz ausstarben, so steigerten sich die Lasten für die steuerzahlenden Hausbesitzer von Tag zu Tag und veranlassten den Rat, wiederholt beim Kurfürsten vorstellig zu werden und um Erleichterung zu bitten.

Unterm 18/28. Juni 1631 meldete der Rat dem Kurfürsten, „dass der schwedische General Banner ihnen bedeuten lassen, 450 Thaler für die Soldateska aufzubringen darum, dass sie die Fortifikation der Stadt fürnehmen und vom Klosterthor bis am Heidethor arbeiten sollten." Sie bitten, „dass sich der Kurfürst ihrer annehmen möchte, da sie schon erschöpft, die Stadt voll Kranken und Infizierten und Häuser und Felder beraubt, auch Gras und Korn abgehauen und den Pferden vorgeworfen wären". Unterm 20/30. Juli 1631 zeigte der Rat dem Kurfürsten an, „dass ihnen heute der königl. schwedische Oberst Ulfsburg, so die Festung hier kommandierte, angedeutet, dass er vom Könige von Schweden Befehl habe, für seine hiesigen Soldaten von der Bürgerschaft Unterhalt zu fordern und zu schaffen. Es sei ihnen das für die drittehalbhundert gemeine

der Zeugmeister gegen Quittung den Schweden anshändigen. Aus der Festung soll keine Munition, Stücke *oder echtwas anders so zur artollerey ychörig"* ohne ihrer kurf. Gn. Spezialbefehl geführet werden.

6 Wenn nun die Stadt Magdeburg durch göttliche Verleihung entsetzet unnd also die Elbe derer ohrt geschlossen uund Ire Kön. Maj. die Irige Person in sicherheit gebracht unnd die ichtbesagte retraidte auf die Festung nicht mehr bedürfen soll die garnison mit guter ordre abgeführet und alles plündern in der Vestung in der Stadt und auch sonsten verbothen werden.

7. Die Garnison soll die Festung bis aufs äusserste verteidigen, nach dem etwaigen Tode des Königs aber allein dem Kurfürsten gehorchen.

Knechte ohne Offiziere zu schaffen unmöglich, zumal da nunmehr die Stadt fast über die Hälfte von der Pest infiziert, zuweilen die Toten nicht an einem Tage in die Erde gebracht werden könnten, in kurzem bereits über 400 und allein gestern den 19/29. Juli 31 Personen hingetragen worden." Untern 15/25. Dezember 1631 stellte der Rat dem Kurfürsten vor, „wie sie monatlich schon 150 Thaler Service Achatio Wolff Sparren, dem Kommandeur der Veste, kontribuieren müssten, welches sie schon mit der grössten Mühe und Arbeit, weil der meiste Teil der Bürger samt den ihrigen an der Pest verstorben und viele ledige Häuser oder aber arme Witwen und Waisen hinterlassen und also überaus grosse Armut allhier schwebte, zusammenbringen müssten. Da ihnen jetzt ausserdem durch Befehl auferlegt worden, für die Kavallerie monatlich über 900 Thaler zu erlegen, so bäten sie den Kurfürsten, sie mit gedachtem Service zu verschonen".

Am 2. August waren bereits 653 Personen, davon 180 Bürger, an der Pest gestorben. Alle Ratsdiener lagen krank darnieder, die Ratsherren flüchteten zum grössten Teile aus der Stadt, und die Stadtgeschäfte besorgten schliesslich nur der regierende Bürgermeister und ein Kämmerer. Sie hatten viel zu leiden. Da sie die geforderten Gelder nicht schaffen konnten, wurden sie von den Schweden mit „Tribulersoldaten" belegt, „die unverantwortlich hausten, Fressen und Saufen vollauf forderten, und als es ihnen der Bürgermeister nicht geben konnte, mit Gewalt Boden, Keller, Stuben und Kammer aufbrachen und sich vollsoffen, in der Nacht aber mit grossem Ungestüm in des Bürgermeisters Schlafkammer drangen, seinen Hut, Mantel, Wams, Degen und Schiessrohr nahmen und dafür beim Marketender Bier kauften."

In den Jahren 1631/32 starben mehr als 1500 Personen an der Pest.

Am 5/15. Dezember 1632 kam die Leiche des in der Schlacht bei Lützen gefallenen Königs Gustav Adolf bei ihrer Überführung nach Schweden durch Spandau. Sie wurde über Nacht in dem gräflich Lynarschen Hause aufgestellt und am 6/16. Dezember nach Berlin geschafft.

Im Mai 1634 verliessen die Schweden endlich die Stadt und Festung. Es kamen nun einige Kompagnieen des Obersten von Burgsdorf als Besatzung.

1635 trat die Pest von neuem auf. Zum Festungsbau sollte die Stadt täglich 150 Mann stellen, sie schickte aber nur die Hälfte. Der Oberst von Burgsdorf machte deshalb dem Rate Vorstellungen, „Es solle," schrieb er den Ratsherren, „ihnen selbsten und der ganzen Stadt zum höchsten daran gelegen sein, dass man aufs forderlichste mit der Fortifizierung des Schlosses fertig werde und darnach die Stadt zu befestigen einen Anfang mache; denn sollte die Festung attaquieret werden, und die Stadt wäre nicht so verwahrt, dass man darin sich maintenieren könne, so würde gewiss die Stadt in Brand gestecket und sie alle zu armen Leuten gemacht werden."

Im Oktober 1636 belegte der Oberst von Burgsdorf die Stadt mit 6 Kompagnieen Fussvolk und 34 Reitern, welche sie entweder gänz-

lich verpflegen oder wöchentlich lohnen sollte. Da nach einer kurfürst-
lichen Verfügung vom 9. Oktober die Stadt aber nur mit drei Kompagnieen
belegt werden sollte, so reichte der Rat an den Statthalter Markgraf
Sigismund ein Schreiben ein, in welchem er bat, dass man es bei einer
Besatzung von drei Kompagnieen bewenden lasse. „Se. Kurfürstliche
Durchlaucht" schrieben sie, „als zu der wir unsere höchste und äusserste
Zuflucht nehmen, möge uns doch in diesem unsern grossen Jammer mit
Rat und Hülfe, dass wir nicht gegen den kalten und rauhen Winter mit
unsern armen Weibern und Kindern entlaufen und das Elend bauen
müssen, helfen und uns davon befreien, dass wir mit der schweren Auf-
lage der Speisung und Löhnung auf sechs Kompagnieen und sonderlich
der Reuter, die alles gebrannte Herzeleid anthun und uns Fenster und
Thüren einschlagen, verschont werden möchten. Was uns sonst auferlegt
ist, wie auch die Löhnung der drei Kompagnieen, solange als wir es
nur ertragen können, darin wollen wir gern gehorchen." Die Bittschrift
scheint einigen Erfolg gehabt zu haben, denn im folgenden Jahre ist die
Stadt nur mit vier Kompagnieen belegt.

Im Hinblick auf das Jahr 1636 beginnt die Kämmereirechnung
von 1637 mit dem Distichon:

*„Transeat infelix succedat faustior annus,
quem non deforment funera bella fames."*

Dieser Wunsch ging jedoch nicht in Erfüllung. Die Pest trat
wiederum so stark auf, dass eine kurfürstliche Verordnung erging, „damit
nicht die ganze Stadt infiziert und die noch unangesteckten Leute soviel
als möglich erhalten würden, diejenigen, die von der Pest angegriffen
seien oder noch künftig angegriffen würden, entweder aus der Stadt zu
schaffen oder ihnen die Häuser zukrammen und mit einem weissen Kreuze
bezeichnen zu lassen, diejenigen aber, so das Kreuz auslöschen oder ab-
reissen würden, mit einer Geldstrafe zu belegen, endlich auch einen
Mann, der den Kranken Essen und Trinken trage, sowie einen Pestilenz-
priester und einen Pestilenzbarbier zu bestellen und die Verstorbenen nicht
bei Tage, sondern nachts in der Stille ausserhalb der Stadt begraben zu
lassen." Der Rat von Berlin und Kölln zeigte unterm 7. August an, dass
er verordnet habe, es solle niemand von Spandau in die Städte eingelassen
und die von dort ankommenden Briefe ausserhalb der Stadt von dazu bestimmten Leuten in Empfang genommen werden. So furchtbar hauste
die Krankheit, dass man die Toten nicht ordentlich bestattete, sondern
an die Stadtmauer und in die nächsten Häuser schleppte.

Im Jahre 1638 errichtete der Obrist August Moritz von Rochow
in der Stadt ein Regiment von zehn Kompagnieen, dass bis 1641 im
Quartier blieb. Während dieser Zeit liess er nicht nur alles Holz, welches
die Soldaten brauchten, in der Stadtheide schlagen, sondern er forderte
auch von den Bürgern häufig starke Getreidelieferungen und erpresste
von ihnen die Summe von 45030 Thalern.

1638 nahm der Statthalter in den Marken, Graf Adam zu
Schwarzenberg, auf der Citadelle Wohnung. Er beauftragte die Ingenieur-
Hauptleute Jacob Holst und Hydde Hoerenken einen Plan zur Verbesse-

rung der Stadtbefestigung zu entwerfen, nach dessen Vollendung die Arbeiten sofort begannen. Dieser Neubefestigung wegen wurden in den Jahren 1638 bis 1640 nachstehende Häuser abgebrochen.

Vor dem Klosterthore: Das Schützenhaus, zwölf Scheunen, das Heilige-Geist-Hospital, die Hospitalkirche, das Pilgrimhaus oder St. Georgenlazarett und einige andere Gebäude.

Vor dem Heidethore: Die Meiereien des Rates und des Hans von Bredow mit Scheunen und Stallungen und einige andere Häuser.

Auf dem Stresow: Die Gertraudenkirche mit den Gewölben, des Rates Ziegelofen, das Schustergerbehaus und acht Häuser.

In und an der Stadt: Das Mühlenthor mit dem Turme, die Stadtmauer vom Berliner Thore bis zur grossen Mühle, das Heidethor mit dem Thorwärterhause und sieben Häuser.

An stelle des Heidethores wurde das Neue- oder Oranienburger Thor eingerichtet, der Stadtwall aber wurde mit Bollwerken versehen.

Die Stadt musste zur Schanzarbeit, welche zeitweise unterbrochen bis zum Jahre 1648 dauerte, Mannschaften und Pferde stellen und die aus andern Orten zur Fortifikation berufenen Zimmerleute einquartieren.

Im Juni 1639 wurden die kurfürstliche Amtskammer und die Kriegskanzlei nach Spandau verlegt. Der Rat musste „ein bequem Haus, darin der Kammer Sachen expedieret werden könnten, und absonderliche Logiamente für den Amtsrat Hans von Waldow, für den Vizekammermeister Johann Fehern und für die vier Amtsbedienten bestellen und verordnen", desgleichen für die Kriegskanzlei und die dazu gehörigen Räte und Beamten.

Wie schwer die Stadt unter allen diesen Verhältnissen zu leiden hatte, geht aus einer Vorstellung hervor, welche die Stände des havelländischen und zauchischen Kreises im Jahre 1640 dem Kurfürsten wegen des bedrängten Zustandes ihrer Kreise machten. Es heisst darin in Bezug auf Spandau:

„Der armen Stadt Spandau Not und Elend ist nicht zu beschreiben, als die von der Zeit an, da der Obrist von Rochow das Quartier darin genommen, täglich 80 Mann auf die Schanze schicken und monatlich über die ordinäre Kontribution, die sich bei diesem Sommertraktement monatlich auf 1200 Thaler beläuft, 100 Thaler hergeben müssen, zu geschweige der andern vielfältigen Plackereien als mit Abnehmung der Wagen und Pferde, der starken Einquartierung und Realservizen, der Herbeischaffung des Brennholzes in- und ausserhalb der Stadt. Über 200 Häuser in der Stadt sind so gänzlich ruiniert, dass die Einwohner darüber desperat geworden und nicht mehr beitragen können."

In Nachrichten, welche man in den Knopf der 1640 erneuten Kirchturmspitze legte, wird erzählt, dass eben ein trauriger und fürchterlicher Krieg in Deutschland herrsche. Der ruchlose Feind richte die traurigsten Verwüstungen in Städten und Feldern an. Die Stadt Spandau, die vormals ein angenehmes Paradies, religiös gelehrt und glücklich gewesen, könne jetzt eine Räuberhöhle genannt werden. Innerhalb der Stadt sei der dritte Teil der Häuser zerstört, ausserhalb derselben aber habe man die Kirchen, welche die gütigen und friedlichen Väter erbaut, als der Festung gefährlich niedergerissen, das schöne Hospital im Süden ganz zerstört, die Gräben um dasselbe verwüstet, die Äcker und Gärten zu unfruchtbaren Gräben und Wällen gemacht, die Thore und Türme rasiert. Wo die Mauern herabgeworfen und der Sand aufgehäuft sei, da sehe es aus, als habe der Maulwurf gewühlt.

Nach dem Tode Georg Wilhelms hielt sich Graf Adam zu Schwarzenberg ständig in Spandau auf. In seiner Wohnung auf der Citadelle hielt er 1640 als Heermeister des Johanniterordens zum letzten Male Kapitel ab, in welchem sein Sohn Johann Adolf, Komtur zu Wildenbruch, im Beisein kurfürstlicher Abgeordneter zum Koadjutor gewählt, späterhin aber vom Kurfürsten nicht bestätigt wurde. Ausgangs Februar 1641 erhielt er die erschütternde Nachricht von dem vollständigen Zusammensturz seiner Macht, die ihn niederwarf und nach Verlauf von sechs Tagen am 4./14. März 1641 seinen Tod herbeiführte. Er wurde unter dem Taufsteine der Nicolaikirche beigesetzt. Zu seinem Gedächtnis liess der Sohn über der Gruft eine Bronzetafel mit dem schwarzenbergschen Wappen und einer Aufschrift anbringen. Der das Wappen darstellende Teil der Tafel befindet sich jetzt an der Südwand der Kirche in der Nähe des Altars.

Nach dem Tode Schwarzenbergs wurde die Stadt auch ihren grössten Peiniger, den Obersten von Rochow, los. Dieser widersetzte sich der vom Kurfürsten angeordneten Beschlagnahme der Papiere des Grafen, indem er behauptete, dass die Herausgabe derselben ohne Erlaubnis des Kaisers, dem er selbst verpflichtet sei, nicht geschehen könne. Da lockte ihn der Statthalter, Markgraf Ernst, unter dem Vorwande, ihm eine wichtige Sache eröffnen zu wollen, nach Berlin. Hier wurde ihm verkündet, dass er verabschiedet sei und Berlin nicht eher verlassen dürfe, als bis ein anderer Kommandant für Spandau ernannt sei. Er behauptete, dass das Regiment dem Kaiser gehöre und der Kurfürst ihn garnicht verabschieden dürfe. Der Markgraf zwang jedoch das Regiment dem Kurfürsten allein zu schwören und gab ihm Hans Georg von Ribbeck als Obersten. Da äusserte der Graf von Rochow, wenn man etwas wider ihn vornähme, so wolle er die Befestigung von Spandau in die Luft sprengen und sich in den Schutz des Kaisers begeben. Das letzte that er wirklich, nachdem er aus Berlin entflohen war.

Im Februar 1642 flüchtete sich vertriebenes Landvolk aus der Umgegend in die Stadt, welche jedoch nicht alle Flüchtlinge aufnehmen konnte, so dass ein Teil derselben vor den Thoren bleiben und viele unter freiem Himmel sich lagern mussten.

Im September 1646 erhielt der Oberhauptmann von Ribbeck Befehl, dass er die Stadt gegen einen feindlichen Angriff mit den Bürgern verteidigen solle. Falls der Angriff mit überlegenen Kräften erfolge, so solle er betreffs der Stadt eine Kapitulation abschliessen, und sich mit den Kriegsvölkern auf die Citadelle zurückziehen.

Zum Festungsbau, an welchem wieder energisch gearbeitet wurde, sollte die Stadt täglich 50 starke Mann stellen. Der Rat beschwerte sich hierüber beim kurfürstlichen Geheimen Rate und erhielt infolgedessen vom Kurfürsten Friedrich Wilhelm selbst ein unterm 6. Juni 1646 aus Cleve datiertes Schreiben, in welchem es unter anderm hiess: „Sr. Churf. Durchl. wären benachrichtigt, dass der Rat einige Diffikultäten mache täglich 50 Mann zur Fortifikationsarbeit zu schicken, ja dass sie in einer Supplikation an die statthaltenden Kanzler und die Geheimen Räte zu Berlin gesagt haben sollten, als würde ihnen egyptische Dienstbarkeit aufgelegt. Nun befremdeten Churf. Durchl. solche harte unverantwortliche Worte nicht wenig und gingen Ihr nicht unbillig tief zu Herzen, indem dieselben ihren Unterthanen zu solchen Klagen wissentlich nie Ursache gegeben, sondern sich vielmehr nach äusserstem Vermögen stets bearbeitet Ihrer getreuen Unterthanen Wohlfahrt und Aufnehmen zu befördern, wie denn insonderheit Spandow vor andern in guter Sicherheit bishero gesessen und gereichte ihnen ja vor andern diese Arbeit zum Besten Sr. Churf. Gnaden wollten also solche Reden nicht mehr von ihnen gewärtig sein". Im übrigen sollten sie täglich 50 Mann schicken oder wöchentlich 16 Thaler zahlen.

Mit der Regierung des grossen Kurfürsten trat Erleichterung der Kriegslasten ein. Er schloss mit den Schweden Waffenstillstand auf zwei Jahre, der dann bis zum Abschlusse des westfälischen Friedens verlängert wurde. Wenn nun auch noch häufig Durchmärsche vorkamen und Kontributionen gezahlt werden mussten, so konnte man doch allmählich an eine Heilung der durch den furchtbaren Krieg geschlagenen Wunden denken. Und was waren das für Wunden! Die Felder waren verwüstet, die Dörfer mehr oder weniger zerstört, die Städte voll Jammer und Elend. Eine leergebrannte Trümmerstätte in der Mitte verödeter Felder war alles, was von vielen Dörfern noch übrig geblieben. Beim Friedensschlusse standen in der Grafschaft Ruppin, also auf 32 Quadratmeilen, noch 4 Dörfer, in der Priegnitz, welche 57 Quadratmeilen umfasst, war nur noch ein Prediger vorhanden. Noch heute bezeichnen Feldmarken einzelne übrig gebliebene Gehöfte, einige im Felde stehende Ziehbrunnen, hie und da sogar noch Kirchtrümmer, die Stätten einst blühender Dörfer. In den Städten war es nicht besser. Alle hatten den früheren Wohlstand eingebüsst. Die Einwohnerzahl war in vielen auf weniger als die Hälfte heruntergesunken. Ganze Strassen zeigten oft nur Trümmerhaufen oder verlassene und die Spuren des Verfalls tragende Häuser; und da die Steuern und Einquartierungslasten grösstenteils auf den Grundstücken hafteten, hatte niemand Lust wieder aufzubauen, viele verliessen sogar ihre Grundstücke, um dem unerträglichen Drucke zu entgehen, und so mehrte sich die Zahl der wüsten Häuser. Handel und Wandel lag darnieder, Jammer, Not und Elend sprachen aus allen Gesichtern. Kriegskontributionen und Brandschatzungen hatten so erschöpft, so verwüstet, Hunger und Pest so entvölkert.

Und dass es dahin gekommen mit den Marken, war zum weitaus grössten Teile die Schuld Georg Wilhelms. Seine unentschlossene und schwankende Politik, sein unkräftiges Auftreten den Ständen gegenüber,

sein Vertrauen zu dem Grafen Adam zu Schwarzenberg und dessen unheil-
voller Leitung der Geschäfte hatten das Verderben über die Marken gebracht. Sie wurden ausgesogen, geplündert und gebrandschatzt von allen
Seiten. Es war eine traurige Erbschaft, die Friedrich Wilhelm antrat.
Sein Haus war tief gesunken, in sich selbst zerrüttet, bei Freund und
Feind verachtet, seine Lande auf das furchtbarste erschöpft und entkräftet.[1])

In Spandau waren mehr als die Hälfte der Häuser verfallen oder
gänzlich in Trümmern. Pest und Hunger hatten eine Menge der Einwohner dahingerafft; viele hatten die Stadt verlassen, um dem unerträglichen Drucke der Steuern und Kontributionen, den unausgesetzten Quäle-
reien der einquartierten Soldateska zu entgehen. So hatte der Krieg die
Bevölkerung der Stadt gewaltig gelichtet; wohl kaum die Hälfte der
Einwohner war noch vorhanden. Und diese, wie waren sie bestellt! Je
weniger ihrer wurden, desto mehr wurden sie gedrückt von den Kontributionen und anderen Lasten, denn die zu zahlende Quote blieb dieselbe.
Die meisten waren verarmt oder mit Schulden beladen, viele hatten nichts
als das liebe Leben. Unter der Rubrik der Einnahmen haben die
Kämmereirechnungen nur wenig verzeichnet, Schosseinnahmen sind oft
garnicht vorhanden. In allen Verhältnissen sah es sehr trübe aus. Wenn
auch damals „das Winseln und jämmerliche Klagen" zum Tone der Zeit
gehörte, das Bild, welches nach Abzug aller Übertreibungen aus den
Notschreien und Hilferufen der Einwohner hervorgeht, zeigt die Zustände
Spandaus im Anfange der Regierung ▪des grossen Kurfürsten als überaus
traurig, jammervoll und verzweifelt. Nach hundert Jahren waren die
Kriegswunden noch nicht geheilt![2])

9. Der Aufstand im Jahre 1622.

Die Kipper und Wipper scheinen im Anfange des dreissigjährigen
Krieges, wie anderwärts, so auch in Spandau arg ihr Wesen getrieben
zu haben. Das Volk geriet darüber so in Aufregung, dass es im Jahre
1622 die Häuser der als Kipper und Wipper im Verdacht stehenden
Leute stürmte und viele Gewaltthätigkeiten verübte. Es wurden verschiedene Personen, welche an dem Aufruhre beteiligt waren, verhaftet.
Von diesen wurden drei, Thiele, Heinze und Anna Döhring, auf öffent-
lichem Markte enthauptet; zweien andern, dem Daniel Hermann und
seiner Frau, wurde der Staupenschlag erteilt. Zwei Hamburger, welche

---

[1]) Droysen, Gesch. d. preuss. Politik.
[2]) S. S. 12. fg.

des Aufstandes wegen ebenfalls verhaftet worden waren, brachen aus dem Gefängnisse aus und entkamen. Dennoch scheint der Rat nicht energisch genug eingeschritten zu sein; denn Kurfürst Georg Wilhelm verurteilte durch Verfügung vom 4. Februar 1624 den Rat zu 2000 Thalern Strafe, „dass er bei entstandenem Tumulte nicht Fleiss genug angewendet hatte". Auf wiederholte Bittgesuche wurde diese Strafe später auf 500 Thaler herabgesetzt.

10. Der Schusteraufstand im Jahre 1688.

Im Jahre 1688 lehnten sich die Schuster Spandaus aus unbekannten Gründen wider den Rat auf. Ein Fiskal untersuchte die Sache und entschied zu Gunsten des Rates gegen die Schuster. Alle, mit Ausnahme des David Reinicke und Matthäus Töpfer, wurden zu einer Gefängnisstrafe, die sie im Klosterturme abbüssen sollten, verurteilt. Da sie den Ratsdienern, welche kamen, um sie zu verhaften, nicht folgen wollten, bat der Rat den Kommandeur der Garnison, Obrist von Nostiz, um militärische Hilfe. Dieser stellte ein Kommando von einem Sergeanten und sechs Musketieren unter Führung eines Wachtmeisterlieutenants zur Verfügung, welches am 27. Juli die verurteilten Schuster mit Gewalt verhaftete und in das Gefängnis des Klosterturmes einlieferte.

11. Die Schweden vor Spandau. 1675.

Im Jahre 1675, während der Kurfürst Friedrich Wilhelm im Elsass gegen die Franzosen zu Felde lag, drangen die Schweden als Verbündete Frankreichs von Pommern aus verheerend und plündernd in die Marken ein. Bis tief in das Havelland schweiften ihre Scharen, und am 4. Juni 1675 erschienen sie vor Spandau in der Stadtheide. Ohne Zweifel hatten sie es auf eine Überrumpelung der Stadt abgesehen, an der sie aber durch die Wachsamkeit und Energie des Stadtkommandanten, Generalwachtmeister von Sommerfeld, welcher erst Tags zuvor ernannt worden war, und des Festungskommandanten, Obrist du Plessis Gouret, verhindert wurden. Der Stadtkommandant liess auf die Kunde von dem Erscheinen der Schweden sofort die Oranienburger Vorstadt „mit allen Schäfereien, Vorwerken, Scheunen, andern Gebäuden und Gehegen" niederbrennen, um

die Stadt gegen einen Angriff zu sichern, und der Festungskommandant
feuerte mit Kanonen auf die Schweden. Ohne einen Angriff zu ver-
suchen, zogen diese über Falkenhagen und Seegefeld ab, dabei ritten sie
aber mitten durch die Felder und verdarben ein gut Teil der Roggenernte.
Der Rat berechnete den Schaden auf 495 Thaler. Die Höhe des Schadens,
welchen die Stadt durch das Abbrennen der Oranienburger Vorstadt erlitten hatte, gab der Rat auf 9298 Thaler 12 Groschen 8 Pfennige an.
Überhaupt hatte damals die Stadt von Einquartierung und Durchmärschen
viel zu leiden, sodass die Aufbringung der an die landesherrliche Kammer
zu zahlenden Kontribution dem Rate schwere Sorgen bereitete, die ihn
bewogen, unterm 9. Juni 1675 ein Bittgesuch um Erlass dieser Kontribution dem Kurfürsten einzureichen.

„Der Stadt Spandau besondere Lasten seit vielen Jahren", heisst
es in diesem Gesuche, „sind ungemein. Anstatt dass andere Städte nichts
mehr als ihr Kontributionskontingent aufbringen dürfen und nur, nachdem
eine Marche eingerichtet ist, einige Marchekosten mittragen, sonst in
gutem Stande und Nahrung bleiben: so hat hingegen diese Stadt über
ihr Kontributionskontingent andere Städte mit übertragen, grosse und
mannigfaltige Einquartierung dulden, alle Servisen, Holz- und Lichtgelder
ausbringen, an die Fortifikation ein grosses anwenden, zu allen Marchen
soviel Bier und Brot, als beide Städte Brandenburg hergeben, und andere
fast unzählige onera dabei über sich nehmen müssen, wodurch sie seit
nun so vielen Jahren an Vermögen und Einwohnern so erschöpft worden
und abgenommen hat, dass die vornehmsten und zuvor begütertsten Familien so herabgekommen, dass die meisten ihre unentbehrlichen Lebensmittel nicht mehr haben oder ein Kind zur Schule halten vielweniger an
ihren zerfallenen Häusern etwas bessern und reparieren können, und in
der abgegangenen Bürger Stelle keine neue Leute sich wieder einfinden
und also die Zahl der Bürger immer schlechter wird. Diese Beschwerden
werden immer grösser und unerträglicher, und es ist zu befürchten, dass
die Stadt unter diesen Lasten ehestens erliegen und zu grunde gehen
müsse."

Ausser der stehenden Garnison von zwei Compagnieen hatte die
Stadt seit dem 1. Dezember 1674 an Einquartierung: eine neu geworbene
Schwadron zu Fuss des Obristen du Plessis, zwei Compagnieen Reuter
vom Burgsdorffschen Regiment, zwei starke Compagnieen Landvölker,
ferner eine zeitlang 200 Mann von der frogelschen und kurfürstlichen
Leibgarde. In der Vorstadt lagen sechs Compagnieen Reuter vom falken-
bergschen Regiment, zwei Compagnieen Reuter vom fürstlich homburgschen
Regiment und vier Compagnieen Dragoner vom grumbkowschen Regiment.
Allen musste Quartier und gehöriger Servis gegeben werden. Dazu mussten
die Bürger etliche Wochen unentgeltlich schanzen, Holz zu Pallisaden,
Sturmblöcken, Stellagen und anderem Bau anführen, lange Zeit nebst
allen erwachsenen Söhnen, Gesellen, Knechten und Jungen in Bereitschaft
liegen und die Wachen besetzen, so dass sie ihrer Nahrung und ihrem
Gewerbe nicht nachgehen konnten. Da die Fütterung nicht ausreichte,
liessen die Soldaten ihre Pferde auf den Wiesen und Feldern der Bürger

weiden, wohin auch das zur Verpflegung der Truppen nötige Vieh getrieben wurde. Kein Wunder daher, dass die Bürger selbst und auch ihr
Vieh grossen Mangel litten.

Unterm 17. August wurde das Bittgesuch dahin beantwortet:
„Sr. Kurfürstl. Durchlauchten sei der schlechte Zustand der
Stadt Spandau genugsam bekannt; sie seien auch zwar gnädigst geneigt
die Stadt von aller Kontribution auf eine zeitlang gänzlich zu befreien;
weil aber dies jetzt und bei diesen Konjunkturen noch nicht möglich,
so müssten sich Supplikanten noch etwas gedulden ; inmittelst wollten
Se. Kurfürstl. Durchl. ihnen eine monatliche Erleichterung von hundert
Thalern bis zur ferneren Verordnung widerfahren lassen und beföhlen
solchem nach Dero Oberlicenteinnnehmer Happen gnädigst sich danach
zu achten und ihnen diesen Nachlass, vom Monat August an zu rechnen,
gut zu thun.   Über die Ursache des Abbrennens der Oranienburger
Vorstadt sage der Oberst du Plessis in seinem darüber dem Kurfürsten
eingereichten Berichte: Es sei allgemein angenommeu und von den ein-
gebrachten Gefangenen bestätigt worden, dass die Schweden einen Angriff auf Spandau planten; so sei es auch von feindlicher Seite nach-
gehends überall gestanden worden, die Generalspersonen haben den Ort
rekognosciert und gesucht, wo sie sich setzen wollten, und obzwar die
Kavallerie und Dragoner nur bis nahe an die Stadt und die Havel
wärts und so weiter nach der Heide zu gestanden, so sei doch die
Infanterie und Artillerie nicht weit davon auf Ordre parat gewesen
und zu einer vollständigen Attaque alles fertig gewesen.   Da nun alles
dieses vorgelaufen, die Attaque vor Augen gewesen, die feindlichen
Truppen sich bis an des Rats Schäferei und andere nahe gelegene
Gebäude herangemacht, da sei es seines Erachtens Zeit gewesen, sie
nicht darin liegen zu lassen, sondern die Gebäude wegzuschaffen und
sie, ehe sich der Feind verbauete, zu ruinieren, denn es hernach zu
spät sein mögen.   Dass aber der Feind, als er die Defensionsver-
fassung gesehen und durch Kanonieren verhindert worden, sich irgendwo festzusetzen, seine Resolution verändert und sich so geschwinde
zurückgezogen, wodurch mehr Schaden von der Stadt abgewendet geblieben, dafür habe der Rat Gott zu danken.“

12. Verteidigungsmassregeln während des zweiten schlesischen Krieges. 1745.

Am 8. August 1745 abends erhielt der Kommandant von Spandau
Befehl, „alles in guten Defensionsstand zu setzen“.   Dies wurde gar
bald unter den Einwohnern bekannt und verursachte grossen Schrecken.

Es wurde nach und nach den Bürgern Gewehr, Pulver und Blei ausgeteilt, dieselben auch einige Male im Schiessen geübt und einem jeden
Viertel sein Posten auf dem Walle angewiesen. An den Thoren wurden
einige neue Thüren gemacht und Pallisaden gesetzt, die Kanonen auf den
Wällen geladen und Piquets von Bürgern zur Bewachung und Bedienung
dabeigestellt.

Nachdem dann die kurmärkische Kammer durch den Kriegsrat von
Marconnay unterm 20. August 1745 den Städten seines Distrikts, also
auch der Stadt Spandau, befohlen hatte, „bei jetzt möglicher Invasion gewisse Verteidigungsanstalten zu machen und davon an ihn zu berichten“,
meldete der Rat von Spandau unterm 28. August 1745, „er habe auf
der Stadt Grund und Boden zwei Pechstangen an erhabenen Örtern gesetzt als eine bei den Weinmeistern am potsdamschen Wege, die andere
vor dem Dorfe Staaken, bei deren jeglicher zwei Mann fleissige Wacht
halten müssten. In der Stadt seien die Thore ordentlich mit Wachten
besetzt und des Nachts gingen die Patrouillen. Bei jeder Batterie auf
dem Walle hielten zwei Mann Wache und jetzo sollte über dem Stresow
bei der Schlangenbrücke eine Barrière gemacht werden. Die Einteilung
der Bürgerschaft sei so gemacht, dass vier Kapitäne jeder 60 Mann, also
240 Mann hätten; im Notfall würden aus der Festung, wenn was vorginge, dazu 100 Mann gegeben; noch machten die Weinmeister, Neu-
thorschen, Stresower, Tagelöhner und Gesellen 162 Mann aus, zusammen
502 Personen. Das benötigte Pulver und Blei teile das Gouvernement
aus. Wer kein eigen Gewehr habe, bekomme eins vom Gouvernement
oder vom General Linger. Man exerziere die Bürger im Laden und
Feuern. Die Einpassierenden würden examiniert und den Wirten sei
angedeutet, alle Fremden bei ihren Viertelsherren zu melden. Hiesiges
Gouvernement habe diese Veranstaltung bereits vorher gemacht. In An-
sehung der zu gebenden Ordres hänge in hoc passu die Stadt lediglich
vom Kommandanten ab. Wegen der wegzuschaffenden oder an sichere
Orte zu bringenden Kähne könne zwar der Magistrat nicht selbst verfügen, weil er keine Jurisdiktion über die Gewässer habe, er habe aber,
was ihm befohlen sei, dem Gouvernement angezeigt, welches die nötigen
Anstalten getroffen, wie denn auch das hiesige Amt seine instructions
bekommen und die nötigen praecautiones genommen habe; und würden
die Brücken über die Havel und Spree, sobald es das Gouvernement be-
föhle, abgeworfen werden.“

Jedes Stadtviertel stellte eine Compagnie. Die Führer dieser
Compagnieen waren:

im Berliner Viertel: Bürgermeister Woche, Bandelow und Woche, welche
    die Batterie am Klosterthore besetzten;

im Stresowviertel: Bürgermeister Hart, Strehler und Ehwald, welche
    die Batterie vor dem Klosterthore besetzten;

im Klosterviertel: Kämmerer Feske, Strehler und Ehwald, welche die
    Jäckelschanze besetzten;

im Heideviertel: Senator Hering, Körber und Kaplick, welche die
    Batterie am Neuen Thore besetzten.

Der regierende Bürgermeister und der Stadtsekretär hatten über die Stadt innerhalb der Mauern, über die Thore und über das Feuer zu wachen, die nötigen Berichte anzufertigen und andere Veranstaltungen zu treffen.

Da die Garnison ins Feld gerückt war, musste die Bürgerschaft nicht bloss die Thore, sondern auch die Festung und die Pulvermagazine besetzen. Den zweiten oder dritten Tag kam jeder Bürger wieder auf Wache. Für einen Stellvertreter zahlte er drei bis vier Groschen. „Dies beschwerte die Bürger gar sehr", sagt der Inspektor Schulze, „zumal wegen Mangel der Garnison die Nahrung auch abgenommen hatte".

13. Die Zeit des siebenjährigen Krieges.

Während des siebenjährigen Krieges besetzten zwei Garnison-compagnieen die Citadelle, die Bürger die Wachen an den Stadtthoren. Ausserdem wurden die Rekruten des Regiments Prinz von Preussen alljährlich aus dem Kanton nach Spandau eingezogen und hier ausexerziert. „In den beiden ersten Jahren des Krieges", so berichtet der Inspektor Schulze, „war es mit allem Gewerbe, Handel und Wandel sehr stille. Ein jeder klagte über Mangel an Nahrung und dass er zusetzen müsse, nachher aber lebte alles gleichsam auf. Die Bedürfnisse der Soldaten beschäftigten viele Professionen, die Fabriken gingen stark, und konnte nicht Wolle genug gesponnen werden, wurde auch gut bezahlt. Eine der ersten schädlichen Folgen des Krieges war die Veränderung des Geldes. Schon 1757 kamen die neuen Friedrichsd'or zum Vorschein. Denen folgten die $\frac{1}{3}$-Stücke von 1758 und 1759. Die Juden liefen häufig auf dem Lande und in den Städten herum, die guten goldenen und silbernen Münzen gegen das neue Geld mit einem agio einzuwechseln und wurden dadurch reich, wie denn auch zwei Juden nachmals die Münze gepachtet hatten. Anno 1760 kam dann das sächsische Geld an schlechten Augustd'or $\frac{1}{3}$, 2 und 1 Groschen auf sechs Stücken. Andere Fürsten, als Mecklenburg und Schweden, machten es auch also. Indes machte dies viele Geld auch vielen Verkehr, denn niemand achtete es. Man konnte mit sächsischem Gelde viel Dinge wohlfeiler kaufen als nachmals in gutem Gelde. Diejenigen, die ihre Schulden damit bezahlten oder Häuser und liegende Gründe dafür kauften, hatten grossen Vorteil, und wurden viele dadurch reich. Und alle Bedienten, die in einem gewissen Gehalte standen, litten dabei."

„Dom. XIX p. Trin.", berichtet Schulze aus dem Jahre 1757, „nach der Vesper kam die Königin, weil die Östreicher nach Berlin gekommen, mit dem königlichen Hause auf hiesiger Festung an, wo sie sehr elend logierte. Ferner kamen alle Staatsminister und wurden in der Stadt untergebracht, wie auch alles, was noch von Soldaten in Berlin gewesen. Es war also ein grosser Tumult in der Stadt. Am Mittwoch ging alles wieder zurück nach Berlin".

„Bald nach Ostern 1759", erzählt Schulze weiter, „wurden die kriegsgefangenen Offiziers von den Russen, Östreichern, Franzosen, Schweden und der Reichsarmee von Berlin, wo sie bisher gewesen, hierher gebracht. Der Major von Schwerin war ihr Kommandant. Dieser hielt genaue Aufsicht, um alle Korrespondenze zu verhindern. Sie durften nicht hinter die Mauer oder in die Gegend der Festung kommen. An solchen Orten standen Schildwachen, welche sie zurückwiesen. Also war der Platz um hiesige Kirche und der Markt es, wo sie spazieren gingen, ritten und auch sonderlich die jungen Franzosen spielten. Die Einwohner mussten sie in ihre Häuser nehmen, wurden aber gut von ihnen bezahlt und waren, weil sie Nahrung brachten, wohl mit ihnen zufrieden. Wie aber die unglückliche Bataille mit den Russen geschehen sein sollte, wurden sie an dem Morgen von hier weg auf Magdeburg geführt. In der Nacht ging auch die Königin auf Magdeburg".

„In der Woche nach Dom. XVIII p. Trin. 1760 sahe es nicht nur bei Berlin, sondern auch hier sehr unruhig aus. Es war ein Corps Russen und Östreicher vor Berlin gerückt und hatte sich in die umliegenden Gegenden, also auch in Charlottenburg ausgebreitet. Die Einwohner vom Plan und Stresow flüchteten mit ihrem Vieh und Habseligkeiten in die Stadt. Allhier lag schon das ganze Lazarett von Wittenberg und sollte nach Berlin gehen, konnte aber nicht weiter. Es hiess dann: Die Russen seien wieder fort. Es kam auch auf einer Seite der General Hülsen mit einem Corps, und auf der andern der Prinz Eugen von Würtemberg. Also hatte man Hoffnung, die Feinde, die Berlin auf der Friedrichsstadt beschossen hatten, würden vertrieben werden. Ehe man sich's aber versah, fingen schon Mittwochs in der Nacht die Wagen an durchzugehen, und beide Corps folgten ihnen von morgens nach sieben Uhr bis nachmittags auf der Seite der Festung im Durchziehen nach und lagerten sich vor dem Potsdamer Thore vor den Scheunen auf der Neuen-Thorseite hinter die Krummen Gärten und vor dem Kietze vorbei; dadurch entstand grosse Bestürzung. Das Lazarett bekam eine Eskadron Husaren zur Bedeckung und musste zurück nach Tangermünde. In der Stadt war viel Abgang von Lebensmitteln, nur nicht Vorrat genug; viel kauften auch ohne Geld. Die Einwohner vor den Thoren und in der Stadt hatten nun eine Probe von dem, was Krieg ist. Im Lager war kein Vorrat, einige Regimenter lagen auch ohne Gezelte. Also wurden Scheunen und Gärten geplündert, die Zäune niedergerissen, viele Bäume in den Alleeen umgehauen und in den Krummen Gärten, auf dem Kietze, Burgwalle und in Pichelsdorf Kasten und Schränke erbrochen und beraubt, und die armen Leute standen noch dazu in Sorgen, um ihre Häuser durch den Brand zu kommen, weil vor und hinter denselben die Soldaten gross Feuer hatten. Der Prinz Eugen hatte dem hiesigen Kommandanten einen Kapitän vom Wunschischen Regiment Zegelin zum Gehilfen gegeben, der

Anstalt zur Verteidigung machte. Die mehrsten Bürger suchten ihre besten Sachen in Sicherheit zu bringen. Einige Familien flüchteten auch weg. Am Freitage marschierte das Corps weiter nach Brandenburg, hier aber rückte ein Bataillon Rekonvalescierter zur Besatzung ein. Es breitete sich auch das Gerücht aus, dass in der Nacht die Stadt würde bombardiert werden. Gottlob! die Nacht ging ruhig vorbei, so auch der Sonnabend. Es kam aber niemand zur Beichte. Weil indes doch geläutet wurde und viel Leute sich versammelten, hielt Herr Mendius eine Ermunterungsrede. Es waren auch am Donnerstag einige von den Russen im Nachsetzen blessierte Husaren hereingebracht, die beide Diaconi besuchen mussten. Einige Kosaken schwärmten bis auf den Stresow und auf der andern Seite bis an den Stern. Von der Festung wurde mit Kanonen auf sie geschossen, auch einige getötet. Dom. XIX, da eben der Gottesdienst angehen sollte, ward wieder kanoniert. Indes ging man doch ruhig zur Kirche. Es waren wohl Leute genug da, aber unruhig; die Zimmerleute wurden auch darin aufgesuchet und abgerufen; denn auf der Festung wurden noch immer Anstalten gemacht. Die Bedienten derselben als Prediger, Proviantkommissarius u. s. w., die in der Stadt wohnten, mussten dorthin. Bier, Branntwein u. s. w., auch Medizin wurde heraufgeschafft. Am Freitage dachte Consul dirigens schon darauf im voraus eine Kapitulation zu entwerfen. Doch am Sonntag Dom. XIX kam noch die Nachricht, dass der König auf den Grenzen seines Landes bei Baruth stände, und musste von hier aus alles, was Pferde und Wagen hatte, sogar die Weinmeister mit ihren Ochsen, seiner Armee Proviant dahinzuführen. Die Russen aber waren Montags früh aus Berlin gezogen und hatten voller Furcht geeilet nach Frankfurt zu kommen. Die Dörfer, wo dies Corps des Prinzen Eugen hingekommen, waren sehr mitgenommen. Staaken hatte es auch erfahren müssen, an die zwanzig Pferde hatten sie verloren. Da die Leute bei ihrem Plündern ausgebreitet hatten, dass die Russen, die gleich hinter ihnen kämen, es doch wegnehmen würden, so bewog dies die Einwohner in den Dörfern und auch in Staaken, dass sie mit ihrem Vieh und Sachen sich in den Wald verbargen und die Häuser offen liessen, da denn die Marodeurs desto mehr stehlen konnten. Herr Mendius konnte also Dom. XIX in Staaken nicht predigen. Der Schulze aber kam und bat, ihnen dafür in der Woche eine Predigt zu halten, was er auch gern that. Eine Folge der Durchmärsche war, dass das Viehsterben bald hernach auf den Dörfern und auch in Staaken ausbrach. Dies Dorf wurde gesperrt, und sollte auch der Meier nicht kommen die Predigten zu holen. Einige Male wurde also nicht gepredigt. Endlich hiessen sie ihn vor die Stadt kommen und gingen bis dahin. Bei hiesiger Festung wurden nachmals noch mehr Anstalten zur Verteidigung auf künftige Fälle gemacht. Es wurden auf dem Plan von der Spree bis zur Havel verschiedene Schanzen aufgeworfen, dabei der Acker von der Kirchenmeierei sehr durchgegraben wurde."

Auch im Jahre 1760 lagen eine ganze Anzahl von Kriegsgefangenen in Spandau.

14. Die Franzosenzeit. 1806—1813.

Die unglückselige Politik eines Haugwitz hatte Preussen vom Kriege mit Napoleon solange zurückgehalten, bis jeder günstige Zeitpunkt versäumt war; dann aber stürzte sie den Staat kopflos in den Kampf hinein, indem sie sich nicht darum gekümmert hatte, ob man genügend gerüstet sei, um einen so gewaltigen Gegner zu bestehen. Am 9. Oktober 1806 erklärte Preussen an Napoleon den Krieg. Fünf Tage später fiel schon die Entscheidung. Die Schlachten von Jena und Auerstädt am 14. Oktober 1806 zertrümmerten den, wie man meinte, unerschütterlichen Staat Friedrichs des Grossen und lieferten denselben beinahe wehrlos in die Hände des Franzosenkaisers. Am 24. Oktober rückten die Franzosen bereits in Berlin ein, und am Nachmittage desselben Tages zeigten sie sich von Potsdam kommend vor Spandau, indem sie in der Hasenheide vor den hohen Weinbergen mit einem preussichen Husarendetachement herumplänkelten.

Beim Ausbruche des Krieges waren die Befestigungswerke Spandaus in einem überaus mangelhaften Zustande. Die Werke der Stadtbefestigung, ein Wall mit vier Bastionen, waren verfallen. Die Profile hatten eine krummlinige Gestalt angenommen, die Banketts waren verschwunden, Poternen gab es nicht, der Graben, welcher weder Ein- noch Auslassschleusen hatte, war verschlammt und mit Rohr bewachsen und der bedeckte Weg, sowie das Glacis waren ökonomischer Benutzung anheimgegeben.

Die Citadelle befand sich in kaum minder kläglicher Verfassung. Die Kavalliere mit ihren Gewölben hatten sich notdürftig erhalten, und das Innere der Hohlbauten in den Bastionen König und Königin konnte allenfalls zu Magazinen benutzt werden. Die untere Verteidigung aber, die sogenannten Gänge, namentlich der schwarze Gang in den Bastionen König und Königin, waren durch Quermauern gesperrt, so dass niemand die Beschaffenheit der unteren Verteidigungsetage kannte. Es hiess, König Friedrich der Grosse habe diese Gänge vermauern lassen. In einigermassen leidlichem Zustande befanden sich nur die Gewölbe der Kurtinen König-Königin und Brandenburg-Kronprinz.

Seit langer Zeit betrachtete man die Citadelle lediglich als Staatsgefängnis und nahm deshalb auf ihre Verteidigungsfähigkeit gar nicht Bedacht. Überhaupt scheint man die Möglichkeit eines feindlichen Angriffs auf Spandau gar nicht in Betracht gezogen zu haben. Wie wenig man für die Instandhaltung der Festungswerke sorgte, beweist allein der Umstand, dass beim Ausbruche des Krieges und schon lange vorher der Ingenieur vom Platz, Hauptmann Berger, ein in hohem Grade schwerhöriger und kurzsichtiger Mann, seinen Wohnsitz in Potsdam hatte.

Der Kommandant, Major von Bennekendorf, welcher seine Stellung seit 1803 bekleidete, war zwar körperlich noch rüstig, aber ohne Zweifel kein thatkräftiger Offizier.

Ein Artillerieoffizier vom Platz war überhaupt nicht vorhanden, das gesamte Zeugwesen unterstand einem Zeuglieutenant.

Die Garnison der Stadt bestand beim Ausbruche des Krieges aus dem dritten Musketierbataillon des Regiments Sr. Majestät des Königs unter Führung des Oberstlieutenants von Obstfelder und drei Invaliden-Kompagnieen unter Führung des altersschwachen Majors von Loos. In der Citadelle befand sich eine Anzahl von Reichsrekruten. Die Besatzung hatte im ganzen eine Stärke von 974 Mann.

An Geschützen waren 47 Stück vorhanden, und ausserdem besass man 142 Centner Pulver und scharfe Munition.

Erst am 16. Oktober erhielt der Kommandant aus dem Oberkriegs-Kollegium Nachricht, dass ein Artillerie-Kommando mit 24 Geschützen und Munition von Berlin eintreffen solle, damit der Ort auf etwaigen Befehl in Verteidigungszustand gesetzt werden könne. Der Zeuglieutenant sollte das vorhandene und ankommende Geschütz aufstellen; der Kommandant beantragte jedoch, dass sich der Ingenieur vom Platz nach Spandau begebe, um die Aufstellung des Geschützes zu besorgen. Am 19. Oktober traf das Artillerie-Kommando, 68 Mann, mit den 24 Geschützen, aber ohne Munition ein, so dass man jetzt über 71 Geschütze aller Kaliber verfügte. An demselben Tage meldete sich auch der Hauptmann Berger. Zu seiner Unterstützung war ihm vom Oberkriegskollegium der Ingenieurhauptmann Meinert beigegeben mit dem Befehle, die Stadtbefestigung unter Benutzung des nassen Grabens in Verteidigungszustand zu setzen, namentlich aber das Oranienburger und Potsdamer Thor gegen einen Handstreich zu sichern. Durch öffentliches Ausschreiben suchte man sich am 20. Oktober das zur Herstellung der Stadtbefestigung nötige Arbeiterpersonal und Fuhrwerk zu verschaffen; am 23. trafen jedoch erst Arbeiter vom Lande ein, nachdem der Kommandant am Tage vorher bereits die Verteidigung der Stadt aufgegeben und die Besatzung in die Citadelle zurückgezogen hatte. Beim Abzuge der Garnison wurde die Brücke am Potsdamer Thore zerstört und die Wachen an den Thoren von Bürgern besetzt. Den Vorpostendienst ausserhalb der Stadt versahen die Forstbeamten der Umgegend, da Kavallerie nicht vorhanden war.

Die am 23. eintreffenden Arbeiter wurden zur Herstellung der Citadelle verwendet. Aus den vorhandenen 142 Centnern Pulver fertigte man für jedes Gewehr 60 Patronen und 2471 Kartuschen für das Geschütz an. Da die Brunnen der Citadelle schlechtes Wasser gaben, so schaffte man 50 Tonnen Trinkwasser in dieselbe. Für die Verproviantierung derselben wollte der Magistrat sorgen, aber nur unter der Bedingung, dass die Brücke am Potsdamer Thore wiederhergestellt würde. Der Kommandant bewilligte diese Forderung und nun wurde die Citadelle auf ungefähr vierzehn Tage verproviantiert. Später machte man dem Kommandanten einen Vorwurf daraus, dass er die Brücke hatte wiederherstellen lassen, weil dadurch die schnelle Besetzung der Stadt durch den Feind ermöglicht worden sei. Die abgebrochene Brücke konnte den Feind jedoch nur dann aufhalten, wenn die Stadt selbst verteidigt wurde. Hatte man aber einmal die Verteidigung der Stadt aufgegeben, so war es gleichgiltig, ob die Brücke zu benutzen war oder nicht, wenigstens war die Verproviantierung der Citadelle von ungleich höherer Bedeutung. Ein energischer Kommandant würde dieselbe allerdings auch ohne Zugeständnisse ermöglicht haben.

Am 23. Oktober meldete der Kommandant dem Könige, dass die Citadelle gegen einen Handstreich gesichert sei, und wenn er keinen andern Befehl erhalte, so wolle er mit der Garnison dem Feinde nur die Trümmer der Festung überlassen. Sehr energisch, Herr Major!

Am 24. nachmittags meldeten die den Vorpostendienst versehenden Forstbeamten, dass der Feind von Potsdam her sich nähere. Bald darauf erschien ein feindlicher Parlamentär, welcher die Festung im Namen des Grossherzogs von Berg und des Marschalls Lannes zur Übergabe aufforderte. Während man den Parlamentär empfing, kam die Meldung, dass eine Abteilung preussischer Husaren von 70 Pferden unter Hauptmann Ziehen mit dem Feinde in der Hasenheide vor den hohen Weinbergen plänkele. Der Parlamentär wurde nun abgewiesen. Gegen Abend zog sich der Hauptmann Ziehen in die Stadt zurück, liess die wiederhergestellte Brücke am Potsdamer Thore abbrechen und ritt dann nach Tegel weiter.

Diese Vorgänge setzten die Bürgerschaft in grosse Aufregung. Der Magistrat versammelte sich auf die Nachricht von der Annäherung des Feindes sofort auf dem Rathause und blieb die ganze Nacht beisammen. Gegen 11 Uhr abends rötete sich der Himmel über Charlottenburg. Die auch von Berlin aus anrückenden Franzosen hatten, wie man später erfuhr, eine am Wege gelegene Scheune angesteckt. In der Richtung nach Potsdam erglänzten zahlreiche Wachtfeuer und verkündeten die Anwesenheit grösserer feindlicher Streitkräfte.

Um Mitternacht erschienen feindliche Reiter auf der Charlottenburger Brücke und verlangten Einlass am Thore. Die dort wachthabenden Bürger meldeten dies dem Magistrate, welcher den Stadtrichter Hindenburg und den Brauer Pechüll absandte, um nach dem Begehr der Reiter zu fragen. Sie verlangten zum Kommandanten geführt zu werden. Bürger geleiteten die Reiter durch die Stadt zur Citadelle. Der Kommandant wies aber die Aufforderung zur Übergabe ab. Auf dem Rückwege durch die Stadt betraten die Franzosen einige Läden, aus denen sie Tuch und Handschuhe nahmen, ohne zu bezahlen.

Inzwischen hatte die Division Suchet vom Corps des Marschalls Lannes die Stadt eingeschlossen. In der Frühe des 25. Oktober sprengten französische Reiter über die von den Bürgern wiederhergestellte Brücke zum Potsdamer Thore hinein. Sie wagten sich zuerst nicht weit in die Potsdamer Strasse, als sie aber kein Feuer erhielten, ritten sie zum Markte. Bald folgten Kompagnieen des 17. leichten Infanterieregiments. Sie marschierten durch die Stadt und setzten sich in der grossen Mühle an der Schleuse und am Berliner Thore fest, ohne dass von der Citadelle aus auf sie gefeuert wurde.

Um 8 Uhr morgens erfolgte die dritte Aufforderung zur Übergabe mit der Bemerkung, dass die Citadelle ja nur ein Staatsgefängnis sei und sich nicht halten könne. Der Parlamentär wurde jedoch abgewiesen. Jetzt richtete sich der Feind zum Angriffe ein. Er zog immer mehr Truppen in die Stadt und fuhr an den Mühlen, vor dem Oranienburger Thore und auf den Freiheitswiesen Geschütze auf. Die Bürger erhielten Befehl, alle Leitern aus der Stadt zusammenzutragen, damit dieselben bei einem etwaigen Sturme benutzt werden könnten.

Der Kommandant liess alles ruhig geschehen, ja er verbot sogar auf den Feind zu schiessen. So gelang es diesem, sich des verfallenen Ravelins Schweinekopf zu bemächtigen. Überhaupt traf der Kommandant durchaus keine Anstalten zu einer standhaften und mutvollen Verteidigung, vielmehr zeigte er sich allenthalben unentschlossen, furchtsam und zurückhaltend.

Bald nach der dritten Aufforderung zur Übergabe berief Bennekendorf Obstfelder, Berger und Meinert zu einem Kriegsrate. Alle mit Ausnahme Meinerts stimmten für Übergabe der Festung an den Feind, „weil die Festungswerke nicht haltbar seien, es an Munition und Besatzungstruppen fehle, und weil durch eine Verteidigung dem königlichen und Privatinteresse durch den Verlust an Gebäuden sehr geschadet werde".

Um 4 Uhr nachmittags erschien zum vierten Male ein Parlamentär in der Festung und forderte den Kommandanten zur Übergabe auf unter der Bedingung, dass die Besatzung mit Ausnahme der Offiziere, welche auf Ehrenwort unter Mitnahme ihres Eigentums entlassen werden sollten, kriegsgefangen werde. Major von Bennekendorf erklärte sich auf diese Bedingungen hin zur Übergabe bereit und beauftragte den Gouvernementsauditeur mit Abfassung der Kapitulationsurkunde. Bevor diese Arbeit beendet war, traten der Grossherzog von Berg, der Marschall Lannes, der General Viktor und mehrere andere französische Offiziere in das Zimmer, gleichzeitig drangen feindliche Soldaten in die Citadelle ein und verjagten die Preussen, welche keinen Befehl zum Widerstande hatten, von den Wällen. Wie man sagt, soll der Kommandant dem Posten an der Zugbrücke mit dem Taschentuche ein Zeichen gegeben haben, dass er die Brücke herunterlasse. Wie dem auch sei, soviel steht fest, dass die Franzosen durch die bodenlose Nachlässigkeit des Kommandanten vor Abschluss der Kapitulation, ohne dass ein Schuss gefallen, Herren der Citadelle waren und über das Schicksal der Besatzung nach Belieben entscheiden konnten. Sie liessen es jedoch bei den einmal zugestandenen Bedingungen, die allerdings kaum schimpflicher sein konnten. Die Mannschaften wurden kriegsgefangen, die Offiziere mit ihren Effekten auf Ehrenwort entlassen.

So kam die Festung Spandau ohne einen Schuss in die Gewalt des Feindes. Sie war die zweite in der Reihe jener so überaus schmachvoll gefallenen preussischen Festen des Unglückjahres 1806. Ein Verteidigungsversuch wäre, da jede Aussicht auf Entsatz oder Unterstützung fehlte und Berlin in den Händen des Feindes war, erfolglos gewesen, das unterliegt keinem Zweifel, gemacht musste er trotzdem werden, das erforderte die militärische Ehre. Dem hinwelkenden Ehrenkranze preussischen Heldenmutes und aufopfernder, rücksichtsloser Pflichterfüllung konnte ein frisches, immergrünes Blatt erhalten bleiben. Mochte immerhin bei der geringen Besatzung und dem äusserst mangelhaften Zustande der Befestigungswerke an eine Verteidigung der Stadt nicht zu denken sein, die Citadelle durfte nicht ohne Widerstand und am allerwenigsten nicht in so schimpflicher Weise in die Hände des Feindes fallen. Mit vollem Rechte traf den Kommandanten und die, welche mit ihm für die Übergabe gestimmt hatten, die Strafe, welche das kriegsgerichtliche Erkenntnis vom 9. Dezember 1808 über sie verhängte. Major von Bennekendorf wurde zum Tode durch Arkebusieren, von Obstfelder zu zwei Jahren Festungshaft, weil er den Kommandanten nicht gezwungen hatte, entweder seinen Pflichten getreu zu bleiben oder das Kommando niederzulegen, und weil er für Übergabe gestimmt hatte. obwohl der Hauptmann Meinert zum Versuch einer Gegenwehr riet, Berger zu einem Jahre Festungshaft verurteilt, weil er nicht dem Ingenieurreglement gemäss gegen eine unzeitige Übergabe protestiert hatte. Diese Erkenntnisse wurden durch königliche Kabinettsordre vom 23. Dezember 1808 bestätigt mit der Abänderung, dass die über Bennekendorf verhängte Todesstrafe in Festungshaft auf Königsgnade umgewandelt wurde. Der Generallieutenant von Lestocq sollte die Verurteilten arretieren und nach Spandau abliefern lassen. von Obstfelder wurde am 3., Berger am 4., von Bennekendorf am 8. Januar 1809 in Spandau eingeliefert. von Obstfelder reichte unterm 29. Juli 1809 eine Verteidigungsschrift wegen seiner Zustimmung zur Übergabe an den König ein und bat um die Erlaubnis, dieselbe drucken zu lassen; es wurde ihm dies jedoch durch Kabinettsordre vom 9. August 1809 untersagt. Am 3. Januar 1811 wurde er aus der Haft entlassen. Berger war am 9. Dezember 1809 entlassen worden, nachdem er Urfehde geschworen hatte, „sich wegen der erlittenen Strafe weder an des Königs Majestät Person noch höchstdero Landen und Unterthanen, auch nicht an dem hiesigen Gouvernement, Stadt oder Festung weder selbst zu rächen, noch solches durch andere geschehen zu lassen". von Bennekendorf wurde am 19. Juni 1814 vom Könige begnadigt.

Bis zur Übergabe der Citadelle hatten die Franzosen in der Stadt sich aller Gewaltthätigkeiten enthalten, abgesehen davon, dass sie nach Belieben sich in die ansehnlichsten Häuser einquartierten und 10 000 Portionen Brot, Fleisch, Bier, Branntwein u. s. w. requirierten; als aber die Kapitulation abgeschlossen war, drangen sie plündernd in alle Häuser ein. Manchem Einwohner wurde all sein Geld, andern Lebensmittel, Vieh, Wäsche und Kleidungstücke genommen, sehr viele wurden all ihrer Habe beraubt und bis aufs Hemd ausgezogen. Was die Plünderer nicht selbst verbrauchten, schleppten sie ihren vor den Thoren biwakierenden Kameraden zu. Ein Augenzeuge, der damalige Ratmann und spätere Bürgermeister Daberkow, berichtet über das erste Auftreten der Franzosen in der Stadt wie folgt: „Fürs erste wurde eine Menschenmenge von drei- bis fünftausend Mann einquartiert, welchen das Recht zustand, von ihren Wirten zu fordern alles, was sie für gut fanden. Jeder gemeine Soldat forderte und erhielt Wein, überall schwammen die Tische von teuren

Getränken, weil die Einquartierten nicht bloss geniessen, sondern auch
verderben wollten. Bei ihrem Abgange des andern Tages nahmen sie
Wein und Branntwein der feineren Art mit auf den Weg. An Braten
und andern luxuriösen Genüssen hatten die Wirte es nicht fehlen lassen
dürfen. Was übrig geblieben war, wurde eingepackt, wo nichts übrig
geblieben, da musste von neuem angeschafft werden, und wo der Wirt
sich säumig finden liess, da gab es Schläge und Stösse. Kaum waren
1000 Mann abgegangen, so waren 2000 andere wieder da. Der Wirt,
welcher zur Ernährung der ersten seine Vorräte hergegeben hatte, musste
kaufen, der, welcher kein Geld hatte und sich nicht misshandeln lassen
wollte, musste die Flucht ergreifen und Haus und Hof im Stich lassen.
So ward diese Einquartierungslast für die· übrigen von Tag zu Tag
drückender. Vierzehn Tage hindurch dauerte diese grenzenlose Unordnung, während welcher Zeit auch bei den allerunerhörtesten Forderungen
der Soldaten keine Hilfe zu finden war. Nach Verlauf von vierzehn
Tagen aber wurde den Soldaten Brot und Fleisch aus den königlichen
Magazinen verabreicht. Der bei dem ärmeren Wirte in Quartier liegende
Soldat musste sich hiermit begnügen, nur dass der Wirt das erforder-
liche Getränk: Kaffee, Bier, Branntwein u. s. w., Gemüse und andere
Zukost hergeben musste; dem, der bei einem bemittelten Wirte in Quartier lag, musste sein aus dem Magazin erhaltenes Brot und Fleisch aber
ausgetauscht werden, weil jeder, auch der gemeinste Soldat, vorgab, dergleichen Brot nicht essen zu können, sondern an weisses Brot und an
Bouillon gewöhnt zu sein. Über 100 Häuser waren von ihren Wirten
verlassen worden, weil diese entweder die Einquartierungslast nicht ertragen konnten oder sich nicht misshandeln und zu Bettlern machen
lassen wollten.“

Aber nicht bloss an den einzelnen Bürger, auch an die ganze
Kommune wurden infolge der Einquartierung grosse Anforderungen gestellt. Der Kommandant der Citadelle und die verschiedenen Stadtkommandanten erhielten ausser der Verpflegung ansehnliche Tafelgelder.

Es erhielten an Tafelgeldern:

Brigadegeneral Ferry, Kommandant der Citadelle .	20337	Thlr.	18	Gr.
Oberst Hudry, Stadtkommandant	80	„	—	„
„ Tarquet, „	400	„	—	„
Hauptmann Landirelli, Stadtkommandant . . .	933	„	8	„
„ Richon, „ . . .	800	„	—	„
„ Bayerlé „ . . .	1520	„	—	„
Oberst Burette, „ . . .	5526	„	2	„
Adjutant Bestiaux	144	„	3	„
Brigadegeneral Senilhac	1282	„	12	„
die Kriegskommissare Augier und Lefort	2425	„	—	„
im ganzen	33448	Thlr.	19	Gr.

Von den Stadtkommandanten waren Richon und Burette die mil-
desten, Hudry und Bayerlé die schlimmsten. Von Bayerlé sagt Daberkow:
„Dieser war ein Mensch, der der Stadtbehörde zur wahren Qual ward,

denn er verstand es mit Güte und Gewalt zu requirieren, was er wünschte.
Sein Tisch musste beständig mit den besten Weinen serviert sein. Es
musste angeschafft werden, worauf er nur im entferntesten angespielt
hatte, wenn er nicht tyrannisieren sollte, und nebenbei mussten ihm täglich drei Thaler gegeben werden." Burette, Colonel des gens d'armes,
regelte die Verpflegung der einquartierten Soldaten dahin, dass die Quartier-
geber statt der Naturallieferungen eine bestimmte Summe zahlten. Die
Soldaten wurden nun vollständig aus Magazinen verpflegt.

Am 26. Oktober berührte Kaiser Napoleon auf seinem Wege von
Potsdam nach Charlottenburg die Stadt. Vom Potsdamer Thore aus ritt
er längs des Stadtwalles zur Citadelle. Nach deren Besichtigung ritt er
durch die Stadt nach Charlottenburg. Hier verfügte er noch am Abende
desselben Tages, dass die Festung Spandau sogleich in Stand gesetzt,
die Werke derselben verstärkt, der Platz mit Artillerie, Munition und
Lebensmitteln aller Art versehen, ein Hauptlazarett für 500 Mann, zehn
Backöfen und Magazine daselbst eingerichtet und die in Berlin gefundenen
Waffen dorthin geschafft werden sollten.

Daberkow bemerkt in betreff der Anwesenheit Napoleons: „Zur
Ehre der Spandauer muss angemeldet werden, dass ihm niemand ein
„Vive Napoléon", wie dieses an Orten in der Nachbarschaft geschehen
war, zurief." Heut wird man nicht einsehen, dass deshalb den Spandauern grosse Ehre gebühre, sondern nur beklagen, dass es Preussen
und Deutsche gab, welche, indem sie Napoleon zujubelten, einen schimpf-
lichen Mangel an Vaterlandsliebe und durchaus kein Gefühl für nationale
Ehre bewiesen.

Die Befehle Napoleons wurden sofort ausgeführt. Anfangs musste
jeder Bürger zur Schanzarbeit täglich einen Arbeiter stellen; später trat
hierin eine Erleichterung ein, indem auch die benachbarten Kreise zur
Stellung von Schanzarbeitern herangezogen wurden.

Zu Lazaretten wurden die Wohngebäude des königlichen Domänen-
amtes vor dem Potsdamer Thore, die beiden Kasernen in der Stadt und
der eben erst vollendete Flügel des Zuchthauses in der Moritzstrasse
eingerichtet. Was die Stadt an Bettstellen und andern Utensilien her-
zugeben vermochte, musste geliefert werden, die übrigen Gerätschaften
wurden von Berlin herbeigeholt. Die zum Unterhalte der Kranken nötigen
Lebensmittel requirierten die Lazarettbeamten in der Stadt. Im ganzen
hatte die Stadt an Lazarettgeldern gegen 30 000 Thaler aufzubringen.

Die Nicolaikirche wurde zum Magazin eingerichtet; man warf
deshalb die Stühle hinaus. Die Moritzkirche wurde nach Entfernung der
Stühle und der Kanzel als Schlachthaus benutzt. Der evangelische Gottesdienst musste nun in der kleinen reformierten Kirche abgehalten werden.

An Kontribution sollte die Stadt 45 590 Thaler aufbringen; es
wurden jedoch nur 464 Thaler gezahlt, indem der Rest dem Magistrate
zur Tilgung der Schulden überwiesen, welche die Stadt zur Bestreitung
der Tafelgelder, der Lazarettkosten und der Magazineinrichtungen gemacht hatte.

So erfuhren die Spandauer in. den Jahren 1806 bis 1808 zur Genüge, was es heisst „den Feind im Lande haben". Gross war daher die Freude, als die Stunde der Erlösung schlug.

Nach den Bestimmungen des Tilsiter Friedens sollte Preussen am 1. Oktober 1807 von den Franzosen geräumt sein. Napoleon verstand es jedoch, die Zurückziehung seiner Armee aus Preussen länger als ein Jahr hinzuschleppen. Erst am 27. November 1808 verliessen die Franzosen Spandau. Die Wachten wurden von den Bürgern besetzt. „Da aber", so erzählt Daberkow, „die Freude der Einwohner über den Abgang der Franzosen in Ausgelassenheiten auszuarten schien und der General Ferry sich nicht gehörig sicher glaubte, so ward vom 28. November an bis zum 3. Dezember noch eine Compagnie Franzosen in die Stadt gelegt. Es ist wahr, der 27. November 1808 war für die Einwohner ein sehr glücklicher Tag, denn es war der erste, an welchem wieder frei geatmet werden konnte. Jeder Bürger wollte seine Freude da in Gemeinschaft mit seinen Mitbürgern äussern. Mit Musik wurden die Franzosen zum Thore hinausgeführt, was dieselben für eine besondere Ehre hielten, was aber lediglich die Freude der Einwohner über ihren Abgang ausdrücken sollte. Aus den Rathausfenstern wurde dem entfernten Könige u. s. w. ein herzliches Vivat unter Trompetenstoss und Paukenschlag gebracht."

Mit grosser Feierlichkeit und Herzlichkeit wurden am 11. Dezember 1808 die ersten preussischen Truppen, eine Schwadron Husaren, empfangen. Trotzdem es sehr kalt war, ging der grösste Teil der Einwohner denselben bis vor den Stresow entgegen. Offiziere und Wachtmeister wurden in dem Hause des Brauers Pechüll gespeist, die Husaren fanden freundliche Aufnahme und reichliche Verpflegung bei ihren Wirten. Am 15. Dezember rückte die eigentliche Garnison, zwei Bataillone des Regiments Nassau-Usingen ein.

Zum Kommandanten wurde der Obrist von Mahnkopf ernannt, Gouverneur war der Oberst von Thümen.

In den Jahren 1809/10 wurde nun tüchtig an den Befestigungswerken gearbeitet, namentlich an der Citadelle. Die untere Feueretage wurde wiederhergestellt und eine bombensichere Kaserne erbaut. Gleichzeitig setzte man die von den Franzosen begonnene Erneuerung und Verstärkung der Stadtbefestigung fort und legte im Jahre 1811 das Retranchement auf dem Stresow, aus welchem sich die jetzige Stresowbefestigung entwickelt hat, und ein Hornwerk hinter der Gewehrfabrik auf dem Plan an. Diese Arbeiten sollten den noch in Berlin weilenden Franzosen möglichst verborgen bleiben. Um sich vor Spionen zu sichern, bedurfte es daher einer strengen Polizeiaufsicht. Der damalige Polizeibürgermeister Lausse scheint dieselbe nicht genügend ausgeübt zu haben, denn unterm 12. September 1811 wurde der Polizeiinspektor Krause von Berlin nach Spandau geschickt, um eine Revision der Polizei daselbst vorzunehmen. Er berichtete unterm 18. September über seine Wahrnehmungen und leitete dann persönlich die Polizei bis zum 1. Dezember. Er sandte sehr häufig Rapporte über alles, was in militärischer Hinsicht in der Stadt vorging, in das Kabinett des Königs. Nach Krauses Abgange reichte Lausse diese Rapporte täglich an den Staatsrat Gruner ein. Er berichtete über alles, was in der Stadt gethan und gesprochen wurde, über alle dieselbe berührenden Fremden. Zur Sicherung der Stadt gegen Spione wurden ganz besondere Polizeiverordnungen erlassen. Erst unterm 16. März 1812, nachdem das Bündnis zwischen Preussen und Frankreich abgeschlossen war, wurde die Einreichung der Rapporte und die Handhabung der strengen Polizeimassregeln aufgehoben.

Das Bündnis Preussens mit Napoleon lieferte Spandau wiederum in die Hände der Franzosen. Am 26. März 1812 nahm das 126. französische Infanterieregiment auf dem Marsche nach Russland in der Stadt Quartier. Nach Abmarsch dieses Regiments rückte ein anderes ein, und nach Verlauf von drei Wochen hatte die Stadt wiederum eine stehende französische Garnison. Selbst die Citadelle besetzten die Franzosen gemeinsam mit den Preussen. Anfänglich wurden die Truppen von den Wirten verpflegt, vom 1. Mai 1812 an aber seitens der preussischen Regierung eine vollständige Magazinverpflegung eingerichtet.

Als nun die Armee Napoleons auf dem Rückzuge von Moskau grösstenteils vernichtet war und die Russen gegen Berlin vordrangen, wurde Spandau von den Franzosen in Belagerungszustand erklärt. Es geschah am 20. Februar 1813. Am Mittage hatten sich die ersten Kosaken auf dem Spandauer Berge gezeigt. Gegen Abend erhielt der Magistrat von dem französischen Gouverneur folgendes Schreiben:

„An die Herren Magistratspersonen der Stadt Spandau."

„Ich habe die Ehre, Sie, meine Herren, zu benachrichtigen, dass angesichts der gegenwärtigen Umstände die Stadt und Festung Spandau in Belagerungszustand erklärt sind. Demzufolge übernehme ich das Civil- und Militär-Kommando. Alle von mir ausgehenden Befehle werden Kraft haben, und Sie werden allen Requisitionen und Forderungen u. s. w gehorchen, welche durch mich oder in meinem Namen durch den Herrn Kommandanten der Citadelle, den Ingenieur- und Artillerie-Kommandanten, sowie auch durch den Kriegskommissarius geschehen."

„Sie werden die Einwohner der Oranienburger und Potsdamer Vorstadt, sowie die des Stresow und die, welche unter der Citadelle wohnen, benachrichtigen, dass sie ihre Häuser von jetzt an in 24 Stunden räumen müssen; desgleichen werden diejenigen Stadtbewohner, welche nicht auf drei Monate Lebensmittel haben, aufgefordert, in demselben Zeitraume aus der Stadt zu gehen."

„Sie werden die inneren Polizeianstalten treffen, welche Sie für zuträglich halten, um Unordnungen vorzubeugen, und überhaupt werden Sie die gewöhnlichen Vorsichtsmassregeln gegen Feuersgefahr treffen, indem Sie darauf sehen, dass man in jedem Hause Eimer mit Wasser und Misthaufen halte."

„Die Kähne, welche sich noch in dem Umkreise Spandows auf dem jenseitigen Ufer morgen Mittag befinden, werden auf den Abend verbrannt werden, wenn sie nicht auf das diesseitige Ufer gebracht sind. Alle Fremden müssen am morgenden Tage abreisen, aber sie, sowie diejenigen Einwohner, welche die Erlaubnis haben fortzugehen, können weder Lebensmittel noch sonst etwas mitnehmen, was den im Orte Bleibenden nützlich und notwendig sein könnte."

„Sie werden mir morgen Mittag unter den Personen, die schon das Zutrauen Sr. Majestät des Königs von Preussen besitzen, oder nach Ihrer eigenen Wahl eine gewisse Anzahl Männer bezeichnen, die unterrichtet, thätig, von dem Eifer für das allgemeine Beste beseelt, und fähig sind die Civilobrigkeit zu repräsentieren, und an welche ich künftig meine Befehle mit der gewissen Überzeugung richten kann, sie auf der Stelle ausgeführt zu sehen."

„Sie werden auch die Einwohner benachrichtigen, nach der Reträte nicht mehr aus ihren Häusern zu gehen und zu keiner Stunde zusammenzulaufen."

„Ich habe die Ehre u. s. w.
Der Generalgouverneur
Barthelémy."

Am Morgen des 21. Februar wurde den Einwohnern der Befehl des Gouverneurs bekannt gemacht. Alle gerieten in grosse Unruhe und Bestürzung. Die Bewohner der Vorstädte zogen mit ihrer Habe teils in die Stadt, teils begaben sie sich auf Kähne; die Einwohner der Stadt schafften ihre Habseligkeiten entweder nach ausserhalb oder in die Keller und feuerfesten Gewölbe. Der Gottesdienst wurde gänzlich eingestellt.

Der Befehl, dass die Einwohner nicht mehr nach der Reträte, die um 6 Uhr geschlagen wurde, ausgehen sollten, wurde auf Ansuchen des Magistrats dahin geändert, dass niemand ohne Sicherheitskarte ausgehen dürfe; jeder Einwohner empfing nun vom Polizeibûreau eine Sicherheitskarte.

Am 23. Februar rückten die Reste von sieben polnischen Infanterie-Regimentern, die an der Beresina den Rückzug gedeckt hatten, in die Stadt ein. Mehrere hundert Wagen, teils mit Kranken, teils mit Kasten voll Montierungsstücken und Gewehren beladen, machten den Anfang. Mitten unter diesen Wagen sah man Kutschen und Kaleschen mit Damen und Kindern bepackt. Neben jedem Fuhrwerk liefen einzelne Soldaten und Offiziere. Die Mannschaft, in drei Bataillone geteilt, folgte den Wagen. Sie bestand zum grössten Teile aus polnischen Bauerburschen, von denen viele kaum notdürftig gekleidet, manche ohne Hosen und barfuss waren. Ausser einem Gewehre hatten sie kein Ausrüstungsstück. Der Einzug währte über zwei Stunden. Der Markt und die Hauptstrassen der Stadt waren mit Wagen und Menschen angefüllt, und ein entsetzliches Gewirr herrschte in den Häusern, namentlich in denen, welche weibliche Einquartierung erhalten hatten. Am meisten gerieten die Wirte dadurch in Verlegenheit, dass die Polen schlechterdings nicht mit den Franzosen zusammen in einem Zimmer liegen wollten.

Am 24. Februar bestand die französische Garnison nach den Listen des Einquartierungsbüreaus aus:

einem Bataillone Franzosen, das aus den Trümmern des ganzen dritten (Neyschen) Armeekorps zusammengesetzt und 530 Mann stark war und die Besatzung der Citadelle bildete,

einem Bataillone des 129. Infanterie-Regiments, grösstenteils Holländer und Deutsche aus der Gegend der unteren Elbe und Weser, etwa 500 Mann,

den polnischen Truppen, ungefähr 1800 Mann mit 187 Offizieren,

drei Compagnieen Artillerie, jede ungefähr 90 Mann stark,

eine Abteilung Trainsoldaten, etwa 50 Mann, mit 125 Pferden.

Ausserdem lag auf der Citadelle ein preussisches Kommando von 80 Mann. Dasselbe war dem Befehle des Majors Barou von Hiller, Adjutanten des Generals von York, unterstellt, welcher die Weisung hatte, „je nach Verhältnissen das königliche Interesse wahrzunehmen". Bei der Stärke der französischen Besatzung konnte Hiller jedoch nicht daran denken, die Stadt oder die Citadelle in seine Gewalt zu bringen. Die Franzosen verdrängten ihn vielmehr aus der Citadelle und er musste froh sein, dass es ihm gelang, das Kommando am 11. März unversehrt aus der Stadt zu führen.

Am 24. Februar entsandte der Magistrat mit Erlaubnis des französischen Gouverneurs Barthelémy eine Deputation an die Regierungskommission zu Berlin, um durch deren Vermittelung bei dem Vizekönige von Italien, Eugène Beauharnais, Kommandanten der Armee von Deutschland, die Abbrennung der Vorstädte zu verhindern. Es wurde zugesagt, dass eine solche Massregel nur im äussersten Notfalle ergriffen werden solle.

Am 27. Februar suchten die bemittelten Einwohner ihre Möbel und Betten aus der Stadt zu schaffen. Der Gouverneur erliess jedoch ein Verbot dagegen, damit der Garnison nicht die nötige Bequemlichkeit entzogen werde. Auf Bitten der Bürger wurde dies Verbot dahin abgeändert, dass jeder, der seine bewegliche Habe aus der Stadt schaffen wolle, einen Kessel, einzelne Bettstücke und Leinenzeug an das Lazarett abliefern müsse.

Am 1. März, morgens gegen 7 Uhr, kamen von Charlottenburg 400 Mann französischer Kavallerie, welche mit 1000 Mann der Garnison eine Rekognoscierung nach Potsdam hin unternahmen und dabei namentlich in Gross-Glienicke stark requirierten und plünderten. Bald nach Abmarsch des Rekognoscierungskorps wurde die Garnison alarmiert, weil eine Kosakenpatrouille dicht am Oranienburger Thore auf die Schildwache ihre Pistolen abgefeuert hatte.

In der Nacht vom 2. zum 3. März verliess der Train und eine Compagnie Artillerie die Stadt.

Am 3. März wurden Requisitionskommandos nach den umliegenden Dörfern entsendet, jedoch nicht alle erreichten ihren Bestimmungsort, da ihnen Kosaken den Weg verlegten. Die Einschliessung Spandaus durch die Russen war also in der Nacht vom 2. zum 3. März bewirkt worden.

Inzwischen hatten die Franzosen Berlin verlassen, in welches am Morgen des 4. März die ersten russischen Truppen einrückten.

In der Nacht vom 3. zum 4. März war der Divisionsgeneral Bruny in Spandau eingetroffen, um den General Barthelémy in dem Gouvernement der Festung abzulösen. Er zeigte von Anfang an, dass er gesonnen sei, sich auf das äusserste zu verteidigen. Am Morgen des 4. März liess er die Schlangenbrücke vor dem Stresow abbrechen und durch ein Kommando von 100 Mann den Gasthof zum roten Adler und das demselben gegenüber liegende Wohnhaus des Justizamtmanns Ritter vor dem Potsdamer Thore niederreissen. Die Bewohner baten um Frist ihre Habseligkeiten zu retten, fanden aber kein Gehör. Am Nachmittage wurden die Häuser vor dem Stresow, die Potsdamer- und die Oranienburger Vorstadt, sowie die Gebäude hinter der Gewehrfabrik niedergebrannt. „Wut und Rache", erzählt Daberkow, „bewegten die Herzen aller Einwohner nicht sowohl um des Brandes selbst willen, der eine notwendige militärische Massregel war, als deshalb, dass man den Einwohnern auch nicht die geringste Anzeige von der Anzündung ihrer Gebäude gemacht und ihnen durchaus keine Zeit zur Rettung ihrer Habe gelassen hatte. So kamen z. B. in die Wohnung des Ackerbürgers Spannagel mehrere Artilleristen, die, ohne der Frau, welche eben ihr Kind an der Brust säugte, ein Wort zu sagen, Pechkränze in die Stube warfen und anzündeten, so dass der erschrockenen Frau kaum Zeit übrig blieb ihr Kind und ihre Person zu retten." „Die ganze Stadt war noch in der Nacht um 2 Uhr so erleuchtet, dass man auf den Strassen die kleinsten Gegenstände mit der grössten Deutlichkeit unterscheiden und an der Turmuhr weit besser als im Sonnenscheine Ziffern und Zeiger erkennen konnte. Zum grossen Glück führte der Wind die Flammen von der Stadt abwärts."

Am 7. März abends wurde die Scharfrichterei niedergebrannt und die Einwohner der Stadt von neuem in Schrecken gesetzt.

Als Bruny das Kommando übernahm, bestand die Besatzung aus ungefähr 3000 Mann mit 115 Geschützen. Das preussische Kommando erhielt am 10. März Befehl zum Abmarsch. Am Morgen des folgenden Tages rückte es unter Trommelschlag mit seinem Gepäck ab. Mehrere Einwohner, die teils ihres Berufes wegen die Stadt verlassen mussten, teils Kriegsdienste nehmen wollten, schlossen sich ihm an.

Am 15. März entsandte der russische General en chef Graf Wittgenstein zur Blokade von Spandau ein Infanterie-Regiment und eine schwere Batterie, zu denen am 20. Kavallerie und Geschütz unter Generalmajor von Helfreich als Verstärkung stiessen.

Am 17. März schlugen die Russen bei Pichelsdorf eine Schiffbrücke über die Havel. Die Franzosen arbeiteten inzwischen an neuen Befestigungswerken. Rückwärts des Grabens der ehemaligen Schleifmühle wurde eine Lünette zu vier Geschützen, welche den Damm zwischen der Citadelle und dem Plan bestreichen sollte, angelegt. Im bedeckten Wege wurde vor Bastion König eine Traverse zum Schutze der kleinen Zugbrücke über die Schleuse aufgeschüttet und vor der Kurtine Brandenburg-Königin ein Blockhaus für 80 Mann erbaut. Endlich wurde das Hornwerk auf dem Plan verpalissadiert und im Innern der Citadelle die Kasematten als Magazine sowie zur Unterkunft der Truppen eingerichtet.

Am 21. März liess der Kommandant Bruny die noch vorhandenen Gebäude vor dem Potsdamer Thore, den Kietz, den Burgwall und die Krummen Gärten niederbrennen.

Am 22. März setzten sich die Russen in den Trümmern der Oranienburger Vorstadt und an den Schülerbergen fest. Die Bewohner der Stadt konnten dieselben von den Böden aus beobachten.

Am 31. März zeigte der Gouverneur dem Magistrate den Kriegszustand zwischen Preussen und Frankreich an, nahm alle Staatskassen in Beschlag und stellte sie unter französische Verwaltung. Die Accisekassen hatten nur einen Barbestand von 41 Thalern 15 Groschen, da alle Gehälter und Pensionen für den Monat April ausgezahlt worden waren. Obgleich dem Gouverneur nachgewiesen wurde, dass die Gehälter und Pensionen stets monatlich vorausbezahlt wurden, so bestand er dennoch auf Rückzahlung derselben. Nach vielen Protestationen seitens des Magistrats und der Accisebeamten liess er nach, dass nur die 12 Thaler übersteigenden Gehälter zurückgezahlt werden sollten, indem er die Wiederauszahlung der Hälfte derselben für die Mitte des Monats versprach. Als er an dies Versprechen erinnert wurde, erwiderte er jedoch, dem Scharfrichter bezahle man voraus, jedem andern nach gethaner Arbeit; wenn der Monat verflossen sei, solle die Zahlung erfolgen.

Am 31. März war auch der General von Bülow mit seiner Division in Berlin eingerückt. Er hatte Befehl erhalten, die Russen in der Einschliessung Spandaus abzulösen. Er bestimmte hierzu eine Brigade seiner Division unter Generalmajor von Thümen, welcher in den Jahren 1808 bis 1812 Gouverneur von Spandau gewesen war. An Artillerie wurden demselben zugeteilt: die 12pfündige Batterie Nr. 1 unter Lieutenant Witte, die 6pfündige Fussbatterie Nr. 6 unter Hauptmann Ludwig, sechs eiserne 50pfündige Mörser und drei schwere russische Einhörner. Das gesamte Geschütz wurde dem Befehle des Hauptmanns Ludwig unterstellt.

Der Generalmajor von Thümen nahm sein Hauptquartier in Charlottenburg. Er liess sofort eine zweite Schiffbrücke über den Valentinswerder schlagen und in der Nähe des goldenen Sterns auf der Spree einen grossen Pram aufstellen. Noch am Nachmittage des 31. März schickte er einen Offizier des brandenburgischen Husarenregiments als Parlamentär an General Bruny ab, um denselben zur Übergabe aufzufordern. Die Verhandlungen hatten jedoch keinen Erfolg.

Nachdem die Preussen ihre Stellungen eingenommen hatten, marschierten die Russen am 2. April ab. Nur eine kleine Abteilung derselben unter Generalmajor Sagretzky verblieb auf dem rechten Havelufer. Die Artillerie dieser Abteilung stand unter dem Befehle des Hauptmanns Salzmann.

Bei der geringen Stärke des Belagerungskorps war es eine schwierige Aufgabe, die Verbindung der Vorposten, welche zweimal durch die Havel, einmal durch die Spree- und endlich auch durch die sumpfigen Spektewiesen unterbrochen wurde, zu erhalten. Die einzelnen Abteilungen

22*

der Belagerer standen auf drei Meilen im Umkreise verteilt, und jede Abteilung hatte zur Unterstützung der andern eine halbe Meile zu marschieren. Das Hauptquartier befand sich, wie erwähnt, in Charlottenburg. Hier lag auch die Reserve. In den hohen Weinbergen standen zwei Kompagnieen, bei Pichelsdorf, hinter Ruhleben, in der Jungfernheide und hinter den Schülerbergen je eine Kompagnie, bei Haakenfelde zwei Kompagnieen. In Falkenhagen, Seegefeld und Staaken stand Kavallerie. Diese verschiedenen Abteilungen hatten eine Feldwache in der Hasenheide, zwei Feldwachen an der Brücke bei Pichelswerder, eine Kosakenfeldwache auf dem rechten Ufer der Spree zwischen diesem und der Berliner Strasse, eine Feldwache an der Jungfernheide, einen vorgeschobenen Posten im Salzhofe, zwei Feldwachen mit zwei Geschützen an der Brücke nach Valentinswerder, je eine Feldwache in jedem der mit Schiessscharten versehenen Pulverhäuser an der Neuendorfer Strasse und eine Feldwache in den Trümmern der Oranienburger Vorstadt. Die Strassen nach Falkenhagen, Staaken und Potsdam waren mit Kavalleriefeldwachen besetzt.

Am 4. April erhielt das Belagerungskorps eine Verstärkung von acht 12 pfündigen Geschützen. Den 7. April wurden die Plätze für die Wurf- und anderen Batterien bestimmt, um den Feind in seinen Befestigungsarbeiten nicht weiter fortschreiten zu lassen. In der Nacht zum 9. April erbaute man in der Nähe von Ruhleben eine 1200 Schritt von der Spreeschanze entfernte Batterie, welche in der folgenden Nacht ihr Feuer eröffnete. Tags darauf leitete der Gouverneur Bruny Unterhandlungen ein, durch welche er die Neutralität der Stadt erreichen wollte, falls er sich auf die Verteidigung der Citadelle beschränkte. Da die Belagerer die Stadt schonen wollten, so schlossen sie am 13. April im Sinne der Vorschläge des Generals Bruny eine Konvention ab, die jedoch die Genehmigung des Grafen Wittgenstein nicht erhielt. Thatsächlich zog Bruny aber am 13. seine Truppen aus der Stadt und beschränkte sich im wesentlichen auf die Verteidigung der Citadelle und des Stresow.

Indem Wittgenstein der erwähnten Konvention die Genehmigung versagte, befahl er, dass ungesäumt mit dem Bombardement des Platzes vorgegangen werde.

Da die Belagerer am 11. April sechs 50 pfündige Mörser und am 14. genügende Munition erhalten hatten, so bauten sie in der Nacht zum 17. April in den Schülerbergen, 1000 Schritt von der Citadelle entfernt, drei Batterieen, deren jede mit zwei Mörsern armiert wurde. Sie eröffneten am 17. das Feuer auf die Citadelle, welche lebhaft erwiderte. In der Nacht zum 18. April erbaute der Belagerer eine neue Batterie von vier 10 pfündigen Haubitzen in der Nähe von Ruhleben. Am Morgen des 18. beschossen alle Batterien die Citadelle, in welcher bald Feuer ausbrach, das sich sehr schnell verbreitete. Um 11 Uhr vormittags flog das in Bastion Königin befindliche Laboratorium, in welchem Pulver und geladene Munition lag, in die Luft. Eine Granate hatte dasselbe entzündet. Der grösste Teil der Bastion wurde zerstört, namentlich aber war in der rechten Flanke eine grosse Bresche entstanden. Über dieses Ereignis erzählt der Prediger Hornburg, ein Augenzeuge: „Mittags verspürte man in allen Häusern der Stadt eine gewaltige Erschütterung, so dass Thüren aufgerissen, Fenster zerschmettert, Dächer teilweise heruntergeworfen wurden. Menschen wurden in die Höhe gehoben. Viele Einwohner glaubten anfänglich, dass in ihres Nachbars Wohnung oder in ihr eigenes Haus eine Bombe gefallen und darin zerplatzt sei. Aber bald verkündeten uns Rauchwolken, was geschehen sei. Das Laboratorium voll Pulver, Kartätschbüchsen, gefüllten Granaten und Bomben war in die Luft geflogen und hatte in der Bastion Königin eine ungeheure Bresche gemacht. Eine Menge Kugeln jeder Gattung waren in die Stadt geflogen bis über den Heinrichsplatz fort, auch Mauersteine; aber zum Glück ward kein einziger Einwohner auch nur beschädigt. Die Steine und das Erdreich des eingestürzten Festungswalles hatten den Festungsgraben angefüllt, das Wasser aus seinen Ufern gedrängt, die im bedeckten Wege befindlichen Menschen bis über die Palissaden geworfen, manchen wieder zurück ins Wasser gespült und wieder ausgeworfen. Die nach der Festung führende Brücke war in allen ihren Fugen erschüttert. Wie viele Franzosen hierbei ihren Tod gefunden, hat sich nicht ausgemittelt. Mehrere wurden nach der erfolgten Übergabe noch im Wasser gefunden. Ein heftiger Abendsturm bewahrte die Stadt vor Unglück. Die Franzosen verliessen in der grössten Bestürzung die Citadelle.“ „Nachmittags sah man das grosse Magazin und den Juliusturm in vollen Flammen, die durch fortwährend hineingeworfene Bomben immer höher zu schlagen anfingen. Um fünf Uhr verbreitete sich das Gerücht, dass das grosse Pulvermagazin, mehr als 1000 Centner Pulver enthaltend, in Gefahr sei, vom Feuer ergriffen zu werden. Das Militär begab sich auf die Stadtwälle, um sich zu sichern. Die Einwohner verbargen sich entweder in den sich selbst erbauten Blockhäusern oder hatten sich zur Auswanderung, mit geschnürten Bündeln versehen, reisefertig gemacht. Mehrere Hundert hatten sich auf diese Weise am Potsdamer Thore versammelt und verlangten mit Nachdruck, dass die Thore geöffnet werden sollten. Sie blieben aber verschlossen. Wer vermag den Zustand zu beschreiben, wo man jeden Augenblick befürchten muss, erschlagen oder verschüttet zu werden?“ „Nach drei Stunden wurde versichert, dass die Gefahr vorüber sei, denn das Pulver sei in verschiedene feuerfeste Gemächer verteilt worden. Jeder begab sich hierauf wieder in seine Wohnung. In der Nacht hörte man einige fürchterliche Schüsse. Die Garnison blieb auf den Wällen, denn sie erwartete einen Sturm, der aber nicht erfolgte.“

Der Belagerer hatte die Folgen der Explosion nicht entdeckt und baute in der Nacht zum 19. April zwei neue Batterieen. Am Morgen des 19. eröffnete er aus allen Batterieen ein lebhaftes Feuer. Da die Franzosen dasselbe namentlich aus Lünette I am Berliner Thore sehr heftig erwiderten, so beschoss der Belagerer diese vornehmlich. Dabei schlugen viele Kugeln und Bomben in die Stadt ein, thaten jedoch keinen Schaden. Nun bemerkte der Belagerer auch die Bresche in der Citadelle und forderte den General Bruny sofort zur Übergabe auf, erhielt jedoch keine Antwort.

Als General von Thümen am 20. April die volle Wirkung der Explosion erkannte, beschloss er die Mutlosigkeit des Feindes zu benutzen und einen Sturm zu wagen, obgleich der Feind sämtliche Aussenwerke vor der Bresche noch im Besitz hatte. Für den Angriff gab er folgende Dispositionen: „Die Citadelle wird am 20. April aus allen Batterieen ununterbrochen beschossen und am Abend die Mühle an der Verbindungsbrücke mit der Stadt in Brand gesteckt. Das 3. Bataillon des 4. ostpreussischen Regiments unternimmt den Sturm auf die Citadelle und schifft sich am Salzhofe mit sechs Kähnen ein. Während die Scharfschützen nach dem Glacis übersetzen und den gedeckten Weg beschiessen, geht das Bataillon durch die gesprengten Schwimmbäume am Bastion Brandenburg bis zur rechten Face desselben, ersteigt die Berme, welche durch die zerstörte Flanke nicht mehr verteidigt werden kann, und gewinnt auf diesem Wege die Bresche. Das 1. Bataillon des 4. ostpreussichen Regiments hat dagegen das palissadierte Hornwerk vor dem Plan anzugreifen, während Scharfschützen auf drei Kähnen von Pichelsdorf aus die Havel hinauffahren und die Schanzen an der Vorstadt Stresow im Rücken nehmen, dagegen zwei Kompagnieen auf der Strasse von Ruhleben her sie in der Front angreifen. Ein Scheinangriff wird gegen das Thor unternommen. Die Kolonnen nähern sich, mit Sturmgerätschaften gut versehen, nach Sonnenuntergang der Festung bis auf Kanoneuschussweite. Um 10 Uhr beginnt der Angriff.“ Trotz der umsichtigen Massregeln wurde das Unternehmen nicht glücklich ausgeführt. Die grossen Kähne trafen erst in der Nacht um 2 Uhr am Einschiffungsplatze ein, so dass die erste und die dritte Kolonne nicht zum Angriff kommen konnten. Bei der zweiten Kolonne verfehlten die Scharfschützen den rechten Weg; sie gerieten in den Morast und wurden, vom Feinde entdeckt, sehr heftig beschossen, so dass sie umkehren mussten. Beim Beschiessen der Mühle fielen mehrere Bomben in die Stadt und verursachten eine Feuersbrunst. Hornburg möge über diese und die folgenden Ereignisse erzählen: „Am Morgen des 20. April bemerkte man, dass von der Festung mit weissen Tüchern geweht und dies Zeichen von einer preussischen Batterie erwidert wurde. Bald darauf ritt der Adjutant des Generals Bruny mit einem Trompeter zum Thore hinaus. Bis 12 Uhr fiel kein Schuss, von 12 bis 3 Uhr nur wenige. Um 4 Uhr wurde alles in die grösste Bestürzung versetzt. Man erfuhr, dass die angebotene Kapitulation: freier Abzug der Garnison mit Gewehr, Geschütz und Gepäck, abgeschlagen sei, und dass der Kommandierende preussischerseits dem französichen angezeigt habe, wenn er sich nicht auf Diskretion ergebe, so werde die Stadt in Brand gesteckt und mit Sturm genommen werden, und die Besatzung müsse über die Klinge springen. Der Gouverneur liess dem Magistrat Anzeige von dieser Erklärung machen und stellte es ihm frei, eine Deputation an den preussischen General zu schicken und Fürbitte für die Stadt einzulegen. Mehrere Mitglieder des Magistrats waren der Meinung, dass man keine Deputation schicken, sondern sich gefallen lassen müsse, was von der preussischen Besatzung beschlossen sei; andere und die mehrsten Mitglieder dagegen stimmten für Absendung einer Deputation, und so reisten der Bürgermeister Kattfuss und der Kämmerer Daberkow um 6 Uhr wirklich ab. Zu gleicher Stunde ward ausgerufen, dass sich nach Verlauf einer Stunde niemand mehr auf der Strasse sehen lassen solle."

„Gegen 6½ Uhr fingen alle preussischen Batterieen an, auf die Stadt zu spielen, doch erst gegen 8 Uhr mit Lebhaftigkeit. Die erste Granate fiel in der Gegend der Schneidemühle nieder. Ihr folgten unzählige Granaten und Bomben, so dass sich niemand mit Sicherheit auf der Strasse sehen lassen konnte. Eine Granate zerschmetterte gleich anfangs dem Bäckermeister Wilhelm Lange, einem sehr geachteten Bürger, den linken Arm an zwei Stellen, das nämliche Schicksal von derselben Granate hatte der 83 jährige Lieutenant Fehr."

„Es währte nicht lange, so standen mehrere Häuser in Flammen. Dem sogenannten Damm und dem Kolck, desgleichen den Mühlen wurde besonders zugesetzt, aber französische Sapeurs löschten dort sogleich das Feuer, so dass diese sämtlichen Häuser und die Mühlen, obgleich von Holz, stehen blieben."

„Nach 9 Uhr gewährten der Behnitz, die Kahn- und Havelgasse und die Breite Strasse bis zum Markte hin den Anblick eines Feuermeers, und an Rettung war nicht mehr zu denken. Die meisten Einwohner hatten in Blockhäusern und Kellern ihre Zuflucht genommen, mehrere liefen nach der Mauer am Moritzkirchhofe, nur wenige blieben in ihren Wohnstuben. Gegen 200 Menschen waren in die Keller der Straf- und Besserungsanstalt geflüchtet, die der Oberinspektor Luft den Unglücklichen geöffnet hatte. Hier lag alles dicht gedrängt neben einander; auch französische kranke Offiziersfrauen hatten sich hierher geflüchtet, unter denen sich eine Spanierin mit einem kleinen Kinde befand, deren Mann auf einem sehr gefährlichen Posten stand. Von Zeit zu Zeit kamen durch neue Flüchtlinge Nachrichten von dem Zustande der Dinge aussen und oberhalb. So entstand immer neues Klagegeschrei derer, die erfuhren, dass ihre und der ihren Wohnhäuser in Brand seien. Darunter hörte man wieder: „Lasst's brennen, wenn nur die Stadt in dieser Nacht genommen wird!" Man konnte in diesen Kellern jeden Schuss deutlich vernehmen, und etwa zwischen 11 und 12 Uhr hörte man, dass von den Stadtwällen herab kanoniert wurde. Bald darauf hörte man Gewehrfeuer. „Sie stürmen! Sie stürmen!" schrie alles, und jedermann betete um Glück für die Preussen. Alles war in der gespanntesten Erwartung. Als nun aber mit einem Male das Schiessen aufhörte und man sich zu gestehen wagte, der Sturm sei nicht geglückt, — welch eine dumpfe traurige Stille, welche Niedergeschlagenheit verbreitete sich da über alle Gemüter."

„Das Bombardement hatte schon eine geraume Zeit vor dem versuchten Sturm aufgehört. Sobald es nachgelassen hatte, kamen einzelne Bürger aus den Kellern und Blockhäusern hervor, um zu löschen. Aber es fehlte an den nötigen Mitteln zur Rettung, da die meisten Spritzen und Feuereimer schon früher mit Gewalt aus den Spritzenhäusern genommen und auf die Citadelle gebracht worden waren. Nur wenige nahmen am Löschen teil; die andern hielt teils die Furcht, teils die feste Überzeugung zurück, es sei unrecht zu löschen, da man dadurch den belagernden Freunden entgegen arbeite, die gewiss nicht ohne hinreichende Gründe die Stadt bombardiert hätten; vielmehr müsse man ihre Absichten zu befördern suchen. Doch als der Tag anbrach, fanden sich mehrere zum Löschen ein, das sich aber im Grunde auf weiter nichts erstreckte, als auf das Begiessen der Keller, in denen jeder seine Habseligkeiten zu bergen gesucht hatte. Einige standen traurig, niedergeschlagen und sprachlos vor und auf den Trümmern ihrer Wohnungen und mussten sehen, wie auch der letzte Rest ihres Vermögens von der in die Keller gedrungenen Glut verzehrt wurde, andere versicherten, ihr Verlust würde gar nicht schmerzhaft für sie sein, wenn nur der Sturm gelungen wäre, noch andere äusserten kein sehnlicheres Verlangen, als dass ein abermaliger, aber glücklicher Sturm auf die Stadt gemacht werden möge, und dass die Garnison über die Klinge springen müsse, sollte auch die Stadt dem Erdboden gleich gemacht werden. Lasse man sich aufs Kapitulieren ein, so würden sie sich nicht beruhigen können."

„Gegen 6 Uhr morgens am 21. April lief das Gerücht umher, der Gouverneur werde denen, die ihre Häuser verloren hätten, Erlaubnis erteilen, aus der Stadt zu gehen. Mehrere wandten sich deshalb an ihn, auch die Frauen der französischen und polnischen Offiziere, die ebenfalls die Stadt verlassen zu dürfen wünschten. Das Gesuch wurde zwar mit Äusserungen der Teilnahme an dem Schicksale der Einwohner, aber auch mit Festigkeit abgeschlagen. Jedoch meinte der Gouverneur, könne er vielleicht seine Einwilligung geben, wenn die fortgeschickten Deputierten des Magistrats zurückkehrten. Um 8 Uhr morgens ging ein Parlamentär ab, und man schöpfte wieder neue Hoffnung, aber gegen Mittag entstand abermals allgemeine Bestürzung, da bekannt wurde, der preussische General habe geantwortet, wenn sich die Stadt nicht auf Diskretion ergebe, so solle um 6 Uhr der ganze übrige Teil der Stadt in Flammen stehen, aber auch die ganze Besatzung vom ersten bis zum letzten müsse dann über die Klinge springen. Der französische Gouverneur machte von dieser Erklärung dem Magistrate Anzeige und gab ihm zu erkennen, dass er sich bis auf den letzten Mann verteidigen würde, wenn man die von ihm vorgeschlagenen Bedingungen nicht annehme. Sie möchten nochmals einen Versuch machen, den preussischen General zu bewegen, die Stadt zu schonen. Es reisten darauf der Stadtgerichtsdirektor Jahn und der Apotheker und Ratsherr Döhl in das preussische Hauptquartier nach Charlottenburg ab."

„Jetzt fingen die Einwohner von neuem an aus ihren Häusern zu wandern und mit Betten auf dem Rücken und mit weinenden Kindern an der Hand in die Keller zu flüchten. In der bangsten Erwartung sah man der sechsten Stunde als der entscheidenden entgegen. Sie verlief, ohne dass man den Donner des Geschützes hörte. Einige schöpften neue Hoffnungen, andere überliessen sich uns so mehr der Furcht. Doch fehlte es nicht an Menschen, welche die Zagenden aufzurichten oder wohl gar zu belustigen wussten. Um 7 Uhr rief man freudig: „Es sind zwei Parlamentäre da, ein Stabsoffizier und ein Civilist!" Bald darauf erklärte der Stadtkommandant, dass sich die beiden kommandierenden Generäle wohl vereinigen würden, und man erfuhr, dass bereits ein Waffenstillstand abgeschlossen sei. Auf diese Nachricht wurden die Keller, welche zu Zufluchtsörtern gedient hatten, wieder geräumt; die noch Häuser hatten, kehrten darin zurück, um zu suchen, was sie solange entbehrt hatten und was dringendes Bedürfnis für sie war, erquickender Schlaf. Die Abgebrannten suchten und fanden bei Freunden ein Unterkommen. In manchen Häusern lagen an 50 Menschen in engen Stuben zusammengeschichtet auf Stroh oder auf der blossen Diele."

„Am Abende erhielt der Bürgermeister von dem französischen Gouverneur folgendes Schreiben:

Monsieur le Maire.

L'incendie de votre malheureuse ville et la ruine de tant de familles, ruine d'autant plus inutile que cela ne pouvoit rien influer sur la garnison, a pénétré chacun de nous d'une vraie douleur, et dans ce sens vous pouvez faire prendre de suite dans les magazins de la Citadelle quarante tonneaux de farine et quarante barils de viande salée pour subvenir aux premiers besoins des plus necessiteux. Je suis avec consideration

Votre très humble Serviteur
Le General supérieur à Spandau
Baron de Bruny.[1]

Spandau, d. 21. April 1813.

„So dankbar diese bedeutende Gabe angenommen wurde, so dachte doch jeder Empfänger: „Von fremdem Eigentum lässt sich's leicht geben!"

„Der Vormittag des 22. April wurde mit Fortsetzung der Löschanstalten zugebracht, besonders beschäftigte man sich damit, die in den Kellern befindlichen Sachen vor dem Verbrennen zu schützen."

„Gegen Mittag kehrten die vier Deputierten, die im preussischen Hauptquartier gewesen waren, zurück und brachten uns die Nachricht mit, dass alle Hoffnung vorhanden sei, die Stadt werde vermittels einer Konvention in preussische Hände geliefert werden. Der französische Gouverneur versicherte wenigstens, dass man über die Hauptsache einig sei." — „Nachmittags gab er auf besonderes Ansuchen die Erlaubnis, drei vor dem Potsdamer Thore liegende Leichname preussischer Krieger beerdigen zu dürfen. Man liess nur wenige Personen von Wache begleitet hinaus; es hatten sich viele eingefunden, die den für sie gefallenen Brüdern die letzte Ehre erweisen wollten."

„Am 24. mittags erfuhr man, dass die Kapitulation von beiden Seiten ratifiziert sei."

---

[1] Der Brand Ihrer unglücklichen Stadt und der Ruin so vieler Familien, um so unnützer, als dadurch die Garnison nicht beeinflusst werden konnte, hat jeden von uns mit wahrem Schmerze durchdrungen, und in diesem Sinne können Sie aus den Magazinen der Citadelle 40 Tonnen Mehl und 40 Fass Pökelfleisch nehmen lassen, um den ersten Bedürfnissen der Ärmsten abhelfen zu können. Ich bin mit Achtung Ihr sehr unterthäniger Diener u. s. w.

„Am 25. April, einem herrlichen Frühlingsmorgen, erschienen die preussischen Kommissarien und unter ihnen mehrere unserer alten Bekannten und Freunde, die früherhin hier in Garnison gestanden hatten. Die ganze Stadt geriet durch ihre Ankunft in die freudigste Bewegung; wo ein Preusse sich sehen liess, strömten die Menschen zusammen. Auf den Mittag kam auch ein Wagen Berliner Freunde, die auf einen vom Herrn General von Thümen erhaltenen Pass hier eingelassen wurden. Mit welchem Jauchzen wurden sie empfangen! Unter Vergiessung zahlloser Freudenthränen wurden sie umarmt. Doch solche Scenen lassen sich nicht beschreiben."

Am 23. April war die Kapitulation abgeschlossen worden, aber erst am 26. besetzten die Preussen den Stresow und das Blockhaus an der Schlangenbrücke. „Von den Böden herab", erzählt Hornburg, „sah man tausende von Berlinern auf der sogenannten Freiheit, einer Wiese am linken Spreeufer; viele kamen bis zur Brücke am Charlottenburger Thor und winkten uns mit weissen Tüchern zu".

Am 27. verliessen die Franzosen in der Stärke von 244 Offizieren und 2985 Mann ohne Bajonette die Stadt. Das 1. Bataillon des 4. ostpreussischen Infanterie-Regiments und russische Kosaken begleiteten sie bis zur Elbe. 10 Offiziere und 489 Mann blieben als krank in der Festung zurück. Um 11 Uhr vormittags, eine Stunde nach Abzug der Franzosen, rückten die Preussen ein, an ihrer Spitze der Gouverneur von L'Estocq und der General von Thümen. Sie wurden mit lautem Jubel, der sich in den Rufen: „Es lebe Friedrich Wilhelm! Es lebe Alexander! Es leben die braven Preussen und Russen!" Luft machte, empfangen. Um 12 Uhr wurde Gottesdienst in der Nicolaikirche gehalten und nach der Predigt unter Abfeuerung der Kanonen das Tedeum gesungen.

„Seit jenem Tage", sagt Hornburg, „wo Kurfürst Joachim II. 1539 in unserer Nicolaikirche zum ersten Male das heilige Abendmahl nach lutherischem Ritus empfing, hat unser Ort wohl nie soviel Fremde in seiner Mitte gesehen, als heute. Gebe Gott, dass der 27. April ebenso segensreich in seinen Folgen für unser Vaterland und für das ganze Deutschland werden möge, als es der Allerheiligentag vor 274 Jahren geworden ist!"

Durch eine Verfügung des Militärgouvernements für das Land zwischen Elbe und Oder vom 25. April, die schon den folgenden Tag einging, wurden Magistrat und Stadtverordnete angewiesen, unter Zuziehung des Polizeiinspektors Kaiser die nötigen Anstalten zur Erhebung einer doppelten Kollekte „zum Besten der durch das Bombardement um das ihrige gekommenen Einwohner" zu treffen. Jeder, der nicht in Spandau ansässig oder wohnhaft oder in wirklichen Militärdiensten ist, soll bis auf weiteres beim Eingange in die Stadt mindestens zwei Groschen Münze, beim Eingange in die Citadelle mindestens vier Groschen Courant zahlen.

„Es sind am 27. April über 400 Thaler eingekommen", erzählt Hornburg. „Die Festung wurde stark besucht. Welche Greuel der Verwüstung waren dort angerichtet! Wie fürchterliche Totengerippe starrten jeden Eintretenden die hohen Mauern der Magazine an. Man wusste sich kaum zu orientieren, wenn man früher auch noch so gut Bescheid wusste. Fast bei jedem Tritte stiess der Fuss auf Stücke von Bomben und Granaten und auf Löcher, die sie gewühlt hatten."

Im ganzen kamen durch die Kollekten 4335 Thaler 10 Groschen 3 Pfennige ein, welche später unter die Abgebrannten verteilt wurden.

Bei dem Bombardement waren von den Einwohnern nur zwei ums Leben gekommen. In dem Hause des Bäckermeisters Adam Betcke wurde ein Geselle durch eine Bombe getötet, und in dem Hinterhause des Bäckermeisters Reinicke verbrannte eine alte Frau.

Während der Belagerung sind folgende Gebäude abgebrannt:

I. Am 4. März 1813:

Vor dem Oranienburger Thore:

 1. Gehöft des Gärtners Heinrich.
 2.   „   „   Ackerbürgers Heinrich.
 3.   „   „   „   Joh. Schönicke.
 4.   „   der Garnison-Armen-Meierei.
 5.   „   des Gärtners Carl Ludwig Wegener.
 6.   „   der Ferbitzschen Erben.
 7. das Stallgebäude des Richterschen Hauses.
 8. Gehöft des Ackerbürgers Friedr. Schumann.
 9.   „   der Witwe Gericke.
10.   „   des Zimmergesellen Müller.
11.   „   der Beutelschen Erben.
12.   „   „   Wahrendholzschen Erben.
13.   „   des Ackerbürgers Ellefeld.
14.   „   „   Viehmästers Duncke.
15.   „   der Witwe Flemming.
16.   „   des Ackerbürgers Ahrend.
17.   „   „   Bürgers Sellentin.
18. Scheune und Gartenzaun des Schlächtermeisters Baer.
19. des Magistrats Schäferei.
20. Gartenhaus und Zaun des Kaufmanns Koch.
21.   „   „   „   „   Diakonus.
22. Gehöft des Ackerbürgers Kühne.
23.   „   „   „   Nebert.
24.   „   „   Schiffers Strackhaas.
25. Gartenhaus und Zaun des Oberpredigers.
26. Gehöft des Ackerbürgers Knoth.
27.   „   der Witwe Otto.
28.   „   des Ackerbürgers Albrecht.
29.   „   „   Stadtförsters Schiebler.
30.   „   „   Kämmerei-Vorwerks.
31.   „   „   Gärtnerwitwe Müller.
32.   „   des Schützenkruges
33.   „   „   Schuhmachermeisters Schaepius.
34.   „   „   Ackerbürgers Otto.
35.   „   „   Schiffbaumeisters Kersten.
36.   „   der Zepernickschen Erben.
37. Gartenhaus und Zaun des Zuchthauses.
38. Gartenhaus des Kämmerei-Vorwerks.
39. Gehöft des Schiffers Klein.

Vor dem Potsdamer Thore:

40. Gehöft des Gastwirts Siefert.
41. Haus des Justizamtmanus Bitter.
42. „   „   Amtes.
43. ..   „   Gärtners Kalass.
44. „   „   „   Schönfeldt.

Jenseits des Stresow:

45. Gehöft des Gärtners Jariska.
46. „   der Witwe Bernhard.
47. „   ..   „   Kaatsch.
48. „   des Gärtners Wilh. Grunow.
49. „   der Oberförsterei.
50. „   des Gastwirts Zeidler.
51. „   „   Gärtners Wilh. Zabel.
52. „   der separierten Perlewitz.

Jenseits der Citadelle:

53. Vorwerk Plan.
54. Gehöft des Oberpredigers Kaumann.
55. „   der Kirchen-Meierei.
56. Haus des Gouvernements.
57. Familienhaus der Gewehrfabrik.

II. Am 7. März:

58. Die Scharfrichterei.

III. Am 21. März:

Vor dem Potsdamer Thore:

59. bis 71. Dreizehn Bürgerscheunen.
72. Gehöft des Gärtners Benzel.
73. Das grosse Haus des Justizamtmanns Bitter mit sechs Nebenhäusern, mehreren Ställen, Scheunen und Gartenhäusern.
74. Nebengebäude des Kämmerers Rüppel.
75. Gehöft der Witwe Strabaar auf dem Ziegelhofe.

In den Krummen Gärten:

76. Gehöft des Schiffbaumeisters Henrici.
77. ..   „   Gärtners Raue.
78. „   „   „   Riemann.
79. „   „   „   Kalass.
80. ..   ,,   ..   Schöttler.
81. „   „   .   Dames.
82. „   ..   ..   Christof Kuhlmey.
83. „   „   ..   Brandstahl.
84. ..   „   „   Carl Paarmann.
85. ..   ..   „   Joach. Kuhlmey.
86. „   „   „   Wilh. Paarmann.

Auf dem Kietz:

87. Das Schulhaus.
88. Gehöft des Schulzen Tübbicke.
89. „   ..   Fischers Rooke.
90. „   der Witwe Ebela.

91. Gehöft des Fischers Joh. Friedr. Mahnkopf.
92.   „   „   „   Lindow.
93.   „   „   „   Joh. Rasenack.
94.   „   „   „   Martin Rasenack.
95.   „   „   „   Christian Tübbicke.
96.   „   „   „   Falcke.
97.   „   „   „   Christian Neuendorf.
98. u. 99. Gehöft der Witwe Krüger.
100. Gehöft des Fischers Sommer.
101.   „   „   „   Kühne.
102.   „   der Majorin von Claass nebst drei Nebenhäusern.

Auf dem Burgwall:

103. Gehöft des Fischers Christof Tübbicke.
104.   „   „   „   Weisse.
105.   „   „   „   Tübbicke.
106.   „   „   „   Wedel.
107.   „   „   „   Lübing.
108.   „   der Witwe Sam. Tübbicke.
109.   „   des Fischers Christian Tübbicke.
110.   „   „   „   Philipp Tübbicke.
111.   „   der Witwe Mahnkopf.
112.   „   des Fischers Tübbicke jun., in der Mitte.
113.   „   „   „   Christian Tübbicke.
114.   „   „   „   Tübbicke, am Wasser.
115.   „   „   „   Tübbicke, am Ende.

IV. Beim Bombardement am 20. April sind in der Stadt abgebrannt und in Schutthaufen verwandelt worden:

Am Markt:

1. Das Haus des Buchbindermeisters Ritter.
2.   „   „   „   Tischlermeisters Biermann.
3.   „   „   „   Posamentiers Schuster.
4.   „   „   „   Viktualienhändlers Peiser.
5.   „   „   „   Kantors Brehmer in Züllichau.

In der Breiten Strasse:

6. Das Haus des Bäckermeisters Daniel Betcke.
7.   „   „   „   Horndrechslers Henaut.
8.   „   „   der Witwe Stricker.
9.   „   „   „   Greiserschen Erben.
10.   „   „   des Kaufmanns Rohrlack.
11.   „   „   „   Bäckermeisters Adam Betcke.
12.   „   „   der Steineckschen Erben.
13.   „   „   des Hutmachermeisters Moltrecht.
14.   „   „   der Witwe Nathan Meyer.
15.   „   „   des Böttchermeisters Bräutigam.
16.   „   „   „   Oberstlieutenants von Obstfelder nebst Nebengebäuden.
17.   „   „   „   Essigbrauers Teichert.
18.   „   „   „   Branntweinbrenners Peters.
19.   „   „   „   Bäckermeisters Dames.
20.   „   „   „   Viktualienhändlers Dameland.
21.   „   „   „   Brauers Gotthard.
22.   „   „   „   Nadlers Walter.
23.   „   „   der Witwe Modisch.

24. Das Haus des Brauers Fritsche nebst einem Hinterhause An der Mauer.
25. „   „   „   Zimmermeisters Lange.
26. „   „   „   Stellmachermeisters Sieber.
27. „   „   „   Kaufmanns Arnold.
28. „   „   „   Horndrechslermeisters Klemann.

In der Schornsteinfegergasse:

29. Das Haus des Mauergesellen Winkel.
30. „   „   „   Zuchthauspredigers.
31. „   „   „   Schullehrers Biester.
32. „   „   der Witwe Wegener.
33. „   „   des Bürgers Grunewald.

In der Schulgasse:

34. Amtswohnung des Rektors, Konrektors und Kantors.

Bei der Kirche:

35. Das Haus des Bäckermeisters Georg Betcke.
36. „   „   „   Friseurs Lorenz.
37. Amtswohnung des Diakonus.

In der Havelgasse:

38. Das Haus des Schlossermeisters Herrmann.
39. „   „   „   Majors von Frankenberg.
40. „   „   „   Horndrechslermeisters Wilpert.
41. „   „   „   Gastwirts Reinhard.
42. „   „   „   Schuhmachermeisters Stechow.
43. „   „   „   „   Staffeld.
44. „   „   „   Lohgerbermeisters Reinicke jun.
45. „   „   „   Schmiedemeisters Steinmüller.

In der Kahngasse:

46. Das Haus des Garnwebermeisters Freimann.
47. „   Hospital zum Heiligen Geist.
48. „   Haus des Maurermeisters Klermus.
49. „   Wachthaus am Berliner Thor.
50. „   Thorschreiberhaus.
51. „   Haus des Stellmachermeisters Becker.
52. „   „   der Witwe Marzahn.
53. „   „   des Nagelschmieds Riefenstahl.
54. „   „   „   Viktualienhändlers Dulitz.
55. „   „   „   Kaufmanns Arnold.

Auf dem Behnitz:

56. Das Haus des Bäckermeisters August Stümcke.
57. „   „   „   Braueigen Marzahn.
58. „   „   „   Mühlenmeisters Körner.
59. „   „   „   Lohgerbermeisters Wilh. Reinicke.
60. „   „   der Witwe Lemcke.
61. „   „   des Brauers Noack.
62. „   „   „   Viktualienhändlers Schaepan.
63. „   „   „   Kaufmanns Koch.
64. „   „   „   Viktualienhändlers Thöns.

65. Das Haus des Seilermeisters Bunzler.
66. „   „   der Noeschen Erben.

Am Wasser:

67. Das Haus der Witwe Heise.

Hintergebäude verloren und sehr beschädigt wurden:

1. Das Haus des Majors v. Sprenger.
2. „   „   „ Schornsteinfegers Seibt.
3. „   „   „ Kürschnermeisters Neue.
4. „   „   „ Schuhmachermeisters Knoll.
5. „   „   „ Tischlermeisters Fischer.
6. „   „   „ Bäckermeisters Reinicke.
7. „   „   „ Maurermeisters Bocksfeld.
8. „ Schulhaus.
9. „ Archidiakonatshaus.
10. „ Pastoratshaus.
11. „ Haus des Brauers Schramm.
12. „   „   „ Töpfers Schmidt.
13. „   „   „ Mehlhändlers Wieprecht.
14. „   „   „ Kürschnermeisters Schmidt.

Der Brandschaden an Gebäuden wurde auf 211497 Thaler, an Möbeln und Vorräten auf 72094 Thaler abgeschätzt.

Die Wiederherstellung der Gebäude in der Stadt sollte erst nach Genehmigung des Retablissementsplanes, die der Gebäude ausserhalb der Stadt erst nach Abschluss des Friedens erfolgen.

Zur Verteilung unter die durch das Bombardement verunglückten Familien schickte die in London „zur Unterstützung der durch den Krieg unglücklich gewordenen Deutschen" etablierte Gesellschaft 500 Pfund Sterling, welche mit Genehmigung des Königs verteilt wurden. Es erhielten:

```
 2 Familien je 100 Thlr. — Gr. =  200 Thlr. — Gr.
19    „      „   50   „   --  „  =  950   „    —  „
 1    „          25   „    —  „  =   25   „    —  „
40    „      „   20   „    —  „  =  800   „    —  „
 2    „      „   18   „    —  „  =   36   „    —  „
 4    „      „   15   „    —  „  =   60   „    —  „
41    „      „   10   „    —  „  =  410   „    —  „
 1    „           7   „   13  „  =    7   „   13  „
 1    „           5   „    5  „  =    5   „    5  „
93    „      „    5   „    —  „  =  465   „    —  „
                                 ─────────────────
                                 2958 Thlr. 18 Gr.
```

Ihren patriotischen Sinn bethätigten die Spandauer während der Freiheitskriege dadurch, dass sich infolge des Aufrufs vom 3. Februar 30 junge Leute aus der Stadt zum Eintritt in das freiwillige Jägerkorps meldeten. 20 derselben equipierten sich selbst, die übrigen wurden durch freiwillige Beiträge equipiert. Die Namen dieser jungen Leute sind:

Namen.	Geburtsort.	Stand des Vaters.	
Greiser, Aug. Wilh.	Spandau	Chirurgus,	
Spriess, Karl Ludwig	Spandau	Thorschreiber.	
Teichert, Aug. Ernst	Spandau	Essigbrauer.	
Blücher, Karl Ludwig	Spandau	Brunnenmachermeister,	
Kiss, Joh. Wilh.	Spandau	Töpfermeister.	
Kiss, Joh. Gottfr.	Spandau	Töpfermeister.	
Haase, Karl Heinrich	Spandau	Braueigen.	
Blankenfeld, Joh Wilh.	Spandau	Tuchmachermeister.	Haben sich selbst equipiert.
Schramm, Karl Friedr.	Spandau	Braueigen.	
Wagener, Joh. Friedr.	Spandau	Garnwebermeister.	
Lange, Joh. Friedr.	Spandau	Schlossermeister	
Körner, Karl Sebastian	Spandau	Mühlenmeister.	
Bocksfeld, Gottfried	Spandau	Maurermeister.	
Mauer, Karl Friedr. Adolf	Spandau	Mühlenbescheider.	
Eitelwein	Berlin.		
Hünchen, Aug. Friedr	Potsdam.		
Schröder, Adam Friedr.	Ruhleben	Pächter.	
Golz, Joh. Friedr.	Fürstenwalde	Gefangenenaufscher.	
Buschenhagen, Heinr.	Lenzersilge.		
Eisbrecher, Joh. Heinr	Zeestow.		
Grosshanz, Joh. Aug.	Spandau	Unteroffizier.	
Rauschert, Joh. Friedr. Karl	Spandau	Invalide.	Werden von freiwilligen Beiträgen, die in der Stadt gesammelt waren, equipiert.
Weiland, Joh. David	Spandau	Branntweinbrenner.	
Kühne, Johann	Spandau	Ackerbürger.	
Richter, Friedr. Dan. Wilh.	Lobeofsund.		
Neumann, Joh. Christ. Ferd.	Berlin	Magistratsnuntius.	
Rensch, Andreas Christof	Berlin	Mühlenbereiter.	
Kischauer, Fried. Wilh. Karl	Berlin	Zuchthausoffiziant.	
Korde, Friedrich	Bernburg.		
Cramer, August		Soldat.	

Diese jungen Leute verliessen zwischen dem 19. und 22. Februar die Stadt. Dem Magistrat ging deshalb von dem Chefpräsidenten der kurmärkischen Regierung folgendes Schreiben zu:

„Es ist mir sehr erfreulich gewesen, aus dem Berichte des Landrats von Bredow ersehen zu haben, wie gemeinsinnig und wahrhaft patriotisch der Magistrat zu Spandau sich bei der Auswahl und der Bekleidung der fürs Vaterland ins Feld gegangenen freiwilligen Krieger gezeigt hat. Ich werde Veranlassung nehmen, dies höhern Orts gebürend zu rühmen, und entledige mich hiermit der angenehmen Pflicht, Einem Magistrate für die gezeigte thätige Mitwirkung zu danken und bin es von demselben und dem guten Geiste der dortigen Einwohner überzeugt, dass sie alles fortwährend anwenden werden, die Befehle und Anordnungen Sr. Königl. Majestät auf das nachdrücklichste und kräftigste mit patriotischem Sinne zu unterstützen. Potsdam, den 24. Februar 1813.

von Bassewitz."

Der Belagerung wegen ging dies Schreiben erst am 13. Mai beim Magistrate ein.

Die königliche Kabinettsordre wegen Organisation der Landwehr vom 17. März 1813 wurde in der Stadt erst nach Aufhebung der Belagerung bekannt. Der Hauptmannn von Kloeden, welcher unterm 30. April zur Organisation der Landwehr des havelländischen Kreises beordert worden war, formierte seine Landwehrkompagnie in Spandau. Es meldeten sich dazu aus der Stadt 19 Freiwillige: Friedrich Schmidt, Friedrich Linger, Wilhelm Niemann, Johann Eichler, Wilhelm Baerländer, Joh. Friedrich Götze, Friedrich Döring, Joh. Heinrich Leistring, Joh. Christian Hauff, Friedr. Wilhelm Dieren, Karl Friedrich Voigt, Friedr. Daniel Gennerich, Johann Heyermann, Aug. Friedr. Fischer, Joh. Gottfr. Heinr. Schottstädt, Aug. Friedrich Reuss, Friedr. August Miethling, Karl Ludwig Schröder, Johann Fehrmann.

Ausserdem stellte die Stadt 123 Kantonisten zur Landwehr. Zur Bekleidung der Landwehr des havelländischen Kreises musste die Stadt 4680 Thaler aufbringen; dazu stellte sie für die Armen 20 Pferde.

Auch im Frühjahre 1815 meldeten sich Freiwillige aus der Stadt: Friedrich Hase, Heger I und Heger II, Christian Hübener, Ludwig Linde, Karl Wenzel, Ludwig Urban, Gottlieb Arnberger, Karl Alte, Wilhelm Bürger, Joseph Anton, Friedrich Türkelitz, Daniel Wagener, Friedrich Pirovius, Friedrich Härkmann, Adolf Mauer, Gottlieb Arnold, Ludwig Schierbrand.

Die Namen der in den Freiheitskriegen Gefallenen sind auf dem Denkmale des Heinrichsplatzes verzeichnet. Es sind: Greiser, Teichert, Weiland, Neumann, Peikert, Heinrich, Scheller, Rauschert, Specknick, Joho, Albrecht, Michael, Angermeier, Schilbe, Herr, Rasenak, Tübbike, Kraul, Jacob, Biermann und Dewes.

Am 18. Januar 1816 wurde, wie im ganzen Lande, so auch in Spandau das Friedensfest gefeiert. Des Vormittags begaben sich die Civil- und Militärbehörden und die Stadtverordneten begleitet von der Schützengilde vom Rathause in feierlichem Zuge zur Nicolaikirche, um dem öffentlichen Dankgottesdienste beizuwohnen. Des Mittags speisten die Behörden und eine grössere Zahl von Bürgern mit ihren Frauen teils beim Gastwirt Riefenstahl, teils beim Ressourcewirt Dossow, da zu einem gemeinsamen Mahle die Räumlichkeiten eines Wirtes nicht ausreichten. Am Abende wurde die Stadt illuminiert.

Am 27. April 1816 wurde das Denkmal auf dem Heinrichsplatze mit grosser Feierlichkeit enthüllt. Es ist dem Gedächtnisse der beim Sturme auf die Stadt gefallenen Preussen und der Erinnerung an die in den Freiheitskriegen gebliebenen Söhne Spandaus geweiht. Bei seiner Betrachtung muss man mehr den Zweck ins Auge fassen als die Form, die einen ästhetisch gebildeten Geschmack schwerlich befriedigen wird.[1]) Die patriotische Gesinnung, welche die Einwohner der Stadt durch Errichtung des Denkmals an den Tag legten, fand auch seitens des Königs Anerkennung. Unterm 19. Mai 1816 erhielt der Magistrat folgendes königliches Handschreiben:

„Es hat meinen Beifall, dass die Stadt Spandau nach dem Bericht der Regierung vom April dieses Jahres den im Sturm 1813

---

[1]) S. S 188, Anm. 1.

vor der Stadt gebliebenen Verteidigern des Vaterlandes und ihren in
den Feldzügen von 1813 bis 1815 gefallenen Söhnen ein Denkmal
von Gusseisen auf dem dortigen Heinrichsplatze errichtet hat, und
finde Ich Mich veranlasst, dies dem Magistrate der Stadt Spandau
hierdurch zu erkennen zu geben.

Potsdam, den 13. Mai 1816.

Friedrich Wilhelm.

15. König Friedrich Wilhelm IV. äussert sich sehr ungnädig gegen den Magistrat der Stadt. 9. Mai 1850.

Das Jahr 1848 war an der Einwohnerschaft Spandaus ruhig vor-
übergegangen. Trotz der Nähe der Hauptstadt und trotz der 500 Märzgefangenen, welche am Morgen des 19. März unter militärischer Be-
gleitung in die Stadt gebracht wurden, um in den Kasematten der
Bastion König und Königin einige aufregende Stunden zu verbringen,
wurde die Ordnung in der Stadt nicht gestört. Militärischerseits ergriff
man allerdings alle möglichen Vorsichtsmassregeln, die Citadelle wurde
armiert, die Stadtbefestigung gehörig besetzt und die Verproviantierung
durch Ausschreiben an die Landräte wenigstens eingeleitet.

Am 22. März stellte der Kommandant 500 Gewehre und 1500
scharfe Patronen behufs Bewaffnung der Bürger dem Magistrate zur Verfügung. Die Bürger erklärten jedoch die Gewehre nicht eher annehmen
zu wollen, bis die Umstände es erfordern würden; auch den Wachtdienst
wollten sie nicht übernehmen, so lange Bürger und Militär in gutem
Einvernehmen stünden. Dieses Einvernehmen wurde auch nicht gestört.
In der aufgeregten Zeit mochte es allerdings dann und wann zu Reibe-
reien und vielleicht auch Schlägereien zwischen Civilisten und Soldaten
gekommen sein, die aber keineswegs Symptome einer dem Militär feindlichen Gesinnung der Bürgerschaft waren, sondern nichts anderes als
Holzereien einzelner, wie sie auch in weniger aufgeregten Zeiten alle Tage
vorkommen. Dem Könige Friedrich Wilhelm IV. scheinen solche bedeutungs-
losen Vorfälle in einem andern Lichte dargestellt worden zu sein. Man
brachte sie vermutlich mit der revolutionären Gesinnung des Bürgermeisters Zimmermann in Verbindung und gab ihnen dadurch einen politischen Hintergrund. So kam es, dass der König unter dem Eindrucke
falscher Berichte sich am 9. Mai 1850 bei seiner Anwesenheit in der Stadt
gegen den ihn begrüssenden Magistrat in folgender ungnädiger Weise
äusserte:

„Zum ersten Male bin Ich veranlasst, Ihnen Worte des höchsten
Unwillens zu sagen. Die neuerdings hier vorgekommenen Reibungen
zwischen Meinen braven Truppen und Ihren Bürgern, wovon Mir Mit-

teilung gemacht ist, sind nur lediglich durch das zänkische Benehmen einzelner Leute Ihrer Bürgerschaft entstanden und von dieser, Böses im Herzen tragend, absichtlich hervorgerufen worden. Sie, meine Herren, tragen einen grossen Teil der Schuld, denn ein wohlweiser Magistrat muss und soll die Mittel kennen und sie auch anzuwenden wissen, um diesen Übelständen entgegenzutreten und ein angenehmes Einverständnis zwischen Militär und Civil, wo es noch nicht stattfinden sollte, wieder herzustellen sich bemühen. Sie haben dies verabsäumt und deshalb Meinen ganzen Unwillen auf sich geladen. So oft Ich früher Spandau betrat, war Ich erfreut; denn es gab hier nur gute Menschen, den früheren Bürgermeister ausgenommen, der für sein hochverräterisches Benehmen auch seine Strafe empfangen hat. Jetzt leider ist es anders. Ich habe daher dem Kommandeur dieses Bataillons, Grafen von Redern, den strengen Befehl erteilt, auch nicht die geringste Nachgiebigkeit zu zeigen. Über jeden Blutstropfen oder blauen Fleck fordere Ich von Ihnen, meine Herren, die strengste Rechenschaft. Das sagen Sie Ihren Bürgern, Ich gebe Ihnen Mein königliches Wort, dass Ich das, was man Meine Gnade nennt, Ihnen ganz entziehen werde, wenn Ich nicht bessere Nachrichten aus Spandau erhalte."[1]

---

[1] Eduard Zimmermann, geboren am 4. September 1811 in Berlin, besuchte das Friedrich Werdersche Gymnasium unter dem Direktorate seines Vaters und dann das graue Kloster, studierte darauf Jura und Cameralia und promovierte 1835 in Berlin. 1839 erhielt er ein Kommissorium an dem Gerichte zu Spandau, bestand die dritte juristische Prüfung und trat mit Vorbehalt des Rücktrittes und der Anciennität zur Verwaltung über. Nachdem er 1839 zum Bürgermeister von Spandau und nach Ablauf der ersten Wahlperiode von neuem gewählt worden war, wurde er in den osthavelländischen Kreistag, den Kommunallandtag der Kurmark, den brandenburgischen Provinziallandtag, 1847 in den vereinigten Landtag und 1848 in das deutsche Parlament nach Frankfurt a M. entsendet. Hier gehörte er der Linken, Fraktion „Donnersberg", an und begleitete das Rumpfparlament nach Stuttgart, bis dessen gewaltsame Sprengung am 18. Juni 1849 erfolgte. Zimmermann kehrte nun nach Preussen zurück und stellte sich den Geschworenen, die ihn wegen seiner parlamentarischen Thätigkeit und versuchten Aufruhrs in Spandau durch Verbreitung des vom Parlament erlassenen Aufrufs vom 7. Mai 1849 zu zwölfjähriger Festungshaft verurteilten. Sein Antrag auf Bestellung eines Verteidigers in zweiter Instanz blieb ohne Bescheid. Bei der Verhandlung der Sache in zweiter Instanz trug der Oberstaatsanwalt wegen vielfacher wesentlicher formeller und materieller Mängel auf Vernichtung des ersten Erkenntnisses an, dennoch bestätigte der Gerichtshof dasselbe. Durch die Aufopferung seiner noch lebenden Gemahlin, einer Schwester des Apothekers Döhl in Spandau, die ihm die Flucht nach England ermöglichte, entzog sich Zimmermann einer langjährigen Gefangenschaft. In England widmete er sich in der gesetzlichen fünfjährigen Vorbereitungszeit dem Studium der Theorie und Praxis des englischen Rechtes und der Verwaltung, bestand die vorschriftsmässigen Prüfungen und wurde darauf zur Praxis bei allen englischen Ober- und Untergerichten zugelassen. Die bei der Thronbesteigung des Königs Wilhelm erlassene allgemeine Amnestie führte Zimmermann im Jahre 1861 nach Preussen zurück. Er liess sich in Berlin als englischer Advokat nieder und wurde mehrfach in die Stadtverordnetenversammlung, den Landtag und den Reichstag gewählt. Bei seinem Tode am 28. Februar 1881 war er Abgeordneter des 3. Berliner Landtagswahlkreises und des 4. Berliner Reichstagswahlkreises. Im Landtage wie im Reichstage war er eine der Stützen der Fortschrittspartei.

16. Die Kurfürstin Elisabeth.

Elisabeth, die Tochter des Königs Johannn von Dänemark, vermählte sich am 12. April 1502 mit Kurfürst Joachim I. von Brandenburg.
Die Vermählung fand zu Stendal statt zugleich mit der des Herzogs
Friedrich von Holstein, welcher Anna, die Schwester Joachims I., heiratete.
Beide Paare wurden von dem Erzbischofe Ernst von Magdeburg getraut.
Der Rat von Stendal verehrte der Kurfürstin *„einen roten Charmesin
sammet zum Ehrenkleide"*, wie M. Petrus Haffitius in seinem Microchronicon Marchicum berichtet, indem er hinzufügt: *„welchs zu der Zeit
ein grossschetzig geschencke ist gewesen"*.

Bei der Vermählung verschrieb Kurfürst Joachim I. seiner Gemahlin als Leibgedinge unter anderm 6000 Gulden auf *„Schloss, Stad
vnnd Ambt Spandau, do Sie Ihre Fürstliche Wohnung haben soll vnnd
mag"*.[1] Das Schloss Spandow wurde also für den Fall des Ablebens des
Kurfürsten Joachims I. seiner überlebenden Gemahlin als Witwensitz
bestimmt. Am 13. Juli 1508 bevollmächtigte die Stadt Spandau die
Ratmannen: Burchard Marckart, Peter Rudenitz, Bastian Rücker, Jacob
Marzahn, Jores Becke und Peter Schröder und die Bürger: Claus Strobant,
Hermann Döring, Georg Wartenberg, Merten Kerkow, Claus Merrilligs,
Peter Damitz, Andres Raphen, der Kurfürstin Elisabeth namens der Stadt
zu huldigen. Die darüber ausgefertigte Urkunde lautet, wie folgt:

Der vonn Spandow holdungsbriff.

*Der Durchlauchtigen hochgebornnen Kunigin von Dennemarckenn,
Elitzabeten Marggreuin zu Branndennburg Stettin pommern der Cassubenn
vnnd wenden Hertzogin Burggreuin zu Nurmberg vnnd furstin zu
Rugenn, Entbietenn wir Burgermeister Rathmann alt vnnd neu, Richter
vnndt Scheppen, alterleut vnnd gemaine gewerckgenossenn, der gewannd-
schneider Schuchmacher, knackennhauer werck vnnd gulde, aldermaister
vnnd alde gemaine mitbruder der Schneider kurschner Becker Inung
vnnd gulde, vnnd sonnsten In sampt, alle Burger, der Stat Spanndow
vnnser vnnderthenige gehorsame Dinst, vnnd bekennen vor Irer Furst-
lich gnadenn offenntlich mit diesem vnnsern offen briff das wir Inn der
bestenn weis, mas vnnd gestalt, damit wir solches gehorsamlichen wie
billich vnnd recht thun sollenn, konten vnnd mochtenn, Gekornn, geordennt
vnd gemechtigt hetten, Ordenn vnd mechtiglich machenn, Inn krafft ditz
briffs, Burckharttenn Marckart, Peter Rudenitz, Bastian Rucken, Jacob
Mertzanne, Jores Becke vnnd Peter Schroder, aus dem Rath, Claus
Strobannt, Hermann Doring, Jorg Wardennberg, Merttenn kerkaw Claus
Merrilligs, Peter Damitz, Andres Raphen vnnd Mattes Ruremund, aus
der gemain, Das sie ann vnnsernn Stetenn, vnnd Nahmen der durch-*

[1] Riedel, cod. I. 11, 127, 129.

lauchtigenn Fürstin Elitzabet, Ehegenant, nach begern vnnsers gnedigstenn
Herrn Herrn Joachim Churf. und Margf. zu Branndennburg huldung,
vonn der Stat Spanndow, zutzusagenn, vnnd alles dartzu behorennde,
fulenndigenn Inn aller massenn wir selbs, alle personnlich solchs fur-
nehmenn vnnd volendenn, Stracks stet vnnd vest, zu haldenn, nach
vorwantem gehorsam, ane arge list, Hulffrede vnnd gefher, habenn wir
ehrgenannt, alle Innsampt Irenn furstl. gnaden vorbenannte thosteinde
vorwilligt, Vnnd zu Vrkundt dissen vnnsernn offenenn briff, mit ann-
hanngnden der Stat, Innsiegel versiegelt, Gegebenn nach Christi vnsers
liebenn Herrn gepurt, tausent funffhundert vnnd Im achten Jar, am tage
Marggarethe virginis.

Als Luther sein Reformationswerk begonnen hatte, wurde die Kurfürstin Elisabeth sehr bald eine treue Anhängerin seiner Lehre. Im Jahre 1528 nahm sie das Abendmahl nach lutherischem Ritus, lud aber dadurch den Zorn ihres Gemahls, der ein entschiedener Gegner der Reformation war, in so hohem Grade auf sich, dass sie, um demselben zu entgehen, heimlich nach Sachsen zum Kurfürsten Johann dem Beständigen flüchtete, der ihr das in ein Schloss umgewandelte Kloster Lichtenberg an der Elbe zum Aufenthalte anwies. Von hier aus verkehrte sie sehr viel mit Luther, den sie häufig in Wittenberg besuchte. Sie verweilte öfter längere Zeit in der Familie des Reformators. Nach dem Tode ihres Gemahls holten sie die Söhne, Joachim II. und Johann von Küstrin, in die Mark zurück. Sie nahm nun 1535 oder 1536 ihren ständigen Wohnsitz auf dem Schlosse Spandow, welches ihr als Witwensitz bestimmt war. Über das Leben, welches sie hier führte, sind leider keine Nachrichten auf uns gekommen. Ihr aber hat es die Stadt Spandau zu danken, dass Kurfürst Joachim II. am Allerheiligentage 1539 in der Nicolaikirche daselbst zum ersten Male das Abendmahl nach lutherischen Ritus nahm und damit öffentlich zur Reformation übertrat.

Um Pfingsten 1555 erkrankte die Kurfürstin. Joachim II. eilte sofort zu ihr und nahm sie mit sich nach Kölln, wo sie in der Domdechanei am 11. Juni 1555 im Alter von siebzig Jahren ihren Geist aufgab. Sie wurde in dem Dome selbst beigesetzt.

17. Anna Sydow.

Als seine zweite Gemahlin Hedwig im Jahre 1549 auf dem Jagdschlosse Grimnitz verunglückt war, knüpfte Kurfürst Joachim II. von Brandenburg mit der Anna Sydow ein Verhältnis an. Diese Frau war die Witwe des Artilleriehauptmanns und berühmten Stückgiessers Michael

Dietrich und wurde ihrer Schönheit wegen allgemein „die schöne Giesserin"
genannt. Von ihrem Gemahl hatte sie drei Kinder, einen Sohn, Nikolaus
Dietrich, dem Joachim II. das Gut Rosenthal zu Lehen gab, und zwei
Töchter, von denen die eine an den kurfürstlichen Sekretär Bandel, die
andere an einen gewissen Wolf verheiratet war. Beiden, namentlich aber
der letzten, werden von dem Juden Lippold in seinen Rechnungen Titel
zugelegt, welche anzeigen, dass Keuschheit nicht gerade ihre Haupttugend
gewesen ist.

Die Anna Sydow hatte sehr viel Gewalt über Joachim II. und
setzte es durch, dass der Kurprinz Johann Georg im Jahre 1561 sich
verpflichten musste, ihr und ihren Kindern alles zu lassen, was ihnen
der Kurfürst geben würde, ausgenommen Ämter, Städte und Flecken.
Joachim II. hatte mit ihr eine Tochter gezeugt, welche den Namen
Magdalena von Brandenburg erhielt. Der Jude Lippold nennt sie in
seinen Rechnungen gewöhnlich das „Hurkind Magdeleinicken"; so heisst
es darin einmal: einen Becher von 14 Lot für 9½ Thaler hat „das
Hurkind Magdeleinicken" bekommen und zu Dr. Luthers (Leibarzt des
Kurfürsten) Tochter Hochzeit geschenkt. Joachim II. erhob die Magdalena
zu einer Gräfin von Arneburg und war willens, sie mit einem Grafen
von Eberstein zu vermählen, verordnete ihr auch noch 1570 eine ansehnliche Aussteuer. Der Tod hinderte ihn an der Ausführung seiner
Pläne und führte auch den Sturz der schönen Giesserin und ihrer
Kinder herbei.

Kurfürst Johann Georg, dem seines Vaters Regierung und Hofhaltung schon lange missfällig gewesen war, hielt sich nicht verpflichtet,
sein zehn Jahre früher gegebenes Versprechen zu halten. Seine natür-
liche Halbschwester Magdalena musste den Titel „Gräfin von Arneburg"
ablegen und wurde mit einer ansehnlichen Aussteuer dem Amtskammer-
sekretarius und Rentenschreiber Andreas Kohl zu Berlin verheiratet. Sie
erwarb sich als Frau durch ihre Wohlthätigkeit und Frömmigkeit die
Achtung und Liebe aller Berliner. Die „Bandelin" verwies Johann Georg
des Landes. Am härtesten aber verfuhr er gegen die Geliebte seines
Vaters selbst. Kaum hatte er die Regierung angetreten, so schickte er
Anna Sydow als Gefangene auf die Festung Spandau. Sie wurde hier
sehr hart gehalten, bis sie der Tod am 16. November 1575 von ihren
Leiden erlöste.

Als man am 1. Januar 1598, acht Tage vor dem Tode des Kurfürsten Johann Georg, im Residenzschlosse zu Berlin die weisse Frau
gesehen haben wollte, so erzählte sich das Volk, es sei der Geist der
schönen Giesserin Anna Sydow, welcher in der Gestalt der weissen Frau
umgehe, dem kurfürstlichen Hause Unheil verkündend, aus Rache dafür,
dass Kurfürst Johann Georg sein im Jahre 1561 gegebenes Wort gebrochen habe.

Bekanntlich sollte sich die weisse Frau schon hundert Jahre früher
in dem markgräflichen Schlosse zu Bayreuth in Franken und später auf der
Plessenburg gezeigt haben. Es geschah dies in Bayreuth regelmässig, wenn
es den Kavalieren und Beamten erwünscht schien, die Hofhaltung auf

einige Zeit von Bayreuth verlegt zu sehen.   1540 trieb sie auf der
Plessenburg ihr Wesen. Markgraf Albrecht der Krieger, ein unerschrockener
Fürst, welcher erst daran glauben wollte, wenn er das Gespenst in der
Nähe betrachtet und angefasst hätte, verbarg sich nachts in dem grossen
Fürstensaale ¡der Plessenburg und erwartete die Erscheinung.   Nach
Mitternacht öffnete sich die mit dem östlichen zu Beamtenwohnungen benutzten Flügel in Verbindung stehende Thür; eine verhüllte hohe Gestalt
trat ein und schlich leise nach der entgegengesetzten Seite zur Wohnung
des Markgrafen.   Albrecht sprang vor, umfasste mit kräftigen Armen
die Erscheinung, schleppte sie trotz heftigen Sträubens bis zur steilen,
in den Schönhof hinabführenden Wendeltreppe und stürzte sie mit
gewaltigem Stosse kopfüber hinab.   Auf den Ruf des Fürsten erschienen
nun Diener mit Licht.   Man stieg hinab und fand den Kanzler Christof
Strass mit gebrochenem Genick, bei ihm einen Dolch und Briefe, welche
auf ein Einverständnis mit dem Bischofe von Bamberg und die Absicht
deuteten, den Markgrafen heimlich aufzuheben.   Auch die anderen Erscheinungen der weissen Frau in Franken sowohl wie im Schlosse zu
Berlin beruhen entweder auf einem Betruge oder auf optischen Täu-
schungen. [1])

18. Roch Guerrin, Graf zu Lynar.

Das Geschlecht der Grafen zu Lynar stammt aus Italien.   Dort
besass es im Florentinischen schon um die Mitte des zwölften Jahrhunderts unserer Zeitrechnung die unmittelbare Grafschaft Linari mit einer
festen Burg gleichen Namens, welche in der Nähe der Städte Faenza,
Modigliana und Maradia gelegen war und deren Trümmer noch heute auf
dem Markte von Albano zu finden sind.
    Während der Unruhen, welche zu Anfang des fünfzehnten Jahr-
hunderts in Florenz herrschten, verloren die Grafen di Linari alle ihre
Besitzungen.   Sie gaben die gräfliche Würde auf und entsagten ihrem
Geschlechtsnamen, indem sie sich nach dem Taufnamen des letzten Conte
di Linari, Batista Guerrino, Guerrini nannten.   Giovanni Batista Guerrini
war ein angesehener Kriegsmann.   Er zog 1535 als General mit Kaiser
Karl V. nach Tunis in Afrika und starb 1540, nachdem er kurz vorher
in Florenz im Zweikampfe einen Markgrafen Malaspina getötet hatte.   Die
Feindschaft der Malaspina zwang die Guerrini, ihr Vaterland zu verlassen.
Die sieben Söhne Giovanni Batistas gingen in französische Dienste.   Der
älteste derselben, Rochus Guerrini, ist der Stammvater der jetzigen

---

[1]) v. Minutoli. Die weisse Frau. Mullerus Kuriositäten.

Grafen zu Lynar und mit der Geschichte der Stadt Spandau aufs engste verbunden.

Rochus Guerrini, der die alte Würde und den alten Namen des Geschlechts erneuerte, indem er sich wiederum „Graf zu Lynar" nannte, war geboren am 25. Dezember 1525 zu Maradia im Florentinischen. Seine Mutter war Lucretia de Banderelli. Er ward zuerst an dem Hofe des Herzogs Alessandro von Medici zu Florenz zusammen mit seinem Vetter und dann an dem Hofe des Herzogs Alfonso von Ferrara erzogen. Nach dem Tode Alfonsos nahm ihn der Vater 1534 zu sich. Zehn Jahre alt begleitete er den Vater nach Tunis. Als er nach Italien zurück-gekehrt war, kam er wiederum an den Hof des Herzogs von Florenz. Nach dem Tode des Vaters rettete er sich vor den Verfolgungen der Malaspina 1542 nach Frankreich. Mit guten Empfehlungen versehen, be-gab er sich zum Könige Franz I., der sich des jungen Mannes besonders annahm und ihn den Feldzug gegen Karl V. von 1542 bis 1544 mit-machen liess. 1546 kam er zu dem Dauphin Heinrich. Als dieser König geworden war, ernannte er ihn zum Obristen und kommandierte ihn mit verschiedenen Truppen nach Metz zur Besatzung. Hier wurde er von Karl V. vergebens belagert. Nach der Belagerung erhielt er vom Könige Befehl, die sehr beschädigten Werke der Festung wiederherzustellen und zu verbessern, zugleich wurde er zum „General-Kriegs-Kommissar und Inspekteur aller Festungen des Königsreichs" ernannt. Im Jahre 1554 schickte ihn der König nach der Schlacht bei Schweinfurt zum Mark-grafen Albrecht Alcibiades von Brandenburg. Als dieser nach Frankreich flüchtete, geleitete er ihn zum Könige Heinrich II. und stellte ihn dem-selben vor. 1555/56 nahm er an den korsischen Kriegen teil, und 1557 kämpfte er als Generalmajor in der Schlacht bei St. Quentin gegen die Spanier. 1558 belagerte und eroberte er Diedenhofen, verlor aber dabei durch eine Büchsenkugel das linke Auge. Der König Franz II. bestätigte ihn 1559 in allen seinen Würden und Ämtern, dasselbe that König Karl IX. 1560. Er war nun „Generalmajor, Generalinspekteur aller Festungen des Königreichs und Hauptmann der 1000 Arkebusiere". Aus wahrer Überzeugung trat er 1560 der reformierten Kirche bei.

1562 belagerte und eroberte er mit dem alten Herzog von Guise Hàvre de Gràce, und am 19. Dezember desselben Jahres kämpfte er in der Schlacht von Dreux. 1564 finden wir ihn in Metz. Hier vermählte er sich am 15. Mai 1564 mit Anne, Freiin von Montot, der Witwe eines Herrn von Barbé, die ihm ein Vermögen von 40000 Thaler zu-brachte. Die Hochzeit fand statt auf dem freiherrlichen Schlosse derer von Montot in der Bourgogne.

Bald nach seiner Vermählung nahm der Graf wegen der Ver-folgungen, welchen die Reformierten, die Hugenotten, in Frankreich damals ausgesetzt waren, seinen Abschied aus französischen Diensten. Mit dem Pfalzgrafen Johann Kasimir begab er sich nun zu dessen Vater, Kur-fürsten Friedrich III. von der Pfalz, nach Heidelberg. Dieser ernannte ihn sogleich zum „Kriegsrat und Obristen seiner Truppen".

1570 wurde der Graf vom Kurfürsten August von Sachsen nach Dresden berufen und zum „Kriegsrat, Obristen des Artillerie- und Zeugwesens und zum Generaldirektor der sächsischen Lande" ernannt. Durch seine Geschicklichkeit in der Fortifikation und in der Baukunst überhaupt erwarb er sich viel Ruhm und Ehre.

1572 ging er als Gesandter des Kurfürsten August nach Italien, besonders zum Grossherzoge Cosimo I. von Medici in Florenz und zu den Herzögen von Ferrara, Mantua und Savoyen. Überall wurde er gut und ehrenvoll aufgenommen, und der Grossherzog Cosimo I. von Florenz bot ihm sogar die Herausgabe seiner Güter und eine ansehnliche Summe zum Wiederaufbau seines zerstörten Stammschlosses an, wenn er mit seinen Kindern wieder zum katholischen Glauben übertreten und in Italien bleiben wolle. Er blieb aber seinem Glauben treu und kehrte 1573 nach Sachsen zurück. Noch in demselben Jahre erbaute er die Befestigungen am Wilfsdrufer Thore in Dresden und später die Augustusburg am Schellenberge. 1577 ging er mit Genehmigung des Kurfürsten August zu dessen Schwiegervater, dem Fürsten Joachim Ernst von Anhalt, der ihn seines Vertrauens und seiner Freundschaft besonders würdigte und in allen wichtigen Sachen seinen Rat erforderte.

1578 trat er unter Zustimmung des Kurfürsten von Sachsen, der ihn in allen seinen Ämtern und Würden beliess, zugleich in brandenburgische Dienste. Der Kurfürst Johann Georg von Brandenburg ernannte ihn zum Wirklichen Geheimen Rat, General, Obristen, General-Artillerie-Munition-Zeug- und Baumeister. Sein Titel ist „Sr. Churf. G. bestalter General Oberster Artollerey Zeug und Baumeister". Es wurde ihm die Vollendung des Baues der Festung Spandau übertragen. Er nahm nun seinen Wohnsitz in der Stadt Spandau, wo ihm der Kurfürst eine Anzahl Bürgerstellen schenkte, auf denen er sich ein grosses Wohnhaus erbaute. Dies Wohnhaus lag an Stelle der jetzigen Schlosskaserne in der Potsdamer-, damaligen Kloster-Strasse und wurde „das gräflich Lynarsche Schloss" genannt. Die Nachkommen des Grafen Rochus verkauften es 1686 dem grossen Kurfürsten, der es zuerst zu einem Manufakturhause, dann aber zum Spinn- und Zuchthause einrichten liess. Diesem Zwecke diente das Gebäude, allerdings im Laufe der Zeit gänzlich umgebaut, bis zum Jahre 1871, wo es zu einer Kaserne eingerichtet wurde. Im Herbst 1580 übertrug Kurfürst Johann Georg dem Grafen auch die Vollendung des Schlossbaues in Berlin. Er baute zwei Flügel und die Doppeltreppe im Querflügel. Auch das Jagdschloss Grunewald wurde von ihm erbaut.

Am 31. März 1585 starb seine erste Gemahlin, mit der er 1582 den Altar in der Nicolaikirche zu Spandau gestiftet hatte. Mit ihr hatte er fünf Kinder gezeugt: Johann Kasimir, geboren den 29. April 1569; Augustus, geboren den 19. Juli 1572; Anna, geboren den ? 1567; Elisabeth, geboren den 3. November 1574: Anna Sabina, geboren den ? 1574. Der Leichnam der Verstorbenen wurde in der Gruft unter dem Altare der Nicolaikirche zu Spandau beigesetzt.

1587 kaufte der Graf von den Erben des Superintendenten Andreas Muskulus in Frankfurt a/O. ein Haus für 1300 Thaler, welches er seiner zweiten Gemahlin, Margaretha von Termow, mit der er sich am 7. Juli 1588 vermählte, zum Witwensitze bestimmte. Von der zweiten Gemahlin hatte er einen Sohn, Johann Georg, geboren den 6. Oktober 1589, gestorben 1590 am Sonntage Exaudi.

1588 bekam der Graf vom Kurfürsten Johann Georg ein Privileg betreffs des Handels mit lüneburgischem Salze in allen brandenburgischen Landen. Er führte auch die Aufsicht über das gesamte Salzwesen in den Marken, über die Salpetersiederei und die Rüdersdorfer Kalkberge.

Nach Vollendung des Baues der Festung, der jetzigen Citadelle, im Jahre 1593 wurde er zum Hauptmann von Spandau ernannt.

Er starb am 22. Dezember 1596 und wurde am 4. Januar 1597 in Anwesenheit der Markgrafen Johann Sigismund, Ernst und Christian, der Herzöge von Lüneburg und Holstein, der Grafen von Mansfeld und Zollern, vieler vom Adel „und des ganzen Frauenzimmers" in der Familiengruft unter dem Altare der Nicolaikirche zu Spandau beigesetzt. Der zinnerne Sarg trägt die Aufschrift:

„In hac sandapila acquiescit et resurrectionem laetam exspectat Illustris Dominius Rochus, Comes de Linar, natus anno Christi 1525 d. 25 Dec. media nocte nativitatis Christi, ex generosa commitum Guerrinorum de Linar familia. Anno 1564 duxit in uxorem Annam ex illustri stirpi Baronorum de Montot, qua anno 1585 demortua, junxit sibi Margaretham e nobili a Termo virorum prosapia, heros vere pius et magnanimus, familiae instaurator, felicissimus bonis unice dilectus sed et malis ob vitae innocentiam admirabilis, carus quod vixit Johannii Georgio, electori Brandenburgico, dilectus Francisco, Henrico II et Carolo, Gallian regibus, Friederico electori Palatino, filio Casimiro, gratus Augusto et Christiano, Saxoniae electoribus, Wilhelmo Hasso, Joachimo Ernesto Anhaltino et totius imperii Germanici proceribus acceptissimus, annum agens LXXI placide huic mundo morte valedixit, dio 22 Decembr. anno Christi 1596, nunc ad thronum Dei triumphat, coronam gloriae gestat, hymnos cantat sacrosanctae trinitati jam et malis exemtus, bonis aeternis locupletatus."

Die Stadt Spandau ist dem Grafen Rochus zu Lynar zu grossem Danke verpflichtet. Während seiner Lebzeiten that er sehr viel Gutes an den Bewohnern. Durch Testament vermachte er derselben ein Legat von 1000 Thalern zu einem Stipendium für Studierende. Der Kirche vermachte er ebenfalls ein Legat von 1000 Thalern, statt dessen ihr der Sohn später eine Meierei auf dem Plane überwies.

19. Graf Adam zu Schwarzenberg.

Das reichsgräflich, seit 1671 fürstlich schwarzenbergische Geschlecht stammt aus Oberdeutschland und von der alten ritterlichen Familie Sinsheim ab. Ein Mitglied derselben trug die allmählich erkaufte fränkische Herrschaft und Schloss Schwarzenberg, nach der das Geschlecht in der Folge sich benannte, dem Kaiser und Reich zu Lehen auf und wurde vom Kaiser Sigismund in den Reichsfreiherrnstand erhoben. Seine Nachkommen breiteten sich nicht nur in Oberdeutschland mehr aus, sondern siedelten sich auch in den Niederlanden und Westfalen an. Einige derselben traten in die Dienste der brandenburgischen Markgrafen in Franken und der Herzöge von Jülich. Ein Spross der jüngeren niederländisch westfälischen Linie, der Freiherr Adolf von Schwarzenberg, erhielt vom Kaiser Rudolf II. die reichsgräfliche Würde. Sein einziger aus der Ehe mit Margaretha Wolfie von Metternich erzeugter Sohn war Graf Adam zu Schwarzenberg, geboren den 26. August 1584, welcher anfangs in kaiserlichem Kriegsdienste stand, dann aber als Rat in die Dienste des Herzogs von Jülich trat und zugleich als Mitglied des ansässigen Adels unter den Landständen des Herzogtums seinen Platz einnahm.

Als mit Herzog Johann Wilhelm im Jahre 1609 der Mannsstamm der jülich-klevischen Herzöge ausgestorben war, suchten die beiden Erbfürsten, Kurfürst Johann Sigismund von Brandenburg und Wolfgang Wilhelm von Pfalz Neuburg, den Grafen Adam zu Schwarzenberg durch grosse Gunstbezeugungen auf ihre Seite zu bringen. Sie erhoben z. B. sein Erbschloss Gimborn, dem sie noch einige Dörfer beifügten, zu einer Unterherrlichkeit der Grafschaft Mark und versprachen ihm die Verwaltung der Ämter Jülich und Düren. Wegen seiner Treue und seines Eifers, mit welchem er sich der Sache der possedierenden Fürsten hingab, wurde er namentlich in die Acht eingeschlossen, welche Kaiser Rudolf II. gegen die seinen Verordnungen wegen Beschlagnahme der jülichschen Erblande durch den Erbherzog Leopold widerstrebenden Mitglieder der Stände verhängte. In der Achtserklärung, die unterm 11. November 1609 von Prag aus erging, hiess es: „Auch du Adam Graf zu Schwarzenberg und andere u. s. w., weil ihr den gemeinen Ständen ab und beiden Fürsten zugefallen, denselben als Euren Herren Gelübde gethan, die auf dem Landtage einverstandenen Räte, Herren, Ritter und Städte um deswillen, dass sie die gegen unsere Befehle abgeforderten unziemlichen Handgelübde nicht thun wollen, wider alle Gebühr und hergebrachte der Lande Freiheit eingesperrt und zu Düsseldorf wider ihren Willen aufgehalten und, den Fürsten zugefallen, die von den Ständen angenommenen Soldaten abgedankt und in der Fürsten Eid bestellt und zur Einnahme mehrerer Städte und Schlösser alle Hilfe geleistet, so werdet ihr auf Klage des Fiskals verurteilt in Acht und Oberacht, auch Verlust aller Habe, Güter und Lehen u. s. w."

Im Jahre 1610 wurde Schwarzenberg zum Oberkammerherrn des Markgrafen Ernst, dem sein Vater Kurfürst Johann Sigismund die Besitznahme und Verwaltung der jülichschen Erblande übertragen hatte, sowie zum kurfürstlichen Geheimen Rat bestellt. Sein Einfluss wurde jetzt massgebend und steigerte sich noch, als nach dem Tode des Markgrafen Ernst der Kurprinz Georg Wilhelm die Statthalterschaft in den jülichschen Erblanden übernahm. Als dieser im Jahre 1616 nach Brandenburg reiste, ernannte er Schwarzenberg zu seinem Stellvertreter. 1619 begleitete der Graf den Kurprinzen nach Berlin und, als Johann Sigismund am 22. November 1619 in Gegenwart des Geheimen Rates und der Landstände die Regierung niederlegte, führte Schwarzenberg bei dieser feierlichen Gelegenheit im Namen des neuen Regenten das Wort.

Unter der nun folgenden Regierung Georg Wilhelms war Schwarzenberg mit Ausschluss der Jahre 1631 bis 1634 der eigentliche Leiter der brandenburgischen Politik. Er drängte fortwährend auf eine enge Verbindung des Kurfürsten mit dem Kaiser. In dieser Richtung sehen wir ihn zuerst 1626 beim Ausbruche des Krieges in Norddeutschland thätig. Er war es, der den Kurfürsten von Schliessung eines Bündnisses mit Dänemark gegen den Kaiser abhielt. „Was den Dänen betreffe," äusserte er zur Rechtfertigung seiner Bestrebungen, „so scheine es schimpflich, den Bund dessen zu suchen, der so vielen Schaden gethan, und es noch ärger machen werde, wenn er erst die Direktion erhalte; von seinen Feinden gedrängt, könne er leicht Frieden machen und den Kurfürsten preisgeben. Auch sei er zu fern; ehe er bei Gefahren zur Rettung herbeikäme, könne alles geschehen sein. Es werde Acht vom Kaiser erfolgen und der Kurfürst um Land und Leute und das Volk um seinen angeborenen Erbherren kommen. Durch Verbindung mit Dänemark mache man sich auch die Polen zu Feinden; und das zur Defension geworbene Kriegsvolk sei viel zu wenig und niemand wolle es bezahlen. Der König gebe zwar vor, er wolle Religion und Freiheit beschützen, aber seit dreiviertel Jahren habe man noch keinen Nutzen davon gesehen. Schlage sich aber der Kurfürst zum Kaiser, doch, wie Sachsen, mit Freiheit der Religion und des Gewissens, so werde man nicht ohne Rat und Hilfe sein. Seine Vorfahren hätten sich immer an das Haus Östreich gehalten und seien dadurch in Aufnahme gekommen. Es gehe denen wohl, die Sr. Kaiserlichen Majestät partes favierten; dürften sich vor keiner Acht fürchten; in den jülichschen Angelegenheiten und wegen Preussens seien gute Kommoditäten zu erwarten, weil der Kaiser bei Polen viel vermöge, das wegen des Einfalls der Schweden in Preussen erbittert sei. Das Bündnis mit den Staaten habe seit etlichen Jahren keinen Nutzen, sondern nur Eingriffe bewirkt, und nur wenn der Kaiser es treu meine, werde man zum ruhigen Besitze kommen."[1]

Der von Schwarzenberg so mühsam gehegte Verein des Kurfürsten mit dem Kaiser wurde endlich zerrissen, als Georg Wilhelm 1631 sich

---

[1] Entwurf Schwarzenbergs zu dem Berichte, der den Ständen unterm 10. August 1626 über die damalige Lage des Landes erstattet wurde.

den Schweden anschloss. Anlass zu dieser Veränderung gaben die unendlichen und unerschwinglichen Erpressungen besonders des waldsteinschen Heeres, welchen auch die dringendsten Vorstellungen bei dem hochmütigen Feldherrn und in der Wiener Hofburg nicht zu steuern vermochten, teils die Anmassungen Ferdinands II. selbst. Sie stiegen mit seinem Siege über den König von Dänemark und verleiteten ihn aus eigener Machtvollkommenheit ohne Zuziehung des Reichs und der Reichsstände 1629 das Restitutionsedikt zu erlassen, kraft dessen die Protestanten alle seit dem Passauer Vertrage von 1552 eingezogenen geistlichen Güter der katholischen Kirche herausgeben sollten. Auch der Kurfürst von Brandenburg hätte die drei Landesbistümer und eine Menge Klostergüter wieder zurückgeben müssen. Nach Abschluss des Bündnisses zwischen Brandenburg und Schweden wurde Schwarzenberg vom kurfürstlichen Hofe entfernt. Er hatte sich diesem Bündnisse mit Schweden widersetzt, da es seinen politischen Ansichten nicht entsprach, und dafür wurde er nun von dem König Gustav Adolf und der schwedischen Partei am Hofe des Kurfürsten verfolgt. Seiner Ämter entliess man ihn zwar nicht förmlich, aber man schickte ihn unter anständigen Vorwänden aus der Mark fort oder liess ihn auch ganz unbeschäftigt. Erst nach dem Tode Gustav Adolfs, besonders aber nach der Niederlage, welche die Schweden am 7. September 1634 bei Nördlingen erlitten, gewann er wieder bestimmenden Einfluss auf den Gang der politischen Dinge. Er war es, der den Kurfürsten von dem schwedischen Bündnisse wieder abbrachte und die Wiedervereinigung Georg Wilhelms mit dem Kaiser durchsetzte.

Am 27. August 1635 trat Georg Wilhelm dem Prager Frieden bei. In welcher Art Schwarzenberg bei Einleitung dieses Vergleiches thätig war, ist zwar noch nicht genau ermittelt, dass er aber dazu mitwirkte, kann umsoweniger bezweifelt werden, als er vom Beitritte Georg Wilhelms zum Frieden an einen weit grösseren Einfluss auf die Regierung hatte, wie je zuvor. Seit dieser Zeit kann er gewissermassen als der leitende Minister in Brandenburg angesehen werden. In den letzten Jahren der Regierung Georg Wilhelms lag die Führung der Staatsgeschäfte in der Mark gänzlich in seiner Hand, indem ihn der Kurfürst bei seiner Abreise nach Preussen im August 1638 zum Statthalter ernannte. Als solcher wohnte er häufig auf der Festung Spandau, wohin er 1639 vor den schwedischen Haufen, die verheerend und plündernd die Mark durchzogen, flüchtete. Er betrieb energisch die Befestigung der Stadt, um sie gegen Überfälle zu schützen und in ihr einen sichern Zufluchtsort und Stützpunkt zu haben. Ihm vornehmlich hat es die Stadt Spandau zu danken, dass sie eine Festung geworden ist.

Am 19/29. Juni 1640 hielt der Graf auf der Festung Spandau als Heermeister des Johanniterordens in der Mark, Sachsen, Pommern und Wenden, zu welchem Amte er am 17/27. Juni 1625 postuliert worden war, zum letzten Male Kapitel ab. Bei dieser Gelegenheit liess er seinen Sohn, den Grafen Adolf zu Schwarzenberg, Komtur auf Wildenbruch in Pommern, zum Koadjutor und Nachfolger im Heermeistertum erwählen.

Nach dem am 21. November (1. Dezember) 1640 zu Königsberg in Preussen erfolgten Tode Georg Wilhelms blieb Schwarzenberg auf ausdrücklichen Wunsch des neuen Kurfürsten Friedrich Wilhelm, welcher sich vorläufig noch in Preussen aufhielt, Statthalter in der Mark. Er weilte jetzt fast ausschliesslich in Spandau. Hier wurde er am Freitag, den 26. Februar (18. März 1641) durch sechs Kapitäne des Regiments von Rochow, welche „mit starker Instanz" ihren Unterhalt begehrten, und durch ein Schreiben aus Regensburg, welches ihn benachrichtigte, dass ein Oberster in Königsberg von einem vornehmen Diener Sr. Kurfürstlichen Durchlaucht erfahren habe, dass es übel um ihn stehe, in solche Aufregung versetzt, dass er schwer erkrankte und nach sechs Tagen am 4/14. März 1641 in Gegenwart der kurfürstlichen Geheimen Amts- und Kammerräte von Dequede, von Waldow, Striepe und Fromhold verschied.

Die Leiche wurde in der Nicolaikirche zu Spandau beigesetzt, anfangs vermutlich nur vorläufig, um die weitere Verfügung des abwesenden Sohnes zu erwarten; denn die Kirche erhielt laut der noch vorhandenen Rechnung 1641 nur 50 Thaler für den Platz. Hernach aber zahlte der Sohn, der die Abführung des Leichnams in die Familiengruft oder doch in ein katholisches Land der Zeitumstände, besonders der schwedischen Truppen wegen, die alle Landstrassen nach dem Österreichischen beherrschten, nicht rätlich finden mochte, 1647 noch 200 Thaler, 1648 aber 300 Thaler und 1649 wieder 100 Thaler, also 650 Thaler im ganzen, und liess über der Gruft, die sich unter dem Taufstein der Kirche befindet, eine bronzene Tafel mit dem gräflichen Wappen und folgender Inschrift anbringen:

„Anno 1641. den 4 Mart. ist weiland der Hochwürdige, Hochwohlgebohrene Herr, Herr Adam, Graf zu Schwarzenberg, des ritterlichen St. Johanniterordens in der Mark, Sachsen, Pommern und Wenden Meister, des königlichen Orden St. Michaelis in Frankreich Ordensritter, Herr zu Hohenlandsberg und Gimborn, Churfürstlich Brandenburgischer Statthalter in der Churmark, Geheimer Rat und Ober-Kammerherr auf der Vestung Spandow in Gott seelig entschlafen und hier in dieser Kirche beigesetzt.

R. J. P."

Eine Thür bedeckte dies Denkmal, dessen das Wappen darstellender Teil bei dem Ausbau der Kirche im Jahre 1722 an die Südwand dem Taufstein gegenüber gebracht wurde, wo er sich noch befindet. Hier sah es der Prinz August von Preussen, dessen Regiment vor dem Ausbruche des siebenjährigen Krieges in Spandau stand. Er wunderte sich, dass hier der Graf Adam zu Schwarzenberg begraben sein sollte, von dem er nicht anders geglaubt, als dass er, wie Friedrich der Grosse in seinen memoires de Brandenbourg berichtet, nach Wien gegangen und dort gestorben sei. Seine Entdeckung berichtete er dem Könige, sobald er mit ihm in Charlottenburg zusammenkam, und sie schickten von dort noch abends um 11 Uhr einen Läufer nach Spandau, mit dem der Küster Theuerkauf in die Kirche gehen, eine Abschrift von der Grabtafel nehmen und sie jenem mitgeben musste. Noch immer kam es dem Prinzen nicht recht glaubhaft vor, dass Schwarzenberg hier ruhig sein Grab gefunden haben sollte. Um sich selbst zu überzeugen, dass nicht ein Monument nur zum Scheine in der Kirche errichtet sei, befahl er im Jahre 1755 die Gruft unter dem Taufsteine zu öffnen. Mit dem Adjutanten von der Hagen und dem Pagen Dequede begab er sich an die Gruft und hiess den Pagen hineinsteigen. Dieser hob den Kopf in die Höhe. Unwillig befahl ihm der Prinz, denselben wieder hinzuwerfen. Der Page legte ihn auf die Brust. Hier sahen ihn da Maurer, nachdem sich der Prinz mit seinem Gefolge entfernt hatte, und erzählten es weiter. Aus ihren Erzählungen folgerte man, dass der Stattbalter, dem der Kopf nicht mehr am Halse gesessen habe, gewiss keines natürlichen Todes gestorben, sondern enthauptet worden sei. Dies Gerücht, ältere Sagen über den Tod des Grafen bestätigend, verbreitete sich weiter und kam auch durch den Feldprediger Ouvrier in Büschings wöchentliche Nachrichten. Dadurch wurde der Kommandeur der Spandauer Garnison, Oberst von Kalkstein bewogen, die Sache zu untersuchen. Er liess am 20. August 1777 in Gegenwart mehrerer Personen, unter denen sich der damalige Stadtphysikus in Spandau, Dr. Heim, der spätere berühmte „alte Heim", befand, die Gruft wieder öffnen. Die Leiche ruhte in einem Sarge mit Handgriffen, der schon etwas zertretene Deckel lag vermutlich noch von 1755 her auf der Seite. Beides war mit violettem Sammet ausgeschlagen und mit goldenen Tressen besetzt. Die Kissen waren von weissem Taffet mit Hopfen ausgefüllt. Der Körper war bekleidet mit einer langen spanischen Weste aus Silberstück, Strümpfen von fleischfarbener Seide und schwarzen Lederschuhen mit sehr starken Sohlen. Neben dem Schädel lag ein schwarzer Sammethut mit goldener Stückschnur, zur Seite des Körpers aber ein stählerner, vom Roste zerfressener Degen, der mit einer goldenen Schleife verziert war. Da Dr. Heim den Schädel ungewöhnlich schwer fand, untersuchte er denselben genauer und fand, dass derselbe, wie auch die Brust und die Bauchhöhle mit Kräutern angefüllt und balsamiert war. Die Knochen waren vermutlich von den zur Einbalsamierung benutzten Spezereien rotgefärbt und noch fest genug. Dr. Heim setzte am nächsten Morgen die Untersuchung fort und fand alle Halswirbel unversehrt. Das von ihm über das Ergebnis der Untersuchung ausgestellte Zeugnis sagt: „sowohl die corpora vertebranorum colli als auch die processus ascendentes und descendentes nebst der spinoeis waren alle noch vollkommen, unbeschädigt und fest, welches an einigen keineswegs hätte sein können; indem bei der Enthauptung wenigstens zwei dieser Knochen beschädigt werden müssten: daraus sich dann mit der grössten Gewissheit versichern lässt, dass der Graf keineswegs enthauptet, sondern auf eine andere Weise ums Leben gekommen."[1]

---

[1] Cosmar. Beiträge zur Untersuchung der gegen den kurbrandenburgischen Geheimen Rat Grafen Adam zu Schwarzenberg erhobenen Beschuldigungen. Berlin 1828.

20. Dr. Ludwig Heim als Kreisphysikus in Spandau.

Ernst Ludwig Heim ward geboren den 22. Juli 1747 zu Solz im Sachsen-Meiningschen Anteile der Grafschaft Kenneberg in Franken als dritter Sohn des Pfarrers M. Johann Ludwig Heim. Im Mai des Jahres 1764 bezog er das Lyceum in Meiningen, welches er 1766 verliess, um sich auf der Universität Halle medizinischen Studien zu widmen. 1770 ging er mit seinem Freunde Muzel, dem Sohne des berühmten Leibarztes Friedrichs des Grossen, Geheimrats Muzel, nach Jena und ein Jahr später wieder nach Halle, wo er zu praktizieren anfing und am 15. April 1772 mit der Dissertation: „de origine calculi in viis urinariis quatenus est arthritidis effectus" promovierte. An demselben Tage promovierte auch sein Freund Muzel. Mit diesem ging er am 2. Mai 1772 auf Reisen, welche ihn durch den Harz, wo die Freunde besonders die Bergwerke besuchten, nach Göttingen, Hannover, in die Heilquellen der Wesergegend, nach Kassel, Wildungen, Giessen, Frankfurt am Main und die in der Nähe dieser Stadt liegenden Badeorte, nach Koblenz, Aachen, Mastrich, Rotterdam und endlich nach Leiden führten. In Leiden beschäftigten sich die Freunde mit eifrigen Studien. Im August 1773 gingen sie nach England und von hier 1774 im Herbste nach Paris. Im Frühlinge 1775 traten sie die Rückreise nach Deutschland an. Sie besuchten Heidelberg, Strassburg, Tübingen, Stuttgart, Nürnberg. Von hier kehrte Muzel nach Berlin, Heim in seine Heimat zurück. Zu Michaelis 1775 folgte Heim der Einladung seines Freundes Muzel nach Berlin, wo er im Hause des Geheimrates lebte bis zum Frühjahr 1776. Da wollte Dr. Jetzke, ein Universitätsfreund Heims und Physikus zu Spandau, ein Bad gebrauchen. Er bat Heim, ihn während seiner Abwesenheit zu vertreten. Daher ging dieser im April 1776 nach Spandau.

„Nun bist Du endlich in Spandau, mein lieber Ernst," schrieb ihm sein ältester Bruder Ludwig unterm 9. Mai 1776. „In unsern Gegenden, weisst Du, ist die Vorstellung dieses Ortes so genau mit der von Gefängniss bei Wasser und Brot verbunden, als Sibirien mit der von Landesverweisung und Zobelpelzen. Aber ich denke doch, es soll Dir auch da wohlgehen. Der Ort ist gross und liegt nicht weit von Berlin; Dein Wirkungskreis ist also nicht so eingeschränkt, als es in einem kleinen Städtchen ad figuram Wasungen, dergleichen es in der Mark viele giebt, gewesen sein würde."

Erst 29 Jahre alt und noch von einem zarten Äussern, erwarb der junge Doktor sich dennoch sehr bald allgemeines Zutrauen und allgemeine Verehrung bei Kranken und Gesunden. Er selbst schreibt unterm 21. Juni 1776 an seinen Bruder Ludwig: „Mein Aufenthalt in Spandau gefällt mir immer mehr und mehr. Die Leute sind wohl mit mir zufrieden, besonders die Frauenzimmer, bei denen ich mich sehr insinuiert habe.

In meiner Praxis bin ich glücklich, so dass man mich für geschickt hält. Ich wünsche nun schon hier zu bleiben. Indessen will ich doch lieber, dass mein Herr Kollege, der Dr. Jetzke, wieder gesund werden möge; für mich stehen noch hundert Wege offen, mein Glück zu machen. Wahrscheinlich aber wird er sterben, und dann bleibe ich gern hier, was auch jedermann wünscht. Mein Freund Muzel würde es nicht gern sehen, wenn ich nach Berlin zurückkehren und von seinem Vater abhängen sollte. Wo aber sonst hin? Das Schicksal wird mich ja doch endlich in Ruhe kommen lassen, und dann sollst Du mit Anton und Euren Freunden ein Jubelfest feiern." Ende August stand er in der Stadt mit dem Professor Weber Gevatter, und unterm 5. September schreibt er seinem Bruder Ludwig: „Mit meinem Aufenthalte allhier kann ich in aller Absicht zufrieden sein; Vornehme und Niedere bemühen sich, mir denselben angenehm zu machen. Seit sechs Wochen habe ich an dreissig Patienten mit hitzigen Fiebern gehabt und nicht einer ist mir gestorben. Alles geht mir nach Wunsch." „Aller Wahrscheinlichkeit nach werde ich in Spandau bleiben. Mein Herr Kollege Dr. Jetzke kommt in nächster Woche wieder zurück; allein seinen Briefen nach ebenso elend, als er wegreiste. Er nährt sich jetzt von Ammenmilch. Da er die wirkliche Schwindsucht hat, so ist keine Hoffnung zu einem langen Leben für ihn. Sollte er sterben, so glaube ich wohl, dass mich der Magistrat wählen wird. Die vielen Bitten, welche ich täglich höre, Spandau nicht zu verlassen, können unmöglich blosse Schmeicheleien sein. Ich weiss auch nicht, wenn ich die Wahrheit sagen soll, besonders Dir, lieber Bruder, ob sich die Spandauer nicht glücklich zu schätzen haben, wenn ich bei ihnen bleibe. Ich dagegen werde es aber auch für ein Glück erachten, ihr Physikus zu werden, und so wäre uns beiden geholfen. Es ist eine recht gute Lebensart unter den hiesigen Einwohnern; ich bin der einzige Doktor und — was allerdings sehr wichtig ist — nicht weit von Berlin. In der That ziehe ich Spandau allen Orten in den preussischen Landen vor."

An demselben Tage erhielt Heim die Nachricht von dem Tode des Dr. Jetzke. Er wurde jetzt vom Magistrate zum Physikus gewählt. Er schreibt darüber unterm 14. September 1776 an seinen Bruder Ludwig: „Was mich tröstet, ist, dass ich Kenntnisse genug zu besitzen glaube, um meinem wichtigen Amte mit Ehren vorzustehen. Es ist keine Kleinigkeit, was man hier im Preussischen von einem Physikus verlangt, zumal in der Nähe von Berlin, wo das Collegium medicum immer auf ihn acht hat. — Wenn die Vornehmen hier an mir etwas auszusetzen fänden, so würden sie sich gleich an die berlinischen Ärzte wenden; bin ich aber geschickt und in meinen Kuren glücklich, so kann ich selbst von Berlin Vorteil ziehen. Meine Laufbahn soll, glaube ich, mit Spandau nicht zu Ende sein."

Er schaffte sich ein rasches Pferd für 20 Friedrichsd'or an, das ihn in der Umgegend schnell umhertrug und oft so ermüdete, dass er seinen eigenen Worten nach „ging wie ein Mann von 60 Jahren". Er wurde überall in der Umgegend, selbst in Potsdam, Oranienburg und sogar in Berlin zu Rate gezogen. Auch die Mutter Alexanders von Humboldt behandelte er in Tegel und unterrichtete dabei den achtjährigen Alexander in der Pflanzenkunde.

Von Doktor Jetzke und von dessen Vorgängern waren nie Leichenöffnungen vorgenommen worden. Wenn Heim eine solche begehrte, wurde er in der ersten Zeit immer abgewiesen. Allmählich aber gelang es seiner Überredung, die Hinterbliebenen nachgiebig zu machen. Nun liess er gerne verständige und neugierige Männer zusehen, vorzüglich aber alte Frauen, von deren wiederholten und eindringenden Berichten über seine Entdeckungen er sich die erspriesslichsten Wirkungen versprach. Er sparte deshalb die Worte nicht, ihnen zu erläutern, wie heilsam seine aus dem Leichname geschöpfte Belehrung der Stadt und insonderheit den einzelnen Familien bei ähnlichen Krankheitserscheinungen werden könne. Bei Hochzeiten und Kindtaufen, zu denen er fast immer eingeladen wurde, wusste er jenes Kapitel weiter auszuspinnen. Bei solchen Gelegenheiten war er stets einer der Vergnügtesten und Ausgelassensten und im Interesse der Wissenschaft liess er es sich manchen Kuss an bejahrte Frauen kosten, zumal auch manche Jüngere mitunter an die Reihe kam. Aber auch die Männer wusste er durch Liebenswürdigkeit zu gewinnen.

Schon bald nach der Wahl zum Physikus gab er den Bürgern ein Freischiessen. Die Scheibe zeigte das Bild des Äskulap mit der Umschrift: „Sei den Bürgern in Spandau durch Heim günstig". Obgleich er sonst nie Bier zu trinken pflegte, so that er doch, wo es sich traf, seinen Mitbürgern mit dem Bierkruge freundlich Bescheid und rauchte manche Pfeife Tabak mit ihnen, trotzdem sie ihm den Mund wund biss. Nun kam selten mehr ein Fall vor, wo ihm eine Leichenöffnung abgeschlagen wurde. So erweiterte er in Spandau seine medizinischen Kenntnisse und Erfahrungen bedeutend.

Sehr vergnügt schreibt er am Neujahrstage 1777 seinem Bruder Ludwig: „Im vorigen Monat habe ich besondere Freude gehabt. Mit meinen Patienten ging es gut, besonders mit den Pockenkindern; und quod probe notandum, 120 Thaler habe ich von meinen Patienten eingenommen. Bei so bewandten Umständen, und so der Himmel Gesundheit giebt, kann es nicht fehlen, ich muss reich werden." Heiraten will er noch nicht. „Hier in Spandau", schreibt er, „sind ungefähr acht Mädchen, die ich heiraten könnte, und wovon eine jede gern meine Frau werden möchte. Indessen glaube ich mein Glück und meinen guten Ruf hier besser befestigen zu können, wenn ich mich noch ein bis zwei Jahre mit dem Heiraten gedulde. In jedem Hause, wo es ein Mädchen zu freien giebt, werde ich gelobt bald mit bald ohne Grund; indes trägt dies Lob immer zu meinem künftigen Glücke bei. Noch habe ich es nicht soweit gebracht, um über den Tadel anderer gleichgiltig zu sein. Von vielen aber, die mich jetzt himmelhoch erheben und mir alles zu Liebe thun, würde ich herabgesetzt werden, wenn ich nicht just diejenige heirate, auf welche sie für mich Rechnung gemacht haben. Reiche Mädchen giebt es hier nicht. In Berlin könnte ich reiche Mädchen finden, allein die hiesigen gefallen mir besser. Sie sind fromm, fleissig, geschickt, halten unter einander gute Freundschaft, sprechen von niemandem übel, sind nicht gelehrt, haben einen gesunden Körper und vollen Busen, sind mehr natürlich als künstlich erzogen, kurz Mädchen so recht nach meinem Sinn."

Seine Einnahmen mehren sich, aber er hat auch viel Ausgaben und er glaubt deshalb niemals ein reicher Mann zu werden, gewiss aber ein heiteres und vergnügtes Gemüt immer zu behalten. Er ist „vollkommen gesund und keine Ader thut ihm weh, ausser wenn er viel Wein trinkt, wozu sich nur zu oft Gelegenheit findet, und den er doch ganz meiden sollte. Aber wer hat Standhaftigkeit genug, altem Rheinweine zu widerstehen? Erst wenn er eine Frau hat und immer zu Hause isst, wird er das Weintrinken lassen. Bevor aber seine Zimmer nicht vollständig mit Möbeln versehen sind, und er 300 Rthlr. zurückgelegt hat, will er nicht heiraten. Seine Wirtin ist eine recht gute, brave Frau, die ihm manchen Gefallen thut, z. B. ihm Braten schickt, auch Knackwurst, Käse, Hamburger Rindfleisch, Austern und andere schöne Sachen, wenn sie dergleichen hat und weiss, dass der Doktor zu Hause ist. Da sie aber eine Frau ist, die mindestens 20 000 Thaler kommandiert, so kann er sie dafür, dass sie seinen Sperber, weil er sich auf ihr zum Trocknen aufgehangenes bestes Katunkamisol gesetzt hatte, erschlagen, bei den Gerichten nicht belangen, denn er würde Unrecht behalten, „da die hiesige Justiz nicht einen Schuss Pulver wert ist."

Am 20. August 1777 untersuchte er auf Veranlassung des Obersten von Kalkstein die Halswirbel des in der Nicolaikirche bestatteten Grafen Adam zu Schwarzenberg und stellte fest, dass der Graf nicht, wie man vorgab, enthauptet sein könne, da sämtliche Halswirbel unverletzt seien.

Am 14. April 1778 starb Heims Freund Muzel in Berlin. Der Vater desselben und viele Kranke, welche der Verstorbene behandelt hatte, verlangten nun Heim in Berlin zu haben. Er schwankte lange, ob er diesem Verlangen nachgeben solle.

Am 22. April 1778 schreibt er seinem Bruder Ludwig: „Nun fragt es sich, ob ich Spandau verlassen und nach Berlin gehen soll? worüber Du mir sobald als möglich, nachdem Du mit Anton gesprochen, Eure Meinung schreiben musst. Ich bin hier der einzige Doktor, habe mir bereits viele Liebe und Achtung erworben, werde für einen geschickten Arzt gehalten, es sind mir auch wirklich viele grosse Kuren gelungen, und ich weiss von keinem einzigen unglücklichen Fall. Hier kann ich ganz ungeniert leben, habe das Vergnügen viel auf dem Lande herumzureiten, ich bin mit den Einwohnern vollkommen zufrieden und lebe so glücklich, als ich es nur wünschen kann. Meine Ausgabe, nachdem ich mir sattsam Möbel angeschafft habe, ist gering, und meine Einnahme vermehrt sich mit jedem Monat; 1000 Thaler jährlich kann ich rechnen." Er bleibt aber in seinem lieben Spandau und bezieht, um die Mineralien und Pflanzen seines verstorbenen Freundes Muzel unterzubringen, die beste Wohnung in der Stadt, in welcher er sich sehr wohl befindet. Er bezahlt nur 40 Thaler Miete, weil der Eigentümer sein Patient ist, wird es dafür aber auch mit ihm billig machen. Vorläufig freut er sich, dass er noch nicht nach Berlin gegangen ist, hat aber die Absicht, dies zu thun, nicht aufgegeben.

Im Oktober 1778 ernannte Prinz Ferdinand, des Königs jüngerer Bruder, Heim zum Hofrat. Er verkehrt jetzt viel im Hause des Kaufmanns Mäker, und Mademoiselle Mäker wird in seinen Augen immer hübscher. Am 3. September 1779 verlobt er sich mit dieser Dame. Bald darauf erkrankte er aber sehr gefährlich. Erst zu Anfang des Jahres 1780 war er völlig wiederhergestellt. Am 27. März 1780 verheiratete er sich mit seiner Braut Charlotte Mäker.

Sein erster Sohn Johann Ludwig starb in zarter Kindheit. Das zweite Kind war eine Tochter. Die Aussicht auf eine zahlreiche Nachkommenschaft regte den Gedanken, nach Berlin zu ziehen, umsomehr wieder an, als bei der grössten Anstrengung in Spandau doch nie auf ein merklich höheres Einkommen zu rechnen war. Heim musste in manchem Monate 100 Meilen zu Pferde zurücklegen. Überdies war ihm der bei den wiederholten Viehseuchen vorkommende Schriftwechsel mit den vorgesetzten Behörden sehr lästig und verdriesslich. Er entschloss sich daher, sein Physikat aufzugeben. Mit Wehmut und unversiegbarem Dankgefühle verliess er am 1. April 1783 zum grossen Leidwesen der Bewohner Spandau, wo er sieben heitere Jahre zugebracht, in seiner Kunst vielfach sich gefördert, den Grund zu seinem ferneren Lebensglücke gelegt und so viele teure Freunde erworben hatte. In Berlin wurde er bald einer der gesuchtesten Ärzte.

1799 erhielt er den Titel „Geheimrat".

Heim war einer der edelsten Charaktere, ausgerüstet mit den vortrefflichsten Eigenschaften des Geistes und Herzens war er stets liebenswürdig und heiter. Der Eindruck seiner Persönlichkeit am Krankenbette war von unbeschreiblicher Wirkung. An allen neuen Erscheinungen der Wissenschaft nahm er bis ins höchste Alter hinein warmen lebendigen Anteil. Grössere litterarische Arbeiten erlaubte ihm seine praktische Thätigkeit nicht, dennoch verdienen die kleineren Aufsätze, die er in Zeitschriften veröffentlichte, noch heute Berücksichtigung. Von allen Ständen geachtet und geehrt starb „der alte Heim", ein Liebling der Berliner, am 15. September 1834.

VIII. Anhang.

VIII. Anhang.

1. Geschichte der Schützengilde.

Seit 1300 etwa entstehen in den deutschen Städten die Genossenschaften der Schützen oder die Schützengilden mit einer Gildeordnung, einem Schiesshause und jährlichen Schützenfesten. Mitglieder dieser Schützengilden waren nicht bloss die Grossbürger, die Patrizier, auch die Handwerker nahmen daran teil. Die Waffe war die Armbrust mit dem Stahlbogen. Bei den jährlichen Schützenfesten schoss man nach einem Vogel, und der, welcher den besten Schuss that, wurde zum Könige ernannt.

Auch Spandau scheint schon früh eine Schützengilde gehabt zu haben. Eine noch vorhandene[1]) Kämmereirechnung aus dem Jahre 1437 erwähnt, dass in diesem Jahre die Schützengilde wieder aufgerichtet worden sei. Der Rat habe den Schützen das eine Mal vier Schillinge, das andere Mal zwei Groschen zu Braten geschenkt. Das Schützenhaus lag damals vor dem heutigen Potsdamer Thore rechts der Strasse nach Potsdam. Der Schützenplatz erstreckte sich bis über den alten Garnisonkirchhof.

Also schon vor 1437 hat in Spandau eine Schützengilde bestanden, da dieselbe in diesem Jahre neu aufgerichtet wurde. Wann diese Gilde zuerst begründet wurde, ist jedoch nicht überliefert, wie überhaupt von der ganzen mittelalterlichen Thätigkeit der Spandauer Schützengilde keine näheren Nachrichten auf uns gekommen sind.

Erst das Jahr 1557 bringt ausführlichere Mitteilungen über die Schützengilde zu Spandau. Am 1. September 1567 liess Kurfürst Joachim II. von Brandenburg folgende Urkunde ausstellen:

---

[1]) Magistratsarchiv. Dilschmann, diplom. Gesch. d. Stadt u. Festung Spandau, Seite 87. Brief der Bürgerschaft an Kurfürst Friedrich III. vom 6. August 1700.

„Wier Joachim, von Gottes Gnaden, Markgraff zu Brandenburg, des Heiligen Römischen Reichs Erz-Kämmerer, und Churfürst zu Stettin, Pommern der Cassuben Wenden und zu Schlesien zu Crossen Herzog, Burg-Graf zu Nürnberg, und Fürst zu Rügen, Bekennen und thun Kund mit diesem Brieff vor Uns Unsern Erben und Nachkommen Allmäniglich.

Dass uns unsere Liebe Getreue die Gülden Brüder der Schützen Gülde zu unserer Stadt Spandow in Unterthänigkeit für bringen lassen, Dass sie sich zur Abwendung allerhand Unordnung, so bisher bey Zucht in den Gülden, ja zu Zeiten Vorgefallen Etzlichen Articul wie und welcher, Gestalt die Schützen-Gülde hinführo soll gehalten werden Vereinigt und Verglichen hätten Wie solche Art. hernach folgen.

Zum Ersten, Soll solche Schützen Gülde hinfürder alle Jahre, den Sonntag nach Bartolomäi gehalten, und alles was dazu Vonnöhten, durch die Zwey Güldemeister, und von diesen dazu bestellet werden.

Zum Andern, Sollen die Güldemeister, so dazu erkohren, neben den Könige, dasselbe gantze Jahr alle der Brüderschaft Nothdürftigen, Zu jhrer Einnahme und Ausgabe der Laden, und wass sonst mehr den Brüdern zuständig bestellen und Erklären, und nach Ausgang des Jahres bestehende Rechnung Vorthun.

Zum Dritten, Soll ein jeder Bürger oder Bürgers Sohn allhier zu Spandow, Auch unser Geschworene Hof Gesinde, so lust und Liebe zu solcher Brüderschaft hat, nach Entrichtung der Einkaufs-Gelder nehmlich Achtgroschen zu Einen Bruder, in diese Gülde aufgenommen werden.

Zum Vierten, Soll ein jeder Bruder dieser Gülden, der Gottes Nahmen lästert, Flucht, Schwört, oder andern anführen würde, alle wege in Einengroschen Verfallen sein.

Zum Fünften, Wenn die Brüder von den Güldemeister gefodert und Verbohten werden, und eine oder mehrere ohne Entschuldigung aussen geblieben, so oft er's über Tritt soll derselbe allewege Einen groschen zur Poen geben.

Zum Sechsten, Wenn die Gülde gehalten wird, soll ein jeder Bruder samt seiner Hauss-Frau in des Güldemeisters Hauss da sie die Zeit gehalten wird, Essen, und nach geschehener Rechnung für sich und seine Hausfrau Bezahlen, Da aber einer oder mehrere ohne bewust seiner Ehehälffte aussen bliebe und seine Haussfrau allein hingienge, Soll er gleichwohl von den Andern sein Antheil zu bezahlen schuldig sein, würden sie aber beyde aussen bleiben, soll die hälfte seines Antheils von Ihm genommen, und dagegen auf sein Ansuchen alle Tage so lange die Gülde gehalten wird ein halb Tübchen Bier in seiner Behausung gesandt werden.

Zum Siebendten, So sichs zu Trüge das Einer oder mehrere Gülden-Brüder Alters halber oder sonsten verhindert würden, das Er oder dieselben in der Gülde nicht Kommen Könte, und dennoch gerne bis an Ihr Ende in der Brüderschaft verharren wolle, dem oder dieselben, solle sogleich solange die Gülde währt oder erhalten wird, ein halb Tübchen Bier in seine oder Ihrer Behausung ohne Bezahlung auf Ihr Ansuchen gereicht und geschickt werden.

Zum Achten, So Einer oder mehrere einen Ehrlichen Gast laden wollt, soll er mächtig sein, doch das er die Mahlzeit und Wein (so die zeit getrunken wird) für Ihm bezahlt, das Bier aber soll zur gemeine bezahlung sein.

Zum Neundten, So ein Bruder oder seine Haussfrau um Elf Uhr gegen Mittag und auf den Abend um Sechs Uhr, in des Güldemeisters Hauss ohne Ehrhaften Entschuldigung zur Mahlzeit nicht da wäre, soll allewege Ein groschen zur Poen verfallen sein.

Zum Zehnden, Wenn man zum Vogel, schiessen will, es sei König oder Geld Vogell, So hat ein jeder Bruder den König bis unter der Stangen und wieder herein Begleiten, bey der Buss eines groschen.

Zum Elften, Soll der König, Welcher den Königs Vogel abgeschossen hat über unsere Befreuung und des Raths Hosen Tuch, ein Güldenen Ring zum Gulden Müntz wehrt gegeben werden, und Ihm auch das Kost und Bier Geld, (so ihm für sein Antheil die Zeit nach Ausgangs der Gülde gebühren würde) nachgelassen und damit frey gehalten werden. Davor aber soll Er der König, den Brüdern und ihren Hauss-Frauen Zwantzig Hühner, und auf Ihren Tisch ein Gerichte Fische und Krebse und ein halb Tübechen Landwein, oder in Mangelung des Weines, Eine Tonne Bernauer Bier, sonst nichts mehr geben.

Zum Zwölften, Obs sich zu trüge das ein Bruder den Königs-Vogell, Drey Jahr nach ein ander abschösse, der soll auch den Silber Vogel voreigen gewonnen haben, doch soll den Brüdern offen stehn denselbigen wiederum mit einer halben Mark Silbers, oder Vier Gulden in Müntze zu lassen und wieder an sich zu kaufen.

Zum Dreizehnten, Nachdem sich auch der Königs Gewin gebessert, so bessert sich auch der Silber-Vogel, nicht unbillig. Darum soll ein jeder so oft er König wird, den selben mit Silber oder mehr gefälliges (Doch das es unter einem Loth Silber nicht sei:) Zum Verbessern Verpflichtet sind, wo für soll Ihn, Wen man wieder nach den Königs Vogel Schiessen will, Zum aller Ersten einen Freien Schuss und nicht mehr vergönnet werden.

Zum Vierzehenden, Soll auch der Neue König den Silber Vogel, in alle Wege ehedenn man von der Stangen gehet verbürgen, desselben fleissig zu verwahren, das er nicht Verringert oder abhändig gemacht bey Einer Nahmhaften Summe Geldes.

Zum Fünffzehenden, Soll derselbe König den gedachten Silber Vogel nicht allein auf allen Ehrlichen Schiessen, den Brüdern zu Ehren, sondern so oft er in die Gülde geth, auch auf die Drey Feste, Als Weihnachten, Ostern, und Pfingsten, an Halse Tragen, so oft solches über Treten, soll er alle wegen Drey groschen den Brüdern entrichten.

Zum Sechzehenden, Soll auch kein Schütze so oft der Vogel abgeschossen wird, ehe dan die Stange Nieder gelassen und wieder auf gezogen wird, Bey der Buss Zwölf Pfennige in die Stadt gehen.

Zum Siebenzehenden, Soll man alle Brüder nach Ausgangs der Gülden zur Rechenschaft die an zu hören fodern, und nach gehaltener Rechenschaft soll ein jeder sein Antheil Geld als bald geben, Da aber einer oder mehrerer solches nicht Thun würden, soll ein jeder über Treter Viergroschen in die Lade verfallen sein.

Zum Achtzehenden, Ob sichs zu Trüge dass einer oder mehr unter den Brüdern zur Uneinigkeit kähmen, da durch sie etwa an Ihre Ehre, oder Glümff mit Worten angegriffen, oder Verletzt worden, dass sollen die Brüder Verhören, Beylegen, und ohne Ansehen zu strafen haben. Da sich aber einer oder mehrer Täthliche Gewalt vergreiffen würde, soll solches seiner gebührlichen Obrigkeit zu Strafen vorbehalten sein.

Zum Neinzehnten, So ein Bruder oder seine Hauss-Frau mit Tode nach den Willen Gottes abginge, Sollen die andern alle durch den gemeinen Diener der Gülden zu den Begräbniss gefodert werden. Da den jeder Bruder und seiner Hauss-Frau oder wenigsten eins von Ihnen erscheinen und mit zu Grabe gehen soll bey Poen Von Vier Pfenige, Er hätte denn eine Gewisse und Ehrhaft Entschuldigung, Zu dem sollen auch den Jenigen Brüdern, so die leich Träger nicht bestellen, und durch den Gemein Diener der Gülden leute dazu bestelt worden, dieselbe Leiche zu Tragen deren Sollen die Güldemeister aus der Lade lohnen.

Zum Zwandzigsten, Weil auch der Laden und der Brüderschaft Einahme gar geringe ist, soll hinführo ein jeder Bruder jährlichen nach Ausgang der Gülden, Zwei groschen geben, da mit man in bessern Vohr-rath kommen, und alle Nothdurft desto besser bestreiten möchte.

Zum Einunzwanzigsten, Sollen die Güldemeister mit allen fleiss solche dieser Ordnung Über treter, bey Vorgeschriebener Poen Straffen, Da aber dass von jhnen Verlassen, sollen sie die Güldemeister die Poen selber entrichten, Da aber einer oder mehrer durch Verwirckten weigern und dawieder setzen würde, das der Güldenmeister solches in der Güte, von jenen nicht Bringen noch erlangen könnte, Sollen solche Von wegen Muthwilligen, Ungehorsamis, der Gülde sich gar entschlagen, und auch nicht mehr dazu gelassen oder Verbohten werden.

Zum Letzten, Soll auch keiner der seine eigen Armbrust und Zubehöhr nicht bei einander hat, oder aber innerhalb eines Jahres Aufzeigen würde, in dieser Gülde oder Brüderschaft gelassen noch angenommen werden, hier nach sich allenthalben ein jeder habe zu richten.

Und was darauf Unter thänigst Fleisses angelangt und gebesten dass wir als der landesfürst, dieselben auch gnädiglichen billigene bestätigen und Confirniren wollen.

Was Wier dann zur Gnädigsten Fortsetzung und beförderung des gleichen ziemliche Übungen und Ritter Spielen, Da durch die leute von Müssig gehen und über mässigen Sauffen zum Theils abgehalten werden geneigt.

Als, haben vir Ob benandte Gülden Brüder ziemlicher Bitte nicht allein mit Gnaden geruhet, Und diese ihre Obgesagte Articel gnädiglichen bewilliget bestätiget und Confirmiret.

Sondern Sie Auch Weiter Begnadiget, Also das ein jeder der den Königs Vogel abschiessen würde, desselben Jahres des Schosses und der Bier Ziese V. Vier Gebrauen bier erlassen, und befreyt sein sollen.

Wir, Bewilligen bestätigen und Confirmiren Jetz gemeldte Artc. begnadigen auch den jenigen so den Königs Vogel abschiesst mit Erlassung und befreiung des Schosses und Bier Ziese wie jetz gemeldet, hiemit gegen Wörtlich zu Kraft dieses Briefes, und Befehlen darauf Unsern Einwohnern, der Landt-steuer und Bier Zinsen, das

„Sie hin fühder einen jeden der den Königs Vogel abschiessen würde,
„Derenthalbenen und Versprochenen, sondern Ihnen dieser unser Gnä-
„digen Befreyung, des Schosses und Ziese un Verhindert sollen ge-
„niessen lassen, Treulich und Ünveränderlich. Das zu ubkund, und
„gewisser Sicherheit haben wir, diesen unsern Brieff auss Unsern An-
„hangenden Insiegel Besiegeln lassen, der gegeben ist zum Behnitz,
„Donnerstags an Tage Egidi, Nach Christi unsers lieben Herrn und
„Seligmachers Gebuhrt"
Im Ein Tausendt, Fünff Hundert und sieben und funffzigsten Jahre.

L. S."[1]

Die Schützengilde hatte also in Spandau wahrscheinlich von 1437 an fortbestanden. Die Statuten derselben scheinen aber sehr mangelhaft gewesen zu sein. Dies mag mit der Zeit Veranlassung zu allerlei Streitigkeiten gegeben haben, die zuletzt unerträglich wurden und die Gildebrüder bestimmten neue Statuten zu entwerfen und dieselben dem Kurfürsten Joachim II. zur Bestätigung vorzulegen.

Um die Mitte des 16. Jahrhunderts begannen überhaupt die Schützengilden neu aufzuleben. Wie es scheint, hatte der Kurfürst Joachim II. grosses Interesse für die Hebung derselben.[2]

Im Jahre 1568 bewilligte Joachim II. der Schützengilde zu Spandau aus den kurfürstlichen Gefällen der Stadt „zehn Gulden" jährlich zur Anschaffung eines Ochsen für ein Freischiessen. Der Sohn und Nachfolger Joachims II., Kurfürst Johann Georg, bestätigte zu Pfingsten 1580 der Schützengilde zu Spandau die vom Vater erteilten Privilegien.

1588 wurde bestimmt, dass niemand schiessen dürfe, der nicht eine eigene Rüstung habe und Gildebruder sei.

1590 wurde das alte Schützenhaus erbaut vor dem Klosterthore rechts des Weges nach Potsdam. Es wurde 1639 wegen Verbesserung der Befestigung niedergerissen.

1593 wurde bestimmt, dass der Sohn eines Schützenbruders bei seinem Eintritte in die Gilde nur die Hälfte des gewöhnlichen Eintrittsgeldes zu zahlen habe.

1598 fiel das Königsschiessen wegen der herrschenden Pest aus.

1602 wurde eine Vogelstange vom Mühlenmeister George Schulz errichtet.

---

[1] Nach einer 1810 angefertigten und durch den damaligen Bürgermeister Kattfuss beglaubigten Abschrift des Originals aus den Akten der Schützengilde.
[2] Götze, Urkundl. Gesch. d. Stadt Stendal, S. 347 u. fg. Gustav Freytag, Bilder aus der deutschen Vergangenheit, 2, 298 u. fg. Förster, Die Schützengilden.

1607 wurde das Eintrittsgeld in die Gilde auf drei Thaler fest-gesetzt. Der silberne Vogel mit der Kette wurde verkauft und dafür eine goldene Kette angeschafft. Man nahm dazu 50 Thaler auf. König dieses Jahres war Bartholomaeus Westfal. Er trug zum ersten Male die goldene Kette. Diese erhielt jedes Jahr eine neue Schake, welche der König anfertigen lassen musste.

In den Jahren 1610 bis 1612 wurde der herrschenden Pest wegen keine Gilde und kein Königschiessen abgehalten. Darauf scheint die Gilde nach einem noch zu Ende des vorigen Jahrhunderts vorhandenen, jetzt aber verlorenen Verzeichnisse der Gildemeister und Könige der Schützengilde zu Spandau bis 1624 ihre Königsschiessen und Übungen regelmässig abgehalten, nach 1624 aber dieselben ganz eingestellt zu haben. Zuletzt löste sich infolge der Unruhen und Leiden des dreissig-jährigen Krieges die Schützengilde ganz auf. Bald nach Beendigung des Krieges im Jahre 1653 bat jedoch die Bürgerschaft Spandaus den Kurfürsten Friedrich Wilhelm um die Erlaubnis zur Wiederaufrichtung der Schützengilde. Unterm 15. Juni 1653 gab der Kurfürst die Er-laubnis, jedoch nur unter der Bedingung, dass die Schützen mit Musketen schössen. Die Gilde scheint aber entweder garnicht zustande oder wenig-stens nicht zu rechtem Gedeihen gekommen zu sein. Dies geht aus folgendem Schreiben hervor, welches die Bürgerschaft Spandaus unterm 6. August 1700 dem Kurfürsten Friedrich III. überreichte. Es lautet:

„Durchl. Grossm. Churf.
Gnädigster Herr.

Nachdem Ew. Churfl. Durchl. Vorfahr Churfürst Joachimus II. hochseel. Andenkens dieser Stadt der Gestalt affektioniret gewesen, die hiesige Bürgerschaft, welche damahls eine Shützengülde aufzurichten willens gewesen, nicht nur mit ein gewisses Privilegio, dessen Original datiret Egidi 1557 annoch vorhanden, darüber Versehen und darin stattliche Befreyung für die bestschiessende constituiret, sondern auch laut verschiedener Churfl. Verordnungen gnädigst verordnet, dass auss den churfl. hiesigen Gefällen jährlich 10 Thlr. zum Ochsenschiessen hergegeben worden, welches auch Churf. Johann George in Pfingsten 1580 gnädigst confirmiret hat, solches auch bis in anno 1624, nachher aber, vielleicht der eingefallenen Sterb- und Kriegszeiten halber nicht mehr continuiret worden. Jetzt aber, da die Bürgerschaft Gottlob an-wächset, viel junge Bürger vorhanden, welche zu dergleichen ehrlichen Übung Lust haben.

Dieselbe hergegen mehrerteils im Schiessen ungeübet, wie sich bei fürfallenden Ein- und Durchzügen mehr denn zuviel herfür gethan, welches doch bey begegnenden occasionem (welche Gott abwenden wolle) der Vestung und Stadt im Fall notwendiger Defension sehr nachtheilig und im gegentheil, wann solch Exercitium der Bürgerschaft verstattet würde, ziemlich vortheilhaft seyn könnte.

Ew. Churfl. Durchl. auch höchst rühmlich seyn würde, wann sie in die höchstl. löbl. Fusstapfen dero Vorfahren hineintreten und dieses honeste Exercitium, dadurch mancher vom Müssiggang und unordentlich Sauffen zurückhalten werden kann, hinwieder aufzurichten verstatten, wie dan aus Churfürstl. hoher Gnaden solches bereits andern Städten, so darüber niemahlen priveligirt auch so viel als Spandow nicht importiren wiederfahren ist.

Also bitten Ew. Churfürstl. Durchl. wir in tiefster Demuth und Unterthänigkeit, sie geruhen gnädigst bey dero Hochpr. General Krieges-Commissariat zu verordnen, dass zur Wiederaufrichtung des viel Jahr unterlassenen Königsschiessens auss den Accisegefällen ein gewisses zur Ergötzlichkeit der bestschiessenden gereicht werden möge. Wir sterben dafür

> Ew. Churfl. Durchl.
> Unterthänigst gehorsamste
> sämptl. Bürgerschaft in
> Spandow." [1]

Unterm 28. September 1700 erfolgte die Genehmigung des Kur-fürsten zur Wiederaufrichtung der Gilde. Er bewilligte derselben 25 Thaler jährlich aus den Accisegefällen der Stadt Spandau.

Es hatten sich 36 Bürger zur Gilde gemeldet. Diese verlangten vom Rate der Stadt die Auslieferung aller auf die Schützengilde bezüg-lichen Urkunden und Akten, um sich daraus über die Wiedereinrichtung des Scheibenschiessens zu unterrichten und ein Schützenhaus bauen lassen zu können. Der Rat verweigerte die Herausgabe der verlangten Schrift-stücke, und die Gilde sah sich daher genötigt durch ein Schreiben vom 29. März 1701 die Vermittelung des Königs Friedrich I. zu erbitten. Eine von diesem ernannte Kommission regelte die Angelegenheit und am 10. Juli 1702 fand das erste Königsschiessen statt. Es wurde König Johann Ernst Töpfer. Ihm wurde durch den königlichen Mühlenmeister Christian Siebert, zugleich Gildemeister der Schützengilde, und den Bürger und Schönfärber Tobias Becherer, der sich um Wiederaufrichtung der Gilde besonders verdient gemacht hatte, auf dem Schützenplatze die gol-dene Kette, im Werte von 189 Kronen, übergeben. Zum Gildemeister wurde Christian Siebert und zu Schützenmeistern Martin Sager und Erdmann gewählt. Der Schützenplatz war jetzt vor dem Oranienburger Thore an der Neuendorfer Strasse auf dem jetzigen Gossnerschen Zimmerplatze.

Die Gildeartikel bestimmten als Eintrittsgeld 2 Thaler 2 Groschen. Der, welcher am Königsschiessen teilnehmen wollte, ohne Gildebruder zu sein, zahlte 3 Thaler 3 Groschen und erhielt von dem königlichen Gnaden-gelde, falls er König wurde, nur den vierten Teil, auch die Freiheiten, die ein wirklicher Gildebruder als König genoss, erhielt er nicht, sondern diese wurden dem besten Schützen aus der Zahl der wirklichen Gildebrüder zu teil. Jeder König zahlte 2 Thaler in die Lade zur Unterhaltung des Schützenhauses. Er erhielt vom Rate Hosentuch und einen goldenen Ring, 2 Gulden wert, musste aber den Brüdern 10 Thaler zum besten geben.

---

[1] Original im Besitze der Schützengilde.

Im Jahre 1703 wurde Samuel Krüger König. Er erhielt, obwohl ihm eigentlich nur 7 ½ Thaler zustanden, von den königl. Gnadengeldern, welche 30 Thaler betrugen, 10 Thaler, „weil er bei der Einführung die Brüderschaft in seinem Hause honett traktieret".

In demselben Jahre wurde auch das neue Schützenhaus vollendet. Die Gilde hatte den Bau teils aus eigenen Mitteln, teils durch Aufnahme eines Kapitals von 400 Thalern bewerkstelligt. Um diese Schuld zu tilgen, bat die Gilde den König zu verstatten, dass in dem neuen Schützen-hause das Stadtbier und fremde Biere verschenkt werden dürften. Durch Verfügung vom 16. Februar 1704 genehmigte der König die Bitte der Gilde und befahl dem Magistrate sowie dem königl. Steuereinnehmer, die Gilde in dem Ausschanke nicht zu behindern.

Das neue Schützenhaus war ein sehr einfaches Gebäude und lag in der jetzigen Neuendorfer Strasse auf dem erwähnten Platze.

Im Jahre 1709 brachen in der Stadt und der Gilde Streitig-keiten über einige Bestimmungen der Gildeartikel aus. Man wandte sich um Entscheidung des Streites an den König. Dieser verfügte, „dass bei der dortigen Schützengilde es in allen Stücken ebenso, wie bei der in Unserer Residenz Berlin es introduciret, gehalten werden soll". Infolgedessen liess man sich die Artikel der Berliner Schützen-gilde mitteilen. Diese genoss nun auch die Freiheit von dem Ein-lagegelde, welches für die in dem Schützenhause zu verschenkenden Biere an den Magistrat der Stadt gezahlt werden musste. Die Span-dauer Schützengilde bat deshalb den König um Gewährung desselben Privilegiums. Durch königliche Verfügung vom 24. Januar 1711 wurde ihr dasselbe zugestanden und durch Reskript vom 17. Juni 1717 von neuem bestätigt.

Im Jahre 1711 that der Bürgermeister Cautius als Vertreter des Magistrats den Königsschuss. Sämtliche Gildemitglieder wurden auf Kosten der Kämmereikasse im Ratskeller bewirtet. Ausserdem liess der Magistrat zwei neue Schaken zur goldenen Kette im Werte von 6 ½ Thalern anfertigen. In diesem Jahre wurde auch eine Fahne angeschafft, die noch vorhanden ist.

Im Jahre 1734 wollte der Magistrat das Schützenhaus mit Ein-quartierung belegen. Die Gilde beschwerte sich hierüber beim damaligen Festungskommandanten Oberst Matthias von Gotschen. Dieser befahl dem Magistrate, von dem Schützenkruge weder Servis zu fordern noch denselben mit Einquartierung zu belegen, bis die Sache durch den königl. Kriegs- und Domänenrat Lütekens geregelt sei. Das Haus wurde von Einquartierung befreit.

1739 zählte die Schützengilde 94 Mitglieder.

Am 30. Juli 1740 bevollmächtigte die Schützengilde den Gilde-meister Thomas Moser und den Schützenbruder Jean Noé, dem neuen Könige Friedrich II. im Namen der Gilde die Erbhuldigung in Berlin zu leisten.

Unterm 8. Juli 1743 bewilligte König Friedrich II. der Schützen-gilde 25 Thaler als Prämie für das Königsschiessen mit der Bemerkung:

„Es soll aber gedachte Schützengilde dahin sehen, dass bei solchem Königsschiessen keine Excesse geschehen und alles ordentlich dabei zugehe". Diesem Wunsche des Königs kam man auch viele Jahre hindurch nach. Allmählich rissen aber verschiedene Missbräuche und Unordnungen ein, welche zu vielem Streite und vielen Widerwärtigkeiten Veranlassung gaben. Um dem ein Ende zu machen, beriet die Schützengilde neue Statuten, welche mit dem 19. März 1781 in Kraft traten. Der wesentliche Inhalt ist folgender:

1. Bei allen Zusammenkünften der Gilde soll sich jeder friedlich und einträchtig verhalten, keiner dem andern unhöflich begegnen noch sich berauschen bei 4 Groschen Strafe zur Lade und 6 Pfennigen zur Armenbüchse. Wer Schlägerei anfängt, zahlt 12 Groschen Strafe und 1 Groschen zur Armenbüchse. Im Wiederholungsfalle kann Ausstossung erfolgen.

2. Zu Pfingsten und Neujahr jeden Jahres wird Quartal gehalten. Wer ohne Entschuldigung fehlt, zahlt 2 Groschen Strafe in die Lade. Wer den Geldbeitrag mehrere Jahre schuldig bleibt, zahlt für jedes Jahr 4 Groschen Strafe. An die im Quartal gefassten Beschlüsse ist jeder gebunden.

3. Zu Pfingsten wird ein Lieutenant, ein Fähnrich und ein Fahnenjunker gewählt. Zu Neujahr wird der vorjährige erste Schützenmeister Gildemeister, der zweite Schützenmeister erster. Zweiter Schützenmeister wird der zu Pfingsten gewählte Lieutenant. Der von den jüngeren Brüdern gewählte Fahnenjunker soll im folgenden Jahre ohne Wahl Fähnrich werden. Fahnenjunker kann nur der werden, welcher 3 Jahre Mitglied der Gilde und jedes Jahr mit ausmarschiert ist. Wer noch nicht Gildemeister gewesen, darf bei Strafe der Ausstossung die Wahl zum zweiten Schützenmeister oder Lieutenant nicht ablehnen.

4. Der Gildemeister ladet am Ausmarschtage die Schützen durch Trommelschlag in sein Haus. Er giebt ihnen dort ein Frühstück nach Belieben, ebenso dem Tambour, dem Stadtmusikus und dem Scheibenträger. Dem Schützenkönige überreicht er einen Blumenkranz, und den Deputierten und Offizieren sendet er einen Blumenstrauss ins Haus. Er erhält dafür 5 Thaler 16 Groschen, muss aber ein Freischiessen geben und dazu einen Blumenkranz anfertigen lassen. Über das Frühstück des Gildemeisters darf keiner schelten, noch sich etwas für sein Geld in des Gildemeisters Haus holen lassen bei 12 Groschen Strafe in die Lade und 1 Groschen in die Armenbüchse.

5. Der Tag des Ausmarsches wird am Pfingstquartal festgesetzt. Der Gildemeister benachrichtigt dann den Krüger davon und ladet die Schützen in sein Haus oder wohin es ihm beliebt. Jeder muss, falls er nicht krank ist oder notwendig verreisen muss oder zu den zwölf Ältesten gehört, erscheinen bei 12 Groschen Strafe und Nichtzulassung zum Freischiessen für das erste, einen Thaler für das zweite und Ausstossung für das dritte Ausbleiben.

6. Um 12 Uhr tritt die Gilde vor dem Hause, in welchem sie versammelt, nach dem Gildealter in zwei Zügen an. Den ersten Zug führt der Gildemeister, den zweiten der Fähnrich; der Lieutenant schliesst. Die Fahne ist vor dem zweiten Zuge. So geordnet wird zum Hause des Schützenkönigs marschiert. Der König, geleitet von den beiden Schützenmeistern, dem alten Könige und dem alten Gildemeister, wird unter präsentiertem Gewehr in den Zug aufgenommen, und alsdann wird nach dem Schützenhause marschiert.

7. Vor dem Schützenhause wird in Front aufmarschiert und das Gewehr präsentiert, wobei der König mit seinen Begleitern in das Haus geht. Dann tritt der erste Zug ein, der zweite bringt die Fahne an ihren Ort und lässt die drei jüngsten Schützen zur Bewachung dabei. Die zwölf jüngsten Schützen bringen die Fahne am Abend weg und am nächsten Tage 12½ Uhr wieder zur Stelle bei 6 Groschen Strafe zur Lade und einen Groschen für die Armenbüchse.

8. Jeder Schütze hat am ersten Tage 6, am zweiten 2 Schuss nach der grossen Scheibe. Die Reihenfolge der Schützen wird durch den zweiten Schützenmeister festgestellt und muss bei Strafe innegehalten werden. Auch darf sich keiner, vordem er geschossen hat, zum Spiele begeben.

9. Bestimmungen über das weitere Schiessen nach Abgabe der acht Schüsse.

10. Bestimmungen über das Verhalten im Schiessstande.

11. Bestimmungen über das Laden der Büchse.

12. Es darf nur aus einer Büchse von jedem geschossen werden.

13. Ehe man zum Schiessen vortritt, soll die Büchse weder gespannt, noch Pulver aufgeschüttet werden.

14. Jeder soll eine eigene Büchse haben.

15. Es soll keiner dem andern an seinem Schiesszeuge schaden.

16. Bestimmungen über das Schiessen nach der Stechscheibe um den König und die drei Bechergewinne.

17. Bestimmungen darüber, wenn ein Eingeladener König wird.

18. Dem Gildebruder, welcher König wird, hängt man die goldene Kette um. Dann erhält er 25 Thaler und 1 Thaler 8 Groschen für das londische Hosentuch. Nach dem Einmarsche giebt er der Gilde eine Ergötzlichkeit, dann eine Schake zur Kette und ein Freischiessen. Ausserdem bewirtet er im folgenden Jahre den alten Schützenkönig, den alten Gildemeister und die beiden Schützenmeister am ersten Tage des Königsschiessens mittags und abends, am zweiten Tage mittags.

19. Der König muss sein Freischiessen innerhalb vier Wochen nach dem Königsschiessen, der Gildemeister sein Freischiessen innerhalb vier Wochen nach dem Königsfreischiessen veranstalten.

20. Jeder, König und Gildemeister, hat einen Blumenkranz zum Freischiessen zu liefern.

21. Beim Freischiessen hat jeder 4 Schuss nach den Bestimmungen, welche beim Königsschiessen gelten.

22. Der König, sowie der Gildemeister haben jeder bei seinem Freischiessen einen Schuss frei; vor dem ersten Schusse muss aber
von ihnen die Erklärung abgegeben werden, ob derselbe gelten
solle. Beim Gewinn-Stechschiessen sind die beiden jüngsten Schützen,
beim Ritter-Stechschiessen die beiden jüngsten Ritter an der Scheibe.

23. Ein Eingeladener, der beim Freischiessen einen Gewinn erhält, muss
dafür ein Freischiessen geben.

24. Nur Krankheit entschuldigt das Wegbleiben vom Freischiessen.
Schickt der Kranke seine Büchse, Pulver und Kugeln nach dem
Schützenhause, so lässt der Gildemeister drei Mann losen, welcher
von ihnen für den Kranken mit dessen Büchse schiessen solle.

25. Bestimmungen über die nicht abgeschossenen Gewinne.

26. Jeder Stecher oder Ritter muss auf den Teller für den Stadtmusikus,
sowie auf den für den Krüger mindestens einen Groschen legen.

27. Im Schiesshause darf keiner Pulver anzünden; ebenso darf keiner
ohne Wissen des Gildemeisters ausserhalb schiessen.

28. Das Geld aus der Armenbüchse und den vierten Teil des Geldes vom
Teller des Krügers bekommen die Armen.

29. Jeder, der zum Leichentragen befohlen, muss entweder in Person
erscheinen oder einen Stellvertreter schicken.

30. Beim Leichenbegängnis soll sich keiner berauschen oder Tabak
rauchen.

31. Der Krüger erhält für eine grosse Leiche 12 Groschen, für eine
kleine 8 Groschen.

·32. Damit nunmehr mit allem Ernst und unverbrüchlich auf vorstehende
Artikel gehalten, die Gilde bei ihrer gebührenden Autorität geschützet,
auch die festgesetzten Strafen im Übertretungsfalle beigetrieben
werden mögen, so wird ein jeder ehrliebender Schützengilde-Ver-
wandter hiermit zu Haltung dieser vorstehenden Artikel alles Ernstes
angemahnet und wollen hiermit noch ausdrücklich festsetzen,
„dass jeder Verbrecher, so hiernach zur Strafe condemnieret ist,
im Fall er sich das Festgesetzte zu geben weigern sollte, in
einer doppelten Strafe verfallen soll, und dass derjenige, so sich
wiederspenstig zur Bezahlung seiner verwirkten Strafe zeiget,
nach vorhergeschlener Requisition, durch gerichtliche Hülfe, wofür er
die Gebühren ausserdem bezahlen, dazu angehalten werden soll." [1]

1784 besass die Schützengilde ein Haus nebst Schiessplatz, belastet mit 400 Thalern Hypotheken und 100 Thalern Wechselschulden.
Es kamen davon 43 Thaler 12 Sgr. Pacht ein. Ausserdem war das
Grundstück befreit von Einquartierung,[2] Servis, Schoss und dem Einlage-
gelde für fremde Biere, die man aber nicht verschenkte.

Der König bezog 25 Thaler aus der königlichen Accisekasse und
1 Thaler 8 Gr. aus der Kämmereikasse (an Stelle des Hosentuches)[3]

---

[1] Original im Besitze der Schützengilde.
[2] Cf. oben. 1734,
[3] Akten der Schützengilde. Dilschmann a. a O.

Im Jahre 1776 gab der zum Stadtphysikus erwählte Dr. Heim der Gilde ein Freischiessen. Die von ihm gestiftete und noch erhaltene Scheibe zeigt das Bild des Äskulap mit der Umschrift: Sei den Bürgern in Spandau durch Heim günstig.

Nach dem Tode König Friedrich II. bat die Schützengilde seinen Nachfolger König Friedrich Wilhelm II. um Bestätigung ihrer Privilegien und Gewährung der 25 Thaler aus der Accisekasse. Es wurde ihr beides durch königl. Verfügung vom 6. Februar 1787 zugestanden.[1]

Beim Regierungsantritte Friedrich Wilhelm III. suchte die Schützengilde wiederum die Bestätigung ihrer Privilegien nach. Es wurde ihr geantwortet:

„Da die Schützengilde zu Spandau im Genusse des ihr erteilten Privilegii zur Haltung eines jährlichen Scheiben- und Vogel-Schiessens und der ihr bisher für den besten Schuss bewilligten Prämie von 25 Thalern so lange verbleiben wird, als solches mit der allgemeinen Wohlfahrt bestehen kann, so bedarf es auch der von ihr nachgesuchten besondern Bestätigung des gedachten Privilegii nicht und geben Seine Königliche Majestät von Preussen derselben solches auf ihre Eingabe vom 4. d. M. hierdurch zu erkennen.

Potsdam, den 8. Mai 1798.

Friedrich Wilhelm."[2]

1797 hatte die Gilde 54 Mitglieder. Von diesen waren zum Pfingstquartale am 2. Juni 37 versammelt. Man beriet über die Abschaffung des Aus- und Einmarsches und beschloss mit 32 gegen 5 Stimmen die Abschaffung. Im folgenden Jahre wurde dasselbe beschlossen und ausserdem die Aufhebung der grossen Schmausereien beim Gildemeister und Schützenkönige. Der König soll fortan nur den alten König, den alten und neuen Gildemeister und die beiden Schützenmeister speisen. Der Gildemeister bewirtet in Zukunft nur den Lieutenant, den Fähnrich und den Fahnenjunker mit einem Frühstück. Die übrigen Gildebrüder versammeln sich für die Folge um 12 Uhr vor dem Schiesshause. Um 12 1/2 Uhr erscheinen der Gildemeister und die Offiziere. Die Kompagnie ordnet sich und empfängt um 1 Uhr den König mit den herkömmlichen Honneurs.

Unterm 17. Mai 1799 genehmigte der Magistrat die Beschlüsse, welche die Gilde in den Versammlungen vom 24. August 1796, 2. Juni 1797, 14. und 25. Mai 1798 gefasst hatte. Die Genehmigungsurkunde beginnt: „Es gereicht der Schützengilde zum Lobe auf den guten Gedanken gekommen zu seyn, dass der Aus- und Einmarsch beim Königsschiessen abgeschafft, weil dadurch auch die dabey vorgefallenen Schmausungen und Geldversplitterungen aufgehoben, wodurch mancher gute Bürger, der sich das Beste seiner Wirtschaft und seiner Familie angelegen seyn lässt, sich aber gegen andere, die es haben ausführen können, nicht hat zurücksetzen wollen, in seiner Wirtschaft sehr zurückgekommen

---

[1] u. [2] Akten der Schützengilde.

welche Schmausereyen aber nach den königl. Gesetzen schlechterdings abgeschafft werden sollen." Nun folgen sechs Punkte, die genehmigt werden:

„1. Der Ein- und Ausmarsch beim Königsschiessen ist für immer abgeschafft.

2. Der König erhält, so lange der Landesherr dies nicht ändert, 25 Thaler aus der Accise- und 1 Thaler 8 Gr. aus der Kämmereikasse. Er bewirtet den alten König, den alten und neuen Gildemeister, die beiden Schützenmeister viermal, lässt eine Schake zur goldenen Kette machen, giebt ein Freischiessen, wird aber auf Kosten der Gilde zum Schiesshause gefahren.

3. Der Gildemeister bewirtet am ersten Tage des Königsschiessens den Lieutenant, Fähnrich und Fahnenjunker mit einem Frühstück und giebt ein Freischiessen.

4. Jeder, der aufgenommen werden will, muss ein Quartal vorher der Gilde vom Gildemeister vorgestellt werden. Das Eintrittsgeld beträgt 5 Thaler, der Beitrag zur Sterbekasse 2 Thaler.

5. Die chargierten Gildebrüder sind vom Leichentragen frei, dürfen aber auch nicht für Geld tragen.

6. Kein Bürger darf zum Freischiessen eingeladen werden."[1]

Unterm 26. Dezember 1799 wurde der Schützengilde durch den Magistrat bekannt gemacht, dass sie laut königlicher Kabinettsordre vom 22. Juli 1799 in Zukunft die Erlaubnis zum Scheibenschiessen nicht mehr unmittelbar vom Könige einzuholen brauche, sondern die Abhaltung desselben nur dem Kommandanten und dem Magistrate zu melden habe.[2]

Die Städteordnung vom 19. November 1808 erklärte im § 28: „Da eine Schützengilde in der Bürgerschaft zu den notwendigen Anstalten bei jeder Stadt gehört, so soll durch ein besonderes Reglement das Nähere darüber zur Achtung jedes Bürgers bestimmt werden." Dadurch wurden die Schützengilden zu verfassungsmässigen Instituten erhoben. Sie blieben es bis zum Erlass des Verfassungsabänderungsgesetzes vom 24. Mai 1853 und die Städteordnung vom 30. Mai 1853 that ihrer nicht mehr Erwähnung.

Bei der Belagerung Spandaus im Jahre 1813 wurden am 4. März die Gebäude auf dem Schützenplatze durch die Franzosen niedergebrannt. Am 27. März 1820 verkaufte die Schützengilde aussergerichtlich meistbietend den Platz an den Holzhändler Ludwig Schulze für 600 Thaler. Der gerichtliche Verkauf wurde am 7. August 1824 abgeschlossen. Der Käufer verpflichtete sich, auf dem Grundstücke nie eine Schankwirtschaft zu erbauen.[3]

Schon vor dem Verkaufe des Schützenplatzes hatte die Gilde am 19. Januar 1820 das Grundstück, welches ihr jetzt noch gehört, für 5000 Thaler von dem Gastwirt Noack gekauft. Die Gilde hatte damals 59 Mitglieder.[4]

Tags zuvor am 18. Januar 1820 hatte der Magistrat beschlossen, dass das Schützenhaus von Einquartierung frei sein solle.[5]

[1], [2], [3], [4] u. [5] Akten der Schützengilde.

Auf dem neu erworbenen Grundstücke befanden sich damals folgende Gebäude:

1. Das jetzige Wohnhaus.
2. Ein kleines Gebäude neben dem Wohnhause, welches 1859 niedergerissen worden ist und an der Stelle des jetzigen Einganges stand.
3. Eine Scheune, welche bis 1840 als Schiesshaus benutzt und dann niedergerissen wurde. An ihrer Stelle wurde das jetzige Schiesshaus erbaut.[1]

Unterm 13. April 1832 wurde ein neues Reglement für die Schützengilde zu Spandau vom Magistrat bestätigt.

Am 9. April 1833 wurde die von der Fürstin Liegnitz der Schützengilde geschenkte Fahne feierlichst überreicht und eingeweiht. Die Zeitungen brachten darüber unterm 10. April folgenden Bericht: „Der gestrige Tag war für die hiesige Schützengilde ein besonderer Festtag. Bei dem im vorigen Jahre stattgehabten Königsschiessen hatte der Bürger und Nagelschmiedemeister Gerlach das Glück, für die Frau Fürstin Liegnitz Durchlaucht den Königsschuss zu thun, wovon den Gildestatuten gemäss ehrerbietige Mitteilung gemacht worden war. Die Gilde wurde hierauf durch die Übersendung einer Fahne überrascht, die die erlauchte Fürstin ihr als Andenken verehrte. Zur feierlichen Übernahme und zur Feier der Begebenheit selbst war der gestrige Tag bestimmt. Nachdem die Gilde sich morgens um 11 Uhr bei ihrem Kapitän, dem Glasermeister Knackfuss, versammelt hatte, begab sie sich von da in feierlichem Zuge zum Schützenkönige und diesen in der Mitte nach dem Rathause und nahm daselbst die Fahne in Empfang. Hier schlossen sich der Gilde mehrere höhere Offiziere der Garnison, sowie der Magistrat an und begleiteten dieselbe bis zum Schützenhause, woselbst der Bürgermeister in einer Rede des Festes gedachte, der vielen der Gilde gewordenen Gnadenbezeügungen erwähnte und bezüglich auf das Stadtwappen, mit dem die hohe Fürstin die Fahne hatte verzieren lassen und das im Jahre 1334 die Stadt durch besondere Auszeichnung erworben, die Erwähnung anknüpfte, wie so viele Jahre auch seitdem vergangen seien, die Treue gegen das Fürstenhaus nie gewankt habe und Spandaus Bürger sich des Besitzes dieses Wappens, das ihre Vorfahren erworben, würdig gezeigt hätten. Freudig und mit herzensvoller Liebe und Dankbarkeit stimmte die Gilde mit den vielen Anwesenden, die dem Zuge gefolgt waren, in den Ausruf ein, festzuhalten an dem Herrscherhause, das Gott uns gab und das mit väterlicher Huld und Liebe die Völker regiert, die Preussens Scepter vereinigt. Ein dreimaliges Lebehoch wurde nicht nur aus dem Munde, sondern aus dem Herzen aller dem geliebten Könige und Herrn, dem Kronprinzen und dem ganzen königlichen Hause und der Frau Fürstin Liegnitz dargebracht, worauf der Bürgermeister noch den Wunsch aussprach, dass Eintracht und Bürgersinn stets in unserer Stadt herrschen, die Liebe unter einander nicht erkalten, ein jeder die Wohlfahrt des andern willig befördern und sich des Wohlergehens seiner Mitbürger freuen möge. An diese

---

[1] Akten der Schützengilde.

Feierlichkeit schloss sich ein Mittagsmahl an, bei dem die Gefühle der Anhänglichkeit und Liebe sich herzlich und innig aussprachen. Demnächst fand eine Schiessübung statt, und endigte ein Ball, an welchem ein grosser Teil der Bürgerschaft teilnahm, das wahrhafte Bürgerfest, bei dem Frohsinn und Eintracht herrschte. Die Fahne wird uns ein bleibendes Denkmal der Huld und Gnade der hochverehrten Fürstin sein, das Fest aber als Zeugnis bürgerlicher Eintracht in uns fortleben. Die Schützengilde."

Unterm 22. Mai 1848 stellte die Gilde die Statuten des Ehrengerichts fest, welche unterm 14. August 1848 vom Könige Friedrich Wilhelm IV. genehmigt wurden.[1]

Durch königliche Verfügung vom 4. September 1849 erhielt die Gilde Korporationsrechte, „soweit sie deren zur Erwerbung von Grundstücken und Kapitalien bedarf".[2]

Im Jahre 1853 wurde der Anbau am Schiesshause, die Halle und der Saal mit den Nebenzimmern, aufgeführt.[3]

Unterm 26. September 1855 erklärte der Magistrat, „dass er sich bei dem gegenwärtigen Mangel an Quartieren in der Stadt nicht dafür entschliessen könne, den Beschluss vom 18. Januar 1820 aufrecht zu erhalten und danach das Schützenhaus ferner mit Einquartierung zu verschonen, dass er vielmehr auf Vorschlag der Einquartierungs-Deputation bestimmt habe, das Grundstück fortan als Offiziersquartier zu katastrieren."[4]

Unterm 21. August 1857 reichte die Gilde ein Immediatgesuch an den König ein, „die der Gülde ertheilten Privilegien und die ihr für den besten Schuss bewilligte Prämie von 25 Thalern von neuem zu bestätigen". Unterm 31. Dezember 1859 wurde ihr durch die Minister des Innern und der Finanzen im Auftrage Sr. Königl. Hoheit des Regenten Prinzen von Preussen eröffnet, „dass zur Ertheilung der nachgesuchten Bestätigung umsoweniger Veranlassung vorliegt, als eine solche Bestätigung auch auf einen früheren ähnlichen Antrag der Gülde Allerhöchsten Orts durch Kabinetsordre vom 8. Mai 1798 abgelehnt worden ist und die damals der Gülde zu erkennen gegebenen Gründe auch gegenwärtig zutreffen. Insbesondere wollen wir dabei bemerken, dass die Fortzahlung der gedachten Prämie mit Rücksicht darauf, dass die Gülde in ihrer gedachten Immediateingabe erklärt, ein unentziehbares Recht auf die Prämie nicht behaupten zu wollen, im Sinne einer widerruflichen Gnadenbewilligung auch ferner und bis dahin erfolgen wird, dass die wirkliche Einziehung aller derartigen Schützengülden-Benefizien dereinst aus überwiegenden Gründen des öffentlichen Interesses erforderlich werden sollte".[5]

Am 10. November 1868 und 7. Januar 1869 wurden die Statuten der Gilde revidiert und in der jetzigen Form festgestellt.[6]

In der Generalversammlung vom 16. März 1876 beschloss die Gilde einen neuen Saal zu bauen. Am 5. Juli 1876 wurde das vom Garnisonbaumeister Schüssler eingereichte Bauprojekt genehmigt und die

---

[1], [2], [3], [4], [5] u. [6] Akten der Schützengilde.

Kosten bewilligt. Am 28. August 1876 fand die Grundsteinlegung und am 14. November 1877 die Einweihung des Saales statt.

Kurze Zeit darauf verkaufte die Gilde einen Teil des ihr gehörigen Grundstückes dem Militärfiskus. Es wird darauf das neue Garnison-lazarett erbaut.

Die Gilde hat jetzt ungefähr 150 Mitglieder.

Das Schützenfest findet in der Regel jährlich acht Tage nach Pfingsten statt und dauert acht Tage.

Die Gilde besitzt zwei Fahnen. Die eine, jetzt schon sehr zer-rissen, ist 1711 angeschafft worden, die andere ist ein Geschenk der Fürstin Liegnitz.

An Kleinodien besitzt die Gilde:

1. eine goldene Kette, zu der jeder König eine neue Schake stiften muss. Zur Zeit hat die Kette 272 Schaken; die älteste trägt die Jahres-zahl 1556;

2. einen silbernen Ring, welchen J. P. Rosenberg 1709 der Gilde ge-schenkt hat;

3. eine goldene Medaille, ein Geschenk des Prinzen Heinrich von Preussen aus dem Jahre 1726;

4. einen silbernen Becher, ein Geschenk des Prinzen Heinrich von Preussen aus dem Jahre 1789;

5. eine goldene und eine ebensolche silberne Medaille zum Andenken an die Vermühlung des Prinzen Friedrich Wilhelm Karl von Preussen mit der Prinzessin Amalia Marianna von Hessen am 12. Januar 1804;

6. einen silbernen Becher, ein Geschenk des Prinzen Wilhelm von Preussen aus dem Jahre 1823;

7. einen goldenen Adler mit Kette, ein Geschenk des Prinzen Friedrich Wilhelm Ludwig von Preussen aus dem Jahre 1826;

8. einen goldenen Adler, ein Geschenk des Prinzen Wilhelm von Preussen, als Knackfuss 1834 für ihn den Königsschuss gethan hatte. Er be-findet sich an der Kette;

9. einen goldenen Adler, Geschenk des Prinzen von Preussen, als Blankenfeld für ihn den Königsschuss gethan hatte;

10. eine goldene und eine silberne Medaille, von denen die eine Henkel, die andere Gericke als Auszeichnung beim Königsschiessen erhalten hatten;

11. einen silbernen Becher, Geschenk des Prinzen August von Preussen.

2. Die Kriegervereine.

Im Jahre 1836 bildete sich in Spandau der „Verein der Krieger von 1813/15". Ausser der Unterstützung ärmerer Kameraden, welche dem Vereine als Mitglieder nicht angehören konnten, hatte derselbe den Zweck, den Tag von La belle Alliance alljährlich feierlich zu begehen. Die Stammliste dieses Vereins weist 116 Mitglieder auf. Das letzte, der Rentier Bernhard, starb am 2. Mai 1881. Das Inventar des Vereins ging auf den am 16. Juni 1865 gestifteten „Kriegerverein" über, der im Jahre 1870 die letzten elf Mitglieder des älteren Kriegervereins als Ehrenmitglieder in sich aufgenommen hatte.

Der Tod eines ihrer Kameraden gab den in Spandau weilenden Kriegern des Feldzuges von 1864 Veranlassung, am 16. Juni 1865 einen neuen „Kriegerverein" zu stiften. Dies ist der noch jetzt bestehende Kriegerverein, der seit dem Feldzuge von 1870/71 stets über 200 Mitglieder gezählt hat. Seine Prinzipien sind: Treue gegen Kaiser und Reich und treue Kameradschaft bis in den Tod. Besondere politische Tendenzen will der Verein nicht verfolgen, Socialdemokraten und offenbare Reichsfeinde schliesst er jedoch seinem Prinzipe gemäss von der Mitgliedschaft aus. Jeder, der die Aufnahme begehrt, hat für sich und seine Frau einen makellosen Lebenswandel nachzuweisen. Im Jahre 1880 hat der Verein seine Statuten dahin geändert, dass Leute, welche bei der Truppe oder als Militärbeamte ehrenhaft gedient, auch wenn sie keinen Feldzug mitgemacht haben, als Mitglieder aufgenommen werden können. Dadurch soll der Bestand des Vereins bis in die fernsten Zeiten gesichert werden. Die kameradschaftliche Treue sucht der Verein äusserlich durch Unterstützung hilfsbedürftig werdender Kameraden und feierliche Bestattung gestorbener Kameraden und deren dahingeschiedener Frauen zu bethätigen. Eine besondere Bedeutung hat der Verein dadurch erlangt, dass aus seiner Mitte heraus die Vereinigung aller deutschen Kriegerverbände angebahnt worden ist. Von einem Mitgliede des Vereins, dem Polizeisekretär Brösske zu Spandau, wurde im Jahre 1872 in Gemeinschaft mit dem Generallieutenant z. D. Stockmarr zu Dessau und dem Buchhändler Horn zu Zittau „Der deutsche Kriegerbund" gestiftet und dadurch das Beispiel zur Gründung von „Krieger-Vereins-Verbänden" in allen deutschen Gauen gegeben, welche sich nach oft scharfen Bekämpfungen im Jahre 1881 zu einem einzigen Verbande unter dem Namen „Der deutsche Kriegerverband" vereinigten.

3. Juden.

Die Juden nahmen noch in jüngst vergangenen Zeiten, noch mehr aber während des Mittelalters eine ganz besondere Stellung ein. „Wenn die Juden", sagt Zimmermann, „schon im allgemeinen für das Mittelalter durch ihre wunderbare Stellung ein bedeutendes Interesse gewähren, so ist dies ganz besonders in der Mark Brandenburg der Fall; denn nirgends haben wohl ihre Schicksale rascher und wunderbarer gewechselt, als in diesen Gegenden. Geduldet, beschützt, erbeten, verwünscht, privilegiert, gemartert und verfolgt, von neuem reich und bedrückend, übt dies merkwürdige Volk einen bedeutenden Einfluss auf die Kultur unseres Landes aus."

Das Berliner Stadtbuch enthält einen interessanten Abschnitt über das Recht der Juden.[1] „Da die Juden", heisst es darin, „allein an den lebendigen Gott, den allmächtigen Schöpfer Himmels und der Erden und alles dessen, was darin ist, glauben und den alten Bund halten, aber Widersacher des neuen Bundes sind, indem sie Christus zu dem unschuldigen Tode an der Menschheit brachten, so ist es wunderbar, dass sie unter den Christen geduldet werden. Nun lehren die heiligen Lehren der Christenheit, dass man die Juden aus vier Gründen bei den Christenleuten leben lässt; erstens, weil die Christen von ihnen das alte Testament mit Zeugnissen von Christus haben; zweitens, weil Christus als Mensch aus jüdischem Geschlechte stammt, aus dem Geschlechte Jesse; drittens, weil die Juden vor dem jüngsten Gerichte bekehrt werden sollen; viertens, weil die Christen, so lange sie Juden sehen, das Gedächtnis seiner teuren Marter im Herzen tragen."

Der eigentliche Grund, weshalb man die Juden duldete, wird aber unter den vieren nicht genannt. Dieser lag in der Notwendigkeit Leute zu haben, welche Geldgeschäfte machten. Kanonische Gesetze verboten den Christen ausdrücklich Wechselgeschäfte und die Ausleihung von Geldern gegen Zinsen, die Juden dagegen waren durch religiöse Vorschriften nicht behindert, solche Geschäfte zu betreiben. Deshalb war den christlichen Kaufleuten und Gewerbetreibenden, überhaupt allen, die sich häufiger in der Lage befanden, Geld zu leihen, sehr daran gelegen, zu Juden ihre Zuflucht nehmen zu können. So finden wir denn jüdische Wechsler und Gelddarleiher sehr früh in den Marken. Unter dem Schutze des Landesherrn, an dessen Kammer sie jährlich ein gewisses Schutzgeld bezahlten, weshalb sie als markgräfliche Kammerknechte bezeichnet werden, betreiben sie Wechselgeschäfte und leihen Geld gegen Zinsen aus.

Schon im Jahre 1307 sind Juden in Spandau ansässig und Eigentümer von Häusern. In einer Urkunde aus diesem Jahre verbietet ihnen Markgraf Hermann Vieh zu schlachten, um es feil zu halten, sie hätten

[1] Fidicin, hist. dipl. Beiträge I. S. 149 fg.

denn ein eigen Haus in der Stadt; in diesem Falle sollen sie aber in
dem gemeinen Schlachthause schlachten und das Fleisch in eine Schlächter-
bude zum Verkauf bringen.[1])

1319 verbietet Herzog Rudolf von Sachsen als Vormund der
Markgräfin Agnes, Witwe Markgraf Waldemars, dass die Juden der Stadt
ungesetzmässige Zinsen nehmen, die schweren Pfennige von den leichten
sondern und selbst neue Pfennige schlagen.[2])

1324 überweist Herzog Rudolf den Bürgermeistern und Ratmannen
der Stadt den ihm zustehenden „jerlichen Zins und Schatzunge" seiner
Juden in Spandau auf zwei Jahre, dass sie denselben zur Befestigung
der Stadt verwenden.[3])

1349 überträgt Markgraf Ludwig dem Rate von Spandau den
Schutz der in der Stadt wohnenden oder sich vorübergehend darin auf-
haltenden Juden. Der Rat soll sie im Namen des Markgrafen gegen
jedes Unrecht schützen, bis anderes verfügt wird. Das Schutzgeld soll
aber fortan durch einen markgräflichen Beamten jährlich erhoben werden.[4])
Darnach scheint Spandau einer von den Orten gewesen zu sein,
der den Juden Ansiedelung und eine bleibende Freistatt gewährte.

Die Juden wohnten in der Jüdenstrasse, welche nach ihnen benannt ist. Sie hatten eine eigene Synagoge, die sogenannte Judenschule,
und einen besonderen Kirchhof, der Judenkiewer genannt; die Judenschule lag in der Gegend des Stadthofes, der Judenkiewer ausserhalb
der Stadt. Der letzte wird zuerst 1428 erwähnt. Für die Beerdigung
eines Juden nahm 1434 die Kämmerei 20 Pfennige ein. Auch die Juden
von Berlin liessen ihre Toten in Spandau bestatten und zahlten dafür
1436 ein Schock Groschen an die Kämmerei. 1439 schloss der Rat mit
ihnen wegen Aufbesserung des Kirchhofszaunes einen Vertrag.[5])

1480 genehmigte Markgraf Johann, dass der Rat auf dem Grundstücke, auf welchem vordem der Juden Häuser gestanden, vier neue
Häuser erbaue und dieselben den Juden, „so sie czu steten sind", für
einen jährlichen Mietszins von vier Schock märkisch vermiete.[6])

Um dieselbe Zeit vereignete Markgraf Johann der Stadt die
Judenschule, den Hof, das alte Judenhaus und den Stall dabei „zu rechtem
ewigen Eigentum". Er hatte vorher einen andern mit diesen Grundstücken beliehen. Der Rat machte jedoch sein Eigentumsrecht geltend.
In dem deshalb vor dem kurfürstlichen Hofgericht geführten Prozesse
wurde dem Rate das Eigentumsrecht zugesprochen unter der Bedingung,
dass er dem Inhaber 26 Gulden rheinisch zahle.[7])

1496 zahlten neun Juden in der Stadt Schatzung.

---

[1]) Schulze, Materialien, S. 643, nach einer andern nicht mehr vorhandenen Urkunde.
[2]) Riedel, cod. I. 11, 26.
[3]) Riedel, cod. I. 11, 28.
[4]) Riedel, cod. I. 11, 309.
[5]) Die vorstehenden Nachrichten entnahm Schulze den vorliegenden
Kämmereirechnungen.
[6]) Riedel. cod. I. 11, 118.
[7]) Riedel, cod. I. 11, 120.

Im Jahre 1510 verkaufte ein Kesselflicker oder Kesselführer aus Bernau, Paul Fromm, welcher eine vergoldete kupferne Monstranz mit zwei geweihten Hostien aus der Kirche des havelländischen Dorfes Knobloch gestohlen hatte, dem Juden Salomo in Spandau eine der Hostien. Dieser wurde beschuldigt die Hostie entweiht zu haben. Auf der Folter gestand er, dass er dieselbe in drei Stücke geteilt, eines davon für sich behalten und die beiden andern an Juden in Brandenburg und Stendal geschickt habe. Infolge dieses Geständnisses wurden sämtliche Juden in der Mark gefänglich eingezogen, aus vielen von ihnen durch die Folter die Selbstanklage erpresst, dass sie nicht nur mit der Hostie Mutwillen getrieben, indem sie dieselbe mit Messern und Pfriemen durchstachen, sondern auch am Passahfest Christenkinder geschlachtet und das Blut derselben genossen hätten. 38 Juden und ein Christ wurden deshalb am 14. Juli 1510 zu Berlin lebendig verbrannt, zwei andere, die zum Christentum übertraten, enthauptet, alle übrigen aber aus der Mark vertrieben.[1]

Der Judenkirchhof in Spandau wurde jetzt zu andern Zwecken benutzt und späterhin die Leichensteine desselben zum Festungsbau verwendet.

Der grosse Kurfürst öffnete den Juden wieder sein Land, indem er 1671 fünfzig Familien der aus Östreich vertriebenen Juden aufnahm. Bald mehrte sich die Zahl derselben.

Im Anfange des achtzehnten Jahrhunderts finden wir wieder eine Judenfamilie in der Stadt ansässig. Bis zum Jahre 1782 war die Anzahl der Judenfamilien auf acht gestiegen. Die Namen der Familienhäupter waren: Abraham Joseph, Levin Joseph, Wolf Joachim, Gabriel Abraham, Ephraim Levin, Ephraim Moses, Josef Abraham, Abraham Salomos Witwe. Diese acht Familien zählten 39 Mitglieder.

Dem General-Juden-Privileg vom 13. April 1750 gemäss wurden in den Jahren 1779, 1785 und 1791 in Spandau Generalversammlungen der Oberlandesältesten, der Ältesten der Berliner Judenschaft und der Deputierten sämtlicher Judenschaften aus allen Provinzen, ausgenommen Schlesien, Ostfriesland und Westpreussen, zur Verteilung der von den Juden aufzubringenden Abgaben abgehalten. Auch die kurmärkische Landjudenschaft mit Ausnahme der Berliner hielt ihre Hauptversammlung in Spandau ab.

Das Edikt vom 11. März 1812, betreffend die bürgerlichen Verhältnisse der Juden in dem preussischen Staate, bestimmte, dass die mit Generalprivilegien, Naturalisationspatenten, Schutzbriefen und Konzessionen versehenen Juden und deren Familien für Einländer und Staatsbürger zu achten seien, wenn sie fest bestimmte Familiennamen annähmen, im Geschäftsverkehre sich nur der deutschen oder einer andern lebenden Sprache bedienten und ihre Namensunterschrift nur in deutscher oder lateinischer Schrift gäben und ein von der königlichen Regierung ausgestelltes Zeugnis als Einländer aufzuweisen hätten.

---

[1] Haftitius, Microchron. March. bei Riedel, cod. IV. S. 83 fg. Pierson, preuss. Geschichte. I. 64 fg.

Es wurden ihnen als Einländer gleiche bürgerliche Rechte und Freiheiten mit den Christen, die Fähigkeit zur Verwaltung von akademischen Lehr- und Schulämtern und von Gemeindeämtern, sowie freie Niederlassung zugestanden. In Berlin sollte es bei dem den Juden angewiesenen besonderen Gerichtsstande verbleiben. Fremde Juden konnten auf Antrag der königlichen Regierung der Provinz, in welcher sie sich niederlassen wollten, mit Genehmigung des Ministers des Innern das preussische Staatsbürgerrecht erwerben.

In Spandau waren am 24. März 1812 nachstehende Juden ansässig, welche 1814 folgende Familiennamen führten:

24. März 1812.	1814.
1. Isaac Ephraim	Isaac Ephraim.
2. Abraham Joseph	Abraham Jausel.
3. Abraham Gabriel	Abraham Gabriel.
4. Abraham Gabriel Sohn	Abraham Gabriel Sohn.
5. Witwe Nathan Meyer geb. Täubchen Wolff	Täubchen Nathan.
6. Amalie Nathan	Amalie Nathan.
7. Rechel Nathan	Rechel Nathan.
8. Wulff Nathan	Wulff Nathan.
9. Sprinza Nathan	Philippine Nathan.
10. Isaac Joseph	Joseph Itzig.
11. Witwe Hanne Wulff geb. Joseph	Witwe Wulff.
12. Witwe Levin Joseph geb. Leib	Witwe Levin.
13. Marcus Levin	Marcus Levin.
14. David Levin	David Levin.
15. Moses Levin	Moses Levin.
16. Raphael Levin	Raphael Levin.
17. Rebecca Levin	Rebecca Levin.
18. Joseph Levin	Joseph Levin.
19. Heinemann Levin	Heinemann Levin.
20. Moses Ephraim	Moses Ephraim.

Das Gesetz vom 23. Juli 1847 über die Verhältnisse der Juden bestimmte:

„Zu einem unmittelbaren oder mittelbaren Staatsamte, sowie zu einem Kommunalamte kann ein Jude nur dann zugelassen werden, wenn damit die Ausübung einer richterlichen, polizeilichen oder exekutiven Gewalt nicht verbunden ist. Als Privatdozenten, ausserordentliche und ordentliche Professoren können Juden an Universitäten in den medizinischen, mathematischen, naturwissenschaftlichen, geographischen und sprachwissenschaftlichen Lehrfächern, soweit die Statuten der Universität nicht entgegenstehen, zugelassen werden, vom Senate, Dekanate, Prorektorate und Rektorate sind sie ausgeschlossen. Die Ausübung ständischer Rechte, der Patronatsrechte, der Gerichtsbarkeit und Polizei ist ihnen nicht gestattet. Der Gewerbebetrieb ist ihnen freigegeben, soweit damit nicht eine exekutive oder polizeiliche Gewalt verbunden ist. Sie müssen feste Familiennamen annehmen und die Buchführung in der Landessprache führen. Zur Niederlassung ausländischer Juden bedarf es vor Erteilung der Naturalisationsurkunde der Genehmigung des Ministers des Innern."

Das norddeutsche Bundes-Gesetz, betreffend die Gleichberechtigung der Konfessionen in bürgerlicher und staatsbürgerlicher Beziehung vom 3. Juli 1869, gab auch den Juden volle staatsbürgerliche Rechte. Sein einziger Paragraph lautete:

„Alle noch bestehenden, aus der Verschiedenheit des religiösen Bekenntnisses hergeleiteten Beschränkungen der bürgerlichen und staatsbürgerlichen Rechte werden hierdurch aufgehoben. Insbesondere soll die Befähigung zur Teilnahme an der Gemeinde- und Landesvertretung und zur Bekleidung öffentlicher Ämter vom religiösen Bekenntnisse unabhängig sein."

Am 1. Dezember 1880 zählte Spandau 165 Juden unter seinen Einwohnern. Zur jüdischen Gemeinde gehören 139 Seelen.

4. Übersicht der städtischen Stiftungen und Wohlthätigkeitsvereine.

Übersicht der in der Stadt bestehenden Stiftungen, welche Eigentum der Stadtgemeinde sind:

1. Das Lynarsche Stipendium, gestiftet Sonntag nach Andreas 1596 durch Testament des Grafen Rochus Guerini zu Lynar zur Unterstützung zweier Spandauer Bürgersöhne, oder in Ermangelung solcher, zweier anderer Studenten während der Universitätszeit. Kapital 1575 Thaler.

2. Das Neumeistersche Stipendium, gestiftet im siebzehnten Jahrhundert durch den Bürgermeister Georg Neumeister zur Unterstützung eines Spandauer Bürgersohnes während der Universitätszeit. Kapital 650 Thaler.

3. Das Joachimsche Stipendium, gestiftet durch Testament des Kaufmanns Friedrich Joachim vom 18. Oktober 1796 zur Unterstützung aus Spandau gebürtiger Studenten. Kapital 4800 Thaler.

4. Das Mardersche Stipendium, gestiftet durch Testament des Kunstgärtners Marder vom 26. Januar 1795 und Kodizill vom 28. September 1798 zur Unterstützung aus Spandau gebürtiger Studenten. Kapital 2050 Thaler.

5. Die Fröhnersche Annenstiftung, gestiftet durch den Kaufmann Fröhner am 28. August 1821, um einen rechtlichen und bedürftigen Bürger

am Geburtstage des jeweiligen Königs mit den Zinsen des Kapitals von 75 Thalern zu beschenken.

6. Das Göschkesche Stipendium, gestiftet durch Testament der verwitweten Justizamtmann Göschke vom 5. Mai 1828 zur Unterstützung Spandauer Stadtkinder, welche studieren event. sich einer Kunst oder einem Handwerke gewidmet haben. Kapital 1750 Thaler.

7. Die Reformationsstiftung, gestiftet durch königliche Kabinettsordre vom 30. Oktober und 3. Dezember 1839. Zum Andenken an die am 1. November 1839 im Beisein Sr. Majestät des Königs Friedrich Wilhelm III. in der städtischen Nicolaikirche abgehaltene Feier des 300jährigen Jubelfestes der Reformation werden alljährlich am 1. November würdige und bedürftige Bürger und Bürgerwitwen aus den Zinsen des Fonds mit Geldbeträgen bis zu 10 Thalern unterstützt. Kapital 1150 Thaler.

8. Fonds zur Fortbildungsschule, gestiftet von dem aufgelösten Verein zur Hebung der sittlichen und wirtschaftlichen Zustände am 2. Februar 1849. Kapital 220 Thaler.

9. Rüppelsche Schulstiftung, gestiftet von dem Rentier Ludwig Rüppel am 18. März 1852 zur Prämiierung fleissiger Schüler des Gymnasiums. Kapital 100 Thaler.

10. Das Friedrich-Wilhelm-Victoria-Bürgerhospital, gestiftet am 6. August 1858 vom Magistrate, um armen und ehrbaren Bürgern Wohnung oder fortlaufende Unterstützung zu gewähren.

11. Das Reinickesche Gymnasialstipendium, gestiftet am 15. Juni 1863 durch Testament des Partikuliers Fr. Wilh. Reinicke. Fleissige und sittliche Söhne unbemittelter, dem Handwerker- oder Arbeiterstande angehöriger Eltern sollen, wenn sie nach zurückgelegtem 14. Lebensjahre das Gymnasium weiter besuchen und die Hoffnung gewähren, in 2 Jahren Prima zu erreichen, eine jährliche Unterstützung von 40 bis 60 Thalern erhalten.

12. Die Reinickesche Armenstiftung, gestiftet durch Testament des Partikuliers F. W. Reinicke vom 15. Juni 1863 zur Beschaffung von Kleidungsstücken für einen verschämten Armen.

13. Die Kisssche Schulstiftung, gestiftet von dem Rentier Wilhelm Kiss am 31. März 1864 zur Unterstützung würdiger und bedürftiger Schüler des Gymnasiums mit Büchern. Kapital 200 Thaler.

14. Die Paprothsche Schulstiftung, gestiftet von dem Kaufmann Theodor Paproth am 22. August 1868 zur Beschenkung eines bedürftigen und würdigen Schülers der Bürgerschule mit einem nützlichen Buche. Kapital 50 Thaler.

15. Die Grunewaldt-Rüppel-Stiftung, gestiftet durch Testament der verwitweten Rüppel geb. Grunewald vom 16. Mai 1871 und 15. April 1878, welche das Friedrich-Wilhelm-Victoria-Hospital zum Erben ihres Nachlasses einsetzte.

Die Stadt besitzt ein Krankenhaus und ein Armenhaus zur Aufnahme und Verpflegung hilfsbedürftig gewordener ortsangehöriger Personen.

Übersicht der Stiftungen und Anstalten der Stadt, welche
als selbständige pia corpora Rechtssubjekte für sich bilden
und ganz oder teilweise unter der Verwaltung des Magistrats
stehen:

1. Das Heilige-Geist-Hospital gewährt bedürftigen ehrbaren Mitgliedern
   der Nicolai-Kirchengemeinde, welche in Spandau wohnen, freie
   Wohnung resp. monatliche Unterstützung auf Lebenszeit. Patron:
   Magistrat und Oberprediger zu St. Nicolai. Stiftungsurkunde nicht
   vorhanden, besteht aber seit 1244.[1]

2. Wohlthätigkeitsstiftung für Einwohner der Stadt und Vorstädte
   Spandaus. Gestiftet am 31. Dezember 1857, um Einwohner der
   Stadt und Vorstädte Spandaus, die sich unverschuldet durch Un-
   glücksfälle, Krankheit, zahlreiche Familie u. s. w. in bedrängter
   Lage befinden, durch unverzinsliche Darlehne unter dem Beding der
   Rückzahlung in festzustellenden Terminen und Raten zu unterstützen.
   Kuratorium: je ein Mitglied des Magistrats, des Ministeriums von
   St. Nicolai und der Stadtverordnetenversammlung.

Übersicht der in der Stadt bestehenden Stiftungen und Anstalten, welche als selbständige pia corpora Rechtssubjekte
für sich bilden und unter der Verwaltung von besonderen
Kuratorien und Vorständen stehen, bei welchen der
Magistrat als solcher nicht beteiligt:

1. von Schwendysche Garnison-Schul- und Armenstiftung, gestiftet von
   dem General von Schwendy 1718 zur Gewährung des Schulgeldes
   für arme und bedürftige Kinder aktiver Militärpersonen und Unterstützung armer Soldatenwitwen. Kuratorium: der Kommandant, der
   Garnisonprediger und der Garnison-Verwaltungs-Inspektor. Kapital
   44700 Mark.

2. Die Klein-Kinder-Bewahr-Anstalt, gestiftet am 12. Februar 1844.

Wohlthätigkeitsvereine:

1. Krankenpflegeverein.
2. Verein gegen Hausbettelei.
3. Zweigverein des vaterländischen Frauenvereins.

---

[1] S. S. 192 fg.

Annalen.

seinen jungen Schwager Johann aus demselben, um ihn in seine Obhut zu nehmen.

1309 Markgraf Waldemar gestattet den Spandauern, sich alle drei Jahre neue Schöppen zu wählen.

1313 Erste urkundliche Erwähnung der Kalandsbrüderschaft auf der Heide.

1317 Markgraf Johann, der letzte Spross aus der stendalschen oder ottonischen Linie der Askanier, stirbt auf dem Schlosse Spandow.

— Markgraf Waldemar sichert den Bürgern den ausschliesslichen Gerichtsstand vor dem Stadtschulzen zu.

— 30. November Erneuerung der wegen einer Teuerung aufgelösten Bäckergilde durch den Rat.

1319 Erste urkundliche Erwähnung des vor dem Schlosse gelegenen Kietzes.

— Erbauung der Stadtmauer.

— Die Handhabung der gesamten Rechtspflege innerhalb der Grenzen des städtischen Weichbildes wird dem Stadtschulzen und dem städtischen Schöffengerichte zugesprochen.

— Die Kleinbürger erhalten mit den Grossbürgern gleiches Recht zur Getreideausfuhr.

— Bei der jährlichen Münzwechselung sollen 16 alte Pfennige für einen neuen Schilling gegeben werden und 28 Schilling 4 Pfennige neu an Gewicht einer Mark gleich sein.

— Kein Stück Vieh, welches Bürger einem Bauern in Pflege gegeben haben, darf für Pachtschulden des Bauern verpfändet werden.

— Kein Jude soll mehr als 10 Prozent jährlich nehmen, und niemand soll die leichten Pfennige von den schweren sondern.

1321 Spandau vereinigt sich mit den Städten der Mittelmark, des Landes Lebus und der Niederlausitz treu zum Herzog Rudolf von Sachsen zu halten und schliesst mit ihnen einen Rechtsschutzverein.

1322 Erste urkundliche Erwähnung des St. Georgenhospitals bei Spandau.

1323 Errichtung eines neuen Altars in der städtischen Pfarrkirche.

— Erneuerung des 1321 geschlossenen Rechtsschutzvereins.

1324 Die Stadt huldigt dem Markgrafen Ludwig von Baiern, nachdem sie ihrer Verpflichtungen gegen die Markgräfin Agnes, Witwe Waldemars des Grossen, entbunden ist.

— Markgraf Ludwig überweist der Stadt das Schutzgeld der in derselben wohnenden Juden auf zwei Jahre, dass sie es zur Befestigung verwende.

1329 Markgraf Ludwig schenkt der Stadt einen Hof auf dem Behnitz.

1330 Erste Erwähnung einer städtischen Schule.

— Stiftung des Altars der Jungfrau Maria in der Nikolaikirche durch den Rat.

1335 Erste Erwähnung der Schlosskapelle und des Marienaltars in derselben.

1342 Die Ratmannen von Spandau mit den Ratmannen von Berlin und Kölln vergleichen „uppe dem rathhuse zwischen Berlin und

Colne" die Städte Alt- und Neu-Brandenburg wegen der Jahr-
märkte.

1342   6. Dezember. Die Stände der Vogtei Spandau vereinbaren die
Einsetzung eines besonderen Gerichtes in Berlin zur Aburteilung
der Fehdesachen.

1348   Erneuerung der 1329 von Markgraf Ludwig gemachten Schenkung
des Hofes auf dem Behnitz durch Markgraf Waldemar (den Falschen),
indem er einen dabei gelegenen Berg damit vereinigt und dem
Rate Ober- und Untergericht auf dem Behnitz zuerkennt.

1349   6. April. Markgraf Waldemar ist mit seinen Anhängern und
den Abgeordneten von 36 Städten der Altmark, Priegnitz, Mittelmark und Uckermark in Spandau zu einem Landtage versammelt.

—   25. Juli. Städteversammlung in Spandau. Die Ratmannen der
Städte Arnswalde, Friedeberg und Landsberg leisten den Städten
der Altmark, Priegnitz, Mittelmark und Uckermark Bürgschaft,
dass die Wittelsbacher ihnen nichts entgelten lassen werden.

—   12. Oktober. Spandau söhnt sich mit den Wittelsbachern aus.

1350   Spandau frägt durch Abgeordnete bei König Karl IV. in Nürnberg an, ob es Recht gethan habe mit seinem Anschlusse an die
Wittelsbacher. Der König genehmigt denselben.

1351   2. Juli. Markgraf Ludwig der Römer schliesst mit den Städten
Berlin und Kölln zu Spandau einen Waffenstillstand ab.

1352   Gründung des Altars Johannis des Täufers, Johannis des Evangelisten und der heiligen Katharina in der Nicolaikirche durch
die Kalandsbrüder des Barnim.

1354   Erste urkundliche Erwähnung des Stresow.

1356   Der Zoll in Spandau wird der Stadt Berlin zugesprochen.

1358   Vereinigung der Kalandsbrüderschaften des barnimschen und des
Kotzebandschen Distriktes als „Kalandsbrüderschaft des Distriktes
Spandow".

1369   Gründung des Berlin-Frankfurter Münzziesers (Münzvereins).

1373   1. September. Spandau huldigt den Luxemburgern.

1386   Erste Erwähnung der Stadtthore.

—   Die innere Stadt zählt 169 Häuser und 17 Buden, der Stresow
29 Wohnhäuser.

1390   9. Juni. Die Städte Alt- und Neu-Brandenburg, Berlin, Kölln,
Frankfurt a/Oder, Müncheberg, Drossen, Straussberg, Landsberg,
Mittenwalde, Neustadt-Eberswalde, Bernau, Spandau, Nauen,
Brietzen und Belitz schliessen ein Schutzbündnis.

1393   Erneuerung des 1390 abgeschlossenen Bündnisses.

1394   Schutzbündnis zwischen den Städten Brandenburg, Rathenow, Nauen,
Spandau, Berlin und Kölln, zu Spandau geschlossen.

1398   8. Sept. Aufstellung des bronzenen Taufbeckens·in der Nicolaikirche.

1400   Juli. Dietrich von Quitzow und die Grafen von Lindow vor Spandau.

1402   10. November. Die Spandauer in der Heeresfolge des Herzogs
Johann von Mecklenburg, damaligen Hauptmannes und Verwesers
der Mark, nehmen Dietrich von Quitzow gefangen.

1402   25. November. Markgraf Jost in Spandau. Entlassung Dietrichs
        von Quitzow aus der Haft.
1412   8. Juli. Spandau huldigt dem Burggrafen Friedrich VI. von
        Nürnberg als einem Verweser der Mark.
1429   Die Spandauer Mannschaft zieht gegen die Hussiten unter ihrem
        Hauptmann Matern Wartenberg zu Felde nach Müncheberg und
        Trebbin,
1431   gen Frankfurt a/O.,
1432   nach Kremmen und Bernau.
—   Stiftung des Altars „corporis Christi und St. Bartholomaei" in
        der Nicolaikirche durch die Knochenhauer.
1433   Brand des Dorfes Staaken.
1434   Abbruch des alten Kophuses und Bau eines neuen Rathauses an
        seiner Stelle.
—   28. Oktober. Einigung der Städte Alt- und Neu-Brandenburg,
        Berlin und Kölln, Frankfurt a/O., Brietzen, Spandau, Bernau,
        Neustadt, Straussberg, Drossen, Reppen, Wrietzen, Mittenwalde,
        Nauen, Rathenow, Belitz, Potsdam gegen die westfälischen Vehm-
        gerichte.
1436   Bau der Kirche in Staaken.
1437   Wiederaufrichtung der Schützengilde.
1448   4. Mai. Die Ratmannen von Spandau lehnen die Unterstützung
        der Städte Berlin und Kölln gegen Kurfürst Friedrich II. ab.
—   25. Mai. Schiedsgericht in Spandau zur Beilegung des Streites
        zwischen dem Kurfürsten Friedrich II. und den Städten Berlin
        und Kölln.
—   September. Kurfürst Friedrich nimmt die Unterwerfung der
        lehnspflichtigen Bürger von Berlin und Kölln auf dem Schlosse
        zu Spandau entgegen.
um
1460   Bau der Moritzkirche.
1467   Bau des Turmes von St. Nicolai.
1471   Juli. Die Stadt huldigt dem Markgrafen Albrecht Achilles.
1477   Die Spandauer Mannschaft zieht unter ihrem Hauptmann Benedikt
        Sasse gen Krossen a/O.
1481   Die Stadt erwirbt das Recht der Abschosserhebung.
1488   Verordnung wegen der Bürgersprachen.
—   Einführung der Bierciese.
1493   Erwerbung der „grauen Mönchszelle" in der Jüdenstrasse.
1509   Anlage von Weinbergen am gatowschen Wege.
1510   Vertreibung der Juden.
1512   Errichtung eines neuen Marienaltars in der Nicolaikirche.
1520   Die Bürger von Treuenbrietzen haben auf den Märkten „im Stehen
        oder sonst im Gehen" vor den Spandauern den Vorrang.
1521   Erweiterung des kurfürstlichen Schlosses durch neue Gebäude und
        Einrichtung einer Sägemühle.
1522   Beginn des Wallbaues.
1526   Dem Richter und den Schöffen werden gewisse Sporteln zugestanden.

1530	Die Stadt stellt 24 Gewappnete zu einem Zuge, den der Kronprinz Joachim nach Stendal unternimmt, um einen daselbst entstandenen Aufruhr zu dämpfen.
1535	Philipp Melanchthon in Spandau.
1536	30. April. Die Stadt huldigt dem Kurfürsten Joachim V.
1537	1. August. Der Nicolaikirchturm wird vom Blitze getroffen.
—	Die verwitwete Kurfürstin Elisabeth wohnt auf Schloss Spandow.
1538	Der Rat kauft das Dorf Paaren a/Wublitz.
—	Erster lutherischer Prediger angestellt.
1539	Pfandweise Erwerbung des städtischen Schulzenamts durch den Rat.
—	Erwerbung zweier Teile des Dorfes Pankow.
—	1. November. Kurfürst Joachim II. nimmt mit seiner Familie, dem Hofstaate, den Landständen und vielem Volke in der Nicolaikirche aus den Händen des Bischofs Matthias von Jagow das Abendmahl nach lutherischer Form.
1541	Erste Kirchenvisitation. Reformation des Klosters.
1542	Abbruch der St. Georgenkapelle.
—	Kaspar von Klitzing, Verweser des reformierten Klosters.
1545	Einrichtung der Moritzkirche zu einem Kornhause.
1548	Erwerbung des dritten Teils vom Stadtgericht.
1549	Die Ratmannen bekommen ein gewisses Gehalt.
—	Der Rat verliert das Jagdrecht auf der Stadt Grund und Boden, nur der Vogelfang verbleibt ihm.
1551	Pfandweise Erwerbung des Obergerichts durch den Rat.
1555	Kurfürstin Elisabeth verlässt das Schloss und stirbt in Berlin.
1557	1. September. Gründung der Schützengilde.
1558	Einrichtung des Klosteramtes Spandau
—	Bau einer neuen Orgel in der Nicolaikirche.
1559	Landtag auf Schloss Spandow. Bewilligung von Geldern zum Bau einer Festung um das Schloss.
1560	Vollendung der Orgel in der Nicolaikirche.
—	Einverleibung der Pfarre von Staaken in die Stadtkirche.
—	Beginn des Baues der Festung.
—	Umsiedelung der Kietzer und Dämmer.
1562	Franz Chiramella de Gandino, Leiter des Festungsbaues.
1564	Die Stadt zählt 270 grosse und 170 kleine Feuerstellen.
1566	Bau eines neuen Schulhauses.
1567	Feststellung der Grenzen der Stadtheide.
—	8. August. Lustgefecht zwischen den Bürgern von Spandau und denen von Berlin und Kölln.
1569	Verlegung des Dammes, Eröffnung des neuen oder Berliner Thores.
1571	29. Mai. Die Stadt huldigt dem Kurfürsten Johann Georg.
—	Anna Sydow, die Maitresse Kurfürst Joachims II., als Gefangene auf der Festung.
1573	Eröffnung des Gertraudenkirchhofes.
1574	Rückgabe des Obergerichtes an den Kurfürsten und des Dorfes Pankow an die Blankenfelde.

1574	Verlust der Zollfreiheit.
1576	7. Mai. Der Nicolaikirchturm vom Blitze getroffen.
—	September. Zweite Kirchenvisitation.
—	Pest.
1578	Graf Rochus Guerini zu Lynar, Leiter des Festungsbaues.
—	Anlage einer Pulvermühle am Mühlenthore.
1580	5. Januar. Die Festung erhält die erste Besatzung.
1581	Eingang einer Bürgermeisterstelle.
—	Bau des gräflich Lynarschen Schlosses in der Kloster-, jetzigen Potsdamer Strasse.
1582	Errichtung des Altars in der Nicolaikirche durch den Grafen zu Lynar.
—	21. August. Feststellung des Stadtgerichtsbezirkes.
1594	Wundererscheinungen. Besessene.
1596	Tod des Grafen Rochus zu Lynar, Stiftung des Lynarschen Legates.
1598	Die Stadt huldigt durch Abgeordnete dem Kurfürsten Joachim Friedrich in Brandenburg.
1600	Juni. Dritte Kirchenvisitation.
1602	Bestätigung der Ratswahlen seitens des Landesherrn beansprucht.
1606	Pfandweise Erwerbung des Stadtgerichts auf 20 Jahre.
1607	23. August. Bürgermeister Westfal wohnt als Vertreter der Stadt der Einweihung der Kirche und des Gymnasiums in Joachimsthal bei.
1609	3. April. Die Stadt huldigt dem Kurfürsten Johann Sigismund.
1610	Stadtverordnete.
1611 1612	Pest. Eröffnung des Moritzkirchhofes.
1617	Abbruch der Pulvermühle.
1619	Pest.
—	Die Stadt huldigt dem Kurfürsten Georg Wilhelm.
1620	13. Mai. Brand der Jüdenstrasse.
1622	Aufruhr in der Stadt.
1626	Abbruch des verfallenen Klosters.
—	Beginn der Stadtbefestigung.
1628	Richteramt einem Ratsherrn übertragen.
—	Földerich-Stiftung.
—	Pest.
1630	Pest.
—	Abbruch des Mühlenturmes.
1631	6. Mai. Die Schweden besetzen Stadt und Festung Spandau.
—	König Gustav Adolf anwesend.
—	Pest.
1632	5. Dezember. Die Leiche des Königs Gustav Adolf passiert die Stadt.
1634	Die Schweden verlassen Spandau.
1635	Pest.
1636	Bau einer Pulvermühle im Osten der Festung.
1637	Pest.
—	Graf Adam zu Schwarzenberg in Spandau.

1638 Die Befestigung der Stadt wird energisch gefördert und deshalb viele Gebäude vor den Thoren und auf dem Stresow abgebrochen, darunter die Hospitäler und Kapellen des heiligen Geistes und St. Gertraud.

— Pest.

1639 Graf Adam zu Schwarzenberg flüchtet nach Spandau.

1641 4. Mai. Tod des Grafen Adam zu Schwarzenberg auf der Festung.

— Schliessung des Heidethores und Bau des Neuen oder Oranienburger Thores.

1643 17. März. Die Stadt huldigt dem Kurfürsten Friedrich Wilhelm.

1653 Die Stadt zählt nur noch 238 Häuser.

1656 Ausbau der Moritzkirche.

1657 Einweihung der Moritzkirche.

1658 7. November. Brand der Ratsschäferei.

1662 Der Rat erwirbt eine Schneidemühle am Klosterthore.

1663 Die Pulvermühle bei der Festung fliegt in die Luft.

1666 Einrichtung eines reformierten Gottesdienstes durch den Kommandanten, Obristen du Plessis Gonret.

1669 Bau der reformierten Kirche und Schule.

1672 Vollendung des Baues der Stadtbefestigung.

— Anlage der Ratsziegelei auf dem ehemaligen Lynarschen Weinberge vor dem Klosterthore, jetzt „Ziegelhof".

1675 4. Juni. Die Schweden vor Spandau. Brand der Oranienburger Vorstadt.

1685 Französische Refugiés gründen in Spandau eine eigene reformierte Gemeinde.

1686 Das gräflich Lynarsche Schloss wird vom Kurfürsten angekauft und zum Manufakturhause, aber

1687 zu einem Zucht- und Spinnhause eingerichtet.

— Verlegung der Scheunen aus der Stadt vor die Thore.

1688 14. Juni. Die Stadt huldigt dem Kurfürsten Friedrich III.

— Schusteraufstand.

— September. Ankunft von 156 aus Piemont vertriebenen Waldensern.

1690 Erster Senator supernumerarius.

1691 31. August. Explosion auf der Festung.

1697 Der nicht regierende Bürgermeister verwaltet fortan stets das Richteramt.

1700 Wiedereinrichtung der Schützengilde.

1701 18. Januar. Feier der Krönung Königs Friedrich I. durch Gottesdienst und Illumination.

1706 Vereinigung des Richteramtes auf dem Behnitz mit dem Stadtrichteramte.

1708 Einrichtung des Kirchhofes vor dem Potsdamer Thore.

1709 Einrichtung einer Kapelle auf der Festung.

— Verkauf der Schneidemühle am Klosterthor an das königl. Proviantamt und Umwandelung derselben in eine Mahl- und Lohmühle.

1712 März. Vierte Kirchenvisitation.
1713 24. April. Die Stadt huldigt in Berlin dem Könige Friedrich Wilhelm I. durch Abgeordnete.
1718 Ernennung eines ständigen Richters.
1720 Aufhebung der Ratswechselung.
1722 Ständiger Bürgermeister.
  —   Ausbau der Nicolaikirche im Innern.
  —   Anlage der Gewehrfabrik auf dem Plan.
1723 Zusammenfassung der beiden Kollegien des Magistrats und Gerichts in einen Magistrat „zur Administration sämtlicher Polizei-, Justiz- und Stadtgemeinde-Sachen".
  —   Einrichtung einer katholischen Kirche auf dem Plan.
1724 Verlegung des Weges nach Berlin.
1731 14. Mai. Brand des Klostervorwerks und mehrerer Gehöfte des Stresow.
  —   Abbruch des Turmes auf dem Klosterthore.
1732 Durchzug von 6190 salzburgischen Emigranten.
1734 Einrichtung einer neuen Orgel für die Nicolaikirche.
1737 Anlage der beiden Pulvermagazine am Neuendorfer Wege.
1738 Einrichtung eines Hauses der jetzigen Potsdamer Strasse (Amtsgerichtsgebäudes) zur Wohnung für den Chef und Kommandeur der Garnison.
1739 Abbruch eines Teiles der Mauer des Nicolaikirchhofes.
1740 25. Juni. Brand des Nicolaikirchturmes.
  —   3. August. Huldigung König Friedrichs II. zu Berlin.
1742 Prinz August Wilhelm von Preussen, Kommandeur der Garnison.
1745 Armierung der Stadt.
  —   Aufhören des Weinbaues, da die Weinstöcke erfroren.
1746 Ansiedlung von Kolonisten auf dem Eiswerder.
1747 Auf Veranlassung des Prinzen August Wilhelm erhielten die Stadtthore ihre jetzigen Namen.
1749 Verpachtung der baufälligen Ratsziegelscheune.
1750 Abbruch der Mauer um den Nicolaikirchhof.
  —   Neubau der reformierten Kirche.
1751 Vererbpachtung des Valentinswerders.
1753 König Friedrich II. lässt bei der Stadt ein grosses Lager aufschlagen, das sich vom Kietz über die hohen Weinberge bis zur sogenannten Esplanade jenseits Gatow erstreckt.
1757 September. Flucht der Minister und der königlichen Familie von Berlin nach Spandau, um sich vor den unter Haddick anrückenden Östreichern zu sichern.
1760 Oktober. Russische Kosaken streifen bis in die Nähe der Stadt.
1764 Der regierende Bürgermeister wird Justizbürgermeister.
1766 Bau der Kaserne am Moritzkirchhofe.
1768 Bau einer Kaserne in der Breiten Strasse.
1769 Das Wohnhaus für den Chef der Garnison wird auf Wunsch des Prinzen Heinrich durch einen Anbau erweitert (Palais des Prinzen Heinrich).

1772 Eröffnung des Kirchhofes in der Schönwalder Strasse.

1774 Einwohnerzahl: Stadt   3589
             Citadelle 162
             Plan   193
                    3944.

1776 Dr. Ernst Ludwig Heim, Stadtphysikus.

1779 Civileinwohner 3714
Militärpersonen 2242
             5956.

Wohnhäuser 477
Scheunen   86.

1782 Civileinwohner 3214, darunter 39 Juden
Militärpersonen 2230
Amtseinwohner   685
           6129.

1783 Dr. Heim verlässt Spandau.

— Organisation des städtischen Armenwesens, Anstellung eines Bettelvogtes.

— Die reformierte Kirche erhält eine Orgel.

1784 Aus- und Neubau städtischer Wohnhäuser.

— Erbauung eines Lazarettes an der Mauer zwischen der Moritzstrasse und den Hirtenhäusern.

— Einwohner: Stadt und Vorstädte 3212
            Citadelle   139
            Zuchthaus   263
            Plan   163
            Klosterhof   177 ⎫
            Vorwerk Plan   53 ⎪
            Damm   70 ⎪
            Kietz und Burgwall 222 ⎬ Amtsunterthanen.
            Pichelsdorf   134 ⎪
            Pichelswerder   19 ⎪
            Eis- u. Valentinswerder 8 ⎪
            Saatwinkel   11 ⎪
            Rubleben   13 ⎭
              Civil-Einwohner 4484

                  Garnison 1207 Mann
                         416 Frauen
                         561 Kinder
                          22 Diener
                        2206
              Im ganzen 6690

· Häuser in der Stadt 482 bürgerliche Wohnhäuser (16 massiv, 411 Ziegeldach, 71 Strohdach)
                    85 Scheunen vor den Thoren

Kiez und Burgwall   27
Pichelsdorf   14
Pichelswerder   5
Valentinswerder   1
Eiswerder   1
Saatwinkel   2

1785 Vermessung der Stadtheide und Einteilung derselben in Schläge.
1787 Vereinigung der Regiments- und Garnisonschule.
—   Einwohnerzahl: Stadt   3904
                      Amt   737
                      Garnison   2883
                      ───────
                                 7524.

1790 Einrichtung einer Journaliere zur Verbindung mit Berlin. Morgens
      und abends um 7 Uhr geht von beiden Orten je ein Wagen ab.
—   Der Turm von St. Nicolai erhält einen Blitzableiter.
—   Einwohnerzahl: Stadt   3896
                      Amt   770
                      Garnison   2787
                      ───────
                                 7453.

      Lutherische Familien 675
      Reformierte   „   87
      Katholische   „   4
      Juden   38

      Vieh: Pferde   208 ⎫
            Bullen und Ochsen 95 ⎪
            Kühe   350 ⎬ ohne das Amtsvieh.
            Schafe   700 ⎪
            Schweine   488 ⎭

      Häuser: Stresow-Viertel   85
              Berliner Viertel   98
              Heide-Viertel   108
              Kloster-Viertel   67
              Krumme Gärten   13
              Hohe Weinberge   7
              Stresow   45
              Oranienburger Vorstadt   61
              Klosterfreiheit   7
              Damm   7
                              ───────
                                      498 (20 massiv, 413 Ziegeldach).

1792 Sonntagsschule.
1796 Garnisonkirchhof wird an seine jetzige Stelle in der Potsdamer
      Vorstadt verlegt.
1801 Verkauf des Kommandeurhauses oder Prinz Heinrichschen Palais
      in der Potsdamer Strasse an den Gastwirt Godduhn.
1802 Einwohnerzahl: 4790 Seelen.
1805 Teilweiser Umbau des Zuchthauses.
1806 25. Oktober. Die Franzosen besetzen Stadt und Citadelle.
—   27. Oktober. Kaiser Napoleon I. besichtigt die Stadtbefesti-
      gung und die Citadelle.
1808 3. Dezember. Die Franzosen verlassen die Stadt.
—   11. Dezember. Ankunft der Preussen.
—   19. November. Erlass der Städteordnung.
1809 Einwohnerzahl: 4334 Seelen. Einteilung der Stadt in sechs Be-
      zirke: Kloster-, Heide-, Markt-, Berliner-, Stresow- und Oranien-
      burger Bezirk.
—   9. März. Wahl der Stadtverordneten.

1809   12. März.   Erste Sitzung der Stadtverordneten und Wahl des Magistrats.

—   3. August.   Auflösung des alten und feierliche Einführung und Vereidigung des neuen Magistrats. Einsetzung des königlichen Stadtgerichts.

1810   Einwohnerzahl: 4305 Seelen.

1811   Befestigung des Stresow.

—   Einwohnerzahl: 4471 Seelen.

1812   Im März erhält die Stadt wiederum eine stehende französische Garnison.

—   Einwohnerzahl: 4497 Seelen.

1813   Belagerung der Stadt durch Russen und Preussen,   27. April Übergabe.

—   Einwohnerzahl; 4145 Seelen.

1814   Retablissement.

—   Einwohnerzahl: 4303 Seelen.

1815   Wahl des Bürgermeisters Daberkow.

1816   18. Januar.   Friedensfeier.

—   1. März.   Einrichtung einer Personenpost zwischen Berlin und Spandau.

—   1. April.   Neueinrichtung des städtischen Schulwesens.

—   27. April.   Enthüllung des Denkmals auf dem Heinrichsplatze.

—   13. Juli.   Brand der grossen Mühle und der kleinen Weizenmühle an der Schleuse.

—   1. Oktober.   Einführung einer neuen Nachtwächterordnung.

—   27. Oktober macht das vom Engländer Humphreys bei Pichelsdorf erbaute Dampfboot die erste Probefahrt auf der Havel.

—   Die Kietzer erhalten neue Wohnsitze auf dem Tiefwerder und bauen sich daselbst an.

—   Einwohnerzahl: 4750 Seelen.

1817   1. April.   Beginn des Abbruches des alten Rathauses.

—   31. Oktober.   Feier des Reformationsfestes.

—   Im November Einrichtung des Geheimen Brand-Raketen-Laboratoriums auf der Citadelle.

—   Einwohnerzahl: 4750 Seelen.

1818   16. Januar.   Grosser Sturm.

—   23. Mai.   Säkularfeier der Garnisonschule.

—   3. August.   Feierliche Einweihung des neuen Rathauses.

—   7. August.   Erste Magistratssitzung im neuen Rathause.
Einwohnerzahl: 4742 Seelen.

1819   April. Neubau des Offizianten- und Schulhauses am Joachimsplatze.

—   Juni.   Reparatur des Kirchturmes.   In den Knopf werden Nachrichten über die Geschichte der Stadt (1744—1819) gelegt, dazu auch die vorgefundenen alten Nachrichten aus 1744.

—   Der König erteilt die Erlaubnis, dass das Andenken an die Belagerung von 1813 alljährlich am 27. April durch einen Abendgottesdienst gefeiert werde.

1819   25. Juli. Einweihung der Orgel und des Altars in der Kirche
       zu Staaken.
—   1. August. Brand des Schützenhauses.
—   Einwohnerzahl: 4832 Seelen.
1820   7. April. Ermordung des Zuchthaus-Oberinspektors Luft durch
       einen Sträfling.
—   Einwohnerzahl: 4921 Seelen.
1821   21. Juli. Wahl des Bürgermeisters Fröhner. Regulierung des
       städtischen Finanzwesens durch Einsetzung einer Stadtschulden-
       Tilgungskommission.
—   Bau der Chaussee von Charlottenburg nach Spandau.
—   Einwohnerzahl: 5056 Seelen.
1822   Beginn der Neupflasterung der Strassen in der Stadt.
—   Einführung eines neuen Lehrplanes für die städtischen Knaben-
       schulen.
-      Einwohnerzahl: 5078 Seelen.
—   17. November. Feier des fünfundzwanzigjährigen Regierungs-
       jubiläums Sr. Majestät des Königs Friedrich Wilhelm III.
1823   Beendigung der Separation mit dem Kämmereidorfe Staaken; der
       Stadt bleiben die gutsherrlichen Rechte vorbehalten.
—   1. September. Neueinrichtung des städtischen Armenwesens.
—   21. November. Wahl der Wahlmänner für den Provinzial-
       Landtag.
—   27. November. Zum Empfange der jungen Gemahlin des Kron-
       prinzen, Elisabeth Ludowika von Baiern, entsendet Spandau den
       Bürgermeister Fröhner nach Treuenbrietzen. Derselbe überreicht
       der Kronprinzessin eine goldene Medaille, 50 Dukaten wert, und
       eine silberne Medaille. Beide von gleicher Prägung zeigen auf der
       einen Seite das Stadtwappen mit der Inschrift: „Spandows treue
       Bürger", auf der andern die Inschrift: „Zum ehrfurchtsvollen Em-
       pfange ihrer Kronprinzessin Elisabeth Ludowika am 27ten No-
       vember 1823".
—   Einwohnerzahl: 5233 Seelen.
1824   24. Januar. Der Bürgermeister Fröhner wird zum Abgeord-
       neten für den Provinzial-Landtag erwählt.
—   4. April. Einführung der neuen Kirchenagende in der Johannis-
       Kirche.
—   8. August. Brand der Mahlmühle am Hohen Steinwege.
—   Geradelegung der Feldstrasse und des Weges nach Seeburg.
—   Beendigung des Neubaues des in der Jüdenstrasse gelegenen Teils
       der Strafanstalt.
—   Einwohnerzahl: 5319 Seelen.
1825   Neubau des in der Moritzstrasse gelegenen Flügels der Strafanstalt.
—   11. Mai: Aufstellung eines Planes zur Errichtung eines Kom-
       munal-Hilfs-Fonds für die Stadt Spandau. Es wird dazu die der
       Stadt zugekommene Kapitals-Vergütung für Leistungen in den
       Kriegsjahren 1806/8 im Betrage von 25190 Thalern als eiserner

Bestand verwendet, aus dessen Zinsen den einzelnen Kommunal-
kassen im Notfalle Unterstützungen gezahlt werden sollen.

1825 11. Mai. Aufstellung eines Planes zur Tilgung der Kriegsschuld
der Stadt Spandau, im Betrage von 46010 Thlrn. 26 Sgr. 3 Pf.

— 27. November. Einführung der neuen Kirchenagende in der
Nicolaikirche.

— Einwohnerzahl: 5367 Seelen.

1826 30. Januar schenkt der König der Stadt das in der Nicolaikirche befindliche Bild, darstellend die Entführung des Petrus
aus dem Gefängnisse.

— In der Nacht vom 4. zum 5. Juni brennt die Mühle an der
Schleuse nieder.

— 19. Juni. Das 2. Bataillon des Garde-Reserve-Landwehr-
Infanterie-Regiments bezieht Garnison in der Stadt.

— Bau einer Badeanstalt in der Oranienburger Vorstadt.

— Einwohnerzahl: 5481 Seelen.

1827 24. August. Wiederwahl des Bürgermeisters Fröhner zum Abgeordneten für den Provinzial-Landtag.

— Vollendung des Umbaues der Strafanstalt.

— Anlage einer Birkenanpflanzung in der Oranienburger Vorstadt
(jetzt Turnplatz).

— Einwohnerzahl: 5546 Seelen.

1828 Bepflanzung der Schönwalder Strasse und des Schweinemarktes
mit Akazien. Letzterer war bisher als öffentlicher Bauplatz benutzt worden. Da es jedoch an öffentlichen Plätzen in und bei
der Stadt fehlte, so verlegte man den Bauplatz in den Winkel
zwischen der Schönwalder- und der Feldstrasse, wo bis zur Belagerung eine Schäferei gestanden hatte.

— Aufhebung der Bürgerablage in der Stadtforst.

— Bau des Armenschulhauses an der Ecke von Kolk und Behnitz,
wozu die Baustelle der Stadt vom Militärfiskus überlassen wird
unter der Bedingung, dass das Grundstück nur zur Erbauung
eines Armenschulhauses benutzt werde und die Stadt auf jede
Entschädigung verzichte, falls das Gebäude aus militärischen Rücksichten im Kriege zerstört werden müsse.

— Bau eines zweistöckigen Hauses an der steinernen Brücke für die
Garnisonschule (jetzt katholische Schule).

— Anlage eines Pulvermagazins auf dem Eiswerder.

— Beginn des Baues der Berlin-Hamburger Chaussee.

— Einführung einer Strassenbeleuchtung, die von dem Lampenfabri-
kanten Schweighöfer aus Berlin auf fünf Jahre übernommen wird;
26 Laternen.

— Einwohnerzahl: 5510 Seelen.

1829 Geradelegung des Seegefelder Weges.

— Anlage eines Abzugskanals zur Entwässerung der Spektewiesen.

— 28. Juni. Grosser Brand in der Oranienburger Vorstadt.

— Verlegung des Geheimen Raketen-Laboratoriums auf den Eiswerder.

1829 Einwohnerzahl: 5540 Seelen.

1830 6. Februar. Abschluss des Vertrages wegen Anlage eines Kanals zur Entwässerung der Spektewiesen zwischen Magistrat und Militärfiskus.

— März. Hoher Wasserstand: Oberhavel 10½ Fuss, Unterhavel 8 Fuss.

— 1. April. Erhöhung des Bürgermeistergehaltes auf 1000 Thaler.

— 30. Juni. Aufruhr in der Strafanstalt.

— Vollendung des Armenschulhauses auf dem Behnitz: „Elementar-Stadt-Schule".

— Vollendung der Berlin-Hamburger Chaussee.

— Einwohnerzahl: 5589 Seelen.

1831 Neubau der Charlottenburger Brücke und Erweiterung der Charlottenstrasse.

— Auftreten der Cholera.

— Eröffnung des Johannis-Kirchhofes in der Neuendorfer Strasse und Schliessung des Kirchhofes vor dem Potsdamer Thore.

— Beginn des Baues der Pulverfabrik.

— Einwohnerzahl: 5501 Seelen.

1832 In der Nacht vom 30. zum 31. März grosser Brand in der Oranienburger Vorstadt.

— In der Nacht vom 9. zum 10. Mai grosser Brand in der Potsdamer, Ritter- und Jüdenstrasse.

— Anlage des Kanals von der Otterbucht an der Spree zum faulen See bei Tiefwerder in der Richtung des alten Elsgrabens, um die Spreewiesen vor Überschwemmungen zu schützen.

— Beginn des Baues von Bastion Königin.

— Am 5. Oktober übernachtet der Herzog von Bordeaux, am 6. Oktober König Karl X. von Frankreich und der Herzog von Angoulème im Gasthofe zum roten Adler.

— Die Schützengilde erhält von der Fürstin von Liegnitz eine Fahne.

— Das Laboratorium auf dem Eiswerder erhält den Namen „Königl. Feuerwerks-Laboratorium".

1833 In der Nacht vom 5./6. März Aufruhr in der Strafanstalt.

— 9. April. Übergabe der von der Fürstin Liegnitz geschenkten Fahne an die Schützengilde.

— Beendigung der Separation der Ländereien jenseits der Hasenheide und Einleitung einer allgemeinen Separation.

1834 Neubau des Heiligen-Geist-Hospitals am Berliner Thore.

— Beendigung der Vermessung und Abschätzung der Stadtforst.

— Einwohnerzahl: 5736 Seelen.

1835 Die Strassenerleuchtung in der Stadt und auf dem Stresow wird von der Kommune übernommen.

1836 Veränderungen im städtischen Schulwesen.

— Ausbau der Johanniskirche.

— Pflasterung der Neuendorfer Strasse bis zum Johanniskirchhofe.

1836	Verkauf der Moritzkirche an den Militärfiskus, welcher dieselbe zu einer Kaserne einrichtet.
1837	Am 1. Oktober wird die Garnison um ein Gardebataillon vermehrt.
—	Mit Ablauf des Jahres werden die Stadtschulden vollständig getilgt.
—	Einwohnerzahl: 5969 Seelen.
1838	27. April. Feier zum Andenken der vor 25 Jahren erfolgten Befreiung der Stadt von den Franzosen.
—	August. Auflösung der in der Stadt liegenden sechs Garnison-compagnieen.
—	31. Dezember. Bürgermeister Fröhner legt sein Amt nieder.
—	Vollendung des Baues der Pulverfabrik und Beginn des Betriebes derselben.
1839	19. Februar. Wahl des Kammergerichts-Assessors Heimann zum Bürgermeister. Da dieser ablehnt, so erfolgt am 9. April eine neue Wahl. Der Kammergerichts-Assessor Dr. Zimmermann und der Bäckermeister Möwes erhalten gleichviel Stimmen. Die königliche Regierung entscheidet sich für Zimmermann, welcher im Oktober in sein Amt eingeführt wird.
—	1. November. Ausbau der Nicolaikirche und Feier des Reformationsjubelfestes in derselben.
1840	Zu der am 15. Oktober in Berlin stattfindenden Erbhuldigung entsendet die Stadt eine Deputation.
—	Einwohnerzahl: 6348 Seelen.
1841	Eine königliche Kabinettsordre vom 24. April bestimmt, dass alle in Berlin und Potsdam zum Tode verurteilten Verbrecher auf der Richtstätte bei Spandau hingerichtet werden sollen.
—	11. August. Grosser Brand in der Oranienburger Vorstadt.
1842	Vereinigung des Amts- und Stadtgerichts Spandau zu einem „Stadt- und Landgerichte".
—	Gründung der Klein-Kinder-Bewahranstalt.
—	Trennung der Mädchen von den Knaben in der Elementar-Stadtschule.
1843	6. August. Feier der tausendjährigen politischen Selbständigkeit Deutschlands.
—	Einwohnerzahl 7206 Seelen.
1844	14. Juni. Gründung des Gustav-Adolf-Vereins.
—	14. Dezember. Hinrichtung des Bürgermeisters Tschech.
—	Beginn des Baues der Berlin-Hamburger Eisenbahn.
—	Gründung des Lehrervereins zu freien Konferenzen.
1846	Bau des Försterhauses in der Stadtforst.
—	Die Mädchenschule erhält einen Rektor.
—	Einwohnerzahl: 7624 Seelen.
1847	12. Februar. Magistrat und Stadtverordnete bei dem vereinigten Landtage die Aufhebung des eximierten Gerichtsstandes und Einführung des öffentlichen und mündlichen Verfahrens bei den Gerichten zu beantragen.

1847 Wahl des Bürgermeisters Dr. Zimmermann zum Abgeordneten für den vereinigten Landtag.

1848 7. März. Gründung des Handwerkervereins.

— 19. März. Ankunft von 500 Märzgefangenen aus Berlin.

— 29. März. Befehl zur Armierung der Festung.

— Aufruhr im Zuchthause.

— 15. Juni. Der Kammergerichtsassessor Sprengel übernimmt die Vertretung des Bürgermeisters Dr. Zimmermann.

— Wahl des Braueigen F. W. Reinicke zum Abgeordneten für die Nationalversammlung.

— Auftreten der Cholera.

— Bau der Chaussee nach der Stadtforst.

— Anlage des Dissidentenkirchhofes.

— Aufhebung des Schulgeldes und Einführung einer Kommunal-Einkommensteuer.

— Einweihung der neuerbauten katholischen Kirche.

— Einrichtung des königlichen Kreisgerichts.

1849 Auftreten der Cholera.

— Einwohnerzahl: 7480 Seelen.

1850 15. März. Der Bürgermeister Dr. Zimmermann wird seines Amtes entsetzt, da er seiner aufrührerischen Bestrebungen wegen vom Schwurgerichte in Brandenburg zur Zuchthausstrafe verurteilt worden ist.

— 1. Mai. Anwesenheit des Königs und ungnädige Äusserung desselben gegen den Magistrat.

— 13. September. Der Kommandant Oberst Weigand feiert sein 50jähriges Dienstjubiläum und wird zum Ehrenbürger ernannt.

— Die Mädchenschule am Joachimsplatz 1 erhält die Bezeichnung: Elementar-Töchterschule.

— 6. November. Kinkels Befreiung aus dem Zuchthause.

1851 4. April. Wahl des Bürgermeisters Rödelius in Müncheberg zum Bürgermeister.

— Bau des Garnisonlazaretts am Berliner Thor.

1852 Die Gewehrfabrik geht in den Alleinbesitz des Staates über. Auflösung der Gemeinde Plan.

— 6. Juli. Gründung der städtischen Sparkasse. Die Eröffnung erfolgt am 1. November.

— Revision des städtischen Schulwesens durch den Stadtschulrat Schulze aus Berlin.

— Einwohnerzahl: 8153 Seelen.

1853 Reorganisation des städtischen Schulwesens: Gründung des Progymnasiums, der Bürgerschule und der beiden gemeinsamen Vorschule; Einrichtung der Elementar-Knabenschule am Behnitz, jetzt erste Gemeindeschule.

— Bau des städtischen Krankenhauses, mit einem Kostenaufwande von 10 000 Thalern.

— Beginn des Baues der Geschützgiesserei.

1853 Vollendung des Garnisonlazaretts.

1854 Vereinigung der Potsdamer Gewehrfabrik mit der Spandauer und Erweiterung dieser.

— Bau des Kreisgerichtsgebäudes, zu welchem die Stadt von 1850 bis 1854 die Summe von 15 000 Thlrn. beiträgt, davon 12 000 Thlr. als unverzinsliches Darlehen und 3000 Thlr. als Entschädigung für die Überlassung der vom Gericht im Rathause innegehabten Räume.

1855 Übersiedelung der königlichen Geschützgiesserei von Berlin nach Spandau und Beginn des Betriebes der Geschützgiesserei. 4. August. Erster Guss eines Geschützrohres.

— Grundsteinlegung zum Progymnasialgebäude.

— Einsetzung einer königlichen Gewehr - Prüfungs - Kommission in Spandau und Anlage von Schiessständen im Grunewalde.

— Einwohnerzahl: 10 309 Seelen.

1856 Am 3. Oktober Einweihung des neuen Progymnasialgebäudes. Die Kosten für dieses beliefen sich auf 13 000 Thaler, die für das Bürgerschulgebäude auf 9000 Thaler.

— Bau der Zündspiegelfabrik bei der Geschützgiesserei.

1857 Aufstellung einer Feuerlöschordnung und Einrichtung einer Feuerwehr nach dem Vorbilde der Berliner, bestehend aus 1 Brandmeister, 1 Oberspritzenmeister, 1 Oberfeuermann, 3 Obersteigern, 5 Steigern, 16 Spritzenmeistern, 50 Pompiers und 2 Hornisten.

— Die königliche Regierung macht die Kommunen ihres Bezirks auf die Organisation dieses Instituts aufmerksam und empfiehlt es zur Nachahmung.

— Die Errichtung einer Gasanstalt wird beschlossen.

1858 10. August. Erlass einer Orts-Polizei-Verordnung, die Strassenreinigung betreffend.

— Anlage der städtischen Gasanstalt, zu deren Bau 50 000 Thaler aufgenommen werden, ausserdem giebt die Stadt einen Zuschuss von 3900 Thalern aus Holzverkäufen und 6000 Thaler bar.

— Einwohnerzahl: 10 461 Seelen (9849 evangelische, 531 katholische Christen, 3 Dissidenten und 78 Juden).

Vieh: 390 Pferde,
    5 Bullen,
  23 Ochsen,
 363 Kühe,
  68 Stück Jungvieh,
 239 Schafe,
 184 Ziegen,
 336 Schweine.

Gebäude: 109 öffentliche,
    585 Privatwohnhäuser,
      8 Fabrikgebäude, Mühlen und Magazine,
    903 Ställe, Scheunen und Schuppen.

1859 10. Februar. Einsetzung der Gasdeputation.

— 9. März. Brand der Kaserne in der Citadelle.

1859 Am 8. Oktober erscheint zum ersten Male der „Anzeiger für das Havelland".

— Am 17. Oktober erhält die höhere Töchterschule einen besonderen Lehrer für neuere Sprachen.

1860 Bau der Kaserne am Schlangengraben.

— Beginn der Trottoirlegung.

— 22. Mai verlässt das Stammbataillon des 20. Landwehr-Regiments Spandau, um fortan in Wriezen Garnison zu nehmen.

— Am 24. und 25. Mai rückt das zweite kombinierte Garde-Reserve-Infanterie-Regiment als Garnison ein. Es erhält durch königliche Kabinettsordre vom 4. Juli die Bezeichnung „4. Garde-Regiment zu Fuss".

— 14. September. Gründung des Turnvereins.

— Durch Ministerialverfügung vom 27. Dezember erhalten die Schüler der Secunda des Progymnasiums das Recht zum einjährig-freiwilligen Militärdienst.

— Die Gewehr-Prüfungs-Kommission erhält die Bezeichnung „Königl. Militär-Schiessschule".

— Einrichtung einer Strassenerleuchtung in der Oranienburger Vorstadt.

— Die Sennora Pepita de Oliva kauft das Gut Hakenfelde.

1861 Am 5. Januar sucht eine Deputation des Magistrats und der Stadtverordneten beim Könige Wilhelm in Potsdam eine Audienz zur Überreichung einer Kondolenzadresse nach, welche zugesagt wird. Tags darauf drückt die Kommission durch den Kammerherrn Grafen von Finkenstein der Königin-Witwe ihr Beileid aus.

— Durch Testament des hochseeligen Königs Friedrich Wilhelm IV. vom 6. August 1854 werden der Nicolaikirche 150 Thaler Gold für ihre Armen vermacht, welche, um das Gedächtnis dieser Wohlthat bleibend zu machen, zu einer Stiftung verwendet werden, aus der etliche Arme alljährlich Winterbekleidung erhalten.

— In der Stadtverordneten-Sitzung vom 24. Januar wird das Einzugsgeld auf 10 Thaler, Bürgerrechtsgeld auf 8 Thaler, wofür ein Bürgerrechtsbrief ausgestellt wird, festgesetzt. Das darüber aufgestellte Statut vom 18./30. Juli wird unterm 10. September von der königl. Regierung genehmigt.

— Am 17. Februar besichtigt König Wilhelm die Geschützgiesserei und die Gewehrfabrik.

— 7. Mai. Brand des Hauses Potsdamer Strasse 1.

— 15. Mai. Der Bau eines Elementarschulhauses in der Oranienburger Vorstadt wird beschlossen.

— Unterm 16. Juli überreicht die Stadt infolge des Attentats vom 14. Juli dem Könige eine Ergebenheitsadresse.

— 10. August. Festzug der deutschen Turner durch Spandau.

— 1. September. Eröffnung der Löwen-Apotheke.

— 1. Oktober. Die neuerbaute Kaserne in der Citadelle wird bezogen.

1861   Einwohnerzahl: 11637 Seelen, darunter 10823 Evangelische, 713 Katholische, 102 Juden. 145 öffentliche Gebäude, 765 private Wohnhäuser, 45 Fabrikgebäude, Mühlen, Magazine, 796 Ställe, Scheunen und Schuppen.

1862   Unterm 28. Februar genehmigt das kgl. Provinzial-Schulkollegium das Statut des Progymnasiums.

—   7. Juni. Brand der Plathschen Dampfschneidemühle und des dazu gehörigen Holzplatzes.

—   Betreffs des städtischen Schulwesens wird beschlossen:

> Das Progymnasium wird durch Einrichtung der Prima zu einem vollständigen Gymnasium erweitert;
>
> die Bürgerschule mit drei Klassen bleibt in Verbindung mit dem Gymnasium;
>
> die Vorschule mit drei Stufenklassen ist für Gymnasium und Bürgerschule gemeinsam, die mittlere Klasse hat zwei Abteilungen;
>
> die Elementar-Knabenschule mit drei Stufenklassen, von denen die dritte zwei Parallelklassen hat, steht unter einem Hauptlehrer;
>
> die sogenannte höhere Töchterschule wird zu einer wirklichen höheren Töchterschule mit sechs Klassen erhoben; sie steht unter Leitung eines Rektors;
>
> eine Mittel-Töchterschule mit fünf Klassen wird neu eingerichtet und der Leitung des Rektors der höheren Töchterschule unterstellt;
>
> die Elementar-Töchterschule in der Stadt hat drei Stufenklassen, die dritte mit zwei Parallelklassen, unter einem Hauptlehrer;
>
> die Elementarschule für Knaben und Mädchen in der Oranienburger Vorstadt wird neu errichtet mit drei Knaben- und drei Mädchenklassen und einem Hauptlehrer unterstellt;
>
> zur Unterhaltung der katholischen Schule zahlt die Stadt einen gewissen Beitrag.

—   12. Juli. Es wird beschlossen, dass die bei einem Feuer in Thätigkeit tretenden Mitglieder der Feuerwehr eine Remuneration von 10 Sgr. für ½ Tag und 20 Sgr. für den ganzen Tag, die Bedienungsmannschaften 15 Sgr. erhalten, da im allgemeinen wenig Geneigtheit zu unentgeltlichen Diensten bei den Löscharbeiten vorhanden ist.

—   Am 27. August wird dem Gymnasium und der Bürgerschule die Turnfahne übergeben.

—   1. Oktober. Belegung der Stresowkaserne am Schlangengraben.

—   13. Oktober. Eröffnung der Elementarschule in der Oranienburger Vorstadt.

—   19. Oktober. Eröffnung der Mittel-Töchterschule.

—   Am 22. Oktober überreichen konservative Einwohner Spandaus durch eine Deputation dem Könige auf Schloss Babelsberg eine Ergebenheitsadresse und gründen einen konservativen Verein.

1862 Beginn des Baues der Artillerie-Werkstatt.

— 11. November. Wahl des Oberlehrers Pfautsch am Gymnasium zu Landsberg a/W. zum Direktor des Gymnasiums.

— Am 15. November wird den Lehrern und Schülern des Progymnasiums die staatliche Anerkennung der Anstalt als Gymnasium bekannt gemacht.

— Beendigung der Separation.

1863 17. März. Feier zur Erinnerung an den vor 50 Jahren erfolgten Aufruf König Friedrich Wilhelms III. an sein Volk u. s. w. Speisung der Veteranen auf öffentliche Kosten.

— 16. April. Eröffnung des Gymnasiums.

— 27. April. Feier zur Erinnerung an die vor 50 Jahren erfolgte Befreiung der Stadt von den Franzosen.

— 2. Juni. Die öffentliche Badestelle unweit der Gasanstalt nebst der dazu gehörigen An- und Auskleidebude wird den Civileinwohnern der Stadt zu unentgeltlicher Benutzung überlassen.

— 18. Oktober. Feier des 50jährigen Gedenktages der Schlacht bei Leipzig.

— 4. November. Gründung der Fortbildungsschule.

— 12. November. Durch Orts-Polizeiverordnung wird bestimmt, dass der Wochenmarkt bis 1 Uhr mittags dauert.

1864 9. Januar. Die 3. Garde - Festungs - Compagnie rückt nach Danzig ab.

— 31. Januar. Das 4. Garde-Regiment rückt nach Holstein ab.

— Das 1. und 2. Bataillon des 8. pommerschen Infanterie-Regiments rücken als Garnison ein.

— 14. Februar. Der zu den bereits bestehenden fünf Jahrmärkten hinzugekommene sechste wird zum ersten Male abgehalten.

— 29. Februar. Erste Abiturientenprüfung am Gymnasium.

— 8. März treffen 59 dänische Kriegsgefangene ein und werden in der Citadelle untergebracht.

— 16. März. Die in der Stadt garnisonierende 1. Garde-Festungs-Compagnie geht nach Schleswig.

— 17. März. 63 dänische Kriegsgefangene treffen ein.

— 1. April. 77 dänische Kriegsgefangene treffen ein.

— 11. April. 18 dänische Kriegsgefangene treffen ein.

— 11. Juni. Die Oranienburger Vorstadt, welche bisher den fünften Stadtbezirk gebildet hatte, wird in zwei Bezirke, 1. und 2. Oranienburger Thorbezirk, zerlegt. Diese bilden den 5. und 6. Stadtbezirk, der Stresow den 7.

— Abbruch des Archidiakonatshauses.

— 17. und 18. Juli. Das Gesangsfest des märkischen Central-Sängerbundes wird in der Stadt gefeiert.

— 23. Juli. Einführung der Hundesteuermarken.

— 4./12. August. Entlassung der internierten dänischen Kriegsgefangenen.

1864 4. September. Die 3. Garde-Festungs-Compagnie kehrt von Danzig in Garnison zurück.

— 8. September. Die Trennung der Bürgerschule von dem Gymnasium wird beschlossen. Zwei Vorschulklassen verbleiben der Bürgerschule, zwei dem Gymnasium.

— 22. September. Erlass eines Einquartierungs-Reglements für die Stadt Spandau.

1. November. Die 2. Garde-Festungs-Compagnie kehrt aus Schleswig zurück.

—- 28. und 29. November. Das 61. Regiment geht nach Schleswig.

— 30. November. Die 1. Garde-Festungs-Compagnie kehrt aus Schleswig zurück.

— 12. Dezember. Das 4. Garde-Regiment kehrt zurück. Es wird feierlich empfangen und mit einer Ehrenfahne beschenkt.

— Bau des Archidiakonatshauses.

1865 20. Januar. Eröffnung einer Telegraphenstation mit beschränktem Tagesdienste.

— 4. Februar. Brand der Körnerschen Schneidemühle.

— 12. Februar. Trennung der Militärgemeinde von der Johannisgemeinde durch Anstellung eines besonderen Garnisonpredigers.

— 16. Juni. Gründung des Kriegervereins.

— 1. Oktober. Trennung der Bürgerschule von dem Gymnasium.

— Neubau der Charlottenburger Brücke.

1866 17. März. Die 3. Garde-Festungs-Compagnie rückt nach Friedrichsort zur Besatzung ab.

— 5. April. Die Rayonbeschränkungen für den Behnitz werden durch königl. Kabinettsordre aufgehoben.

— 12. April. Die neu formierte 9. Garde-Festungs-Compagnie rückt nach Wittenberg ab.

— Mai. Armierung der Festung.

— 3. Mai. Der Regimentsstab des Garde-Festungs-Artillerie-Regiments wird durch königliche Kabinettsordre nach Berlin verlegt.

— 4. Juni. Das 4. Garde-Regiment rückt ins Feld. Das 1. und 2. Bataillon 8. Landwehr-Regiments bilden die Garnison.

— Juli. Östreichische Kriegsgefangene treffen ein.

— Die Cholera tritt auf und herrscht bis Anfang September. 182 Personen sterben.

— 11. September. Die östreichischen Kriegsgefangenen gehen ab.

— 14. September. Das 8. Landwehr-Regiment rückt ab.

— 14., 15., 16. September. Die verschiedenen Bataillone des 4. Garde-Regiments kehren aus dem Felde zurück und werden feierlich eingeholt und empfangen.

— 3. Oktober. Die Verwaltung des städtischen Krankenhauses wird Diakonissinnen übertragen.

— Anlage neuer Festungswerke: Ruhlebener und Teltower Schanze u. s. w.

1866 Bau des Hauses der am 4. Juni (26. September) 1859 gestifteten St. Johannisloge Victor zum goldenen Hammer.

1867 1. Juli. Aufhebung des Einzugs- und Bürgergeldes.

— 3. Juli. Feier zum Gedächtnis der Schlacht bei Königsgrätz.

— 1. Oktober. Eröffnung der städtischen Fortbildungsschule und Einrichtung der dritten Vorschulklasse für das Gymnasium.

— Abholzung der Hasenheide.

— Einwohnerzahl: 17 306.

1868 1. Januar. Die Stadt kommt in die 2. Servisklasse.

— 19. Januar. Gründung des Kreditvereins.

— März. Stiftung des Ortsverbandes der Gewerkvereine.

— Juni. Erweiterung des Elementar-Stadtschulhauses am Behnitz durch Aufsetzung eines Stockwerks.

— Übersiedlung der königl. Artillerie-Werkstatt von Berlin nach Spandau und Beginn des Betriebes daselbst.

— 2. September. Brand des Ahrandschen Grundstückes und der Besitzung Klosterhof.

— Anlage des Kommunalkirchhofes in der ehemaligen Hasenheide am Gatowschen Wege und Einweihung desselben am 1. November.

— Zahl der Kaufleute und Gewerbetreibenden: 668.

1869 1. Januar. Aufhebung des Wochenmarktstättegeldes.

— 11. Februar. Wahl des Stadtrates Bollmann aus Frankfurt a/O. zum Bürgermeister.

— März. Beginn des Baues der Lehrter Bahn.

— 12. März. Durch königl. Kabinettsordre wird die Grenze des ersten Rayons in der Oranienburger Vorstadt zurückverlegt.

— April. Erweiterung des städtischen Krankenhauses.

— 18. August. Einführung des Bürgermeisters Bollmann.

— 18. Oktober. Eröffnung einer Privat-Töchterschule.

— Zahl der Gewerbetreibenden und Kaufleute: 700.

1870 7. Januar. Feststellung eines Ortsstatuts, betreffend die auf den Bürgersteigen anzulegenden Granitbahnen.

— Bau der Stresowkaserne I.

— Gründung des Vereins gegen Hausbettelei.

— 8. Mai. Probefahrt auf der Lehrter Bahn nach Rathenow.

— 4. Juni. Polizeiverordnung, betr. die Lagerung von Mineralölen.

— 10.—14. Juli. Provinzialschützenfest.

— 29. Juli. Die vier ersten Compagnieen der Garde-Festungs-Artillerie-Abteilung gehen nach Magdeburg.

— 30. Juli. Das 4. Garde-Regiment rückt ins Feld.

— 3. August. Polizeiverordnung, die Strassenreinigung betreffend.

— 11. August. Die ersten französischen Kriegsgefangenen treffen ein.

— 9. September. Das 4. ostpreussische Landwehr-Infanterie-Regiment rückt ein.

— 15. September. 2500 französische Kriegsgefangene treffen ein. Sie werden in einem Zeltlager auf dem Exerzierplatze vor dem Potsdamer Thore untergebracht.

1870 Im Oktober rücken 1½ Compagnieen Garde-Festungs-Artillerie und die Ersatzbataillone des 12. und 48. Infanterie-Regiments ab. Die Garnison besteht aus dem 9. und 11. Landwehr-Regiment.

— 9. November treffen gegen 2000 französische Kriegsgefangene ein. Es werden Barackenlager eingerichtet auf dem alten Exerzierplatze und in der Nähe des Schützenhauses.

— 17. November. Wahl des Kaufmanns Emden zum Landtagsabgeordneten.

— 6. Dezember. Das Landwehr-Bataillon Nr. 11 rückt ab.

1871 1. Februar. Eröffnung der Strecke Spandau-Gardelegen der Magdeburg-Halberstädter Eisenbahn.

— 18. Februar. Grosser Brand in der Artillerie-Werkstatt.

— 3. März. Wahl des Kaufmanns Emden zum Reichstagsabgeordneten.

— 24. März. Die 2. und 4. Garde-Festungs-Compagnie kehren aus Frankreich zurück und werden feierlichst seitens der Stadt empfangen.

— 1. April. Trennung der Sexta und Tertia des Gymnasiums in eine Ober- und Unter-Sexta und in eine Ober- und Unter-Tertia, wozu dem Gymnasium eine Klasse in der Bürgerschule und eine in dem Kantoratshause der Johanniskirche überwiesen werden.

— 12. Juni. Empfang des aus dem Felde zurückkehrenden 4. Garde-Regiments zu Fuss.

— 20. Juni. Das 2. Bataillon 3. Garde-Grenadier-Regiments Königin Elisabeth kommt in Garnison.

— 15. Juli. Eröffnung des Betriebes auf der Strecke Berlin-Spandau der Magdeburg-Halberstädter Eisenbahn.

— 30. Juli. Auflösung der Feuerwerks-Abteilung. Der Betrieb im Feuerwerks-Laboratorium wird durch Civilarbeiter besorgt.

— 29. September. Verbot des Steigenlassens von Papier- und Zeugdrachen auf den öffentlichen Strassen und Plätzen der Stadt durch Orts-Polizeiverordnung.

— Einwohnerzahl: 16476 Seelen. 3620 Haushaltungen. 757 Wohnhäuser.

1872 1. Januar. Einstellung der Omnibus-Verbindung mit Charlottenburg.

— Februar. Beginn des Baues der Artillerie-Wagenhäuser in den Schülerbergen.

— Die Wohnungsnot wird immer grösser. Beim Quartalswechsel am 1. April bleiben wegen Mangels an kleineren Wohnungen über 20 Familien ohne Wohnung.

— 23. Juni. Erlass eines Einquartierungs-Reglements.

— 13. Juli. Der Strassenkehricht soll in den Monaten Juli-September versuchsweise auf Kosten der Stadt abgefahren werden. Auflösung der königl. Strafanstalt.

— 9. September. Kaisermanöver bei der Stadt, an welchem die Kaiser von Deutschland, Östreich und Russland teilnehmen.

— 1. Oktober. Einverleibung der Gemarkung Klosterfelde, der

Götelwiesen, des Klosterhofes, der Klostermühle, der Pulverfabrik, der Gewehrfabrik, der fiskalischen Gasanstalt und der fiskalischen Chaussee zwischen der Berliner Brücke und dem Gutsbezirke Haselhorst, sowie des Landes zwischen der Chaussee und der Spree mit Ausnahme des Schulzeschen Kalkbrennereigrundstückes in den Stadtbezirk.

1872 Es wird der 8. Stadtbezirk, „Potsdamer-Thorbezirk", gebildet.
— Gründung des Bauvereins.
— 1. November. Infolge der Reorganisation der Artillerie erhält die Garde-Festungs-Artillerie-Abteilung die Bezeichnung: Erstes Bataillon des Garde-Fuss-Artillerie-Regiments.
— 7. November. Die alten Strassen der Potsdamer Vorstadt sollen mit den inkommunalisierten Ortschaften Klosterhof und Klosterfelde den 8. Stadtbezirk bilden, die Etablissements kgl. Pulverfabrik, Gewehrfabrik und Gasanstalt dem 4. Stadt- (Berliner-) Bezirk zugelegt werden.
1873 16. Januar. Wahl des Bürgermeisters Gardemin aus Forst i/N.-L. zum Bürgermeister.
— 13. Februar. Der Bau des Spritzenhauses in der Oranienburger Vorstadt wird beschlossen und bald darauf ausgeführt.
— 26. März. Der Magistrat macht bekannt, dass im Interesse der Beseitigung des in der Stadt herrschenden Mangels an Wohnungen infolge Kommunalbeschlusses vom 18. und 20. März ein der Stadtgemeinde gehöriges, am Pichelsdorfer Wege im 3. Festungsrayon belegenes Grundstück zu 44 Baustellen eingeteilt sei, welche zu dem Preise von 1 bis 3 Thalern für die Quadratrute unter der Bedingung, sofort zu beginnender und im Laufe des Jahres auszuführender Bebauung verkauft werden sollen.
— 31. März. Einführung des Bürgermeisters Gardemin.
— 16. Mai. Bildung eines Komités zur Errichtung eines Denkmals für die aus dem Kirchspiel Spandau in den Jahren 1864, 1866 und 1870/71 gefallenen Krieger.
— 15. Juni. Grosser Brand in der Schlosskaserne.
— 2. Juli. Beginn des Erweiterungsbaues des Elementar-Töchterschulhauses am Joachimsplatze.
— 10. Juli. Wahl von 8 Kreisdeputierten.
— Anfang August. Auftreten der Cholera.
— 24. August. Feier des 200jährigen Stiftungsfestes der St. Johannis-Gemeinde.
— 4. November. Wahl des Kaufmanns Emden zum Landtagsabgeordneten.
1874 4. Januar. Wahl des Gemeinde-Kirchenrats für die Nicolai- und Johannis-Gemeinde.
— 11. Januar. Wahl der Gemeinde-Vertretung für die Nicolai- und Johannis-Gemeinde.
— 3. Februar. Der Pferdemarkt wird zum letzten Male in den Strassen der Stadt abgehalten.

1874   19. März. Gründung einer freiwilligen Feuerwehr.

—   1. April. Der Normaletat wird für das Gymnasium eingeführt und das Schulgeld erhöht.

—   Abbruch des alten Gebäudes für die höhere und mittlere Töchterschule.

—   10. Juli. Grundsteinlegung zum neuen Gebäude für die höhere und mittlere Töchterschule.

—   Der Pferdemarkt wird auf dem Schützenplatze abgehalten.

—   16. und 17. August. Der erste brandenburgische Provinzial-Kriegertag wird hier abgehalten.

—   1. Oktober. Einsetzung eines Standesbeamten.

—   15. Oktober. Wahl eines Stadtbaurates.

—   12. Dezember. Der Magistrat macht bekannt, dass vom Jahre 1875 ab auf den Jahrmärkten Marktstandgelder erhoben werden.

1875   1. Januar. Aufhebung der Mahl- und Schlachtsteuer.

—   21. März. Einweihung der in der Kirche aufgehängten Gedenktafel an die in den letzten Kriegen Gefallenen.

—   27. März. Der Potsdamer Thorbezirk wird geteilt in die
Stadtbezirke VIIIa die ganze Gegend links der Potsdamer Chaussee;
Stadtbezirk VIIIb, die Gegend rechts von der Potsdamer Chaussee vom Glacis bis zur Nauener Chaussee incl. dieser;
Stadtbezirk VIIIc, die Gegend rechts der Potsdamer Chaussee jenseits der Nauener Chaussee.

—   15. April. Aufnahme einer Anleihe von 750000 Mark beschlossen.

—   16. Mai. Eröffnung der Dampfschiffahrt nach Tegel.

—   Bau einer Baracke für eine Compagnie des 3. Garde-Grenadier-Regiments Königin Elisabeth in der Schönwalder Strasse und Belegung derselben am 15. Juli.

—   Juli. Erweiterung des Empfangsgebäudes des Hamburger Bahnhofes.

—   28. Juli. Die öffentliche Badeanstalt in der Nähe der städtischen Gasanstalt wird dem Publikum zur unentgeltlichen Benutzung übergeben.

—   16. August. Einweihung des neuen Schulhauses für die höhere und mittlere Töchterschule.

—   30. August. Erlass einer Polizeiverordnung, die Haltekinder betreffend.

—   2. September. Allgemeine Feier des Sedantages. Grundsteinlegung zum Denkmal auf dem Plantageplatze. Enthüllung des Krieger-Denkmals auf dem Nicolaikirchhofe.

1875   1. Oktober. Einverleibung der Gemeinde Damm in den Stadtbezirk.

—   Einwohnerzahl: 23800 Seelen.

1876   1. Januar. Einrichtung des städtischen Strassenreinigungs-Institutes.

—   14. Januar. Ermordung der Witwe Vogeler.

1876 14. März. Gründung des Bezirksvereins der Oranienburger Vorstadt.
—   Ausbau des Rathauses.
—   28. Juni. Ortsstatut, betreffend die Bebauung von Strassen und
      Plätzen.
—   8. Juli. Orts-Polizeiverordnung, das öffentliche Fuhrwesen betr.
—   28. August. Grundsteinlegung zum Schützenhaussaale.
—   2. September. Enthüllung des Denkmals auf dem Plantageplatze
      und allgemeine Feier des Sedantages.
—   Beginn der Festungs-Erweiterungs-Bauten.
—   28. September. Die Verpachtung des durch Aufschüttung ge-
      wonnenen Wröhmännerplatzes wird beschlossen.
—   31. Oktober. Der Bauverein liquidiert.
—   Pflasterung der Pichelsdorfer Strasse.
—   Eröffnung der vom Verein gegen Hausbettelei gegründeten Her-
      berge zur Heimat in der Jüdenstrasse.
1877 Verlängerung des Etatsjahres bis zum 1. April. Fortan Beginn
      des Etatsjahres mit dem jedesmaligen 1. April.
—   12. Januar. Bekanntmachung des revidierten Statutes der städti-
      schen Sparkasse vom 4. September (20. November) 1876.
—   Erbauung der städtischen Badeanstalt am Wröhmännerplatze.
—   12. April. Erste Sitzung im neuen Rathause.
—   11. Juni. Polizeiverordnung, betr. die Strassenpolizei in der Stadt.
—   1. Juni. Eröffnung der städtischen Badeanstalt am Wröhmänner-
      platze.
—   4. Juni. Magistrat beschliesst, dass aus praktischen Gründen
      der Stadtname fortan „Spandau" zu schreiben ist.
—   Bebauung des Valentinswerders mit Villen.
—   Bau der Kaserne in den Schülerbergen.
—   Bau der Schulhäuser in der Potsdamer Vorstadt.
—   Beginn des Baues des Festungsgefängnisses vor dem Potsdamer Thore.
      Die Umfassungsmauer wird erbaut.
—   14. November. Einweihung des neuen Schützenhaussaales.
1878 10. Mai (4. Juni). Ortsstatut, betreffend das Bauen an neu pro-
      jektierten und an bereits vorhandenen noch unregulierten Strassen.
—   7. Juni. Abhaltung eines feierlichen Dank- und Bitt-Gottes-
      dienstes in der Nicolaikirche infolge des Attentates auf Se. Ma-
      jestät den Kaiser und König.
—   9. Juni. Absendung einer Adresse seitens des Magistrats und
      der Stadtverordnetenversammlung an Se. Königliche Hoheit den
      Kronprinzen: „Allerdurchlauchtigster Kronprinz! Allergnädigster
      Kronprinz und Herr! Eine Missethat, die in der Weltgeschichte
      ihres Gleichen nicht findet, ist gegen das geheiligte Haupt des
      Kaisers verübt worden, und in den kaum beruhigten Herzen des
      deutschen Volkes stockt das Blut vor Entsetzen und vor Zorn.
      Auf Aller Lippen drängt sich die brennende Frage: Was kann
      geschehen, was muss geschehen, um solchen Frevel zu sühnen
      und seine Wiederkehr zu verhindern. Auf welche Fehler der

Gesetzgebung, welche Krankheiten des Staatsorganismus ist eine sittliche Verwilderung zurückzuführen, die zu so ungeheuren Verbrechen führt? Es ist uns dringendes Herzensbedürfnis, Euer Kaiserlichen und Königlichen Hoheit als dem Nächsten zu unserm kaiserlichen Herrn unser tiefstes Beileid und unsere heissesten Wünsche für die Wiederherstellung Sr. Majestät in Ehrfurcht auszudrücken."

1878 Regulierung und Pflasterung der Neuendorfer-, Falkenhagener- und Feldstrasse.

— Erweiterung der Potsdamer Thorpassage.

— Regulierung der Havel.

— 20., 21., 22. Juli. Sammlung der Wilhelmsspende. Von 9704 Gebern kamen 1805 Mark ein.

— Bau des Thorwachtgebäudes für das Festungsgefängnis in der Potsdamer Vorstadt und Beginn des Baues des Gefängnisgebäudes.

— 1. August. Eröffnung des Kindergartens.

— 13. Oktober. Einweihung der IV. und V. Gemeindeschule.

— Oktober. Die noch unbenannten Strassen der Vorstädte erhalten Namen.

— 28. Oktober. Einweihung des erweiterten katholischen Schulhauses.

— 26. November. Die neue Potsdamer Thorpassage wird dem Verkehr übergeben.

1879 1. Januar. Neueinteilung der Oranienburger und Potsdamer Vorstadt.

Bezirk VI: Hafenplatz, Feldstrasse und Umgegend links und rechts.

Bezirk VII: Falkenhagener Strasse und Gegend rechts derselben bis zur Schönwalder Strasse.

Bezirk VIII: Schönwalder Strasse und Gegend rechts derselben bis zur Neuendorfer Strasse.

Bezirk IX: Neuendorfer Strasse und Gegend rechts bis zur Havel.

Bezirk X: Seegefelder Strasse bis zur Hamburger Eisenbahn, östlich bis zur Potsdamer Chaussee.

Bezirk XI: Gegend südlich von X bis zum Bullengraben, östlich bis zur Potsdamer Chaussee.

Bezirk XII: südlich von XI bis zur Grenze des Gemeindebezirkes, östlich bis zur Potsdamer Chaussee.

Bezirk XIII: Gegend östlich der Potsdamer Chaussee von Pichelsdorf bis an die fiskalischen Häuser ausschliesslich dieser.

Bezirk XIV: Gegend östlich der Potsdamer Chaussee von den fiskalischen Häusern bis an das Potsdamer Thor.

— Fortsetzung des Baues des Festungsgefängnisses an der Potsdamer Chaussee und des Militär-Arrestgebäudes in der Neuendorfer Strasse.

— 18. Februar. Bekanntmachung des Ortsstatutes vom 29. April 1878, betreffend den Anschluss von Privatgrundstücken an die öffentlichen Entwässerungsanstalten.

— 8. März. Bekanntmachung der Polizeiverordnung vom 10. Febr., betr. die Verschlussvorrichtungen an Öfen in Wohn- und Schlafzimmern.

1879 Bau der Mühlengrabenbrücke am Potsdamer Thore.

—   29. April. Belegung der Kaserne in der Schönwalder Strasse mit dem 1. Bataillon 3. Garde-Gren.-Regts. Königin Elisabeth.

—   Das Füsilier-Bataillon desselben Regiments rückt am 1. Mai ein.

—   17. Mai. Zum Städtetage entsendet die Stadtverordneten-Versammlung drei Vertreter nach Berlin.

—   11. Juni. Feier der goldenen Hochzeit des Kaiserpaares.

—   15. Juli. Inkrafttreten eines neuen Droschkentarifs.

—   Regulierung der Havel von Spandau bis Pichelsdorf.

—   Abbruch des Thorschreiberhauses am Potsdamer Thore.

—   3. August. Der Kindergarten bezieht sein neues Lokal in der Potsdamer Strasse.

—   Regulierung und Pflasterung der Seegefelder Strasse.

—   1. Oktober. Auflösung des Kreisgerichtes, Einrichtung des Amtsgerichtes. Vollendung der neuen Enceinte.

—   1. und 2. Oktober. Generalversammlung des Pestalozzi-Vereins und des Lehrervereins der Provinz Brandenburg.

—   Schliessung des Kirchhofes auf dem Stresow durch Polizeiverfügung.

—   Herstellung der Spundwand zum Bollwerk zwischen der Berliner und Charlottenburger Brücke.

—   2. Dezember wird der Pferdemarkt zum letzten Male auf dem Platze der Schützengilde abgehalten.

—   Eröffnung des Pferdemarktes an der Pichelsdorfer Strasse.

1880 15. Juni. Abhaltung des ersten Wochenmarktes in der Oranienburger Vorstadt auf dem Platze zwischen der Feld- und Schönwalder Strasse, dem sogenannten Bürgerbauplatze.

—   Juli. Abbruch des Oranienburger Thores begonnen.

—   August. Der Bau des Garnisonlazarettes in der Neuendorfer Strasse wird begonnen.

—   September. Abbruch der Stadtmauer zwischen dem Garnison-Lazarett und dem Charlottenburger Thore. Anlage des Bollwerkes längs der Havel.

—   4. Oktober. Der Abbruch des Rundturmes am Charlottenburger Thore wird durch Ministerialverfügung inhibiert.

—   Beginn des Baues der Garnisonwaschanstalt.

—   30. Oktober. Eröffnung der neuen jüdischen Synagoge in der Ritterstrasse.

—   1. Dezember. Einwohnerzahl 26062 Evangelische, 3039 Katholiken, 3 Freigemeindler, 20 Anhänger christlicher Secten, 165 Israeliten, 22 Confessionslose; Summa 29311, darunter 4133 Militärpersonen, 5750 Haushaltungen (nach Zählung des königl. statistischen Bureaus).

—   November und Dezember. Abbruch der steinernen Thorpfeiler am Charlottenburger und am Berliner Thore.

—   5. Dezember. Einweihung der neuen Orgel in der Nicolaikirche.

Berichtigungen.

Seite 6 Zeile 12 von unten lies „Teloneum" statt „Telonium".
Seite 7 Zeile 3 von unten lies „einer Niederlassung, in welcher sich nach
   Gründung der Burg „Spandow" neben einem wendischen Dorfe gleichen
   oder ähnlichen Namens" statt — „einem wendischen Dorfe Spandow".
Seite 8 Anmerkung 1 lies „consolationis" statt „consolutionis".
Seite 13 Anmerkung 1 lies „Mylius" statt „Neptius".
Seite 49 Zeile 29 von oben lies „1731—1739 Obrist Matthias von Goltschen,
   1739—1743 Oberstlieut. Ludw. v. Strackwitz" statt „1731—1739
   Oberstlieut. Ludw. v. Strackwitz."
Seite 57 Zeile 1 von unten lies „seinem Bruder Ernst, welcher — war" statt
   „welcher — Ernst".
Seite 77 Anm. 2 lies „Teloneum" statt „Telonium".
Seite 261 Anm. 1 lies „MG" statt „Mg.".
Seite 358 und 359 lies „Plassenburg" statt „Plessenburg".
Seite 369 Überschrift „Dr. Ernst Ludwig Heim als Stadtphysikus in Spandau"
   statt „Dr. Ludwig Heim als Kreisphysikus in Spandau".
Seite 375 Zeile 2 von unten lies „1557" statt „1567".